읽는 설교 요한계시록

Vol.2 · 12-22장

죠이선교회는 예수님을 첫째로(Jesus First)
이웃을 둘째로(Others Second)
나 자신을 마지막으로(You Third) 둘 때
참 기쁨(JOY)이 있다는 죠이 정신(JOY Spirit)을 토대로
하나님 나라의 확장을 위해 지역 교회와 협력, 보완하는
선교 단체로서 지상 명령을 성취한다는 사명으로 일합니다.

죠이선교회 출판부는 그리스도를 대신한 사신으로
문서를 통한 지상 명령 성취와 하나님 나라 확장을 위해 노력합니다.

읽는 설교 요한계시록 Vol. 2

죠이북스는 죠이선교회의 임프린트입니다.

· 읽는 설교 ·

요한계시록
Revelation

Vol.2 · 12-22장

· 정근두 지음 ·

죠이북스

• 본문에 인용된 성경 구절은 개역개정판 성경을 인용하였습니다. 그렇지 않을 경우 따로 표기하였음을 밝힙니다.

• 요한계시록에서 성경 구절을 발췌하였을 경우에는 괄호 안에 따로 권 명을 표기하지 않았음을 밝힙니다.

차례

요한계시록 15장

요한계시록 16장

요한계시록 17장

요한계시록 18장

요한계시록 19장

머리말
요한계시록을 만나다

하필 요한계시록을……?

사실 저는 제 생애에 요한계시록을 설교하게 되리라고는 한 번도 꿈꿔 본 적 없고, 또 제가 할 수 있으리라고 생각한 적도 없습니다. 한평생 설교를 해도 신구약 66권을 다 설교하지 못할 텐데 하필 어렵다는 책을 설교하려고 할 리가 없기 때문입니다. 그러다가 젊은 날 친구들과 함께 월요일마다 성경공부를 할 때였습니다. 그때 누군가가 "요한계시록은 어려운 책이니까 함께 공부합시다"라고 제안했습니다. 말은 안 했지만 속으로 '무엇 때문에 어려운 책을 선택해서 사서 고생하나?' 하는 마음이 스쳤습니다. 어쨌거나 하기로 했으니 내 몫의 연구는 해야 한다는 마음으로 요한계시록 첫 장을 대했습니다. 거기서 사도 요한을 만나 보니, 그는 남이 아니었습니다. "너희 형제요 예수의 환난과 나라와 참음에 동참하는 자라"(1:9)고 자신을 소개하며 다가왔기 때문입니다. 게다가 당시 그는 "하나님의 말씀과 예수를 증언하였음으로 말미암아 밧모라 하는 섬에 있었더니 주의 날에 내가 성령에 감동되어"(1:9) 바로 이 책 계시록을 기록한 것입니다. 세상 권력에 의해 유배된 그를 홀로 밧모섬에 버려두고 못 본 척할 수는 없었습니다.

그러던 어느 해 여름, 전교인 수련회에서 비로소 요한을 만나 숨죽인 채 그의 한 마디 한 마디에 귀 기울이게 되었습니다. 때로는 밤을 지새우고 때로는 이른 새벽을 밝히면서 그와 교제하는 즐거움을 맛보기 시작했습니다. 일찍 그를 알아보지 못한 것이 부끄럽기도 했고, 늦게나마 그를 만난 것이 감격스럽기도 했습니다. 멀리서 볼 때는 까다롭고 어렵게만 여겨지던 책이었는데, 가까이 다가가 보니 단순하고 쉽게 다가왔습니다. '요한계시록', 이 책은 대가(大家)의 강의처럼 단순 명료하고, 심오한 메시지를 담고 있습니다. 일곱 교회를 향한 그의 메시지를 듣다 보니 언제부터인가 저는 요한에게 완전히 매료당했고, 주일 강단에서 그의 메시지를 전하고 있었습니다.

왜 「읽는 설교 요한계시록」인가

그러면 왜 「읽는 설교 요한계시록」입니까? 요한계시록에 대한 주석이나 설교가 모자라서가 결코 아닙니다. 하지만 바른 해석학적 틀로 요한계시록을 깊이 있게 온전히 다룬 설교문은 흔하지 않기 때문입니다. 달고 맵고 짠 음식에 길들여진 이 시대의 사람들처럼 현대 교인들의 미각을 생각할 때 쉽게 읽힐지 걱정되기도 하지만, 그럼에도 「읽는 설교 요한계시록」으로 독자들을 만나려는 것은 "때가 가까움이라"(1:3)는 사실 때문입니다. 저에게는 오늘 같은 시대에 이 말씀을 전하지 않고는 견딜 수 없는 부담이 있습니다.

하지만 동시에 우리가 살아가는 시대의 특징 때문에 이 설교가 읽히는 데 어려움이 있으리라 예상합니다. 우리는 세상에 깊이 빠져 살고 있기에,

요한이 생생하게 보고 들은 것이 때로 무척 생소하고 멀게 느껴집니다. 유튜버를 비롯한 영상 매체에 익숙한 분들에게 성령에 감동하여 요한이 보고 들은 메시지를 전하는 것이 부담스럽기도 합니다. 무엇보다 먼저 저 자신이 요한처럼 하나님 말씀에 깊이 잠겨 있지 못하다는 한계가 있습니다.

사도 요한은 성경 예언에 해박했습니다. 그는 진정으로 한 권의 책을 사랑한 사람이자 기록된 하나님 말씀에 깊이 젖어든 신앙인입니다. 계시록에서 만나는 요한의 면모 가운데 하나는 성경에 대한 탁월함입니다. 그의 탁월한 경건과 영성은 자신의 생각을 내세우거나 자신의 연구 결과를 밝히는 차원이 아닙니다. 오로지 성경에 근거해서 드러나는 것입니다. 계시(성경) 의존적 사고가 여러분의 영적 성숙도를 측정합니다. 그의 문안, 그의 찬양, 그의 주제 선언 한 마디 한 마디는 그의 생각이라기보다 그가 사랑하는 성경을 인용한 것입니다. 그의 탁월한 영성의 근원은 바로 성경 자체였습니다. 하나님 말씀을 얼마나 사랑하느냐가 한 사람의 영성과 경건의 수준을 결정합니다. 무엇을 봐도 말씀에 근거하고, 무엇을 말해도 하나님의 기록된 말씀에 근거하는 이이야말로 탁월한 영성과 경건을 가진 자입니다.

그러나 여러분께 이 설교를 전하는 필자는 그렇지 못하다는 한계를 느낍니다. 요한은 신구약 말씀의 진수를 붙잡는 탁월한 영성을 가지고 있습니다. 그런 그의 영성 앞에서 저는 저 자신이 얼마나 초라한 자인지를 깊이 인식할 수밖에 없습니다. 동시에 엿새 동안 세상 속에서 살아가는 여러분의 영적 수준을 순식간에 요한의 환상을 같이 볼 수 있을 만큼 올려놓기에는 제 역량이 부족하다는 것을 느낍니다.

그럼에도 요한계시록을 더는 닫힌 책으로 남겨 둘 수 없음은 "때가 가까움이라"(1:3)는 이유에서입니다. 이제 하나님이 심판하실 시간이 임박했기에 우리는 이 계시 앞에 다시 서야 합니다. 주의 날, 요한을 감동시킨 성령께서 한 편 한 편 설교를 읽을 때마다 우리를 감동시키실 것을 기도하면서 읽어 봅시다. "복이 있도다! 이 예언의 말씀을 읽는 자여, 복이 있도다! 이 예언의 말씀을 듣는 자들이여, 복이 있도다! 이 예언의 말씀을 지키는 자들이여"(1:3 참조)라고 요한은 복을 선언하고 있습니다. 저는 여러분을 이 축복의 영역으로 초대하고 싶습니다. 이 설교를 통해 성령께서 여러분을 새롭게 하여 주시고, 오실 주님을 맞이하도록 준비시키시길 소원합니다.

「읽는 설교 요한계시록」, 어떻게 읽을 것인가

신약 성경을 읽으려면 마태복음 1장의 "낳고", "낳고", "낳고"를 통과해야 하듯이, 이 요한계시록 설교를 읽으려면 처음에는 익숙하고 편리한 도시 문명에서 벗어나 제대로 된 길 하나 없는 원시림으로 들어서는 불편을 잠시 감수해야 합니다. 그러나 도시의 소음에서 멀어지고 태고의 숲에서 풍기는 향기를 맡기 시작한다면 발걸음이 가벼워질 것입니다. 숲속을 걷다 보면 자연의 힘이 새롭게 느껴지고 공기의 청량감이 와 닿으며 자연의 소리가 귀에 들리기 시작하듯이, 이 설교를 읽다 보면 점차 하늘의 음성이 들리고 순례자의 걸음에 새로운 힘을 얻게 될 것입니다.

두 권에 실린 89편의 '읽는 설교'를 통해 무엇보다 이 세상이 장망성(將亡城)이며 우리는 하늘 예루살렘을 향하는 순례자임을 깨닫게 되길 소원합니다. 숲속 길을 며칠만 걸어 보면, 다시는 소음으로 가득한 옛 거리를 떠올리지 않을 것이고 영광의 하늘 보좌로 이끄는 길을 끝까지 걸을 수 있을 것입니다. 그리고 그 길 끝에서 새 하늘과 새 땅, 새 예루살렘의 영광을 목도할 것입니다. 그날 거기서 이 책이 여기까지 오는 데 힘이 되었다고 고백하게 될 것을 확신합니다. 그날이 오기까지 지금 여기 이 땅에서 "내가 진실로 속히 오리라"(22:20) 하신 주님의 음성을 듣고 "아멘 주 예수여 오시옵소서"(22:20)라고 날마다 화답하는 여러분이 되시길 기도합니다.

Revelation

요한계시록 12장 1, 2절

1 하늘에 큰 이적이 보이니 해를 옷 입은 한 여자가 있는데 그 발아래에는 달이
있고 그 머리에는 열두 별의 관을 썼더라 2 이 여자가 아이를 배어 해산하게 되
매 아파서 애를 쓰며 부르짖더라

01

해를 옷 입은 여자

사랑하는 성도 여러분, 지금껏 요한계시록은 교회와 세상의 투쟁을 그렸습니다. 이것이 1장에서 11장까지 제1부의 주제입니다. 이제 12장부터 22장까지는 또 하나의 대단원을 형성합니다. 제1부가 교회와 세상 사이의 싸움을 보여 준다면, 12장부터 시작되는 제2부는 그 싸움의 보다 깊은 배경을 밝혀 주고 있습니다.

내면적 투쟁과 결과적 환난

지금껏 보아 온 교회와 세상 간의 투쟁은 그리스도와 사탄의 싸움에 대한 외적 표현입니다. 지금까지 반복된 교회와 세상 사이의 투쟁은 그 배후에 있는 그리스도와 사탄 사이의 투쟁이 바깥으로 나타난 것입니다. 시간과 역사 속에 벌어지는 교회와 세상 사이의 투쟁은 영원과 우주 속에서 벌어지는 예수 그리스도와 사탄의 싸움의 그림자일 뿐입니다. 여러분은 한번도 생각해 보지 않았겠지만 2천 년 전 사람들은 세상을 그렇게 보았습니다. 현상적으로 일어나는 것은 영적 세계에서 일어나는 반응일 뿐이라고 생각해 왔습니다.

특히 본문이 시작되는 12-14장은 요한계시록에서 막간 사건을 가장 제대로 보여 주고 있습니다. 그동안에도 두 번의 막간극이 삽입되었지만 이 부분의 막간 사건은 앞의 것들과 유를 달리합니다. 이 부분의 막간 사건은 길이나 위치뿐만 아니라 내용상으로 보아도 중심 부분을 차지합니다. 교회와 세상 사이에 있는 싸움의 깊은 내막과 본질을 설명하는 부분입니다. 이 부분은 당대 성도들이 겪는 로마 황제의 박해를 악한 세력과 하늘의 하나님의 유서 깊은 투쟁이라는 맥락에서 설명합니다.

12-14장을 '일곱 가지 이적'이라는 제목으로 묶을 수 있습니다. 일곱 봉인, 일곱 나팔, 일곱 대접처럼 소재상 뚜렷한 공통 요인은 없지만 전체에 흐르는 공통 주제는 분명합니다.

일곱째 인이 떼어지자마자 일곱 나팔이 등장했습니다. 그런데 일곱째 나팔이 불리고 일곱 대접이 등장할 것이라는 우리의 예상을 뒤엎고 심오한 일곱 이적이 등장합니다. 12-14장의 의미 깊은 일곱 이적에 흐르는 중심 사상은 '하나님 나라와 사탄의 왕국 사이의 투쟁'입니다. 달리 말해, 결과적으로 교회가 겪는 환난 또는 하나님 백성이 당하는 박해라는 주제가 드러납니다. 하나님의 백성은 왜 환난과 박해를 당하는지에 대한 궁극적인 대답으로 영원 세계 속에서 벌어지는 하나님 나라와 사탄의 왕국 사이의 투쟁을 보여 줍니다.

그 투쟁의 결과 나타나는 환난과 박해는 계시록의 중심 주제 중 하나일 뿐만 아니라 신약 전체에 흐르고 있는 사상이기도 합니다. 신약 성경에 따르면 세상을 살아가는 보통 그리스도인들이 모두 겪는 일반적인 경험으로 환난과 박해가 기술됩니다. 달리 말해 환난과 박해로 인해 고난을 겪는 것은 땅 위에 있는 성도들의 보편적인 경험인 것입니다. 그렇기 때문에 주님은 세상에 계실 때에 소수의 제자를 향해 미리 권면하십니다.

> 세상에서는 너희가 환난을 당하나 담대하라 내가 세상을 이기었노라(요 16:33).

세상에서 너희가 환난을 당하는 것은 피치 못할 현실이지만, 그러나 "담대하라"고 주님이 말씀하십니다. 이 말씀을 전하면 어떤 사람들은 마치 환난을 당할 수도 있고 당하지 않을 수도 있는 것처럼 자기 생각에 좋을 대로 이해합니다. 하지만 주님은 "세상에서 너희가 환난을 당할 것이다. 그러나 담대하라"고 말씀하셨습니다. 우리가 환난을 당하는 것은 피치 못할 그리스도인의 현실이지만 그럼에도 우리가 담대해야 할 근거는 "내가 세상을 이기었노라"에 있습니다. 같은 맥락에서 사도 바울은 그가 사역했던 무리를 떠나가며 마지막 권면을 합니다.

> 또 우리가 하나님의 나라에 들어가려면 많은 환난을 겪어야 할 것이라……(행 14:22).

이것은 초대 교회가 보통 겪었던 경험인 동시에 마지막 때에 교회가 겪게 될 특별한 경험일 것입니다. 인류의 마지막 때가 오면 교회는 역사상 가장 극심한 박해를 받게 될 것입니다. "이는 그때에 큰 환난이 있겠음이라 창세로부터 지금까지 이런 환난이 없었고 후에도 없으리라"(마 24:21)고 성경은 말해 주고 있습니다. 우리는 큰 환난을 앞에 두고 있습니다. 단순히 일곱 교회를 중심으로 당시 성도들을 격려하는 것만이 요한계시록을 쓴 목적은 아닙니다. 1차적으로는 당대 성도들을 격려할 필요가 있었지만 그것을 기록한 것은 마지막 대환난을 앞두고 있는 우리를 위해서입니다.

사랑하는 성도 여러분! 계시록 12-14장의 일곱 이적은 고난을 당하는 교회를 위해 기록되었습니다. 물론 계시록 전부가 고난받는 교회를 위해 기록되어 있지만 특히 이 부분은 환난 가운데 당혹해 하는 성도들에게 대답하기 위해 기록된 것이 틀림없습니다. 영적 세계에서 일어난 커다란 전쟁을 기술함으로 땅 위에서 고난받는 성도를 위로합니다. 요한은 땅 위에 있는 하나님의 백성에게 그들이 왜 극심한 박해를 당하는지 설명해 주고 있습니다. 그리하여 땅 위에 있는 하나님의 백성에게 그들의 대적 사탄이 이미 정복된 것을 확신시키고 있습니다.

요한은 막간의 환상인 이 일곱 이적을 통해 하나님이 그 대적을 결정적으로 패퇴시키신 것을 강조하고 있습니다. 그리하여 땅 위에 있는 하나님의 백성으로 하여금 그들도 어린양의 피와 그들의 증거하는 말로 인하여 사탄을 이길 수 있음을 보여 주려 합니다.

유일무이한 구원자 예수

특히 요한은 계시록 12장에서 우리에게 묵시 문학의 극치를 보여 줍니다. 여기에 기록된 하늘의 이적을 고도의 신화적 용어를 사용하여 기술합니다. 마치 요한은 온 세상의 신화를 다 섭렵한 사람처럼 보입니다. 요한은 당시까지 알려진 모든 고대 신화를 통달한 후, 그가 원하는 기독교 메시지를 담았습니다. 고대 신화를 단순히 차용하기보다는 그 나름의 독특한 기독교적인 시나리오를 엮어 갑니다.

그리하여 모든 나라 백성과 이스라엘 백성이 바라던 약속이 그리스도 한 분을 통하여 다 성취된 것을 단숨에 주장합니다. 바벨론의 마르둑(Marduk)

이 아니라, 바사의 오르마즈드(Ormazd)가 아니라, 애굽의 호루스(Horus)가 아니라, 헬라의 아폴로(Apollo)가 아니라 그리스도 예수만이 인류의 구원자임을 부각시키고 있습니다. 이방 종교가 바라던 모든 소망이, 이스라엘이 고대하던 모든 희망이 그리스도 한 분에게 있다고 보여 주고 있습니다. 요한이 살던 당대에는 도미티아누스 황제가 열 살 때 죽은 그의 아들을 신격화하고 그 어머니를 여신화하여 유포시킨 신화들이 사회에 팽배하게 나돌고 있었습니다. 그러나 요한은 그에 대해 하늘에 오르셔서 전능자의 우편에 계신 그리스도만이 구세주라는 것을 부각시키고 있습니다. 오직 예수 그리스도만이 하늘 아래 모든 사람에게 주신 유일무이의 구원자이십니다.

사랑하는 성도 여러분, 그분이 하신 일을 힘입고 주께 가기만 하면 영원한 삶을 얻습니다. 예수께서 십자가에 달려 고난당하셨기에 우리를 구원하실 분은 그분 한 분밖에 없습니다. 지금껏 많은 위인이 있었고 종교의 창시자들이 있었지만, 어느 누구도 우리를 대신해서 고통당하고 죽임당하지는 않았습니다. 구원은 눈물을 흘린다고 얻는 것이 아닙니다. 힘써도 못합니다. 참아도 못합니다. 그래서 우리는 "믿으면 되겠네 주 예수만 믿어서 그 은혜를 힘입고 오직 주께 나가면 영원 삶을 얻네"(새찬송가 544장)라고 찬송합니다.

이제 계시록 12장이 어떻게 구성되어 있는지 살펴봅시다. 세 장면으로 나눌 수 있습니다. 제1막은 아이의 탄생입니다. 제2막은 용이 추방당한 사건입니다. 제3막은 여자와 그 후손을 향한 용의 공격입니다.

본문은 계시록 12장 첫 두 절, 제1막에만 한정됩니다. 12장의 주요 등장인물은 여자와 아이와 용입니다. 등장인물을 중심으로 차례로 살펴봅시다.

태양을 옷 입은 여자

> 하늘에 큰 이적이 보이니 해를 옷 입은 한 여자가 있는데 그 발아래에는 달이 있고 그 머리에는 열두 별의 관을 썼더라 이 여자가 아이를 배어 해산하게 되매 아파서 애를 쓰며 부르짖더라(12:1, 2).

하늘에 큰 이적(환상)이 나타났습니다. 태양을 옷 입은 한 여자가 있고 그 발아래는 달이 있습니다. 그 머리에는 열두 별의 면류관이 있습니다. 그런데 차림새에 어울리지 않게 "이 여자가 아이를 배어 해산하게 되매 아파서 애를 쓰며 부르짖더라"고 말합니다.

여자를 묘사한 내용과 뒤이어 나오는 이야기는 어색한 조합 같습니다. 태양을 옷 입고 달을 그 발아래 둔 여자, 그리고 머리에는 열두 별의 관을 쓴 여자라면 보좌에 앉아 있다고 말해야 뭔가 이야기가 자연스러울 것 같습니다. 그런데 그렇게 화려하게 차려 입은 이 여자가 지금 해산의 진통을 하고 있다고 묘사하고 있습니다. 우리의 상상을 초월해서 발전하는 이야기가 바로 묵시 문학의 특징입니다. 1절은 이 여인의 모습을 묘사한다면 2절은 이 여인의 고통을 묘사하고 있습니다.

이 여자는 17장에 등장할 큰 음녀와 마찬가지로 상징적 의미를 가지고 있습니다. 둘 다 특정 개인을 가리키는 것이 아니라 특정 공동체를 대표합니다. 12장의 "해를 옷 입은 여자"는 하늘의 부름을 입은 공동체를 의미합니다. 17장의 "물 위에 앉은 큰 음녀"는 지옥의 하수인 노릇을 하는 세상의 공동체를 나타냅니다. 본문에 등장한 태양을 옷 입고 그 발아래 달이 있고 그 머리에 열두 별의 면류관을 쓴 여인은 신구약 모든 시대에 걸친 신앙 공동체를 가리킵니다. 교회는 신구약에 걸쳐서 택함받은 한 족속이요, 고귀한 제사장이요, 거룩한 나라요, 하나님의 소유된 백성이요, 그리스도의 아름다운 신부라고 성경은 묘사합니다. 이 여자를 묘사한 1절 기록은 그리스도의 신부로 불리는 교회의 영광과 아름다움을 보여 줍니다.

세상에서는 교회가 영광스럽고 아름다워 보이지 않습니다. 그뿐만 아니라 종종 조롱과 비난의 대상이 되기도 합니다. 앞으로는 더욱 혐오스러운 대상으로 취급당할 것입니다. 그러나 하늘의 관점에서 보면 믿기지 않을 만큼 아름답고 영광스럽습니다.

하늘에서 볼 때는 지극히 영광스럽고 아름다운 존재, 그것이 교회의 모습입니다. 교회는 하늘에서 베풀 수 있는 모든 영광과 광채로 장식하고 있습니다. 온갖 아름다운 봄꽃으로 단장한 5월의 신부처럼, 하늘이 가진 모든 발광체로 그의 아름다움을 묘사하고 있습니다. 해를 옷 입은 여자, 달을 딛고 선 여자, 열두 별로 관을 쓴 여자. 성경은 교회의 아름다움을 그렇게 보여 주고 있습니다. 태양으로 옷을 입은 것은 여자가 영광스럽고 고귀함을 보여 줍니다. 발아래 달이 있는 것은 여자에게 다스리는 권세가 있음을 보여 주고 있습니다. 열두 별로 장식된 면류관을 쓴 것은 승리자의 모습을 보여 주고 있습니다.

교회의 영광과 아름다움

사랑하는 성도 여러분, 여러분이 속한 교회를 어떻게 생각하고 있습니까? 악의에 찬 세상의 비난으로 교회를 바라보지 마십시오. 성경의 관점에서, 하나님의 시각으로 교회를 바라보아야 합니다. 성경의 묘사를 음미해 보십시오. 시편 87편 2, 3절 말씀입니다.

> 여호와께서 야곱의 모든 거처보다 시온의 문들을 사랑하시는도다 하나님의 성이여 너를 가리켜 영광스럽다 말하는도다(셀라).

시편뿐만 아니라 이사야서, 특히 60-63장은 하나님이 보시는 교회의 아름다움이 다각도로 묘사되어 있습니다. 깎인 각도에 따라 다이아몬드의 아름다움이 더욱 빛나듯이, 이사야 60장 이후에는 교회의 영광이 여러 각도에서 풍성하게 묘사되어 있습니다.

> 보라 어둠이 땅을 덮을 것이며 캄캄함이 만민을 가리려니와 오직 여호와께서 네 위에 임하실 것이며 그의 영광이 네 위에 나타나리니 나라들은 네 빛으로, 왕들은 비치는 네 광명으로 나아오리라(사 60:2, 3).

> 내가 여호와로 말미암아 크게 기뻐하며 내 영혼이 나의 하나님으로 말미암아 즐거워하리니 이는 그가 구원의 옷을 내게 입히시며 공의의 겉옷을 내게 더하심이 신랑이 사모를 쓰며 신부가 자기 보석으로 단장함 같게 하셨음이라 땅이 싹을 내며 동산이 거기 뿌린 것을 움돋게 함같이 주 여호와께서 공의와 찬송을 모든 나라 앞에 솟아나게 하시리라(사 61:10, 11).

> 이방 나라들이 네 공의를, 뭇 왕이 다 네 영광을 볼 것이요 너는 여호와의 입으로 정하실 새 이름으로 일컬음이 될 것이며 너는 또 여호와의 손의 아름다운 관, 네 하나님의 손의 왕관이 될 것이라 다시는 너를 버림받은 자라 부르지 아니하며 다시는 네 땅을 황무지라 부르지 아니하고 오직 너를 헵시바라 하며 네 땅을 쁄라라 하리니 이는 여호와께서 너를 기뻐하실 것이며 네 땅이 결혼한 것처럼 될 것임이라(사 62:2-4).

이런 성경의 묘사들은 그리스도 교회의 아름다움을 나타내고 있습니다. 교회를 향한 우리의 시각을 교정할 필요가 있습니다. 교회를 볼 때, 육신의 눈으로 판단하지 말고 믿음의 눈으로 그 아름다움을 볼 수 있어야 우리의 신앙생활이 새로운 힘을 얻을 것입니다. 그래야 예수 믿는 즐거움을 누릴 수 있습니다.

육신의 눈으로 교회를 보면 더는 교회라 부를 수 없을 만큼 참혹한 처지에 있는 모습을 보기도 합니다. 그럼에도 하나님은 그분이 보시기에 구원받은 한 사람 한 사람이 신부와 같이 아름다운 자라고 말씀해 주고 계십니다. 하나님의 눈에 그들이 모두 모인 공동체는 말할 수 없이 영광스러운 존재입니다. 겉으로 보이는 교회의 모습은 때로 영광스러움과 거리가 있지만, 주님이 보시는 교회의 내면적인 모습은 영광스럽고 아름답다는 것을 성경은 우리에게 일관되게 보여 주고 있습니다.

> 너의 하나님 여호와가 너의 가운데에 계시니 그는 구원을 베푸실 전능자이시라 그가 너로 말미암아 기쁨을 이기지 못하시며 너를 잠잠히 사랑하시며 너로 말미암아 즐거이 부르며 기뻐하시리라 하리라(습 3:17).

교회는 하늘 아버지께서 기쁨을 이기지 못하시며 잠잠히 사랑하시는 대상이요, 즐거이 부르며 기뻐하시는 대상입니다.

자기의 모습을 제대로 알아야 행복하게 살 수 있습니다. 누군가 내뱉은 독 묻은 그 한마디를 가지고 곱씹어 생각하지 마십시오. 그 독을 받아들일 필요가 없습니다. 그 사람이 던진 악랄한 말이 진리입니까, 나를 사랑하시는 하늘 아버지가 하신 말씀이 진리입니까? 하늘 아버지께서는 "너의 하나님 여호와가 너의 가운데에 계시니 그는 구원을 베푸실 전능자이시라 그가 너로 말미암아 기쁨을 이기지 못하시며 너를 잠잠히 사랑하시며 너로 말미암아 즐거이 부르며 기뻐하시리라"(습 3:17)고 말씀하십니다.

사랑하는 성도 여러분, 성경이 선포하는 진리를 마음으로 믿으십시오. 어떤 사람이 나타나면 여러분의 얼굴이 밝아집니까? 그렇다면 여러분은 그 사람을 사랑하고 있는 것이 맞습니다. 그 사람과 마주 보고 이야기할 때에 찻잔의 달그락거리는 소리조차 내고 싶지 않은 좋은 분위기를 아십니까? "너를 잠잠히 사랑하시며 너로 말미암아 즐거이 부르며 기뻐하시리라"(습 3:17). 우리 하나님은 우리를 그렇게 보고 계십니다.

우리가 아버지의 나라에 갈 때까지 지상에 있는 교회나 한 사람 한 사람의 그리스도인이 완벽해지지는 않습니다. 그런데도 어떤 모습에 주목할지 생각하십시오. 그것이 우리 삶의 수준을 결정할 것입니다.

하나님은 우리를 바라보실 때 기쁨을 이기지 못하시며, 우리와 함께하는 그 오붓한 시간을 사랑하십니다. 기도하는 자리에 동참하십시오. 기도할 줄 모른다고 망설이지 마십시오. 기도하고 싶은 마음으로 앉아 있는 모습만 봐도 하나님의 입은 귀에 걸려 있습니다.

사랑하는 성도 여러분, 비록 지금은 우리가 추해 보이고 비난받을 여지가 있지만, 하나님은 우리를 완벽한 당신의 사랑받는 아들의 모습으로 변화시키실 것입니다. 그러려면 우리 하나님은 전능자이셔야 합니다. 전능하신 능력이 없으시면 우리 같은 사람을 구주 예수 그리스도의 모습으로 바꾸실 수 없습니다. 하나님을 사랑하고 섬기는 일에 있어서 우리를 예수 그리스도의 수준으로 만들어 가시려고 합니다.

사랑하는 성도 여러분, 하나님이 누구신지를 기억하면서 계시록 12장 1절을 마음속으로 외워 보십시오. 또한 우리가 누구인지 기억하고 불의한 세상을 살아가야 합니다. 우리는 하나님의 사랑의 대상이요 기쁨의 대상이며 하나님의 찬송의 대상입니다. 부디 건전한 자아상을 가지고 하나님을 예배하는 자리에 나아오십시오. 그때 비로소 건전한 자아상을 가지고 세상에 유익을 끼치는 성도가 될 것입니다.

Revelation

요한계시록 12장 1, 2절

1 하늘에 큰 이적이 보이니 해를 옷 입은 한 여자가 있는데 그 발아래에는 달이
있고 그 머리에는 열두 별의 관을 썼더라 2 이 여자가 아이를 배어 해산하게 되
매 아파서 애를 쓰며 부르짖더라

02

애써 부르짖는 여자

계시록 말씀을 사모하는 성도 여러분, 이 장에서는 계시록 12장 2절을 중심으로 "애써 부르짖는 여자"라는 주제를 살펴보려고 합니다. 본문 2절은 여자의 행동을 묘사하고 있습니다.

이 여자가 아이를 배어 해산하게 되매 아파서 애써 부르짖더라(12:2).

해산의 고통

본문에 나오는 "아이"는 주 예수 그리스도를 가리키는 것임이 틀림없습니다. 요한계시록은 구절마다 학자들의 견해가 나뉘는 경우가 많습니다. 사람들이 각자 자기 생각대로 이야기합니다. 마치 길이 뚜렷하지 않은 밀림 속에서 제각각 길을 찾는 것 같습니다. 그런데 이 본문에 대해서는 모든 전통 학자들의 의견이 일치한다는 것이 놀랍습니다. 모든 학자가 이 아이는 우리 주 예수 그리스도라고 입을 모아 말하고 있습니다.

하나님이 보내실 구원자에 관한 성경 최초의 예언은 "여자가 낳은 후손이 뱀의 머리를 상하게 할 것"(창 3:15 참조)이라고 선언합니다. 그 성경 최초의 예언에서 여자가 낳은 아이가 누구를 가리키는지 알 것입니다. 신앙 공동체는 그분이야말로 구원자 예수님이라는 것을 알았습니다. 이 아이를 주 예수 그리스도로 보는 것이 옳다는 것은 이 아이가 "철장으로 만국을 다스릴 남자"라는 5절로도 입증됩니다. 이 아이는 철장으로 만국을 다스리기 위해서 세움받은 자입니다. 시편 2편 말씀에 따르면 이것은 바로 약속된 메시아를 가리킵니다.

> 네가 철장으로 그들을 깨뜨림이여 질그릇같이 부수리라 하시도다(시 2:9).

두아디라 교회를 향해서 주님이 자기를 나타내실 때 하신 말씀과도 일치합니다.

> 그가 철장을 가지고 그들을 다스려 질그릇 깨뜨리는 것과 같이 하리라……(2:27).

문제는 교회가 그리스도를 낳는다는 말을 어떻게 이해해야 하는가입니다. 쉽게 이해되지 않습니다. 교회가 그리스도를 낳았다는 말을 여러분은 어떻게 생각하십니까? 구약 이스라엘은 종종 해산의 고통을 겪는 여인으로 묘사됩니다.

> 여호와여 잉태한 여인이 산기가 임박하여 산고를 겪으며 부르짖음같이

우리가 주 앞에서 그와 같으니이다(사 26:17).

또 하나님의 구약 언약의 공동체, 이스라엘은 그들의 자화상을 이렇게 이야기합니다.

딸 시온이여 해산하는 여인처럼 힘들여 낳을지어다……(미 4:10).

본문이 환상이라는 것을 꼭 기억하십시오. 그러므로 여인이 아이를 낳았다고 할 때 역사적 예수 그리스도의 탄생을 가리키는 것으로 보기에는 무리가 있습니다. 우리가 고백하는 사도신경에는 예수님을 낳은 여인이 마리아라고 나오기 때문입니다. 만약 그렇게 본다면 이 여인은 교회라기보다는 마리아로 봐야 할 것입니다. 오히려 로마서 9장 5절을 기억하는 것이 좋겠습니다.

조상들도 그들의 것이요 육신으로 하면 그리스도가 그들에게서 나셨으니 그는 만물 위에 계셔서 세세에 찬양을 받으실 하나님이시니라 아멘(롬 9:5).

살펴본 바대로 성경은 구약 공동체를 통해 그리스도께서 태어나셨다고 말하고 있습니다. 그리스도께서는 구약 언약 공동체를 통해 이 땅에 오셨습니다.

특별히 2절은 해산의 고통을 강조하고 있습니다. 신체적, 정신적 고통이 크게 부각되고 있습니다. "이 여자가 아이를 배어 해산하게 되매 아파서 애를 쓰며 부르짖더라"고 기록하고 있습니다. 2절의 강조점은 이 여자가 아파서 애써 부르짖고 있다는 것입니다. 여자가 겪고 있는 고통은 신실한 구원 공동체의 고통을 대변합니다. 그리스도 자신의 오심과 새 시대의 도래의 전조로 고통받아 온 신앙 공동체의 모습을 여기서 떠올릴 수 있습니다.

새 시대를 위해 감당해야 할 고난

계시록이 쓰인 당시의 교회들은 자기가 당한 이 고통이야말로 새 시대를 가져오기 위한 것이라고 생각하고 극심한 로마 황제의 박해를 견뎌 냈습니다. 마치 새 생명이 잉태되기 위해서는 어머니의 극한 고통이 필요하듯 초대 교회는 하나님의 의가 다스리는 새로운 세상을 위해서 자신들이 산모의 고통 같은 고통을 겪는다고 믿었습니다. 사도 바울도 자신의 고통과 고난을 이렇게 고백합니다.

> 나는 이제 너희를 위하여 받는 괴로움을 기뻐하고 그리스도의 남은 고난을 그의 몸 된 교회를 위하여 내 육체에 채우노라(골 1:24).

사도 바울도 골로새 성도들을 위하여 기쁘게 괴로움을 받아들이는 것이 그리스도의 남은 고난을 그의 몸 된 교회를 위하여 자신의 육체에 채우는 것임을 알았습니다. 골로새 교회는 때로 이단에 휘둘리고, 때로 공동체 안의 미성숙한 사람들에게 시달렸지만, 자신의 부족함과 악함으로 겪는 모든 고통조차 그리스도의 남은 고난으로 간주하며 그것을 그들의 몸 된 교회를 위해서 받아들였습니다. 오늘날 우리에게는 이런 자세가 필요합니다.

우리는 새로운 시대의 도래를 위해서 우리 몫의 고난을 감당하고 있습니까? 교회가 교회 되기 위해서, 성도가 성도 되기 위해서, 예배가 예배 되기 위해서 우리 각자의 몫을 감당해야 합니다. 하나님 나라의 그날을 위해서 우리가 흘려야 할 눈물이 있고, 그날을 위해서 우리가 흘려야 할 땀이 있고, 그 나라의 도래를 위해서 우리 자신이 쏟아야 할 피가 있다는 것을 기억하십시오. 동시에 내일의 새로운 세상을 위해 그리스도의 남은 고난을 자신의 육체에 채우고 있습니까? 그리스도의 몸 된 교회를 위해서 자신의 삶에 그리스도께서 남긴 고통을 채우십시오.

오늘 우리가 살고 있는 이 땅에는 신앙 때문에 겪는 박해가 아직 없습니다. 적어도 사회적 현상으로 드러난 박해는 없어 보입니다. 종교의 자유라는 헌법의 표현으로 보장되고 있습니다. 그러나 신실한 그리스도인의 삶을 살려고 하면 개인적으로 겪는 어려움을 피해 갈 수 없습니다. 마치 새 생명을 잉태하기 위해서 여자가 고통받는 일을 반드시 겪어야 하듯이, 우리가 겪는 오늘의 고통은 하나님의 새 시대가 오기 위한 고통이라는 것을 내다보며 견뎌 내야 합니다.

아기를 낳는 여인의 고통과 같이 아파하는 공동체를 통해서 주님은 이미 오셨고 또한 장차 오실 것입니다. 한 사람이 그리스도인이 되려면 누군가는 값을 지불해야 합니다. 그래서 바울은 성도들을 향해서 "내가 너희를 위해서 해산의 고통을 하리라"고 말했습니다. 그러므로 교회는 항상 해산의 고통이 먼저 있어야만 새 시대가 올 수 있다고 믿어 왔습니다. 미성숙한 자신의 모습으로 고통스럽습니까? 답답한 공동체의 수준으로 고통스럽습니까? 그러므로 새 시대를 위한 고통이야말로 오늘을 사는 신앙 공동체의 몫입니다. 먼저 진리를 깨닫는 사람들, 먼저 이 영역에 들어온 사람들이 감당해야 될 의무입니다.

사랑하는 성도 여러분, 그러므로 여러분에게 질문합니다. 새 시대를 위한 진통에 여러분은 참여하고 있습니까? 이 여자가 당하고 있는 고통과 여러분은 상관관계가 있습니까? 애써 부르짖으며 고통당하는 이 여인의 모습과 오늘날 그리스도인인 여러분의 모습에 서로 비슷한 곳이 있습니까? 오실 주님의 길을 예비하는 아픔이 여러분의 삶에 배어 있습니까? 그분이 남긴 고난의 발자국을 따라가고 있습니까? 그 아픔 때문에 밤낮으로 부르짖는 기도로 여러분의 삶은 각인되어 있습니까?

적당히 세상과 어울려 사는 것은 음녀의 처신입니다. 날마다 나타나는 새로운 남자와 더불어 지내는 것은 음녀의 짓입니다. 모든 남자를 차별 없이 사랑하는 것은 여자의 도리가 아닙니다. 하나님은 인간을 그렇게 짓지 않으셨습니다. 세상의 풍조에 휩쓸려 이리 치닫고, 저리 따라 사는 것은 음녀의 생활 방식입니다.

세상 사람들이 추구하는 것을 우리도 추구하고 산다면 우리는 세상을 차별 없이 짝사랑하는 음녀와 같을 것입니다. 세상 사람들이 SKY를 사모한다면, 우리는 SKY(하늘)가 아닌 HEAVEN(천국)을 사모해야 합니다. 세상이 주는 것에 빠져 산다면 우리는 세상과 더불어서 열애하고 있는 것입니다. 세상이 약속한 것을 얻으려고 삶을 소모한다면 그리스도는 더 이상 우리의 구원자가 아닙니다.

> 간음한 여인들아 세상과 벗된 것이 하나님과 원수 됨을 알지 못하느냐 그런즉 누구든지 세상과 벗이 되고자 하는 자는 스스로 하나님과 원수 되는 것이니라(약 4:4).

사랑하는 성도 여러분, 그러므로 교회는 세상과 서로 짝할 수 없습니다. 우정을 나누어야 하는 대상이 아니라 원수 된 사이인 것을 기억하고 올곧게 살아가야 합니다. 일찍부터 에덴동산에서 선언하신 하나님의 음성을 기억하십시오.

> 내가 너로 여자와 원수가 되게 하고 네 후손도 여자의 후손과 원수가 되게 하리니 여자의 후손은 네 머리를 상하게 할 것이요 너는 그의 발꿈치를 상하게 할 것이니라……(창 3:15).

사랑하는 성도 여러분, 여러분과 제가 신앙 공동체의 일원이라면 오늘 우리는 세상이 치닫는 길로 달려가서는 안 됩니다. 오히려 새 하늘과 새 땅, 새로운 공동체를 지향하는 성도라면 해산하는 고통을 각자 자신의 것으로 받아들여야 합니다. 그래서 누가복음 18장에 기록된 예수님의 비유에서는 교회를 밤낮없이 부르짖는 과부로 묘사하고 있습니다.

> 주께서 또 이르시되 불의한 재판장이 말한 것을 들으라 하물며 하나님께서 그 밤낮 부르짖는 택하신 자들의 원한을 풀어 주지 아니하시겠느냐 그들에게 오래 참으시겠느냐(눅 18:6, 7).

그 밤낮 부르짖는 과부의 소원을 들어주시리라고 말씀하셨을 때 거기에 나타난 과부가 바로 교회의 모습니다. 여러분, 그런 간절한 소원을 가지고 부르짖는 성도가 되기를 바랍니다. 그러므로 "고통 속에 애써 부르짖는 간구"가 성도 된 우리의 입술을 밤낮 떠나지 않아야 합니다.

세상과 벗하지 않는 그리스도인

사랑하는 성도 여러분, 어머니가 새 생명의 아이를 낳을 때 어떻습니까? 여자로서의 품위를 지켜 가며 점잖게 "너무 아파요"라고 하지 않습니다. 다 내려놓고 부르짖습니다. 그 순간에는 체면이고 뭐고 아무것도 없습니다. 얼굴에 눈물이 흐른 적이 있어야 제대로 된 신앙인입니다. 더 이상은 세상의 부귀영화를 바라보며 살지 마십시오.

이제 세상을 향한 우리의 눈을 감기 바랍니다. 세상의 반짝거리는 것들을 향해 눈을 감으십시오. "너희들이 그리스도의 영광스러운 빛을 본 적이 있느냐, 그렇다면 더 이상 세상의 반짝거리는 것들을 보고 살아서는 안 된다"고 사도 야고보가 말한 적이 있습니다. 또 사도 야고보는 야고보서 2장에서 "세상의 반짝거리는 옷을 입고, 금가락지를 끼고 나타나는 사람이 있으면 '여기 앉으세요'라고 자리를 안내하면서, 남루한 옷을 입고 오는 사람에게는 신경도 쓰지 않는다는 것은 너희가 사람을 서로 차별하는 것이 아니냐. 너희가 정말 그리스도의 그 찬란한 영광의 빛을 보았다고 하면, 어떻게 세상의 반짝거리는 것을 가지고 그렇게 사람을 차별할 수 있느냐"라며 당대의 교회를 책망했습니다.

하루 24시간을 보낼 때 세상을 향해서 잠깐이라도 눈을 감아 보십시오. 텔레비전과 휴대 전화에 매달리는 것이 아니라 거룩하신 하나님이 보여주시는 거룩한 환상을 보기를 바랍니다. 그리하여 본문에 흐르고 있는 하나님의 말씀을 듣기 바랍니다. 우리가 알아듣기 힘든 부분인 것은 사실입니다. 본문의 말이 어려운 것이 아닙니다. 계시록이라서 어려운 것이 아닙니다. 다만 우리 삶이 너무 세상에 물들었기 때문에 들리지 않는 것입니다.

사랑하는 성도 여러분, 하나님이 우리에게 은혜를 베푸셔서 세상의 환영과 신기루를 좇아 사는 우리로 하여금 세상 역사의 본질이 무엇인지 보여주시기를 간구합시다. 우리 모두가 거룩한 소명을 가진 공동체가 되어야 합니다. 아버지 하나님의 나라가 도래하도록 그 고통을 자신의 몸에 채우기로 소원하는 사람들이 모여들기를 함께 부르짖기 바랍니다. 이 땅의 교회는 그리스도의 거룩한 신부입니다. 태양 아래 옷을 입고, 그 발아래 달이 있으며, 열두 별로 장식된 관을 쓴 아름다운 신부입니다. 그 본질적 정체성을 잃어버리고 세상을 쉽게 살아가는 사람들이 모인 교회가 무수히 등장하는 말세이지만 우리는 거룩한 신앙 공동체의 모습을 흐리지 않고 회복하기를 함께 간구합시다. 아버지 하나님의 의를 이루기 위해서, 의가 보금자리를 트는 새 하늘과 새 땅이 이 땅에 나타나는 것을 보기 위해서 진통하는 기도를 드리는 사람들로 구성된 교회들이 세워지길 원합니다. 그리고 그리스도의 남은 고난을 자신의 몸에 채워 가는 주의 백성으로서 순결한 신앙 공동체들이 세워지기를 원합니다.

되는 대로 세상을 따라 살아가지 마십시오. 우리가 깨어 있지 못하면 다른 성도는 더 큰 부담을 가지고 세상을 살아야만 합니다. 우리 때문에 비난의 돌팔매를 맞으면서 우리 몫까지 계산해야 하는 것처럼 깨어 기도하는 부담을 안게 됩니다. 군대나 직장에 가면 그렇지 않습니까? 예수를 믿는다면서 폭탄주를 마시는 사람이 회사에 있으면 신앙인처럼 처신하는 것이 정말 힘들 것입니다. "너만 잘났냐? 저 사람도 교회 다니는 집사, 장로가 아니냐?"라는 비아냥도 듣는 고통을 당할 것입니다.

사랑하는 성도 여러분, 그러므로 공동 전선에 함께 서 있다는 부담감이 우리 각자에게 자리하고 있어야만 합니다. "의가 보금자리를 트는 새 하늘과 새 땅"을 위해 해산의 고통을 겪는 여인처럼 부르짖는 일에 하나가 되길 바랍니다. 해산의 고통을 자신의 것으로 지금 받아들이십시오. 그러면 후일에 그날의 영광스러운 기업을 누릴 것입니다.

이 땅에서 성도는 애써 부르짖는 여인입니다. 아직은 그 찬란한 관을 머리에 쓰지 않았습니다. 그 발아래 눈에 보이는 달이 있지는 않습니다. 태양으로 옷 입지는 않았습니다. 그러나 우리의 진정한 모습은 그러한 것입니다. 참된 영광스러운 모습을 보여 주고 나서 우리의 애써 고통하며 부르짖는 여인의 모습으로 보여 주어 교회가 어떠해야 하는지 말하고 있습니다.

계시록은 결코 어려운 책이 아닙니다. 그분의 영광스러운 모습은 1절 한 절에 충분히 나타나 있습니다. 그분의 현주소는 2절 한 절에 나타나 있습니다. 애써 고통하며 부르짖는 여인의 모습이 오늘 우리의 부름입니다.

Revelation

요한계시록 12장 1, 2절

1 하늘에 큰 이적이 보이니 해를 옷 입은 한 여자가 있는데 그 발아래에는 달이
있고 그 머리에는 열두 별의 관을 썼더라 2 이 여자가 아이를 배어 해산하게 되
매 아파서 애를 쓰며 부르짖더라

03
광야의 날들

사랑하는 성도 여러분, 계시록 12장 본문은 다시 한 번 우리 눈길을 하늘로 사로잡고 있습니다. 12장 3절부터 하늘의 또 다른 이적을 보여 줍니다.

> 하늘에 또 다른 이적이 보이니 보라 한 큰 붉은 용이 있어 머리가 일곱이요 뿔이 열이라 그 여러 머리에 일곱 왕관이 있는데 그 꼬리가 하늘의 별 삼분의 일을 끌어다가 땅에 던지더라 용이 해산하려는 여자 앞에서 그가 해산하면 그 아이를 삼키고자 하더니(12:3, 4).

여기에 "한 큰 붉은 용"이 등장합니다. 머리가 일곱이고 뿔은 열이나 됩니다. 그 꼬리가 행사하는 능력을 보십시오. 하늘의 별 삼분의 일을 끌어다 땅에 던지고 있습니다. 이 엄청난 괴물은 여자 앞에 버티고 서서 여자가 해산하면 아이를 삼키려고 합니다.

용이 누구인지는 길게 논할 여지가 없습니다. 9절은 그의 정체와 속성을 "옛 뱀 곧 마귀라고도 하고 사탄이라고도 하며 온 천하를 꾀는 자라"고 밝히고 있습니다. 머리가 일곱이요 뿔이 열인 붉은 용이야말로 고대 신화 어디에서나 등장할 법한 괴물입니다. 이 괴물은 구약 성경 여기저기에 다른 이름으로 등장합니다. 이 신화적인 악의 화신은 날랜 뱀 리워야단(사 27:1), 라합(시 89:10), 뱀(암 9:3), 악어(욥 40:15 이하, 겔 29:3), 용(욥 7:12) 등 여러 가지로 구약에 묘사되어 있습니다. 12장만 살펴보아도 3절에서는 "큰 붉은 용"이라고 했는데 9절을 보니 "옛 뱀"이라고 묘사합니다.

일곱 머리는 능력과 지식을 상징합니다. 열 뿔은 파괴력을 가리킵니다. 일곱 왕관은 권위에 대한 욕망을 나타냅니다. 비록 그가 왕관을 썼지만 그 왕관은 승리의 관이 아니라 찬탈한 권세일 뿐입니다. 이 모든 묘사는 사탄의 엄청난 권세를 나타냅니다. '이 세상 신'으로 군림하는 그의 위용을 보여 줍니다.

사실 세세한 부분이 무엇을 의미하는지 묻는 것은 요한이 의도한 바가 아닙니다. 요한은 부분적인 의미보다 전체적인 인상을 강조하고 있습니다. 그의 충만한 악과 엄청난 힘을 나타내는 것이 요한의 의도입니다. 4절도 그렇게 볼 수 있습니다. 그 꼬리로 하늘의 별 삼분의 일을 땅에 떨어뜨릴 만큼 엄청난 용의 힘을 과시합니다.

아이를 삼키려는 큰 붉은 용

이 무서운 괴물이 의도하는 바가 무엇입니까? 사탄은 그리스도를 멸망시키려는 목적을 가지고 있습니다. 그는 끊임없이 그리스도를 죽이려고 시도합니다.

사탄의 기본 관심은 태어나는 '그 아이를 삼키는' 것에 있습니다. 사탄은 일찍부터 그 아이를 삼키려고 시도해 왔습니다. 구약 역사에는 사탄의 시도가 여러 번 등장합니다. 가인을 통해 아벨을 살해하여 구원의 싹부터 짓이겨 버리려고 했습니다. 애굽에서 바로를 통해 유대인 가운데 태어나는 남자 아이를 다 죽이려고 한 시도도 이런 사탄의 책략입니다. 그런가 하면 이스라엘 열왕기에 나오는 이세벨의 딸 아달랴가 유다 왕손을 다 죽이려 한 발악도 동일한 역사입니다. 에스더서에서 하만이 유대인을 모두 죽이려고 한 시도 역시 마찬가지입니다. 신약에서도 동일한 시도가 계속됩니다. 헤롯 왕의 음흉한 흉계에서도 같은 시도를 발견할 수 있습니다. 베들레헴 근방에 두 살 이하의 남자 아기들을 모두 죽이려 한 끔찍한 학살의 배후에서도 이런 사탄적인 의도를 발견할 수 있습니다. 그러나 사탄의 시도는 한 번도 성공하지 못했습니다.

> 용이 해산하려는 여자 앞에서 그가 해산하면 그 아이를 삼키고자 하더니 여자가 아들을 낳으니 이는 장차 철장으로 만국을 다스릴 남자라 그 아이를 하나님 앞과 그 보좌 앞으로 올려 가더라(12:4, 5).

본문에서도 여자가 아들을 낳자마자 "그 아이를 하나님 앞과 그 보좌 앞으로 올려 가더라"고 기록하고 있습니다.

보좌 앞으로 올려진 아이

때가 차매 아이가 태어났습니다. 때가 차매 그 아이는 태어난 임무를 완수하셨습니다. 때가 차매 그 아이는 용이 삼킬 수 없는 영역으로 옮겨졌습니다. 철장으로 만국을 다스리기로 예언된 그 아이는 예수 그리스도를 의미하는 것이 분명합니다.

아이의 탄생에서 아이의 승천으로 이야기가 급진전하고 있습니다. 요한의 의도는 그 아이가 누구인지 밝히는 것으로 충분합니다. 그 아이는 다름 아닌 하나님 아버지의 보좌 우편에 계신 그리스도이십니다. 우리가 사도신경으로 고백하는, 전능하신 하나님 우편에 계신 바로 그분이라는 것을 여기서 보여 주고 있습니다. 이방 신화의 주인공이 아니라 구약 예언이 보여 준 메시아라는 것을 말하고 있습니다. 지금 하나님 앞과 보좌 앞에서 우리를 위해 능력을 행사하시는 그분이라는 것을 보여 주고 있습니다.

요한은 아이를 낳으매 보좌로 옮겨져 갔다고 말하고 있습니다. '낳으매', '하늘로 옮겨 갔다' 그 사이의 중간 과정을 생략하고 있습니다. 나머지의 생애를 다 생략해도 신앙 공동체는 그가 누구인지 알아들을 것이라고 생각했기 때문입니다. 전능하사 하나님 우편에 앉으신 예수 그리스도께서 우리의 구원자요 승리자이십니다. 그분은 대적 사탄의 의도대로 패배한 자가 아닙니다. 오히려 사탄의 의도를 무산시키시고 하늘 보좌 위에 등극하신 만주의 주요 만왕의 왕이십니다.

우리는 지금 인류 역사에서 가장 핵심이 되는 내용을 한 편의 그림으로 보고 있습니다. 요한의 환상을 통해 구속사의 핵심을 보고 있습니다. 삼키려 하던 용의 시도는 실패로 끝나고 그리스도 예수께서 하나님 앞과 그 보좌 앞으로 올라가셨습니다. 그분이 승리하셨습니다.

세기를 걸쳐 노력한 사탄의 시도는 물거품이 되고 말았습니다. 그러나 아이를 삼키려는 시도가 끝났다고 순순히 물러설 사탄이 아닙니다. 여자에게 남은 분풀이를 하려고 달려들 것입니다. 그 아이를 낳은 여자를 공격 목표로 삼을 것은 극명합니다. 그러나 싸움의 판도는 정해졌습니다. 한 번 밀리기 시작한 사탄의 시도가 성공할 리 없습니다. 이미 결정적인 실패를 겪은 그에게 또 한 번의 실패가 기다리고 있을 뿐입니다. 본문을 계속 읽어 보십시오. "그 여자가 광야로 도망하매 거기서 천이백육십 일 동안 그를 양육하기 위하여 하나님께서 예비하신 곳이 있더라"(12:6). 닭 쫓던 개 지붕 쳐다보듯 하늘로 올라간 아이로 인해 분을 품고 아이가 사라진 하늘을 바라보는 사이 여자마저도 용의 손아귀에서 벗어난 것처럼 보입니다.

사랑하는 성도 여러분, 사탄의 시도는 실패하도록 정해져 있습니다. 사악한 시도 모두 물거품이 되도록 하나님이 정하셨습니다. 그것이 우리 인류의 보편적인 경험입니다. 악한 자는 망하고 선한 자가 결국 승리한다는 것이 우리 인류의 보편적인 경험에서 나온 권선징악의 원리입니다. 그뿐 아니라 공의의 하나님은 사악한 모든 시도를 물거품이 되게 하십니다. 엄청난 위용과 막강한 능력으로 아이를 삼키려 한 사탄의 시도는 무산되었습니다.

철장으로 만국을 다스릴 분은 태어나셨고 승천하셨습니다. 히브리서는 그분이 승리자로서 하나님 보좌 우편에 앉으셨다고 거듭 말하고 있습니다. 우리가 앉는 그런 의자에 앉는 것이 아닙니다. 통치자의 보좌에 등극하셨다는 표현입니다. 그러므로 "믿음의 주요 또 온전하게 하시는 이인 예수를 바라보자 그는 …… 하나님 보좌 우편에 앉으셨느니라"(히 12:2)고 선언합니다. 통치자로 등극하셨습니다. 우리 주님은 "하나님의 영광의 광채시요 그 본체의 형상이시라 …… 높은 곳에 계신 지극히 크신 이의 우편에 앉으셨느니라"(히 1:3)고 선포되고 있습니다.

모든 싸움을 끝내고 그분이 왕으로서 통치자의 보좌에 앉으셨다는 의미입니다. 철장으로 만국을 다스리실 그분은 세상에 오셨고 자기 일을 완수하셨고, 다시 하나님의 보좌 우편에 앉으셨습니다. 승리하신 분입니다. 하나님은 한 치의 오차 없이 당신의 계획을 이루어 가십니다.

하나님이 예비하신 광야

본문에는 당시 성도들을 향한 위로가 있습니다. 극심한 황제 숭배의 박해에 시달리는 초대 교회 성도들을 향한 위로의 메시지가 있습니다. 여자는 광야로 도망칠 수밖에 없었지만 그곳은 바로 하나님이 정하신 도피처였습니다. 1,260일 동안 그를 양육하기 위하여 하나님이 예비하신 곳이 있었습니다.

옛 언약 아래, 즉 구약 시대에도 하나님의 백성이 광야에서 보호되고 보존되었듯이 신약 시대 새 언약의 공동체도 광야에서 보호되고 양육될 것입니다. 광야는 하나님이 그 백성을 위해 예비하신 피난처입니다. 그곳은 하나님이 자기 백성을 구름 기둥과 불 기둥으로 보호하시고 날마다 만나와 메추라기로 먹이시던 곳입니다. 그러기에 본문은 "그를 양육하기 위하여 하나님께서 예비하신 곳"으로 광야를 지칭합니다. 용을 피하여 도망친 그곳이야말로 하나님이 그 여자를 위하여 예비하신 곳이라고 설명하고 있습니다.

사랑하는 성도 여러분! 성도가 살아야 할 곳은 하나님이 준비해 놓으신 광야입니다. 세속 도시를 향한 연민과 집착에 붙잡히지 마십시오. 세상을 향한 사랑이 우리 영혼을 망치지 않도록 깨어 있어야 합니다. 광야를 사랑하고, 광야의 보호와 양육의 묘미를 느끼는 순례자로 세상을 살아갑시다.

약속의 땅 가나안에 들어가기 위해서 이스라엘은 반드시 광야를 통과해야 했습니다. 우리도 하늘의 가나안을 바라보고 나아갈 때에 반드시 광야를 통과해야 합니다. 하나님의 섭리의 손길이 항상 머무는 곳이 광야입니다. 구름 기둥, 불 기둥이 그 백성을 떠나지 않던 곳이 바로 광야입니다. 구름 기둥 없이 낮을 보낼 수 없는 곳이고, 불 기둥 없이 밤을 지낼 수 없는 그곳이 바로 광야입니다. 그렇기에 항상 그분의 보호를 갈망하는 곳, 거기야말로 오늘 신약 공동체가 살아가야 할 장소입니다.

우리는 성도입니다. 하늘 광야를 향해서 나아가는 순례자입니다. 우리는 이 땅에 영주할 자가 아닙니다. 우리가 추구해야 할 대상은 'SKY'가 아니라는 것을 기억해야 합니다. 우리는 하늘 가나안을 사모해야 할 성도입니다. 그러므로 성도는 세상 사람들처럼 살아서는 안 됩니다. 세상 사람들은 무슨 짓을 하든 들키지만 않으면 장관도 되고 대통령도 될 수 있습니다. 그러나 하나님은 성도가 그렇게 사는 것을 원하시지 않습니다. 성도가 살아야 할 곳은 광야라는 것을 다시금 알아야 합니다. 이 편한 세상은 우리의 영원한 거처가 아니라는 것을 알아야 합니다.

사랑하는 성도 여러분, 여러분 가운데 한시도 마음 놓을 수 없는 고달픈 길을 걷고 계신 분은 없습니까? 그러면 그 일로 말미암아 하나님에게 감사하십시오. 우리가 걷는 그 힘든 길은 하나님이 예비하신 장소입니다. 절박한 호소, 절박한 도움 없이 한순간도 살아갈 수 없다면 그곳이야말로 하나님이 그 지혜 가운데 마련하신 안전지대입니다. 우리 마음이 오로지 하나님을 향해 있을 때 비로소 하나님의 비상한 도움의 손길을 경험할 것입니다. 아이는 하늘에서 안전을 얻었다면 여자는 광야에서 보호를 받습니다. 보호받는 장소와 방법은 다르지만 하나님이 예비하신 곳이라는 면에서는 같습니다.

계시록 말씀을 사랑하는 성도 여러분, 여자가 정신없이 도망치기 전에 그 일을 내다본 눈이 있습니다. 여자가 도달하기 전에 필요한 것을 준비한 손길이 있습니다. 우리 생애에도 같은 눈과 손길이 예비되어 있다는 것을 믿으십시오. 10년 전, 집 앞마당에 벚나무 한 그루를 심었습니다. 지금 보니 마당을 다 채울 만큼 크고 예쁘게 자라 있습니다. 아침에 그 벚나무를 보면서 이런 생각이 들었습니다. '저 벚나무를 처음에 심을 때는 저렇게 예쁘게 자라리라고는 상상도 못했는데…….' 그러고는 아내에게 물었습니다.

"하나님은 아셨을까?" 저의 이런 어리석은 질문에 현명한 아내는 "물론 하나님은 아셨죠. 얼마나 감사한지……"라고 대답했습니다. 우리는 작은 막대기 하나를 꽂을 때도 그것이 나중에 어떻게 될지 모릅니다. 그러나 우리 하나님은 그 앞날을 내다보십니다. 우리 하나님이 붙잡아 주시면 모든 새가 깃들 수 있는 큰 나무가 되는 것입니다. 우리는 "우리의 손이 만지는 것마다 하나님의 손이 함께해 주십시오"라고 기도해야 합니다.

성도는 세상 사람들처럼 살아서는 안 됩니다. 성도가 살 곳은 '광야'입니다. 날마다 하나님을 바라보고 하늘의 만나를 기다리면서 살아가십시오. 때로 목이 마를 때는 반석에서 솟아나는 샘물을 마시며 살아가십시오. 만나뿐만 아니라 메추라기까지도 하늘이 주는 것으로 공급받는 자리가 성도의 삶의 터전인 것을 기억하십시오.

1,260일! 우리가 세상에서 증거하는 날수가 다하도록 이 여자는 광야에서 하나님의 보호와 양육을 받고 있다고 말씀하고 있습니다. 1,260일 동안 여자는 날마다 보호받을 것입니다. 하나님이 날마다 보호해 주시기 때문입니다.

사랑하는 성도 여러분, 급박한 상황 속에서 살아가던 2천 년 전 성도들을 위로하신 그 말씀이, 갈수록 끔찍한 세상 속에서 나그네와 행인으로 지내는 여러분의 나날에도 위로의 말씀이 되기를 바랍니다. 광야이기에 외로움이 있지만, 광야이기에 하나님의 손길을 가까이 느끼는 여러분의 순례 걸음이기를 바랍니다. 인간적으로 외롭고 고달픈 길일지라도 하나님이 동행하시는 길이기에 그분의 위로와 능력이 우리의 마지막 걸음까지 공급될 것입니다. 보좌 앞으로 올라간 그분이 승리하셨듯이 광야에서 순례의 길을 걷는 우리 모두도 그분의 승리에 동참할 것입니다.

Revelation

요한계시록 12장 7-9절

7 하늘에 전쟁이 있으니 미가엘과 그의 사자들이 용과 더불어 싸울새 용과 그
의 사자들도 싸우나 8 이기지 못하여 다시 하늘에서 그들이 있을 곳을 얻지 못
한지라 9 큰 용이 내쫓기니 옛 뱀 곧 마귀라고도 하고 사탄이라고도 하며 온 천
하를 꾀는 자라 그가 땅으로 내쫓기니 그의 사자들도 그와 함께 내쫓기니라

04

하늘의 전쟁 1

계시록 말씀을 사모하는 성도 여러분! 요한이 본 하늘의 일곱 가지 이적을 다시 살펴봅시다. 첫째 이적은 해를 옷 입은 한 여자의 환상입니다. 그 발아래는 달이 있고 머리에 열두 별의 관을 쓴 여인이 해산의 진통 때문에 부르짖고 있습니다. 두 번째 이적은 엄청 큰 붉은 용의 환상입니다. 머리가 일곱이요, 뿔이 열이요, 머리에 일곱 왕관을 쓴 용은 꼬리로 힘을 과시하고 있습니다. 그 꼬리로 하늘의 별 3분의 1을 땅에 던집니다. 그 엄청난 괴물은 여자가 아이를 낳기만 하면 삼키려고 버티고 있습니다. 하지만 그의 시도는 실패로 끝나고 아이는 하나님 앞과 그 보좌 앞으로 올려 갔습니다.

이제 본문은 세 번째 이적으로, 하늘에서 일어난 전쟁을 보여 줍니다. 마치 분노한 용이 아이를 잡으려고 하늘까지 추격한 것처럼 보입니다. 그러나 그의 시도는 이번에도 성공할 것 같아 보이지 않습니다. 드디어 하늘의 전쟁이 시작되는 것입니다.

7절부터 기록된 사건이 1-6절 뒤에 나온다고 해서 시간적으로도 뒤에 일어난다고 보는 것은 속단입니다. 7-16절에 나오는 사건들은 오히려 1-6절에서 간단히 말한 사건을 더 자세히 설명해 준다고 보는 것이 옳습니다. 계시록의 특징인 반복과 강조, 확대 설명을 여기서도 볼 수 있습니다. 먼저 간단하게 이야기한 다음에 그것을 다시 더 자세하게 이야기하는 것이 요한이 설명하는 방식입니다. 그뿐만 아니라 뒤에 나올 하늘의 찬양을 통해서 본문은 더 자세히 해석되어야만 합니다. 하늘의 싸움이 사탄의 패배로 끝난 이유를 찬양 속에서 들을 수 있기 때문입니다. 이 장에서는 하늘의 전쟁에만 한정해서 살피지만 적어도 12절까지는 같은 해석적인 맥락에서 살펴보아야 할 것입니다.

하늘의 전쟁

본문은 하늘의 전쟁을 어떻게 기술하고 있습니까? 먼저 대진 상황을 살펴봐야겠습니다. 그러고는 전황을 살펴보고, 마지막으로 그 결과가 어떻게 끝났는지를 살펴보겠습니다. 먼저 7절을 읽어 봅시다.

> 하늘에 전쟁이 있으니 미가엘과 그의 사자들이 용과 더불어 싸울새 용과 그의 사자들도 싸우나(12:7).

계시록을 설교하면서 느끼는 어려움은 저자 요한의 상황과 오늘 우리 상황이 다르다는 데 있습니다. 21세기에서 살고 있는 우리가 1세기 밧모섬에서 요한이 본 환상의 세계로 들어가는 데는 어려움이 있습니다. 그뿐만 아니라 21세기의 속화된 세계관과 거기에 젖어 있는 우리가 1세기의 세계관과 그 틀에서 전하는 요한의 메시지를 이해하는 데서 오는 어려움도 있습니다. 현상적이고 분석적인 21세기 교육을 받아 온 우리가 묵시적이고 신화적인 1세기의 표현을 알아듣기란 쉽지 않은 일입니다. 요한은 지금 고도의 묵시적, 신화적 언어로 영적 사실을 기술합니다. 요한이 말하는 영적 진리를 이해하기 위해서 우리는 우리 자신의 세계관과 교육 배경에서 잠시 벗어나야 합니다.

요한은 7절에서 하늘의 전쟁을 소개하고 있습니다. 우리에게는 생소한 개념일 수 있지만 백 년 전까지만 해도 이 땅을 살던 사람들에게 그리 생소한 개념만은 아니었을 것입니다. 이 땅에도 옛날에는 별들의 운행과 천기를 살피는 관리들이 있어서 하늘의 징조가 땅에 끼칠 결과들을 내다보았습니다. 특별히 이조 시대까지 임금과 왕자들의 신변에 재해가 미치지 않도록 보살피는 관리들이 있었던 것을 여러분도 배웠을 것입니다. 별들의 운행과 천기를 살피는 형편은 옛날 우리나라뿐 아니라 당시의 헬라나 로마, 유대도 마찬가지였습니다. 달리 말해 옛날 사람들은 오늘 우리보다 하늘의 현상을 훨씬 가까이 접하고 살았습니다.

본문의 이야기를 이해하기 위해서는 1세기의 세계관을 알아야 합니다. 특히 헬라인들은 눈에 보이는 현상이 눈에 보이지 않는 이데아 세계의 그림자라고 생각했습니다. 세상의 일들은 천상의 사건에 의해서 결정된다고 믿었습니다. 그리고 보이지 않는 하늘의 현상이 보이는 땅의 사건을 주관한다고 믿고 살았던 것은 유대인도 마찬가지였습니다. 요한은 지금 그런 세계관 속에 사는 당시 성도들이 잘 알아들을 수 있는 방법으로 메시지를 전하고 있습니다. 오늘 우리보다 초대 교회 성도들이 훨씬 친근하게 받아들일 수 있는 환상으로 소개하고 있습니다.

대진 상황과 전황

요한은 "하늘에 전쟁이 있으니 미가엘과 그의 사자들이 용으로 더불어 싸울새 용과 그의 사자들도 싸우나"라고 대진 상황을 기술하고 있습니다. 하늘 싸움이 어떻게 편을 먹었는지 설명합니다. 미가엘과 그의 사자들이 한편을 먹고, 용과 그의 사자들이 다른 편을 먹고 싸웁니다. 스포츠를 보면 편을 나누어 싸우는 것을 쉽게 이해할 수 있습니다. 야구 경기에서 두산 팀과 삼성 팀이 붙는다는 이야기를 들으면 귀에 잘 들어올 것입니다. 영국의 토트넘 팀과 스페인의 마드리드 팀이 축구 경기로 붙었다고 하면 그 경기가 머리에 쉽게 그려질 것입니다. 그러나 성경 이야기라고 하면 조금만 들어 봐도 쉽게 알 수 있는데도 아예 듣지 않으려고 하는 것 같습니다.

"미가엘과 그의 사자들"에서 '미가엘'이란 이름마저 낯설게 느끼는 사람이 있을지 모르겠습니다. 그러나 초기 유대 그리스도인들에게는 낯선 이름이 아니었습니다. 자기 지파의 족장 이름을 모르면 몰랐지 미가엘을 모르는 유대인은 아마 없었을 것입니다. 미가엘은 천사들 가운데서 가장 유명한 천사입니다. 성경에도 그의 이름이 가끔 나옵니다. 특히 구약 다니엘서에는 그의 이름이 여러 번 나옵니다. 다니엘서는 미가엘을 이스라엘의 수호천사로 묘사합니다. 이스라엘 민족을 위해 싸우는 천사라고 미가엘을 소개하고 있습니다. 신약 유다서에도 미가엘이 등장합니다. 모세의 시체를 두고 미가엘과 사탄이 다투고 있습니다. 계시록 본문에는 용과 그 사자들과 싸우는 군장으로 나타나 있습니다. 미가엘은 하나님 백성 모두의 옹호자로서 악의 화신 사탄과 싸우고 있습니다.

요한은 싸움이 하늘에서 벌어진 것을 보여 주면서 악이 단지 이 세상에만 한정되지 않는다는 것을 말하고 있습니다. 나아가 하늘의 싸움을 보여 주어 지상에서 벌어지는 사건을 설명해 주려고 합니다. 땅 위에서 성도들이 왜 고난당하는지를 설명해 주려 합니다. 하늘의 싸움을 보여 줌으로써 지상 사건의 대세가 어떻게 결말날지를 알려 주려고 이 환상을 보여 주고 있습니다.

이제 전황을 한번 살펴봅시다. 7, 8절은 "미가엘과 그의 사자들이 용과 더불어 싸울새 용과 그의 사자들도 싸우나 이기지 못하여"라고 말해 줍니다. 전황은 일방적입니다. 본문 기록은 미가엘과 그의 군사가 일방적인 공격을 감행하고 있다는 느낌을 줍니다. 싸움의 형편을 보니 미가엘과 그의 군대가 용과 그의 군대를 제압하고 있습니다. 싸움의 결과, 용은 대패하였고 하늘로부터 땅으로 내어 쫓김을 당했습니다. 여기서 요한은 승리한 방법보다는 사탄이 패배한 사실을 강조하고 있습니다. 이 싸움을 간략하게 사탄의 패퇴로 규정하고 있습니다.

사랑하는 성도 여러분! 본문의 세 번째 이적, 하늘에서 일어난 전쟁이 보여 주는 핵심 메시지는 미가엘과 그 군대의 일방적인 승리입니다. 싸움은 이미 끝났습니다. 하늘의 싸움은 미가엘과 그의 사자들의 승리로 종결되었습니다.

그러나 우리는 이 환상이 보여 주는 미가엘과 그의 사자의 승리로부터 조심스럽게 결론을 유추해야 합니다. 성경은 아무 데서나 구속 성취를 천사의 사역으로 말하지 않습니다. 악의 궁극적인 멸망을 포함한 구속의 성취는 전적으로 그리스도의 사역입니다. 뒤에 들리는 하늘의 큰 찬양이 이를 입증하고 있습니다. 보십시오. 11절에 들리는 하늘의 찬양은 어린양의 피로 이겼다고 노래합니다. 미가엘과 그의 사자가 이겼기 때문에 우리에게 승리가 온 것이 아닙니다. 그리스도께서 승리하셨기에 미가엘과 그의 사자들이 승리한 것입니다. 십자가에서 그리스도께서 승리하신 것을 본문은 신화적 환상으로 표현합니다.

요한은 이 환상을 통해 모든 승부가 끝났음을 증거하고 있습니다. 하늘에서의 싸움이 일방적인 승리로 끝났음을 선언합니다. 요한은 그리스도의 나타나심과 그 사역을 통해 결정적인 승리가 이루어졌음을 보여 줍니다. 하늘의 싸움은 끝났고 사탄은 하늘에서 쫓겨났습니다. 이제 땅에서 사탄의 마지막 멸망만이 남아 있을 뿐입니다. 요한은 지상에서 이루어질 부수적인 전투를 13절 이하에서 기술할 것입니다. 그리고 13장부터 더 자세히 설명할 것입니다.

승리의 비결

사랑하는 성도 여러분, 미가엘과 그의 사자들의 일방적인 승리가 어떻게 이루어졌는지 생각해 보십시오. 용과 그의 사자의 패배는 예수님의 십자가 사건을 통해서 확정되었습니다. 예수께서 사람의 몸을 입고 세상에 오셔서 하신 사역, 특히 그분의 죽음과 부활을 통해 사탄은 그 권좌에서 쫓겨났습니다.

우리는 지금 하늘의 환상만 보고 있습니다. 하늘의 환상만 보고 있다는 것은, 달리 말해 텔레비전을 보면서 볼륨을 끈 채 화면만 보는 것과 같습니다. 무언가 일이 일어나는 것을 보지만 자세한 상황은 듣지 못하고 있습니다. 그럴 때 사람은 각기 좋을 대로 판단하게 됩니다. 소리가 없으면 각자 좋을 대로 현상만 보고 판단할 것입니다. 그래서 이어서 나오는 하늘의 찬양이 아주 중요합니다. 어떻게 그 싸움이 일방적인 승리로 끝나는지를 알기 위해서는 다음에 나오는 하늘의 찬양이 중요합니다.

이런 현상들을 설명할 때는 그 환상으로 나머지를 설명하는 것이 아니라 복음서 기사들로 이 환상이 어떤 의미가 있는지를 해석해야 옳습니다. 더 분명한 것으로 덜 분명한 것을 풀어야 옳습니다. 이런 환상 한 구절을 자기 나름대로 풀기 시작하면 끝이 없습니다. 그래서 요한계시록만큼 해석의 갈

림길이 많은 책도 드뭅니다. 그런 점에서 요한계시록은 사람들을 많이 미혹하는 책이 되기도 합니다. 각자 좋을 대로 미로를 따라 헤매기 시작하면 끝없이 나아가게 됩니다. 그러므로 분명한 하나님의 말씀으로만 이 환상이 무엇을 말하는지 살펴봐야 합니다.

성경의 증언을 들어 보십시오. 13절은 "용이 자기가 땅으로 내쫓긴 것을 보고 남자를 낳은 여자를 박해하는지라"고 말하고 있습니다. 남자를 낳았다는 것 때문에 용이 굉장히 분노하고 있는 것을 볼 수 있습니다. 만화의 한 컷으로 된 계시록 장면을 지나 복음서를 살펴봅시다.

> 칠십 인이 기뻐하며 돌아와 이르되 주여 주의 이름이면 귀신들도 우리에게 항복하더이다 예수께서 이르시되 사탄이 하늘로부터 번개같이 떨어지는 것을 내가 보았노라(눅 10:17, 18).

기쁨은 어디에서 나옵니까? 주님이 시키신 일을 하는 데서 나옵니다. 특별히 복음을 전하는 자는 다른 사람이 경험하지 못한 기쁨을 맛봅니다. 주님의 사역과 사탄이 떨어지는 것이 맞물려 있는 것을 보여 줍니다.

제자들은 나가서 전도했을 때에 귀신들도 항복하는 것을 보고 기뻐하며 예수님에게 보고하고 있습니다. 그런데 예수님이 "사탄이 하늘로부터 번개같이 떨어지는 것을 내가 보았노라"고 말씀하십니다. 제자들이 누구의 이름으로 나갔습니까? 예수의 이름으로 나갔습니다. 세상에 오셔서 당신의 이름으로 제자들을 파송하심으로 사탄이 하늘에서 번개같이 떨어지고 있습니다.

> 이제 이 세상에 대한 심판이 이르렀으니 이 세상의 임금이 쫓겨나리라 내가 땅에서 들리면 모든 사람을 내게로 이끌겠노라 하시니(요 12:31, 32).

지금껏 모든 사람을 사로잡고 있던 그 사탄의 손아귀에서 "내가 땅에서 들리기만 하면 내게로 이끌겠노라"고 하십니다. 십자가 죽음을 두고 말씀하신 것입니다. 자신이 땅에서 들리는 십자가 사건과 사탄이 권좌에서 쫓겨나는 사실을 함께 말씀하고 계십니다. "이 세상에 대한 심판이 이르렀으니 이 세상의 임금이 쫓겨나리라 내가 땅에서 들리면", 바로 그 순간이 사탄의 패배 순간인 것을 말씀하고 계십니다. 주님이 땅에서 들려 십자가에 달려 죽으심으로 이 세상 임금이 추방된다고 말씀하십니다.

그리스도께서 오심으로 말미암아 우리가 사는 이 땅 위에 하나님의 통치가 임했습니다. 예수 그리스도의 인격과 사역을 통해서 땅 위에 하나님의 나라가 임했습니다. 예수님을 통해 귀신이 쫓겨 나가고 질병이 고침받는 일들에서 땅 위에 임한 하나님 나라를 알 수 있습니다. 주님의 설명을 한번 들어 보십시오.

> 그러나 내가 만일 하나님의 손을 힘입어 귀신을 쫓아낸다면 하나님의 나라가 이미 너희에게 임하였느니라(눅 11:20).

"내가 귀신을 쫓아내는 것이 하나님의 능력을 힘입어서 하는 것이라면 너희 가운데 하나님의 나라가 이미 임하였다"고 주장하십니다.

사랑하는 성도 여러분, 이 시대는 그리스도 예수로 말미암아 하나님의 통치가 임한 시대입니다. 그리스도께서 나타나심은 사탄의 일을 멸하시기 위함입니다.

> 그러나 내가 하나님의 성령을 힘입어 귀신을 쫓아내는 것이면 하나님의 나라가 이미 너희에게 임하였느니라 사람이 먼저 강한 자를 결박하지 않고서야 어떻게 그 강한 자의 집에 들어가 그 세간을 강탈하겠느냐 결박한

후에야 그 집을 강탈하리라(마 12:28, 29).

사탄의 집에 들어가서 그 살림살이를 마음대로 끄집어낼 수 있는 것은 그를 이미 꽁꽁 묶어 놓았기 때문이라는 말씀입니다. 주님이 병든 자를 고치시고 귀신의 수중에 있는 자들을 이끌어 내심은 이미 사탄을 결박했다는 증거인 것입니다. 하늘에서 그 대장을 묶어 버리셨기 때문에 이제 그에게 포로 된 자들을 해방하시는 것입니다. 그에게 속한 모든 죄인을 해방하실 수 있습니다. 사탄을 결박하고 사탄의 세간을 늑탈하는 일은 성령으로 충만한 그리스도의 나타나심으로 말미암습니다. 사도행전에 기록된 누가의 증언을 들어 보십시오.

하나님이 나사렛 예수에게 성령과 능력을 기름 붓듯 하셨으매 그가 두루 다니시며 선한 일을 행하시고 마귀에게 눌린 모든 사람을 고치셨으니 이는 하나님이 함께하셨음이라(행 10:38).

우리가 지금껏 한 일들을 되돌아보십시오. 우리를 통해 하나님의 역사가 나타나기 위해서는 하나님의 성령을 기름 부음 받아야 합니다. 우리 손에 들어와 있는 사람들을 빼내 가는 것을 보면서 속수무책으로 당하고만 있어서는 안 됩니다. 그래서 우리는 하나님의 성령으로 기름 부음 받아야 합니다. 그때 우리는 이 하나님의 역사에 동참할 수 있습니다. 성령을 달라고 하나님에게 부르짖으십시오. 기도는 우리가 고를 수 있는 선택 사항이 아닙니다. 반드시 기도해야만 합니다. 그래야 하나님의 능력을 덧입을 수 있습니다.

교회 학교가 부흥되기를 소원합니까? 그렇다면 단지 몇몇 교사만 나와서 기도하는 것으로 새로운 역사를 기대하지 마십시오. 여러분이 맡아 봉사하는 중고등부가 부흥되길 원한다면 모든 교사가 나와 기도해야 합니다. 또 그 일을 위해 모든 학부모가 나와서 부르짖어야만 합니다. 이 싸움은 영적인 싸움이라는 것을 학부모들이 알아야 합니다. 사탄의 굴레에 빠져 있는 아이들을 해방시키기 위해서는 엄마가 부르짖어야 합니다. 엄마가 부르짖지 않고 아빠가 무관심하면, 아이들은 자유를 누릴 수 없습니다.

우리는 누구나 유혹을 받습니다. 아이들이 초등학교 1, 2학년 때까지는 부모 말을 곧잘 듣는 것 같아도 6학년이 넘어가면 부모 손안에 있는 것 같지 않습니다. 그렇습니다. 부모의 말만으로는 절대 되지 않습니다. 그래서 기도할 수밖에 없습니다. 교사들도 마찬가지입니다. 소원을 가진 교사들이 부르짖어야 합니다. 소원을 가진 부모들도 함께 기도해야 합니다. 그때 우리의 어린 자녀들이 하나님 말씀을 따라 사는 일이 새롭게 시작될 것입니다. 그때 자녀들의 심령 속에 하나님의 통치하심이 나타날 것입니다. 어둠 가운데 있는 그들이 하나님의 자유를 맛보게 될 것입니다. 아침을 새롭게 맞이할 수 있을 것이고, 저녁을 보람 있게 맞이할 수 있을 것입니다.

사랑하는 부모 여러분, 신앙 교육은 교사에게 맡겨 놓을 일이 아니라 기도로 동참해야 하는 일입니다. 신앙 교육은 가정에서 시작해야 합니다. 그때 하나님의 통치하심이 우리 자녀들의 심령 가운데도 임할 것입니다. 기름 붓듯 하는 성령의 역사가 우리로 하여금 착한 일을 하게 하실 것입니다. 마귀에게 시달리는 자녀들로 하여금 해방의 자유를 누리게 할 것입니다.

땅에서 귀신을 쫓아내시고 마귀에게 눌린 모든 자를 고치신 것은 그분이 하늘에서 사탄을 정복하신 증거입니다. 당시 팔레스타인에 있는 모든 귀신 들린 사람이 다 해방되지는 않았습니다. 그러나 몇몇 사람을 해방시키신 것은 그분이 이미 승리자인 것을 보여 주시기 위함입니다. 마귀에게 속박된 사람들을 풀어서 자유하게 하셨고, 병든 자들을 치유하여 자유하게 하셨습니다. 대장이 결박된 것을 보여 주기 위해서 주님은 하나님 나라가 임한 증표와 표적으로 그런 역사들을 행하셨습니다. 사도 바울은 요한과 같은 맥락에서 증언하고 있습니다.

> 이제는 우리 구주 그리스도 예수의 나타나심으로 말미암아 나타났으니 그는 사망을 폐하시고 복음으로써 생명과 썩지 아니할 것을 드러내신지라(딤후 1:10).

주님이 나타나심은 역사의 새로운 순간입니다. 역사의 새로운 분기점이 되십니다. 주님이 오시기 전과 오신 후로 역사가 나뉘는 것입니다. 우리의 삶도 주님을 만나기 전과 만난 후가 다릅니다. 우리 자녀들의 삶도 주님이 찾아오시기 전과 찾아오신 후가 다를 것입니다.

그분이 나타나심으로 사망은 더 이상 냄새를 피울 수 없습니다. 생명의 향기가 진동하게 된 것입니다. 요한은 이 진리를 극명하게 선포합니다.

> 하나님의 아들이 나타나신 것은 마귀의 일을 멸하려 하심이라(요일 3:8).

사랑하는 성도 여러분, 우리가 살펴본 계시록 말씀은 무엇을 말하고 있습니까? 무엇보다 이 땅에서의 싸움은 하늘 싸움의 그림자인 것을 말하고 있습니다. 그리고 하늘의 싸움은 우리 주 예수 그리스도의 일방적 승리로 끝났다는 것을 보여 줍니다. 그렇다면 이 땅 위의 싸움을 예측할 수 있습니다. 우리는 이미 승리자 편에 서 있습니다.

이제 우리는 마귀의 종노릇하는 사람들을 구출해 내는 일을 감당할 수 있습니다. 기도하십시오. 사망은 더 이상 냄새를 피울 수 없습니다. 이미 생명의 향기가 곳곳마다 진동하고 있습니다. 죽음의 겨울은 이미 지나갔습니다. 대지에는 이미 아름다운 꽃들이 피어나고 있습니다.

하늘의 싸움이 일방적인 승리로 끝났듯이 이제 땅에서의 싸움을 주님의 분명한 승리로 끝내야 합니다. 그러기 위해서 우리는 기도해야 합니다. 우리가 기도하면 이 땅 위의 전황은 달라질 것입니다. 우리가 기도하면 주님의 승리가 확정될 것입니다. 기도하지 않으면 하늘의 승리를 우리 삶의 현장에서 목도할 수 없습니다. 기도의 향연이 하늘에 올라가면 우리를 향한 하나님의 뜻이 성취될 것입니다. 우리 개인을 향한 하나님의 뜻이 시행되고 우리 공동체를 향한, 우리나라와 우리 민족을 향한 하나님의 뜻이 이뤄질 것입니다. 하늘에서 이뤄진 승리를 땅에서 확정하기 위해서 오늘도 함께 기도하는 여러분이 되기를 바랍니다. 기도의 향연이 올라가면 하나님의 뜻이 땅에서 시행됩니다. 기도의 팔이 올라갔을 때 전황은 이스라엘의 승리로 바뀌었습니다.

사랑하는 성도 여러분, 우리는 이 귀한 사역에 기도로 동참하는 자입니다. 꼭 기억하십시오. 큰 용은 하늘에서 이미 쫓겨났습니다. 그의 사자들도 함께 쫓겨났습니다. 하늘에서의 승리가 이 땅에 확인되도록 기도하는 복된 시간이 되기를 바랍니다. 이미 싸움은 하늘에서 승리로 끝난 것을 기억하며, 승리의 부르짖음이 우리 삶의 현장에서 내내 이어지기를 바랍니다.

Revelation

요한계시록 12장 7-9절

7 하늘에 전쟁이 있으니 미가엘과 그의 사자들이 용과 더불어 싸울새 용과 그
의 사자들도 싸우나 8 이기지 못하여 다시 하늘에서 그들이 있을 곳을 얻지 못
한지라 9 큰 용이 내쫓기니 옛 뱀 곧 마귀라고도 하고 사탄이라고도 하며 온 천
하를 꾀는 자라 그가 땅으로 내쫓기니 그의 사자들도 그와 함께 내쫓기니라

05

하늘의 전쟁 2

계시록 말씀을 사모하는 성도 여러분! 우리는 요한이 본 하늘의 일곱 이적을 계속 살피고 있습니다. 본문은 세 번째 이적을 보여 줍니다. 마치 분노한 용이 아이를 잡으려고 하늘까지 추격한 것처럼 보입니다. 그러나 이번에도 그의 시도는 성공할 것 같지 않습니다. 드디어 하늘의 전쟁이 시작됩니다.

큰 용의 정체

이제 그 전쟁의 결과를 살펴봅시다.

> 이기지 못하여 다시 하늘에서 그들이 있을 곳을 얻지 못한지라 큰 용이 내쫓기니 옛 뱀 곧 마귀라고도 하고 사탄이라고도 하며 온 천하를 꾀는 자라

그가 땅으로 내쫓기니 그의 사자들도 그와 함께 내쫓기니라(12:8, 9).

하늘의 전쟁은 큰 용의 패퇴로 한순간에 끝나고 맙니다. 크게 패한 큰 용은 그의 사자들과 함께 하늘로부터 내쫓깁니다. 그러므로 본문에서 패장의 신분이 폭로되고 있습니다. 마침내 옛 대적이 하늘로부터 내쫓긴 것을 기뻐하며 그의 정체를 낱낱이 폭로합니다.

먼저 큰 용을 "옛 뱀"이라고 폭로합니다. 구약 성경의 첫 책 창세기를 읽어 보셨습니까? 50장을 다 읽었느냐고 묻는 것이 아닙니다. 처음 세 장이라도 읽어 보셨다면 "옛 뱀"이 무엇인지 아실 것입니다. 창세기 3장을 읽어 보면 인류의 대적, 낙원의 간교한 뱀의 실체가 누구인지 쉽게 추측할 수 있습니다. 온 인류를 사망으로 몰아넣은 거짓의 아비를 여기서 폭로합니다. 에덴동산에서 뱀의 모습으로 찾아와 하와를 유혹하던 자가 바로 "옛 뱀", 사탄입니다.

본문은 그의 이름을 "마귀" 또는 "사탄"이라고 말하고 있습니다. "사탄"(Satan)은 히브리말을 소리로 번역한 것이고, "마귀"라는 말은 우리가 알아들을 수 있는 한국말로 그 뜻을 번역한 것입니다. 그러므로 마귀나 사탄은 같은 것을 지칭하고 있습니다. 베드로는 이 마귀를 아주 간략히 규정하고 있습니다.

> 근신하라 깨어라 너희 대적 마귀가 우는 사자같이 두루 다니며 삼킬 자를 찾나니 너희는 믿음을 굳게 하여 그를 대적하라……(벧전 5:8, 9).

사탄, 마귀는 우리의 대적자입니다. 그는 우리가 하나님의 크신 사역을 이루지 못하도록 방해하고 대적하는 자입니다. "근신하라 깨어라"라고 말하는 것은 누구든 삼킬 수 있는 능력이 그에게 있기 때문입니다.

신학생일 때, “마귀에 대해 설교할 때는 기도를 많이 한 뒤 하라”고 충고하는 책을 읽어 본 적이 있습니다. 마귀가 틀림없이 방해할 것이기 때문입니다. 그 책을 읽은 지 45년도 더 지났기 때문에 거의 잊고 있었습니다. 그런데 이 본문을 준비하면서 그 이야기 역시 경험에서 나온 것임을 다시 느끼게 되었습니다.

사탄은 자기 정체가 폭로되는 것을 결코 기뻐하지 않습니다. 제가 이 말씀을 준비하지 못하도록 백방으로 방해했듯이 사탄은 이 말씀이 우리의 마음에 닿지 못하도록 온갖 시도를 할 것입니다. 그는 우리의 대적입니다. 대적자를 이기는 방법은 믿음을 굳게 함에 있습니다. 그가 시키는 대로 귀를 기울이지 말아야 하는 것입니다.

사탄이란 말은 ‘대적자’ 또는 ‘참소자’, ‘모함하는 자’, ‘헐뜯는 자’라는 의미를 지니고 있습니다. “사탄” 하면 교회에 다니는 사람은 대개 귀신 혹은 악한 영을 가리키는 말로 듣습니다. 그러나 구약 성경을 보면 특정 사람을 가리켜 “사탄”이라고 말할 때도 있습니다. 하나님이 솔로몬의 대적자를 세우셨을 때 사탄이라고 불렀습니다. 솔로몬을 대적하는 사람을 사탄이라고 부른 것입니다. 블레셋 방백들도 인간 다윗을 향해서 “그는 우리와 함께 싸움에 내려가지 못하리니 그가 전장에서 우리의 대적(사탄)이 될까 하나이다”(삼상 29:4)라고 하며 “대적”이라고 불렀습니다. 이렇게 사람을 향해서 사탄이란 단어가 쓰인 적이 있지만, 사실 성경에는 대부분 인류의 ‘대적자’, ‘참소자’라는 의미로 쓰이고 있습니다.

참소하는 자, 사탄

사탄이 얼마나 간교하게 참소를 잘하는지 욥기를 읽어 보면 알 수 있습니다. 무대는 하늘 보좌 앞입니다. 들어 보십시오.

하루는 하나님의 아들들이 와서 여호와 앞에 섰고 사탄도 그들 가운데에 온지라 여호와께서 사탄에게 이르시되 네가 어디서 왔느냐 사탄이 여호와께 대답하여 이르되 땅을 두루 돌아 여기저기 다녀왔나이다 여호와께서 사탄에게 이르시되 네가 내 종 욥을 주의하여 보았느냐 그와 같이 온전하고 정직하여 하나님을 경외하며 악에서 떠난 자는 세상에 없느니라 사탄이 여호와께 대답하여 이르되 욥이 어찌 까닭 없이 하나님을 경외하리이까 주께서 그와 그의 집과 그의 모든 소유물을 울타리로 두르심 때문이 아니니이까 주께서 그의 손으로 하는 바를 복되게 하사 그의 소유물이 땅에 넘치게 하셨음이니이다 이제 주의 손을 펴서 그의 모든 소유물을 치소서 그리하시면 틀림없이 주를 향하여 욕하지 않겠나이까(욥 1:6-11).

하나님이 욥을 아낌없이 칭찬하시자 사탄은 욥을 두고 시비를 걸어 옵니다. 욥이 하나님을 사랑하는 데 남다른 열심을 품고 있으니까 그것을 못 보는 겁니다. 남들이 잘나가는 것, 다른 사람들이 하나님을 특별히 사랑하고 잘 섬기는 것을 못 보는 사람은 마귀를 따르는 자입니다.

마귀는 욥의 순결한 신앙에 흠집을 내려고 합니다. "욥이 하나님을 잘 섬기는 것은 다 이유가 있어서 그런 것이지 그냥 잘 섬기는 줄 압니까? 누구든 욥처럼 한번 축복해 보십시오. 아들 일곱에 딸 셋 잘 크지요, 농사짓는 것 잘되고 목축하는 것 잘되고, 엄청난 부자로 만드셨는데 하나님을 사랑 안 할 사람이 세상에 어디 있습니까? 욥이 하나님을 좋아서 사랑하는 줄 압니까? 다 얻는 게 있어서 하나님에게 예배드리는 것 아닙니까?" 그렇게 하나님에게 욥을 모함합니다. 하나님은 "그래, 네가 그렇게 생각하면 한번 시험 해 봐라"고 수용하십니다. 하나님은 욥의 신앙의 순수성을 알고 계셨습니다. 그래서 우리가 아는 대로 욥은 사람이 당할 수 있는 모든 고통을 당했습니다.

괜한 사람을 흠집 내는 일은 사탄이 하는 일이고 사탄에게 속한 사람이 하는 일입니다. 괜히 잘 있는 사람을 비방하는 일은 사탄이 하는 일입니다. 스가랴서를 보면 대제사장 여호수아도 비방당하고 있는 것을 볼 수 있습니다(슥 3:1, 2). 사탄은 사람을 가리지 않고 참소하고 대적합니다.

혹시 여러분 가운데 사탄의 행습을 본받고 있는 사람은 없습니까? 자기보다 신앙생활을 잘하는 사람을 볼 때, 뭔가 흠집 내지 않고는 못 배긴다면, 오늘부터 그 행동을 단절하십시오. 아니, 여러분 마음에 평안이 없고 기쁨이 없다면 새로운 영역으로 넘어와야 합니다. 예수님이 다스리시는 나라로 투항하면 평안과 기쁨이 찾아옵니다. 누구의 무슨 행동을 보아도 시기, 질투를 하지 않게 됩니다. 그를 끝까지 이해하고 믿어 주게 됩니다.

사탄은 참소하고 대적하는 자이기도 하지만 '온 세상을 속이는 자'라고 그 정체가 또 한 번 폭로됩니다. "온 천하를 꾀는 자라"고 소개되고 있습니다. 그의 영향권은 온 천하 모든 백성입니다. 그야말로 사람 차별, 인종 차별 하지 않고 속이는 데 열심을 내는 자가 바로 사탄입니다.

잠도 자지 않고 선에 대항하는 일을 꾸며 냅니다. 그래서 사람 사이를 갈라놓고 불화하게 합니다. 한 교회에 모인 사람들 사이를 이간시키는 일이 바로 사탄이 하는 일입니다. 부부 사이를 갈라놓고, 친구 사이를 불신하게 합니다.

사탄의 술책

비방하고 참소하고 헐뜯고 속이는 일은 사탄의 전매특허입니다. 모든 수단을 가리지 않고 하나님의 일을 대적하는 것이 그의 마지막 목표입니다. 여러분 가운데 그의 술책에 넘어간 사람은 없습니까? 우리는 쉬지 않고 기도해야 합니다. 대충대충 살면 그의 술책에 넘어질 수밖에 없습니다. 하나님의 일을 방해하는 사람은 사탄에게 넘어간 자입니다. 비방하고 참소하는 입은 사탄의 도구로 쓰이는 것입니다. 옆에 앉은 사람 헐뜯지 마십시오. 예배 마치고 나서 반갑게 악수하고 헤어질 사이인데 왜 헐뜯습니까?

사탄의 도구 노릇을 해서는 안 됩니다. 의의 병기로 자신을 드려야 합니다. 의의 병기로 자신을 하나님에게 드린 자는 옆에 있는 형제 자매로 인해 하나님에게 감사와 찬송을 드립니다. 가까이 있는 형제 자매로 인해 감사와 찬양을 돌린다면 우리는 자신을 하나님의 도구로 드리고 있는 것입니다. 반면 가까이 오는 자를 헐뜯고 비방한다면, 어리석게도 자신을 사탄의 도구로 내어 주고 있는 것입니다. 거짓에 귀를 기울이고 입에 거짓을 담아두지 마십시오. 하나님을 대적하는 일에 열심을 내서는 안 됩니다. 사탄만 좋아할 뿐입니다. 우리는 사탄을 기쁘게 해서는 안 됩니다.

그런 잘못된 자리에서 돌아서서 이제부터는 하나님을 기쁘시게 해야 합니다. "이제는 너희 지체를 의에게 종으로 내주어 거룩함에 이르라"(롬 6:19)고 성경은 우리에게 말합니다. 여러분의 생각이 거룩해지기를 바랍니다. 좋은 것, 아름다운 것, 감사한 것, 간직할 만한 것을 생각하십시오. 혼자서 이런저런 생각을 떠올릴 때 좋았던 것을 기억하십시오. 아름다웠던 것과 참으로 감사할 만한 것들을 생각하면서 하나님 앞에서 감사하십시오.

여러분의 입술이 거룩해지기를 바랍니다. 참소하고 거짓으로 하나님을 대적하는 대신에 사랑 안에서 격려해 주십시오. 사랑 안에서 진리를 말해 주십시오. 찬송과 감사와 기도에 여러분의 입술을 사용하십시오. 불평과 비난과 험담은 이제 중단해야 합니다. 감사와 찬송과 격려의 말을 할 때 우리는 자신을 하나님에게 드리는 자가 됩니다. 참소자, 비난자, 거짓의 아비를 닮지 마십시오.

여러분이나 저는 미완성된 작품입니다. 좋은 모습만 보려고 하면 하나님이 창조하신 그 좋은 것만 보일 것이고, 나쁜 것만 보려고 들면 여전히 불

완전함이 보일 것입니다.

> 여러분의 생각을 참된 것과 선한 것과 옳은 일에 단단히 매어 두십시오. 순수하고 사랑스러운 것을 생각하고 남의 아름답고 좋은 점을 보도록 하십시오. 하나님께 찬양과 기쁨을 드리는 일만을 생각하십시오. 내게서 배운 것과 내가 행하는 것을 본받아 실천에 옮기십시오. 그렇게 하면 평화의 하나님께서 여러분과 함께하실 것입니다(빌 4:8, 9, 현대어성경).

내어 쫓긴 결과

> 큰 용이 내쫓기니 옛 뱀 곧 마귀라고도 하고 사탄이라고도 하며 온 천하를 꾀는 자라 그가 땅으로 내쫓기니 그의 사자들도 그와 함께 내쫓기니라(12:9).

하늘의 전쟁은 큰 용의 내쫓김으로 귀결되었습니다. 요한은 여기서 그가 땅으로 내쫓긴 것을 세 번 반복해서 강조합니다. 하늘에서 내쫓겨진 그는 이제 지상에서 더욱 격렬히 활동할 것입니다. 13절 이하에서 우리는 그 활동의 한 모습을 보게 될 것입니다. 땅으로 내어 쫓긴 용이 어떻게 하나님의 백성을 박해할지 더 자세히 읽어 갈 것입니다.

그러나 이번 장은 그가 하늘에서 내쫓김으로 인해 우리가 얻는 유익이 무엇인지를 살펴보는 것으로 끝맺고자 합니다. 사랑하는 성도 여러분, "다시 하늘에서 그들이 있을 곳을 얻지 못한지라"(12:8)고 하신 이 말씀으로 말미암아 기뻐하십시오. 그는 하늘에서 있을 곳을 얻지 못하고 있습니다. 그의 전형적인 헐뜯는 활동이 제약을 받습니다. 그가 전매특허 낸 비방하는 활동이 더는 먹혀들지 않습니다. 적어도 하늘에서는 그의 활동이 끝나버리고 말았습니다.

하나님은 사탄의 고발에 더 이상 귀를 기울이시지 않습니다. 하나님은 사탄의 비난에 더 이상 주의를 기울이시지 않습니다. 우리 신앙생활에 흠집을 내려고 밤낮으로 달려들지만 하나님은 그의 헐뜯는 말에 더 이상 귀를 기울이시지 아니할 것입니다.

사탄은 하늘에서 활동할 영역을 얻지 못합니다. 그의 모든 활동은 힘을 상실해 버리고 말았습니다. 십자가의 피로 용서된 사람의 죄는 더 이상 비난이나 고발의 대상이 되지 못합니다. 예수 그리스도의 피로 우리 죄를 용서하셨기 때문에 사람의 죄는 하나님의 보좌 앞에서 고발당하지 않습니다. 사탄이 우리의 죄와 허물을 들추어내려고 해도 하나님은 말씀하실 것입니다. "그래서 내가 내 아들을 세상에 보내어 대신 죽게 하지 않았느냐. 내 아들 예수가 그들의 죄와 허물을 모두 담당하여 십자가에서 피 흘리지 않았느냐." 이제 사탄은 우리를 고발할 근거를 가질 수 없습니다. 이제는 아무도 우리를 하나님 앞에 고발할 수 없습니다. 어떤 세력도 우리를 대적할 수 없습니다. 그리스도의 사랑의 권세로부터 우리를 끊을 수 있는 세력은 이 세상에 존재하지 않습니다.

사랑하는 성도 여러분! 사탄이 하늘에서 내쫓김을 당한 것을 확신하십시오. 이 세상과 내세도, 그 어떤 피조물도 우리를 더 이상 비난하거나 대적할 수 없습니다. 우리가 부르는 찬양을 하나님이 그대로 받으실 것입니다. 우리가 드리는 기도를 그대로 하나님이 들으실 것입니다. 우리가 드리는 예배를 그분이 기쁘게 흠향하십니다. 사탄은 땅으로 내쫓김을 당했습니다. 하나님의 아들들 사이에 서서 하나님의 백성을 고발하던 그 일을 더 이상 할 수 없게 되었습니다. 구약 시대에 욥을 그처럼 무참하게 짓밟아 놓았던, 갈기갈기 찢어놓았던 일을 더 이상 할 수 없습니다. 하늘에서 땅으로 이미 내쫓김을 당했기 때문에 땅에서 그의 영향력도 이제 시간문제입니다. 그의 영향력은 제한되었고 그의 날들은 한정되어 있습니다.

이미 확정된 승리

사랑하는 성도 여러분! 요한은 무슨 의도로 하늘의 전쟁을 우리에게 이야기합니까? 하늘의 전쟁이 미가엘과 그의 사자들의 일방적인 승리로 끝났음을 왜 설명하고 있습니까? 사탄과 그의 사자들이 내쫓긴 것을 왜 반복해서 강조하고 있습니까? 요한은 지금 땅에서 환난당하는 하나님의 백성을 위로하기 위해 이 편지를 쓰고 있습니다. 사람은 의미를 먹고 삽니다. 자기가 당하는 고통이 어떠하든 거기에 의미가 있으면 견디어 낼 수 있는 것이 인생입니다.

지금 요한은 이 환상을 통해 땅 위의 환난과 박해의 바람 속에 살고 있는 이들에게 승리가 이미 이루어졌다는 사실로 위로하고 있습니다. 사탄이 하늘에서 쫓겨났기 때문에, 땅에 와서 그리스도의 몸인 지체들을 괴롭히고 있다는 것을 말해 주고 싶어 합니다. 성도를 괴롭힐수록 그것은 사탄이 패배한 증거라는 것을 깨닫도록 말하고 있습니다. 그 나라와 환난과 참음에 동참하는 주의 백성을 위로하기 위해서 계시의 말씀을 전합니다. 날이 갈수록 전투는 치열해지고 시간이 흐를수록 어둠은 더 짙어가는 것처럼 보이지만 승리는 이미 결정된 것임을 확신시키기 위해서 천상의 싸움을 보여 줍니다.

그들의 경험으로 볼 때는 오히려 반대인 것 같지만, 사탄의 세력은 패배한 세력임을 증거합니다. 악이 기승을 부리는 것은 그리스도의 나라가 도래할 날이 되었기 때문에 보이는 최후의 발악입니다. 악이 기승을 부릴수록 '하나님 나라가 이제 가까이 왔구나'라고 알아챌 때에 우리는 새로운 힘을 얻을 수가 있습니다. 어떤 박해와 환난 가운데서도 그의 통치하심이 가까이 왔다는 것을 느끼는 성도들을 넘어뜨릴 수는 없습니다. 심판자가 문 앞에 와 있는 것을, 구속주가 가까이 다가와 있는 것을 느끼는 심령들을 무너뜨릴 수 있는 박해는 어디에도 없습니다.

사랑하는 성도 여러분, 우리의 승리는 확정되었습니다. 천상의 승리가 지상의 전황을 결정합니다. 그것이 2천 년 전 사람들의 생각입니다. 하늘에서 승패가 이미 결정되었기 때문에, 이미 하늘의 승리가 왔기 때문에 땅의 전쟁은 신경 쓸 것이 없습니다. 하늘의 싸움은 이미 끝났습니다. 남은 지상 전투는 하늘 전쟁의 결말에 따라 귀결될 것입니다. 시간문제일 뿐입니다. 시간에 쫓기는 사탄의 최후 발악이 아직도 우리를 괴롭히지만 사탄의 패배는 기정사실입니다. 앞으로 우리의 날이 어떻게 전개되더라도 요한이 보여 준 환상, 하늘의 전쟁을 기억하십시오. 멀지 않아 하늘의 찬양이 우리의 귀에 들릴 것입니다.

"이제 우리 하나님의 구원과 능력과 나라와 또 그의 그리스도의 권세가 나타났으니"(12:10), "세상 나라가 우리 주와 그의 그리스도의 나라가 되어 그가 세세토록 왕 노릇 하시리로다"(11:15)라는 찬양이 하늘에서 들려질 그 때까지 여러분에게 주어진 그 길을 신실하게 걸어가시기를 바랍니다.

Revelation

요한계시록 12장 10-12절

10 내가 또 들으니 하늘에 큰 음성이 있어 이르되 이제 우리 하나님의 구원과
능력과 나라와 또 그의 그리스도의 권세가 나타났으니 우리 형제들을 참소하
던 자 곧 우리 하나님 앞에서 밤낮 참소하던 자가 쫓겨났고 11 또 우리 형제들
이 어린양의 피와 자기들이 증언하는 말씀으로써 그를 이겼으니 그들은 죽기까
지 자기들의 생명을 아끼지 아니하였도다 12 그러므로 하늘과 그 가운데에 거
하는 자들은 즐거워하라 그러나 땅과 바다는 화 있을진저 이는 마귀가 자기의
때가 얼마 남지 않은 줄을 알므로 크게 분 내어 너희에게 내려갔음이라 하더라

06

하늘의 찬양 1

그리스도 안에서 사랑하는 성도 여러분! 이 장의 본문은 하늘의 찬양을 들려줍니다. 요한은 비디오 시스템과 오디오 시스템을 다 동원해서 하늘의 환상을 소개합니다. 때로는 눈으로 본 환상을, 때로는 귀로 들은 소리를 전해 줍니다.

본문은 요한이 귀로 들은 하늘의 큰 음성입니다. "내가 또 들으니 하늘에 큰 음성이 있어 이르되"라고 말하고 있습니다. 기쁨 가운데 외치는 하늘의 찬양임이 틀림없습니다. 본문의 하늘 찬양은 세 소절로 나눌 수 있습니다. 첫 소절은 '하나님 나라의 승리'를 선포합니다. 하나님의 구원, 능력, 나라의 도래를 찬양합니다. 그리스도의 권세가 나타났다고 선언합니다. 둘째 소절은 '하나님 백성의 승리'를 선언합니다. 그리스도 예수의 흘리신 피로, 그리스도의 보혈이 구원의 능력임을 증거함으로 그들이 승리했음을 찬양하고 있습니다. 마지막 소절은 '사탄의 패퇴로 인한 이중 결과'를 선포합니다. 그것은 하늘의 기쁨과, 땅과 바다, 세상의 화를 선언합니다. 기쁨에 넘친 승리의 찬양 속에 담긴 메시지를 차례로 들어봅시다.

그리스도의 권세가 나타났으니

하늘의 찬양 첫 소절을 살펴보겠습니다.

> 이제 우리 하나님의 구원과 능력과 나라와 또 그의 그리스도의 권세가 나타났으니 우리 형제들을 참소하던 자 곧 우리 하나님 앞에서 밤낮 참소하던 자가 쫓겨났고(12:10).

사랑하는 성도 여러분! 찬송은 곡조가 좋아서 부르는 노래가 아닙니다. 찬송할 때는 반드시 무슨 내용을 노래하는지 생각하면서 부르십시오. 가사의 의미를 생각하면서 불러야 유익이 됩니다. 그때에 우리의 찬양을 하나님이 기쁘게 받으실 것입니다. 생각 없이 부르는 찬송은 하나님에게 영광을 돌리는 것이 아닙니다. 오히려 "너는 네 하나님 여호와의 이름을 망령되게 부르지 말라 여호와는 그의 이름을 망령되게 부르는 자를 죄 없다 하지 아니하리라"(출 20:7)는 제4계명을 어기는 범죄 행위입니다. 찬송할 때마다 그 크신 이름을 생각하십시오. 노래할 때마다 그분의 사역을 기억하십시오. 마음으로 그 내용에 "아멘" 하면서 찬양할 때, 그 찬양은 하나님에게 드리는 향기로운 입술의 예물이 될 것입니다. 요한이 듣고 들려주는 하늘의 찬양도 마찬가지입니다.

요한이 환상 중에 들은 하늘의 큰 찬양의 내용을 생각해 봅시다. "이제 우리 하나님의 구원과 능력과 나라와 또 그의 그리스도의 권세가 나타났으니"(12:10). 이것이 하늘의 찬양, 그 첫 소절입니다. 눈앞에 나타난 하나님 나라를 찬양합니다. "하나님의 나라가 나타났으니"라고 선언하고 있습니다. 그리스도의 권세가 확립된 것을 노래합니다. 그리스도의 통치가 시작된 것을 찬송합니다. 사랑하는 성도 여러분! 하나님의 구원이 완성되었습니다. 하나님의 능력이 나타났습니다. 하나님의 나라가 이미 도래했습니다. 그리스도께서 이미 승리하셨습니다. 지금 우리는 하나님의 구원 사역이 완성된 새 시대에 살고 있습니다.

성도의 찬양은 승리하신 그리스도께 드리는 노래입니다. 우리가 부르는 찬송은 그리스도께서 이루신 구원을 찬양하는 노래입니다. 특히 여기서 하나님 나라의 도래와 그리스도의 권세가 확립된 것을 동일한 사실로 선언합니다. 그리스도의 권세를 행사함으로 하나님의 나라가 이 땅에 임하기 때문입니다. "이제 우리 하나님의 구원과 능력과 나라와 또 그의 그리스도의 권세가 나타났으니"에서 "이제 …… 나타났으니"라는 것이 하늘의 찬양의 핵심입니다.

이 선언은 11장 15절의 선언을 연상시킵니다. "세상 나라가 우리 주와 그리스도의 나라가 되어 그가 세세토록 왕 노릇 하시리로다." 일곱째 천사가 나팔을 불 때 하늘에서 들려온 큰 음성입니다. 엄밀히 말하면 이런 선언은 모두 장차 이뤄질 사건을 예상하는 것입니다. 그러나 원리적으로는 이미 이뤄진 것임이 틀림없습니다. 사탄은 성 금요일 십자가 사건으로 이미 완전 패배했기 때문입니다.

하늘의 전쟁을 기억하십시오. 내쫓긴 큰 용을 생각하십시오. 요한은 하늘의 전쟁과 사탄의 패퇴를 신화적인 말로 묘사했지만, 그때 그 패배는 세상에 하나님 나라를 가져왔습니다.

사랑하는 성도 여러분, 사탄의 결정적인 패배로 그리스도의 왕권이 이 땅에 확립되었습니다. 이제 사탄은 하나님 앞에서 쫓겨났습니다. 그는 이제 참소하던 일을 계속할 근거를 상실했습니다. 아직도 우리 삶에는 비난할 만한 여지가 남아 있습니다만 사탄은 더 이상 우리를 하나님에게 모함할 수 없습니다. 우리의 그 허물과 부족과 범죄로 인하여 그리스도께서 십자가에서 우리 대신 피 흘려 죽으셨기 때문입니다. 우리의 악한 마음과 행실로 인한 그 죄의 삯을 그분이 십자가에 피 흘리심으로 완전히 지불하셨기 때문입니다.

사탄이 우리의 잘못을 비난하면 하나님은 "그래서 내가 내 아들을 세상에 보냈고 내가 내 아들을 속죄의 제물로 내어 놓았다. 그러므로 나의 백성이 어떤 허물과 죄가 있더라도 내 아들이 그 죗값을 지불했으니 그들에게 더 이상 책임을 묻지 말라"고 말씀하십니다. 주님은 십자가 위에서 "내가 다 지불했다, 내가 다 청산했다, 내가 다 이루었다"고 선언하셨습니다. 우리의 잘못, 그 허물에 대한 죗값은 주님이 다 지불하셨습니다. 이미 다 청산된 죄 때문에 기를 펴지 못하고 살아가서는 안 됩니다. 여러분을 괴롭히는 죄책감이 떠오를 때마다 하나님에게 고백하십시오. "감사합니다. 하나님의 아들을 보내 주셔서 나의 죄는 2천 년 전 십자가에서 모두 소멸되었습니다."

주 안에서 사랑하는 성도 여러분, 기뻐하십시오. 우리 대신 돌아가시고 오늘 승리하신 분이 보좌 우편에 계시는 한, 우리의 허물과 죄악으로 우리를 참소할 근거는 이제 사라졌습니다.

구약을 읽어 보면, 사탄이 하나님의 아들들이 모이는 자리에 함께 참여하고 있습니다. 그래서 틈만 있으면 하나님의 아들들을 비난합니다. 대표적인 경우가 욥입니다. 그러나 이제는 사탄이 하나님 앞에서 쫓겨났습니다. 사탄의 모든 모함과 비난은 효력을 상실했습니다. 그의 모든 참소는 근거를 잃어버렸습니다.

우리 죄를 위한 화목 제물

우리가 예수 그리스도의 피 흘리심을 믿는 한, 사탄은 우리를 고발할 수 없습니다. 그리스도께서 십자가에서 흘리신 피를 우리가 신뢰하는 한, 사탄은 우리를 하늘 법정에 고발할 수 없습니다. 오랫동안 그는 불순종하는 하나님의 백성을 하나님 앞에 고해 바쳤습니다. 그의 참소는 근거가 있었고, 그는 하늘에 머물러 있었습니다. 그러나 이제 하나님 앞에 계신 십자가에 못 박히신 주님의 승리를 통해서 우리 죄에 대한 하나님의 공의의 모든 요구 조건이 충족되었습니다.

우리 죄는 처벌되었습니다. 하나님의 어린양 예수께서 우리 대신 처벌받으셨습니다. 우리 죄를 속하신 그분을 지금부터 영원토록 찬양합시다. 십자가의 피가 우리 죄를 용서했습니다. 그 피로 속죄함을 받았습니다.

> 만일 누가 죄를 범하여도 아버지 앞에서 우리에게 대언자가 있으니 곧 의로우신 예수 그리스도시라 그는 우리 죄를 위한 화목 제물이니 우리만 위할 뿐 아니요 온 세상의 죄를 위하심이라(요일 2:1, 2).

그분은 우리 죄를 위한 화목 제물입니다. "사랑은 여기 있으니 우리가 하나님을 사랑한 것이 아니요 오직 하나님이 우리를 사랑하사 우리 죄를 속하기 위하여 화목제로 그 아들을 보내셨음이니라"(요일 4:10)고 성경은 말해주고 있습니다. 죄 때문에 하나님과 사람은 화목할 수 없었지만 그분의 아들이 피를 흘려 우리 죄를 깨끗하게 하심으로 우리는 이제 하나님 앞에 나아갈 수 있게 되었습니다. 십자가의 피가 우리의 죄를 사하였기 때문에 우리는 부활하신 예수님의 공로로 힘입는 것입니다. 그래서 우리는 흰옷을 입고 부활절 예배에 나오기도 합니다. 이제는 속죄함을 받았습니다. 이제는 우리와 하나님 사이에 화목이 이루어졌습니다.

여러분은 어떻게 천국에 갈 수 있습니까? 어떻게 하나님의 보좌 앞에 설 수 있습니까? 오늘 밤이라도 세상을 떠나게 될 때에 어떤 근거로 천국 문 앞에 서서 하나님 나라에 들어가겠다고 말할 것입니까? 우리의 착한 행실이나 고운 마음은 우리를 하나님 앞에 인도하지 못합니다. 착한 행실을 떠올리는 순간, 그것을 뒤엎는 악한 행실이 우리를 지옥으로 끌어내릴 것입니다. 우리의 고운 마음을 뭉개는 악한 마음이 우리를 지옥으로 사로잡아 갈 것입니다. 어떤 때는 고운 마음을 가질 수 있지요. 그러나 다음 순간에는 악한 마음이 불쑥 튀어나옵니다. 사랑하기로 약속한 사이에서도 때로 증오가 싹트고 있다는 것을 아실 것입니다. 그리하여 사랑의 결실로 태어난 자녀를 향해 저주하고 있는 것을 볼 것입니다.

한순간 착했던 마음으로는 천국에 갈 수 없습니다. 어쩌다가 행한 선행으로 하나님 나라에 갈 수는 없습니다. 다음 순간에 저지른 수많은 악행이 우리를 지옥으로 몰아넣을 것입니다. 그래서 기독교의 진리는 선행을 통해서, 아니 선을 쌓는다고 해서 좋은 곳에 간다고 가르치지 않습니다. 정직하게 자신을 관찰해 보십시오. 우리가 쌓는 선보다는 우리 삶을 허물고 있는 악이 더 많고, 또 더 빠르게 다가온다는 것을 알 것입니다.

어쩌다가 베푼 선행을 통해서 좋은 곳에 가까워지는 것이 아닙니다. 수 없이 거듭하고 있는 악을 통해서 지옥으로 향하고 있는 자신을 보아야만 적선(積善)이라는 교리를 믿지 않을 것입니다. 우리가 쌓은 선을 통해서는 천국에 올 자가 아무도 없기 때문에 우리 하나님은 자신의 아들을 우리에게 보내 주셨습니다.

어린양 예수의 그 피로

그 아들을 믿는 자에게는 희망이 있습니다. "그 피로 속죄함 얻었네"라고 찬송하는 성도들에게는 희망이 있습니다. "금이나 은같이 없어질 보배로 속죄함받은 것 아니요 거룩한 하나님 어린양 예수의 그 피로 속죄함 얻었네"(새찬송가 257장)라는 찬송가 가사를 믿고 노래하십시오.

우리는 어떻게 천국에 갈 수 있습니까? 어떻게 하나님의 보좌 앞에 설 수 있습니까? 어떻게 죄를 용서받을 수 있습니까? 오직 예수 그리스도의 피만이 우리의 죄를 용서합니다. 그 무한한 하나님의 지혜 가운데서도 그 피 말고는 우리를 용서할 수 있는 길이 없었습니다. 다른 길이 있다면 누가 자신의 아들을 죽는 자리에 내보내겠습니까? 하나님의 그 무한한 지혜 가운데서 찾아낸 오직 하나의 길, 그것은 자기 아들을 화목 제물로 세상에 보내는 것이었습니다. 오직 그리스도 예수의 피만이 우리 죄를 용서합니다.

> 나 같은 죄인이 용서함받아서 주 앞에 옳다 함 얻음은
> 확실히 믿기는 어린양 예수의 그 피로 속죄함 얻었네
> 속죄함 속죄함 주 예수 내 죄를 속했네 할렐루야
> 소리를 합하여 함께 찬송하세 그 피로 속죄함 얻었네(새찬송가 257장).

이 찬양의 내용을 마음 깊이 새기십시오. 그 한 구절의 내용만이라도 붙잡는다면, 우리는 우리 죄와 함께 지옥에 떨어지지 아니할 것입니다. 그 피로 속죄함을 받는 길밖에는 우리에게 다른 소망이 없습니다. 주일마다 이런 찬송을 불러 놓고 죄 사함받는 길을 몰라서 지옥으로 떨어진다면 누구를 탓할 수 있습니까? 그 진리를 몰라서 지옥에 떨어진다고 하면 누구에게 그 탓을 돌릴 수 있겠습니까?

찬송을 부를 때, 우리는 그 찬송의 가사가 무엇인지 알아야 합니다. 그 안에 신앙 고백이 담기면 구원받습니다. 우리가 하는 찬송은 되는 대로 부르는 노래가 아닙니다. 적당하게 표절해서 좋은 문자를 갖다 붙인다고 되는 것이 아닙니다.

이전에 한 교회를 섬길 때입니다. 교회로 올라가는 길에 어느 절에서 붙인 현수막이 걸려 있었습니다. 교회로 가려면 그 현수막 아래로 지나가야 했습니다. 그 현수막에는 "부처님의 제자임을 기뻐하라"고 적혀 있었습니다. 아무리 생각해 봐도, 팔만대장경 다 뒤져도 있을 법한 문구가 아니었습니다. 좋은 말 흉내 내어 써 붙인다고 되는 것이 아닙니다. '그늘진 곳에 부처님의 자비를', 이렇게 써서 붙인다고 해서 세상이 바뀌는 것이 아닙니다. 마찬가지로 적당하게 좋은 말들을 골라서 부르는 것이 찬송은 아닙니다.

우리가 부르는 찬송은 하나님의 계시의 말씀에 근거한 노래입니다. 하나님이 공개하신 진리에 우리가 화답하는 것입니다. 우리의 찬송은 하늘 찬양의 화답입니다. 그것을 믿는 우리 마음 깊숙한 곳에서 나오는 신앙 고백입니다.

하늘 노래에 화답해서 이 땅에서도 복된 찬송을 부르는 일을 게을리하지 마십시오. 찬송하는 성도는 땅 위에서 이미 승리의 노래를 부르는 사람입니다. 지금 여기서 주님의 확실한 승리를 노래하는 특권을 누리시길 바랍니다. 하늘의 찬양을 음미하면서 땅 위에서 화답의 노래를 부르는 여러분이 되기를 바랍니다.

Revelation
요한계시록 12장 10-12절

10 내가 또 들으니 하늘에 큰 음성이 있어 이르되 이제 우리 하나님의 구원과
능력과 나라와 또 그의 그리스도의 권세가 나타났으니 우리 형제들을 참소하
던 자 곧 우리 하나님 앞에서 밤낮 참소하던 자가 쫓겨났고 11 또 우리 형제들
이 어린양의 피와 자기들이 증언하는 말씀으로써 그를 이겼으니 그들은 죽기까
지 자기들의 생명을 아끼지 아니하였도다 12 그러므로 하늘과 그 가운데에 거
하는 자들은 즐거워하라 그러나 땅과 바다는 화 있을진저 이는 마귀가 자기의
때가 얼마 남지 않은 줄을 알므로 크게 분 내어 너희에게 내려갔음이라 하더라

07

하늘의 찬양 2

그리스도 안에서 사랑하는 성도 여러분, 앞서 우리는 '하나님 나라의 승리'를 선포하는 첫 소절을 살폈습니다. 하늘 찬양의 첫 소절은 하나님의 구원, 능력, 나라의 도래를 찬양합니다. 그리스도의 권세가 나타났다고 선언하는 첫 부분을 살폈습니다.

이번에 살필 하늘 찬양의 두 번째 소절은 '하나님 백성의 승리'를 선언합니다. 그리스도 예수의 흘리신 피로 하나님의 백성은 승리했고, 그리스도의 보혈이 구원의 능력임을 증거하여 성도들이 승리했음을 찬양하고 있습니다. 이어서 살필 마지막 소절은 '사탄의 패배로 인한 두 가지 상반된 결과'를 선포합니다. 한편으로는 하늘의 기쁨을 선언하고, 다른 한편으로는 땅과 바다, 세상의 화를 선언합니다. 큰 가닥으로 볼 때 하늘의 찬양은 기쁨에 넘친 승리의 찬송이지만 자세히 살피면 세상의 화를 알리는 경고도 포함되어 있습니다. 이제 그 속에 담긴 메시지를 자세히 살펴보겠습니다.

그를 이기었으니

하늘 찬양의 두 번째 부분입니다.

> 또 우리 형제들이 어린양의 피와 자기들이 증언하는 말씀으로써 그를 이겼으니 그들은 죽기까지 자기들의 생명을 아끼지 아니하였도다(12:11).

하늘 찬양의 두 번째 부분은 성도들의 승리를 기록하고 있습니다. "또 우리 형제들이 …… 그를 이겼으니." 성도들은 참소하던 자를 이겼습니다. 결정적인 승리를 거두었습니다. 완전한 승리를 거두었습니다. 그러면 신실한 성도들이 그를 어떻게 이겼습니까? 죽기까지 신실한 순교자들은 참소자를 어떻게 이겼습니까? 하늘 찬양 두 번째 부분은 그 비결을 우리에게 공개합니다. 12장에서 가장 중요한 구절이 본문 11절입니다. 9절과 10절의 배후 설명이 11절에 나옵니다. 왜 참소자가 성도들을 더 이상 고발할 수 없는지 이유를 밝히고 있습니다.

여러 형제들이 어떻게 사탄을 이겼습니까? 신실한 주의 백성이 어떻게 그를 이길 수 있습니까? 어린양의 피로 그를 이겼습니다. 그리스도의 흘린 피가 사탄을 정복하는 승리의 방편입니다. 예수 그리스도의 보혈을 붙드십시오. 자신의 모습을 바라보며 아무런 소망이 없을 때에 그리스도의 보혈을 믿으십시오. 우리의 노력으로는 도무지 희망이 없었기에 그리스도께서 보혈을 흘리셨습니다. 비참하고 절망적인 우리였기에 예수께서 피를 흘리셨습니다. 하나님 어린양의 희생으로 말미암아 우리는 사탄을 이겼습니다.

사랑하는 성도 여러분! 하늘 찬양을 들어야 비로소 하늘 전쟁의 의미를 파악할 수 있습니다. 천사장 미가엘이 사탄을 이긴 것이 아닙니다. 소리를 끈 채 텔레비전을 보면 내용을 바로 이해할 수 없습니다. 움직임을 볼 수 있지만 내막은 바로 이해할 수 없습니다. 우는 것을 봐도 왜 우는지 알 수가 없습니다. 웃는 것을 봐도 왜 웃는지 이해할 수 없습니다.

앞서 하늘의 전쟁을 통해서 용이 내쫓긴 장면을 살펴봤습니다. 본문 11절은 용이 왜 내쫓겼는지를 설명하고 있습니다. 11절의 해설이 없으면 미가엘과 그의 사자의 용맹 때문에 용과 그의 사자가 추방되었다고 결론 내릴 수도 있습니다.

어린양의 피

그러나 여기 하늘 찬양 두 번째 부분의 내용을 잘 들어 보십시오. '어린양의 피로 인하여 그를 이기었으니'라고 합니다. 어린양이 사탄을 이긴 그 방법이 바로 어린양을 따르는 성도가 사탄을 이기는 방법입니다.

우리를 대신한 그리스도의 죽음을 통해 사탄의 통치권은 상실되었습니다. 우리를 대신한 그리스도의 부활을 통해 사탄의 나라는 물러갔습니다. 그리스도인은 그리스도와 하나 된 사람입니다. 그분의 고난은 우리의 고난이며, 그분의 죽음과 부활은 바로 우리의 죽음과 부활입니다. 우리가 그리스도와 연합함으로 우리를 향한 사탄의 지배권은 상실되었습니다.

그리스도께서 지상에서 죽으실 때 사탄은 천상에서 미가엘에게 패배했습니다. 주님이 친히 하신 말씀을 기억하십시오. "이제 이 세상에 대한 심판이 이르렀으니 이 세상의 임금이 쫓겨나리라 내가 땅에서 들리면 모든 사람을 내게로 이끌겠노라"(요 12:31, 32). 그분이 땅에서 들려 십자가에 달리는 순간은 이 세상 임금 사탄이 하늘에서 쫓겨나는 순간입니다. 그분이 땅에서 들려 십자가 위에서 죽임을 당하시고 사흘 만에 승리하심으로 사탄에게 속한 모든 포로를 구출하십니다.

이 세상 죄를 위한 어린양의 피가 이미 모든 승리를 확정했습니다. 미가엘의 승리는 십자가에서 그리스도의 죽음으로 확보된 것입니다. 주님의 승리로 말미암아 확정된 것입니다. 천상의 승리는 십자가의 싸움으로 결정되었습니다. 그러므로 지상의 승리도 십자가의 죽음을 통해 확보됩니다. 어린양의 피가 영원토록 우리의 승리를 보장합니다.

이제 사탄을 이기는 새로운 시대가 도래했습니다. 그래서 우리는 "예수 사탄을 이겼네"라고 노래합니다. "어린양의 피와 자기들이 증언하는 말씀으로써 그를 이겼으니"라고 성경은 말하고 있습니다. 예수 그리스도의 보혈의 능력을 증거하십시오. 나아가 예수 그리스도의 구속의 능력을 선포하십시오. 예수께서 사탄을 이기셨습니다. "내가 땅에서 들리면 모든 사람을 내게로 이끌겠노라"고 선언하신 대로 사탄의 권세 아래 있던 사람들이 하나님 앞으로 돌아오는 새로운 시대가 도래했습니다. 이제는 사탄의 손아귀에서 한숨 쉬고 절망하고 눈물 흘리면서 서로를 향해 저주하며 살아갈 이유가 없습니다. 새로운 시대가 열렸기 때문입니다.

그러므로 이제 우리가 전하는 그 신실한 증거로 인해 사탄의 철옹성은 부서져 내립니다. 사탄이 사로잡은 손에서 하나님의 자녀들이 자유할 수 있는 능력이 발휘됩니다. 우리가 선포하는 말이 엄청난 것이라고 느끼지 못하겠지만, 우리가 신실하게 증거하는 한 그 증거를 통해 사람들을 사탄의 손에서 벗어나게 하여 하나님 앞으로 이끌 수 있습니다.

사람의 문제는 예수 그리스도의 피로만 해결됩니다. 죄로 인해 고민하는 사람들에게 그 죄를 대신해서 돌아가신 예수 그리스도를 전하십시오. 어떤 사람도 착한 행실을 통해서는 하나님 앞에 설 수 없습니다. 그렇기에 하나님이 자기 아들을 십자가에 내어 주셨습니다.

> 죄에서 자유를 얻게 함은 보혈의 능력 주의 보혈
> 시험을 이기고 승리하니 참 놀라운 능력이로다

주의 보혈 능력 있도다 주의 피 믿으오

주의 보혈 그 어린양의 매우 귀중한 피로다(새찬송가 268장).

"주의 보혈 능력 있도다. 주의 피 믿으오"라고 찬양하는 이유는 그 보혈의 능력을 통해서 우리에게 새 삶이 확보되기 때문입니다. 죄에서 자유를 얻고 싶습니까? 유혹을 이기고 승리하고 싶습니까? 더러운 마음을 깨끗하게 하고 싶습니까? 눈보다 더 희게 씻은 삶을 살고 싶습니까? 더러운 모든 것에서 정결하게 되기를 소원하십니까? 주의 보혈 그 능력을 믿으십시오. "주의 보혈 능력 있도다. 주의 피 믿으오. 주의 보혈 그 어린양의 매우 귀중한 피로다"라고 찬송하는 데는 그만한 이유가 있습니다.

순교의 피

성경의 증거를 받아들이십시오. 주님이 승리하신 방법이 바로 우리가 승리하는 방법입니다. 십자가의 죽음이 유일한 승리의 길이었듯, 순교의 죽음은 성도들의 최후 승리의 길입니다. 순교의 피는 얼핏 보면 사탄의 승리처럼 보이나 순교의 죽음은 사탄을 향한 승리입니다. 사탄은 기껏해야 성도의 몸을 죽일 수 있지만, 성도들의 마음속에 자리한 그 신앙을 빼앗을 수는 없습니다. 성도들은 생명보다 주님을 더 사랑하였기에 주를 부인하는 것보다 죽음의 고통을 기꺼이 받아들였습니다.

하늘의 음성은 그들의 죽음에 대한 승리의 찬사를 들려줍니다. "또 우리 형제들이 어린양의 피와 자기들이 증언하는 말씀으로써 그를 이겼으니 그들은 죽기까지 자기들의 생명을 아끼지 아니하였도다"(12:11). 그들은 죽음으로 진리를 수호한 사람들입니다.

성도들이 참소자 사탄을 이길 수 있는 길은 무엇입니까? 사탄은 하나님을 향한 우리의 신앙과 주님을 향한 우리의 사랑을 모함합니다. 사탄은 우리의 신앙을 흠집 내려 합니다. 우리의 사랑을 모함하려 합니다. 사탄은 오늘도 우리를 비난하고 모함하려 하지만 하나님은 그의 모함에 더 이상 귀를 기울이시지 않습니다.

우리가 이길 수 있는 길은 더 이상 사탄에게 속한 자처럼 살지 않는 것입니다. 그러므로 형제자매를 모함하고 비난하는 일을 중단하십시오. 형제가, 자매가 하는 일 중에서 가장 아름다운 쪽으로 생각하십시오. 형제를 험담하고 비난하는 것은 사탄의 짓입니다. 사탄은 참소하는 자입니다. 그는 이미 하늘에서 쫓겨났고, 장차 무저갱에 영원히 갇힐 자입니다. 남을 비난하지 마십시오. 형제의 동기를 바로 알지 못할 때는 가장 아름다운 쪽으로 생각해 주십시오. 사탄은 항상 성도들을 비난하려 합니다. 우리 입으로 남을 비난하면 우리는 사탄을 따라가는 것입니다. 사탄은 우리에게 흠집 내기를 좋아합니다.

사탄의 참소가 거짓이라는 것을 입증할 수 있는 길이 있습니다. 바로 순교의 죽음으로, 죽기까지 주를 사랑하는 행위입니다. 사탄은 성도들이 하나님을 사랑하는 것이 거짓이라고 모함했지만, 죽기까지 신실하게, 성도답게, 그 자리를 지킴으로 사탄의 비난이 모두 거짓이라는 것을 입증했습니다. 성도들은 죽기까지 자기들이 믿는 신앙을 고백했습니다. 자기들이 사랑하는 주님에 대한 사랑을 나타내 보였습니다. 사탄을 이긴다는 것은 세상에서 생명을 보존하는 것이 아닙니다. 우리 육신의 생명을 보존하는 것은 사탄을 이기는 것이 아닙니다. 사탄의 박해에서 도망쳐 우리끼리 안전한 곳에 모여 있는 것이 사탄을 이기는 길이 아닙니다. 끝까지 그리스도에 대한 증거를 사수하며 그 자리에 서 있는 것이야말로 사탄에게 승리하는 것입니다.

순교야말로 최후 승리의 확증입니다. 피를 흘리는 순교는 순결한 삶을 사는 성도가 얻을 수 있습니다. 십자가를 지신 주님을 바라보며 고통 가운데 죽기까지 순종함으로 사탄을 이기십시오. 믿음과 고백 위에 확고히 설 때 사탄을 이기는 것입니다. 성도답게 깨끗한 삶을 살 때, 백색 순교의 길을 걸을 때, 사탄을 마지막으로 이길 수 있는 자리로 나아갑니다. 하지만 유혹과 박해의 현장에서 도망한다면 사탄에게 패하고 맙니다. 그러므로 성경은 명합니다. "그를 대적하라"(벧후 5:9). 진리로 사탄을 대적하십시오. 박해에 굴하면 그리스도에게서 떨어지고 맙니다. 그리스도에게서 떨어지면 모든 것을 잃고 맙니다. 그래서 성경은 "그들은 죽기까지 자기들의 생명을 아끼지 아니하였도다"(12:11)라고 말하고 있습니다.

이 선언은 순교자들에 대한 찬사인 동시에 남아 있는 주의 백성에 대한 호소입니다. 요한은 일차적으로 승리의 죽음을 맞이한 순교자를 생각하고 있습니다. 그러나 끝까지 신실한 삶을 사는 모든 주의 백성에게 동일한 승리가 약속되어 있습니다. 그리스도를 따르는 모든 자들은 동일한 결단으로 세상을 걸어가는 자들입니다.

> 무릇 내게 오는 자가 자기 부모와 처자와 형제와 자매와 더욱이 자기 목숨까지 미워하지 아니하면 능히 내 제자가 되지 못하고 누구든지 자기 십자가를 지고 나를 따르지 않는 자도 능히 내 제자가 되지 못하리라(눅 14:26, 27).

그분의 제자가 되는 길은 십자가를 지고 자신까지 부인하며 나아가는 것입니다. 동일한 주님의 말씀이 요한복음에도 기록되어 있습니다.

> 자기의 생명을 사랑하는 자는 잃어버릴 것이요 이 세상에서 자기의 생명을 미워하는 자는 영생하도록 보전하리라(요 12:25).

순교의 각오로 세상을 살아가십시오. 피를 흘리는 적색 순교를 하기 전에 우리는 흠 없는 세마포 옷을 입고 걸어가는 백색 순교자의 삶을 살아야 합니다. 그 각오로 마지막 때를 살아가십시오. 승리하신 어린양을 따라 나아가십시오. 어린양 예수의 피가 우리를 승리자 이상으로 만들 것입니다. 세상의 어떤 세력도 우리를 정복할 수 없습니다.

어린양의 승리에 참여하는 그날까지 그분의 보혈로 승리하십시오. 신실한 그분의 증거로 승리하십시오. "무릇 하나님께로부터 난 자마다 세상을 이기느니라 세상을 이기는 승리는 이것이니 우리의 믿음이니라"(요일 5:4)고 요한은 말했습니다. 물과 피로 임하신 자 예수 그리스도를 믿는 그 믿음으로 우리는 세상을 이기는 자들입니다.

승리의 결과

하늘의 찬양 마지막 구절을 살펴보십시오.

> 그러므로 하늘과 그 가운데에 거하는 자들은 즐거워하라 그러나 땅과 바다는 화 있을진저 이는 마귀가 자기의 때가 얼마 남지 않은 줄을 알므로 크게 분 내어 너희에게 내려갔음이라 하더라(12:12).

사랑하는 성도 여러분, 그리스도의 보혈과 그들의 증거로 인해 마귀를 이긴 결과를 하늘 노래 마지막 부분에서 들려줍니다. 그 결과는 두 가지로 나뉘어 있습니다. 사탄의 실패로 인한 두 가지 결과입니다. 하늘과 그 가운데 거하는 자들은 기뻐하라고 요청받는 반면, 땅과 바다에 거하는 자에게는 화가 선포됩니다.

사탄은 순순히 패배를 인정하는 신사가 아닙니다. 결코 순순히 물러서지 않습니다. 하늘에 있을 곳을 얻지 못했지만 아직도 땅에서 영향력을 행사하려 합니다. 어릴 때 뱀을 죽여 본 적이 있습니까? 뱀의 머리를 완전히 짓이겨도 그 몸은 계속 꿈틀거립니다. 그 나머지 부분이 꿈틀거리고 있는 것입니다. 사탄의 머리는 십자가에 죽음으로 완전히 분쇄되었습니다. 그러나 아직도 세상에서 그의 영향력을 행사하고 있습니다.

그의 파멸은 확정되었지만 그의 영향력은 아직도 지대합니다. 그러나 순교자의 신앙을 빼앗는 데는 완전히 무력합니다. 형제들을 참소하는 근거는 완전히 상실되었습니다. 아무도 하나님의 택하신 자를 고발할 수 없습니다. 사탄은 하나님이 사랑하시는 자를 결코 고발할 수 없습니다.

> 누가 능히 하나님께서 택하신 자들을 고발하리요 의롭다 하신 이는 하나님이시니 누가 정죄하리요 죽으실 뿐 아니라 다시 살아나신 이는 그리스도 예수시니 그는 하나님 우편에 계신 자요 우리를 위하여 간구하시는 자시니라(롬 8:33, 34).

사탄은 어린양의 피와 그 증거로 죽기까지 충성한 하나님의 백성을 더 이상 해할 수 없습니다. 승리한 교회는 더 이상 사탄의 공격 영역 아래 있지 않습니다. 승리의 찬양을 부르는 교회는 사탄의 공격 권내에 속해 있지 않습니다. 그러나 아직 전투하는 땅 위의 교회와 아직 땅 위에 남아 있는 주의 백성은 그의 공격 권내에 속해 있습니다. 땅 위에 있는 성도들을 정복하기 위해, 그들의 신앙을 부인토록 하기 위해 죽이기도 할 것입니다. 그러나 사탄은 성도들을 이길 수 없습니다.

순교자의 피가 흐르는 것은 무엇 때문입니까? 육체는 죽임당할 수 있다는 것이 성경에서 일관되게 말하는 진리입니다. 그러나 신앙은 빼앗을 수 없습니다. 그렇기에 우리는 지금 여기서부터 하늘과 그 가운데 거하는 자들과 함께 찬송할 수 있습니다. 사탄은 우리를 공격할 수 있지만 정복할 수는 없기 때문입니다. 사탄은 땅 위에 사는 한 우리의 육신적 생명은 앗아갈 수 있지만 그 이상은 더 어찌하지 못합니다. 그리스도를 십자가에 달아 죽이는 순간 그는 이겼다고 생각했지만 그것이 그의 결정적인 패배의 순간이었습니다. 마찬가지입니다. 그는 우리를 죽이기도 합니다. 우리를 죽임으로 승리했다고 생각하겠지만 그것은 우리를 자유하게 만드는 순간입니다. 우리는 우리가 사랑하고 믿고 따른 주님을 그날 이후로 영원토록 찬송할 것입니다. 그리스도인은 순교의 죽음을 통해서 사탄을 이기는 자들입니다. 죽이긴 하지만 그는 승리하지 못합니다.

사랑하는 성도 여러분, 어린양의 피로 세상을 이기십시오. 어린양의 피를 증거하면서 사탄을 이기십시오. 우리는 강자입니다. 우리는 전능자 편에 서 있습니다. 우리는 진리의 말씀으로 정복할 수 있습니다. 우리에게 내재적인 힘이 주어져 있습니다. 우리는 그의 위협과 무시무시한 표정에 굴할 이유가 없습니다. 사탄은 자신의 날이 시효가 끝나감을 알기에 더욱 기승을 부릴 것입니다. 땅에 있는 주의 백성을 향해 마지막 발악을 할 것입니다. 그러나 두려워 마십시오. 그것은 사탄의 마지막 발악일 뿐입니다. 그의 파멸은 확정되었고 그의 날은 마감될 것입니다. 하늘과 그 가운데 거하는 자들의 즐거움을 지금부터 영원토록 노래하십시오. 승리는 영원토록 어린양을 따르는 성도들의 것입니다.

> 그들이 어린양과 더불어 싸우려니와 어린양은 만주의 주시요 만왕의 왕이시므로 그들을 이기실 터이요 또 그와 함께 있는 자들 곧 부르심을 받고 택하심을 받은 진실한 자들도 이기리로다(17:14).

Revelation

요한계시록 12장 13-17절

13 용이 자기가 땅으로 내쫓긴 것을 보고 남자를 낳은 여자를 박해하는지라 14 그
여자가 큰 독수리의 두 날개를 받아 광야 자기 곳으로 날아가 거기서 그 뱀의
낯을 피하여 한 때와 두 때와 반 때를 양육받으매 15 여자의 뒤에서 뱀이 그 입
으로 물을 강같이 토하여 여자를 물에 떠내려가게 하려 하되 16 땅이 여자를 도
와 그 입을 벌려 용의 입에서 토한 강물을 삼키니 17 용이 여자에게 분노하여 돌
아가서 그 여자의 남은 자손 곧 하나님의 계명을 지키며 예수의 증거를 가진 자
들과 더불어 싸우려고 바다 모래 위에 서 있더라

08

용의 박해

그리스도 안에서 사랑하는 성도 여러분! 본문 12장 13-17절의 직접적인 배경이 되는 6절을 먼저 살펴봅시다.

> 그 여자가 광야로 도망하매 거기서 천이백육십 일 동안 그를 양육하기 위하여 하나님의 예비하신 곳이 있더라(12:6).

본문은 광야로 도망한 여자의 이야기를 더 자세히 풀어 줍니다. 여자가 광야에서 받은 박해뿐만 아니라 거기서 받은 보호와 양육을 강조합니다.

부모의 중요한 임무는 어린 자녀들을 보호하는 일입니다. 하지만 여기에도 범위와 한계가 있습니다. 성경은 주의 교훈과 훈계로 보호하고 양육할 것을 말씀합니다. 그러나 이 임무를 저버리거나 지나치게 과보호하는 것이 우리 시대의 빈번한 문제입니다.

박해받는 교회

본문으로 돌아가 봅시다. 남자를 낳은 여자는 왜 용의 박해를 받습니까? 지상의 교회는 왜 사탄의 박해를 받습니까? 사탄이 남자아이를 더 이상 공격하지 못하기 때문입니다. 해산하는 순간 그 아이를 삼키려고 했으나 실패했습니다. 하늘 보좌 앞으로 올려 간 그 아이를 더 이상 공격할 수 없기 때문입니다. 더 이상 사탄이 하늘에서 자리를 얻지 못하고 쫓겨났기 때문입니다. 하늘 보좌 앞에서 설 자리를 잃었기 때문입니다. 성도들을 헐뜯을 근거를 상실했기 때문입니다.

어린양 그리스도께서 십자가에서 흘리신 보혈은 우리 죄를 용서하고도 남습니다. 우리에게는 여전히 비난받을 만한 여지가 남아 있지만 어린양의 피가 우리 죄를 씻어 주었기에 사탄에게는 더 이상 성도들을 고발할 구실이 없습니다. 사탄은 하늘에서 내쫓겼습니다. 하늘로 남자아이를 놓쳐 버리자, 사탄은 남자를 낳은 여자를 향해 분풀이를 합니다. 그리스도를 해하려다가 실패하자 그 대신 교회를 해치려고 덤빕니다. 여기에 지상의 교회가 박해를 받은 깊은 내막이 있습니다.

사랑하는 성도 여러분, 그리스도인이기에 받는 박해가 있습니까? 여러분의 삶 속에 그리스도인으로서 받는 시련이 있습니까? 기뻐하고 즐거워하십시오. 박해는 승리자 그리스도께 속한 무리의 표시입니다. 어리석고 연약해서 시련당하는 것이 아니라 오히려 승리자 그리스도 예수께 속했기에 시련을 당하는 것입니다. 주님은 산상 설교에서 팔복을 선언하시면서 자기 백성의 특징으로 '박해를 받는 자'를 말씀하셨습니다.

> 의를 위하여 박해를 받은 자는 복이 있나니 천국이 그들의 것임이라 나로 말미암아 너희를 욕하고 박해하고 거짓으로 너희를 거슬러 모든 악한

말을 할 때에는 너희에게 복이 있나니 기뻐하고 즐거워하라 하늘에서 너희의 상이 큼이라 너희 전에 있던 선지자들도 이같이 박해하였느니라(마 5:10-12).

세상은 자기 것을 박해하지 않습니다. 마지막 밤, 주님이 사랑하시던 제자들을 향해 하신 다락방 강화를 들어 보십시오.

세상이 너희를 미워하면 너희보다 먼저 나를 미워한 줄을 알라 너희가 세상에 속하였으면 세상이 자기의 것을 사랑할 것이나 너희는 세상에 속한 자가 아니요 도리어 내가 너희를 세상에서 택하였기 때문에 세상이 너희를 미워하느니라(요 15:18, 19).

그렇습니다. 박해는 세상에 속한 자들의 몫이 아닙니다. 환난은 주님에게 속한 자들의 몫입니다. 그러나 두려워하지 마십시오. 오늘 주님에게 속한 자로서 박해를 받는다면 내일 주님의 승리에 참여할 것입니다. 주님의 다락방 설교 마지막 구절인 요한복음 16장 33절을 기억하십시오.

세상에서 너희가 환난을 당하나 담대하라 내가 세상을 이기었노라.

승리가 보장된 교회

사탄은 일찍이 주님을 박해했기에 지금 우리를 박해합니다. 우리가 당하는 환난은 우리가 주님에게 속했다는 소속 증명서입니다. 땅 위에서 당하는 어떠한 박해도 기뻐하고 즐거워하십시오. 우리가 승리자 주님의 백성임을 증명하기 때문입니다. 기뻐하고 즐거워하십시오. 일찍이 주님이 사탄의 박해를 이기셨기에 지금 우리도 승리할 수 있습니다.

사도 요한은 복음서에 주님의 설교를 남겼을 뿐만 아니라 그의 편지에 주님의 백성의 승리를 기록합니다(요일 5:4). 그분이 사탄을 이기셨기에 우리는 믿음의 승리를 노래합니다. 지금 그분의 승리를 노래하는 모든 자는 장차 영광스러운 승리의 행진에 동참할 자들입니다.

사랑하는 성도 여러분, 예수께서 하나님의 아들임을 믿습니까? 여자가 낳은 아이가 지금 보좌 우편에 있는 것을 믿습니까? 큰 용이 하늘에서 내쫓긴 것을 믿습니까? 어린양의 피와 증거하는 말로 인해서 우리도 그를 이길 것을 믿으십시오. 예수님이 흘리신 피로 내 죄를 사함받는다는 것을 믿기만 하면, 하나님의 말씀대로 신실하게 살기만 하면, 우리는 승리자로 서게 될 것입니다. 하나님의 아들이 사람의 아들로 태어나심은 마귀의 일을 멸하려 하심입니다. 사탄 마귀의 일은 어떤 것입니까? 서로 미워하고 시기하고 질투하고 또 싸우고 죽이는 것입니다. 이런 사탄의 일들을 끝장내기 위해서 하나님의 아들이 사람의 아들로 세상에 오셨습니다. 예수께서 인자(人子)이심을 믿습니까? 물로 세례를 받으셔서 사람과 하나 되시고 피로써 사람들의 죄를 속한 것을 믿으십시오.

어린양 예수의 피가 능력 있습니다. 그 피를 고백할 때 우리는 승리합니다. 우리의 죄는 그 피로 씻음받았습니다. 우리가 받을 벌을 대신 받으신, 세상 죄를 지고 가는 하나님의 어린양을 바라보십시오. 어린양의 피로 속죄함받을 것을 노래하십시오. 어린양의 피로 구속함받은 것을 증거하십시오. 각 나라와 족속과 백성과 방언에서 아무도 능히 셀 수 없는 흰옷 입은 큰 무리를 기억하시지요? 손에 종려 가지를 들고 보좌 앞과 어린양 앞에서 큰 소리로 외쳐 노래하던 환상을 기억하시지요? 흰옷 입은 자들이 누구며 어디서 왔는지 기억하십니까? 모두 큰 환난에서부터 온 승리한 자들입니다. 어린양의 피에 그 옷을 씻어 희게 한 무리입니다(7:14 참조).

위기의 도움

하늘에서 내쫓긴 사탄은 남자아이를 낳은 여자를 박해합니다. 남자아이에 대한 분풀이를 여자에게 하려는 비겁한 자입니다. 그리스도에게는 패배하고 하늘에서 쫓겨났지만 땅에 있는 그리스도인쯤이야 하고 어리석게 덤빕니다. 공격하면 여지없이 당할 것처럼 보이는 여자입니다. 그러나 그렇게 손쉽게 되지 않습니다. 위기의 순간 하늘의 도움이 나타납니다.

> 그 여자가 큰 독수리의 두 날개를 받아 광야 자기 곳으로 날아가 거기서 그 뱀의 낯을 피하여 한 때와 두 때와 반 때를 양육받으매(12:14).

남자아이(그리스도)를 이기지 못한 사탄은 이제 총력을 기울여 남자아이를 낳은 여자(교회)를 공격합니다. 그러나 주께서는 그 여자를 버려두지 않으십니다. 악한 자의 소욕에 자기 백성을 내맡기시지 않습니다. 여러분은 이스라엘이 순례 길에서 부른 찬송을 기억하십니까?

> 여호와를 의지하는 자는 시온 산이 흔들리지 아니하고 영원히 있음 같도다 산들이 예루살렘을 두름과 같이 여호와께서 그의 백성을 지금부터 영원까지 두르시리로다(시 125:1, 2).

큰 산이 흔들리지 아니하고 영원히 있음같이 땅 위의 교회를 향한 하나님의 돌보심은 영원합니다. 어리석은 사탄은 교회를 향한 마지막 공격을 감행할 것이지만, 하나님의 백성에게는 하늘의 도움이 보장되어 있습니다. 쫓기는 여자에게 난데없이 큰 독수리의 두 날개가 주어진 것을 보십시오. 이제는 도망친다고 달려갈 필요가 없습니다. 이제는 날아갈 수 있습니다.

쉽고 빠르게 피난처에 도달할 수 있습니다.

사랑하는 성도 여러분, 사탄의 공격을 받을 때 우리의 피난처가 어디인지 아십니까? 어디로 피해야 할지 알고 계십니까? "광야 자기 곳으로 날아가"(12:14)를 귀 담아 들어 두십시오. 광야를 가리켜 "자기 곳"이라고 부르고 있습니다. 하나님이 그 여자를 위해 예비하신 곳입니다.

성도의 피난처, 광야

사랑하는 성도 여러분, 광야를 사랑하십시오. 성도는 자기 처소를 알아야만 합니다. 우리는 이 세상에 살지만 이 세상에 속한 자가 아닙니다. 이 진리를 우리의 자녀들에게도 가르쳐 주어야 합니다. 그들은 하늘 시민입니다. 큰 성 바벨론 사람이 아닙니다. 우리는 소돔 사람이 아닙니다. 우리는 애굽 사람이 아닙니다. 세상 풍조를 따라 살다가 세상이 멸망할 때 함께 망할 사람이 아닙니다. 우리의 소속은 어디입니까? 우리의 진정한 거처가 어디입니까? 우리의 확실한 피난처가 어디에 있습니까? 사람의 도움을 전혀 기대할 수 없는 광야, 그곳이 우리를 위해 하나님이 예비하신 곳입니다. 뱀의 낯을 피할 수 있는 유일한 장소는 광야밖에 없습니다.

분노한 사탄의 직접적인 공격을 멀리 피할 수 있는 하나님의 도피처, 광야를 사랑하십시오. 문명의 불야성을 이루는 큰 성 대도시에 집착하지 마시고 광야로 나아가십시오. 자발적 불편을 선택하고 하늘을 바라보아야 하는 광야로 나아가십시오. 자발적 불편은 기독교 시민 윤리 실천 운동에서 내세우는 운동 중 하나입니다. 우리는 스스로 누릴 수 있는 것을 다 누리는 것이 아니라, 포기하고 남을 배려하고 사랑하며 조금 불편한 것을 감수하여 지금 직면하고 있는 세상의 문제들을 해결해 나갈 수 있습니다.

광야, 관심을 하나님에게로 쏟을 수 있는 그곳을 사랑하십시오. 바라기는 오늘 우리의 발걸음이 광야를 향한 걸음이기를 소원합니다. 하늘이 노래지는 해산의 고통 속에서 자녀를 낳아 몰록의 신 앞에 바치는 어리석음에서 벗어나기 바랍니다. 자식을 낳아서 모두 나일강에 던져 버리는 이스라엘의 고통을 알고 계십니까? 우리가 직접 자식을 낳았는데 왜 정치가나 국가가 원하는 대로 자식을 키워야 합니까? 교육부 장관이 우리 대신 자식을 낳는다고 고생했습니까? 아닙니다. 전 세계의 기독교 국가는 자녀 교육의 책임을 부모에게 맡기고 있습니다. 부모만큼 그 자식을 아낄 사람이 없기 때문입니다.

광야는 어떤 곳입니까? 모든 것이 잘 갖춰져 있는 곳은 아닙니다. 뭔가 부족한 것이 있고, 뭔가 불편한 것이 있는 장소가 광야입니다. 그 불편한 것을 피해서 사람들이 도시로 모여들기 때문에 나름의 새로운 문제를 낳고 있습니다. 우리의 발걸음이 광야로 향한 걸음이기를 소원합니다. 그때마다 필요한 양식이 공급되는 것이 아닙니다.

자녀들을 키울 때에도 자식이 해달라는 대로 해주는 부모가 되지 마십시오. 언젠가는 여러분이 해결해 줄 수 없는 문제를 만나게 되어 있습니다. 입만 떨어지면 도와주려고 달라붙는 부모에게 자식이 무엇을 배우겠습니까? 부모가 전능한 분이라고 착각하진 않겠지만, 그래도 그렇게 키워서는 안 됩니다. 어릴 때부터 부모는 자식에게 "부모가 할 수 없는 일도 있단다"라고 가르쳐야 합니다. 그저 아이들을 금이야 옥이야 키운다면, 어떻게 아이들이 제대로 자라길 기대할 수 있겠습니까? 세상에는 안 되는 것이 있다는 것도 알아야 합니다. 부모도 도와줄 수 없는 것이 있다는 것을 알아야 합니다.

어쩔 수 없이 그대로 받아들여야 하는 것을 배워야 합니다. 그래서 우리에게 광야라는 곳이 필요합니다. 동전만 넣으면 자동으로 나오는 자판기는 광야에 없습니다. 광야에서는 생수병으로 생수를 마시는 것이 아니라 그저 흘러가는 물을 엎드려 마십니다. 달라는 대로 즉각 자식의 손에 쥐어 주며 키우지 마십시오. 광야는 함께 기도하며 응답을 기다리는 곳이고, 응답해 주시는 하나님에게 함께 나아가 감사하는 것을 경험하는 곳입니다.

하나님의 백성이 그 양식을 공급받고 날마다 돌보심을 느끼는 곳이 광야입니다. 이 세상 큰 도시 문명은 우리에게 참된 거처, 확실한 피난처를 제공하지 않습니다. 이 세상에는 영원한 도성이 없습니다. 안전하게 거할 수 있는 도성이 없습니다. 어른이든 아이든, 그 백성을 위해 하나님의 지혜로 예비하신 곳은 광야임을 명심하십시오. 애써 키운 자식이 섭섭하게 할 때마다 '아, 여기는 자식을 바라보고 사는 곳이 아니구나'라고 생각하고 배우면 부모로서 철이 드는 것입니다. 내가 자식을 양육하지만, 세상에서 그들을 바라보고 사는 것은 아닙니다. 세상에서 하나님을 바라보고 살도록 의도하셨습니다.

사랑하는 성도 여러분, 위기에 하나님을 바라보십시오. 하나님이 큰 독수리 두 날개를 주어 우리의 피난처 광야로 날아가게 할 것입니다. 성경에서 주어가 생략된 수동태의 경우, 대개 그 주어는 하나님입니다. "그 여자가 큰 독수리의 두 날개를 하나님으로부터 받아"의 의미입니다. 능동태로 바꾸면 "하나님이 그 여자에게 큰 독수리 두 날개를 주시니"라는 뜻입니다. 하나님이 큰 독수리의 두 날개를 우리에게 주어 우리의 피난처 광야로 날아가게 할 것입니다.

여러분의 두 손을 큰 독수리의 두 날개처럼 하늘을 향해 들어 올려 보십시오. 그리고 부르짖어 보십시오. 하늘의 하나님이 들으십니다. 하나님은 자신이 독수리의 날개로 업어 자기 백성을 인도하신 분입니다. 하나님은 바로를 통해 옛 이스라엘을 삼키려는 용의 시도에서 이스라엘을 광야로 인도하심으로 구원하신 분입니다. 출애굽한 지 3개월 만에 시내 광야에 도착했을 때 하나님이 하신 말씀을 들어 보십시오.

> 나의 애굽 사람에게 어떻게 행하였음과 내가 어떻게 독수리 날개로 너희를 업어 내게로 인도하였음을 너희가 보았느니라(출 19:4).

40년 후 이스라엘을 향해 들려준 모세의 노래를 들어 보십시오.

> 여호와께서 그를 황무지에서, 짐승이 부르짖는 광야에서 만나시고 호위하시며 보호하시며 자기의 눈동자같이 지키셨도다 마치 독수리가 자기의 보금자리를 어지럽게 하며 자기의 새끼 위에 너풀거리며 그의 날개를 펴서 새끼를 받으며 그의 날개 위에 그것을 업는 것같이 여호와께서 홀로 그를 인도하셨고 그와 함께한 다른 신이 없었도다(신 32:10-12).

바로를 통해 삼키려는 용의 추격에서 옛 이스라엘을 광야로 인도하여 구원하신 하나님이 지금도 그 백성을 파멸로부터 기적적으로 보존하실 것입니다. 그리하여 직접 개입하시고 보호하시며 양육하시는 하나님을 보여 주실 것입니다.

옛 언약 공동체가 광야에서 하나님의 기적적인 도움으로 보존되었듯이 새 언약 공동체 역시 광야에서 하나님의 도움으로 살아남을 것입니다. 광야에서는 매일 만나가 내려야 합니다. 하나님이 매일 먹을 것을 내려 주셔야 먹고살 수 있습니다. 낮에는 구름 기둥이, 밤에는 불 기둥이 함께해야만 살아갈 수 있는 곳입니다. 직접 개입하시고 보호하시며 양육하시는 하나님을 만나십시오.

사랑하는 성도 여러분, 여러분의 하나님이 직접 예비하신 성에서 아버지의 품에 안길 때까지 세상에서 안주하려고 시도하지 마십시오. 우리가 거할 곳은 세상이 아니라 광야입니다. 광야는 하나님의 직접적인 도움 없이는 사람이 살 수 없는 곳입니다.

한 때와 두 때와 반 때

본문 14절을 보면 세 종류의 "때"가 있습니다. "한 때와 두 때와 반 때"는 "마흔두 달", "천이백육십 일"로 일컫는 기간입니다. 그리고 이와 대조적으로 "사흘 반"이 나옵니다. 끝으로 심판 날이 등장합니다. 한 때, 두 때, 반 때는 계시록에 나오는 오랜 기간의 상징적인 표현입니다. 복음 시대 전 기간을 가리키는 말입니다. 동시에 그 기간은 적그리스도의 기간입니다. 그래서 복음 시대 전 기간에 박해를 받습니다. 말씀의 영향이 나타나는 동시에 박해의 바람이 부는 기간입니다. 사도 요한은 자기가 살던 시대를 적그리스도가 나타나 활동하는 시기라고 말하고 있음을 주의하십시오.

> 이로써 너희가 하나님의 영을 알지니 곧 예수 그리스도께서 육체로 오신 것을 시인하는 영마다 하나님께 속한 것이요 예수를 시인하지 아니하는 영마다 하나님께 속한 것이 아니니 이것이 곧 적그리스도의 영이니라 오리라 한 말을 너희가 들었거니와 이제 벌써 세상에 있느니라(요일 4:2, 3).

복음 시대 전 기간은 성도들이 전도할 수 있는 기간이지만 동시에 박해를 받는 기간이기도 합니다. 한 때, 두 때, 반 때의 긴 기간입니다. 그러나 이와 대조적으로 짧은 기간, 사흘 반이 있습니다. 박해가 극심해지는 기간입니다. 그리고 전례 없는 박해가 심해지다가 최후 심판으로 인도되는 기간입니다.

그런데 하필이면 왜 한 때, 두 때, 반 때, 즉 3년 반입니까? '3년 6개월' 하면 이스라엘 사람들이 떠올리는 사건이 있습니다. 바로 엘리야의 3년 6개월입니다. 그의 기도로 땅에 비가 내리지 않은 기간입니다. 수난과 고통의 기간인 동시에 하나님의 말씀이 능력으로 나타난 기간입니다. 또한 기적적인 방법으로 양육을 받은 기간입니다.

기억하십니까? 하나님이 기적적인 방법으로 3년 반 동안 엘리야를 먹이시고 보호하셨습니다. 온 땅에 지명 수배령을 내렸지만 발각되어 체포되지 않고 살아남은 기간입니다. 처음에는 그릿 시냇가에서 까마귀를 동원해 먹이셨습니다. 떡과 고기를 공수해서 하나님이 그 종을 먹이셨습니다. 다음에는 사르밧 과부를 통해 그 신실한 종을 먹이시고 보호하셨습니다. 신실하신 하나님이 과거 수난의 시기에 당신의 종을 양육하신 그 방법으로 말세의 주님을 기다리는 공동체를 양육하실 것을 기억나게 하는 표현입니다.

여자가 받는 박해와 구원

이제 요한이 본 환상을 통해 여자가 광야에서 받는 박해의 양상을 살펴봅시다.

> 여자의 뒤에서 뱀이 그 입으로 물을 강같이 토하여 여자를 물에 떠내려가게 하려 하되 땅이 여자를 도와 그 입을 벌려 용의 입에서 토한 강물을 삼키니(12:15, 16).

본문은 광야에서 여자가 당한 박해와 도움의 양상을 동시에 보여 줍니다. 요한이 환상 중에 "물을 강같이 토하여 여자를 물에 떠내려가게" 하는 뱀을 통해 보여 주고자 하는 진리는 무엇입니까? 구약에서는 시험과 환난, 박해를 넘치는 홍수에 자주 비유하고 있습니다.

또한 성경은 맹렬한 원수의 박해에서 받는 도움을 증거합니다.

> 이로 말미암아 모든 경건한 자는 주를 만날 기회를 얻어서 주께 기도할지

라 진실로 홍수가 범람할지라도 그에게 미치지 못하리이다 주는 나의 은신처이오니 환난에서 나를 보호하시고 구원의 노래로 나를 두르시리이다(셀라)(시 32:6, 7).

시편 124편 기자는 더 분명하게 주의 구원을 찬양합니다.

우리를 내주어 그들의 이에 씹히지 아니하게 하신 여호와를 찬송할지로다 우리의 영혼이 사냥꾼의 올무에서 벗어난 새같이 되었나니 올무가 끊어지므로 우리가 벗어났도다 우리의 도움은 천지를 지으신 여호와의 이름에 있도다(시 124:6-8).

한국 교회는 예배를 마칠 때 축도로 마무리하여 성삼위 하나님의 이름으로 복을 빌지만 개혁 교회 전통에서는 예배 시작 전에도 축도합니다. "우리의 도움은 천지를 지으신 여호와의 이름에 있도다"라고 선언한 후 성도들을 예배의 자리로 초대합니다.

최후 결전장으로

속수무책으로 보이는 광야의 여자를 해치지 못한 용의 분노는 이제 그 여자의 남은 자손에게 향합니다. 교회 전체를 파괴하려 들던 총력전에서 실패한 용이 각개 전투로 나오는 모습입니다.

용이 여자에게 분노하여 돌아가서 그 여자의 남은 자손 곧 하나님의 계명을 지키며 예수의 증거를 가진 자들로 더불어 싸우려고 바다 모래 위에 서 있더라(12:17).

신자 개개인을 공략하려고 합니다. 사탄은 그리스도인 공동체를 이길 수 없으나 그 개개인과는 싸울 수 있습니다. 그러나 하나님의 계명을 지키며 예수의 증거를 생명보다 귀하게 여기는 그들을 이길 수는 없습니다.

때로 성도 개개인의 생명을 빼앗을 수 있지만 그들의 신앙 정조를 유린할 수는 없습니다. 성도 개개인의 생명은 빼앗을 수 있지만 하나님이 허락하시는 범위 안에서입니다. 교회는 공격당할 수 있지만 정복당할 수는 없습니다. 요한의 환상은 이 싸움의 현장에 우리를 세움으로 끝을 맺습니다.

사탄은 반석 위에 선 것이 아닙니다. 바다 모래 위에 섰다고 말합니다. 최후의 결전장으로 우리를 불러냅니다. 그러나 두려워하지 마십시오. 이제 최후의 결전은 우리에게 최후의 승리를 안겨 줄 것입니다. 요한은 이 환상을 통해서 주님이 그에게 친히 하신 위로를 우리에게 전하려고 합니다.

> 너희가 내 이름으로 말미암아 모든 사람에게 미움을 받을 것이나 너희 머리털 하나도 상하지 아니하리라 너희의 인내로 너희 영혼을 얻으리라(눅 21:17-19).

환난과 박해의 물결이 높아져 가는 소아시아 성도들을 위로하려 한 요한의 메시지는 거센 환난과 박해의 마지막 물결 앞에 직면한 온 세계의 성도들을 위로하기에 충분합니다. 끝까지 인내하는 자에게 구원은 보장되어 있습니다.

> 너희의 인내로 너희 영혼을 얻으리라(눅 21:19).

Revelation

요한계시록 13장 1-4절

1 내가 보니 바다에서 한 짐승이 나오는데 뿔이 열이요 머리가 일곱이라 그 뿔
에는 열 왕관이 있고 그 머리들에는 신성 모독하는 이름들이 있더라 2 내가 본
짐승은 표범과 비슷하고 그 발은 곰의 발 같고 그 입은 사자의 입 같은데 용이
자기의 능력과 보좌와 큰 권세를 그에게 주었더라 3 그의 머리 하나가 상하여
죽게 된 것 같더니 그 죽게 되었던 상처가 나으매 온 땅이 놀랍게 여겨 짐승을
따르고 4 용이 짐승에게 권세를 주므로 용에게 경배하며 짐승에게 경배하여 이
르되 누가 이 짐승과 같으냐 누가 능히 이와 더불어 싸우리요 하더라

09

바다에서 나온 짐승 1

그리스도 안에서 사랑하는 성도 여러분, 본문이 속한 12-14장은 요한계시록에서 가장 실질적인 막간 사건입니다. 일곱째 봉인이 떼어지자마자 즉시 일곱 나팔이 등장했습니다. 일곱째 나팔이 불어짐으로써 일곱 대접이 등장할 것이라는 우리의 예상을 깨뜨리고, 심오한 일곱 이적이 등장합니다. 의미 깊은 일곱 이적에 흐르는 중심 사상은 '하나님 나라와 사탄 왕국 사이의 투쟁'입니다.

그 투쟁의 결과로 나타나는 환난과 박해는 계시록의 중심 주제 중 하나일 뿐만 아니라 신약 전체에 흐르는 사상이기도 합니다. 세상을 살아가는 그리스도인들은 대개 신앙 때문에 환난과 박해를 받습니다. 환난과 박해로 인해 고난을 겪는 것은 땅 위에 있는 교회의 일상적인 경험인 것입니다.

요한계시록 12장과 13장은 하나의 단락으로 구성되어 있습니다. 12장에 예고된 박해의 양상이 13장에서 구체화됩니다. 땅으로 내쫓긴 용의 발악이 드러납니다. 땅으로 내쫓긴 사탄은 최후 결전을 벼르고 있습니다. 12장 마지막 절은 "용이 …… 바다 모래 위에 서 있더라"고 말하고 있습니다. 거기에 서서 "여자의 남은 자손"과 더불어 싸우려고 합니다. "하나님의 계명을 지키며 예수의 증거를 가진 자들과 더불어 싸우려고" 합니다. 반면 요한계시록 13장은 용의 최후 결전 방안을 보여 줍니다. 바다 모래 위에 선 용은 자신이 전면에 등장하지 않습니다. 오히려 하수인을 통한 대리전으로 최후 결전에 임하고 있습니다.

사랑하는 성도 여러분! 요한계시록 13장은 우리의 신앙생활에 매우 중요한 부분을 보여 줍니다. 우리가 싸울 싸움의 승패를 결정짓는 매우 중요한 부분입니다. 우리는 싸워야 할 대적의 참모습을 알아야 싸움에서 승리할 수 있습니다. 대적의 모습뿐만 아니라 그의 방법을 파악해야 승리를 기약할 수 있습니다. 우리의 싸움은 궁극적으로는 사탄과의 싸움입니다. 그러나 용은 직접 나서지 않습니다. 자신이 택한 하수인을 내세워 대리전을 합니다.

우리는 그 하수인의 정체를 알아야 합니다. 13장에 등장하는 두 짐승의 정체를 바로 아는 것이 승리의 지름길입니다. 용은 하나님의 백성인 "여자의 남은 자손"을 박해합니다. 13장은 그 박해를 실제로 담당한 적그리스도의 모습을 공개하고 있습니다.

바다에서 나온 짐승

요한이 본 환상을 통해서 우리의 대적이 누구인지 살펴봅시다.

> 내가 보니 바다에서 한 짐승이 나오는데 뿔이 열이요 머리가 일곱이라 그 뿔에는 열 왕관이 있고 그 머리들에는 신성 모독하는 이름들이 있더라 내

가 본 짐승은 표범과 비슷하고 그 발은 곰의 발 같고 그 입은 사자의 입 같은데 용이 자기의 능력과 보좌와 큰 권세를 그에게 주었더라(13:1, 2).

짐승의 출현과 그 모습을 기술하고 있습니다. 기이한 형상을 가진 짐승의 등장은 우리를 묵시 문학의 세계로 인도합니다. 요한은 당시 초대 교회 성도들에게 친숙한 묵시 문학의 세계로 우리를 초대하고 있습니다. 본문을 제대로 이해하기 위해서는 구약의 위대한 묵시 문학의 요람인 다니엘서의 환상을 생각하지 않을 수 없습니다. 특히 다니엘 7장의 환상은 계시록 13장 환상의 요람입니다.

다니엘서와 마찬가지로 요한계시록은 세상 나라의 성격을 짐승으로 상징하고 있습니다. 또 이 세상 나라의 본질을 짐승이라고 규정하고 있습니다. 세상 나라는 야수적인 힘에 의해 다스려지기 때문입니다. 여러분은 '식물 국회'라든지 '동물 국회', 심지어는 '짐승 국회'라는 표현을 들어 보셨을 것입니다. 세상 나라는 입법, 행정, 사법 할 것 없이 야수적인 힘에 의해서 다스려지기 때문에 짐승으로 상징됩니다. 최후 결전을 시도하는 용의 하수인도 모두 짐승인 것을 유의하십시오. 하늘나라는 성령 안에서 의와 평강과 희락으로 다스려지지만 세상 나라는 야수적인 힘으로 다스려집니다. 미움과 싸움과 살인 같은 온갖 악이 세상 나라의 본질입니다. 구약의 다니엘서뿐만 아니라 신약의 요한계시록도 하나님의 계명을 지키며 예수 그리스도의 증거를 견지하려고 할 때 우리가 맞닥뜨릴 대적이 짐승이라고 소개하고 있습니다.

다니엘서의 환상을 보면 연속으로 짐승들이 출현하고 있습니다. 그러나 결국 세상을 다스릴 권세는 하늘 구름을 타고 오실 인자 같은 이에게로 돌아가고 있습니다. 한 때와 두 때와 반 때 동안 지극히 높으신 자를 대적하고 지극히 높으신 자의 성도들을 괴롭히지만, 때가 이르면 짐승에게 주어졌던 권세가 지극히 높으신 자의 거룩한 성도들에게로 돌아가는 것을 성경은 예언하고 있습니다. 이 세상 나라가 우리 주 하나님과 그리스도의 나라가 될 것입니다.

이러한 전체 흐름 속에서 요한계시록 13장을 살펴보아야 합니다. 13장에 등장하는 첫 짐승은 바다에서 나오고 있습니다. 두 번째로 등장하는 짐승이 땅에서 나오는 것과 대조를 이루고 있습니다. 성경은 흔히 바다를 인간 세상, 혹은 늘 안정을 얻지 못하는 사람들의 심성으로 비유합니다.

> 악인은 평온함을 얻지 못하고 그 물이 진흙과 더러운 것을 늘 솟구쳐 내는 요동하는 바다와 같으니라(사 57:20).

악인의 마음속이 계속 요동하는 것을 바다의 요동에 비유하고 있습니다. 또 성경 다른 곳을 보면 세상의 흥망성쇠와 요동을 가리켜 바다와 같다고 말씀합니다. 바다의 특징은 물결이 계속 요동치고 있다는 것입니다. 밀려오고 부서지기를 반복합니다. 어떤 때는 큰 파도가 밀려오기도 하고, 또 어떤 때는 잔잔한 파도가 오기도 하지만, 파도가 그치는 경우는 없습니다.

계시록에서는 무저갱의 상징으로, 하나님을 대적하는 악한 세력의 원천으로 바다를 비유하고 있습니다. 그리고 그리스도의 최후 승리로 말미암아 도래하게 될 하늘나라에는 "처음 하늘과 처음 땅이 없어졌고 바다도 다시 있지 않더라"(21:1)라고 말씀하고 있습니다.

짐승의 모습

바다에서 나온 짐승의 모습을 상세히 살펴봅시다.

> 내가 보니 바다에서 한 짐승이 나오는데 뿔이 열이요 머리가 일곱이라 그 뿔에는 열 왕관이 있고 그 머리들에는 신성 모독하는 이름들이 있더라 내가 본 짐승은 표범과 비슷하고 그 발은 곰의 발 같고 그 입은 사자의 입 같은데……(13:1, 2).

이 짐승의 모습은 하늘에 나타났던 큰 붉은 용의 모습과 흡사합니다. 12장 3절을 보십시오.

> 보라 한 큰 붉은 용이 있어 머리가 일곱이요 뿔이 열이라 그 여러 머리에 일곱 왕관이 있는데.

바다에서 등장하는 짐승은 하늘에 나타난 붉은 용과 흡사합니다. 머리가 일곱이고 뿔이 열인 면에서는 두 짐승의 모습이 서로 닮아 있습니다. 둘 다 일곱 머리와 열 뿔을 가졌습니다. 이들이 한통속인 것을 그 모습에서 드러내고 있습니다.

또한 둘 다 큰 권세를 과시합니다. 사탄은 자신을 전능자로 나타내려고 안달합니다. "세상 모든 삶은 나에게 달려 있다"며 사탄이 우리를 설득하려 듭니다. 사탄에게 영혼을 내주고 마음을 내주고 삶을 내주어야 우리가 세상에서 살 것처럼 그렇게 과시합니다. 자만심과 큰 능력으로 자신을 과시합니다. 결코 전능하지 않지만 그 능력을 과소평가할 수는 없습니다. "뿔이 열이요 머리가 일곱이라 그 뿔에는 열 왕관이" 있는 자인 것을 명심해야만 합니다. 2절은 그 모습을 좀 더 자세히 기술합니다.

> 내가 본 짐승은 표범과 비슷하고 그 발은 곰의 발 같고 그 입은 사자의 입 같은데……(13:2).

다니엘 7장은 차례로 등장하는 열강의 모습을 하나같이 짐승으로 보여 줍니다. 먼저 사자, 다음에는 곰, 셋째는 표범 같은 짐승을 등장시키고 있습니다. 그런데 여기서는 그 순서가 반대로 나타나 있습니다. 그 짐승은 "표범과 비슷하고 발은 곰의 발 같고 그 입은 사자의 입" 같더라고 묘사하고 있습니다. 요한이 본 말세에 등장하는 세상 나라는 다니엘이 본 나라와 모든 특성을 공유하고 있습니다. 지금껏 역사 속에 나타났던 모든 짐승의 세상 나라의 특성을 공유하고 있는 나라가 마지막 나라의 모습인 것을 말해 주고 있습니다. 온갖 거짓과 속임수, 비인간적인 악은 다 함께 갖춘 세력입니다.

우리는 우리가 싸워야 할 세상의 참모습을 알고 있어야 합니다. 우리가 살고 있는 이 마지막 시대의 대적은 다니엘이 보았던 그 어떤 세력 못지않은 악한 짐승의 세력인 것을 알아야만 합니다.

여러분의 소속은 어떠합니까? 여러분은 이 세상을 어떻게 살아가고 있습니까? 하나님의 통치를 받는 하나님의 백성은 기쁨, 기도, 감사의 삶을 살아야 합니다. 성령 안에서 의와 평강과 희락을 누리고 사는 자여야 합니다. 그러나 짐승의 지배를 받는 사람은 짐승처럼 살아갑니다. 온갖 거짓과 속임수, 힘의 논리에 따라서 상대방을 착취하려고 합니다. 짐승은 논리도 없고 윤리도 없습니다. 욕망만 꿈틀댑니다.

세상에 나타났던 그 어떤 세력보다 악랄한 세력이 오늘 우리가 당면한 세력인 것을 알아야 합니다. 잔인하고 간교하기는 표범과 같고 그 완력은 곰과 같으며 그 사나움은 사자 같은 권력이 지금 우리가 맞닥뜨린 세상의 참모습입니다. 짐승의 지배하에 사는 사람들은 짐승처럼 살아갑니다. 부모 자식도 없습니다. 본인이 수틀리면 배우자마저 잔인하게 죽입니다. 도무지 상상도 하지 못한 방법으로 흔적도 없이 배우자를 살해하고 맙니다.

이제는 정말 마지막 시대로 접어들었습니다. 곧 종말이 우리를 삼키고 말 것입니다. 이런 말세에 끔찍한 악은 하나님을 대적하는 악한 세력의 본산에서부터 등장합니다. 세상에 등장한 모든 악의 총화를 이 짐승의 모습이 보여 주고 있습니다.

마치 대리자 그리스도를 통해 하나님이 자기 나라를 확장해 가시듯이 용은 짐승을 통해 자기 세력을 확보해 가려고 합니다. 하나님 아버지가 직접 세상에 오시는 것이 아니라 아들을 통해서 그 나라를 확장하시듯이, 용은 직접 표면에 나타나지 않고 짐승을 통해서 자기 세력을 확장하고 있습니다. 짐승처럼 사는 사람들은 세상을 악의 세상으로 만들고 있습니다. 그러나 성도들은 하나님 나라의 모습으로 의와 평강과 화평 가운데서 기쁨과 감사와 기도로 세상을 살아가야 합니다. 그들이 우리를 악하게 혐오하고, 우리를 비난하며 다가오고, 우리를 대적할지라도 우리는 우리의 주인이신 예수님처럼 겸손과 온유, 사랑과 배려로 그들을 맞이해야 합니다.

하나님 아버지의 권세로, 성령의 권세로 우리도 성령의 권능을 받아야 악한 자를 악하게 보복하려 하지 않을 수 있습니다. 그는 미워할지라도 나는 기도할 뿐이라는 반응을 보일 수 있는 것입니다. 우리가 가지고 있는 그 알량한 착한 모습으로는 절대 싸워서 이길 수 없습니다. 그래서 "쉬지 말고 기도하라"고 성경은 명하고 있는 것입니다. 밤낮없이 부르짖지 아니하고는 악한 세상을 대항해서 결코 이길 수가 없습니다. 더 악한 자가 우리의 속을 뒤집어 놓을 때도 같은 방식으로 반응하지 않고 불쌍히 여겨 이해하며 배려할 수 있는 것은 그리스도의 영이 우리에게 충만하기 때문입니다.

짐승은 용의 능력과 보좌와 큰 권세로 활동하고 있습니다. 여기 "용이 자기의 능력과 보좌와 큰 권세를 그에게 주었더라"라고 말씀하고 있습니다.

짐승의 의도

그러면 이 짐승이 추구하는 목표가 무엇입니까? 온 세상을 꾀어서 경배하도록 하는 데 있습니다. 하나님에게만 돌아갈 경배를 찬탈하는 데 있습니다. 하나님만 섬기고 그분만 경배해야 할 인류를 꾀어서 자신과 용을 경배하도록 유혹하는 데 목적이 있습니다.

우리는 왜 하나님만 섬기고 하나님만 경배해야 합니까? 우리는 그분의 피조물이기 때문입니다. 우리는 하나님이 지으신 세상에서 살고 있기 때문입니다. 평양의 봉수교회에서 창세기 1장 1절 말씀으로 설교한 적이 있습니다. "방금 내가 인민 주차탑을 보니 '인민은 만물의 주인'이라고 쓰여 있더군요. 대답해 보십시오. 지은 사람이 주인입니까? 내 것이라고 주장하는 사람이 주인입니까?"라고 도전적인 질문을 던졌습니다. 겉으로 보기에는 그들이 모든 것을 지배하는 것처럼 보이지만 태초에 천지를 지으신 우리 하나님이 세상 만물의 주인이십니다. 무서운 짐승이 우리를 위협하지만 싸움의 승리는 우리 주님에게 있습니다. 그의 시도가 어떻게 되는지 살펴봅시다.

> 용이 자기의 능력과 보좌와 큰 권세를 그에게 주었더라 그의 머리 하나가 상하여 죽게 된 것 같더니 그 죽게 되었던 상처가 나으매 온 땅이 놀랍게 여겨 짐승을 따르고 용이 짐승에게 권세를 주므로 용에게 경배하며 짐승에게 경배하여 이르되 누가 이 짐승과 같으냐 누가 능히 이와 더불어 싸우리요 하더라(13:2-4).

용이 자기 능력과 보좌와 권세를 짐승에게 주었습니다. 이 짐승은 머리 하나가 상해서 죽게 되었는데 그것이 소생하는 것을 사람들이 지켜보았습니다. 그래서 온 세상이 그를 따르기 시작했다고 말씀하고 있습니다. "용에게 경배하며 그 짐승에게 경배하여 이르되 누가 이 짐승과 같으냐 누가 능히 이와 더불어 싸우리요"라고 찬양하고 있습니다.

성경을 제대로 읽고 있다면 여기서 기술하고 있는 말이 무슨 말인지 감을 잡을 수 있어야 합니다. 여러분의 살 속에, 여러분의 핏속에 구약 성경을 가지고 있다면 이 말이 무엇을 이야기하고 있는지 알아차릴 수 있을 것입니다. 어떤 교부는 이 구절과 관련하여 창세기 3장 15절 말씀으로 돌아가고 있습니다. 여자의 후손이 나타나서 뱀의 머리를 상하게 한다는 사실을 상기시키고 있습니다. 십자가 위에서 "내가 다 이루었도다"라는 예수님의 승리가 있었음에도 불구하고, 여전히 뱀(용)이 판치고 있는 세상입니다. 짐승이 아직도 기세를 떨치고 있는 곳이 이 세상이라는 것을 봐야만 합니다. 죽게 된 것 같더니 죽지 아니하고 활동하는 것을 통해서 온 세상이 여전히 그에게 경배와 찬양을 돌리고 있습니다.

본문에는 의도적인 패러디가 있습니다. 하나님의 그리스도와 용이 택한 그리스도 사이에 의도적인 대비가 있습니다. 일찍 죽임을 당한 것 같은 어린양을 흉내 내어서 그 짐승의 "머리 하나가 상하여 죽게 된 것 같더니"라고 말하고 있습니다. 그 머리 하나가 상하여 죽게 되었다가 다시 나은 짐승은 기실 하나님의 그리스도를 흉내 내는 것입니다.

하나님의 그리스도가 사흘 만에 부활하신 것을 듣고는 미쳤다고 조롱하며 거짓말이라고 몰아붙이던 세상이 짐승의 속임수 앞에서는 환호하고 열광하고 있습니다. 그 죽게 되었던 상처가 나으매 온 땅이 이상히 여겨 그를 따르고 있습니다. 경이 속에서 환호와 찬사를 돌립니다. "누가 이 짐승과 같으냐 누가 능히 이와 더불어 싸우리요"라고 말입니다.

여기에는 구원받은 백성이 하나님에게 돌리던 찬양을 또 한 번 흉내 내고 있습니다. 홍해를 건넌 이스라엘이 부른 노래를 들어 보십시오.

여호와여 신 중에 주와 같은 자 누구니이까 주와 같이 거룩함으로 영광스러우며 찬송할 만한 위엄이 있으며 기이한 일을 행하는 자가 누구니이까(출 15:11).

구원받은 백성이 하나님에게 돌렸던 그 찬양을 흉내 내어 "누가 이 짐승과 같으냐 누가 능히 이와 더불어 싸우리요"라고 노래하고 있습니다. 치명적인 상처를 입은 짐승이 소생하자 온 세상이 그를 열광적으로 환호하고 있는 모습입니다. 하나님에게 드린 구원의 찬송을 짐승을 향해 돌리고 있습니다.

사탄은 언제나 하나님의 영광을 찬탈하는 자입니다. 사탄은 하나님의 권세를 가로채는 자입니다. 그래서 그를 일컬어 "이 세상 신"이라고 부르고 있습니다(고후 4:4). 또 요한복음은 그를 가리켜 "이 세상 임금"(요 12:31)이라고 부르고 있습니다. 환호하는 자기 백성 가운데 신으로, 임금으로 군림하는 자가 사탄입니다.

그러나 그의 권세는 한시적입니다. 그의 권세는 정해져 있습니다. 이 짐승이 받은 권세는 용으로부터 연유(緣由)하고 있습니다.

용이 자기의 능력과 보좌와 큰 권세를 그에게 주었더라(13:2).

용이 짐승에게 권세를 주므로……(13:4).

이 짐승이 가지고 있는 권세는 용으로부터 나온 것입니다. 대적이 우리 앞에 나타날 때 그 능력의 출처가 어딘지를 알아야만 합니다. 우리가 맞닥뜨려 싸워야 할 세상의 정체가 무엇인지를 알아야만 합니다. 그 세상의 힘의 근원이 어디에 있는지를 보아야만 세상에서 승리할 수 있습니다. 광야에서 시험받으실 때 그리스도는 사탄이 주는 권세를 거부하셨지만, 짐승은 이 권세를 받아서 행사하고 있습니다. 그 결과 하나님의 백성이 드리는 찬양을 모방한 노래를 듣게 됩니다.

사도 요한 당시에 로마는 성도들에게 가이사를 신으로 고백하기를 강요했습니다. 그 권력에 죽음으로 항거한 성도들의 신앙을 생각나게 하는 구절입니다. 세상은 "누가 이 짐승과 같으냐 누가 능히 이 짐승을 이기리요"라고 노래합니다.

사랑하는 성도 여러분, 우리 이름이 창세 이후에 하나님의 생명책에 기록되어 있다면 우리는 어떤 상황에서도 오직 하나님과 그의 그리스도께 찬양과 존귀를 돌려보내야 합니다. 때로는 우리 상황이 불안할 정도로 잘 풀릴 수 있습니다. 때로는 도무지 이해할 수 없는 연속적인 재난을 겪으며 '왜 하필 내가 당해야 합니까?'라고 생각할 수도 있습니다. 여러분, 좋을 때 찬송하십시오. 힘든 때는 기도하십시오. 찬송과 기도는 우리의 삶에서 나타내어야 할 중요한 표현입니다. 찬송하든지, 기도하든지, 기도하며 찬송하든지 하십시오. 하나님은 그것만을 우리에게 기대하십니다.

어떤 상황에서도 하나님과 그리스도를 향해서 존귀와 찬송을 돌려보내도록, 그 신앙을 끝까지 붙들도록 하기 위해서 이 말씀이 2천 년 전에 기록되었고, 오늘도 우리 가운데 선포되고 있습니다. 우리의 찬양과 기도를 오직 하나님과 그리스도께만 돌리는 성도들이 되기를 빕니다.

Revelation

요한계시록 13장 5-10절

5 또 짐승이 과장되고 신성 모독을 말하는 입을 받고 또 마흔두 달 동안 일할 권
세를 받으니라 6 짐승이 입을 벌려 하나님을 향하여 비방하되 그의 이름과 그
의 장막 곧 하늘에 사는 자들을 비방하더라 7 또 권세를 받아 성도들과 싸워 이
기게 되고 각 족속과 백성과 방언과 나라를 다스리는 권세를 받으니 8 죽임을
당한 어린양의 생명책에 창세 이후로 이름이 기록되지 못하고 이 땅에 사는 자
들은 다 그 짐승에게 경배하리라 9 누구든지 귀가 있거든 들을지어다 10 사로잡
힐 자는 사로잡혀 갈 것이요 칼에 죽을 자는 마땅히 칼에 죽을 것이니 성도들의
인내와 믿음이 여기 있느니라

10

바다에서 나온 짐승 2

그리스도 안에서 사랑하는 성도 여러분! 요한계시록 12장과 13장은 서로 밀접하게 연결되어 있습니다. 12장에 예고된 박해가 13장에서 실제로 드러납니다. 하늘에서 땅으로 내쫓긴 용의 발악이 나타납니다. 그리하여 요한계시록 13장은 용의 최후 결전 방안을 보여 줍니다. 보십시오. 바다 모래 위에 서 있는(12:17 참조) 용은 싸움의 전면에 직접 등장하지 않습니다. 오히려 그 하수인을 통한 대리전으로 최후 결전에 임하고 있습니다. 역사에서도 어느 왕이든 왕이 직접 칼을 뽑아 싸우는 일은 매우 드뭅니다. 장수들이 앞장서서 싸웁니다.

하나님은 그리스도 예수를 통해서, 사탄은 짐승을 통해서 대리전을 합니다. 그리스도는 하나님의 영으로 사는 사람을 통해서, 짐승은 그 이마와 손에 짐승의 표를 받은 사람을 통해서 싸웁니다. 하나님 나라의 승리를 위해서 짐승처럼 사는 사람들을 부끄럽게 하는, 예수님처럼 사는 성도가 이 땅에 많아져야 합니다. 그러므로 13장에 등장하는 두 짐승의 정체를 바로 아는 것이 승리의 지름길입니다.

다니엘서와 마찬가지로 요한계시록은 세상 나라의 성격을 짐승으로 상징하고 있습니다. 성경은 이 세상 나라의 본질을 짐승이라고 규정하고 있습니다. 최후 결전을 시도하는 용의 하수인도 모두 짐승인 것을 유의해야 합니다. 짐승을 따르는 졸개들은 그 이마와 손에 짐승의 표를 받아 짐승처럼 생각하고 짐승처럼 행동합니다. 하나님의 백성은 하나님의 영으로 생각하고 하나님의 능력으로 살아갑니다.

짐승의 훼방

본문 5절과 6절에는 그 짐승의 권세가 가장 악랄하게 나타나 있습니다.

> 또 짐승이 과장되고 신성 모독을 말하는 입을 받고 또 마흔두 달 동안 일할 권세를 받으니라 짐승이 입을 벌려 하나님을 향하여 비방하되 그의 이름과 그의 장막 곧 하늘에 사는 자들을 비방하더라(13:5, 6).

하늘의 영광 가운데 사는 자들을 못 봐주는 것이 이 짐승의 특징입니다. 5절에 "과장되고 신성 모독을 말하는 입을 받고"라는 말은 하나님을 직접 모독하기보다는 자기를 신격화하여 하나님을 간접적으로 모독하는 경우를 의미하고 있습니다.

로마의 황제를 신이라고, 하나님이라고 부르는 것은 무슨 뜻입니까? 그리스도와 하나님을 부인하는 것입니다. 지금도 발굴되는 로마의 동전을 보면 황제를 향해 신이라 부르고 있습니다. 이 세상에 있는 것을 신이라고 추앙하는 것은 우리가 마음으로 믿고 입으로 고백하는 하나님에 대한 신앙을 부인하는 결과를 가져옵니다. 성도 여러분, 이 세상의 영광과 이 세상의 것을 환호하는 것은 하나님의 영광을 부인하는 일입니다. 우리가 이 세상의 절대 권력을 노래한다면 하나님의 절대 권위를 부인하는 결과를 가져옵니다.

당대 로마뿐 아니라 세상은 늘 세상 나라의 절대권을 요구해 왔습니다. 그래서 국가는 모든 종교에 대해 국가의 공식 인정을 받아 정부가 허용하는 범위 안에서 활동하게 만듭니다. 국가의 통제 아래 종교 활동을 두려고 합니다. 어떤 종교는 스스로 나서서 우리는 "호국 종교다"라고 말합니다. 나라를 위하는 것이 종교의 지상 목표가 되면 종교는 국가에 지배받을 수밖에 없습니다. 그런데도 그것을 아주 자랑스럽게 내세우는 종교도 있습니다. 어린양의 피에 소망을 두지 않는 세상 사람들은 은연중에 혹은 명백하게 하나님의 이름을 모독하는 세상 체제에 모든 소망을 걸고 살아갑니다.

우리는 좋은 지도자를 뽑기 위해서 선거를 통해 각자 지지하는 후보나 정당에 투표합니다. 하지만 신앙인은 세상 나라에 모든 것을 걸지 않습니다. 우리는 신앙인인 동시에 국민이기 때문에 의무를 다하기 위해서 우리가 생각하기에 좋은 사람을 선택하지만, 하나님이 정말 원하시는 통치가 이루어질 것이라고는 생각하지 않습니다. 우리가 뽑은 지도자들은 신이 아니라는 것을 알기 때문입니다.

그러나 다행히 이 짐승이 활동하는 기간을 마흔두 달로 한정해 두고 있습니다. 이는 교회가 박해를 받는 전 기간을 가리키는 상징적인 표현입니다. 동시에 그 박해가 극심해지는 마지막 대환난의 시기를 마흔두 달이 의미하고 있습니다.

여러분, 이 짐승의 머리에 새겨져 있는 "과장되고 신성 모독을 말하는 입"을 주의해야겠습니다. 입을 벌려 "과장되고 신성 모독을 하는" 짐승의 방해 공작에 주의해야 합니다. 그러므로 하나님의 이름에 적대감을 표시하는 사람들의 이론과 이념을 조심해야만 합니다.

짐승의 권세

사랑하는 성도 여러분! 싸움의 마지막 국면을 살펴보십시오.

> 또 권세를 받아 성도들과 싸워 이기게 되고 각 족속과 백성과 방언과 나라를 다스리는 권세를 받으니 죽임을 당한 어린양의 생명책에 창세 이후로 이름이 기록되지 못하고 이 땅에 사는 자들은 다 그 짐승에게 경배하리라(13:7, 8).

이 싸움은 궁극적으로 온 세상 사람들을 둘로 갈라놓습니다. 짐승을 경배하는 무리와 죽임당한 어린양을 경배하는 무리로 갈라놓습니다. 용을 대신한 짐승의 권세는 대단합니다. 한때는 성도들과 싸워서 이길 만큼 기세가 대단합니다. 각 족속과 백성과 방언과 나라를 다스리는 세계적인 권세라고 말하고 있습니다.

요한계시록 13장에 나오는 이 이야기는 어느 한 시점의 모습이 아니라 용의 하수인에게 박해받는 하나님의 교회, 그 모든 시대의 모습을 보여 주고 있습니다. 13장은 역사 속의 한 단면만 보여 주는 것이 아니라 하나님의 교회가 마지막 시대에 당할 모든 박해를 보여 주고 있습니다. 박해가 극심해짐으로 이 싸움은 분명하게 세상 사람들을 둘로 갈라놓을 것입니다.

용을 대신한 짐승은 하나님의 백성을 증오할 것입니다. 기회만 있으면 죽이는 일도 마다하지 않습니다. 그런 의미에서 그는 성도들과 싸워서 이길 권세를 받았다고 말하고 있습니다. 이 말은 성도들이 믿고 고백하는 신앙을 파괴하고 말살시키는 것이 아니라 신앙을 가진 자들의 생명을 빼앗는다는 의미입니다. 그러나 짐승이 성도의 생명을 빼앗을 수 있지만 성도의 신앙 정조를 유린할 수는 없습니다. 겉으로 보기에는 짐승에게 참패를 당하는 것 같습니다. 짐승이 승리를 거두는 것 같습니다. 그러나 실상은 성도의 승리요, 짐승의 영원한 패배입니다. 역사는 그렇게 흘러간다는 것을 알고 계셔야 합니다.

우리가 싸우는 싸움의 본질이 그러합니다. 항상 싸움은 그렇다는 것을 아셔야만 합니다. 우리의 대장 그리스도께서 그런 싸움을 싸우셨습니다. 군중은 "십자가에 못 박으소서"라고 소리쳤고, 이에 빌라도는 그 요구대로 그분을 십자가에 못 박는 자리에 내주었습니다. 결국, 그리스도 예수님은 십자가에 달리셨고, 못 박히셨고, 거기서 운명하셨습니다. 십자가에 달려 돌아가신 것은 언뜻 그분의 실패로 보였습니다. 그러나 그것은 하나님의 지혜로 이룬 하나님의 영원한 승리였습니다. "내가 다 이루었도다"라고 선언하시고, 당신의 영혼을 아버지의 손에 맡기신 것입니다.

때로 하나님의 백성은 박해를 받습니다. 굶주림을 겪습니다. 환난을 겪습니다. 칼에 죽임당합니다. 패배당하는 것 같습니다. 그러나 사실은 그것이 짐승을 이기는, 용을 이기는 승리의 길인 것을 우리가 기억해야 합니다. 그리스도께서 십자가에 못 박히심으로 사탄이 승리한 것처럼 보였지만 완전히 참패했듯이, 우리의 육체의 생명을 앗아감으로 그가 승리한 것처럼 보이지만 사실 그것은 사탄의 영원한 패배입니다. 그는 우리 육신의 생명을 빼앗을 수 있어도 우리의 신앙을 빼앗아 갈 수는 없기 때문입니다. 용이 승리한 듯 보이지만 사탄의 실패이듯이 짐승이 이긴 듯 보이지만 짐승의 결정적 패배입니다.

생명책에 그 이름이 기록된 성도의 승리가 여기에 있습니다. 창세 전에 여러분의 이름이 생명책에 기록되어 있다는 사실을 여러분은 알아야만 합니다. 누가 이단에 넘어갑니까? 구원의 확신이 없는 사람이 넘어가지 않습니까! 내 이름이 하나님의 생명책에 기록되어 있다는 것을 확신하지 못할 때 넘어가는 것입니다. 사랑하는 성도 여러분! 짐승을 따르는 자와 어린양을 따르는 자는 창세전부터 구별되어 있습니다.

성도의 인내와 믿음

악이 마지막 기승을 부리는 상황에서도 우리는 두려워할 이유가 없습니다. 여기 성도를 위한 권면이 있습니다.

> 누구든지 귀가 있거든 들을지어다 사로잡힐 자는 사로잡혀 갈 것이요 칼에 죽을 자는 마땅히 칼에 죽을 것이니 성도들의 인내와 믿음이 여기 있느니라(13:9, 10).

악이 기승을 부릴 때 신앙과 인내가 요구됩니다. 성도의 최후 이야기는 사로잡고 칼로 죽이는 박해가 아닙니다. 사로잡힐 자는 사로잡혀 갈 것이요 칼에 죽을 자는 당연히 자기도 칼에 죽는 하나님의 심판이 기다리고 있습니다. 하나님의 공정하신 판단이 뒤따르고 있습니다. 그렇기에 환난의 날에 성도의 인내와 믿음이 끝까지 요구됩니다. 우리에게 어떤 일이 닥칠지라도 두려워하거나 움츠러들어서는 안 됩니다. 원수들이 우리를 사로잡고 우리의 생명을 칼로 빼앗을 수 있지만, 우리의 영혼은 해할 수 없고 우리가 믿는 신앙의 정조는 유린할 수 없습니다.

사랑하는 성도 여러분, 여러분의 이름이 생명책에 기록된 그 사실로 인해 기뻐하고 즐거워하십시오. 그리스도 때문에 받는 모욕과 박해가 있다 할지라도, 순교가 우리를 기다린다 할지라도 우리는 기뻐 뛰면서 승리자의 반열에 서 있음을 확신해야만 합니다.

한번은 예수님이 당신의 제자들을 모두 보내셔서 전도하게 하셨습니다. 제자들은 돌아온 뒤 제각각 본인에게 있었던 일을 이야기하기 바빴습니다. 그러자 예수님이 제지하십니다. "너희들이 나가서 전도할 때 사탄이 하늘에서 땅으로 떨어지는 것을 보았고, 그의 권세가 움츠러드는 것을 보았다. 그렇지만 너희는 사탄이 굴복한 것으로 기뻐하지 말고 너희의 이름이 하나님의 생명책에 기록된 것으로 기뻐하라"(눅 10:18-20 참조)고 교정해 주셨습니다. 우리는 정말 열심히 전도해야 합니다. 전도하면 하나님이 우리 마음에 기쁨을 주십니다. 하지만 우리가 정말로 기뻐해야 할 기쁨은 우리가 하나님의 것이 되었다는 사실입니다. 우리의 이름은 하나님의 생명책에 기록되어 있습니다.

포로가 될 수 있습니다. 굶주림을 당할 수 있습니다. 질병과 칼에 죽임을 당할 수 있습니다. 그러나 그 무엇도 우리 영혼을 해칠 수 없습니다. 이 모든 일은 하나님의 뜻 안에서 일어나고 있는 것입니다. 본문은 "권세를 받으니라", "권세를 받아"라고 반복해서 말하고 있습니다. 짐승이 행사하는 권세는 '주어진 권세'입니다. 하나님이 허용하신 권세입니다. 그러므로 이 모든 환난은 하나님의 뜻을 이루는 기회일 뿐입니다.

본문의 환상은 곧 다가올 박해의 날을 침착히 받아들이도록 권면함으로 끝을 맺고 있습니다. 어떻게 보면 성도들은 수동적으로 저항하는 것처럼 보입니다. 그러나 궁극적인 악의 패배를 가져올 승리자의 지혜가 거기에 있습니다. 때로는 사로잡힐 것입니다. 때로는 칼에 죽임당할 것입니다. 그러나 그것이 마지막 이야기는 아닙니다.

> 무슨 일에든지 대적하는 자들 때문에 두려워하지 아니하는 이 일을 듣고자 함이라 이것이 그들에게는 멸망의 증거요 너희에게는 구원의 증거니 이는 하나님께로부터 난 것이라(빌 1:28).

바울이 감옥에 갇혀 있으면서 빌립보 교회를 향하여 한 말입니다. 어떤 환난 속에서도 어엿이 서 있는 성도의 모습이야말로 이미 승리한 성도가 나타내는 구원의 증거라고 합니다. 그렇게 어엿이 서 있을 수 있다는 사실은 우리를 공격하는 사탄이 이미 패배자라는 것을 보여 준다는 것입니다. 무슨 일에든지 박해하는 자로 인해 두려워하지 않고 담담히 받아들일 수 있다는 것은 우리를 박해하는 자들이 이미 패배했다는 것을 보여 주는 증거입니다. 동시에 우리는 승리한 구원자의 대열에 이미 서 있다는 것을 보여 주는 확인이 됩니다.

짐승의 정체

바다에서 나온 짐승이 무엇입니까? 머리가 일곱이나 있고 뿔이 열이나 있으니까 어떤 사람은 그것을 유럽 공동체(EU) 열 제국이라고 말하기도 했습니다. 하지만 성경은 그런 역사적 퍼즐을 맞추기 위해 기록된 것이 아닙니다. 그렇게 갖다 붙이기 위해 기록한 것이 아닙니다. 처음에 유럽 공동체가 10개국일 때는 그 말이 먹혀들었습니다. 하지만 10개국을 넘어선 지금, 무엇이라고 이야기할 것입니까? 그렇게 성경을 풀면 미궁 속으로 빠져들 뿐입니다.

그렇다면 이 짐승은 누구입니까? 혹은 어떤 세력입니까? 장차 나타날 적그리스도 한 사람으로 보고 역사에 등장한 네로부터 히틀러까지 모든 악한 사람을 여기에 대입해 왔습니다. 그리고 장차 나타날 그 누구라고 지목하고 있습니다.

그러나 본문을 해석하는 또 하나의 흐름은 적그리스도를 현존하는 이단의 위협으로 생각합니다. 요한 서신의 전통에서 볼 때 장차 나타날 적그리스도는 이미 요한의 시대에 도래한 적그리스도입니다. 동시에 마지막 때에 다시 한 번 분명하게 모습을 드러낼 세력이기도 합니다. 역사적인 인물이라기보다는 신학적인 특정 세력을 나타내는 것으로 볼 수도 있습니다. 그리스도를 대항하고 하나님을 박해하는 모든 적대 세력은 다 여기서 말하는 짐승입니다. 그래서 때로는 로마를 통해서, 네로를 통해서, 도미티아누스 황제를 통해서 기승을 부릴 수 있습니다. 그러나 그것은 한 모습에 불과합니다. 그 이후에도 많은 적그리스도의 모습이 역사 속에 출현하고 있습니다. 바닷가에 서서 바라보십시오. 하나의 파도가 밀려오고 나면 다음 파도가 또 밀려오는 것을 볼 수 있습니다. 적그리스도의 모습은 계속해서 우리 앞에 나타날 것입니다. 그리고 마지막 모습을 드러낼 것입니다.

어떤 절대 권력과 군주를 통해서 그 모습이 드러날 수밖에 없는 자를 일컬어 본문은 "짐승"으로 말하고 있습니다. 이 짐승은 하나님의 백성을 압박하고 박해하는 모든 악의 세력을 상징하고 있습니다. 마지막 때에 그 적대감이 특정 인물을 통해 한 번 더 극명하게 나타날지 모르겠습니다.

누구인지는 중요하지 않습니다. 무엇인지도 중요한 것이 아닙니다. 관건은 성도의 인내와 믿음입니다. 악이 마지막 기승을 부리는 그 극한 상황에서 우리가 끝까지 인내하며 믿음을 지키는 것이 중요하다는 것을 본문은 이야기하고 싶어 합니다. 계시록은 우리에게 역사적 퍼즐을 제공하지 않습니다. 계시록은 우리에게 신앙적인 위로와 확신을 제공하기 위해서 쓰인 책입니다. 마흔두 달 동안 극심한 훼방과 박해 속에 있는 성도들의 인내와 믿음을 위해서 요한은 이 환상을 보고 우리에게 기록해 주고 있습니다.

"이 짐승이 누구냐, 무엇을 가리키느냐"라고 묻는 것은 어리석은 일입니다. 지금 세상의 실체를 보고 있다고 하면 그것이 바로 오늘 우리가 함께하고 있는 모습인 것을 알아채야만 할 것입니다. 짐승의 실체를 파악해야만 합니다. 짐승의 목표가 무엇인지를 봐야만 합니다. "짐승"은 죽임당한 어린양의 생명책에 창세 이후로 녹명되지 못한 모든 세상 사람이 경배하는 세력들을 가리킵니다.

우리 삶은 짐승을 따를 것인지 아니면 하나님의 아들이자 사람의 아들로 오신 그분을 따를 것인지 둘 중 하나를 선택하는 삶입니다. 직장생활도, 시장에 가서 물건을 사는 일도 마찬가지입니다. 우리는 하나님의 자녀처럼 물건을 구입할 수 있습니다. 동시에 짐승처럼 물건을 구입할 수도 있습니다. 줄을 서서 뷔페 음식을 접시에 담으면서도 짐승처럼 할 수도 있고 사람처럼 할 수도 있습니다.

짐승은 다른 사람을 생각하지 않습니다. 자기 자신을 가장 먼저 생각합니다. 주변 사람은 어떻게 되든 신경 쓰지 않습니다. 뷔페에서 음식을 담을 때 욕심을 부리며 배려 없이 접시에 퍼 담으면 짐승이 되는 것입니다. 함께 먹는 음식이라 생각하고 다른 사람을 먼저 생각하며 조심해야 합니다. 물건을 살 때도 마찬가지입니다. 돈이 많다고 남을 배려하지 않고 물건을 뭐든지 다 담는 것은 짐승의 행동입니다. 사람은 그렇지 않습니다. 사람은 다른 사람을 배려합니다. 특별히 가난한 사람, 약한 사람들을 더욱 배려해야 합니다. 그것으로 우리가 짐승을 따르는 자인지, 사람의 아들을 따르는 자인지 구별하는 것입니다. 예배 시간만으로 우리를 구별 짓는 것이 아니라 삶의 어떠한 순간이든 우리가 누구에게 속한 자인지를 보여 줄 수 있어야 합니다.

사랑하는 성도 여러분, 우리 이름이 창세 이후에 하나님의 생명책에 기록되어 있습니다. 그러므로 우리는 어떤 상황에서도 오직 하나님과 그의 그리스도께 찬양과 존귀를 돌려보냅시다. 하나님과 그리스도를 향해서 존귀와 찬송을 돌려보내도록, 그 신앙을 끝까지 붙들도록 하기 위해서 이 예언의 말씀이 기록되었습니다. 최후 승리는 하나님과 그 백성에게 돌아간다는 사실을 확인시켜서 어떤 상황에서도 성도답게 살도록 이 말씀이 주어졌습니다. 사랑하는 성도 여러분, 우리의 찬양과 기도를 오직 하나님과 그의 그리스도께만 돌리는 복된 앞날이 되기를 빕니다.

Revelation

요한계시록 13장 11-15절

11 내가 보매 또 다른 짐승이 땅에서 올라오니 어린양같이 두 뿔이 있고 용처럼
말을 하더라 12 그가 먼저 나온 짐승의 모든 권세를 그 앞에서 행하고 땅과 땅
에 사는 자들을 처음 짐승에게 경배하게 하니 곧 죽게 되었던 상처가 나은 자
니라 13 큰 이적을 행하되 심지어 사람들 앞에서 불이 하늘로부터 땅에 내려오
게 하고 14 짐승 앞에서 받은 바 이적을 행함으로 땅에 거하는 자들을 미혹하며
땅에 거하는 자들에게 이르기를 칼에 상하였다가 살아난 짐승을 위하여 우상
을 만들라 하더라 15 그가 권세를 받아 그 짐승의 우상에게 생기를 주어 그 짐
승의 우상으로 말하게 하고 또 짐승의 우상에게 경배하지 아니하는 자는 몇이
든지 다 죽이게 하더라

11
땅에서 올라온 짐승

그리스도 안에서 사랑하는 성도 여러분, 사실 하늘의 전쟁은 용이 내쫓김으로 이미 결판났습니다. 하늘에서 쫓겨난 분노한 용은 남자를 낳은 여자를 박해합니다. 여자를 물에 떠내려가게 하려던 계책도 실패로 돌아가자 그 여자의 남은 자손과 더불어 싸우려고 바다 모래 위에 섰습니다.

땅으로 내쫓긴 사탄의 최후 결전을 돕기 위해 바다에서 한 짐승이 나왔습니다. 그리고 본문에는 또 다른 짐승이 땅에서 올라옵니다. 같은 유(類)의 또 다른 짐승인데 이 짐승은 열 뿔 대신 두 뿔을 가지고 있습니다. 모습은 어린양 같으나 용처럼 말합니다.

이 짐승은 처음 짐승을 경배하도록 최선을 다합니다. 사람들을 속이기 위해서 많은 요술과 기적을 행합니다. 심지어 하늘로부터 불을 내리게 합니다. 또 짐승을 위하여 우상을 만들도록 명령하고, 그 우상으로 하여금 말하도록 만듭니다. 드디어 사람들은 우상이 말하는 줄 믿게 됩니다. 그리고 그 우상에게 경배하기를 거부하는 자는 수효를 묻지 않고 다 죽이게 합니다. 반면 처음 짐승을 경배하고 섬기는 자들에게는 그 오른손이나 이마에 표를 받게 합니다. 이 표를 받기 거부하는 자들에게는 상거래가 허락되지 않습니다. 어떠한 사업도 벌일 수 없습니다.

이 짐승의 표는 짐승의 이름이나 이름의 수와 같습니다. 지혜 있고 총명한 사람이면 누구든지 이 수를 설명할 수 있을 것입니다. 이는 사람의 수인 '666'이기 때문입니다. 평소에 별로 관심을 보이지 않던 사람들도 이 본문에는 상당한 관심을 가질 법합니다. '짐승의 표'도 나오고 '666'도 나오니까 과연 어떻게 풀 것인지 기대할 법합니다.

땅에서 올라온 짐승의 특징

요한의 진술을 따라 본문을 살펴봅시다.

> 내가 보매 또 다른 짐승이 땅에서 올라오니 어린양같이 두 뿔이 있고 용처럼 말을 하더라(13:11).

우선 두 번째 짐승인 '땅에서 올라온 짐승'의 특징을 살펴봅시다. 생긴 모습은 바다에서 나온 처음 짐승과 매우 다릅니다. 일곱 머리, 열 뿔을 가진 괴물처럼 생기지 않고 두 뿔을 가진 어린양과 같습니다. 풀밭에서 뛰어다니는 어린양을 상상해 보십시오. 사랑스럽고 귀여운 천진난만한 모습에 속아서는 안 됩니다. 모양은 달라도 이 두 짐승은 한통속입니다.

땅에서 올라온 "다른 짐승"이란 바다에서 나온 짐승과 유가 같은 또 하나의 짐승이라는 의미입니다. 단어의 의미를 몰라도 하는 짓을 보면 그들이 한통속인 것을 알 수 있습니다. 그가 하는 말을 들어 보십시오. 생긴 것과 달리 "용처럼 말을 하더라"라고 묘사합니다. 생긴 것은 어린양 같지만 그 입에서 나온 말이 그의 소속을 들추어냅니다. 그의 목소리가 그의 정체를 폭로합니다.

여기서 우리가 기억해야 할 사실이 있습니다. 우리의 대적이 항상 같은 모습은 아니라는 것입니다. 우리를 대적하는 원수의 모습이 항상 일곱 머리와 열 뿔을 가진 괴물이라고 생각하지 마십시오. 무지막지한 힘으로 밀어붙이는 괴물로만 여겨서는 안 됩니다. 표범 같은 잔인함과 곰 같은 완력, 사자 같은 사나움만이 대적의 특징이 아닙니다.

요한이 본 두 번째 짐승을 눈여겨보십시오. 표범 같지 않습니다. 곰 같지 않습니다. 사자 같지도 않습니다. 오히려 두 뿔을 가진 어린양 같습니다. 용처럼 말하는 데서 그 본색이 드러나지 않았다면 아무도 그를 경계하려 하지 않았을 것입니다. 어린양이 울듯이 울었더라면 아무도 두려워하지 않았을 것입니다. 그가 용처럼 말하는 것을 들으니 생긴 모양과 다른 실체가 안에 있다는 것을 알게 됩니다. 사랑하는 성도 여러분, 우리는 때로 너무 순진하게만 세상을 바라봅니다. 우리의 대적은 무언가 생긴 것부터 험악할 것으로 여기고 있습니다.

어느 날 갑자기 친구에게 연락이 옵니다. "네가 관심 있는 그 분야를 도와줄 사람이 있어. 내가 잘 아는 사람인데 소개해 줄까?" 그렇게 친구를 만나 이야기하는 중에 우연을 가장해 본인이 아는, 이른바 '선교사'를 투입시킵니다. "아니, 선교사님 어떻게 오셨습니까?"라고 친구에게 소개해 주며 자연스레 자리에 합석시킵니다. 이렇게 선교사라는 사람을 소개해 주면 틀림없이 백발백중 신천지입니다. 우리의 대적은 무언가 생긴 것부터 험악할 것이라고 여기지 마십시오. 항상 맹수처럼 으르렁거리면서 접근하지 않습니다. 어린양처럼 애처롭게 울면서 다가올 수도 있습니다. 맹렬한 박해의 시련뿐만 아니라 은밀한 사탄의 유혹도 조심해야 합니다. 공공연한 훼방뿐만 아니라 내밀한 공작도 조심해야 합니다. 터놓고 공격해 오는 것 이상으로 은밀하게 암시해 오는 공략도 위험합니다. 믿지 못하도록 방해하는 것뿐만 아니라, 신앙을 부인하면 얻을 수 있는 유익을 미끼로 삼을 수도 있습니다.

두 부류의 대적, 적그리스도와 거짓 선지자

원리적으로 우리의 대적은 크게 둘로 나눌 수 있습니다. 하나는 보기만 해도 끔찍한, '바다에서 나오는 짐승'입니다. 보기만 해도 위협적으로 느껴지는 대적입니다. 그러나 '땅에서 나오는 대적'의 모습도 기억해 두십시오. 두 뿔을 가진 어린양처럼 순진해 보입니다. 그 입에서 나오는 용의 말만 없었다면 그렇게 믿어도 좋을 뻔했습니다. 보기에 사랑스럽다고 쉽게 가까이하다가는 뱀의 속임수에 넘어간 하와의 신세가 됩니다. 어린양 같다고 긴장을 풀고 대하다가 회심의 미소를 짓는 용의 먹이가 되지 않도록 조심하십시오.

요한은 지금 마흔두 달 동안 우리가 맞닥뜨려야 할 대적을 크게 두 모습으로 보여 주고 있습니다. 표범, 곰, 사자와 비슷한 일곱 머리와 열 뿔을 가진 처음 짐승은 노골적인 박해 세력을 대표합니다. 그러나 두 뿔 달린 어린양 같은 두 번째 짐승은 위장 술책으로 하나님의 백성을 공격해 오는 무리입니다.

처음 짐승이 하나님 대신 자기에게 경배하기를 요구하고 그리스도를 흉내 내는 적그리스도라면, 둘째 짐승은 처음 짐승을 경배토록 요구하는 거짓 선지자라고 밝히고 있습니다. 적그리스도는 대놓고 그리스도를 반대하지만 거짓 선지자는 선교사인 척하면서 사람들을 유혹합니다. 속지 마십시오. 족보가 없는 그런 거짓 세력들은 절대 흥왕할 수 없습니다. 처음부터 거짓에 근거하여 거짓 열매를 맺은 사람들입니다. 그는 처음 짐승에게 영광을 돌리고 땅에 거하는 자들을 미혹하여 그 짐승을 경배하게 합니다.

> 그가 먼저 나온 짐승의 모든 권세를 그 앞에서 행하고 땅과 땅에 사는 자들을 처음 짐승에게 경배하게 하니 곧 죽게 되었던 상처가 나은 자니라 (13:12).

"먼저 나온 짐승"은 죽게 되었던 상처가 나은 자입니다. 여기에 둘째 짐승의 의도, 그 모든 활동의 목표가 진술되고 있습니다. 둘째 짐승은 처음 짐승과 결코 나란히 서는 자가 아닙니다. 오히려 처음 짐승 앞에서 모든 이적을 행하는 자입니다. 처음 짐승의 권위와 세력을 힘입어 활동합니다.

땅에서 나온 둘째 짐승인 "그가 먼저 나온 짐승의 모든 권세를 그 앞에서 행하고", 마치 하나님의 명령에 즉각 순종하고 섬기는 선지자의 모습을 흉내 내고 있습니다. 자신이 사람들의 경배 대상이 되는 것이 아니라 사람들이 처음 짐승을 섬기도록 유혹하는 임무를 맡은 자가 어린양처럼 두 뿔을 가졌지만 용의 목소리를 내는 자입니다. 그렇기에 처음 짐승이 적그리스도의 표상이라면 둘째 짐승은 거짓 선지자의 표상입니다. 둘째 짐승은 처음 짐승의 독실한 부하입니다. 온갖 수단을 동원하여 땅에 거하는 자를 미혹해 칼에 상하였다가 살아난 짐승을 섬기게 합니다.

사탄의 위장 술책

이 둘째 짐승의 유혹을 조심하십시오. 겉과 속이 다른 자입니다. 겉과 속이 다른 것은 사탄의 전문 술책입니다. 사탄을 닮아 흉내 내는 데 뛰어난 자이며 변장술의 도사입니다. 일찍 죽임을 당한 어린양을 흉내 내어 죽게 된 상처가 나은 자를 자기 그리스도로 내세웁니다. "이 땅의 주 앞에 서 있는 두 감람나무와 두 촛대"(11:4)로 비유된 두 증인의 신실한 사역을 흉내 내어 두 뿔 가진 어린양 같은 자기 선지자를 등장시킵니다. 두 뿔 가진 어린양처럼 변장했지만 그가 입을 열면 정체가 폭로되는 것을 유의하십시오. 짐승이 하는 말은 겉모습과 전혀 다른 그의 생각과 본질, 성격을 폭로합니다. 양과 같이 꾸미고 나타나지만 속은 노략질하는 이리입니다.

사랑하는 성도 여러분, 종말을 외쳐대는 거짓 교사들을 주의하십시오. 진리를 가장한 사탄의 거짓을 파악하십시오. 시대마다 거짓 선지자들이 나타나지만, 이 시대에는 더욱 기승을 부리고 있습니다. 오랫동안 신앙생활을 한 분들은 한창 종말론이 떠돌던 시대를 기억하실지 모르겠습니다. 종말론의 결말이 어떠했습니까? 당연하게도 불발로 끝났습니다. 주님이 친히 말씀하셨기 때문입니다. "그날과 그때는 아들도 모르고 하늘에 있는 아버지만 아시느니라"(마 24:36, 막 13:32 참조)고 말씀하셨습니다.

그런 종말론은 시간이 가면 거짓인 것이 반드시 밝혀지게 마련입니다. 그러나 문제는 세상 사람들이 거짓 교회와 바른 교회를 구별하지 않는 것입니다. "예수쟁이들이 말도 안 되는 것을 선전하고 믿다가 그것이 거짓으로 드러났다"면서 바른 교회의 성도들을 종말론을 믿는 신자들과 함께 도매금으로 넘겨 버린다는 것입니다. 그래서 피해가 큰 것입니다. 사도 바울은 거짓 교사들을 이렇게 지적합니다.

> 그런 사람들은 거짓 사도요 속이는 일꾼이니 자기를 그리스도의 사도로 가장하는 자들이니라 이것은 이상한 일이 아니라 사탄도 자기를 광명의 천사로 가장하나니 그러므로 사탄의 일꾼들도 자기를 의의 일꾼으로 가장하는 것이 또한 대단한 일이 아니니라 그들의 마지막은 그 행위대로 되리라(고후 11:13-15).

사탄이 빛의 천사로 가장하여 나타난다면 그 일꾼들이 의의 일꾼으로 가장하는 것은 놀라운 일이 아닙니다. 사탄의 위장 술책을 항상 경계하십시오. 그는 거짓말쟁이, 거짓의 아비입니다.

> 진리가 그 속에 없으므로 진리에 서지 못하고 거짓을 말할 때마다 제 것으로 말하나니 이는 그가 거짓말쟁이요 거짓의 아비가 되었음이라(요 8:44).

계시록 19장 20절은 이 짐승을 "거짓 선지자"라고 부르며 그들의 최후가 어떻게 될지를 기록하고 있습니다.

> 짐승이 잡히고 그 앞에서 표적을 행하던 거짓 선지자도 함께 잡혔으니 이는 짐승의 표를 받고 그의 우상에게 경배하던 자들을 표적으로 미혹하던 자라 이 둘이 산 채로 유황불 붙는 못에 던져지고.

둘째 짐승의 주요 전술_ 기만

이제 이 둘째 짐승의 전략을 살펴봅시다.

> 큰 이적을 행하되 심지어 사람들 앞에서 불이 하늘로부터 땅에 내려오게 하고 짐승 앞에서 받은 바 이적을 행함으로 땅에 거하는 자들을 미혹하며 땅에 거하는 자들에게 이르기를 칼에 상하였다가 살아난 짐승을 위하여 우상을 만들라 하더라 그가 권세를 받아 그 짐승의 우상에게 생기를 주어 그 짐승의 우상으로 말하게 하고 또 짐승의 우상에게 경배하지 아니하는 자는 몇이든지 다 죽이게 하더라(13:13-15).

땅에서 나온 둘째 짐승의 주요 술책은 이적을 행하여 사람들을 기만하는 것입니다. 상습적으로 큰 이적을 행합니다. 악령의 역사로 말미암는 기적이 일어납니다. 주님이 표적을 행하신 것처럼 거짓 선지자도 의도적인 기적을 행합니다. 먼저 나온 짐승처럼 적그리스도의 모든 권세를 받아 큰 기사와 표적을 행합니다. 참된 기적이 있다면 거짓된 기적이 있는 것은 당연합니다. 사탄은 하나님이 하시는 일은 모조리 흉내 내고 싶어 합니다. 그래서 많은 사람이 거짓 기적을 보고 큰 감명을 받아 넘어집니다. 바울은 말세에 이런 일들을 경고합니다.

> 악한 자의 나타남은 사탄의 활동을 따라 모든 능력과 표적과 거짓 기적과 불의의 모든 속임으로 멸망하는 자들에게 있으리니……(살후 2:9, 10).

주님 또한 종말에 일어날 일들을 말씀하시며 경고하십니다.

> 거짓 그리스도들과 거짓 선지자들이 일어나 큰 표적과 기사를 보여 할 수만 있으면 택하신 자들도 미혹하리라(마 24:24).

마귀는 언제나 모조품을 속여 팝니다. 그럴듯한 말로 사람들의 영혼을 사냥합니다. 가짜 설교는 가짜 회심을 낳습니다. 가짜 치유와 가짜 체험을 가져다줍니다. 온갖 거짓된 가르침과 온갖 거짓된 체험으로 사람들을 미혹합니다. 그럴듯한 모조품 교리를 팔아 사람들의 혼과 마음을 빼앗습니다. 거짓된 교리 체계로 사람들의 영혼을 잠식하고 파멸로 치닫게 만듭니다.

요한은 이 무서운 파멸의 대상이 땅에 거하는 자들이라고 반복해서 증거합니다. 계시록에서 "땅에 거하는 자들"은 불신자를 가리킵니다. 데살로니가후서에서 바울은 그 희생자들을 "멸망하는 자들"(살후 2:10)이라고 밝히고 있습니다.

주님은 그가 할 수만 있다면 택한 자들도 미혹할 수 있다고 경고하십니다. 어쩌면 하나님이 창세전에 택하신 자들도 일시적인 유혹을 받을지 모릅니다. 그는 기적을 행하며 선지자로 자처하여 사람들을 미혹합니다. 그렇게 처음 짐승을 경배토록 술책을 부립니다. 심지어는 하늘에서 불이 내려오게 해서 사람들로 경탄을 자아내게 합니다. 바알의 선지자들이 할 수 없던 일을 둘째 짐승인 이 거짓 선지자가 행합니다. 그러나 그는 하나님의 백성을 미혹할 수 없습니다. 그 마음에 하나님의 진리를 사랑하는 자도 희생시킬 수 없습니다.

그는 기존 교회 조직 안에 미혹하는 교리를 퍼뜨리기도 합니다. 이단 종파에 침투하여 초자연적인 이적을 행합니다. 그의 특제품인 가짜 설교와 가짜 회심, 가짜 기적, 가짜 치유, 가짜 체험을 양산합니다. "이 진리야말로 정말 강하고 인상적이다. 우리 모두 이 진리에 순응하여 구원받을 준비를 해야 한다"고 속입니다. 그들의 활동 영역은 종교 조직만이 아닙니다. 둘째 짐승의 활동 무대는 종교 단체에 한정되지 않습니다. 현대적인 '이념' 속에서도 활동합니다. 철학이든, 정치든, 종교든 가리지 않습니다. 땅에 속한 사람들을 미혹할 수 있는 것이면 무엇이든 구별하지 않습니다. 공산주의 이념이든 동양 종교의 선(禪) 사상이든 모두 사람들을 진리에서 떠나게 하는 데 활용합니다. 참되고 살아 계신 하나님 대신 사람의 마음을 사로잡는 것이라면 무엇이든 사용합니다.

땅에 거하는 자들은 둘째 짐승의 속임에 모두 넘어갑니다. 그러나 우리 마음에 하나님이 계시고 그분의 진리를 사랑한다면 속임을 당하지 않을 것입니다. 반면 하나님의 진리에서 돌아서서 거짓을 사랑한다면 둘째 짐승의 거짓을 믿게 될 것입니다.

전술 변화_ 박해

처음에는 큰 기적을 통해 사람들을 기만합니다. 그러나 세력을 얻고 나면 전략을 바꿉니다. 처음에는 간교한 여우처럼 활동하지만 추종자들이 늘면 포악한 사자처럼 활동합니다. 땅에 거하는 자들에게 명령합니다. "칼에 상하였다가 살아난 짐승을 위하여 우상을 만들라!"(13:14)

신천지도 마찬가지입니다. 처음에는 은밀하게 다가갔습니다. 앞서 예를 든 것과 같은 수법으로 개인을 공략했습니다. 그러다가 교인 수가 얼마 안 되는 100명 미만의 교회에 들어가서는 이른바 '산 옮기기'를 시작했습니다. 교회를 통째로 삼키는 일입니다. 목회자와 교인 사이를 이간질하는 것입니다. 때로는 놀랍게도 목회자와 사모를 이간질하기도 합니다. 수가 적을 때는 아주 간교하게 다가가다가 그 후 세력을 넓힌 지금은 현수막을 내걸고 원래부터 착한 일을 했던 것처럼 사람들에게 다가가고 있습니다.

흔히 여기서 황제 숭배라는 역사적 사실을 떠올리지만 그 정도가 아닙니다. 물론 황제 숭배와 그 신상을 만드는 일도 짐승 숭배 중 하나의 역사적 성취지만, 요한은 황제의 흉상 숭배 이상의 초역사적이고 범세계적인 성취를 내다봅니다.

세대마다 짐승은 그 우상에게 경배하지 않는 자들을 죽여 왔습니다. 사탄적인 우상 숭배 조직은 득세할 때마다 하나님의 백성을 위협하고 죽였습니다. 다니엘과 그의 세 친구를 생각해 보십시오. 느부갓네살이 만든 황금 신상 앞에서 그들은 생명을 위협당했습니다. 실제로 짐승은 수많은 하나님의 종을 죽였고 주 예수를 십자가에 못 박았습니다. 스데반 집사와 사도 야고보뿐 아니라 안디바(2:13)까지 그 명단에 추가될 수 있습니다. 그럴 때마다 죽은 것처럼 보였던 처음 짐승의 우상은 살아서 기승을 부립니다.

그가 권세를 받아 그 짐승의 우상에게 생기를 주어 그 짐승의 우상으로 말하게 하고 또 짐승의 우상에게 경배하지 아니하는 자는 몇이든지 다 죽이게 하더라(13:15).

하지만 이런 능력은 거짓 선지자 자신의 소유가 아닙니다. 다만 "권세를 받아" 활동하는 것입니다. 전능자로부터 한시적인 권세를 허락받은 것입니다. 이런 일을 하게 하는 능력을 얻어 움직입니다. 우상에게 생기를 주고 말하게 하는 것은 그의 능력의 절정을 나타냅니다. 하나님이 하듯이 생명을 창조하는 행위입니다.

우상의 입에서 나오는 말을 들어 보십시오. "짐승에게 경배하지 않는 자는 다 죽여라"라고 말합니다. 종교와 비종교의 싸움이 아닙니다. 한 종교와 다른 종교의 싸움이 아닙니다. 그리스도와 적그리스도의 대결입니다. 살아계신 하나님과 어둠의 영, 사탄의 대결입니다.

우리는 이런 '묵시'라는 장르를 별로 접하지 못했습니다. 그래서 이런 이야기를 들으면 "역시 교회는 황당한 이야기를 하네"라고 말합니다. 우리는 이 땅에 살았던 첫 번째 사람이 아닙니다. 마지막 사람도 아닐 것입니다. 수천 년, 수만 년 전 역사를 훑어 보면 시대마다 그 시대 사람들에게 전달하는 도구가 달랐습니다. 2천 년 전에는 묵시 문학이 가장 손쉽게 접근할 수 있는 방법이었습니다. 지금도 우리는 동화나 만화에, 또 영화에 영향받고 있습니다. 그 영화가 가지고 있는 메시지에 우리는 분명 감염됩니다. 그러면서도 요한이 본 환상에 대해 조소하는 것은 있을 수 없는 모순입니다.

하나님의 생명책에 그 이름이 기록되지 않은 자는 모두 우상을 경배합니다. 세력을 얻지 못할 때는 간교한 속임수로 나오지만 세력을 확보한 다음에는 간악한 모습을 노골화시킵니다. 미혹과 박해는 그의 상투적인 수법입니다. 때로는 미혹하고, 힘을 얻으면 그냥 박해합니다.

그날을 대비한 삶을 훈련하라

사랑하는 성도 여러분, 신앙 때문에 당하는 어려움이나 손해가 있습니까? 지금은 시작일 뿐입니다. 종말의 대환난 시기의 서곡에 불과합니다. 악한 짐승들이 극성을 부리는 마지막 시기가 오면 초대 성도들이 그랬듯이 신앙 때문에 생명을 내놓아야 할 것입니다.

그날을 대비한 삶을 훈련하십시오. 돈이나 건강, 물질적인 욕구나 현세적인 욕망으로 인해 짐승을 경배하는 자리로 떨어지지 마십시오. '표적과 기사'에 대한 호기심으로 여러분의 영혼을 도박하지 마십시오. 현세적이고 물질적인 영향으로 거짓 가르침과 예언을 수용하지 마십시오. 주님이 감람산에서 남기신 종말에 대한 경고를 기억하십시오.

> 거짓 그리스도들과 거짓 선지자들이 일어나 큰 표적과 기사를 보이며 할 수만 있으면 택하신 자들도 미혹하리라(마 24:24).

요한이 본 두 짐승의 출현은 주님이 하신 이 경고의 묵시적 해석입니다. 거짓 교사나 거짓 선지자는 요한 당대에 이미 출현했고 시대마다 계속되었으며, 우리 시대에도 극성을 부리고 있습니다. 내일은 더할 것입니다.

사랑하는 성도 여러분, 여기저기 기웃거리지 마십시오. 동물의 왕국에서 희생을 당하는 건 누구입니까? 무리와 함께 있지 않은 자입니다. 홀로 있으면 희생당하기 쉽습니다. 마태복음 24장 23-27절로 말씀의 결론을 대신합니다.

> 그때에 사람이 너희에게 말하되 보라 그리스도가 여기 있다 혹은 저기 있다 하여도 믿지 말라 거짓 그리스도들과 거짓 선지자들이 일어나 큰 표적

과 기사를 보여 할 수만 있으면 택하신 자들도 미혹하리라 보라 내가 너희에게 미리 말하였노라 그러면 사람들이 너희에게 말하되 보라 그리스도가 광야에 있다 하여도 나가지 말고 보라 골방에 있다 하여도 믿지 말라 번개가 동편에서 나서 서편까지 번쩍임같이 인자의 임함도 그러하리라.

Revelation

요한계시록 13장 16-18절

16 그가 모든 자 곧 작은 자나 큰 자나 부자나 가난한 자나 자유인이나 종들에
게 그 오른손에나 이마에 표를 받게 하고 17 누구든지 이 표를 가진 자 외에는
매매를 못하게 하니 이 표는 곧 짐승의 이름이나 그 이름의 수라 18 지혜가 여
기 있으니 총명한 자는 그 짐승의 수를 세어 보라 그것은 사람의 수니 그의 수
는 육백육십육이니라

12

짐승의 표

그리스도 안에서 사랑하는 성도 여러분, 우리는 하늘에서 내쫓긴 용이 여자의 남은 자손과 더불어 싸우는 요한의 환상을 살피고 있습니다. 하나님의 백성과 더불어 싸우는 용의 최후 결전 방안은 대리전임을 거듭 말씀드렸습니다.

13장의 환상을 통해 바다에서 나온 짐승과 땅에서 올라온 짐승이 용을 대신해서 성도들을 괴롭힙니다. 특히 땅에서 올라온 짐승은 땅에 거하는 사람들로 바다에서 올라온 짐승을 섬기게 합니다. 땅에 거하는 사람들을 현혹하기 위해서 이적을 행하고 우상을 만듭니다. 짐승의 우상에 생기를 주어 말하게 하고 사람들로 짐승의 우상을 경배하게 합니다.

짐승의 표가 주어지다

이어지는 본문에서는 짐승 숭배의 즉각적인 영향을 기술합니다.

> 그가 모든 자 곧 작은 자나 큰 자나 부자나 가난한 자나 자유인이나 종들에게 그 오른손에나 이마에 표를 받게 하고 누구든지 이 표를 가진 자 외에는 매매를 못하게 하니 이 표는 곧 짐승의 이름이나 그 이름의 수라 (13:16, 17).

사탄은 짐승을 통해 다시 한 번 하나님을 흉내 내고 있습니다. 계시록 7장 3절을 보면 하나님의 백성이 그 이마에 인 침을 받습니다. 큰 환난을 앞두고 쏟아부어지는 하나님의 진노에서 하나님의 백성을 구별하여 보호하시기 위함입니다. 그리스도를 향한 그들의 증거와 충성에 대한 확인의 인을 치십니다. 본문에서는 땅에 거하는 모든 자에게 짐승의 표를 주고 있습니다. 짐승은 다시 한 번 하나님을 흉내 내어 자기에게 속한 모든 자에게 표를 주고 있습니다. 한 사람도 예외가 없습니다. 특정 계층만 짐승과 우상에게 경배하지 않습니다. 배운 자나 배우지 못한 자나 이 일에 함께합니다. 가진 자나 가지지 못한 자나 짐승을 숭배합니다. 사업주나 고용인이나 다 함께 그 우상을 경배합니다. 그를 경배하는 모든 자의 이마와 오른손에 표시를 하므로 감출 수가 없습니다. 표를 받은 자는 눈에 띄게 마련입니다. 누구에게 속했는지 드러나게 마련입니다.

요한은 모든 인류를 다시 한 번 두 그룹으로 대별합니다. 하나님의 인 침을 받은 무리와 짐승의 표를 받은 무리입니다. 사랑하는 성도 여러분, 꼭 이마에 이상한 표식을 받아야 구별되는 것은 아닙니다. 그들의 생각과 행동을 잘 지켜보십시오. 사실 모든 사람은 하나님의 인 침을 받은 자 아니면 짐승의 표를 받은 자입니다. 세상은 하나님을 섬기는 자와 짐승을 섬기는 자로 대별됩니다.

짐승의 표, 무엇을 의미하는가

그러면 짐승의 표를 받는다는 것은 무엇을 의미합니까? 어떤 이들은 역사의 특정 기간에 받게 될 외형적이고 눈으로 볼 수 있는 표식이라고 생각합니다. 그래서 요즘 부각되는 것이 '바코드'입니다. 오늘날 컴퓨터 처리를 위해서 모든 상품에 붙이는 바코드가 레이저 문신으로 사람에게 붙여질 것이라고 주장합니다. 이마나 손, 혹은 엉덩이에 새겨질 바코드 문신이 짐승의 표라고 주장합니다. 이런 주장을 하는 사람들은 신용카드나 컴퓨터도 사용해서는 안 된다고 여깁니다.

정말 짐승의 표가 장차 받게 되리라 여기는 바코드 문신을 의미합니까? 기발한 상상이기는 하나 근거 없는 추측입니다. 어떤 문명의 산물이든 누구의 손에 사용되느냐에 따라 하나님의 백성을 박해하는 도구가 될 수 있습니다. 세상은 온갖 문명의 산물을 동원해서 하나님의 백성을 박해하는데 사용해 왔습니다. 그런 의미에서라면 바코드나 컴퓨터도 예외일 리 없습니다. 그러나 본문이 말하는 짐승의 표를 외형적이고 눈으로 볼 수 있는 표시로 보는 것은 문제가 있습니다. 하나님이 자기 백성의 이마에 치실 인은 외형적이고 눈으로 볼 수 있는 것이 분명 아닙니다. 그러므로 하나님의 인에 대응한 짐승의 표를 외형적이고 눈으로 볼 수 있는 것으로 보는 것도 무리가 있습니다. 그뿐 아니라 이들 주장의 결정적 잘못은 환상 속의 상징과 상징이 의미하는 바를 혼동하는 데 있습니다.

짐승은 특정 시기에만 활동하지 않습니다. 마지막 시대에만 활동하는 것이 아닙니다. 그는 마흔두 달 동안 일하는 권세를 받습니다. 이 기간은 바로 거룩한 성이 짓밟히는 기간과 일치하고 두 증인이 예언하는 날짜와 동일합니다. 다시 말해 그리스도 초림에서 재림까지 이르는 전 기간이 짐승의 활동 기간입니다.

짐승으로 상징된 세상 권력은 항상 교회를 박해하며 성도들을 파멸시키려고 합니다. 어느 곳, 어느 때든 짐승이 나타나는 곳에는 짐승의 표가 발견됩니다. 짐승이 활동하는 곳에는 언제나 짐승의 표가 주어집니다. 이들은 항상 동행하며 결코 분리될 수 없습니다.

요한의 환상이 의미하는 바가 무엇입니까? 짐승의 표를 주는 환상이 가리키는 바가 무엇입니까? 본문은 땅에 거하는 모든 자에게 짐승의 표를 주고 있습니다. 계시록이 말하는 '땅에 거하는 자'들은 하나님을 알지 못하는 불신자를 가리킵니다. 그 시민권이 하늘에 있는 '하늘에 거하는 자'와 대조되는 표현입니다.

'강제로 짐승의 표를 받게 될까?' 하고 두려워하지 마십시오. 성경은 분명 땅에 거하는 자들이자 짐승을 경배하고 섬기는 자들이 표를 받게 된다고 말하고 있습니다. 계시록 14장 9절은 "누구든지 짐승과 그 우상에게 경배하고 이마에나 손에 표를 받으면"이라고 말합니다. 짐승의 표를 받는다는 것은 짐승을 경배한다는 의미입니다. 짐승에게 속하고 짐승을 섬기는 것을 의미합니다.

여러분은 누구의 소유이고 누구를 섬기며 살아갑니까? 하나님을 섬기며 예배하는 자는 그 이마에 이미 하나님의 구원의 인 침을 받았습니다. 여러분은 누구를 섬기며 누구를 위해 살고 싶습니까? 하나님의 백성은 하나님의 소유이며 하나님을 섬기며 삽니다. 하나님을 영화롭게 하고 그분을 영원토록 즐거워합니다. 그러나 하나님에게 속하지 않는 자들은 짐승을 경배하고 그 표를 받을 수밖에 없습니다.

죽임을 당한 어린양의 생명책에 창세 이후로 이름이 기록되지 못하고 이 땅에 사는 자들은 다 그 짐승에게 경배하리라(13:8).

생명책에 이름이 있는 자와 없는 자로 다시 한 번 인류를 대별합니다. 생명책에 이름이 기록되지 못한 자들이 짐승을 경배하고 짐승의 표를 받습니다. 마음에 하나님을 영접하고 삶에서 하나님을 섬기는 성도들은 짐승의 표 대신 하나님의 인이 그 이마에 있습니다. 우리의 소속이 밝혀져 있습니다. 모든 사람은 자기의 소속과 충성을 밝히며 살고 있습니다. 사는 것을 보면 누가 주인인지, 누구를 위해 사는지 알 수 있습니다.

오른손이나 이마에 주어진 표시를 감출 수 없는 것처럼 누구에게 속하여 살아가는지도 드러나게 마련입니다. 여러분은 누구에 속하며 누구를 위해 살고 있습니까? 여러분은 이제 누구에게 속하고 누구를 위해 살고 싶습니까? 짐승의 표를 받고 짐승처럼 살고 싶습니까? 하나님의 인을 받고 예수님처럼 살고 싶습니까? 세상 모든 사람은 선택하며 살고 있습니다.

오른손이나 이마에 주어지는 이유

그런데 왜 하필 짐승의 표가 오른손이나 이마에 주어집니까? '이마'는 한 사람의 정신, 생각, 가치관을 의미합니다. '오른손'은 행위나 생업을 가리킵니다. 돛대라고 하면 배를 가리키듯이 '이마' 하면 생각을, '손' 하면 그가 하는 일을 가리키는 표현입니다. 오른손이나 이마에 짐승의 표를 받은 자는 그리스도를 배척하는 정신으로 사는 자를 가리킵니다.

생각이 적그리스도적이면, 생활도 자연적으로 적그리스도적일 수밖에 없습니다. 그 생각이나 삶에서 그리스도를 대적하고 교회를 박해하는 자들은 짐승의 표를 받은 자들입니다. 그들의 생각과 삶은 하나님의 백성과 결코 같을 수 없습니다. 짐승의 표를 받은 자와 하나님의 인 침을 받은 자는 서로 같을 수 없습니다. 성도들은 그 마음에 하나님을 앙모하며 사는 자입니다. 자연인은 그 생각과 생활이 하나님을 거스릅니다. 하나님을 훼방하고 하나님의 백성을 비웃습니다. 이런 적대 행위는 어느 시대를 막론하고 계속되어 왔습니다. 사상이나 행동을 통해 하나님의 진리를 훼방합니다. 세상의 종말이 가까워질수록 더욱 기승을 부릴 것입니다. 거룩한 자는 더욱 거룩하게 될 것이고, 악한 자들은 더욱 악하게 될 것입니다. 그러므로 그리스도께 충성하는 무리는 그때 더욱 큰 어려움을 겪을 것입니다.

이 어려움은 일찍이 서머나 교회가 겪은 시련입니다. 또한 빌라델비아 교회가 겪은 어려움입니다. 그들은 가난했고 세상에 영향력 있는 무리가 아니었습니다. 대환난을 통과한 무리에게 주어진 하나님의 위로의 말씀을 기억하십니까?

> 그들이 다시는 주리지도 아니하며 목마르지도 아니하고 해나 아무 뜨거운 기운에 상하지도 아니하리니(7:16).

이런 말씀이 왜 위로가 됩니까? 그들이 굶주림과 목마름, 뜨거운 기운에 숨 막히는 고통을 겪었기 때문입니다. 그렇기에 "다시는 주리지 아니하니라"라는 말씀에 "아멘"이라는 대답이 터져 나올 수밖에 없었습니다. 작열하는 태양 아래, 그 뜨거운 열기 속에 방황하던 그들에게 주어진 위로입니다.

요즘 우리는 굶주림을 겪어 보지 못합니다. 라면도 있고 반조리 식품도 많아서 굶주릴 기회가 잘 없습니다. 그래서 "다시는 주리지도 아니하며"를 보면 '우리가 주린 적이 있나?'라고 생각합니다. "목마르지도 아니하고"를 봐도 탄산음료부터 시작해서 이온음료까지 입맛대로 선택해서 먹을 수 있기 때문에 별 감동을 받지 못할 것입니다. "해나 아무 뜨거운 기운에 상하지도 아니하리니"라는 구절을 봐도 그렇습니다. 주위를 둘러보십시오. 여름이 되면 에어컨과 선풍기를 틀어 놓고 시원하고 쾌적한 환경에서 예배를 드립니다. 사막을 돌아다니면서 숨 막힐 것 같은 태양의 열기에 고생해 봐야 "해나 아무 뜨거운 기운에 상하지도 아니하리니"라는 구절을 보고 "감사합니다, 주님"이라고 대답할 수 있는 것입니다.

배고픔도 모르고 목마름도 모르며 더위도 모르는 세대에게 계시록을 설교하는 것은 사실 참 어렵습니다. 그러나 설교자의 일은 듣고 싶어 하는 것을 들려주는 것이 아니라, 반드시 들어야 하는 것을 들려주는 것이기 때문에 이렇게 계속 계시록 말씀을 전하고 있습니다.

감수해야 하는 경제적 손실

성도는 같은 세상을 살아도 큰 음녀에게 속한 자들과 다릅니다. 그들은 사치하고 치부하고 실력을 행사합니다. 갑질이 그들의 일상사입니다. 본문 17절에 나오는 경제적 제재 조치는 그 당시 성도들의 삶과 무관하지 않았습니다.

> 누구든지 이 표를 가진 자 외에는 매매를 못하게 하니 이 표는 곧 짐승의 이름이나 그 이름의 수라(13:17).

세상은 그 정신을 받아들이지 않는 자에게 어떤 압력을 가하면 되는지 알고 있습니다. 한통속이 되지 않으면 이익 분배에서 제외하는 것입니다.

2천 년 전, 세상은 업종마다 그들이 섬기는 신이 따로 있었습니다. 조합원이 되면 그 조합원 파티에 참석해야 하고, 파티의 끝에는 반드시 그 신 앞에 각종 음란한 짓을 행해야 했습니다. 그러다 보니 초대 교회 성도들은 예수를 믿을지, 세상을 편하게 살지를 두고 심각하게 갈등할 수밖에 없었습니다. 신앙을 지킨다는 것은 경제적인 손실을 감수해야 함을 의미하기 때문입니다.

이는 오늘 생겨난 현상이 아닙니다. 어제도 그랬고 내일도 마찬가지일 것입니다. 종말을 앞두고 더욱 가중될 것입니다. 사업의 성공과 신앙의 순결을 두고 선택해야 하는 일은 지금도 드물지 않게 일어납니다. 우리는 이마에 새긴 바코드 문신이 아니라 마음에 심긴 도를 따라 살기 때문에 손해를 감수해야 합니다. 앞서 세상을 살았던 성도들의 고난의 큰 싸움을 망각하지 마십시오. 그들이 내린 결단을 외면하지 마십시오. 히브리 서신을 받은 성도들의 상황을 들어 봅시다.

> 혹은 비방과 환난으로써 사람에게 구경거리가 되고 혹은 이런 형편에 있는 자들과 사귀는 자가 되었으니 너희가 갇힌 자를 동정하고 너희 소유를 빼앗기는 것도 기쁘게 당한 것은 더 낫고 영구한 소유가 있는 줄 앎이라 그러므로 너희 담대함을 버리지 말라 이것이 큰 상을 얻게 하느니라 너희에게 인내가 필요함은 너희가 하나님의 뜻을 행한 후에 약속하신 것을 받기 위함이라(히 10:33-36).

신앙인은 더 낫고 영구한 산업인 '하늘의 큰 상'을 바라기에 짐승을 경배하고 짐승처럼 사는 삶을 택하지 않습니다. 짐승의 표를 받을 수 없습니다. 이마에도 손에도 마찬가지입니다. 하나님의 백성은 결코 세상 사람처럼 생각하고 세상 사람처럼 처신할 수 없습니다.

짐승의 수 '666'의 의미

본문 마지막 메시지를 살펴봅시다.

> 이 표는 곧 짐승의 이름이나 그 이름의 수라 지혜가 여기 있으니 총명한 자는 그 짐승의 수를 세어 보라 그것은 사람의 수니 그의 수는 육백육십육이니라(13:17, 18).

여기 많은 사람이 흥분하는 짐승의 수 '666'이 등장합니다. 짐승의 수 666이 무엇을 뜻하는지는 논란이 많습니다. 이 숫자가 네로 황제, 칼리굴라 황제, 도미티아누스 황제를 가리킨다고 주장하기도 했습니다. 라틴어, 히브리어, 헬라어 등 고대 문자는 각 문자마다 해당되는 숫자가 있었습니다. 히브리어 알파벳도 숫자의 의미를 담고 있었습니다. 세종대왕이 만든 우리 한글에 적용하면 'ㄱ'은 숫자 1의 의미가 있고 'ㄴ'은 2의 의미가 있는 식입니다. 그러다가 아라비아 숫자가 통용되면서 이제는 전 세계에서 아라비아 숫자를 쓰고 있는 것입니다. 이에 따라 앞선 황제들 이름의 알파벳을 전부 합산하면 666이 된다고 주장합니다.

물론 이런 주장은 고대 로마 황제에서 끝나지 않습니다. 나폴레옹도, 히틀러도, 최근 인물로는 키신저에 이르기까지 이 모든 사람의 이름은 합산하면 666이 됩니다. 그러나 이런 주장은 모두 잘못되었습니다. 질문 자체가 잘못되었기 때문입니다. 666이라는 숫자로 특정인을 알아내려는 시도 자체가 잘못되었습니다. 이 숫자는 특별한 인물이나 나라를 알아내도록 주어진 것이 아닙니다.

문맥에 따라 살펴보면 본문이 666은 짐승의 수요, 사람의 수를 의미한다고 밝히고 있습니다. '짐승의 수를 세어 보라, 헤아려 보라, 읽어 보라'는 의미로 받아들여서는 안 됩니다. 짐승의 수로 특정인을 찾아내라고 주어진 것이 아니라 666이 사람의 수에 불과한 것을 생각하라는 것이 본문의 주장입니다.

요한은 영적 진리를 말하기 위해 때와 숫자를 자주 동원합니다. 3년 반이라는 기간을 제시한 것은 연대 계산을 위해서가 아니라 우리의 이해를 돕기 위해서입니다. 그리스도께서 요단강에서 세례를 받으시고 지상 사역과 오순절 성령 강림까지 사역하신 전체 기간을 3년 6개월로 봅니다. 3년 반은 그분의 공사역 전 기간과 일치합니다. 성경은 동일한 기간 3년 반으로 전 역사를 통해 존속할 교회 시대를 "한 때와 두 때와 반 때"로 말하고 있습니다.

또 다른 경우를 보십시오. 하나님의 백성을 계수해서 14만 4천이라고 합니다. 어느 이단은 "이 14만 4천에 속하고 싶으면 재산을 다 팔아서 바쳐라"라고 말하고 다닙니다. 그런 의미가 아닙니다. 계속 읽어 보면 사실 하나님 백성의 실제 수는 하나님만 아시는 비밀입니다. "주께서 자기 백성을 아신다"(딤후 2:19)고 성경은 증거합니다. 요한은 14만 4천을 말하고 바로 다음 환상에서 이를 가리켜 "아무도 능히 셀 수 없는 큰 무리"라고 밝힙니다. 그러나 계시록을 읽는 독자들의 편리를 위해 14만 4천이라는 숫자를 제공한 것입니다.

또 하나의 경우를 보십시오. 하늘 예루살렘 성곽의 위용을 나타내기 위해 그 벽을 144규빗이라고 합니다. 이것은 실제 수치가 아닙니다. 토목 기사가 줄자로 잴 수 있는 수치가 아닙니다. 하늘 성곽의 위용을 상징하도록 돕는 표현입니다.

본문에 나오는 666도 같은 경우로 이해해야 합니다. 거짓 종교는 땅으로부터 올라온 짐승과 666이라는 숫자에 의해 상징되고 있습니다. 특정 인물을 가리키지 않고 '짐승과 거짓 종교'를 가리킵니다. 본문은 666의 의미를 알아내라고 하지 않습니다. 666을 세어 보라고 말하고, 즉각 그 숫자는 사람의 수라고 밝힙니다.

그러면 왜 하필 짐승의 수, 사람의 수를 666으로 표시했을까요? 요한계시록은 7로써 완전한 수를 상징합니다. 완전수 7은 계시록에 여러 번 나옵니다. 일곱 교회, 일곱 천사, 일곱 영, 일곱 인, 일곱 나팔, 일곱 대접 등 풍성히 나옵니다. 예컨대 일곱 교회라는 것은 소아시아의 교회가 일곱 개밖에 없다는 의미가 아닙니다. 그리스도께서 장중에 잡고 계신 교회가 그 일곱 교회라는 의미도 아닙니다. 그리스도의 모든 교회를 가리키는 상징입니다. 이 완전수 7에서 하나가 모자란 숫자가 6입니다. 6은 7과 아무리 가까워도 완전치 못하기에 불완전과 미완성을 나타냅니다. 777은 최대의 완전수인 반면, 666은 항상 완전에 못 미치는 항구적인 실패와 좌절과 불완전의 숫자입니다.

최후 승리를 어린양께!

계시록은 이 숫자를 사람의 수라고 밝힙니다. 하나님의 주권에 도전하는 모든 시도는 항구적인 실패로 운명 지어져 있습니다. 그것이 정치적인 세력이든, 무신론이나 자본주의, 공산주의와 같은 사상적 시도든 그 어떤 것도 결국 승리하지 못합니다. 하나님을 대적하는 시도는 무엇이 되든 모조리 무너질 것입니다.

차례로 등장하는 짐승들과 그들의 수작을 보면 온 세상을 삼킬 듯이 보입니다. 마치 각 나라와 족속과 방언에서 하늘 백성이 나오듯이 짐승 역시 그 권세로 각 족속과 방언과 나라를 다스릴 것입니다. 그 일을 성취하기 위해 온갖 큰 이적을 행할 것입니다. 심지어 하늘에서 불이 내려오게 하고 우상이 말을 하게 합니다. 모든 능력과 조직을 통해서 사람들의 삶을 통제하지만 그 모든 시도는 영구한 실패로 귀결될 것입니다. 처음 무너진 바벨탑부터 마지막 던져질 큰 성 바벨론까지 사람들의 모든 운명은 파멸로 귀결될 것입니다.

환상을 통해서 요한이 말해 주고 싶은 것은 사실 이것입니다. "사랑하는 성도들이여! 원수의 기세가 땅에 가득하고 하늘에 충만해도 기억하십시오. 그들의 숫자는 666임을 기억하십시오. 그들은 반드시 실패로, 완전 실패로 끝남을 기억하십시오! 사탄의 모든 시도는, 사람의 모든 시도와 함께 실패할 것입니다. 조금만 더 기다리십시오!" 이것이 요한이 환상을 통해 우리에게 말해 주고 싶은 것입니다. 사랑하는 성도 여러분! 이 환상에 이어 나오는 시온산의 어린양과 14만 4천은 우리의 해석이 정당함을 보여 줄 것입니다.

요한은 계속 권면합니다. 경제 제재뿐만 아니라 생명의 위협도 받지만 승리는 여러분의 것입니다. 악이 기승을 부리지만 그 짐승의 수가 666임을 알고 위로를 받으십시오. 그 모든 시도는 실패에 실패, 거듭 실패로 끝날 뿐이기 때문입니다.

요한계시록 19장, 20장에는 사탄과 짐승, 거짓 선지자의 패망이 나옵니다. 악의 삼인조는 동시에 멸망할 것입니다. 사탄과 짐승과 거짓 선지자는 영원한 불 못에 던져질 것입니다. 모든 권세와 주권과 영광은 오직 어린양과 그분의 백성의 것입니다. 그래서 우리는 영원히 그 영광을 노래할 사람들입니다. 속지 마십시오. 세상은 끝이 옵니다. 그 사실을 기억하시길 바랍니다.

Revelation

요한계시록 14장 1-5절

1 또 내가 보니 보라 어린양이 시온산에 섰고 그와 함께 십사만 사천이 서 있는
데 그들의 이마에는 어린양의 이름과 그 아버지의 이름을 쓴 것이 있더라 2 내
가 하늘에서 나는 소리를 들으니 많은 물소리와도 같고 큰 우렛소리와도 같은
데 내가 들은 소리는 거문고 타는 자들이 그 거문고를 타는 것 같더라 3 그들이
보좌 앞과 네 생물과 장로들 앞에서 새 노래를 부르니 땅에서 속량함을 받은 십
사만 사천 밖에는 능히 이 노래를 배울 자가 없더라 4 이 사람들은 여자와 더불
어 더럽히지 아니하고 순결한 자라 어린양이 어디로 인도하든지 따라가는 자
며 사람 가운데에서 속량함을 받아 처음 익은 열매로 하나님과 어린양에게 속
한 자들이니 5 그 입에 거짓말이 없고 흠이 없는 자들이더라

13

어린양과 십사만 사천

그리스도 안에서 사랑하는 성도 여러분, 계시록 14장은 크게 보면 일곱 나팔과 일곱 대접 사이의 막간 장면입니다. 일곱 봉인, 일곱 나팔, 일곱 대접 그 사이에 나오는 막간극인 것입니다.

일곱째 나팔 소리와 함께 종말의 도래가 선포됩니다. 그런데 요한은 종말의 실제적 도래를 서술하기에 앞서 하나님 나라와 사탄의 세력 간의 길고 긴 투쟁의 마지막 국면을 기술합니다. 12장에서는 이 투쟁이 사람들 눈으로 볼 수 없는 영역에서 벌어집니다. 13장에서는 적그리스도와 거짓 선지자의 출현을 통해 역사 속에 그 모습을 드러냅니다.

종말이 도래하기 직전, 그 역사의 완성이 하나님의 손안에 있음을 다시 한 번 생각해 봅시다. 사악하고 세속적인 짐승 문화가 하나님의 심판 아래 떨어집니다. 그러나 성도들은 영원한 구원을 받습니다.

계시록 14장은 짤막한 여러 환상으로 이루어져 있습니다. 달리 말하면 본문 14장은 12장부터 시작한 막간 장면의 절정을 보여 줍니다. 14장은 전혀 다른 분위기로 전환됩니다. 앞서 두렵고 암울한 12장, 13장과는 대조적으로 신선하고 밝은 분위기로 접어듭니다. 보십시오. 계시록 14장은 어린양을 따르던 이들이 승리를 얻는 장면을 보여 줍니다. 동시에 짐승을 따르던 이들이 응분의 심판을 받는 장면이 기술됩니다. 그런 의미에서 계시록 14장은 절박한 두 가지 의문에 답하고 있습니다. 첫 문단에서 "짐승의 표를 받기 거부한 이들은 어떻게 되는가?"라는 질문에 답하고 있습니다. 그리고 6절 이하에서 "짐승과 그를 따르던 졸개들은 어떻게 되는가?"라는 질문에 답을 제공합니다.

시온산에 서신 어린양

14장 1-5절은 모든 원수를 이기시는 예수 그리스도의 승리와 그분에게 속한 모든 성도의 안전을 주제로 삼고 있습니다. 본문은 이 주제를 어떻게 제시하고 있습니까?

> 또 내가 보니 보라 어린양이 시온산에 섰고 그와 함께 십사만 사천이 서 있는데 그들의 이마에는 어린양의 이름과 그 아버지의 이름을 쓴 것이 있더라(14:1).

먼저 요한은 그가 본 것 중에서 예수 그리스도의 승리와 성도들의 안전을 강조합니다. 환상 중에 요한의 시선이 어린양께 집중됩니다. 어린양이 시온산에 서 있는 모습을 보여 줍니다. 이것은 12장 마지막 절에 바다 모래 위에 서 있는 용의 모습과 대조를 이룹니다. 요동치 않고 영원한 시온산에 선 어린양입니다. 끊임없이 파도치는 바다 모래 위에 서 있는 용과 대조적인 모습으로, 상징하는 바가 큽니다. 승리자로서 어린양을 기술합니다. 시편 2편 1-3절은 열방이 분노하고 민족이 하나님의 주권에 도전하는 모습이라면, 본문은 시편 2편 4-6절 말씀의 성취처럼 보입니다. 하나님이 그들의 모의와 선동을 비웃으시며 당신의 왕을 거룩한 산 시온에 세운 것에 비길 수 있습니다.

> 내가 나의 왕을 내 거룩한 산 시온에 세웠다 하시리로다(시 2:6).

본문의 환상은 주께서 환호하는 백성에 둘러싸여 시온산에 서 계시는 모습을 보여 줍니다. 이들은 앞서 계시록 7장에서 하나님의 인 침을 받은 사람들입니다. 7장에서는 큰 환난을 앞둔 장면이라면, 14장에서는 큰 환난을 통과한 후 하늘의 축복과 보상을 받는 장면입니다.

어린양과 함께 시온산에 서 있는 14만 4천은 하나님 백성의 궁극적인 미래를 보여 줍니다. 큰 붉은 용은 모든 수단 방법을 가리지 않고 성도들이 주님에게 충성하지 못하도록 박해했습니다. 두 짐승을 통해서 최선을 다해 악랄하게 박해했지만 단 한 명도 누락되지 않고 14만 4천이 어린양과 함께 승리의 시온산, 안전의 시온산에 서 있습니다. 앞 본문은 짐승의 우상에 경배하지 않는 자를 다 죽이고 짐승의 표를 받지 않고는 매매조차 못하게 하던 극한 상황을 보여 주었다면, 이 본문은 어린양의 생명책에 이름이 기록된, 끝까지 신실한 성도들의 인내와 믿음의 보상을 보여 주고 있습니다.

성도들의 삶은 더 이상 짐승의 손아귀에 달려 있지 않습니다. 성도들은 더 이상 짐승의 박해에 속수무책으로 시달리지 않습니다. 그들은 지금 승리자 어린양과 함께 시온산에 서 있습니다. 미가 선지자의 예언을 들어 보십시오.

> 끝 날에 이르러는 여호와의 전의 산이 산들의 꼭대기에 굳게 서며 작은 산들 위에 뛰어나고 민족들이 그리로 몰려갈 것이라(미 4:1).

미가뿐 아니라 요엘, 스가랴, 이사야도 동일한 예언을 합니다. 모두 시온의 영광이 밝아 오는 날을 예언합니다. 우리가 시온의 영광이 빛나는 아침을 노래하는 것은 그 영광의 아침을 선지자들이 예언했기 때문입니다. 시편 역시 2편뿐 아니라 다른 곳에서도 동일한 진리를 증거합니다.

> 여호와는 위대하시니 우리 하나님의 성, 거룩한 산에서 극진히 찬양받으시리로다 터가 높고 아름다워 온 세계가 즐거워함이여 큰 왕의 성 곧 북방에 있는 시온산이 그러하도다(시 48:1, 2).

요한이 환상 중에 본 시온산은 예루살렘에 있는 산이 아니라 하늘 그 자체를 가리킵니다. 여기서 시온산은 실제로 예루살렘에 있는 산이 아니라 하늘나라에 대한 상징적인 지명입니다. "너희가 이른 곳은 시온산 곧 살아 계신 하나님의 도성인 하늘 예루살렘"(히 12:22)이라고 히브리서 기자가 밝힌 대로입니다. 끝까지 신실한 주의 백성이 마지막에 도달한 장소로 시온산을 보여 줍니다. 그리하여 그들의 궁극적인 승리와 최후의 안전을 웅변적으로 증거합니다. 상징적 지명 시온산은 구속과 승리의 장소입니다. 성도들의 최후 승리를 보여 주고 있습니다. 동시에 상징적 지명인 시온산은 종말론적 승리를 보여 줍니다. 하늘로부터 내려온 새 예루살렘이 가리키는 바와 동일한 의미를 가집니다. 모든 것이 완성되는 날, 우리는 이 세상을 떠나 하늘 예루살렘으로 도피하는 것이 아닙니다. 오히려 계시록은 하늘 예루살렘이 내려와서 하나님이 우리와 함께 거하실 것이라고 말하고 있습니다.

13장 마지막 부분에서 순교의 고난을 겪은 그들은 지금 14장 첫 부분에서 시온산에서의 구속과 승리를 누리고 있습니다. 그 이마에 어린양의 이름과 그 아버지의 이름을 쓴 것이 있기 때문입니다. 사랑하는 성도 여러분, 여러분의 이마, 여러분의 생각 속에 어린양 예수의 이름이 있습니까? 여러분의 생각과 마음속에 그 아버지의 이름의 영광이 자리하고 있습니까? 그렇다면 그날 시온산의 구원과 승리는 여러분의 것입니다.

장엄한 찬양 소리

사도 요한은 또 다른 환상을 통해서 모든 원수를 이기시는 예수 그리스도의 승리와 그분에게 속한 모든 성도의 승리를 말해 줍니다. 처음에 요한은 환상 중에 그가 '본 것'으로 그리스도와 그 백성의 승리를 강조했습니다. 이제 요한은 환상 중에 그가 '들은 것'으로 동일한 주제를 밝히고 있습니다. 환상 중에 그가 들은, 하늘에서 나는 소리는 수많은 사람의 장엄한 찬양 소리였습니다.

> 내가 하늘에서 나는 소리를 들으니 많은 물소리와도 같고 큰 우렛소리와도 같은데 내가 들은 소리는 거문고 타는 자들이 그 거문고를 타는 것 같더라(14:2).

새 노래로 찬양하는 14만 4천의 소리는 시원하고 웅장한 많은 물소리와도 같고 우렁찬 큰 우렛소리와도 같습니다. 떨어지는 물이 지면에 닿아 부서지고 흩어지면서 우레 같은 소리의 잔향이 점점 커져 멀리 퍼지는 거대한 폭포를 생각해 보십시오. 웅장하고 위엄 있으면서 동시에 거문고 타는 소리처럼 부드럽고 향기롭습니다. 요한은 환상 중에 들은 찬양 소리에 압도당해 세 번의 비유로 그 감동을 나타내려 합니다.

그 장엄하면서도 아름다운 찬양 소리에 우리의 목소리가 합해질 것입니다. 땅에서 구속함을 얻은 14만 4천 모두가 마음 깊은 곳에서부터 부르는 감격과 감사의 찬양을 올릴 것입니다. 어린양이신 예수의 보배로운 피로 구원받은 체험을 기리는 노래는 오직 성도들만 부를 수 있습니다. 새 노래는 새로운 체험을 가진 자만 배울 수 있습니다.

> 그들이 보좌 앞과 네 생물과 장로들 앞에서 새 노래를 부르니 땅에서 속량함을 받은 십사만 사천 밖에는 능히 이 노래를 배울 자가 없더라(14:3).

사랑하는 성도 여러분, 지금 여러분 마음속에 구원의 감격이 있습니까? 새 노래로 여호와를 찬양하고 싶은 소원이 있습니까? 찬송은 구원받은 백성이 부르는 노래입니다. 찬양은 구속받은 백성이 누리는 특권이요 숭고한 의무입니다. 참된 찬송은 구원의 경험 없이는 부를 수 없습니다. 지금 땅에서든 그날 새 하늘과 새 땅에서든, 이 새 노래는 오직 새 마음을 가진 자들만 부를 수 있습니다. 예수님을 찬양하는 일은 그리스도인들에게만 주어진 복된 특권입니다. 장엄하고도 감미로운 이 찬양에 우리의 목소리를 합할 그날까지 예수님을 찬양하는 일은 그리스도인들에게만 주어진 복된 특권입니다. 여러분이나 저나 오늘 이 땅에서는 찬양대 석에 앉지 못할지라도 그날, 영광의 주 앞에서 찬양할 때는 우리의 목소리가 합해질 것을 기억하시기 바랍니다.

순결한 신부들

새 노래를 노래하는 특권을 누리는 무리에 대한 설명을 들어 봅시다.

이 사람들은 여자와 더불어 더럽히지 아니하고 순결한 자라 어린양이 어디로 인도하든지 따라가는 자며 사람 가운데에서 속량함을 받아 처음 익은 열매로 하나님과 어린양에게 속한 자들이니 그 입에 거짓말이 없고 흠이 없는 자들이더라(14:4, 5).

요한은 시온산에 선 어린양과 함께한 승리자들을 몇 가지로 설명합니다. 첫째, 이 무리는 세상 "여자와 더불어 더럽히지 아니하고 순결한 자"라고 기술합니다. 요한이 계속 상징적인 용어로 진리를 나타내고 있음을 기억하십시오. 이들은 음행으로 인하여 무너진(14:8) 바벨론과 대조를 이루는 일단의 무리입니다. 영광 중에 시온산에 선 어린양께 신실한 백성을 가리킵니다. 이것은 바울이 교회를 그리스도의 신부로 본 것과 맥이 통하는 표현입니다.

내가 너희를 정결한 처녀로 한 남편인 그리스도께 드리려고 중매함이로다……(고후 11:2).

계시록에서 요한은 교회를 '신부', '어린양의 아내'로 묘사합니다. 교회는 결혼을 앞둔 처녀로 상징되기에 마땅히 순결해야 합니다. 마땅히 순결한 삶을 사는 성도가 하나님의 자녀입니다. 요한은 여러 곳에서 짐승 숭배를 음행으로 말하고 있습니다. 새 노래를 노래하는 14만 4천은 모두 그 이마에 어린양의 이름과 그 아버지의 이름이 있는 자들입니다. 그 이마나 오른손에 짐승의 표를 받은 적이 없는 신실한 자들입니다.

요한의 이런 상징적인 표현은 구약의 배경과 일치하는 기법입니다. 구약에서는 여호와 하나님을 떠난 우상 숭배를 음행으로 간주합니다. 이스라엘이 자기를 창조하시고 구원하신 하나님을 떠나 세상의 신 바알과 아세라를 섬기는 것을 음란한 행위라고 말하고 있습니다. 구약의 성도뿐 아니라 신약의 성도들도 마찬가지입니다.

세상 사람들의 목적은 '잘 먹고 잘 사는' 것입니다. 그들과 마찬가지로 행복의 중심을 쾌락에 두고 있다면, 여러분은 살아도 헛사는 것입니다. 나이가 들어도 나이를 헛먹는 사람이 있는 것처럼 세상을 헛되게 사는 사람이 나오는 것입니다. 성도라면서 많은 것을 소유하고 즐기는 데 삶의 목표를 두고 있다면, 이름은 살아 있지만 죽은 자들입니다. 성도의 삶의 목표는 많은 것을 소유하고 쾌락을 극대화하는 데 있지 않습니다. 진짜 성도의 삶의 목표는 순결한 삶을 사는 데 있습니다. 하나님의 거룩을 닮아 가는 것이 목표여야 합니다. 그렇지 않으면 여러분은 고통당하는 성도의 삶을 도무지 해석하지 못할 것입니다. 보십시오. 성도라고 해서 고난이 없는 것이 아닙니다. 성도라고 해서 시험에 들지 않는 것도 아닙니다. 성도라고 해서 입학과 취직을 척척 하는 것도 아닙니다. 더불어 성도라고 해서 결혼해서 살다가 젊은 나이에 배우자와 사별하는 일이 없는 것도 아닙니다. 성도라고 해서 세상 사람들이 당하는 고난을 면제받는 것이 아닙니다. 만약에 그렇다면, 우리는 예수님을 믿을 기회도 얻지 못할 것입니다. 힘 있는 사람들과 갑질하는 사람들이 밀고 들어와서 우리는 예배의 자리에도 들어올 수 없을 것입니다.

세상이 보기에는 우리가 겪는 것이나 그들이 겪는 것이 같습니다. 성도들 가운데 누군가 어려운 일을 당하면 주변에서 벌 떼처럼 몰려와 "네가 예수 믿어서 좋은 게 뭐냐?"라며 비아냥거립니다. 우리 삶의 목표가 부귀와 쾌락에 있다면 그들보다 나은 것이 없습니다. 그러나 우리 삶의 목표가 세상을 살면서 이웃을 사랑하고 하나님을 섬기는 거룩한 삶에 있다면 우리는 평안할 때뿐 아니라 고난을 겪을 때도 성도답게 살 수 있습니다. 부부가 건강하게 지낼 때만 감사하는 것이 아니라 곧 떠날 남편과 혼자 남을 아내가 서로를 바라보며 하늘에서의 만남을 기약할 수 있는 것이 성도의 삶입니다.

승리하신 어린양께 새 노래로 노래하는 이들은 모두 짐승 숭배의 음행에 동참한 적이 없고 자신을 지켜 하나님만 섬긴 자들, 곧 성도답게 사는 자들입니다. 기억하십시오. 성도답게 살아야 하나님 나라에 갈 수 있습니다. 어린양과 시온산에 서기 위해서는 자신의 삶의 모습이 그리스도인다워야 합니다. 우리의 양심이 그것을 알아야 합니다. 우리의 이웃이 그것을 증거할 수 있어야 합니다.

충성스러운 군사들

둘째, 요한은 이 무리의 신분을 "어린양이 어디로 인도하든지 따라가는 자"라고 밝힙니다. 첫째 묘사에서는 결혼을 앞둔 처녀, 총각에 비유했다면 여기서는 어린양을 따르는 군대로 비유합니다. 앞의 것보다 적극적인 묘사입니다. 어린양께 대한 충성을 설명합니다. 갈릴리에서 유대로, 예루살렘에서 사마리아와 땅 끝으로 나아간 제자들을 생각해 보십시오.

어린양 예수의 지휘를 따라서 움직이는 군사들이 그리스도인입니다. 이런 그리스도인의 삶을 살려면 어디든 복음을 위해 떠날 수 있는 준비를 해야만 합니다. 복음을 위해서는 세상 어디로든 떠날 준비를 해야 할 뿐만 아니라, 복음의 영광을 가리지 않기 위해 목숨조차 주께 드릴 준비가 되어 있어야 합니다. 어디로 인도하든, 때로는 순교의 자리까지도 따라가는 무리가 되어야 합니다.

어린양 되신 예수께서 아버지의 뜻을 따라 십자가에 대속 죽음을 당하셨듯이, 그분을 따르는 제자들 역시 자기 십자가를 지고 부르는 곳으로 나아갑니다. 어린양의 피로 값 주고 산 자들이기에 그들은 어린양을 따라갑니다.

사랑하는 성도 여러분, 영원히 사는 사람은 없습니다. 그러나 이 한 목숨을 누구를 위해 바치느냐가 한 사람의 삶의 가치를 결정합니다.

처음 익은 열매와 흠이 없는 자들

셋째, 요한은 이들의 특성을 "사람 가운데에서 속량함을 받아 처음 익은 열매로 하나님과 어린양에게 속한 자들"이라고 묘사하고 있습니다. 요한은 이 무리를 "처음 익은 열매"로 묘사합니다.

구약 시대에는 처음 익은 열매만 제물로 바쳤다는 사실을 기억하십시오. 여기서는 계속된 추수를 염두에 둔 것이 아니라 하나님에게 온전히 바쳐진다는 의미에서 '첫 열매'입니다. "처음 익은 열매"라는 표현을 통해 하나님에게 온전히 바쳐진 일단의 무리 전부를 가리킵니다. 이런 의미에서 야고보 선생은 신자들을 가리켜 그 조물 중에 우리로 한 첫 열매가 되게 했다고 말합니다. 예레미야 역시 동일한 맥락에서 "이스라엘은 여호와를 위한 성물 곧 그의 소산 중 첫 열매이니"(렘 2:3)라고 말합니다. 물론 모든 인류가 주께 속하였지만 실제로 주님에게 자신을 드린 무리는 구속함을 입은 백성뿐입니다.

"처음 익은 열매"라는 표현을 통해 헌상과 구별됨을 강조합니다. 하나님의 백성은 모든 사람에게서 구별된 자들입니다. 뒷부분에 나오는 추수 장면을 생각해 보십시오. 첫 열매는 주님을 위해 바쳐지며(14:14-16) 나머지는 사탄의 것입니다(14:17-20). 다시 한 번 첫 인류를 두 그룹으로 대별합니다. 첫 열매와 나머지 수확으로 구별합니다. "처음 익은 열매"는 구속받은 모든 백성을 가리킵니다.

또한 영광 중에 새 노래를 부르는 이들은 그 입에 거짓이 없는 "흠이 없는 자들"로 묘사됩니다. 그들의 흠 없는 특징을 설명하기 위해 그 입에 거짓이 없다고 합니다. 사탄의 거짓을 용납지 않는 무리입니다. 적그리스도의 거짓을 끝까지 수용하지 않는 무리입니다. 흠 없는 어린양 예수의 뒤를 따라 끝까지 신앙을 지킨 무리입니다. 본문은 이스라엘의 남은 자에 대한 스바냐의 예언이 성취된 장면입니다.

> 이스라엘의 남은 자는 악을 행하지 아니하며 거짓을 말하지 아니하며 입에 거짓된 혀가 없으며 …… 시온의 딸아 노래할지어다 이스라엘아 기쁘게 부를지어다 예루살렘 딸아 전심으로 기뻐하며 즐거워할지어다(습 3:13, 14).

스바냐는 그 이유를 이같이 밝힙니다.

> 너의 하나님 여호와가 너의 가운데에 계시니 그는 구원을 베푸실 전능자이시라 그가 너로 말미암아 기쁨을 이기지 못하시며 너를 잠잠히 사랑하시며 너로 말미암아 즐거이 부르며 기뻐하시리라 하리라(습 3:17).

사랑하는 성도 여러분, 시온산에서 천하 만민 중에 택한 14만 4천은 어떤 자들입니까? 그들은 순결한 신부입니다. 그들은 충성스러운 군사입니다. 그들은 뜨거운 찬양을 하나님에게 돌려보내는 자입니다. 그런 열정이 여러분 안에 있으면 '주님을 찬양'하게 될 것입니다.

성도는 믿지 않는 자들과 달라야 합니다. 우리는 햇볕이 비치든, 비가 오든, 덥든, 춥든 상관없이 주님을 더 가까이하고 주님을 섬기기 위해 살아 있는 자임을 기억하십시오. 그 입에 거짓이 없는 무리가 노래하는 감격의 찬송이 울려 퍼지는 그날을 사모하며 신실하게 살아갑시다.

Revelation

요한계시록 14장 6, 7절

6 또 보니 다른 천사가 공중에 날아가는데 땅에 거주하는 자들 곧 모든 민족과
종족과 방언과 백성에게 전할 영원한 복음을 가졌더라 7 그가 큰 음성으로 이
르되 하나님을 두려워하며 그에게 영광을 돌리라 이는 그의 심판의 시간이 이
르렀음이니 하늘과 땅과 바다와 물들의 근원을 만드신 이를 경배하라 하더라

14
최후 통첩

그리스도 안에서 사랑하는 성도 여러분, 본문의 정황으로 가 봅시다. 계시록 14장 6절 이하에는 세 천사가 연속으로 등장하고 있습니다. 등장하는 천사마다 동일한 종말의 메시지를 전달하고 있습니다. 그런 의미에서 세 천사의 연속적인 통고는 서로 관련되어 있는 동시에 그 내용이 점점 발전되고 있습니다.

마지막 호소

보십시오. 처음 천사는 창조주요 심판주이신 하나님을 경배하라고 최후 호소를 합니다. 다음 천사는 큰 성읍 바벨론의 최후 파멸을 선고하고 있습니다. 마지막 천사는 최후 심판을 기술하고 있습니다. 처음 천사의 통보를 한 번 들어 보십시오.

> 또 보니 다른 천사가 공중에 날아가는데 땅에 거주하는 자들 곧 모든 민족과 종족과 방언과 백성에게 전할 영원한 복음을 가졌더라 그가 큰 음성으로 이르되 하나님을 두려워하며 그에게 영광을 돌리라 이는 그의 심판의 시간이 이르렀음이니 하늘과 땅과 바다와 물들의 근원을 만드신 이를 경배하라 하더라(14:6, 7).

요한이 본 첫 번째 천사는 왜 공중을 날고 있습니까? 땅에 있는 모든 사람이 보게 하기 위함입니다. 또한 그 천사는 큰 소리로 외치고 있습니다. 땅에 거하는 모든 사람이 듣게 하기 위함입니다. 날아가며 큰 소리로 외치는 천사의 환상은 그의 사명이 대단히 중요하며 현재 상황이 긴박하다는 것을 느끼게 해줍니다. 그가 전하는 메시지의 내용을 들어 보십시오.

> 하나님을 두려워하며 그에게 영광을 돌리라 이는 그의 심판의 시간이 이르렀음이니 하늘과 땅과 바다와 물들의 근원을 만드신 이를 경배하라……(14:7).

임박한 심판을 앞두고 인류에게 오직 유일하신 하나님을 경배하라는 마지막 호소를 하는 환상입니다. 어떤 분은 환상과 현실을 착각하고는 말세가 임박하면 하나님이 천사를 보내셔서 인류에게 회개를 촉구하실 것이라는 엉뚱한 생각을 하기도 합니다. 하지만 이 환상은 장차 특정한 시공간에 천사가 나타나서 전 인류를 향해 회개하라고 소리치는 일이 있을 것을 말하기 위한 것이 아닙니다. 요한이 본 첫 번째 천사의 환상은 우리에게 위탁된 영원한 복음 증거의 사명이 중대하고 긴급함을 일깨우고 있습니다. 그가 전하는 메시지는 영원한 복음의 메시지이기에 중대하고 긴급합니다. 하지만 특별한 내용의 메시지가 아니라, 지금껏 교회가 믿어 온 탓에 조롱과 고난을 당한 동일한 메시지입니다.

복음은 처음부터 임박한 심판을 선포하는 소식이었습니다. "회개하라 하나님의 나라가 가까이 왔느니라"라고 갈릴리와 유대 땅에 선포된 진리입니다. 세례 요한이 선포한 진리기도 합니다(마 3:2 참조). 주님이 전하신 메시지의 핵심도 "회개하라 하나님의 나라가 가까이 왔느니라"(마 4:17 참조)였습니다. 하나님이 심판하실 시간이 임박했음을 처음부터 깨우치는 것이 영원한 복음의 사명입니다. 그런 의미에서 교회는 심판하실 주께서 가까이 서 계신 것을 의식하며 살아가는 공동체입니다.

> 형제들아 서로 원망하지 말라 그리하여야 심판을 면하리라 보라 심판주가 문밖에 서 계시니라(약 5:9).

문밖에 주님이 서 계시는데 이 안에서 우리끼리 언성을 높이고 고함을 치고 있어서는 안 됩니다. 그렇게 하는 것은 우리 생각 속에 주님이 없음을 보여 주는 것입니다. 주님이 가까이 오셨다는 것을 알면 그럴 수 없습니다. 초대 교회는 심판주가 바로 문밖에 서 계시는 것으로 인식하며 살았습니다. 지금 요한이 본 첫 번째 환상은 이 영원한 진리를 우리에게 새삼 인식시키고 있습니다. 사랑하는 성도 여러분, 하나님이 심판하실 시간이 임박했다는 진리를 고백하며 선포하는 삶을 살고 계십니까? 우리의 문제는 아는 것만큼 믿지 못하고, 믿는 것만큼 살지 못한다는 것입니다. 사람들이 하루 동안 우리를 따라다니면서 자세히 관찰한다면, 우리가 뭔가 다른 사람이라는 것을 알아챌 수 있겠습니까?

임박한 심판의 소식은 우리 삶을 재조정하라는 요구를 담고 있습니다. 하나님이 곧 심판하실 터인데 그대로 살 수 있겠느냐고 도전하고 있습니다. 복음은 이 세상이 영원한 곳이라고 말하지 않습니다. 이 세상에서 잘 먹고 잘사는 것이 목표라고 말하지 않습니다. 물론, 신자도 먹어야 삽니다. 입어야 체온을 유지할 수 있습니다. 거처할 집도 필요합니다. 그래서 신자도 적금을 넣고 아파트 분양을 신청합니다. 그러나 그것들이 우리가 추구하는 궁극적 대상일 수는 없습니다. 다가올 심판 날을 의식할 때 비로소 이 세상 삶을 바로 볼 수 있습니다. 복음은 다가올 심판 날에 관한 소식입니다. 그 사실에 비추어 모든 삶을 재조정하도록 요청하는 소식입니다.

사랑하는 성도 여러분, 이 임박한 소식을 알고 있습니까? 도끼가 이미 나무뿌리에 놓여 있다는 사실을 인식하며 살고 있습니까? 도끼로 나무를 벨 때는 자르려는 지점에 도끼를 내려놓았다가 다시 도끼를 치켜듭니다. 그리고 그 지점을 향해 있는 힘껏 내려칩니다. 그러므로 이제 도끼가 나무뿌리에 놓였다는 것은 곧 내리친다는 의미입니다. 좋은 열매를 맺지 않는 나무마다 찍어 불에 던질 것입니다. 어떤 삶의 열매를 맺고 있는지 자신을 돌아보아야 합니다.

마지막 시대의 사명

요한이 환상으로 본 천사는 땅에 거하는 모든 인류가 볼 수 있도록 공중 높은 곳을 날면서 온 인류가 들을 수 있는 큰 소리로 외치고 있습니다. 임박한 하나님의 심판을 앞두고 그들에게 하나님 앞으로 돌아올 것을 요청하고 있습니다.

하나님은 역사를 통해서 심판해 오셨습니다. 그러므로 지금까지의 역사는 하나님의 심판의 역사라고 부를 수 있습니다. 그러나 본문에서 천사가 공중을 날아가며 급히 외치는 심판의 소식은 지금껏 있어 온 심판의 소식과는 다른 것입니다. 지금껏 있어 온 많은 심판 가운데 또 하나의 심판이 아닙니다. 역사의 마지막 심판을 외치고 있습니다. 그 종류와 성격, 범위와

시기에 있어서도 지금까지 있어 온 심판과는 전혀 다른 심판을 말하고 있습니다.

지금 우리는 역사의 마지막 심판이 가까운 시기에 살고 있습니다. 하늘을 날면서 큰 소리로 외치고 있는 천사의 메시지는 임박한 종말을 깨우칠 뿐만 아니라 이 마지막 시대에 우리가 해야 할 일이 무엇인지를 암시하고 있습니다. 본문은 천사가 "땅에 거주하는 자들 곧 모든 민족과 종족과 방언과 백성에게 전할 영원한 복음을 가졌더라"(14:6)라고 소개하고 있습니다. 한날 천사가 나타나서 우리 대신 공중에 복음을 전할 것이라고 생각하지 마십시오. 복음을 전하는 사명은 천사에게 맡겨진 적이 없습니다. 이 사명은 성도들에게 맡겨졌습니다. 천사들은 우리가 전한 이 사명을 살펴보기 원하고 우리가 받은 이 사명을 흠모하고 있습니다. 천사가 공중에 나타나 복음을 전할 것이라는 해석은 환상과 현실을 구분하지 못하는 것입니다. 상징과 그 상징이 가리키고자 하는 바를 구별하지 못하는 것입니다. 첫 번째 천사의 환상은 마지막 때에 교회가 완수해야 할 사명이 무엇인지를 우리에게 재확인시키고 있습니다.

이 환상 바로 앞에서는 시온산에서 14만 4천이 어린양과 함께 있는 것을 보여 주었습니다. 하지만 승리한 교회의 모습에 도취되어 있을 것이 아니라, 이 임박한 종말의 시대에 우리가 해야 할 일이 무엇인지 깨닫도록 첫 번째 천사가 환상을 보여 주고 있습니다. 땅에 거주하는 자들, 곧 모든 민족과 종족과 방언과 백성에게 영원한 복음을 전할 사명이 오늘 우리에게 위탁되었습니다. 복음을 전할 사명은 오늘 교회에 맡겨진 사명입니다. 하나님의 백성에게 위탁된 것이지 천사에게 위탁된 것이 결코 아닙니다. 복음은 처음부터 온 세상을 위하여 교회에 위탁된 소식입니다. 베들레헴 밤하늘의 천사가 전한 소식을 기억하십시오.

> 무서워하지 말라 보라 내가 온 백성에게 미칠 큰 기쁨의 좋은 소식을 너희에게 전하노라(눅 2:10).

하나님은 이 마지막 시대에 아직도 하나님을 모르는 자들에게 돌이키라는 긴박한 호소를 발하고 계십니다. 지금은 하나님이 인류를 마지막으로 흔들어 깨우시는 시기입니다. 지금은 하나님이 긴급한 최후 호소를 보내시는 시대고, 엄숙한 경고를 발하시는 시대입니다. 오래전 선지자들이 꿈꾸어 오던 모든 열방을 구원하기 위해서, 열방이 주께 돌아오게 하기 위해서 급하게 부르시는 시대입니다. 마지막으로 호소하시는 시대입니다. 말세는 하나님이 온 세상 사람을 불러 모으시는 시대입니다.

오늘날에는 이전 사람들이 상상하지 못한 방법으로 다닐 수 있습니다. 이전 사람들이 상상하지 못한 방법으로 복음을 전파할 수 있는 방편을 우리에게 주셨습니다. 이 마지막 시대에 하나님은 그것들을 통해서 열방을 불러 모으려는 뜻을 이루시려 하기 때문입니다. 그렇기에 반드시 만국에 복음이 전파되어야만 합니다. 모든 민족과 종족과 방언과 백성에게 영원한 복음이 선포되어야 합니다. 인자가 자기 천사를 보내셔서 그 택하신 자들을 땅 끝에서 하늘 끝까지 불러 모으시기 위함입니다. 계시록은 이 엄청난 선교적 비전을 담고 있는 책입니다. 66권 가운데 가장 선교적인 사명을 불러일으키는 책이 바로 '요한계시록'입니다.

전해야 할 복음의 내용

그러면 우리가 가서 전해야 할 복음의 내용은 무엇입니까? "하나님을 두려워하라 그에게 영광을 돌리라"(14:7)는 것입니다. 이제 심판하실 때가 가까이 왔다는 것입니다. "하늘과 땅과 바다와 물들의 근원을 만드신 이를 경배하라"(14:7)고 우리는 외쳐야만 합니다.

심판이 가까이 왔으니 유일하신 하나님을 경배하라는 메시지입니다. 특히 여기서는 하나님을 창조주요 심판자로 부각시키고 있습니다. 그러기에 땅에 사는 모든 사람은 하나님을 경배해야 합니다. 그분이 창조주이기 때문입니다. 그분이 하늘과 땅과 바다와 물들의 근원을 만드셨기 때문입니다. 이것이 우리가 그분의 크신 이름을 경배할 이유인 동시에 주변의 모든 이들을 불러 모아 함께 경배토록 해야 할 이유입니다.

모든 사람은 하나님이 지으신 피조물입니다. 그러므로 땅에 사는 모든 사람은 하늘의 하나님을 경배해야만 합니다. 하나님을 경배하는 사람들은 더 이상 짐승처럼 살아서는 안 됩니다. 사람의 탈을 쓰고 짐승처럼 살아가는 것은 창조된 본분을 망각한 것입니다. 음란과 부정과 사욕과 악한 정욕과 탐심에 사로잡히는 것은 짐승처럼 살아가는 것입니다. 탐심은 곧 우상숭배라고 성경은 지적하고 있습니다(골 3:5 참조). 창조주 하나님만이 우리의 경배를 받기에 합당하십니다. 사람은 하나님을 섬기고 경외하기 위해 지음받은 존재입니다. 하나님을 경배하는 것이 우리의 존재 목적입니다.

우리 신앙의 선조들은 자녀들에게 "사람의 제일 되는 목적이 무엇이냐?"라고 가르치기를 좋아했습니다. 신앙의 부모들은 다른 건 몰라도 이것 하나는 가장 먼저 가르쳤습니다. 그리고 자녀로 하여금 "하나님을 영화롭게 하고, 그분을 영원토록 즐거워하는 것"이라고 답하도록 가르쳤습니다. 하이델베르크 교리 문답에서도 "생사 간에 유일한 위로가 무엇이냐? 살아 있을 때나 죽음 앞에 섰을 때나 유일한 위로가 무엇이냐?"라는 질문이 가장 첫 문장으로 나와 아이들에게 대답하도록 가르칩니다.

대학까지 졸업했지만 무엇 때문에 사는지 몰라서 짐승처럼 살아가는 것이 사람들의 모습 아닙니까? 사람은 하나님을 영화롭게 할 때 비로소 행복할 수 있도록 지음받은 존재입니다. 사람이 모든 피조물과 근본적으로 다른 것은 하나님을 경배할 수 있는 존재라는 데 있습니다. 오직 사람만이 하나님의 형상대로 지음받았기에 하나님의 파트너 노릇을 할 수 있습니다. 하나님이 요구하시면 응답할 수 있는 것은 사람의 특권입니다. 하나님을 경배하기를 포기한 사람은 자신의 존재 의의를 망각하고 사는 자입니다.

온 마음과 뜻과 정성을 다해 하나님을 찬양하고 하나님에게 영광을 돌려드립시다. 모든 사람이 그 본래 목적을 인식하도록 복음을 전합시다. 모든 사람이 하나님을 경배하기까지 우리의 마음과 뜻과 정성을 다합시다.

전도만 하지 않는다면 우리는 상대방에게 절대 무시당할 일이 없습니다. 그러나 전도자라는 것 때문에 온갖 모욕을 당합니다. 하지만 우리는 하나님 없이 사는 사람을 볼 때 마음에 부담이 있어야 합니다. 한 주를 보내면서 그들에게 아무 관심을 갖고 있지 않다면, 지금 이 땅에 우리를 살려 두신 하나님의 뜻이 무엇이겠습니까?

주께 감사하지 않고 영광을 돌리지 않는 인류의 비참한 모습을 볼 때 그 영혼에 대해 말할 수 없는 탄식을 안고 살고 계십니까? 여러분에게 소중한 사람들 가운데 창조주보다 피조물을 더 섬기는, 버림받은 삶 속에 사는 분은 없습니까? 마음에 하나님 두기를 싫어하고 그 욕심대로 살아가는 사람이 여러분의 친구 가운데 없습니까? 모든 불의와 추악과 탐욕과 악의 가운데서 버림받은 분이 여러분의 가족 가운데 없습니까? 시기와 살인과 불의와 분쟁과 사기와 악독이 가득한 그들의 삶에 우리가 손쓸 데는 없습니까? 수군거리고 비방하며 미워하고 능욕하며 교만하고 입을 열면 자기 자랑이요 생각하는 것은 악을 도모하는, 하나님의 저주 속에 살아가는 사람을 보며 우리가 무관하게 살아갈 수 있습니까? 부모를 거역하며 무정하고 무자비한 일을 자행하면서 살아가는 그들에게 하나님을 경배하며 이웃을 자기 몸과 같이 사랑하는 본래적인 모습을 회복시키기 위해서 우리가 해야 할 일은 없습니까? 이제 그들에게 때가 얼마 남지 않았습니다. 이제 그들의 시간이 다 되어가고 있습니다. 속히 그들을 돌이켜야 합니다. 요한이 본 첫째 천사의 환상은 우리에게 그것을 말해 주고 있습니다.

심판의 시간이 이르렀으니

모든 좋은 것을 풍성히 주신 창조주 하나님에게 영광 돌리기를 거부할 때, 그들은 한날 진노하신 하나님의 손에 빠져들 것입니다. 창조주 하나님 섬기기를 끝까지 거부할 때, 그들은 심판주 하나님을 만나게 될 것입니다. 진노하시는 심판주 하나님을 맞닥뜨려야 할 것입니다. 진노하신 하나님의 손에 빠진다는 것이 얼마나 두려운 일인지 알아야 합니다.

"내가 너를 세상에 보냈는데 너는 어떻게 살았느냐"라는 질문에 대답해야 할 것입니다. 여러분은 지금까지 어떻게 사셨습니까? 어떻게 사셨는지 생각해 보십시오. 여러분 가운데는 복음을 전하기 위해 진정으로 피땀 흘린 분들도 계실 것입니다. 복음을 전하기 위해 비행기를 타고 20시간 이상 날아가서 고생하신 분들도 있습니다. 그들이 마지막 심판의 저주 아래 절규할 때, 그 소리가 여러분의 고막을 때릴 때, 여러분은 그들의 외침에 책임이 없다고 고백할 수 있겠습니까? 그렇기에 전하는 것이 우리의 사명입니다. 선택하는 것은 그들의 몫입니다. 받을지 거부할지는 그들이 선택하는 것입니다. "너희는 사람이니까 너희를 지으신 하나님을 섬겨야 한다"고 말해 주어야 합니다. "너는 하나님이 지으신 피조물이니 너를 지으신 조물주께 경배를 돌려야 한다"고 당당하게 말해 줍시다.

피조물인 모든 사람은 존재하는 순간부터 창조주 하나님을 섬기는 의무를 갖게 됩니다. 모태에 착상하는 순간을 존재의 시작으로 볼 것인지, 세상에 태어난 순간을 존재의 시작으로 볼 것인지는 상관없습니다. 하나님을 섬겨야 하는 의무는 우리 존재의 시작부터 우리에게 있는 것입니다.

부모에게 효도하라고 하면 "난 취미 없어요"라고 맹랑하게 답하는 사람들이 있습니다. 그러나 우리는 알고 있습니다. 효도는 취미 생활이 아닙니다. 자식의 도리입니다. 전도도 마찬가지입니다. 복음을 들고 나가서 전하면 "종교? 기독교? 난 그런 것에 취미 없어요"라고 말하는 사람들이 있습니다. 취미가 있든 없든 상관없습니다. 우리는 존재의 시작부터 우리를 존재하게 하신 하나님을 경배하고 섬겨야 할 의무가 있습니다.

잘 생각해 보십시오. 밤에 잠들었는데 아침에 눈뜨지 못하면 삶이 끝납니다. 아침에 숨을 쉬며 무사히 눈을 떴다는 것은 하나님이 우리를 재부팅하신 것입니다. 얼마나 감사한 일입니까? 우리는 들려오는 새소리에 맞춰 하늘 아버지를 찬양할 수 있는 특권을 가지고 있습니다. 이 놀라운 특권을 가지고 있으면서도 가만히 계십니까? 가만히 있지 말고 "하나님, 제가 다 몰라도 하나님은 아직 살아 계시고, 당신의 선한 창조 사역을 완성해 가고 계십니다"라고 생각하며 기도하십시오. 사랑하는 성도 여러분, 하나님은 우리를 사랑하신다는 사실을 기억하시기 바랍니다. 본인이 알고 있는 작은 부분을 가지고 자기 마음대로 전체를 말하는 것은 옳지 않습니다.

나아가서 창조주 하나님을 증거하십시오. 전하는 것은 우리의 사명입니다. 선택하는 것은 그들의 몫입니다. 이 선택은 10년을 좌우하는 것이 아닙니다. 일생을 결정짓는 그런 것도 아닙니다. 이 선택은 영원을 두고 유효한 것입니다. 이 시간 속에서 택한 그 선택의 결과가 지금부터 영원까지 미칠 것입니다. 이 복음을 통해 땅에 거하는 모든 자의 운명이 결정됩니다.

누군가가 세상을 떠났다는 소식을 들으면 그가 정말 하나님을 알고 세상을 떠났는지, 복음을 전할 책임을 다했는지 물어야 합니다. 그렇기에 골목마다 집집마다 복음을 전할 사명이 우리에게 있습니다. 지구촌 곳곳마다 창조주 하나님에게 영광을 돌리는 무리를 세우기 위해 복음을 전해야 합니다. 그 일을 위해서 우리는 선교사를 파송해야만 합니다. 복음을 아는 자는 전도자로 살아야 합니다. 이 사명은 혼자 감당할 수 없기에 우리가 함께 있는 것입니다. 지구촌 곳곳마다 각 나라와 민족과 족속과 방언 가운데 하나님을 섬기는 백성을 세우기 위해서 우리를 대신해 사람들을 파송하고 있습니다.

영원한 복음에 깃든 새로운 삶

오늘 영원한 복음에 주의를 기울이는 자에게 내일 영원한 나라의 기업이 있을 것입니다. 그들의 정신을 빼앗고 있는 우상을 버리도록 권해야 합니다. 세상은 순간마다 우리로 하여금 세상 속에 빠져들도록, 심지어는 우리 영혼까지 팔아 치우도록 설득해 옵니다. 원하는 물건을 선전합니다. 그 물건만 집에 들이면 행복이 샘솟을 것 같습니다. 속지 마십시오. 그런 심리로 살다 보면 어디서 좋은 목사 하나 교회로 들이면 여러분 인생이 확 달라질 것이라는 잘못된 생각을 가지게 됩니다.

새로운 시작은 새로운 헌신이 있을 때 가능합니다. 선택하는 것이 중요한 것이 아닙니다. 일단 선택했으면 끝까지 책임지는 것이 중요합니다. 일단 선택했으면 아무리 힘든 것이 있어도 최선을 다해야 합니다. 그것이 그리스도인의 영광입니다. 그것이 예수를 믿는 그리스도인의 차이를 만드는 것입니다. 아무런 삶의 차이를 만들어 내지 못하면서 예수를 믿으라고 전도하면 사람들은 "너나 믿으세요"라고 할 것입니다. 그러나 우리가 어떠한 삶을 사는지 그들이 알면 절대 함부로 말하지 않습니다.

참되신 하나님에게로 돌아와서 하나님을 섬기는 기쁨을 회복하고 다른 사람들로 이 기쁨을 회복시키는 일에 나아가야 합니다. 죽은 자들 가운데 다시 사신 하나님의 아들 예수 그리스도께서 곧 하늘로부터 강림하실 것입니다. 주님은 곧 오십니다. 정신을 차리고 반드시 이 사실을 생각해야만 합니다.

장래에 노하심으로부터 우리를 건지실 하나님의 아들 예수를 믿을 때 새로운 삶을 살아갈 수 있습니다. 그러면 기도의 삶, 기쁨의 삶, 감사의 삶을 살 수 있습니다. 교회를 몇 년 다니든, 몇십 년 다니든 상관없습니다. 하나님 앞에서 자신을 돌아보며 크신 하나님의 뜻을 찾을 줄 아는 자들이 오늘과 내일을 지켜 가야만 합니다. 친구들에게, 가족에게, 소중한 사람들에게 증거해야만 합니다. 창조주 하나님을 경배하라고, "내가 믿어 보니 이렇게 좋더라"라고 말해 주어야 합니다. 이는 하나님이 심판하실 때가 가까이 왔기 때문입니다.

Revelation

요한계시록 14장 8절

8 또 다른 천사 곧 둘째가 그 뒤를 따라 말하되 무너졌도다 무너졌도다 큰 성 바
벨론이여 모든 나라에게 그의 음행으로 말미암아 진노의 포도주를 먹이던 자
로다 하더라

15

최후 파멸

사랑하는 성도 여러분, 사람들은 앞으로 일어날 일에 관심이 많습니다. 미래에 어떤 일들이 일어날 것인지를 다루는 미래학 강좌를 개설하기도 합니다. 앨빈 토플러의 「미래의 충격」이라는 책뿐만 아니라, 인류 문명 2천년대를 내다본 로마 클럽의 보고서가 일찍 관심을 끌기도 했습니다. 범위를 좁게 생각해도 마찬가지입니다. 평화 통일, 평화 경제에 기대를 걸기도 합니다. 더 살기 좋은 내일에 막연한 기대를 걸고 있습니다. 그러나 인류는 필연적인 미래에 대해서는 생각하지 않고 살아갑니다.

요한은 이런 우리를 향해서 필연적인 미래를 보여 주고 있습니다. 미래의 마지막 사건들을 환상을 통해서 보여 줍니다. 세 천사를 통해 최후의 사건들을 선포하고 있습니다. 본문은 그중 두 번째 천사를 통해 큰 성 바벨론의 파멸을 선고하고 있습니다.

> 무너졌도다 무너졌도다 큰 성 바벨론이여 모든 나라에게 그의 음행으로 말미암아 진노의 포도주를 먹이던 자로다 하더라(14:8).

처음 천사에 이어서 둘째 천사가 등장합니다. 역시 공중을 날아가며 큰 소리로 외친 것이 분명합니다. 먼저 회개를 외친 처음 천사의 메시지에 이어 이제 바벨론의 멸망을 극적으로 선포합니다. 아무 설명 없이 바벨론의 파멸을 선포했지만, 당시 아시아에 있는 일곱 교회는 이 메시지가 무엇을 의미하는지 알아들었을 것입니다. 하지만 21세기에 세속화된 도시에서 살고 있는 사람들을 위해서는 설명이 필요합니다.

바벨론의 의미

먼저 "큰 성 바벨론"에 대해서 살펴봅시다. 계시록에서 처음으로 바벨론이 언급되고 있습니다. 그러나 바벨론은 일찍이 창세기부터 유래한 이름입니다. 홍수 이후에 인류가 바벨탑을 쌓던 때부터 나온 이름입니다(창 11:9 참조). 바벨론이란 이름은 특히 바벨론 포로 이후 하나님의 백성에게는 하나님을 대적하는 세상 죄악을 대표하는 말로 통합니다. 바벨론 포로 이후부터 바벨론은 하나님 없는 권력을 상징했습니다. 그래서 초대 교회는 로마를 새로운 바벨론으로 여겼습니다.

> 택하심을 함께 받은 바벨론에 있는 교회가 너희에게 문안하고 내 아들 마가도 그리하느니라(벧전 5:13).

"함께 택하심을 받은 바벨론에 있는 여자"라고도 번역하는데, 이는 로마에 있는 교회를 상징합니다. 베드로는 편지에서 로마를 '바벨론', 교회를

'여자'로 상징적으로 표현합니다. 큰 성 바벨론은 계시록 자체의 표현을 빌리면 큰 도시 소돔과 애굽으로도 말할 수 있습니다. 우리는 요한계시록에서 이렇게 기록한 것을 이미 살펴보았습니다. 두 증인의 시체에 관해서 말한 것을 기억하실 것입니다.

> 그들의 시체가 큰 성 길에 있으리니 그 성은 영적으로 하면 소돔이라고도 하고 애굽이라고도 하니 곧 그들의 주께서 십자가에 못 박히신 곳이라(11:8).

소돔, 애굽, 바벨론은 모두 같은 곳을 가리키는 상징으로 쓰이고 있습니다. 성경은 때로 주를 못 박은 예루살렘까지도 같은 의미로 포용하고 있습니다. '바벨'은 홍수 사건 뒤에 탑을 쌓아 흩어짐을 면하고 자신의 이름을 내고자 했던 곳으로, 모든 것을 사람 중심으로 꾀하던 곳입니다. 비록 하나님의 심판으로 바벨탑은 무너졌지만, 그 정신은 무너지지 않았습니다. 소돔이 그 정신을 이어받아 하나님 없는 타락한 문명을 건설했습니다. 성적 타락으로 대표되는 '소돔' 문명은 하늘에서 내린 유황과 불로 파멸되었습니다. 그럼에도 그 정신은 결코 끝나지 않고 불사조처럼 회생한 것을 볼 수 있습니다. 하나님의 백성을 박해하고 괴롭히는 애굽은 같은 정신이 재현된 것입니다. 그래서 하나님은 애굽 역시 심판하시고 그 백성 이스라엘을 구출하셨습니다. 애굽의 병사와 군사는 홍해에 수장되었지만, 그 정신이 다시금 새롭게 나타난 것이 고대 '바벨론' 제국입니다. 고대 메소포타미아의 강변 도시 바벨론은 당시 세계 제국의 수도였습니다. 정치적, 종교적인 수도로서 사치와 타락으로 그 명성을 떨친 곳입니다. 시날 평지에 바벨탑을 쌓던 날부터 구체화되어 하나님을 거역한 인류 문명은 애굽의 바로를 통해서, 바벨론의 느부갓네살을 통해서 계승되었습니다.

당시 교회가 처한 상황에서는 로마가 새로운 바벨론의 면모를 모두 갖추고 있었습니다. 그러므로 본문에 등장한 두 번째 천사가 최후 파멸을 선고한 바벨론은 지상에 있는 한 도시나 한 제국을 가리키는 것이 결코 아닙니다. 오히려 세상 모든 나라 가운데 항상 존재해 온 세속 정신을 가리키고 있습니다. 또한 세상 모든 역사 속에서 구현된 하나님 없는 권력과 인간 중심의 문명 전부를 나타내는 것으로 볼 수 있습니다. 세상 어디에서나 언제든지 불경건과 교만과 타락한 삶으로 나타난 세속 문화를 가리키는 것입니다. 바벨론은 창조주 하나님 대신에 피조물 인간을 칭송케 하는 유혹의 중심지 세상을 의미하는 지명입니다. 그러므로 바벨론의 파멸은 곧 세상의 파멸을 의미합니다.

최후 파멸의 통고

둘째 천사가 죄악 된 인류 문명의 최후 파멸을 통고하고 있습니다. 첫째 천사의 최후 경고를 무시한 인류에게는 최후 파멸이 기다리고 있다는 것을 보여 주고 있습니다. 요한은 지금 바벨론이 상징하는 모든 악의 파멸을 내다보고 있습니다.

사랑하는 성도 여러분, 여러분은 어떤 미래관을 가지고 살고 있습니까? 낙관적입니까? 삶이 더 좋아지는 내일을 꿈꾸고 있습니까? 아니면 도덕적으로 타락할 것이라는 비관적 미래관을 가지고 있습니까? 아니면 비관적인 세상이지만 결국 주께서 오심으로 새 하늘과 새 땅이 임하는 궁극적인 낙관론을 가지고 있습니까? 우리가 속한 이 인류 문명은 지금 하나님의 심판 아래 있습니다. 세상은 결국 망합니다. 이 사실이 생각 속에 자리 잡고 있어야 그리스도인이라 할 수 있습니다. 세상의 종말이 가까워지고 있습니다. 신앙생활은 인류 문명 최후의 날을 예비하는 것입니다.

요한계시록은 바벨론을 등장시킬 때 늘 '크다'라는 형용사로 수식합니다. 항상 "큰 성 바벨론"이라고 부르고 있습니다. 도시의 크기를 나타내는 말이 아닙니다. 도시의 영향을 나타내는 말입니다. 나라마다 큰 영향을 끼치는 바벨론 문명의 역할을 보여 줍니다. 세대마다 큰 영향을 끼치는 바벨론 문화의 위력을 보여 주는 말입니다. 자기가 큰 도성을 세웠다고, 자기만큼 큰 도성을 세운 사람이 세상에 어디 있느냐고 교만하게 말하는 순간, 느부갓네살은 왕위에서 쫓겨나 짐승처럼 풀을 뜯으며 살게 되었습니다. 하나님이 그를 징계하신 것입니다. 여기서 '크다'는 것은 전능하신 창조주 하나님을 무시하는 거만한 마음이 얼마나 큰지를 보여 줍니다. 창조주 하나님을 경배하는 데서부터 멀어지게 하는 그 위력이 대단하다는 것을 "큰 성 바벨론"이라는 말이 보여 주고 있습니다.

사랑하는 성도 여러분, 우리가 살고 있는 세상은 그리 만만치 않습니다. 세속 정신은 여기 조금, 저기 조금 나타나는 주변적인 흐름이 아닙니다. 세속 정신은 이 세상을 관통해서 흐르는 주된 물줄기입니다. 온 세상에 충만하고 모든 것을 휩싸고 흘러가는 세력입니다. 세상을 바로 의식하십시오. 세상은 결코 만만치 않습니다. 우리 마음을 빼앗아 가는 그 흐름은 늘 도도합니다. 한순간이라도 정신을 팔면 떠밀려가고 맙니다. 하나님을 반역하고 하나님을 거스른 인간 중심 문화는 오늘 세상을 가득 채운 시대 문명 속에 자리하고 있습니다.

쉬지 않고 부르짖는 기도도 하지 않으면서 그리스도인의 삶을 살아가고 있다고 착각하는 것은 세상의 위력을 모르는 자입니다. 남의 잘못을 지적할 때는 쉽게 말합니다. 그러나 같은 유혹 앞에서 자신을 지킬 수 있는 사람은 없습니다. 오직 위에서 주시는 능력으로 날마다 자신을 복종시키지 않으면 자기 문제에 걸려 다 무너지고 맙니다. 우리가 살고 있는 시대의 정신은 점점 불경건해지고 비도덕적이 될 것입니다. 말세가 가까워질수록 바벨론 정신이 이 땅에 설칠 것입니다. 온 세상을 주도하고 지배하는 세력으로 나타날 것입니다.

긴급하고 확실한 파멸의 선언

사랑하는 성도 여러분, 그러나 그것은 모든 이야기의 종결이 아닙니다. 도덕 정신이 해이해지는 시대를 살아갈 주의 백성을 위해서 요한은 그가 받은 계시를 우리에게 전하고 있습니다. 그가 환상 중에 본 두 번째 천사의 메시지를 들어 보십시오.

천사는 "무너졌도다 무너졌도다 큰 성 바벨론이여"(14:8)라고 외치고 있습니다. 하늘을 날며 크게 외치고 있는 둘째 천사의 메시지를 듣고 계십니까? 둘째 천사는 바벨론의 파멸을 선언하고 있습니다. 그 위엄을 자랑하던 성읍이 무너진 것을 말하고 있습니다. 바벨론으로 대표되는 이 세상 문명의 최후 파멸을 선언하고 있습니다. "무너졌다"라며 완성된 행동을 가리키는 과거 분사를 사용할 뿐만 아니라, 두 번 반복하여 최후 파멸의 긴급성과 확실성을 나타내 보이고 있습니다. 그런데 "무너졌도다 무너졌도다"라는 것은 아직 일어난 사건이 아닙니다. 오늘 우리가 살고 있는 이 문명은 보다시피 건재합니다. 그러나 여기 천사의 선언은 이른바 '예언적 과거'입니다. 앞으로 일어날 일을 이미 실현된 것처럼 표현하는 것은 그 일이 매우 확실하기 때문입니다. 미래에 일어날 일이지만 과거에 이미 일어난 것처럼 확신하기 때문에 "무너졌도다 무너졌도다"라고 선언하는 것입니다. 또 두 번 반복해서 선언하는 것은 그 일의 긴급함을 보여 주고 있습니다.

주의 백성 여러분, 여러분은 두 번째 천사의 외침을 듣고 있습니까? 하나님을 대적하는 세상은 반드시 망할 것입니다. 세속 정신으로 충일한 인본주의 문명은 순식간에 그 최후의 종국을 맞이할 것입니다. "편안하다, 편안하다"고 할 그때, 해산의 고통처럼 갑자기 다가올 것입니다. "안전하다, 안전하다"고 할 그때, 도성이 갑자기 함락되는 것처럼 끝날 것입니다. 하나님을 떠난 세상 나라에는 최후 심판만 남아 있습니다. 하나님을 무시하는 세속 사회에는 궁극적인 파멸만 기다리고 있을 뿐입니다. 우리가 살고 있는 이 세상이 잿더미가 된다는 뜻입니다. 하나님을 거스른 인류를 기다리고 있는 것은 최종 심판과 파멸뿐입니다. 우리가 살고 있는 세상은 '장망성'(將亡城)이라고 불립니다. '장차 망할 도시', 그것이 존 번연이 「천로역정」(天路歷程)에서 그린 세상의 운명입니다.

돌이킬 수 없는 하나님의 심판이 지금 우리 앞에 성큼 다가왔습니다. 두 번째 천사가 우리에게 전하는 최후 파멸의 통고는 한반도의 영공에만 울려 퍼지는 외침이 아닙니다. 여러 나라와 족속과 방언과 백성이 함께 들을 수 있도록 하늘 높이 날면서 외치는 최후 파멸의 선고입니다. 하나님의 진노는 지구촌 구석구석 임할 것입니다. 하나님의 파멸 통고는 세속 도시 곳곳마다 실현될 것입니다. 하나님을 대적하는 모든 세속 정신은 기어이 무너질 것입니다. 매우 확실히 일어날 사건이기에 과거 동사를 사용하고 있습니다. 그뿐 아니라 신속히 성취될 것이기에 두 번 반복해서 경고합니다.

사랑하는 성도 여러분, 여러분은 세상을 어떻게 생각하며 살고 있습니까? 최후 파멸 후의 잔해를 내다보면서 살아가십시오. 파멸 후에 잔해가 된 이 세상의 모습을 기억하고 살아가면 하나님을 거역하는 문명이 주는 사치와 향락에 연연하면서 살지 아니할 것입니다. 우뚝우뚝 세워지는 빌딩이 대단해 보입니까? 번쩍이는 네온사인과 화려하게 장식된 쇼윈도에 여러분의 정신을 빼앗기지 않도록 하십시오. 창조주 하나님의 영광에서 우리 마음을 빼앗아 가려고 하는 세상의 번쩍거림에 매혹되지 마십시오. 폐허가 된 바벨론 문명의 잔해를 내다보면서 이 큰 성 바벨론 거리를 걸어 보십시오. 황폐한 바벨론 문화의 절규를 들으면서 큰 성 바벨론에서 하루하루를 살아가십시오. "무너졌도다 무너졌도다 큰 성 바벨론이여"라고 두 번째 천사가 하늘 높이 날면서 외치고 있습니다.

음행의 포도주

그러면 그 큰 성 바벨론은 왜 무너졌습니까? "모든 나라에게 그의 음행으로 말미암아 진노의 포도주를 먹이던 자로다 하더라"(14:8)라는 이 말씀을 새번역 성경은 "바벨론은 자기 음행으로 빚은 진노의 포도주를 모든 민족에게 마시게 한 도시다"라고 번역합니다. 천사는 바벨론의 죄악이 음행 때문이라고 선언합니다. 자신뿐만 아니라 여러 나라로 하여금 자기 음행으로 빚은 진노의 포도주를 마시게 한 죄입니다. 먼저 세상 모든 나라로 자기를 추종하게 만들었습니다. 자기 음행으로 빚은 포도주를 마시게 했습니다. 이는 그 악한 행위로 타락시킨 죄입니다. 결과적으로 모든 나라를 타락하게 한 죄는 자신에게 하나님의 진노를 불러들이게 했습니다.

음행의 포도주는 구체적으로 무엇입니까? 문자적으로는 남자를 술에 취하게 만든 다음 유혹하는 창녀의 전통적인 수법을 가리키는 표현 아닙니까? 술로 도덕의식을 몽롱하게 한 다음, 자신과 성적 관계를 맺도록 하는 음녀의 익숙한 수법이 아닙니까? 그래서 "음행의 포도주"라고 말하고 있습니다. 그러면 음행은 구체적으로 무얼 가리키고 있습니까? 물론 타락한 인류가 도달하게 되는 종착지는 음란한 행위입니다. 그러나 여기서 음행이 상징하는 것은 무엇인지를 물어야 합니다. 계시록을 풀어 갈 때 조심해야 하는 것은 상징과 그 상징이 의미하는 바를 물어봐야 한다는 것입니다. 포도주가 의미하고 있는 것이 무엇인지, 음행이 의미하고 있는 것이 무엇인지 물어야 합니다. 여기서 음행은 창조주 하나님을 섬겨야 할 세상 모든 나라, 모든 백성으로 하여금 자기 영광과 자기 숭배를 하게 만든 죄악입니다.

하나님 대신 세상을 사랑하게 한 죄입니다. 하나님 영광 대신 자기 영광을 추구한 죄입니다. 창조주를 떠나 피조물을 섬긴 죄악을 가리켜 음행이라고 말하고 있습니다.

신구약을 통틀어 성경은 하나님의 백성이 하나님에게서 마음이 떠났을 때 '음행한다'고 지적합니다. 마치 아내가 남편 외에 다른 남자를 쫓아가듯이 하나님의 소유로 지음받은 인생이 창조주 하나님을 떠나 다른 것을 섬기려고 할 때 그것을 음행이라고 말하고 있습니다. 특별히 그 피로 구속함을 받은 하나님의 교회가 그 피로 값 주고 사신 구주를 떠나 살아가려 할 때 그것을 음행하고 있다고 지적하고 있습니다.

성적인 방종이 우리 마음을 빼앗을 수 있습니다. 사치와 허영이 우리 마음을 빼앗아 갈 수 있습니다. 우리 마음이 하나님을 떠나면 성적으로 타락할 수도 있고 물질 가운데서 방종할 수도 있습니다. 우리 마음 깊은 곳에 하나님을 두기 싫어할 때 눈에 보이는 대상이 전부처럼 나타나 보이는 것입니다. 그것은 이성(異性)이 될 수도 있고, 물질이 될 수도 있습니다. 자식이 될 수도 있고, 내가 애용하는 그 무엇도 될 수 있습니다. 사람의 영광이, 그 호의가 세상 모든 것을 결정짓는 것처럼 나타날 것입니다.

현대 문명을 통해 전달되는 세속 메시지는 사람들을 근원적으로 타락시키고 있습니다. 창조주 하나님만 생각하고 섬기고 사랑해야 할 사람들의 정신을 타락시키고 있습니다. 정신을 차리지 않으면 우리는 이 마지막 시대에 함몰될 수밖에 없습니다. 쉬지 않고 기도하지 않고는 성도답게 살 수 없는 것입니다.

이 시대, 특히 대한민국 그리스도인들은 적당하게 헌신하면서 신앙이 있는 척하며 살아가고 있습니다. 그러나 가장 아픈 치부에 대해서는 지적받기를 거부합니다. 창조주 하나님만 섬겨야 할, 아니 구원자 예수께만 마음을 드려야 할 성도들이 반짝거리는 세상에 현혹당하고 다른 곳만 쳐다보고 있습니다. 이들은 주님의 영광스러운 빛을 보지 못한 자들입니다. 그리하여 첫 번째 천사가 전한 영원한 복음에 반응하지 못하도록 그 혼을 빼앗아 갑니다. 현란한 불빛과 화려한 장식뿐 아니라 편리함과 안락함으로 대표되는 현대 문명의 이기(利器)들조차도 때로 우리 영혼을 타락시키는 도구로 전락하여 한몫 거들고 있습니다.

사랑하는 성도 여러분, 세상은 그 화려함과 편리함으로 우리 마음을 창조주 하나님에게서 멀어지도록 유혹하고 있습니다. 부와 쾌락에 대한 욕망이 우리로 하여금 세상의 포도주를 마시게 합니다. 그러나 오늘 그 포도주 잔을 마신 사람들은 장차 하나님의 진노의 잔을 마시게 될 것입니다. 음행의 포도주는 진노의 포도주를 불러들입니다. 한 잔 마시면 또 한 잔 마시게 되듯이 음행의 잔은 결국 진노의 잔을 초래합니다. 세상에 취해서 사는 자들은 모두 하나님의 진노를 받아 마시게 될 것입니다. 세상 포도주의 유혹은 만만치 않습니다. 그 붉은 색깔이 우리의 시각을, 그 진한 향기가 우리의 후각을 자극합니다. 그리고 그 달콤한 맛이 우리의 미각을 사로잡습니다. 혀를 통해 오는 그 맛이 우리를 송두리째 흔들 것입니다. 마시면 마실수록 몽롱한 세계가 이상향처럼 우리를 유혹할 것입니다. 하나님을 거스른 반역의 잔치는 절정에 이를수록 하나님의 심판을 가까이 불러들입니다. "부어라, 마셔라" 소리치면서 심판주를 잊으려 할수록, 심판은 오히려 가까이 다가오고 있습니다. 반역의 잔치는 결코 심판주 하나님의 심판을 멀리하게 할 수 없습니다. 반역의 잔치는 하나님의 심판을 결코 무력화시킬 수 없습니다. 오히려 하나님의 무서운 진노를 그 삶에 불러들일 것입니다.

사랑하는 성도 여러분, 하나님의 말씀을 들을 때마다 선택해야 합니다. 세상을 살면서 순간마다 선택해야만 합니다. 오늘 감미로운 세상 포도주를 마시며 살 것인지, 정한 날 하늘 잔치에서 나온 것을 마실 것인지 결정해야만 합니다. 가불해서 세상을 즐길 것인지, 정한 날 하늘 잔치에 들어갈 것인지 날마다 선택하면서 살아가야 합니다. 지금 마시고 세상에 도취되어 살다가 내일 하나님의 진노의 잔을 마실 것인지 결단해야 합니다. 아니면 오늘 경건히 성도답게 살다가 그날 하나님의 어린양의 혼인 잔치에 들어갈 것인지 결정해야만 합니다. 세상이 지금 어디로 달리고 있는지 바로 보고 사십시오. 세상에 속해 있다가 세상과 함께 멸망당하지 마십시오. 세상에 빠져 살다가 세상과 함께 진노의 잔을 마시지 않도록 조심하십시오.

> 내 백성아, 거기서 나와 그의 죄에 참여하지 말고 그가 받을 재앙들을 받지 말라 그의 죄는 하늘에 사무쳤으며 하나님은 그의 불의한 일을 기억하신지라 그가 준 그대로 그에게 주고 그의 행위대로 갑절을 갚아 주고 그가 섞은 잔에도 갑절이나 섞어 그에게 주라(18:4-6).

세상과 함께 멸망하지 않기 위해

사랑하는 성도 여러분, 창조주 하나님을 기억하면서 사십시오. 오늘도 살아갈 날을 허락하신 그분의 뜻대로 시간을 쓰면서 살아가십시오. 그러면 삶은 기쁨의 삶이 될 것이고 기도의 삶이 될 것입니다. 또한 감사의 삶으로 하루하루 지내게 될 것입니다.

하나님은 우리의 심판자이시고 구원자이십니다. 세상에서는 청문회든 법정이든 끼리끼리 파를 만들어 심판을 피할 수 있겠지만, 하나님 앞에 설 때는 그런 조삼모사(朝三暮四)가 절대 통하지 않습니다. 하나님 앞에 설 때는 각자 자기 입으로 직접 자신의 죄를 낱낱이 고백하게 될 것입니다. 그분을 경배하는 삶을 사십시오. 그리고 심판주 하나님을 기억하십시오. 그날 우리 입으로 우리가 살아온 모든 삶을 그분에게 직고하게 될 것입니다.

이제 마음을 돌이키십시오. 세상에서 하늘로 향하십시오. 사람에서 하나님에게로 돌아서야만 합니다. 하나님에게만 애정을 주는 삶을 살아가십시오. 우리를 창조하신 그분만 경배하면서 그분의 영광만 추구하면서 사는 삶이 우리가 세상에서 살아가는 삶의 목적이 되어야 합니다.

우리 눈을 그분에게서 다른 데로 돌릴 때, 음행은 이미 시작되는 것입니다. 우리 눈이 창조주 하나님의 영광을 바라보지 않고 세상의 번쩍거리는 것을 볼 때 이미 음행은 시작되는 것입니다. 성경은 음행으로 세상을 타락시킨 큰 성 바벨론이 이제 무너졌다고 선언하고 있습니다. 바벨론의 멸망을 예언한 성경은 모두 성취될 것입니다.

옛 바벨론 제국의 멸망을 위해서 성경이 그처럼 많은 예언을 했을 리가 만무합니다. 구약 성경에서 예언서가 차지하는 비중이 얼마나 많은지 한번 헤아려 보십시오. 구약 성경의 4분의 1이 넘는 분량이 바벨론의 멸망을 예언하고 있습니다. 고대 바벨론 제국의 멸망이 우리에게 그렇게 중요합니까? 아닙니다. 바벨론의 멸망을 선고한 예언은 바로 우리가 살고 있는 장망성의 멸망을 상징하기 때문에 성경에서 거듭 강조하고 있는 것입니다. 바벨론의 확실한 멸망은 이 세상의 확실한 멸망을 나타내기 때문에 성경은 그 많은 분량을 할애해서 바벨론이 망하고 만다는 것을 예언하고 있습니다. 구약 성경 4분의 1이 넘는 예언서의 핵심 메시지인 바벨론의 멸망은, 지금 다가오는 지구의 종말을 경고하는 메시지입니다.

세상과 함께 멸망하지 않기 위해 거기서 뛰쳐나오십시오. 그들이 SKY를 좇는다고 해서 자식들을 SKY를 향해 올려 보내려고 하지 마십시오. 우리는 SKY를 추구하는 사람들이 아닙니다. 우리는 하나님이 계신 영원한 HEAVEN을 추구하는 자들입니다. 그들의 삶의 원리와 방법을 뒤쫓아 가는데 안달하지 마십시오. 세상이 그들의 유행을 따라 가더라도 여러분은 그 유행의 물결에서 벗어나서 사십시오. 바벨론의 생활방식을 본뜨기에 급급해 하지 않고 거슬러 사는 것만이 그 파멸에서 벗어나는 길입니다. 음녀처럼 사는 대신 거룩한 신부처럼 날마다 구주 오시는 것을 대망하면서 살아가야 합니다.

세상에 마음을 주지 마십시오. 오직 하나님 그분에게만 마음을 드리십시오. 장망성에서 탈출하는 길은 지금 그들처럼 살지 않는 것입니다. 지구의 종말이 오는 그 순간에 돌아설 것이 아니라, 지금 여기서 그들의 삶의 방식, 그들의 삶의 목표를 벗어나 살아야 합니다.

바벨론은 지금도 우리에게 엄청난 영향력을 발휘하고 있습니다. 모든 매체를 동원해서 우리의 정신을 빼앗으려 하고 있습니다. 텔레비전을 켜는 순간 세상의 메시지가 우리 영혼 골수를 장악하려고 달려올 것입니다. 그러나 장망성의 무너진 잔해를 떠올리며 사는 성도들은 결코 유혹당하지 않을 것입니다. 편리함과 쾌락을 여러분의 신으로 삼지 마십시오. 그 안락한 도구를 구입하느라 하나님 백성의 고난에 무관심한 죄악으로부터 돌이켜야만 합니다. 더 안일한 삶을 추구하느라 고통당하고 있는 주변의 이웃과 동료의 인생에 무관심하게 사는 죄는 장차 용서받지 못할 것입니다.

사랑하는 젊은이 여러분, 여러분이 좋아하는 단어 중 하나가 '공정'입니다. 그래서 공정하지 못한 사람들을 보면 분노합니다. 진짜 공정하기를 원하십니까? 공정을 외쳐서 자기의 유익을 구하지만 말고, 정말 공정을 추구하기 원한다면 잘 생각해 보십시오. 여러분은 결혼하면서부터 부모 세대가 굶고 헐벗고 피땀 흘려 달려온 마지막 도달 지점에서 출발하고 있습니다. 부모 못지않은 아파트나 자동차를 가지고 결혼생활을 시작합니다. 돈을 먼저 갖다 쓰니 월급 받으면 다 떼어 가고 헌금할 돈이 없는 것입니다. 십일조를 안 하면서 그리스도인이라고 착각하지 마십시오. 10분의 1을 잘라서 헌금을 드리는 것은 신앙에 대한 고백 행위입니다. 24년 동안 복음을 전한 사람으로서 정당하게 자신을 돌아보라는 말을 하고 싶습니다. 그러면서 공정만 외치고 있다고요? 그렇다면 정치인들이 즐기는 위선이 될 수밖에 없습니다. 편리함과 쾌락을 신으로 삼아 그것을 얻기 위해서 여러분의 영혼까지 팔아넘기는 어리석은 짓을 범하지 말기 바랍니다.

주변에 있는 어려운 사람들에게 여러분의 눈길을 주어야 합니다. 공동체에 있는 어려운 식구들을 위해서 무언가를 같이 나누어야 합니다. 그렇게 공정을 외치면서 왜 여러분 자신은 공정하지 않습니까? 세상은 그 모든 영화와 함께 순식간에 멸망할 것입니다.

> 무너졌도다 무너졌도다 큰 성 바벨론이여 모든 나라에게 그의 음행으로 말미암아 진노의 포도주를 먹이던 자로다 하더라(14:8).

이 둘째 천사의 메시지를 기억하면서 살아가는 하나님의 백성이 되기를 바랍니다.

Revelation

요한계시록 14장 9-12절

9 또 다른 천사 곧 셋째가 그 뒤를 따라 큰 음성으로 이르되 만일 누구든지 짐승
과 그의 우상에게 경배하고 이마에나 손에 표를 받으면 10 그도 하나님의 진노
의 포도주를 마시리니 그 진노의 잔에 섞인 것이 없이 부은 포도주라 거룩한 천
사들 앞과 어린양 앞에서 불과 유황으로 고난을 받으리니 11 그 고난의 연기가
세세토록 올라가리로다 짐승과 그의 우상에게 경배하고 그의 이름표를 받는 자
는 누구든지 밤낮 쉼을 얻지 못하리라 하더라 12 성도들의 인내가 여기 있나니
그들은 하나님의 계명과 예수에 대한 믿음을 지키는 자니라

16
우상 숭배자의 최후

사랑하는 성도 여러분, 사람은 살면서 많은 이야기를 듣습니다. 귀를 통해서 듣는 정보만 해도 헤아릴 수 없습니다. 그러나 모든 정보가 다 중요한 것은 아닙니다. 그래서 우리는 선별적으로 받아들입니다. 중요한 것은 마음속 깊이 받아들이고, 그렇지 않은 것은 흘려보내고 맙니다. 하지만 매일 대하는 엄청난 정보의 양 앞에서 우리는 선별 작업을 거의 포기한 채 무엇을 들어도 대강 듣고 지나가 버리려고 합니다. 여기에 설교자의 고민이 있습니다. 동시에 청중을 위한 설교자의 투쟁이 있습니다.

제가 여러분에게 전하려는 내용은 매우 중요하고 엄숙한 이야기입니다. 누구라도 대강 듣고 넘겨서는 안 될 자신의 최후에 관한 이야기입니다. 여러분의 운명이 좌우되는 엄숙한 사실입니다. 한날 이를 갈며 후회하지 않도록 귀를 기울여야 합니다. 아무도 심판 가운데 빠져들며 절규하지 않도록 분명하게 전하려고 합니다. 여러분의 피에 대해서 여러분이 책임을 지셔야 합니다. 설교자인 저를 향해서 아무도 원망하지 말기를 바랍니다.

사랑하는 성도 여러분, 본문은 우리가 왜 세상 사람들처럼 살아서는 안 되는지를 명백하게 보여 줍니다. 적당하게 타협하는 대신에 인내하면서 신실하게 살아야 할 이유를 보여 줍니다. 그 이유는 최후 심판이 기다리고 있기 때문입니다.

죽는다고 모든 것이 끝나는 것은 아닙니다. 사람에게는 죽음 후에 반드시 심판이 기다리고 있습니다. "한 번 죽는 것은 사람에게 정해진 것이요 그 후에는 심판이 있으리니"(히 9:27)라고 성경은 보증하고 있습니다. 그날에는 잘못된 행동은 말할 것도 없고, 무익한 말과 더러운 생각까지 전부 심판을 받을 것입니다. 어떤 삶을 살았는지, 무엇을 추종하며 살았는지에 따라 받을 심판이 결정될 것입니다. 세상에서는 죄를 범하고도 도피할 수 있을지 모르나, 하나님의 심판대 앞에서는 아무도 도피할 수 없습니다. 하나님의 심판은 죄인을 끝까지 추적합니다. 반드시 하나님의 심판대 앞에 무릎을 꿇게 할 것입니다.

진노의 포도주를 마시리니

요한은 지금 환상 중에서 세 번째 천사의 외침을 듣고 있습니다. 큰 소리로 외치는 세 번째 천사의 소리를 들어 보십시오.

> 만일 누구든지 짐승과 그의 우상에게 경배하고 이마에나 손에 표를 받으면 그도 하나님의 진노의 포도주를 마시리니 그 진노의 잔에 섞인 것이 없이 부은 포도주라……(14:9, 10).

하늘 한가운데를 날며 외치는 셋째 천사는 최후 심판의 양상을 자세히 선포하고 있습니다. 세상을 살면서 짐승을 추종한 이들의 삶의 최후가 어떨지를 설명합니다. 그들이 받을 최후 심판을 세 가지 측면에서 설명하고 있습니다.

본문은 짐승 숭배의 유혹을 느끼며 사는 이 땅의 성도들을 위해 주어진 말씀입니다. 첫 번째 심판의 모습은 '진노의 포도주를 마시리라'는 것입니다. 짐승과 그의 우상에게 경배하고 이마나 손에 표를 받는다는 것은, 우리의 손과 이마에 바코드를 남기는 것이 아니라, 지금 우리가 살고 있는 삶의 태도에 따라 판가름된다는 것입니다. 두 번째 천사의 표현을 빌리면 바벨론이 주는 잔을 받아 마신다는 이야기입니다. 세상을 살면서 우리가 성도답게 사는지, 짐승을 따르는 자로 사는지는 이미 드러납니다. 세상이 주는 쾌락과 음행의 잔을 받아 마시면, 그는 반드시 하나님이 주시는 진노의 잔을 받아 마실 것이라고 말씀합니다. 오늘 바벨론이 주는 잔을 마시면 그날 하나님이 주시는 진노의 잔을 받아 마실 수밖에 없습니다. 이 세상을 살면서 "부어라, 마셔라" 하는 쾌락의 잔을 마신 자들은, 반드시 저 세상에서 하나님이 주시는 진노의 잔을 받아 마실 것입니다.

묽게 하지 아니한 포도주

또한 본문은 하나님의 진노의 포도주가 얼마나 독한지 말하고 있습니다.

> 하나님의 진노의 포도주를 마실 것이다. 그 포도주는, 물을 섞어서 묽게 하지 않고 하나님의 진노의 잔에 부어 넣은 것이다……(14:10, 새번역).

술은 농도에 따라 달라집니다. 물을 얼마나 섞느냐에 따라 어느 정도 강한지가 결정됩니다. 본문은 술을 담글 때 약초를 넣어 약주를 담그듯이 여기에 여러 향신료를 넣어서 매우 독하게 만든 포도주라는 것을 의미합니다. "향신료를 섞어서 물로 희석시키지 않고 본래 농도 그대로 받아 마시게 할 것이다"라는 경고입니다. 이것이 지금 천사가 외치는 경고입니다. 세상이 주는 쾌락에 취해 사는 자들은 하나님의 진노의 포도주 잔을 받아 마실 것입니다. 동시에 세상에 굴복해서 타협하게 될 변절자들 역시 하나님의 진노의 포도주를 마실 것입니다. 또 황제 숭배의 위협에 굴복한 자들도 결국 하나님의 진노의 잔을 받아 마시게 될 것입니다. 그날 하나님의 진노가 얼마나 극심할지를 말하기 위해 '물을 섞어서 묽게 하지 아니한 포도주'라고 표현하고 있습니다.

물론 지금 이 세상에도 하나님의 진노가 나타나고 있습니다. 불의로 진리를 막는 모든 사람의 경건치 않음과 불의에 대해서 하나님이 하늘로부터 진노하고 계십니다. 하나님이 각 사람에게 그 행한 대로 지금도 보응하고 계십니다. 음란과 부정 사욕과 각종 정욕과 탐심을 따라 행하는 자들에게 지금도 하나님의 진노가 임하고 있습니다. 그러나 지금 이 세상에 임하는 하나님의 진노는 저 세상에서 임할 하나님의 진노와는 급이 다르고 질이 다릅니다.

지상에서는 하나님의 진노가 아직 하나님의 은혜와 함께하고 있습니다. 진리 대신에 불의를 좇는 모든 사람의 삶은 하나님의 진노 아래 있지만, 이 세상에 내리는 하나님의 진노는 아직 하나님의 은혜로 많이 완화되어 있습니다. 달리 말해서 이 세상에 내리고 있는 하나님의 진노에는 돌이키시려는 선한 의도가 내포되어 있습니다. 그러나 저 세상에서 내릴 하나님의 진노는 하나님의 진노, 그 자체 외에 아무것도 없습니다. 돌이키시려는 진노가 아니라 그들의 죄에 대한 대가로 퍼부어지는 진노입니다.

이 세상에서도 하나님이 진노하고 계시지만, 그럼에도 거기에는 하나님의 자비가 남아 있습니다. 하나님은 악인과 선인에게 해를 골고루 비춰 주고 계십니다. 그래서 가을이 되면 모든 오곡백과가 무르익고 벼가 고개를 숙입니다. 예수를 믿는 사람의 논이나 그렇지 않은 사람의 논이나 상관없습니다. 이 세상에서는 의로운 사람에게나 불의한 사람에게나 동일하게 비가 내립니다. 그러나 저 세상에서는 다릅니다. 그곳에서는 하나님의 진노가 조금도 누그러뜨림 없이 임할 것입니다. 하나님의 자비와 은혜로 조금도 완화되지 않은 심판으로 그들이 받아 마실 것입니다. 포도주와 독주를 즐기던 그들을 그들이 즐기던 독한 술이 맞이할 것입니다. 칵테일을 좋아하던 그들로 하나님의 맹렬한 진노를 섞어 마시게 할 것입니다. 그들은 하나님의 진노의 잔에 희석되지 않은 독한 술을 한없이 마시게 될 것입니다.

사랑하는 성도 여러분, 악인의 최후는 무서울 것입니다. 그러므로 우리는 잠깐 세상을 사는 동안 성도답게 살아야 합니다. 쉬지 말고 기도하면서 승리해야 합니다.

불과 유황으로 고난을 받으리니

셋째 천사는 또 다른 표현을 통하여 최후의 심판을 엄숙히 선언하고 있습니다.

> 거룩한 천사들 앞과 어린양 앞에서 불과 유황으로 고난을 받으리니 그 고난의 연기가 세세토록 올라가리로다 짐승과 그의 우상에게 경배하고 그의 이름표를 받는 자는 누구든지 밤낮 쉼을 얻지 못하리라……(14:10, 11).

짐승을 경배하고 섬기는 자들의 마지막 거처인 지옥은 타오르는 유황불로 고통당하는 곳입니다. 소돔과 고모라의 멸망은 사람들에게 경고하는 최후 심판의 표상입니다. 하늘로부터 내리는 불과 유황으로 멸망한 소돔과 고모라는 누구든지 하나님에게 불순종할 때 어떻게 멸망할지를 보여 줍니다. 하나님은 동성연애가 판친 소돔과 고모라를 불로 벌하셨습니다. "여호와께서 하늘 곧 여호와께로부터 유황과 불을 소돔과 고모라에 비같이 내리사 그 성들과 온 들과 성에 거주하는 모든 백성과 땅에 난 것을 다 엎어 멸하셨더라"(창 19:24, 25). 쾌락을 추구하는 오늘의 성적 타락은 반드시 보응될 것입니다. 소돔과 고모라 사람들이 그들만 심판받았다고 억울하게 느끼지 않도록, 이 시대의 모든 성적 타락에 대해서 공정한 심판이 찾아갈 것입니다. 오늘은 악을 행하면서 즐거워할지 모르나, 내일은 그 죄악 때문에 고통을 당할 것입니다. 악행에 대한 심판은 반드시 그 주인을 찾아갈 것입니다. 오늘은 휘황찬란한 불빛 속에서 즐겼지만, 내일은 끊임없이 타오르는 유황불 속에서 고통을 당할 것입니다.

첫째 천사의 최후 호소를 무시한 자들이, 둘째 천사의 최후 파멸의 경고를 무시한 자들이, 그 경고를 듣고도 움직이지 않던 자들이 받을 최후의 멸망이 어떤 것인지를 본문은 보여 주고 있습니다. 또한 회개를 촉구하는 하나님의 호소를 거절한 자들이 영원히 거할 곳의 참상을 그려 주고 있습니다. 그것은 요한이 본 환상에 지나지 않느냐고 반문할지 모르겠습니다. 불과 유황이라고 말한 것이 어떻게 사실이냐고 물을 것입니다. 그런 교만한 질문을 하는 사람들을 향해서 하나님은 하늘로부터 내리셨던 유황과 불을 지금도 준비하고 계십니다.

기독교의 메시지치고는 저질스럽다고요? 아닙니다. 저질스러운 삶, 짐승처럼 사는 사람들에게는 아주 어울리는 심판입니다. 하나님의 형상대로 지음받고도 하나님의 뜻대로 살지 않은 사람들, 하나님의 형상대로 지음받고도 사람답게 살지 않은 모든 사람을 향해서 하나님이 준비하신 공정한 심판입니다. 하나님의 형상대로 지음받은 사람들이 짐승처럼 살 때, 심판은 그들의 모습에 어울리게 주어질 것입니다. 사람답게 살도록, 창조주 하나님에게 경배하도록 끊임없이 요청하신 하나님의 요구를 묵살한 그들에게는 영원히 타오르는 유황불 외에 더 적합한 것이 없습니다.

너무 끔찍한 이야기라고요? 끔찍하지만 사실입니다. 문제는 끔찍하냐 끔찍하지 않느냐가 아니라, 그것이 사실이냐 아니냐에 있습니다. 이 엄숙한 진리가 우리로 하여금 복음에 합당하게 살아야 함을 보여 주고 있습니다. 거짓 대신 진리를 추구해야 할 이유를 보여 주고 있습니다. 신앙을 부인하고 짐승을 경배한 자들이 받을 결과가 무엇인지 직시하십시오. 신앙인처럼 살지 않고 힘을 믿고 가진 것을 믿는 사람들이 삶의 최후를 어떻게 맞이할 것인지 보십시오. 아무도 이 심판을 피해 갈 수 없습니다. 세상에 오신 하나님의 아들의 이름으로 경고합니다.

> 만일 네 눈이 너를 범죄하게 하거든 빼 버리라 한 눈으로 하나님의 나라에 들어가는 것이 두 눈을 가지고 지옥에 던져지는 것보다 나으니라 거기에서는 구더기도 죽지 않고 불도 꺼지지 아니하느니라(막 9:47, 48).

소금으로 채소를 간해 본 적이 있습니까? 소금이 배어들도록 간하는 것을 본 적이 있습니까? 소금 치듯 하리라고 주님이 친히 경고하고 계십니다(막 9:49 참조). 누구보다 열심히 지옥 불을 말씀하신 분이 예수님이라는 사실을 주목하시기 바랍니다. 되는 대로 살다가 끝난다면 세상에서 바로 살려고 한 사람들만큼 어리석은 사람이 어디 있습니까? 세 번째 천사는 지옥의 고통이 어떤지를 다시 한 번 말하고 있습니다. "거룩한 천사들 앞과 어린양 앞에서 불과 유황으로 고난을 받으리니"(14:10)라고 경고합니다. 사람의 눈을 두려워하지 마십시오. 그들의 판단을 두려워하지 마십시오. 우리는 한 날 하나님 앞에 서게 될 것입니다. 하나님과 그의 천사들 앞에서 우리의 삶을 직고하게 될 것입니다. 그 눈이 불꽃 같은 분 앞에서는 아무것도 숨길 수 없을 것입니다. 벌거벗은 것처럼 여러분의 삶이 다 드러날 것입니다. 거룩한 천사들과 어린양 앞에서 불과 유황으로 고통을 받을 것입니다.

하나님을 조롱하며 성도를 우습게 알던 사람들이 받을 영원한 심판이 여기 있습니다. 거룩한 천사들과 어린양 앞에서 불과 유황으로 영원히 고통받을 것이라고 말씀합니다. 그들은 평생 대적했던 어린양 앞에서 최후 심판을 받을 것입니다. 멸시와 증오를 서슴지 않고 퍼부었던 그 어린양이 심판주라는 사실에 그들은 모욕과 전율을 느낄 것입니다. 그들의 고통은 어린양을 조롱한 사실로 가중될 것입니다. 그들이 성도들을 어떻게 모멸했는지 아십니까? 그들은 하나님과 예수 그리스도의 증거에 신실한 자들을 공중 앞에서 모욕하기를 서슴지 않았습니다. 모든 사람이 보는 가운데 성도들은 공민권을 박탈당했습니다. 둘러선 구경꾼이 보는 가운데 조롱과 모욕을 받았습니다.

상황의 역전

그러나 이제는 상황이 역전되고 있습니다. 심판은 항상 상황의 역전입니다.

> 너희로 환난을 받게 하는 자들에게는 환난으로 갚으시고 환난을 받는 너희에게는 우리와 함께 안식으로 갚으시는 것이 하나님의 공의시니……(살후 1:6, 7).

그렇습니다. 심판은 상황의 역전입니다. 구경하던 자들이 이제는 구경당할 것입니다. 조롱하던 자들이 이제는 조롱당할 것입니다. 고통을 주던 자들이 이제는 고통당할 것입니다. 그 고난의 연기가 세세토록 올라갈 것입니다. 이 땅에는 죄인이 방면될 희망이 있을지 몰라도 그곳에는 전혀 없습니다. 이 땅에서는 아니라고 자꾸 우깁니다. 사람으로서 할 수 없는 일을 저지르고도 벌을 받지 않고 재판을 지연시키고, 그러다 사람들의 관심이 사라질 즈음 아무 일 없이 풀려나는 일들이 일어납니다. 그러나 의 대신 악을 선택한 대가는 피해 갈 수 없습니다. 그들은 영원히 지불할 것입니다. 최후 심판은 영원한 심판입니다. 지극히 순결한 분의 눈이 지켜보는 가운데서 후회의 이를 갈 것입니다.

사랑하는 성도 여러분, 지금 여러분의 삶은 어디로 치닫고 있습니까? 지금 여러분의 발걸음은 어디를 밟고 있습니까? 순간의 쾌락을 위해서 영원의 고통을 값으로 치르는 어리석음에서 지금 벗어나야 합니다. 사람들 가운데 얼굴을 내기 위해 타협한다면, 한날 하나님의 천사들과 어린양이 지켜보는 가운데 치욕을 받을 것입니다. 세상을 환호하다가 세상과 함께 망하지 않도록 자신을 지켜야 합니다.

이 세상에 사는 다른 사람들처럼 하나님의 복음에 신실하지 아니하면, 우리 삶도 지옥의 고통에서 벗어나지 못할 것입니다. 그러므로 하나님의 말씀 앞에 나오는 것은 우리 모두에게 위기인 동시에 기회입니다. 말씀을 듣고 돌이키면 구원받을 기회가 있습니다. 그러나 돌이키지 아니하고 계속 듣기만 하고 자신을 속이면 진노를 더 쌓아가고 있는 것입니다. 맑은 의식 속에서 말씀을 듣고도 순종하지 않은 사람은 듣지 못해서 순종하지 못한 사람보다 더 큰 심판을 받을 것입니다. 지금 누리는 쾌락은 잠깐이지만 받을 심판은 영원하다는 것을 생각하십시오. 모르고 지키지 않은 자보다 알고도 지키지 않은 자가 받을 벌이 더 크다고 성경은 말하고 있습니다.

성도가 누릴 영원한 안식

셋째 천사의 마지막 외침을 한번 들어 보십시오. "짐승과 그의 우상에게 경배하고 그의 이름표를 받는 자는 누구든지 밤낮 쉼을 얻지 못하리라" (14:11)라고 합니다. 사람들이 왜 짐승과 그 우상들을 경배합니까? 왜 적그리스도를 추종하고 세상을 따라 살고 있습니까? 편하게 살기 위해서 아닙니까? 소아시아 일곱 교회뿐 아니라 오늘을 사는 우리도 동일한 유혹을 받습니다. 그러한 유혹은 한 번으로 끝나지 않습니다. 매일 되풀이되며 우리에게 찾아옵니다. 성도들이 순교 대신 변절하는 가장 큰 이유도 편하게 살기 위함입니다. 그러나 그들의 결국을 보십시오. 유혹에 넘어간 교인들의 최후를 한번 살펴보십시오. 변절한 거짓 형제들의 종말을 직시하십시오. 마지막으로 그들을 기다리는 것은 편안함이 아니라 영원히 쉼을 얻지 못하는 것입니다. 지옥의 고통은 휴일이 없습니다. 지옥의 참상에는 결코 휴가가 없습니다. 이 세상을 좇아 살던 자들에게는 끝없는 심판이 있는 것입니다.

성경은 성도들이 누릴 최후의 축복을 영원한 안식으로 표현하고 있습니다. "지금 이후로 주 안에서 죽는 자들은 복이 있도다"(14:13)라고 계시록은 선언하고 있습니다. 성령께서 그 선언에 화답하십니다. "그러하다 그들이 수고를 그치고 쉬리니"(14:13). 주일의 안식은 영원한 안식의 표상입니다. 오늘 누리는 안식은 영원히 누릴 안식을 미리 맛보는 것입니다. 주일을 거룩하게 보낸다는 것은 영원한 안식을 바라보며 살고 있다는 신앙 고백의 표현입니다. "아무리 먹고사는 것이 중요해도, 나는 예배하는 것을 맨 앞에 두겠습니다." 이렇게 결단하는 것은 영원한 안식을 바라보고 간다는 신앙 고백입니다. 그러므로 주일은 지켜도 되고, 안 지켜도 되는 것이 아닙니다. 할 일 없으면 나오고 일이 바쁘면 못 나오는 날이 아닙니다.

주일을 어떻게 지키고 있느냐는 질문은 바로 내일의 영원한 안식에 대한 소망을 이 땅에서 고백하며 살고 있는지를 묻는 것입니다. 세상에서 안식을 맛본 자만이, 거기서 영원한 안식을 누리게 될 것입니다. 여기 이 땅을 살면서 하늘의 안식을 맛본 자만이 그날의 영원한 안식을 누리게 될 것입니다. 여기서 세상을 따라 살기 바빠서, 세상의 쾌락을 추구하기에 바빠서 안식을 맛보지 못한 자들은 결국 거기에서도 안식을 맛볼 수 없습니다.

성경은 세상 사람들이 받을 심판으로 밤낮 쉼을 얻지 못할 것을 말하고 있습니다. 하늘의 안식이 영원하듯이 지옥의 고통도 영원합니다. 밤낮 쉼을 얻지 못하는 고통으로 빠져들지 않도록 조심하십시오. 피곤하게 일해도 쉴 시간이 기다리는 노동자는 불행하지 않습니다. 그러나 피곤하게 일하는데도 그 일이 끝나지 않는 사람은 저주 아래 빠져든 사람입니다. 마지막 심판은 결코 번복되지 않습니다. 죽음의 선고는 결코 돌이켜지지 않습니다. 영원한 파멸은 결코 복구되지 않습니다. 그곳에서는 구더기도 죽지 않습니다. 타오르는 유황불은 꺼지지도 않습니다. 사람마다 불로 소금 치듯 하는 곳입니다. 누구든지 생명책에 기록되지 못한 자들은 불 못에 던져지게 될 것입니다.

여러분은 지금 어디로 향하고 있습니까? 여러분의 삶의 보상이 휴식입니까? 아니면 밤낮 쉼을 얻지 못하는 최후가 기다리고 있습니까? 지금 평강을 맛보고 있다면 여러분을 기다리는 것은 영원한 안식일 것입니다. 하지만 아직도 여러분의 마음속에 쉼을 얻지 못했다면, 그대로 살아간다면, 여러분은 영원히 쉼을 얻지 못할 것입니다.

여기서 여러분이 누리는 축복이 하늘에서 계속되는 것이지 여기의 삶과 하늘의 삶이 별개로 분리되는 것이 아닙니다. 이 걸음으로 영원까지 우리의 발자국이 이어진다는 사실을 기억하십시오. 숨이 끝나는 순간 갑자기 여러분의 환경이 달라지는 것이 아닙니다. 지금 여기서 맛본 그 복을 세상을 떠나는 순간부터 만끽한다는 것을 아셔야 합니다. 지금 여기 세상을 살면서 안식을 맛본다면 하늘에서도 여러분의 안식이 남아 있을 것입니다. 여러분을 위해 풍성하게 예비되어 있을 것입니다. 마귀를 좇아 살면서 늘 불안해하고 초조해하며 만족하지 못하는 삶을 사는 자들은 거기서도 그러할 것입니다. 마귀를 좇아 살면서 하나님을 믿지 않는 자들의 최후가 여러분의 것이 되지 않기를 바랍니다.

> 짐승과 그의 우상에게 경배하고 그의 이름표를 받는 자는 누구든지 밤낮 쉼을 얻지 못하리라……(14:11).

> 그들을 미혹하는 마귀가 불과 유황 못에 던져지니 거기는 그 짐승과 거짓 선지자도 있어 밤낮 괴로움을 받으리라(20:10).

들어 보십시오. 비겁한 자와 신실하지 못한 자와 가증한 자와 살인자와 음행한 자와 마술쟁이와 우상 숭배자와 거짓말하던 자가 차지할 곳은 불과 유황이 타는 못이라고 성경은 분명히 밝히고 있습니다. 그러므로 요한은 이 사실 앞에서 성도들을 다시 한 번 격려하고 있습니다. 그래서 하나님의 계명과 예수를 믿는 성도들에게는 인내가 필요하다고 주(註)를 답니다.

> 성도들의 인내가 여기 있나니 그들은 하나님의 계명과 예수에 대한 믿음을 지키는 자니라(14:12).

성도들이 끝까지 인내해야 하는 것은 무시무시하고 피해 갈 수 없는 삶이 기다리고 있기 때문입니다. 그래서 성도들의 인내가 필요한 것이 바로 "여기"라고 말하고 있습니다. 12절은 천사가 외치는 말이 아니라 환상을 보고 있는 요한이 자기의 사랑하는 성도들을 향해 하는 말입니다. 예수를 믿는 믿음을 지키기 위해 오늘 여러분에게도 필요한 것이 인내입니다.

최후 심판을 아는 자들의 선택

요한은 악인의 고통을 미리 즐기려고 최후 심판을 기술해 놓은 것이 아닙니다. 그 유황불이 밤낮 타오른다는 이야기를 하는 것이 아닙니다. 순교 대신 변절하려는 성도들로 최후 사실을 직면시키려고 말하는 것입니다. 좀 더 쉽고 안락한 유혹을 받고 있는 성도들에게 엄숙한 최후의 사실을 보게 함으로 그들로 하여금 바른 선택을 하게 하고 있습니다.

> 주 예수께서 자기의 능력의 천사들과 함께 하늘로부터 불꽃 가운데에 나타나실 때에 하나님을 모르는 자들과 주 예수의 복음에 복종하지 않는 자들에게 형벌을 내리시리니 이런 자들은 주의 얼굴과 그의 힘의 영광을 떠나 영원한 멸망의 형벌을 받으리로다(살후 1:7-9).

사도 바울도 우리에게 동일한 진리를 말하고 있습니다. 주 예수께서 그의 능력의 천사들과 함께 불꽃 가운데 나타나실 때 하나님을 모르는 자들이 심판을 받을 것입니다. 그러나 하나님에 대해 듣고도 그 복음에 순종하지 아니한 자들도 심판을 받을 것입니다. 이런 자들은 주의 얼굴과 그의 힘의 영광을 떠나 영원한 멸망을 받으리라고 말하고 있습니다.

여러분은 이 말씀을 통해서 악인이 받을 최후 심판이 무엇인지 생각하게 되었습니까? 그렇다면 지금부터 그들처럼 살아서는 안 됩니다. 우리는 악인이 받을 최후의 심판이 무엇인지 알았습니다. 그렇다면 그들이 장차 받을 재앙으로부터 벗어나기 위해 지금 그들과 함께 살아서는 안 됩니다. 엄숙한 최후 사실을 직면한 지금 우리는 어떻게 살지에 대해서 결정해야만 합니다. 그 무서운 사실에 대해 지금은 눈감을 수 있을지 몰라도 결코 도피할 수 없을 것입니다. 이 세상의 고통은 아무리 극심해도 끝이 있습니다.

그러나 악인이 받을 최후 심판과 그 고통은 영원히 끝이 없습니다. 고난은 잠깐이요 심판은 영원합니다. 이 세상은 잠깐 지나가는 것입니다. 이 세상에는 우리가 거할 영구한 도성이 없습니다. 우리는 장차 올 것을 찾고 있는 나그네이고 순례자인 것을 꼭 기억하시길 바랍니다. 우리가 세상 사람들처럼 적당하게 타협하는 대신에 올곧게 인내하면서 살아야만 하는 이유가 바로 여기에 있습니다.

인내하면서 살기 위해서는 기도해야 합니다. 쉬지 말고, 부르짖어야만 가능합니다. 영원한 심판에 빠져들지 않기 위해서입니다. 그래서 성도들에게는 말씀을 붙들 인내가 필요합니다. 끝까지 말씀을 붙드십시오. 그 아들 예수 그리스도를 끝까지 신뢰하십시오. 영원한 안식의 소망이 여러분과 저를 기다리고 있기 때문입니다.

Revelation

요한계시록 14장 13절

13 또 내가 들으니 하늘에서 음성이 나서 이르되 기록하라 지금 이후로 주 안에
서 죽는 자들은 복이 있도다 하시매 성령이 이르시되 그러하다 그들이 수고를
그치고 쉬리니 이는 그들의 행한 일이 따름이라 하시더라

17
주 안에서 죽는 자의 복

그리스도 안에서 사랑하는 성도 여러분, 세상을 따라 사는 자들이 받을 최후의 심판을 기억하고 계십니까? 예수 그리스도를 모르는 자들과 그 복음에 순종하지 않는 자들이 받을 끔찍한 심판을 기억하고 계십니까? 창조주 하나님을 경배하지 않고 짐승처럼 세상을 사는 사람들과 그 아들 예수 그리스도를 믿는 믿음의 대열에서 돌아서 버린 자들이 받을 그 끔찍한 최후를 아직도 기억하고 계십니까? 그들이 받을 최후 심판은 세 가지였습니다. 불신자와 배교자는 하나님의 진노의 포도주를 마실 것입니다. 영원히 꺼지지 않는 유황불 가운데서 고통받을 것입니다. 짐승과 그의 우상을 경배해 그의 이름표를 받은 자들은 누구든지 밤낮 쉼을 얻지 못할 것입니다.

달리 말해서 성도들이 끝까지 하나님의 계명을 붙들고 지켜 나가야 할 이유는 그 무서운 심판의 자리에 빠져들지 아니하기 위함입니다. 비록 믿음을 지키기 위한 오늘의 고난은 만만치 않지만, 내일의 무서운 심판과 비교하면 견뎌낼 만한 충분한 가치가 있습니다. 본문은 우리가 왜 신실해야 하는지에 대해 적극적인 대답을 제시합니다. 앞서 14장 9-11절에서 소극적인 대답을 제시하고 12절에서는 소극적인 격려를 했습니다.

> 성도들의 인내가 여기 있나니 그들은 하나님의 계명과 예수에 대한 믿음을 지키는 자니라(14:12).

그리고 본문 13절에서는 우리를 기다리는 복을 적극적으로 상기시켜서 죽음을 두려워하지 않고 끝까지 충성하도록 격려합니다. 지금 초대 교회 성도들은 짐승에 의한 극심한 환난을 눈앞에 두고 있습니다. 그리스도께 끝까지 신실하려면 때로는 순교를 각오해야 합니다. 이런 형편 가운데 있는 성도들을 위로하고 격려하기 위하여 요한은 그가 보고 들은 내용을 기록하고 전합니다.

여기 하늘에서 나는 제4의 음성이 있습니다. 하늘 한가운데를 날아가면서 외친 세 천사의 증언에 이어서 나는 소리입니다. 앞서 요한은 환상 가운데 첫 번째 천사가 하늘을 날아가면서 영원한 복음을 전하는 것을 들었습니다. 두 번째 천사가 좇아와서 바벨론의 최후 파멸을 선고하는 것도 들었습니다. 또 세 번째 천사가 그들을 뒤따라 큰 소리로 짐승 숭배자가 받을 심판을 경고하는 것을 들었습니다. 이제 요한은 제4의 음성을 듣고 있습니다. 하늘에서 나는 음성입니다. 그러나 천사가 전하는 음성이라고 기록되어 있지 않습니다. 예수 그리스도 자신의 음성이라고 밝혀져 있지도 않습니다. 하늘에서 나는 음성은 그 출처가 어디든 상관없습니다. 하지만 권위 있는 음성입니다.

끝까지 남는 자를 향한 복의 선언

하늘에서 나는 소리는 땅에 속한 사람을 구속하는 최고의 권위를 가지고 있습니다. 모든 사람이 귀담아듣고 순종해야 할 말입니다. 본문에 들리는 '하늘에서 난 음성'은 축복을 선언하고, 이 선언은 바로 성령의 반응을 이끌어 냅니다. 그 하늘의 음성을 요한과 함께 들어 봅시다.

> 지금 이후로 주 안에서 죽는 자들은 복이 있도다 하시매 성령이 이르시되 그러하다 그들이 수고를 그치고 쉬리니 이는 그들의 행한 일이 따름이라 하시더라(14:13).

하늘의 음성은 주 안에서 죽는 사람의 복을 선포하고 있습니다. 그러나 이 하늘의 음성은 "지금 이후로"라고 말합니다. 즉 이 말은 지금부터 박해가 극심할 것을 예고하는 말입니다. 곧 다가올 극심한 박해 가운데 끝까지 신실하게 남는 자들을 향한 복의 선언입니다. 그런 의미에서 이 복은 모든 성도에게 선언한 것이라기보다는 곧 순교의 고난을 받을 성도들을 일차적으로 염두에 둔 것입니다. 그러나 이 복된 선언에 포함된 약속은 모든 성도에게 유효한 약속으로 보아도 틀림없습니다.

그러면 왜 주 안에서 죽는 자가 복이 있다고 말합니까? 그 죽음은 불신자의 죽음과 다르기 때문입니다. 그 죽음은 배교자의 죽음과 같지 않기 때문입니다. 성도의 죽음과 죄인의 죽음은 그 의미가 다르기 때문입니다. 죄인의 죽음은 심판 아래 빠져드는 것입니다. 죄인은 죽고 나면 영원히 버림당합니다. 그러나 성도는 다릅니다. 죽음은 성도에게 영원한 안식의 문을 열어 줍니다. 성도에게 죽음은 영원한 보상의 도래를 의미합니다.

죽는 양상은 비슷할 수도 있습니다. 아니, 똑같을 수도 있습니다. 우리는 오랫동안 유교 문화의 영향 아래 살아왔습니다. 그리스도인이 되어서도 유교식으로 생각할 때가 많습니다. 유교 문화의 특징 중 하나가 외형이나 체면을 중시하는 것입니다. 죽음만 해도 비명사나 객사를 싫어하고 와석종신(臥席終身)을 선호합니다. 마지막 임종 자리에서 약을 사용하고 자식들이 지켜보는 데서 임종하는 것을 죽음의 복이라고 생각합니다. 의외로 이런 유교적 사고방식이 신자들 가운데도 남아 있습니다.

반면 기독교는 외형보다 본질을 중시합니다. 죽음의 형태보다 그 본질이 중요합니다. 암은 불신자에게만 한정되는 병이 아닙니다. 사고는 불신자에게만 일어나는 것이 아닙니다. 성도도 불치병으로 죽을 수 있습니다. 성도라고 해서 불의의 사고를 겪지 않는다는 보장이 없습니다. 그러나 그 의미가 다릅니다. 불신자에게 죽음은 심판과 영원한 형벌의 선고를 의미하지만, 신자에게는 영원한 안식과 보상을 의미하기 때문입니다. 그들에게는 진노의 손에 영원히 빠져드는 것이지만 우리에게는 영원한 보상의 자리로 나아가는 것입니다. 죽음의 양상이 중요한 것이 아니라 주 안에서 죽는가 아니면 자기 죄 가운데서 죽는가가 관건입니다.

사랑하는 성도 여러분, 하늘의 음성을 들어 보십시오. "지금 이후로 주 안에서 죽는 자들은 복이 있도다"라고 하십니다. 주 안에서 죽는 죽음의 의미를 묵상해 보십시오. 주 안에서 오늘을 사는 모든 자는 주 안에서 죽는 내일을 사모하는 자들입니다. 특정한 죽음만이, 특정한 사람만이 주 안에 있는 것이 아닙니다. 모든 성도는 주 안에서 사는 동시에 주 안에서 죽는 자입니다. 하늘의 음성은 그리스도와 함께 죽음을 맞이한 자들을 향해 복을 선언하고 있습니다.

'죽음'에서 시작되는 축복의 '시작'

터져 나오는 감탄사에 귀를 기울여 보십시오. 그리스도인들에게 죽음은 결코 복의 박탈이 아닙니다. 하늘의 음성에 귀를 기울여 보십시오. 세상은 이러한 복을 이해하지 못합니다. 세상은 축복을 이 세상에만 한정하고 있습니다. 어쩌면 그들에게는 그것이 진리일 것입니다. 성도 역시 이 세상에서 복을 받습니다. 그러나 성도가 받는 축복은 이 세상에만 한정되지 않습니다. 우리 몫으로 받을 제대로 된 축복은 어쩌면 '죽음부터'라고 해도 과언이 아닐 것입니다. 성도는 다음 세상에서도 다함이 없는 제대로 된 축복을 받을 것입니다. 살 때만 복을 받는 것이 아니라 죽을 때도 복을 받습니다. 그리스도인에게 죽음은 세상에서 받는 축복의 종결이 아닙니다. 그리스도인의 죽음은 하나님에게서 단절되는 것이 아닙니다. 세상에서 맛보던 선하심과 인자하심을 이제는 만끽하게 될 것입니다. 이 사실을 우리에게 확인시키기 위해서 하늘은 그 문을 열고 큰 소리로 증거하고 있습니다.

여러분은 여러분을 기다리고 있는 죽음 이후의 복을 확신하십니까? 하늘의 음성이 선언하고 성령이 확인하고 있는 그 복을 여러분의 것으로 확신하고 있습니까? 이 확신은 여러분의 걸음을 성도답게 만들 것입니다. 그리스도께서 여러분의 죄에 대한 처벌을 모두 받으셨습니다. 그러므로 이제 주 안에서 살다가 주 안에서 죽는 모든 성도에게 죽음은 두려움의 대상이 아닙니다. 사나 죽으나 그리스도의 것이 된 성도에게는 그 무엇도 그리스도 안에 나타난 하나님의 사랑으로부터 단절될 수 없습니다. 그 어떤 것도 주 안에서 우리에게 보인 하나님의 사랑에서 우리를 분리할 수 없습니다.

> 내가 확신하노니 사망이나 생명이나 천사들이나 권세자들이나 현재 일이나 장래 일이나 능력이나 높음이나 깊음이나 다른 어떤 피조물이라도 우

리를 우리 주 그리스도 예수 안에 있는 하나님의 사랑에서 끊을 수 없으리라(롬 8:38, 39).

사망은 우리가 그리스도 안에서 지금 맛보는 복으로부터 우리를 박탈시키지 못합니다. 오히려 지금 맛보는 하나님의 인자하심과 선하심을 만끽하게 해줄 것입니다.

사랑하는 성도 여러분, 그리스도 안에 있는 자의 복을 지금 누리십시오. 지금 주 안에 있는 복을 맛보는 여러분은 또한 장차 복을 누릴 자입니다. 주 안에서 죽는 자들의 영광스러운 복이 또한 여러분의 것입니다. 장차 나타날 영광에 참여할 복이 우리를 기다리고 있습니다. 살아 계신 분, 죽었다가 다시 살아나신 그분 안에서 우리가 누릴 복이 예비되어 있습니다. 영원토록 살아 계신 그 주님 안에서 죽는 모든 자를 위해 복이 준비되어 있습니다.

수고를 그치고 쉬리니

"지금 이후로 주 안에서 죽는 자들은 복이 있도다"라는 선언에 이어 성령께서 확인하십니다. 성령이 이르시되 "그러하다 그들이 수고를 그치고 쉬리니 이는 그들의 행한 일이 따름이라"고 하셨습니다. 성령께서는 하늘에서 선포된, '주 안에서 죽는 성도가 누릴 복'이 무엇인지를 두 가지 측면에서 밝혀 주고 있습니다.

주 안에서 죽는 자들은 왜 복이 있습니까? 첫째로, 그들은 수고를 그치고 쉴 것이기 때문입니다. 세상을 사는 데는 신불신간에 인생고라는 것이 따릅니다. 신앙인들도 누구든 신앙생활을 하면서 나름 고통을 받습니다. 본문이 말하는 "수고"는 세상을 살아갈 때 겪는 일반적인 수고를 의미하지 않습니다. 신앙의 신실함을 지킬 때 따르는 수고를 의미합니다. 본문의 "수고"는 하나님의 말씀을 따라 사는 데서 오는 수고입니다. 예수님을 잘 믿는 데서 오는 어려움입니다.

당시 성도들의 삶을 생각해 보십시오. 황제 숭배와 같은 요구가 날로 심해지는 상황이었습니다. 조합에 가입하지 않으면 모든 상권을 박탈당하는 사회 속에서 살고 있었습니다. 조합원과 함께 바쿠스 신 혹은 다른 신 앞에서 잔치하지 않으면 그들은 매매할 수 없는 상황 속에 처해 있었습니다. 다르게 말해서 그들은 날마다 짐승의 공격을 받고 있었습니다.

성령의 말씀은 날마다 시달리는 이러한 공격이 이제는 끝난다는 이야기입니다. 주 안에서 죽는 자들은 이 모든 시달림에서 벗어날 것입니다. 지상에서의 고통을 뒤로할 것입니다. 짐승의 공격에 더는 시달리지 않을 것입니다. 순례의 길에서 받던 온갖 고통에서 벗어날 것입니다. 때로는 경제적인 어려움, 때로는 질병의 시달림에서 벗어날 것입니다. 그 죽음은 지쳐서 녹초가 되게 만들던 여러 시달림에서 벗어나게 할 것입니다. 그들이 다시는 굶주리지 아니할 것입니다. 다시는 목마르지 않을 것입니다. 해나 아무 뜨거운 기운에 상하지 아니할 것입니다. 그 눈에서 더 이상 눈물이 흐르지 아니할 것입니다.

모든 수고를 그치고 이제 안식만이 그들을 기다리고 있습니다. 하나님의 계명을 따라 살던 이들이 누릴 안식입니다. 예수를 믿는 믿음을 지킨 자들이 받아 누릴 안식입니다. 신앙 때문에 생명을 바친 자들의 안식이 도래한다는 말씀입니다. "그들이 수고를 그치고 쉬리니"라는 말씀에서 '쉼'은 아무나 누리고 쉬는 쉼이 아닙니다. 하루를 열심히 산 사람에게는 하루를 마치고 얻는 쉼이 있습니다. 그처럼 일생을 잘 보낸 이에게 죽을 때에 누리는 편안한 쉼이 있습니다.

어느 간병인에게 들은 이야기입니다. 마지막 순간을 보내는 사람들은 서로 대조적인 모습을 보이는데, 어떤 사람은 이를 갈면서 죽고 어떤 사람은 "간호해 주셔서 감사합니다. 특별히 복음을 전해 주셔서 고맙습니다"라고 말한 뒤 죽는다고 합니다. 그리스도인과 비그리스도인은 사는 것만 다른 것이 아닙니다. 죽는 마지막 순간까지 저주를 내뿜는 사람은 죽어서도 하늘의 저주가 기다리고 있을 것입니다. 그러나 삶을 돌아보며 누군가에게 감사하는 사람에게는 하늘의 상이 기다리고 있을 것입니다.

세상을 따라 살던 자들이 받는 저주를 기억하십니까? "그의 이름표를 받는 자는 누구든지 밤낮 쉼을 얻지 못하리라"(14:11)고 했습니다. 짐승처럼 살던 자들에게 하나님이 내리시는 최후의 세 번째 저주가 '밤낮 쉼을 얻지 못하는' 저주입니다. 그리고 주 안에서 죽는 자들에게 하나님이 주시는 복은 바로 "모든 수고를 그치고 쉬[는]" 것입니다. 세상 사람들처럼 살던 자들과 복음을 거절한 자들에게는 밤낮 쉼이 없습니다. 신앙을 지키지 못하고 변절한 자들에게는 영원한 쉼이 없습니다. 오직 신앙을 끝까지 지킨 성도들에게 주어지는 보상이 '쉼'으로 나타나 있습니다. 주 안에서 살다가 주 안에서 죽는 성도들만이 누리는 축복은 '영원한 쉼'입니다.

요한은 지금 기진한 순례의 길에서 숨을 헐떡이는 하나님의 백성을 향해 그들이 가장 기다리는 복을 선언합니다. "수고를 그치고 쉬리니." 어쩌면 2천 년 전 그들에게는 예배에 나오는 자체가 목숨을 건 투쟁이었을 것입니다. 눈을 피해야 하고, 발각되면 목숨을 내놓아야 할 상황에서 살고 있었기 때문입니다. 그러니 초대 교회 성도들은 그 말 한마디만으로도 은혜가 되었을 것입니다. 오늘도 주의 나라를 위해서 힘을 다해 사는 분들에게는 그들이 '수고를 그치고 쉬리라'는 말보다 더 큰 위로의 말이 없습니다.

우리는 말씀을 따라서 살기에 고달픔을 느낄 때마다 이 쉼을 더 열망하게 됩니다. 세상에서 박해를 당하고 시달리는 순례자는 누구나 영원한 안식을 갈망합니다. 때로는 암과 같은 질병에 시달릴 때도 고통이 끝나고 안식이 찾아올 그날을 사모합니다. "주님, 나를 데려가 주십시오"라고 소원합니다. 만일 여러분이 주의 복음 때문에 오늘을 힘겹게 살고 있다면 "수고를 그치고 쉬리니"라는 말씀은 여러분에게도 위로가 될 것입니다.

행한 일의 업적에 따라

주 안에서 죽는 자가 누리는 두 번째 복은 무엇입니까? 성령께서는 성도의 죽음이 복된 이유를 "이는 그들의 행한 일이 따름이라"고 밝히고 계십니다. 그들의 행한 일의 업적이 남아 있기 때문이라는 것입니다.

유대인들은 선행이 죽는 자보다 먼저 하늘에 도착한다고 믿었습니다. 사람의 숨이 꼴깍 넘어가는 순간, 그가 행한 선행은 이미 하나님 앞에 도착했다고 믿었습니다. 그래서 죽은 사람이 어떤 삶을 살았는지 하나님 앞에 증언함으로 천국에 가게 된다고 믿었습니다. 그러나 본문은 그런 의미가 아닙니다. 물론 사람이 이 세상에서 한 일은 무덤 저편까지 연결될 것입니다. 죽는다고 모든 것이 끝나지는 아니할 것입니다. 죽어서 모든 것이 끝난다면, 예수를 믿는 사람만큼 어리석은 사람은 없을 것입니다. 예수를 믿기 위해서 수고한 사람만큼 속고 산 사람은 없을 것입니다. 끝나 버리고 말 것을 가지고 무엇 때문에 진실하게 살겠습니까? 하지만 죽는다고 모든 것이 끝나지는 않습니다. 한 번 죽는 것은 사람에게 정해진 이치지만 두 번 죽는 것은 '심판이 있으리니'라고 성경은 말합니다(히 9:27 참조). 오히려 성경은 '우리의 행한 일이 내일 거기서 의미를 가진다'고 말하고 있습니다.

주를 위한 그들의 선행과 수고는 그들의 죽음과 함께 종말을 고하지 아니할 것입니다. 그리스도를 위하여 죽기까지 헌신한 그들의 헌신은 끝까지 기억될 것입니다. 그리스도의 구속 사역의 결과로 성도의 모든 행위가 하나님의 보좌에서 기억될 것입니다. 사실 우리가 주를 위해 무언가 한 것이 있다면 그것은 나의 힘이 아니라 그 큰 사랑, 그분의 은혜로 감당한 것 아닙니까? 내 안에서 새 역사를 시작하신 성령의 힘으로 감당한 것이기에 우리는 "은혜였습니다"라고 고백하고 그 일을 결코 잊지 않는 것입니다. 하나님의 영광을 위해서 우리가 어떻게 신실하게 살았는지 하나님이 증거해 주실 것입니다. 사랑하는 성도 여러분, 여기서 우리는 복음에 끝까지 신실해야 할 궁극적인 이유를 발견합니다.

우리가 겪는 수고와 고통이 아무런 열매를 거두지 못하는 것처럼 느껴질 때도 있을 것입니다. 우리가 뿌린 씨앗이라고 해서 우리 당대에 거두어야 한다는 법칙은 없습니다. 때로는 봄에 뿌린 씨앗이 가을까지 결실하지 못할 수도 있습니다. 그러나 눈물로 씨앗을 뿌렸을 때 하나님은 기쁨으로 거둘 날을 반드시 기약하고 계십니다. 세상 모든 사람은 거짓되되, 하나님은 당신의 약속을 지키시는 신실한 분이고 전능하신 분입니다. 공의로우신 그분은 주를 위한 우리의 작은 수고까지 기억하고 계십니다. 그렇기에 우리는 낙심하지 않습니다. 성도가 세상에서 하는 일이 사소해 보일지라도 하나님은 결코 그 상을 잊지 않으실 것입니다.

성도가 종사하는 일이라고 해서 모두 거창한 일은 아닙니다. 사실 우리는 스스로를 속이면서, 우리의 자녀와 후손이 그리스도인의 리더가 되어야 한다고 생각합니다. 그런데 리더는 소수의 사람이면 됩니다. 나머지 사람들은 모두 팔로워(follower)입니다. 주님에게는 우리가 리더 역할을 하든, 팔로워 역할을 하든 상관없습니다. 주님이 맡기신 일에 신실하면 됩니다. 주님은 우리의 상금을 보장하십니다.

주의 이름으로 어려운 사람을 도와준 적이 있습니까? 간혹 어떤 성도는 교회에서 어려운 사람들을 구제하는 일을 하지 않는다고 흥분하지만, 하나님은 교회인 그가 직접 그런 일을 하길 바라고 계십니다. 주의 이름으로 의지할 때 없는 사람들의 편이 되어 준 적이 있습니까? 한 사람이 왕따를 당할 때 아무 말 하지 않고 그 사람 옆에 서서 손을 꼭 잡아준 적이 있습니까? 거기까지는 못하더라도 동료 성도를 향한 사랑의 눈빛, 한마디 격려의 말조차도 하나님은 보상하실 것입니다. 주의 이름으로 복음을 전하는 일에 동참해 본 적이 있습니까? 주의 이름으로 새벽에 일찍 일어나 기도의 자리에 나가신 적이 있습니까? 주의 이름 때문에 한 영혼을 두고 기도한 적이 있습니까? 그 영혼을 위해 기도하며 눈물 흘려 본 적이 있습니까? 지난 1년 동안, 3년 동안, 10년 동안 그런 일이 있었습니까? 오직 몸을 씻고 세수하고 예쁘게 꾸민다고 예쁜 것이 아닙니다. 성도의 얼굴이 아름다운 것은 영혼을 사랑하는 눈물을 흘렸기 때문입니다.

하나님은 우리가 주님을 사랑하는 마음으로 대접한 찬물 한 그릇도 잊지 않으실 것입니다. 은혜와 영광으로 보상될 날이 반드시 다가오고 있습니다. 우리의 수고에 합당한 상들이 보장되어 있습니다. 우리가 한 일에 대해서 상상할 수 없는 보상이 기다리고 있습니다. 우리가 받을 상급에 대해 성경은 '우리가 본 적이 없고, 우리가 들은 적도 없고, 우리가 마음으로 상상해 본 적이 없다'고 말하고 있습니다. 그런 부분을 알게 되면 아마 우리의 신앙생활은 상승기류를 타게 될 것입니다. 하나님이 보상해 주실 것을 생각하면 어떤 상황에서 누가 무슨 소리를 해도 신경 쓰지 않을 것입니다. "하나님, 아시죠?"라는 말로 해결될 것입니다.

그들의 업적이 언제나 그들 뒤에 남아 있다고 말씀하십니다. 하나님이 우리에게 은사를 주셔서 주의 몸 된 교회의 한 부분을 섬기게 하셨으면 죽음의 형태가 어떠하든 우리가 섬긴 것에 대해 어떤 식으로든 보상받게 될 것입니다. 주님이 기억해 주십니다. "당신의 섬김이 하늘에서 해와 같이 빛나리"라고 우리는 찬송하지 않습니까? 하나님이 결코 잊지 않으실 것입니다. 그날 우리의 모든 수고에 대해 복된 결실을 보게 될 것입니다.

> 그러므로 내 사랑하는 형제들아 견실하며 흔들리지 말고 항상 주의 일에 더욱 힘쓰는 자들이 되라 이는 너희 수고가 주 안에서 헛되지 않은 줄 앎이라(고전 15:58).

"힘쓰는 자들이 되라"고 말하는 것은 힘쓰는 자들이 되어야 항상 기뻐할 수 있기 때문입니다. 힘쓰는 자들이 되어야 범사에 감사할 수 있습니다.

사랑하는 성도 여러분, 여러분의 수고는 결코 잊히지 않을 것입니다. 악인의 죗값을 따라 최후 심판이 있는 것과 마찬가지로 끝까지 그 이름에 신실한 성도들에게는 최후 보상이 있습니다. 우리는 주를 위해 수고한 우리의 모든 일을 하나님이 기억하시고 갚아 주실 것을 믿습니다. 그러므로 우리 각 사람에게 주어진 길을 끝까지 성실히 걷기로 다짐합시다. 하지만 다짐만으로 삶은 달라질 수 없습니다. 그래서 간구해야 합니다. 항상 기뻐하는 삶은 쉬지 않고 부르짖는 자에게 주시는 선물입니다. 범사에 감사하는 삶은 쉬지 말고 간구하는 자가 맛보는 은혜입니다. 그러므로 이 아름다운 날의 하루하루를 기도로 알알이 채워 가는 성도들이 되시기를 바랍니다.

Revelation

요한계시록 14장 14-20절

14 또 내가 보니 흰 구름이 있고 구름 위에 인자와 같은 이가 앉으셨는데 그 머
리에는 금 면류관이 있고 그 손에는 예리한 낫을 가졌더라 15 또 다른 천사가 성
전으로부터 나와 구름 위에 앉은 이를 향하여 큰 음성으로 외쳐 이르되 당신의
낫을 휘둘러 거두소서 땅의 곡식이 다 익어 거둘 때가 이르렀음이니이다 하니
16 구름 위에 앉으신 이가 낫을 땅에 휘두르매 땅의 곡식이 거두어지니라 17 또
다른 천사가 하늘에 있는 성전에서 나오는데 역시 예리한 낫을 가졌더라 18 또
불을 다스리는 다른 천사가 제단으로부터 나와 예리한 낫 가진 자를 향하여 큰
음성으로 불러 이르되 네 예리한 낫을 휘둘러 땅의 포도송이를 거두라 그 포도
가 익었느니라 하더라 19 천사가 낫을 땅에 휘둘러 땅의 포도를 거두어 하나님
의 진노의 큰 포도주 틀에 던지매 20 성 밖에서 그 틀이 밟히니 틀에서 피가 나
서 말 굴레에까지 닿았고 천육백 스다디온에 퍼졌더라

18

마지막 추수

그리스도 안에서 사랑하는 성도 여러분, 계시록은 더 이상 닫힌 책이 아닙니다. 오늘 우리와 상관없는 먼 미래에 일어날 사건을 말하는 책이 아닙니다. 계시록은 우리에게 열리고 있는 책입니다. 바로 오늘 우리 시대의 일을 예언하고 있습니다.

사실 계시록 강해의 어려운 점은 본문 해석에 있지 않습니다. 오히려 본문의 상황을 이해해야 하는 우리의 상황에 있습니다. 속화된 21세기를 살고 있는 우리의 상황과 1세기 말 밧모섬에서 이 계시를 받은 요한의 상황이 너무 다르다는 데 있습니다. 그럼에도 오늘 우리는 요한계시록이 주는 메시지를 들어야 합니다. 요한계시록의 메시지야말로 마지막 시대를 사는 우리에게 중요한 통찰을 주기 때문입니다. 요한이 쓴 계시록에서 이 마지막 시대를 사는 지혜를 공급받을 수 있기 때문입니다.

사랑하는 성도 여러분, 계시록을 사랑하십시오. 계시록 말씀을 귀담아들으십시오. 그러면 말세적 상황이 전개될 때 두려워하지 않을 것입니다. 세기말적 현상이 덮칠 때에 두려움 없이 그날을 직면할 수 있을 것입니다.

계시를 주신 이유

본문은 두 종류의 추수를 보여 주고 있습니다. 14장 14-16절은 곡식 추수 장면입니다. 17-20절은 포도 수확 장면입니다. 먼저 곡식 추수 장면을 요한과 함께 살펴봅시다.

> 또 내가 보니, 흰 구름이 있고 그 구름 위에 인자 같은 분께서 앉으셨는데 그분은 머리에 금 면류관을 쓰고 손에는 예리한 낫을 가지고 계셨다. 그 때 다른 천사가 성전에서 나와, 구름 위에 앉으신 분께 큰 소리로 외치기를 "주님의 낫을 보내어 추수하소서. 이는 땅의 곡식이 다 익었고 추수할 때가 되었기 때문입니다"라고 하니, 구름 위에 앉으신 분께서 그분의 낫을 땅에 휘두르시니 곡식이 거두어졌다(14:14-16, 바른성경).

밧모섬에 있는 사도 요한에게 이 계시를 주신 것은 그를 위로하기 위함입니다. 유배된 요한뿐만 아니라 박해당하고 있는 성도들을 위로하기 위해 이 환상을 주셨습니다. 그러므로 환난 가운데 있는 모든 교회가 받을 수 있는 위로의 원천이 계시록 속에 포함되어 있습니다. 특히 사도 요한은 14장에서 최후 심판을 보여 줌으로 고난 중에 있는 하나님의 백성을 위로하고자 합니다. 곳곳에서 환난의 먹구름이 일어나는 암울한 세상과 달리 요한의 환상 속에는 흰 구름이 피어나고 있습니다. 그 흰 구름을 배경으로 한 분이 등장하고 있습니다. 어두운 세상과는 대조적으로 빛 가운데 오시는 분이 계십니다.

밧모섬에 유배된 사도 요한의 눈은 영광 중에 오시는 주님을 뵙고 있습니다. 영광스러운 빛 가운데 축복으로 찾아오시는 그분은 분명 우리의 구원자, 우리의 왕이십니다. 그분이 쓴 면류관은 그분의 승리, 그분의 왕권을 보여 주고 있습니다. 동시에 그분이 가지신 예리한 낫은 그분이 오셔서 하실 일을 보여 줍니다. 그분은 땅에 사는 모든 인류를 심판하실 것입니다. 왕의 권위를 가지고 세상을 심판하실 때가 다가옵니다. 그 손에 들려 있는 예리한 낫을 보면서 우리는 이 시대를 가늠해야 합니다.

예리한 낫의 의미

타락한 도시 문명에 젖은 사람들은 손에 예리한 낫을 가지고 있다 한들 알아듣지 못합니다. 옛날에는 추수에 가장 효율적인 도구가 낫이었습니다. 보리 추수든, 벼 추수든, 포도 수확이든 모두 낫으로 거두었습니다. 그래서 추수하는 날은 아침부터 하루가 바쁩니다. 이른 아침부터 논밭에 나갈 채비를 하기 위해 남자는 남자대로, 여자는 여자대로 바쁩니다. 여자들이 새벽부터 밥을 해야 남자들이 일찍 일하러 나갈 수 있습니다. 남자들도 새벽부터 일어나 준비해야 합니다. 낫이란 낫은 다 가지고 나와서 숫돌 앞에 앉아 갈아야 합니다. 날을 하나하나 예리하게 세워야 그날 일을 제대로 할 수 있습니다. 무딘 낫으로는 추수를 할 수 없기 때문입니다. 농사짓는 사람들에게는 면류관을 쓰고 구름 위에 앉으신 분이 손에 예리한 낫을 들고 있다는 것에 대해 설명할 필요가 없습니다. '이제 곧 추수하려는구나' 하고 알아듣습니다.

또 다른 천사가 하나님의 성전에서 나와 도시 문명에 찌든 우리를 위해서 지금 큰 소리로 외치고 있습니다. "당신의 낫을 휘둘러 거두소서 땅의 곡식이 다 익어 거둘 때가 이르렀음이니이다"(14:15).

밭에 곡식이 익었는데도 내버려 두는 사람이 있을까요? 땅을 갈아서 씨를 뿌렸습니다. 싹이 트고 자라면 자주 김을 매어 주었습니다. 이삭이 충실하게 맺히고 익어 이제 수확할 날만 기다립니다. 그때쯤 되면 양식이 다 떨어지기 때문에 하루빨리 한 귀퉁이라도 무르익기를 바라는 것이 농부의 마음입니다. 익은 곡식을 밭에 그대로 내버려 둘 농부는 없습니다. 추수 때가 되면 누구도 추수하는 것을 연기하지 않습니다.

> 구름 위에 앉으신 이가 낫을 땅에 휘두르매 땅의 곡식이 거두어지니라(14:16).

16절을 보면, 트랙터로 거두는 것보다 쉽게 온 땅을 추수하는 듯합니다. 누가 추수를 했는가, 주님이 직접 하셨는가, 아니면 천사가 했는가 하는 것은 요한의 주 관심사가 아닙니다. 지체 없이 땅의 곡식이 거두어지는 것을 보여 주는 데 관심이 있습니다. 한 번 휘두른 낫질에 땅의 모든 곡식이 거두어진 듯한 인상을 남기고 있습니다.

하늘 성전에서 나온 천사와 제단에서 나온 천사

곡식을 거두는 환상에 이어 두 번째로 포도를 수확하는 환상이 나오고 있습니다.

> 그후에 또 다른 천사가 하늘에 있는 성전에서 왔는데 그 천사도 역시 예리한 낫을 가지고 있었습니다. 바로 그때 불로 세상을 파멸시킬 능력을 지닌 천사가 제단에서 나오더니 낫을 든 천사에게 큰 소리로 말하였습니다. "어서 그 낫으로 땅 위에 있는 포도밭에서 포도송이를 거두십시오. 포

도가 다 무르익어 심판할 때가 되었습니다." 천사가 낫을 땅 위에 휘둘러 포도송이를 잔뜩 거두어 가지고는 하나님의 진노의 큰 술틀에다 던져 넣었습니다. 그 술틀은 성 밖에 있었습니다. 술틀에 던져진 포도송이들이 마구 짓밟혔습니다. 그러자 술틀에서 어찌나 많은 피가 흘러넘치던지 무려 320킬로미터나 퍼져 나갈 정도였습니다(14:17-20, 현대어성경).

또 다른 천사가 등장하고 있습니다. 계시록의 특징은 천사가 자주 등장한다는 것입니다. 묵시 문학에서는 여차하면 천사가 등장합니다. 우리는 천사에 대해 별로 알지 못하고, 알려고 관심을 쏟지도 않습니다. 그러나 유대인들은 달랐습니다. 유대인들은 천사에 관심이 많았고, 천사를 숭배하기까지 했습니다. 오죽하면 히브리서 기자가 예수님을 설명할 때 천사보다 탁월하신 분이라고 비유하겠습니까? 히브리 사람들이 워낙 천사를 내세우니까 그 천사보다 탁월하신 분이 주님이라고 말하고 있습니다. 하여간 유대 묵시 문학에서는 천사가 많은 역할을 감당하고 있습니다.

지금 등장하고 있는 천사는 성전, 즉 하나님이 임재하신 곳에서 나오고 있습니다. 하나님의 명을 받들어서 지금 등장하고 있습니다. 그에게 주어진 사명은 그의 손에 들려진 날 선 낫이 증명하고 있습니다. 그도 역시 수확하려고 등장합니다.

이어서 또 다른 천사가 제단에서 등장하고 있습니다. 그는 불을 다스리는 천사로 심판을 주관한다고 설명합니다. 제단에서 나온 천사가 낫을 든 천사에게 큰 소리로 말했습니다. "어서 그 낫으로 땅 위에 있는 포도밭에서 포도송이를 거두십시오. 포도가 다 무르익어 심판할 때가 되었습니다."

계시록은 제단을 죽임당한 자들이 큰 소리로 호소하며 하나님에게 부르짖는 자리라고 밝히고 있습니다. 요한계시록 8장 3절 이후를 보면 금 향로를 가지고 많은 향을 받은 천사가 등장합니다. 우리는 천사들이 성도들의 기도와 함께 금 제단에 향을 드리는 장면을 보았습니다. 그 결과 어떤 일이 일어납니까? "향연이 성도의 기도와 함께 천사의 손으로부터 하나님 앞으로 올라가는지라 천사가 향로를 가지고 제단의 불을 담아다가 땅에 쏟으매 우레와 음성과 번개와 지진이 나더라"(8:4).

땅에 있는 성도의 기도는 역사하는 힘이 많습니다. 때로 그들은 쫓기는 패자처럼 보일 수도 있습니다. 박해받고 순교를 당하기도 합니다. 그러나 그들이 드리는 기도는 온 세상을 움직입니다. 온 역사를 다스리고 있습니다. 그들의 기도는 악인의 최후 심판을 호소하고 있습니다. "언제까지입니까"(6:10 참조)라고 부르짖는 소리를 듣고 그 기도의 응답으로 한 천사가 등장하는 것을 보여 주기 위해 제단으로부터 그가 나왔다고 말하고 있습니다. 그 성도들과 순교자들의 기도 응답으로 제단에서 왔다는 말입니다.

사랑하는 성도 여러분, 땅 위에 있는 성도의 기도는 위력이 있습니다. 두세 사람이 새벽에 나와서 앉아 있어도, 그 기도는 하나님 나라가 이 땅에 도래하는 데 결정적인 역할을 감당합니다. 수적으로 보면 시원찮더라도, 동네 반상회 하는 정도에 지나지 않더라도, 그 위력은 한 나라의 각료 회의를 능가합니다. 역사의 완성을 선언하는 데 결정적인 기도가 거기서 드려지기 때문입니다. 세상을 움직이는, 하나님의 보좌를 움직이는 기도하는 시간에 우리의 남은 에너지를 쏟아부어야 합니다.

하나님의 진노의 큰 포도주 틀

이제 선언에 이어서 예리한 낫을 든 천사의 포도 수확 활동이 시작될 것입니다. "어서 그 낫으로 땅 위에 있는 포도밭에서 포도송이를 거두십시오" 하는 말에 이 기도가 작용하고 있습니다.

> 또 불을 관리하는 다른 천사가 제단에서 나와 날카로운 낫을 가진 천사에게 큰 소리로 '땅의 포도송이가 무르익었으니 낫으로 포도송이를 거두시오' 하고 외쳤습니다. 그러자 그 천사가 땅 위에 낫을 휘둘러 포도송이를 거두어 하나님의 진노의 큰 포도주 틀 속에 던져 넣었습니다(14:18, 19, 현대인의성경).

날카로운 낫을 휘둘러 역시 단칼에 모든 포도를 다 수확해서 포도주 틀에 던졌습니다. 이 틀은 "하나님의 진노의 큰 포도주 틀"이라고 불리고 있습니다. 우리는 포도 농사를 지어도 주로 과일로 파는 정도입니다. 하지만 전통적으로 포도 농사를 짓는 사람들은 주로 포도로 포도주를 담급니다. 포도가 한창 잘 익었을 때 즙을 짜서 포도주를 담급니다. 즙을 짜는 구유는 대개 두 단계로 나누어져 있습니다. 위쪽 틀에 전체 포도를 넣고 맨발로 마구 밟아댑니다. 그렇게 포도가 밟히면 포도에 즙이 흘러나와 아래쪽 즙 틀에 흘러내려 흥건히 고입니다. 그런데 본문 20절을 보면, "포도가 성 밖 포도주 틀에서 짓밟히자 피가 흘러나와 말굴레에까지 닿았고 약 300킬로미터까지 흘러나갔다"(현대인의성경)고 합니다. 그 틀에서 흘러나온 것이 포도즙이 아닌 피라고 말하고 있습니다.

사람의 상상을 초월하는 무시무시한 정황을 말하고 있습니다. 그 틀이 "하나님의 진노의 큰 포도주 틀"이라고 말했듯이 거기서 흘러나오는 것은 심판받아 죽임당한 사람들의 피라고 말합니다. 포도송이가 밟혀서 사람 한 길 정도 되는 높이와 300킬로미터의 땅에 피의 호수가 흥건하게 고였다고 말합니다.

그런데 왜 포도송이가 "성 밖 포도주 틀에서" 짓밟혔다고 말합니까? 당시 성도들은 성 밖에서 밟히는 것이 무엇인지 알고 있었습니다. '성 밖에서 짓밟힌다'는 것은 초대 교회 성도들에게 한 맺힌 표현입니다. 그들이 주님 때문에 부당하게 정죄받고 죽임당한 곳이 성 밖이기 때문입니다. 성도들은 성 밖에서 받은 수난을 잊지 않고 있었습니다. 그들의 주님도 불결한 존재로 취급받아 성 밖으로 끌려 나갔습니다.

구약 시대에 제물의 피는 단에 뿌려지지만 그 제물은 성 밖에서 불살라지듯이 예수께서도 자기 피로 백성을 거룩하게 하시기 위해 성 밖에서 고난을 받으셨다는 히브리서의 설명과 같습니다(히 13:12 참조). 거기서 주님은 하나님의 눈에 불결한 존재로 여겨지셨습니다. 거기서 하나님의 진노의 틀에 짓이겨졌습니다. 그것이 십자가의 의미입니다. 우리로 하여금 당신의 거룩과 당신의 의를 입도록 하시기 위하여 성문 밖에서 고난을 받으신 주님을 성도들은 잊을 수 없습니다. 주님의 고난은 성문 밖에서 시작되었습니다. 그분을 따르는 성도들이 지금 당하는 고난 역시 성문 밖에서 이루어집니다.

사람 취급을 받지 못하고 사람대우를 받지 못해도 우리는 그곳이 성도들의 고향이었다는 것을 알기 때문에 두려워하지 않습니다. 원래 사람들이 살고 생활하는 곳은 성안이었습니다. 우리 근처에 있는 성안은 말 그대로 성을 만들 때 임시 대피소로 준비된 곳입니다. 전쟁이 터졌을 때 순간적으로 도피할 수 있는 곳입니다. 그러나 여기서 말하는 성곽 안, 성안은 성도들이 평소에 살던 곳입니다. 그러니 한 사람이 성문 밖으로 쫓겨난다는 것은 사람대접을 받지 못한다는 것입니다. 성문 밖으로 추방당한다는 것은 멸시와 모욕을 받는다는 것입니다.

여러분은 그리스도 때문에 무시를 받아 보셨습니까? 그런 분은 성 밖에서 짓밟힌다는 이야기를 들을 때 위로가 될 것입니다. 지금껏 하나님의 백성은 세상으로부터 멸시와 천대를 받아 왔습니다. 아니, 당시 하나님의 백성은 성 밖에서 짓밟히는 일이 비일비재했습니다. 히브리서를 보면 공민권을 박탈당하는 즉시 애지중지하던 물건을 다 약탈당해도 호소할 데가 없는 삶을 살았던 것으로 보입니다. 성문 밖에서 성도들이 조롱당했습니다. 그러나 날이 다가오고 있습니다. 세상 사람들이 성 밖에서 하나님의 진노의 포도주 틀에 밟히는 시대가 곧 다가옵니다. 지금껏 하나님의 백성이 밟히던 그 장소에서 이제 하나님의 백성을 조롱하던 자들이 짓밟힐 날이 도래할 것입니다.

두 가지 환상의 의미

사랑하는 성도 여러분, 우리는 요한이 밧모섬에서 본 환상을 살펴보았습니다. 곡식 추수와 포도 수확을 소재로 한 마지막 심판의 메시지를 살펴보았습니다. 주님은 사도 요한에게 왜 두 가지 소재를 주셨을까요? 곡식 추수와 포도 수확이 갖는 메시지는 각각 다릅니까?

많은 사람이 곡식 거두는 것을 천국 알곡을 거두는 것으로 생각합니다. 반면 뒤에 나오는 포도 수확은 진노의 포도주 틀에 밟히는 악인의 심판이라고 봅니다. 첫째 장면은 그 나라를 위한 의인들의 추수이고, 둘째 장면은 심판을 위한 회개치 않은 이들의 추수입니다. 그렇게 보면 그럴듯하게 보입니다. 그러나 두 환상의 기초는 동일한 구약 예언에 있습니다.

> 너희는 낫을 쓰라 곡식이 익었도다 와서 밟을지어다 포도주 틀이 가득히 차고 포도주 독이 넘치리니 그들의 악이 큼이로다(욜 3:13).

요엘은 낫을 써서 익은 곡식을 베는 일과 사람들이 몰려들어 포도알을 밟는 일을 동시에 기술합니다. 히브리 사람들은 같은 사실을 다른 측면으로 반복해서 말하기를 좋아합니다. 그러므로 곡식 추수는 의인을 모으는 일로, 포도 수확은 악인을 모으는 일로 보는 것은 그럴듯해도 받아들이기 어렵습니다. 물론 의인의 회집과 악인의 회집은 반드시 따로 있을 것입니다. 오늘을 사는 모습이 다른 것과 마찬가지로 의인과 악인은 내일 받을 보상도 다를 것입니다. 의인의 회집이 악인의 회집에 선행될 것입니다. 그러나 본문이 보여 준 것이 과연 그런 의미인지는 의문이 있습니다.

우리는 두 환상이 각각 무엇을 상징하는지 묻기보다 환상을 왜 두 번씩 보여 주는지 물어야 합니다. 각각 심판의 대상이 누구인지 묻기 전에, 왜 두 번씩이나 환상을 보여 주는지에 질문의 초점이 맞추어져야 합니다. 곡식은 누구를 상징하느냐, 포도송이는 누구를 상징하느냐 하는 것은 요한이 의도한 바가 아닙니다. 이 환상을 통해서 요한이 동일하게 강조하는 것은 심판 날이 곧 도래한다는 것입니다.

하나님은 요한에게 추수 준비가 완료된 환상을 왜 두 번씩 보여 주십니까? 이 설명은 바로의 꿈에 대한 요셉의 설명으로 답할 수 있습니다. "폐하께서 같은 꿈을 두 번씩이나 꾸신 것은 하나님이 이 일을 어김없이 하기로 정하셨고 또 지체 없이 그대로 하실 것을 말씀하시는 것입니다"(창 41:32 참조). 하나님은 심판 준비를 완료하셨습니다. 어김없이 지체하지 않으시고 시행하실 것입니다. 하나님은 기필코 마지막 추수를 하실 것입니다. 하나님의 때에 반드시 하실 것입니다. 그 보장을 거듭 강조하고 계십니다.

악이 극심하고 박해가 날로 성행할 때 성도들이 갖게 되는 의문이 무엇이라고 생각하십니까? 바로 역사의 의미를 묻는 것입니다. "정말 하나님이 살아 계신다면, 정말 의로운 하나님이 살아 계신다면, 이렇게 당하는 것을 목도만 해야 합니까?"라는 질문을 하게 됩니다. "의로우신 하나님이 계신다면 왜 의인은 고난을 받고 악인은 출세하는 것입니까? 믿음으로 사는 자들은 위축당하는데, 불신앙 속에 사는 자들은 부어라 마셔라 흥청대고, 양심 없이 사는 자들은 출세도 잘합니다. 도대체 이유가 어디에 있습니까?"라고 질문합니다. 그런 질문이 우리를 감싸기 시작하면, 때로 신앙조차 포기하고 싶어집니다. '하나님이 정말로 살아 계실까?'라는 신앙에 대한 회의와 하나님을 믿는다는 것이 도대체 무슨 의미가 있는지 싶어 신앙 자체를 포기하는 일까지도 일어납니다.

본문은 이런 상황에 대한 하나님의 대답입니다. 하나님은 기필코 마지막 추수를 하실 것이라고 말씀하고 계십니다. 하나님은 반드시 최후의 심판을 하실 것입니다. 우리가 하루하루 행한 모든 생각과 말과 행동에 대해 한날 답하여야 한다면, 하나님은 신속히 시행하신다는 것을 말하기 위해서 같은 사실을 두 번씩 보여 주고 있는 것입니다.

등장하는 낫에는 각각 예리한 날이 서 있습니다. 추수 준비는 다 되어 있습니다. 심판은 확정되었고, 신속히 임할 것입니다. 거듭 보여 주신 환상은 각각 누구를 향한 환상인지를 보여 주시는 것이 아니라 심판이 반드시, 그리고 신속히 있을 것을 보여 주시는 것입니다.

심판에 대한 준비

이제 마지막 질문이 여러분을 기다립니다. 여러분은 반드시, 신속히 임할 하나님의 심판에 준비되어 있습니까? 무르익은 곡식에 대한 부담을 가지고 살고 있습니까? 짓밟히게 될 포도송이에 대한 마음의 부담을 가지고 예배당에 출입하고 있습니까? "나는 이제 그 심판을 피했으니 안 믿던 자들 한번 두고 보자"라고 말한다면 여러분은 그리스도인이 아닙니다. 그리스도인의 심보는 "망하는가, 한번 두고 보자"라고 하지 않습니다. 이 환상대로 최후의 심판이 있음을 다시 한 번 마음속에 '아멘'으로 확인한다면, 우리 주변에 있는 사람들, 이웃하고 있는 사람들, 좋은 친구들에 대해 우리가 책임을 다하고 있는지 돌이켜 봐야 합니다.

하나님의 추수 날은 반드시 다가옵니다. 베어질 날이 다가오고 있습니다. 던져질 날이 다가오고 있습니다. 짓밟힐 날이 다가오고 있습니다. 으깨질 날이 다가오고 있습니다. 그 영혼들에 대해 신자로서 부담감을 가지고 있습니까? 자신은 그 심판을 피했다고 안심하고 있습니까? 최후의 심판을 기다리며 그날을 향하여 치닫고 있는 멸망받을 영혼들에 대한 마음의 부담을 가지고 있습니까? 그 마지막 날은 반드시 임할 것입니다.

우리 자신이 내일 그 무서운 심판 자리에 들어서지 않도록 돌아서십시오. 심판의 소식이 마음속에 일말의 두려움을 준다면 여러분은 아직 신자가 된 것이 아닙니다. 거기서 벗어나야만 합니다. "주님 빨리 오세요"라고 소원하는 것이 성도의 자세입니다. 주님이 오시는 것이 두려운 소식이 아니라 안도의 소식이 되도록, 기쁨과 환희의 소식이 되도록 여러분의 삶이 바뀌어야 합니다.

그 선하심과 인자하심을 감사하십시오. 우리에게 생명이 있음을 감사하십시오. 저는 살아 있다는 것에 참 감사하고, 저를 아직도 챙겨 줄 수 있는 아내가 있다는 것에 감사하고, 거처할 수 있는 집이 있다는 것에 감사합니다. 한 잔의 차를 마실 수 있는 것처럼 일상적으로 할 수 있는 것들보다 큰 감사는 없습니다.

속지 마십시오. 세상의 흐름에 따라 흘러가지 마십시오. 우리에게 이 복음이 들려지는 사실로 인하여 기뻐하십시오. 성도들과 함께 예배할 수 있는 것으로 인하여 영원토록 하나님을 찬송하십시오. 성도와 함께 이 계시의 말씀을 듣는 사실로 인하여 찬양하십시오.

사랑하는 성도 여러분, 날로 악해지는 세상 속에서 의롭게 살기에 기진해 있습니까? 조금만 기다리십시오. 마지막 심판이 도래하고 있습니다. 그 날이 신속히 이를 것입니다. 그래서 저는 언제부터인가 '구주대망'(救主大望)이라는 말을 즐겨 사용하고 있습니다. 주 예수께서 능력의 천사들과 함께 하나님을 모르는 자들, 그리스도의 복음에 복종하지 않는 자들, 하나님의 소식을 들어 보지 않은 자들, 하나님에게 그 입으로 감사하지 않는 자들을 심판하기 위하여 불꽃 가운데 나타나실 것입니다. 세상에 태어나 숨 쉬고 살면서도 자기에게 호흡을 주시고 자기의 생명을 주장하고 계신 하나님에게 한 번도 감사해 본 적 없는 자들은 그 최후의 심판에 들어갈 것입니다. 그날 포도주 틀에 던져질 것입니다.

성도 여러분은 복음을 위해 사는 삶을 견지해야 합니다. 하나님을 알지 못하고 하나님의 큰 진노의 포도주 틀에 던져지지 않도록 하십시오. 순종하면 하나님이 기적을 보여 주실 것입니다. 사랑하는 성도 여러분, 영원한 형벌의 날은 반드시, 그리고 신속하게 이 땅에 도래할 것입니다.

Revelation

요한계시록 15장 1-4절

1 또 하늘에 크고 이상한 다른 이적을 보매 일곱 천사가 일곱 재앙을 가졌으니
곧 마지막 재앙이라 하나님의 진노가 이것으로 마치리로다 2 또 내가 보니 불
이 섞인 유리 바다 같은 것이 있고 짐승과 그의 우상과 그의 이름의 수를 이기
고 벗어난 자들이 유리 바다 가에 서서 하나님의 거문고를 가지고 3 하나님의
종 모세의 노래, 어린양의 노래를 불러 이르되 주 하나님 곧 전능하신 이시여
하시는 일이 크고 놀라우시도다 만국의 왕이시여 주의 길이 의롭고 참되시도
다 4 주여 누가 주의 이름을 두려워하지 아니하며 영화롭게 하지 아니하오리이
까 오직 주만 거룩하시니이다 주의 의로우신 일이 나타났으매 만국이 와서 주
께 경배하리이다 하더라

19

어린양의 노래

그리스도 안에서 사랑하는 성도 여러분, 요한계시록 15장은 드디어 마지막 재앙의 때가 도래했음을 보여 줍니다. 요한계시록 전체 구조에서 세상을 향한 하나님의 재앙은 크게 세 가지로 상징됩니다. 먼저 일곱 봉인이 떼어짐으로 하나님의 심판이 공개됩니다. 그다음 일곱 나팔이 불리면서 하나님의 보응이 알려집니다. 마지막으로 일곱 대접이 쏟아짐으로 하나님의 진노가 시행됩니다.

우리는 일곱 봉인이 차례로 떼어지는 것을 살펴보았습니다. 마지막 일곱째 인이 떼어질 때 일곱 천사가 일곱 나팔을 받았습니다. 마치 일곱 나팔은 일곱째 봉인의 확장처럼 기술됩니다. 일곱 대접 역시 일곱째 나팔의 확장처럼 기술되고 있습니다. 다섯째 나팔을 불 때 첫 번째 화가 이 땅에 임했습니다. 여섯째 나팔을 불 때는 두 번째 화가 내렸습니다. 그리고 세 번째 화가 속히 도래할 것을 말하고 난 다음에 일곱째 나팔을 불고 있습니다.

본문 1절을 보면, 일곱 천사의 일곱 재앙이 앞서 말한 마지막 세 번째 재앙임을 말해 주고 있습니다. 하나님의 진노가 총결산되는 마지막 화임을 말하고 있습니다. 그러므로 일곱째 나팔의 구체적인 내용은 일곱 대접의 일곱 재앙 속에서 볼 수 있습니다.

그렇게 본다면 일곱 나팔을 부는 일과 일곱 대접을 쏟는 일 사이의 막간 기사가 12장, 13장, 14장에 나옵니다. 이제 15장과 16장, 더 크게 보면 17장과 18장까지는 일곱 대접 재앙의 심판으로 볼 수 있습니다. 그런데 자세히 살펴보면 15장은 마지막 재난의 준비를 보여 주고, 16장은 마지막 재난의 집행을 보여 줍니다. 그리고 17장과 18장은 일곱째 대접 재앙의 결과로 바벨론의 파멸을 자세히 보여 주고 있습니다. 그러므로 15장과 16장은 한 문단으로 함께 살펴보아야만 합니다. 15장은 마지막 재난의 예비적 해설처럼 보입니다. 16장은 마지막 재앙의 시행을 기술하는 것 같습니다. 15장과 16장 모두 구약 출애굽을 배경으로 서술되는 특징을 지닙니다.

마지막 재앙의 시작

요한계시록에서 중요하고 새로운 단락이 시작되는 15장을 살펴보겠습니다. 15장은 크게 두 부분으로 나뉩니다. 1-4절은 큰 환난에서 승리한 무리와 그들이 부르는 노래로 구성됩니다. 5-8절은 하늘 성전 장면으로, 마지막 재앙을 준비하는 일곱 천사의 환상입니다.

크게 두 장면의 환상으로 나뉘지만 시간적인 순서를 따라 기술된 것은 아닙니다. 시간적으로 보면, 오히려 둘째 환상이 첫째 환상을 훨씬 앞서고 있습니다. 첫째 환상은 모든 하나님의 진노가 종결된 다음 역사의 완성을 보여 주는 장면입니다.

또 하늘에 크고 이상한 다른 이적을 보매 일곱 천사가 일곱 재앙을 가졌으니 곧 마지막 재앙이라 하나님의 진노가 이것으로 마치리로다(15:1).

엄격히 말하면 본문 1절은 15장과 16장이라는 큰 문단 전체의 표제에 해당합니다. 요한이 본, 하늘의 크고도 이상한 이적 전부를 가리키는 말씀입니다.

요한은 해산의 진통을 겪는 여인의 환상을 하늘의 큰 이적으로 본 적이 있습니다. 이어서 그 여자가 낳은 아이를 삼키려는 큰 붉은 용을 하늘의 또 다른 이적으로 보았습니다. 이제 요한은 제3의 또 다른 이적으로 일곱 천사의 일곱 대접 환상을 기록합니다.

본문이 말하는 "이적" 또는 '표적'이라는 말은 환상 자체를 넘어 신학적인 의미를 지니는 사건이라는 뜻입니다. '일곱' 대접을 가진 '일곱' 천사라는 표상은 불경건한 세상 사람들을 향한 하나님의 진노의 '확실성과 완전성'을 가리킵니다. 일곱 대접은 하나님의 심판 사역이 필연적이고 완전하다는 것을 의미합니다. 그 하나님의 진노는 자연 위에, 사람 위에, 적그리스도의 나라 위에 철저히 남김없이 부어질 것입니다. 그러므로 일곱 대접의 재앙은 하나님의 진노의 마지막 절정입니다. 일곱 대접으로 하나님의 진노가 완성됩니다. 무섭고도 최종적인 하나님의 심판은 일곱 대접이 부어짐으로 실현될 것입니다. 나팔로 시작된 종말적인 재앙은 일곱 대접이 차례로 부어지면서 완성됩니다.

승리자의 찬양 소리

15장과 16장의 표제처럼 1절에서 이 서론을 언급한 다음, 2-4절에서 첫째 환상을 보여 주고 있습니다. 그것은 승리와 찬양의 장면입니다. 하늘 예배의 장면입니다. 우리가 예배드릴 때 찬송을 부르듯, 그날 하나님의 나라에서도 하나님을 찬송할 것입니다. 계시록을 보면서 우리가 놀라는 사실은, 장면이 열릴 때마다 하늘에 하나님을 찬양하는 노래가 가득하다는 것입니다. 본문 역시 미리 보여 준 승리자의 터져 나오는 찬양을 기록하고 있습니다.

지금 요한의 관심은, 다가올 무서운 심판과 대조를 이룰 장면을 보여 주어 하나님의 백성을 위로하려는 데 있습니다. 극심한 황제 숭배의 박해 때문에 신앙을 지킨 사람이 한 사람도 남아 있을 것 같지 않은 상황에서 하늘의 승리자에 관한 환상을 미리 보여 주어 신앙을 포기하지 않도록 격려하고 있습니다. 승리의 노래를 부르는 이들의 예배 장면을 보여 줌으로 끝까지 변절하지 않도록 권고하고 있습니다. 처음 이 편지를 받은 소아시아 일곱 교회의 상황은 그만큼 절박했습니다. 그래서 그들은 그 환상만으로도 위로받기에 충분했습니다. 승리자의 찬양 소리를 듣는 것만으로도 새로운 하늘 위로를 얻을 수 있었습니다.

사랑하는 성도 여러분, 당면한 현실 자체만 보지 마십시오. 어려운 현실 그 자체만 붙들고 있지 마십시오. 지금의 처지가 어려울수록 우리는 멀리 바라보아야만 합니다. 더 이상 견딜 수 없는 상황 가운데 빠지게 될지라도, 모든 것이 완성될 그날을 바라보아야만 할 것입니다. 길을 걷기에는 다리가 무거울 그때, 그 길을 다 가고 난 뒤에 우리를 기다리는 것이 무엇인지를 미리 볼 때 우리는 새로운 힘을 얻을 수 있습니다.

여기 하늘 보좌 앞에 있는 이들을 보십시오. 유리 바닷가에 서서 찬양을 드립니다. 불이 섞인 유리 바다의 장엄한 장면은 출렁이는 홍해를 연상하게 합니다. 애굽의 기병을 삼킨 홍해의 물결을 바라보면서 북을 치고 노래했듯이, 적그리스도와 그 추종자들의 맹렬한 위협에서 그의 백성을 구원하신 하나님을 찬양합니다.

본문에서는 옛적의 소고 대신 손에 거문고를 가지고 하나님의 종 모세의 노래를 부르고 있습니다. 홍해 가에 서서 납처럼 잠긴 애굽의 병거를 생각하고 찬양했던 것처럼, 이제 유리 바닷가에서 맹렬한 하나님의 진노로 끝장을 본 바벨론의 최후를 기억하며 찬양하고 있습니다. 바다에 던져진 연자 맷돌 신세가 된 큰 성 바벨론을 바라보면서 원수의 손길에서 구원하신 하나님을 노래하고 있습니다.

그들의 승리는 어떤 승리입니까? 그들을 삼키려던 짐승에게서 벗어났습니다. 그 무서운 손에서 영원히 벗어났습니다. 이제 그들은 성도들을 위협하지 못할 것입니다. 모든 원수의 세력은 끝장을 보았습니다. 짐승의 우상으로부터 벗어난 그들입니다. 그 이름의 수를 이긴 승리자들입니다.

오른손이나 이마에 받은 666, 그 표 없이는 무엇이든 사지도 팔지도 못하게 한 그 박해는 이제 끝났습니다. 작은 자나 큰 자나, 부자나 빈궁한 자나, 자유인이나 종이나 할 것 없이 모두 강제로 받게 한 표입니다. 생명을 위협하던 대적의 위협은 사라졌습니다.

짐승과 그의 우상과 그 이름의 수를 이기고 승리한 자들이 이제 유리 바닷가에 서서 노래하고 있습니다. 하나님이 주신 거문고를 들고 찬송하고 있습니다. "하나님의 거문고"라는 표현은 그들이 얻은 구원이 하나님이 주신 구원임을 상징하는 증표일 수 있습니다. 하나님이 주신 승리를 열창하는 무리가 거기에 있습니다. 홍해에 수장된 애굽 군인들을 보면서 이스라엘이 부른 노래 못지않게, 불과 유황으로 타는 못에 던져진 짐승과 거짓 선지자의 추종자들을 바라보면서 큰 구원의 노래를 열창하고 있습니다.

모세의 노래에서 어린양의 노래로

그들이 부르는 노래의 제목이 무엇입니까? "하나님의 종 모세의 노래",

"어린양의 노래"라고 기록되어 있습니다. 모세의 노래는 장차 어린양으로 말미암는 큰 구원의 서곡일 뿐입니다. 애굽 땅을 열 가지 재앙으로 벌하시고 마침내 구원하신 하나님이 일곱 재앙으로 온 세상을 징치하시고 마침내 그 백성을 구원하셨습니다. 그 옛날 애굽의 굴레에서 벗어나게 하신 하나님이 짐승 숭배에서 성도들을 구원하셨습니다.

옛 이스라엘 사람들은 안식일 오후에 회당에 모일 때마다 이 찬송을 불렀다고 합니다. 그들은 홍해에서 애굽을 무찌른 여호와의 승리를 안식일마다 노래했습니다. 그러므로 주일마다 모여 우주의 통치자이신 여호와를 찬송하는 것은 유서 깊은 일입니다. 그 전통에 따라 성도들은 예배하러 모일 때마다 하나님을 찬송합니다.

그 옛날 애굽에서 이스라엘을 구원하신 것은 장차 세상에서 자기 백성을 구원하실 징표입니다. 온 세상을 구원하셔서 의로 다스릴 것을 미리 보여준 사건이 출애굽 구원 사건입니다. 그것은 마치 방향 표시판 같습니다. 내비게이션 없이 운전할 때, 지금 잘 가고 있는지 걱정될 때, 방향 표시판이 나타나면 자신이 가고 있는 길이 바른길이라는 것을 알 수 있을 것입니다. 우리는 홍해에서 구출하신 그 사건을 보면서 장차 우리를 구원하실 하나님의 역사를 미리 내다보는 것입니다. 애굽 사람들에게서 해방하신 그 구원은 여러분이 장차 받을 구원을 상징합니다. 모세를 통해 이루신 구원의 역사는 어린양을 통해서 이기실 큰 구원을 상징하고 있습니다. 이제 구원받은 하나님의 백성은 여호와의 종 모세의 노래에서 시작한 하나님의 구원 찬송을 어린양 예수의 승리로 말미암아 더 크고 순수하게 노래하고 있습니다. 역사 속에 나타난 하나님의 의로우신 행위를 노래하고 있습니다.

하나님의 심판과 하나님의 구원은 동등하게 의로운 행위입니다. 우리를 건지신 행위도 의로우신 행위고, 우리의 대적을 파멸에 던지신 행위도 동일한 의로우신 행위입니다. "오직 주만 거룩하시니이다"(15:4)라고 여기서 말씀하고 있지 않습니까? "주의 의로우신 일이 나타났으매 만국이 와서 주께 경배하리이다"(15:4). 세세토록 찬양받으실 주제입니다.

사랑하는 성도 여러분, 홍해 가에 서 있던 이스라엘의 상황을 한번 생각해 보십시오. 추적하는 애굽 기병들 앞에서 그들은 갈 길을 찾지 못했습니다. 그 순간 하나님의 구원이 홍해를 가르고 나타났습니다. 그래서 그들은 무사히 건널 수 있었지만 애굽 기병들이 뒤따라 달리고 있었습니다. 그런데 이스라엘이 마지막으로 건너는 그 순간, 양쪽의 물이 합해졌습니다. 강이 계속 열려 있었다면 강을 건너도 이스라엘 백성은 몰살당했을 것입니다. 애굽 기병들의 밥이 되고 말았을 것입니다. 그러나 그들이 땅에 발을 디디는 순간, 강물은 이전과 같이 흐르기 시작했습니다. 그래서 그들을 추격하던 원수들이 모두 수장되고 말았습니다.

넘실대는 물결을 바라보며 노래한 이스라엘을 생각해 보십시오. 그보다 더 우렁찬 목소리로 우리는 한날 하나님의 구원을 찬양할 것입니다. 구원을 맛본 하나님의 백성은 불이 섞인 유리 바닷가에 서서 하나님의 크신 구원을 노래하지 않을 수 없을 것입니다. 마음속 깊은 곳에서부터 구원받은 백성의 대열에 서서 기쁨의 찬송을 부르게 될 것입니다. 슬플 때 슬픔의 눈물을 흘릴 수 있는 사람이라면, 유리 바닷가에 서서 기쁨으로 찬양의 소리를 발하지 않을 수 없을 것입니다. 그들의 찬양 내용을 들어 보셨습니까?

> 주 하나님 곧 전능하신 이시여 하시는 일이 크고 놀라우시도다 만국의 왕이시여 주의 길이 의롭고 참되시도다 주여 누가 주의 이름을 두려워하지 아니하며 영화롭게 하지 아니하오리이까 오직 주만 거룩하시니이다 주의 의로우신 일이 나타났으매 만국이 와서 주께 경배하리이다……(15:3, 4).

처음 두 연은 모세의 노래, 출애굽기에서 따온 것 같습니다. 그러나 뒤에 두 연은 신명기 32장 4절의 모세의 노래에서 유래한 것으로 보입니다. 사실 구구절절이 시편과 구약의 예언 속에 기원을 두고 있는 표현입니다. 우리는 "주 하나님 곧 전능하신 이시여", 이 한마디 한마디를 구약의 예언과 시편 속에서 살펴볼 수 있습니다. "하시는 일이 크고 놀라우시도다 만국의 왕이시여" 하는 것은 단순한 반복이 아닙니다. 이 표현으로 구약에 내포된 의미의 절정을 나타내 보이고 있습니다.

어린양 그리스도를 통한 구속과 심판의 충만한 의미가 여기에 내포되어 있습니다. 하늘 홍해 가에서 부르는 찬양의 노래는 애굽 홍해 가에서 불렀던 찬양의 내용을 능가합니다. 삼키려는 바로의 손길에서 벗어난 구원의 찬양은 그 크신 구원 찬양의 시작에 불과합니다. 우리가 장차 부를 구원 노래의 시작에 불과합니다. 그날에는 구원받은 한 민족 이스라엘의 찬양보다 훨씬 우렁찬 찬양이 만국 성도들의 입에서 터져 나올 것입니다. 구원의 노래가 그 입술을 떠나고 기억 속에서 사라지기도 전에 마실 물과 먹을 음식으로 불평하던 이스라엘과 달리, 우리의 입에서는 영원토록 찬양과 감사만이 터져 나올 것입니다.

전능하신 하나님을 향한 경배와 찬양

> 주 하나님 곧 전능하신 이시여 하시는 일이 크고 놀라우시도다……(15:3).

끝없는 세월이 흘러도 진노가 가라앉지 않는 불이 섞인 유리 바닷가에서 처음 찬양한 것 못지않은 열창을 세세토록 부를 만국의 백성이 여기 모여 있습니다. 나라와 백성과 방언과 민족 가운데서 영원히 감탄할 수밖에 없는 구원의 행위를 여기서 노래하고 있습니다.

세상은 스포츠와 과학의 발달로 인한 올림픽과 박람회를 칭송합니다. 세상 사람은 짐승의 행위에 놀라고 거짓 선지자의 기적에 감탄합니다. 그러나 하나님의 백성은 하나님의 행사를 찬탄하는 무리입니다. 놀라운 하나님의 행위를 접한 사람들은 자질구레한 세상의 발전에 감탄하지 않습니다. 스케일이 위대하실 뿐 아니라 그 본질에 있어서 무한 의로우신 분이라고 찬송하고 있습니다. 그 하시는 일마다 의롭다고 찬송하고 있습니다. 뜻하신 일을 이루는 주, 곧 전능하신 주를 찬송합니다.

마음먹은 대로 할 수 있는 분은 하나님밖에 없습니다. 우리가 좋은 계획을 세울지라도 하나님이 맡기신 일만 감당할 수 있는 것입니다. 하나님이 우리에게 "됐다. 거기까지야"라고 말씀하시면 우리는 물러나야 합니다. 마치 영화 촬영장에서 감독의 지시에 움직이는 것처럼 말입니다. 수많은 카메라 앞에서 감독이 "레디, 액션"을 외치면 일제히 움직이다 "컷"이라는 소리가 들리면 끝나는 것입니다.

그 마음에 소원대로 시행하시는 하나님을 마음껏 노래합시다. 주 하나님이 영원토록 우리의 찬송 주제가 되어야 합니다. 우리가 찬송하는 하나님은 주 하나님 곧 전능하신 분입니다. 그것이 지금 궁극적인 승리의 마당에서 하나님을 향해 부를 찬양의 주제입니다.

극심한 박해의 어둠 속에서는 짐승이 마치 최후 실권자인 것처럼 나타났지만 이제 궁극적인 승리의 마당에서는 누가 최후 승리자인지 나타났습니다. 만왕의 왕이신 분, 우리의 생명이 짓밟히는 그 순간에도 그분이 주권자셨습니다. 우리의 생명이 원수의 발굽 아래 무참히 짓밟힐 그때도 실상은 주님이 주인이셨습니다. 그리고 우리는 짓밟힌 것이 아니라 끝까지 우리의 신앙을 지켰습니다. "원수는 우리를 짓밟았지만 우리는 승리자로 이기고 남았습니다"라는 고백이 거기에 포함되어 있습니다.

의로우신 하나님을 향한 경배와 찬양

어둡이 짙은 순간에도 그분의 처사는 의로우십니다. 그 어둠 속에서는 '하나님, 어찌하여 돌아보지 않으십니까?'라고 부르짖었지만, 그 순간에도 "하나님 당신이 하신 일은 의로우셨습니다"라고 찬송하고 있습니다.

> 주여 누가 주의 이름을 두려워하지 아니하며 영화롭게 하지 아니하오리이까 오직 주만 거룩하시니이다 주의 의로우신 일이 나타났으매 만국이 와서 주께 경배하리이다……(15:4).

하나님의 백성은 하나님이 온 세상을 다스리실 날을 오랫동안 대망해 왔습니다. 이제 그 꿈이 성취되었습니다. 우리는 악한 세상이 다 파멸하고 이제 하나님의 백성이 구원받아 찬송하는 그 환상을 대하고 있습니다. 우리가 이 환상의 참뜻을 깨닫기 위해서는 그때의 심정을 가져야만 합니다.

이제 만국 백성이 모여서 하나님을 예배하는 감격스러운 순간이 도래했습니다. "주여 누가 주의 이름을 두려워하지 아니하며 영화롭게 하지 아니하오리이까!" 누가 주의 이름을 두려워하지 아니하겠습니까? 만민이 주를 두려워하고 영화롭게 하겠다는 예배자의 고백이 여기에 포함되어 있습니다. 최후의 심판과 최후의 구원을 통해서 "주의 의로우신 일이 나타났으매 만국이 와서 주께 경배하리이다"라고 찬양합니다.

세상을 살아가다 보면 예수 믿는 사람처럼 어리석은 사람은 없는 것 같아 보입니다. 남의 입에 들어가는 것도 빼앗아 먹으려는 세상 속에서 자기 몫도 제대로 챙겨 먹지 못하는 것처럼 보입니다. 그냥 적당히 타협하면 될 것 가지고 무슨 정절을 지킨답시고 손해를 보는지 모르겠다는 조롱을 받아 본 적은 없습니까?

하나님은 신실한 백성을 왜 그렇게 돌보지 않으시는지 이해되지 않을 때도 있을 것입니다. 그러나 그것이 이야기의 마지막은 아닙니다. 하나님은 우리 당대에 하나님의 심판의 모습을 결코 전부 나타내지 않으십니다. 역사가 다 흘러간 뒤에 여기 불이 섞인 유리 바닷가에 서기 전까지는 하나님의 그 기이한 일의 전모를 다 파악할 수 없을 것입니다. 그때까지 우리는 "오직 주만 거룩하시니이다" 하는 찬송을 이해하지 못할 것입니다. 하지만 감사한 것은 비록 이 순간 우리가 그 의미의 진수를 다 깨닫지 못한다 할지라도 그날 유리 바닷가에 서게 될 때는 마음 깊은 곳에서 하나님이 하신 일을 찬양하게 되리라는 것입니다. 이 땅에서 하나님을 예배하는 일을 중요하게 생각하는 이들은 거기에서도 참여하게 될 것입니다. 하나님이 누구시며 무엇을 하셨는지 깨닫는 사람마다 그 일을 노래하지 않을 수 없을 것입니다.

구원하신 하나님을 향한 찬양

그들이 부르는 찬양의 특징이 무엇입니까? 그들은 자기 자신을 노래하지 않습니다. 짐승을 이긴 그들 자신을 노래하지도 않습니다. 오직 하나님의 권능을 노래하고 있습니다. 하나님의 주권, 하나님의 정의, 하나님의 영광을 노래하고 있습니다. 하나님의 심판과 구원을 통해 두드러진 하나님의 의로우심과 거룩하심을 노래하고 있습니다.

우리가 부르는 찬송, 우리가 좋아하는 찬송, 흥얼거리는 찬송의 내용이 무엇인지도 한번 살펴보십시오. 그리하여 자신의 영성 수준을 진단해 보시길 바랍니다. 우리가 부르는 모든 찬양은 이 기준에 따라 점검되어야만 합니다. 좋은 찬양은 우리 자신을 지향하지 않습니다. 심지어 우리에게 일어난 그 구원의 기분, 구원의 감격을 말하지도 않습니다. 좋은 찬송은 우리를 구원하신 하나님을 찬양하게 합니다. 우리의 관심을 하나님에게 돌리게 하는 찬양입니다. 여러분이 부르는 찬양을 다시 한 번 하나씩 살펴보십시오. 입에 즐겨 담는 찬양이 무엇인지 펴보십시오. 그리고 여러분 자신의 영적 수준을 한번 측정해 보십시오.

좋은 찬양은 우리 자신에게 매여 있지 않습니다. 좋은 찬양은 우리 자신의 구원만을 생각하지 않습니다. 오히려 우리를 구원하신 하나님에게 우리의 마음이 향하게 합니다. 그래서 신앙이 성숙할수록 성도들은 자신의 삶에서 영광송을 즐겨 부르게 됩니다. 하나님의 영광이 우리 찬양의 핵심이 될 때 신앙의 열기가 새로워질 것입니다. 하나님의 종 모세의 노래를 배우십시오. 어린양의 노래를 이 땅에서부터 익혀 가십시오. 만국이 이 찬양을 함께 불렀으면 하는 소원이 우리 삶을 지배하도록 하십시오. 우리의 한마디 한마디 말에 전능하신 하나님의 능력이 함께하고 있습니다. 건질 자를 건지실 것입니다. 구원할 자를 주께서 구원하실 것입니다.

곧 실현될 놀라운 약속

이들은 하나님의 진노가 가라앉지 않은 유리 바닷가에 서서 왜 아직도 하나님을 찬양하고 있습니까? 이들은 누구입니까? 하나님의 은혜로 승리한 자들입니다. 이제 후로는 그들에게 실현될 하나님의 놀라운 약속이 기다리고 있습니다.

세상에 사는 동안 그들은 굶주렸습니다. 그러나 이제 후로는 그들에게 하나님의 낙원이 준비되어 있습니다. 하나님의 낙원에서 감춰진 과실을 먹게 될 것입니다. 세상에서 그들은 박해받고 죽임당했지만 이제 후로는 영원토록 죽음의 해를 당하지 않을 것입니다. 둘째 사망의 해가 그들을 지배하지 못할 것입니다.

전능하신 하나님의 은혜로 주어질 축복은 여기서 끝나지 않습니다. 우상의 제물과 풍성한 식탁을 함께하지 않은 그들을 위해 감춰진 하늘 만나가 마련되어 있습니다. 세상에서는 그럴듯한 멤버십 하나 갖지 못하고 살았지만 이제 후로는 그들 이름이 기록된 흰 돌을 받을 것입니다. 주를 향한 신실함 때문에 세상에서는 조합원 자격마저도 박탈당했지만 이제 후로는 받은 자밖에는 알 수 없는 그 영광스러운 이름이 새겨진 흰 돌을 받을 것입니다. 세상에서는 짓밟히는 처지였지만 이제 후로는 만국을 다스릴 권세를 받을 것입니다. 철장을 가지고 만민을 다스릴 것입니다. 쇠몽둥이를 가지고 질그릇을 깨뜨리듯이 세상을 다스릴 것입니다. 세상을 살 때는 미미한 존재 같았습니다. 아무도 그 이름을 알아주지 않았습니다. 그러나 이제 후로는 새벽별같이 빛날 것입니다.

많은 사람을 주께 돌아오게 한 자는 별과 같이 빛나리라고 약속하셨습니다. 주를 위해 의롭게 살고 싶은 소망 때문에 탄식하고 애통하면서 이 땅을 살았지만 이제 후로는 흰옷을 받아 입게 될 것입니다. 소원하는 의를 마음껏 받아 누리게 될 것입니다. 소원하던 하나님의 뜻을 따라 영원토록 살게 될 것입니다. 그들은 그 중심에서부터 사랑하는 하나님을 위해 살게 될 것입니다. 주님처럼 하나님을 사랑하고 예수님처럼 하나님에게 순종하는 자리에 이르게 될 것입니다. 그러므로 이들은 찬양하지 않을 수 없습니다. 하나님과 천사들 앞에 기록된 그 이름이 영원히 지워지지 않을 자들이기 때문입니다. 이것은 그들이 누리는 축복의 전부가 아닙니다.

하나님의 성전 기둥같이 여김받을 것을 약속받고 있습니다. 하나님 나라에서 없어서는 안 될 존재처럼 인정받을 것입니다. 이스라엘 성전을 버티고 섰던 그 기둥같이 여김받게 될 것입니다. 하나님의 존전에서 더 이상 밀려나지 않을 것입니다. 이제 우리 마음속에 하나님의 이름과 하나님의 성 곧 하늘에서 내려오는 새 예루살렘의 이름과 언약의 이름이 영원히 자리하게 될 것입니다. 이제 후로는 하나님의 보좌에 어린양과 함께 앉아서 영원한 복을 누릴 것입니다. 그렇기에 지금 하늘 홍해 가에서 진노의 불이 다 사라지지 않은 유리 바닷가에 서서 노래하고 있습니다. 이 큰 구원을 받아 누리게 된 그들 자신을 돌아보면서 하나님을 찬양하지 않고는 견딜 수가 없습니다. 영원한 구원과 무궁한 축복의 자리에 선 자신을 바라볼 때 "주 하나님 곧 전능하신 이"라고 노래하지 않을 수 없습니다.

사랑하는 성도 여러분, 구원의 노래가 한날 우리를 삼키게 될 날을 사모하십시오. 여름 더위와 겨울 추위에 지쳐서 발걸음이 더 이상 가볍지 않을 때 우리 앞에 기다리고 있는 그 마지막 찬양을 생각해 보십시오.

지금부터 하나님의 의로우심을 노래하는 것을 배워 가십시오. 그날 그분이 사랑하시는 자 안에서 우리에게 거저 주시는 하나님의 영광을 찬미하게 될 것입니다. 그리스도 안에서 전부터 바라던 우리로 하여금 그분의 찬양이 되게 하실 것입니다. 그날 우리 기업의 보증이 되시는 성령께서 그 얻으신 것으로 인하여 찬미하게 될 것입니다.

환난의 모든 풍파가 다 지나가게 된 후에도 진노의 불길이 다 사그라지지 않은 그 유리 바다 곁에 서서 하나님을 찬양하는 환상이 여러분 마음속에 늘 자리하고 있기를 바랍니다. 큰 풍랑이 여러분을 삼키려 하는 그때에도 유리 바다 곁에서 노래하던 이 어린양의 노래처럼 여러분은 승리하게 될 것이고, 여러분의 목소리가 그 찬양에 합하게 될 것입니다.

Revelation

요한계시록 15장 5-8절

5 또 이 일 후에 내가 보니 하늘에 증거 장막의 성전이 열리며 6 일곱 재앙을 가
진 일곱 천사가 성전으로부터 나와 맑고 빛난 세마포 옷을 입고 가슴에 금띠를
띠고 7 네 생물 중의 하나가 영원토록 살아 계신 하나님의 진노를 가득히 담은
금 대접 일곱을 그 일곱 천사들에게 주니 8 하나님의 영광과 능력으로 말미암
아 성전에 연기가 가득 차매 일곱 천사의 일곱 재앙이 마치기까지는 성전에 능
히 들어갈 자가 없더라

20

하늘의 증거 장막

사랑하는 성도 여러분! 우리는 지금 성경 맨 마지막 책을 대하고 있습니다. 하나님의 계시가 완성된 책을 앞에 두고 있습니다. 역사 속에서 하나님의 뜻이 궁극적으로 어떻게 완성될지를 읽고 있습니다.

하지만 요한은 역사의 완성을 직설적인 서술체로 쓰는 대신 상징적인 언어로 기술합니다. 자기 시대에 통용되던 문학적 표현 방법 가운데 자신의 의도를 잘 드러낼 수 있는 방법을 선택해서 사용합니다. 비록 오늘날 우리에게는 친숙하지 않은 방식이지만 당시 성도들에게는 익숙한 묵시적 환상들로 표현하고 있습니다. 자신이 본 환상들을 기록한 형식의 글이기 때문에 계시록이라는 이름이 붙어 있습니다.

본문에는 광야의 증거 장막에 대칭되는 하늘의 증거 장막이 등장합니다. 그리하여 증거궤 안 두 돌판에 기록된 하나님의 거룩하신 뜻이 심판과 구속을 통해 구현됨을 보여 주고 있습니다.

애굽으로부터의 구원은 어린양의 구원으로 완성됩니다. 바로의 손에서 구원하신 것은 시작에 불과합니다. 그 구원은 어린양 예수를 통해 완성하실 것입니다. 홍해 가에서 부른 노래는 불이 섞인 유리 바닷가의 찬양으로 완성됩니다. 그렇기에 '하나님의 종 모세의 노래', 즉 '어린양의 노래'라 부르고 있습니다. 같은 노래를 두 가지 제목으로 부르고 있습니다. 심판과 구원으로 나타난 출애굽의 영광은 15장과 16장에서도 동일하게 심판과 구원이라는 주제로 드러나고 있습니다. 앞서 우리는 그 첫 번째 요소인 구원의 찬양, 어린양의 노래를 들어보았습니다. 이번에는 그 두 번째 요소인 심판의 준비를 살펴보겠습니다.

하늘이 열리다

> 또 이 일 후에 내가 보니 하늘에 증거 장막의 성전이 열리며(15:5).

"또 이 일 후에 내가 보니"라는 표현은 계시록에 자주 등장하는 표현입니다. "내가 보니", "이 일 후에 내가 보니", "그 일 후에 내가 보니", "또 내가 보니"라는 표현들을 통해 계시록의 본래 정황인 환상을 보고 있음을 알 수 있습니다. 달리 말해 요한계시록에 기록되어 있는 모든 것은 요한이 하나님의 영광 가운데 성령의 감동으로 본 것들이라는 뜻입니다.

요한은 이 환상을 보았을 때 마음이 뜨거워졌습니다. 하늘이 열리고 성전 증거 장막이 보였을 때 요한이 얼마나 감동했을지 한번 상상해 보십시오. 지금 하나님의 모든 교회는 박해를 받고 있습니다. 그들을 대신해서 지금 요한은 밧모섬에서 하나님의 성령에 감동하여 주의 날 이 환상을 보고 있습니다.

> 또 이 일 후에 내가 보니 하늘에 증거 장막의 성전이 열리며 일곱 재앙을 가진 일곱 천사가 성전으로부터 나와 맑고 빛난 세마포 옷을 입고 가슴에 금띠를 띠고 네 생물 중의 하나가 영원토록 살아 계신 하나님의 진노를 가득히 담은 금 대접 일곱을 그 일곱 천사들에게 주니(15:5-7).

세상에서는 위로받을 수 없는 상황이지만 하늘에서 주의 보좌가 열리는 것으로 인하여 요한은 감동했을 것입니다. 하늘 성전이 열린 첫 장면입니다. 15장으로 말하면 2막 1장에 해당하는 부분입니다. 우리는 이에 비길 만한 장면을 본 적이 있습니다.

> 이에 하늘에 있는 하나님의 성전이 열리니 성전 안에 하나님의 언약궤가 보이며 또 번개와 음성들과 우레와 지진과 큰 우박이 있더라(11:19).

그때도 하나님의 성전이 열리면서 하나님의 언약궤가 나타난 것을 기억하실 것입니다. 그때는 하나님의 성전이 열린 후 성전 안에 있는 하나님의 언약궤가 잠깐 보였습니다. 언약궤를 보여 주심으로 하나님이 하신 약속이 성취될 때가 가까워졌음을 암시하고 있습니다.

일곱 천사의 모습

본문에서는 하늘의 증거 장막이 열리면서 일곱 천사가 등장하고 있습니다. 일곱 천사가 그 사명을 완수하기 위해 하늘의 장막이 열리고 있습니다. 장막(무대)이 열린다는 것은 곧 배우가 나타나 활동할 것을 암시하는 것 아니겠습니까? 성전이 열리고 지금 일곱 천사가 등장하는 것이지요. 그들은 지금 자신의 사명을 이룰 것입니다. 요한은 이 "악한 세상은 반드시 하나님의 진노 아래 빠져들어 가게 될 것이다"라는 것을 계속 말하고 있습니다. 하늘의 성전, 하늘의 증거 장막이 열리는 것은 일곱 천사가 받은 사명의 출처를 밝혀 주는 것입니다.

성전이 열리고, 열린 성전으로부터 일곱 천사가 등장합니다. 그 모습을 한번 유심히 살펴보십시오. 천사는 "맑고 빛난 세마포 옷을 입고 가슴에 금띠를 띠고" 나타납니다. 이들은 하늘의 일꾼다운 차림새를 하고 있습니다. 계시록의 첫 환상에서 등장하신 살아 계신 주님의 모습과 흡사합니다. 본문은 그 옷감이 어떤 종류인지 밝히고 있습니다. "맑고 빛난 세마포 옷"이라고 말합니다. 우리는 발에 끌리는 맑고 빛난 세마포 옷을 입은 주님과 그 천사들을 연상할 수 있습니다. 동시에 "가슴에 금띠를 띠고"라고 밝히고 있습니다. 당대에 이러한 세세한 묘사는 의미심장한 것이었습니다. 오늘날에는 특별한 분야에 관심 있는 사람들만 눈여겨볼 구절일지 모르지만, 당대 사람들에게 '누가 어떤 옷을 입고 나타나느냐'는 중요했습니다.

요즘 우리가 사는 시대는 탈전통 시대입니다. 그냥 자기 마음대로 옷을 입으면 되는 겁니다. 그러나 이러한 시대가 도래한 것은 얼마 되지 않았습니다. 우리가 지금 각자 다른 옷을 입고 살아가니까 세상 사람들은 본래부터 원하는 옷을 입고 살았으리라 생각합니다. 그러나 50년 전, 아니 100년 전만 해도 어느 문화권이든 어떤 옷을 입고 있느냐가 그 사람의 신분을 드러내 주었습니다. 어떤 옷을 입었느냐에 따라 그가 남편이 있는 여자인지 혹은 아들을 낳은 여자인지를 구별한 것입니다. 요새는 옷을 보고는 시집을 갔는지, 아들을 낳았는지 도무지 구별할 수 없습니다. 하지만 옛날은 그렇지 않았습니다. 어떤 옷을 입었느냐가 그 사람이 어떤 신분인지, 무슨 일을 하는지를 드러내 주었습니다. 그래서 이런 세세한 묘사는 당대 사람들이 매우 관심을 가진 부분이었습니다.

요한은 자기 당대 사람들에게 편지를 썼기 때문에 오늘날 우리는 특별히 관심을 가지지 않을 부분에 대해서도 세세하게 묘사하고 있습니다. 한 사람의 옷차림은 그의 신분과 직무를 보여 주기 때문입니다. 신분에 따라 의상을 달리하던 시대에 천사들의 차림새를 이처럼 자세히 기술한다는 것은 무의미한 이야기가 아닙니다.

살아 계신 주님의 모습과 유사한 천사의 차림새는 그들이 받은 직무가 영광스럽고 거룩함을 보여 줍니다. 그들이 쏟아부을 진노의 대접으로 말미암는 심판은 하나님의 거룩하신 위엄과 뜻에 일치하는 사역임을 암시하고 있습니다. 불의한 보복을 하는 것이 아닙니다. 인간적인 진노를 발하는 것이 아닙니다. 모든 피조물을 향한 하나님의 거룩한 진노입니다. 창조주 하나님의 거룩한 분노의 발로입니다. 일곱 천사들이 수행할 심판은 하나님의 위엄과 거룩한 분노의 터뜨림입니다. 천사들의 차림새까지 이 진리를 나타내 주고 있습니다. 맑고 빛난 세마포 옷과 가슴의 금띠는 세상에 진노를 부을 사역을 감당할 천사들의 순결을 나타낸다고 보기도 합니다.

그들은 세상에 하나님의 정의를 구현하는 데에 순수한 관심이 있습니다. 그러기에 맑고 빛난 세마포 옷을 입고 있고 가슴에 금띠를 두르고 있습니다. 직무에 합당한 일을 하려면 옷도 그 직무에 어울리게 입어야 합니다. 옷은 그렇다 치더라도 속이 더러워 공의와 거리가 먼 사람이 공의를 집행하는 책임을 지게 되면 세상은 복잡해집니다. 그렇기에 열린 성전 문을 통해 등장한 천사의 모습은 우리 자신의 모습을 살피게 합니다.

주님이 어떠하시면 그 일꾼도 그러해야 합니다. 주님이 거룩하시면 그 백성도 거룩해야 합니다. "내가 거룩하니 너희도 거룩하라"는 말씀이 레위기 전체 주제입니다. 사랑하는 성도 여러분, 하나님의 백성이면 거룩한 삶을 살아야 합니다. 우리 신분에 어울리는 삶을 살 때 하나님이 영광을 받으십니다. 우리의 신앙과 조화되는 행동을 해야 합니다. 아니, 우리의 차림새까지도 우리가 어디에 속한 시민인지 나타내 줄 수 있어야 할 것입니다.

진노가 담긴 금 대접

맑고 빛난 세마포 옷을 입고 가슴에 금띠를 띤 일곱 천사가 열린 하늘 성전으로부터 나오고 있습니다. 그들의 행동을 주시해서 살펴보십시오. 그들은 지금 금 대접을 받고 있습니다. 누가 그들에게 금 대접을 주고 있습니까? 네 생물입니다. 네 생물은 하나님을 가장 가까이 섬기는 피조물입니다. 천사들 가운데 가장 특별한 지위를 지닌 자들입니다. 하나님의 직속 부관이라고 말할 수 있을지 모르겠습니다. 그래서 그들은 하나님과 보통 천사들 사이를 중재하는 역할을 합니다. 여기서는 네 생물 중 하나가 하나님의 최고 시중으로 하나님의 진노가 가득 담긴 일곱 대접을 일곱 천사에게 전달하고 있습니다.

이 대접은 잔치 때 술잔으로 쓰기도 하고, 제사를 지낼 때는 제사 지내는 짐승의 피를 가득 모아 뿌리기 위해 그 피를 담는 그릇으로 쓰기도 합니다. 5장에서 대접은 기도의 향을 담는 그릇으로 사용되었습니다. 반면 15장에서는 하나님의 진노를 가득 담은 그릇으로 사용됩니다. 하나님을 기쁘시게 하는 향기를 내뿜는 그릇이 아니라 뜨겁고 쓴 독한 술이 가득 채워진 진노의 그릇으로 쓰였습니다.

5장을 보면 네 생물과 이십사 장로들이 각각 거문고와 향, 즉 성도의 기도로 가득한 금 대접을 가지고 있었습니다. 그런데 여기서는 그 금 대접에 세세토록 살아 계신 하나님의 진노가 가득히 담겨 있다고 합니다. 요한은 의도적으로 같은 금 대접을 등장시킵니다. 5장에 등장시킨 금 대접을 15장에도 등장시키고 있습니다. 5장에서는 기도의 향이 담겨 있었지만, 이번에는 세세토록 살아 계신 하나님의 진노가 가득 담겨 있다고 표현합니다. 말하자면 성도의 기도와 하나님의 심판 사이의 상관성을 보여 줍니다. 성도의 기도는 세상에 하나님의 공의와 진노를 최종적으로 가져오게 합니다.

"아버지의 나라가 임하옵소서"라고 말하는 우리 기도의 응답으로 최후 심판이 이 땅에 임할 것입니다. 미미해 보이는 우리의 기도가 하나님의 역사를 완성하는 데 일익을 담당하고 있습니다. 하나님의 최후 심판을 이 땅에 불러오는 데 있어 우리가 드리는 기도를 하나님이 기쁘시게 사용하신다는 암시가 나타나 있습니다. 우리의 기도가 만물의 종국을 가져오는 심판을 불러들이고 있습니다.

사랑하는 성도 여러분, 그래서 우리는 기도해야만 합니다. "공의로우신 하나님, 불의한 세상을 하나님이 심판해 주십시오"라고 간구해야 합니다. 우리는 밤낮 부르짖어야 합니다. 누가복음에 나오는 밤낮 부르짖는 과부는 이 세상 성도들의 상징입니다. 기도는 우리가 느끼는 것보다 역사하는 힘이 훨씬 큽니다.

특히 본문은 "영원토록 살아 계신 하나님의 진노"(15:7)라고 표현합니다. 하나님 자신의 영원성을 강조하는 동시에 곧 세세에 살아 계신 하나님 앞에서 범죄한 인류의 죄악을 고발하고 있습니다. 하나님의 목전에서 항상 범했던 그들의 죄악을 말하는 표현입니다.

역사는 대부분 오늘 대한민국뿐 아니라 세계 곳곳에서 악이 득세하는 것으로 이루어졌습니다. 정말 순간순간을 제외하면 세상은 악한 자들이 지배하는 듯이 보였습니다. 구약을 읽어 보면 모세를 통해 부흥 운동이 일어나고 뒤에 다윗과 히스기야, 요시야를 통해서도 일어났지만, 그것은 하나님의 긴 역사의 흐름에서 잠깐 보인 새로움의 흔적이었습니다. 대부분의 역사는 "하나님, 언제까지니이까?"라고 부르짖는 성도들의 기도로 채워져 있었습니다. "하나님, 언제까지 버려두시겠습니까?" 하는 기도로 채워진 역사가 인류의 역사입니다. "어찌 악한 자가 자기보다 선한 자를 삼키려 합니까?"라고 부르짖던 성도들의 기도였던 것을 기억하셔야만 합니다.

자신이 공의롭지 못한데, 어떻게 공의의 시행자가 될 수 있습니까? 그것은 이치에 맞지 않습니다. 인류 역사의 큰 흐름을 보면 악이 판치는 것 같습니다. 언제나 악이 날뛰는 것처럼 보였지만 감사하게도 영원하신 하나님의 뜻과 계획은 결코 좌절되지 않았음을 여기에서 보여 주고 있습니다. 세세에 계신 하나님의 영원하신 진노가 여기에 준비되어 있습니다. 세세토록 사람들이 저지른 죄에 대한 응분의 심판이 반드시 도래할 것입니다. 영원히 살아 계신 하나님의 진노 아래 빠져들어 가는 것이 얼마나 두려운지를 알아야만 합니다. 하나님이 살아 계시는데도 우리는 화를 내며, '네가 옳다, 내가 옳다'를 주장합니다. 함부로 말하고 살아온 자가 받을 진노가 얼마나 무서울지를 알아야만 합니다.

이 세상에 원해서 태어난 사람이 있습니까? 태어날 날짜를 여러분이 결정했습니까? 가문을 정한 적이 있습니까? 태어나 보니 누구는 김씨 가문에, 누구는 이씨 가문에 태어난 것입니다. 세상에 태어날 때 우리가 결정한 것은 아무것도 없습니다. 하나님이 우리를 거기에서 태어나게 하셨습니다. 하나님이 우리의 생사화복을 주관하십니다. 세상을 살면서 그 하나님 앞에 몇 번이나 감사해 보았는지 생각해 보십시오. 하나님에게 감사하지 않는 사람들의 특징은 어려움을 당하면 원망하는 데 재빠르다는 것입니다. 하나님을 믿지도 않고, 감사하지 않는 사람들에 대해 성경은 하늘로부터 그 진노가 임하고 있다고 줄기차게 선언하고 있습니다.

이 분노와 심판 앞에 견딜 수 있는 사람이 누구겠습니까? 하나님의 맹렬한 심판과 분노만이 타오르는 그곳에 과연 누가 설 수 있겠습니까? 하나님의 진노가 7배나 쏟아지는 현장에서 누가 하나님 앞에 어엿이 설 수 있겠습니까? 예수 그리스도의 보배로운 피만이 어린양의 진노에서 덮어 줄 것입니다. 예수 그리스도의 보혈만이 우리 죄를 용서합니다. 우리가 열심히 다닌 교회 생활이 아니라, 우리가 열심히 바친 헌물이 아니라, 예수 그리스도의 보혈만이 우리 죄를 영원히 도말할 것입니다.

네 생물 중 하나가 지금 세세에 계신 하나님의 진노를 가득 담은 금 대접 일곱을 전달함으로 심판 준비가 완료되고 있습니다.

> 네 생물 중의 하나가 영원토록 살아 계신 하나님의 진노를 가득히 담은 금 대접 일곱을 그 일곱 천사들에게 주니(15:7).

감히 접근할 수 없는 하나님의 영광

이제 2막 2장을 보십시오.

> 하나님의 영광과 능력으로 말미암아 성전에 연기가 가득 차매 일곱 천사의 일곱 재앙이 마치기까지는 성전에 능히 들어갈 자가 없더라(15:8).

성전이 열리며 시작된 2막 1장은 성전이 닫히는 것과 동등한 환상으로 종결되고 있습니다. 성전에 연기가 가득해지므로 아무도 접근할 수 없는 상황입니다. 마치 성전 문이 닫힌 것과 같은 상황으로 2막 2장이 계속되고 있습니다.

연기가 타오르는 성전을 요한과 함께 바라보십시오. 뭉게뭉게 타오르는 하나님의 분노의 연기가 순식간에 성전을 가득 채웁니다. 사람의 죄를 향한 심판을 촉구하시는 하나님의 거룩으로부터 나오는 연기입니다. 구약에서는 종종 구름이나 연기가 하나님의 영광과 능력을 상징했습니다. 감히 사람이 접근할 수 없는 하나님의 위엄과 임재의 거룩을 나타내는 상징입니다. 하나님이 사람에게 자신을 나타내시는 엄숙한 순간에는 감히 어느 누구도 그분에게 접근할 수 없습니다. 마치 캄캄한 구름 속이나 짙은 연기 속에서는 아무도 다닐 수 없듯이, 하나님의 거룩으로 인해 보잘것없고 더러운 우리는 더 이상 접근할 수 없다는 것을 보여 주는 상징입니다. 하나님은 종종 자신을 그렇게 나타내 보이셨습니다.

> 구름이 회막에 덮이고 여호와의 영광이 성막에 충만하매 모세가 회막에 들어갈 수 없었으니 이는 구름이 회막 위에 덮이고 여호와의 영광이 성막에 충만함이었으며(출 40:34, 35).

하나님의 영광이 충만해진 성막이 우리가 예배하는 목표여야 합니다. 하나님의 말씀을 전하는 사람이나 하나님의 말씀을 듣는 사람 모두 위에 거하는 하나님의 거룩한 임재가 있어야만 하나님이 기뻐 받으시는 예배 수준에 도달할 수 있을 것입니다. 두려워서 옷깃을 여밀 그때 우리 가운데 하나님의 영광이 나타날 것입니다. 하나님의 말씀을 전하는 자를 사로잡는 하나님의 거룩에 두려움이 있고, 하나님의 말씀을 듣는 자 가운데도 동일한 두려움이 지배할 때, 하나님의 영광이 우리 가운데 드러날 것입니다. 전하는 자도 자신의 생각이 아니라 하나님의 말씀을 전해야 하고, 듣는 자도 서 있는 사람의 말을 듣는 것이 아니라 하나님이 하시는 말씀으로 들어야만 예배의 영광이 회복될 것입니다. 하나님의 영광이 그 백성 가운데 가득 나타나게 될 때 하나님의 이름이 칭송받을 것입니다. 너와 나 사이를 가로막고 있던 무관심의 벽들이 허물어지고, 그리스도의 사랑으로 사랑하며, 형제 안에서 자매 안에서 영광을 보는 그 순간이 도래할 것입니다.

하나님의 거룩이 우리 가운데 찾아올 때 우리는 두려워서 아무도 입을 열기를 원치 아니할 것입니다. 하나님의 거룩이 우리 가까이에 접하게 될 때 우리는 자신의 죄악을 보고 고백하게 될 것입니다.

모세의 성막을 봉헌할 때뿐 아니라, 솔로몬의 성전을 바칠 때도 마찬가지였습니다. 마지막으로 하나님에게 솔로몬의 성전을 봉헌할 때, 거기에는 하나님의 영광의 구름이 가득했습니다. 두려워서 감히 접근할 수 없는 상황이 된 것입니다. 이사야가 환상을 볼 때도 문지방의 터가 흔들리면서 온 성전에 연기가 충만한 가운데 노래하는 소리가 들렸습니다. 온 집이 흔들리는데, 문지방까지 흔들리는데 그 사이에서 연기가 피어올랐습니다. "거룩하다 거룩하다 거룩하다 만군의 여호와여 그의 영광이 온 땅에 충만하도다"(사 6:3)라고 소리치는 것을 들은 적이 있을 것입니다. 에스겔 역시 하나님의 영광 앞에 감히 접근하지 못하고 엎드러졌다고 기록하고 있습니다.

여러분은 하나님의 영광 앞에 엎드러져 본 적이 있습니까? 가득해진 연기로 인해 접근할 수 없는 환상은 우리에게 무엇을 알려 주고 있습니까? 이제 심판 준비가 완료되었다는 것입니다. 이 심판이 끝나기까지는 아무도 하늘의 성전에 접근할 수 없다고 말하고 있습니다. 하나님의 엄숙한 임재로 인해 심판이 끝날 때까지 어떤 중재도 할 수 없는 상황입니다.

중보 기도가 더 이상 효력을 발휘할 수 없는 마지막 시간이 도래했습니다. 하나님이 사람들에게 주신 은혜의 시간이 이제는 다했습니다. 오직 쏟아지는 하나님의 진노만이 세상을 사는 사람들의 몫으로 남아 있습니다.

은혜의 성전 문이 닫히기 전에

사랑하는 성도 여러분, 지금 이 순간은 아직 은혜의 때입니다. 하나님의 구원의 역사가 시행되는 시간입니다. 그러나 언제나 하나님의 구원이 예비되어 있지는 않습니다. 은혜의 때가 지나고 나면 심판의 때만 남습니다. 회개 요청 대신 심판의 집행만 남아 있습니다. 아직 은혜의 때가 다 가지 않았을 때 구원의 역사에 동참하십시오. "보라 지금은 은혜받을 만한 때요 보라 지금은 구원의 날이로다"(고후 6:2)라고 말씀하십니다. 우리가 함께 하나님의 말씀을 보는 것은 하나님이 베푸시는 은혜의 때가 끝나지 않았기 때문입니다. 하지만 하나님의 은혜의 때가 항상 우리와 같이하리라고 생각해서는 안 됩니다. 지금은 "보라 구원의 날이로다"라고 하신 구원의 말씀을 듣고 사람을 구원할 수 있는 역사에 동참할 수 있는 때입니다. 복음을 전할 수 있는 기회, 복음을 들을 수 있는 기회가 사람들에게 주어져야 합니다. 여러분이 사랑하는 사람들에게 그러한 기회가 항상 남아 있다고 생각하지 마십시오.

어떤 피조물이나 어떤 간구도 하나님의 진노의 집행을 연기시킬 수 없습니다. 하나님 자신이 그 위엄과 영광 가운데 당신의 심판을 이제 수행하십니다. 심판하신 후에 자신의 위엄과 권능으로 이 땅에 그 나라를 세우실 것입니다.

아무도 접근할 수 없는 상황의 도래는 하나님 자신의 종국 선언입니다. "이제는 끝이다"라고 선언하십니다. 심판 준비는 완료되었습니다. 은혜와 자비의 출처이던 하나님의 심장이 이제는 심판과 재앙의 근원이 되기로 작정한 것입니다. 인류를 만드시고 마지막 순간이 오기까지 하나님의 심장은 인류를 향해 자비와 긍휼로 무궁하셨지만, 이제는 그 긍휼을 닫기로 결단하신 것입니다. 구원의 은혜를 저버린 자들에게 남는 것은 정죄의 심판을 불러들이는 것밖에 없습니다. 하나님이 부르실 때 듣지 않는 것은 자신의 삶에 마지막 심판을 불러들이는 것입니다. 하나님이 말씀하실 때 우리는 각자 자기의 삶을 돌아보아야 합니다. "내가 거룩하니 너희도 거룩하라"고 하시는 말씀을 자신의 삶에서 들어보아야 합니다.

지금은 은혜의 시간이기에 우리의 중보 기도가 효력을 발할 것입니다. 사랑하는 이들을 위해서 기도하는 우리의 중재 기도가 아직은 효력을 발휘하고 있습니다. 지금은 은혜의 시간이기에 중보 기도가 통합니다. 하늘 성전 문을 열고 들으시는 주님이 기다리고 계십니다. 때를 따라 돕는 은혜를 베풀길 기뻐하시는 주님이 우리를 만나 주시기 때문입니다. 그분을 향해서 우리가 부르짖을 수 있습니다. 은혜의 보좌 앞에 담대히 나아갈 수 있습니다. 나의 연약함으로 나아가 부르짖을 수 있습니다. 형제의 허물로 인해서 부르짖을 수 있는 때입니다.

은혜의 성전 문이 닫히기 전에 자신을 위해서 기도하십시오. 은혜의 성전 문이 영원히 닫히기 전에 이웃을 위해서, 형제를 위해서, 친구를 위해서 간구하십시오. 곧 역사의 종국인 재앙의 때가 도래할 것입니다. 그때는 아무도 하나님의 자비와 은혜를 바라볼 수 없을 것입니다. 그 엄위로우심 앞에 두려워 떨 것입니다. "산아 나를 덮어라 바위야 나를 삼켜라" 하고 호소하게 될 것입니다.

> 하나님의 영광과 능력으로 말미암아 성전에 연기가 가득 차매 일곱 천사의 일곱 재앙이 마치기까지는 성전에 능히 들어갈 자가 없더라(15:8).

Revelation

요한계시록 16장 1-11절

1 또 내가 들으니 성전에서 큰 음성이 나서 일곱 천사에게 말하되 너희는 가서
하나님의 진노의 일곱 대접을 땅에 쏟으라 하더라 2 첫째 천사가 가서 그 대접을
땅에 쏟으매 짐승의 표를 받은 사람들과 그 우상에게 경배하는 자들에게 악하고
독한 종기가 나더라 3 둘째 천사가 그 대접을 바다에 쏟으매 바다가 곧 죽은 자
의 피같이 되니 바다 가운데 모든 생물이 죽더라 4 셋째 천사가 그 대접을 강과
물 근원에 쏟으매 피가 되더라 5 내가 들으니 물을 차지한 천사가 이르되 전에도
계셨고 지금도 계신 거룩하신 이여 이렇게 심판하시니 의로우시도다 6 그들이
성도들과 선지자들의 피를 흘렸으므로 그들에게 피를 마시게 하신 것이 합당
하니이다 하더라 7 또 내가 들으니 제단이 말하기를 그러하다 주 하나님 곧 전
능하신 이시여 심판하시는 것이 참되시고 의로우시도다 하더라 8 넷째 천사가
그 대접을 해에 쏟으매 해가 권세를 받아 불로 사람들을 태우니 9 사람들이 크
게 태움에 태워진지라 이 재앙들을 행하는 권세를 가지신 하나님의 이름을 비
방하며 또 회개하지 아니하고 주께 영광을 돌리지 아니하더라 10 또 다섯째 천
사가 그 대접을 짐승의 왕좌에 쏟으니 그 나라가 곧 어두워지며 사람들이 아파
서 자기 혀를 깨물고 11 아픈 것과 종기로 말미암아 하늘의 하나님을 비방하고
그들의 행위를 회개하지 아니하더라

21

진노의 대접들

그리스도 안에서 사랑하는 성도 여러분, 드디어 올 것이 왔습니다. 경고를 듣고도 돌이키지 않는 자들에게 하나님은 진노의 대접을 쏟으십니다.

어린양 예수 그리스도께서 차례로 역사의 봉인을 떼셨습니다. 일찍 죽임을 당한 어린양의 사역으로 일곱 인은 이미 떼어졌습니다. 각 족속과 방언과 백성과 나라 가운데서 사람들을 어린양의 피로 사서 나라와 제사장으로, 땅에서 왕 노릇 하는 자들로 삼으셨습니다. 그러므로 죽임당하신 어린양께 능력과 부와 지혜와 힘과 존귀와 영광과 찬송을 드림이 당연합니다.

일곱 봉인이 떼어지는 동시에 하나님의 경고의 나팔이 울려 퍼지고 있습니다. 땅과 바다와 강과 하늘에 경고의 나팔이 울려 퍼지고 있습니다. 자연계뿐 아니라 그 이마에 하나님의 인 침을 받지 아니한 모든 사람에게 고통의 시대가 왔습니다. 전갈이 쏘는 것 같은 고통 중에 죽기를 구하여도 죽을 수 없는 시대가 왔습니다. 경고의 재앙이 임하지만 그 손으로 하는 일을 회개하지 아니하는 죄인들의 모습입니다. 그러므로 최후 진노의 준비는 이미 완료되었습니다.

본문 16장에는 드디어 올 것이 옵니다. 큰 음성이 성전에서 발해졌습니다. 일곱 천사에게 행동 개시를 선포합니다. 하나님은 진노의 일곱 대접을 땅에 쏟으라고 명령하십니다.

전면적인 재앙의 시작과 하나님의 의로운 심판

첫째 천사가 그 대접을 땅에 쏟습니다. 그 결과 악하고 독한 종기가 생깁니다. 짐승의 표를 받은 사람들과 우상에게 경배하는 자들에게만 내려지는 재앙입니다.

본문에 기록된 마지막 진노의 재앙은 일곱 봉인이나 일곱 나팔보다는 간결한 형태로 기술되었습니다. 스타카토(staccato)처럼 기술함으로 하나님의 진노가 신속히 임하는 것을 암시합니다. 또한 출애굽 재앙에서는 다섯째까지, 나팔 재앙에서는 넷째까지 사람에게 직접 재앙이 임하지 아니했으나, 마지막 재앙은 시작부터 사람들에게 고통을 줍니다. "말세에 고통하는 때가 이르리니"(딤후 3:1 참조)라고 사도 바울이 증거한 것을 기억하십시오. 하나님을 부인하고 하나님에게 영광과 감사를 돌려 드리지 않는 사람에게는 고통하는 때가 도래합니다. 대접으로부터 쏟아지는 재앙은 더 이상 경고의 성격을 띠지 않습니다. 회개의 기회는 다 지나가 버리고 이제 형벌로써 재앙이 임하고 있습니다.

하나님이 그분의 언약궤를 탈취해 간 블레셋 사람을 독종으로 치신 사건(삼상 5장)을 기억하십니까? 법궤가 옮겨 간 동네마다 하나님은 독종으로 치셨습니다. 그래서 결국 이스라엘에 법궤를 돌려 준 사건입니다. 하지만 본문의 재앙은 그보다 애굽에 임했던 재앙을 기억나게 합니다. 강퍅한 애굽의 바로는 하나님의 경고를 무시하다 결국 망했습니다. 하나님의 경고를 거절하는 이들은 하나님의 진노의 손에 빠져듭니다. 멸망을 자초합니다. 그 마음에 하나님을 두기 싫어하는 사람도 고통 속에 빠져들 것입니다. 지속적인 죄악이 뒤따르는 고통스럽고 회복할 수 없는 무질서 속에 처하게 될 것입니다. 이 재앙에 빠져드는 것은 자업자득입니다. 하나님의 심판은 반드시 그 주인을 찾아갑니다. 첫째 대접의 재앙은 하나님 없이 살아가는 사람들이 당할 고통의 도래를 보여 줍니다.

> 둘째 천사가 그 대접을 바다에 쏟으매 바다가 곧 죽은 자의 피같이 되니 바다 가운데 모든 생물이 죽더라(16:3).

첫째 대접이 땅에 쏟아졌다면 둘째 대접은 바다에 쏟아지고 있습니다. 바다는 곧 죽은 자의 피같이 변합니다. 바다에 살던 모든 생물이 다 죽습니다. 둘째 나팔이 불 때도 바다에 재해가 미쳤습니다. 바다 가운데 생명을 가진 피조물의 3분의 1이 죽었습니다. 바다에 있던 배들의 3분의 1이 깨졌습니다. 그러나 본문에 나타난 재앙은 3분의 1로 한정되지 않습니다. 바다에 있는 모든 생물이 죽습니다. 나팔 재앙은 땅, 바다, 물, 하늘의 3분의 1에만 미쳤지만, 대접 재앙에서는 이런 제한이 사라집니다.

하나님의 마지막 진노이기에 모든 생물이 죽어 나갑니다. 더 이상 예비적인 징계가 아닙니다. 최종적인 처벌입니다. 부분적인 재앙이 아니라 전면적인 재앙입니다. 간접적인 재난이 아니라 직접적인 재난입니다. 이제 사람의 모든 죄는 필연적인 심판 아래 들어갑니다. 다음 장면으로 옮겨 가 봅시다.

> 셋째 천사가 그 대접을 강과 물 근원에 쏟으매 피가 되더라(16:4).

이 세 번째 재앙은 출애굽 재앙과 밀접한 관련이 있습니다. 동시에 세 번째 나팔과도 유사합니다. 세 번째 나팔의 경고로 강들의 3분의 1과 여러 물샘에 횃불 같은 별이 떨어져 물의 3분의 1이 쑥이 되어 많은 사람이 죽습니다. 하지만 본문의 재앙은 전면적입니다. 물론 여기에는 죽은 사람에 대한 언급이 없습니다. 세세한 기술이 생략된 것은 장면의 빠른 전환 때문입니다. 그러나 마실 물이 없으면 사람의 미래는 당연히 없습니다.

> 내가 들으니 물을 차지한 천사가 이르되 전에도 계셨고 지금도 계신 거룩하신 이여 이렇게 심판하시니 의로우시도다 그들이 성도들과 선지자들의 피를 흘렸으므로 그들에게 피를 마시게 하신 것이 합당하니이다 하더라 (16:5, 6).

여기서 "물을 차지한 천사"는 무슨 뜻일까요? 땅 위에 있는 물을 주관하는 임무를 맡은 천사라고 이해할 수 있습니다. 아니면 물에 대한 심판을 주관하는 천사라고 볼 수도 있습니다. 계시록 앞부분에서는 전자의 의미로 쓰였습니다. 땅의 사방의 바람을 붙잡고 있는 천사(7:1)뿐만 아니라 불을 다스리는 천사(14:18)도 등장했습니다. 천사가 이런 직무를 수행하는 것을 암시하는 구절은 다른 성경에도 나옵니다(히 1:7, 시 104:4, 148:8). 물을 차지한 천사가 외칩니다.

> 전에도 계셨고 지금도 계신 거룩하신 이여 이렇게 심판하시니 의로우시도다 그들이 성도들과 선지자들의 피를 흘렸으므로 그들에게 피를 마시게 하신 것이 합당하니이다……(16:5, 6).

여기서 성도들과 선지자들을 두 그룹으로 나누어 볼 필요는 없습니다.

성도는 누구든 죽임당했습니다. 그러나 특히 그 가운데 지도적 위치에 있던 선지자들은 더 쉽게 죽임당했습니다. 양육과 권면과 위로를 담당하던 사역자들이 그 대열의 앞에 섰기 때문입니다.

하나님의 심판의 특징은 의로움에 있습니다. "이렇게 심판하시니 의로우시도다"라고 천사가 증언합니다. 땅, 바다, 물에 임하는 심판은 모두 의로우신 심판임을 증거합니다. 하늘의 천사가 증언할 뿐 아니라 그에 화답해서 제단이 소리칩니다.

> 그러하다 주 하나님 곧 전능하신 이시여 심판하시는 것이 참되시고 의로우시도다……(16:7).

전능하신 하나님의 심판 방법이 참되시고 의로우심을 제단이 증거합니다. 전능하신 하나님의 심판 행위가 참되시고 의로우시다는 것은 계시록의 주제 가운데 하나입니다. 모세의 노래, 어린양의 노래에서도 입증된 진리입니다.

> 주 하나님 곧 전능하신 이시여 하시는 일이 크고 놀라우시도다 만국의 왕이시여 주의 길이 의롭고 참되시도다(15:3).

제단은 이 진리에 화답합니다. 제단이 말한다는 것은 제단을 의인화시킨 표현으로 볼 수도 있고, 제단 아래 있는 순교자의 소리로 볼 수도 있으며, 제단으로부터 올라가는 성도의 기도 소리로도 이해할 수 있습니다. 계시록에 나오는 제단은 기도와 관련됩니다. 또한 심판과도 관련이 있습니다. 다시 한 번 동일한 진리를 강조합니다. 하나님의 심판 행위는 참되시고 의로우십니다. 무서운 심판 행위는 끔찍한 죄에 적용됩니다. 극렬한 진노의 심판은 오래 참으신 분노의 발산입니다.

심화되는 재판, 회개하지 않는 죄인

이제 넷째 천사의 활동을 봅시다.

> 넷째 천사가 그 대접을 해에 쏟으매 해가 권세를 받아 불로 사람들을 태우니 사람들이 크게 태움에 태워진지라 이 재앙들을 행하는 권세를 가지신 하나님의 이름을 비방하며 또 회개하지 아니하고 주께 영광을 돌리지 아니하더라(16:8, 9).

이 구절을 보면 넷째 나팔을 불 때의 현상과 함께 차이도 있습니다. 넷째 나팔도 하늘에 있는 해와 달, 별들에 영향을 주어 그 3분의 1이 어두워졌습니다. 그러나 넷째 대접으로 말미암는 현상은 반대입니다. 어두워지는 대신 더 뜨거워져서 사람들이 불에 타게 됩니다. 그리고 이런 심판의 현장에서도 사람들은 더욱 악해지고 있습니다. 평생을 추종해 온 짐승의 성격이 드러나고 있습니다. 하나님을 대적하고 훼방하는 짐승의 행위가 이들을 지배하고 있습니다. 대개 사람은 심판 앞에서 두려워합니다. 죽음 앞에 숙연해집니다. 그러나 여기 등장하는 이들의 모습은 끝까지 악할 대로 악해진 죄인의 모습니다.

> 또 다섯째 천사가 그 대접을 짐승의 왕좌에 쏟으니 그 나라가 곧 어두워지며 사람들이 아파서 자기 혀를 깨물고 아픈 것과 종기로 말미암아 하늘의 하나님을 비방하고 그들의 행위를 회개하지 아니하더라(16:10, 11).

부패한 사람의 자존심이 말합니다. "평생 안 믿었는데 죽는다니까 구차하게 믿는다고 할 수 있느냐?" "지금이라도 믿으면 구원받습니다"라고 전해도 부패한 사람의 자존심은 허용하지 않습니다. 이런 초라하고 구차한 모습으로 돌아서지 않겠다고 버티는 이들입니다. 죽음 앞에서 그 소속이 극명하게 표출됩니다. 어디에 속했는지 확연히 드러나는 순간입니다.

죄를 지었기 때문에 지옥에 가는 것이 아닙니다. 죄를 지었다고 지옥에 가면 천국에 갈 사람은 아무도 없습니다. 죄를 지어서가 아니라 회개하지 않아서 하나님의 심판 아래 빠져드는 것입니다. 지금이라도 돌아서야 합니다. 아니, 죽음을 앞둔 바로 그 순간에라도 돌아서기만 하면 영광스러운 구원을 얻습니다. 한평생 거부하던 사람도 하나님은 받아 주십니다. 사람이 지옥 형벌을 받는 이유는 죄를 지어서가 아닙니다. 죄를 짓고 뉘우치지 않기 때문입니다. 하나님을 몰라서가 아닙니다. 하나님을 앎에도 불구하고 그분에게 감사하며 영광을 돌리지 않기 때문입니다. 사람들이 멸망하는 것은 죄 때문이 아니라 죄를 용서하시는 하나님을 거절하기 때문입니다.

> 모든 사람이 죄를 범하였으매 하나님의 영광에 이르지 못하더니(롬 3:23).

이제라도 돌아서십시오. 죄 가운데서 벗어나십시오. 하나님을 향해 나아가십시오. 복된 하나님의 영광에 이르게 될 것입니다.

다섯째 천사를 보십시오. 다섯째 천사의 대접이 쏟아지자 초자연적인 어둠이 임했습니다. 이전 재앙의 고통이 더욱 심화됩니다.

> 또 다섯째 천사가 그 대접을 짐승의 왕좌에 쏟으니 그 나라가 곧 어두워지며 사람들이 아파서 자기 혀를 깨물고(16:10).

다섯째 천사의 나팔로 인해 무저갱의 연기가 사람들을 엄습했습니다. 여기 다섯째 대접의 결과, 어둠이 더 극심하고 더 보편적으로 엄습합니다. 출애굽의 아홉째 재앙에 비교될 만합니다. 그때는 어둠 속에서 온 애굽이 당황했다면 지금은 어둠의 권세를 추종한 세상 모든 사람 위에 어둠의 세력이 그 위력을 떨칩니다. 그리스도의 밝은 빛 가운데로 들어오기를 거부한 이들이 받을 몫은 어둠과 고통입니다. 치료의 광선으로 나아오기를 거부한 그들의 몫은 고통 속에 혀를 깨무는 것입니다. 어둠에서 영광스러운 빛 가운데로 나아오기를 거부한 자들에게 합당한 심판입니다.

극심한 고통 속에서도 끝까지 완악해지는 인류를 보십시오. 하나님의 자비가, 하나님의 은혜가 아니면 인류는 결코 돌아서지 않습니다. 끝까지 악하게 살도록 "내버려 둬!"라고 외치는 것이 죄인들입니다. 제 고집대로 살도록 "내버려 둬!"라고 절규합니다. 마지막 심판의 기초는 이미 닦여 있습니다.

> 그 정죄는 이것이니 곧 빛이 세상에 왔으되 사람들이 자기 행위가 악하므로 빛보다 어둠을 더 사랑한 것이니라(요 3:19).

빛보다 어둠을 더 사랑한 이들에게 임할 마지막 심판 행위가 본문에 기술되어 있습니다. 고통 때문에 돌이키기는커녕 하늘의 하나님을 저주하는 인생을 보십시오.

여러분과 제가 돌아선 것은 선해서가 아닙니다. 우리가 그들보다 본성이 착해서가 아닙니다. 오직 하나님의 은혜 때문입니다. 자비로우신 하나님의 개입 때문입니다. 죄인은 그대로 두면 악해질 수밖에 없습니다. 주인의 본성을 더욱 나타낼 뿐입니다. 하나님을 훼방하는 본성이 드러날 뿐입니다. 보십시오! 극심한 재앙에도 불구하고 인생은 더욱 악해지고 있습니다.

마지막 심판의 때에 은혜로우신 하나님의 개입은 끝이 납니다. 그때는 아무도 돌아설 수 없습니다. "회개하지 아니하고 주께 영광을 돌리지 아니하더라"(16:9)라고 하는 후렴 같은 구절의 반복은 우리에게 최후 진노의 무서움을 회상시킵니다. 지금 돌아서지 않으면 안 됩니다. 마지막 대접이 쏟아지는 순간에는 더 이상 회개의 기회가 남아 있지 않습니다.

> 아픈 것과 종기로 말미암아 하늘의 하나님을 비방하고 그들의 행위를 회개하지 아니하더라(16:11).

건강할 때는 큰소리치다가도 아프면 누그러들기도 합니다만 여기 일곱 대접의 심판 아래 있는 인류는 더욱 악해지고 있습니다. 마지막까지 악으로 치닫습니다. 하나님이 긍휼을 거두셨기 때문입니다. 21절은 그 결과를 기술하고 있습니다.

> 사람들이 그 우박의 재앙 때문에 하나님을 비방하니 그 재앙이 심히 큼이러라(16:21).

마지막 진노에서 벗어날 길

처벌은 회개를 가져오지 못합니다. 긍휼만이 사람을 돌이킵니다. 하나님의 긍휼이 끝난 끔찍한 심판에 빠져들기 전에 돌이켜야 할 사람은 주변에 없습니까? 진노의 대접들이 궁극적으로 가리키는 바가 무엇입니까? 인은 떼어졌고 나팔이 불리고 나면 쏟아질 진노의 대접만이 인류를 기다립니다. 하나님은 사람의 죄악을 반드시 보응하십니다. 전능하신 하나님의 손은 공의로운 심판의 손입니다.

그 마지막 진노에서 우리를 지켜 주실 분을 알고 계십니까? 생사 간의 유일한 위로의 원천을 알고 계십니까? 하나님의 진노에서 벗어날 길을 알고 계십니까? 진노의 큰 날, 최후 심판의 날에 우리가 어떻게 서게 될지 생각해 보셨습니까? 어린양의 피에 그 옷을 씻어 희게한 자만이 진노의 심판을 이깁니다.

사랑하는 성도 여러분, 생사 간의 유일한 위로는 어린양 예수 그리스도의 이름에 있습니다. 어린양의 피에 자신의 죄악을 내어 맡기십시오. 그러면 양털보다 더 희게, 눈보다 더 깨끗하게 씻어 주십니다. 어린양의 피에 그 옷을 씻어 희게한 자만이 진노의 심판을 이깁니다.

Revelation

요한계시록 16장 12-16절

12 또 여섯째 천사가 그 대접을 큰 강 유브라데에 쏟으매 강물이 말라서 동방에
서 오는 왕들의 길이 예비되었더라 13 또 내가 보매 개구리 같은 세 더러운 영
이 용의 입과 짐승의 입과 거짓 선지자의 입에서 나오니 14 그들은 귀신의 영
이라 이적을 행하여 온 천하 왕들에게 가서 하나님 곧 전능하신 이의 큰 날에
있을 전쟁을 위하여 그들을 모으더라 15 보라 내가 도둑같이 오리니 누구든지
깨어 자기 옷을 지켜 벌거벗고 다니지 아니하며 자기의 부끄러움을 보이지 아
니하는 자는 복이 있도다 16 세 영이 히브리어로 아마겟돈이라 하는 곳으로 왕
들을 모으더라

22

말라 버린 강물

그리스도 안에서 사랑하는 성도 여러분! 이 예언의 말씀을 읽는 자가 복이 있습니다. 이 예언의 말씀을 듣는 자가 복이 있습니다. 그리고 이 예언의 말씀을 지키는 자들이 복이 있습니다. 이 예언의 말씀을 읽고 듣고 지킴으로 오늘 우리 자신을 살필 수 있기 때문입니다. 먼저 여러분 개개인의 마음속을 정직하게 살펴보십시오. 또한 여러분의 가정을 살펴보십시오. 나아가 신앙 공동체인 교회를 한번 살펴보아야 합니다. 어떤 삶을 살고 있는지 우리는 서로 보살펴야만 합니다. 더 나아가 우리가 살고 있는 세상을 바라봅시다.

계시록에는 일곱 교회의 실상이 나오고, 역사의 일곱 봉인을 떼는 장면이 나옵니다. 그리고 일곱 경고의 나팔이 울려 퍼집니다. 그러고 나서 일곱 진노의 잔이 부어지고 있습니다. 우리가 읽은 본문은 여섯째 천사가 그 대접을 쏟아붓는 장면을 기술하고 있습니다.

여섯째 대접의 재앙, 구별이 사라진 시대

여섯째 대접을 쏟은 결과는 처음 다섯 대접보다 더 길게 서술되어 있습니다. 그리하여 사람들로 그 종말을 준비하게 합니다. 여섯째 대접을 쏟은 결과는 종말을 가져오는 것이 아니라 종말을 위해 준비하게 하는 역할을 하고 있습니다.

여섯째 대접이 쏟아지는 곳이 어디입니까? 바로 유브라데강입니다. 유브라데는 이스라엘 동북부에 흐르고 있습니다. 그래서 하나님의 백성 이스라엘과 적그리스도의 제국인 바벨론 사이를 갈라놓은 자연적 경계가 되고 있습니다. 동방의 대표적 나라 바벨론은 어떤 나라입니까? 성경 역사에서 바벨론은 하나님의 백성을 대적하는 큰 보좌가 있는 곳입니다. 특히 계시록에서는 적그리스도의 나라와 지경을 상징합니다.

여섯째 천사가 대접을 쏟자 그 강이 말랐다고 기록하고 있습니다. 그 엄청난 강물이 다 말라서 "동방에서 오는 왕들의 길"이 예비되었다고 말씀합니다. 강물이 말랐다는 것은 무엇을 의미합니까? 어떤 사람은 현재 이 유브라데 강물이 실제로 점점 줄어들고 있는 것을 의미한다고 주장합니다. 현대의 댐 공사로 한날 유브라데 강물이 마르면 마지막 날 종말이 온다고 주장합니다. 하지만 유브라데 강물이 말랐다는 것은 그런 의미가 아닙니다. 강은 고대부터 현대에 이르기까지 자연적인 경계가 되어 왔습니다. 압록강과 두만강을 경계로 우리나라도 중국과 경계하고 있습니다. 그런데 자연적인 방패 구실을 하던 강이 다 말라버리고 만 것입니다. 이제 동방에서 왕들이 쉽게 건너올 수 있는 여건이 조성된 것입니다. 그렇다고 이스라엘과 바벨론 사이에 흐르는 그 강물의 이야기가 아닙니다. 계시록은 언제나 그렇듯 영적으로 더 깊은 내용을 담고 있습니다.

교회의 상징인 이스라엘과 세상의 상징인 바벨론 사이에 더 이상 구별이 존재하지 않는 것이 여섯째 대접을 쏟음으로 발생하는 재앙입니다. 이스라엘과 바벨론 사이에 있는 그 큰 강이 말랐다는 것은 하나님의 백성과 이방인 사이에 구별이 없어졌다는 뜻입니다. 교회가 더 이상 세상과 구별되지 않는 시대가 이를 것을 성경은 예언하고 있습니다. 여섯째 대접이 쏟아짐으로 하나님의 백성과 적그리스도 사이에 구별이 없어지는 무서운 시대의 도래를 예고하고 있습니다. 교회와 세상 사이에 더 이상 구별됨을 찾을 수 없고, 교회가 세상과 어깨동무하는 시대가 올 것을 말하고 있습니다.

꼭 교회와 세상 사이만 이야기하는 것이 아닙니다. 예배를 드리는 곳에도 가인의 제단과 아벨의 제단이 있습니다. 교회 안에도 서로 다른 두 흐름이 있습니다. 그러나 이제는 전략적으로 제휴하는 시대가 도래했습니다. 큰 강 유브라데는 말랐습니다. 비극적인 현상이 도래했습니다.

지금은 원리적인 구별이라는 것이 통하지 않는 시대입니다. 근원적인 차이, 근본적인 차이를 이야기하면 비타협적인 사람으로 몰리는 사회에 살고 있습니다. 사고가 경직된 사람이라고 불립니다. 옳고 그른 것 사이에 더 이상 근본적인 구별을 두려고 하지 않는 시대입니다. 결과적으로 신자와 불신자 간에 더 이상 삶의 차이를 볼 수 없습니다. 입고 다니는 옷이 구별되지 않는 정도가 아니라 그 둘의 삶에 전혀 차이가 없습니다. 오늘날은 더 이상 사람들 눈을 두려워하지 않을 뿐 아니라 심판하시는 하나님과 대면하기를 싫어합니다. 두 사람만 좋으면 욕망에 따라 무슨 짓이든 가리지 않고 행하는 패역한 시대에 돌입하고 있습니다. 돈이 된다면 어떤 일도 마다하지 않는 세태가 되었습니다. 그리고 돈만 벌면 성공한 것이라고 말하는 시대를 우리는 살고 있습니다. 신앙인과 비(非)신앙인 사이에 존재하는 구별이 없어져 가고 있는 것입니다.

여러분은 이 시대를 어떻게 파악하고 있습니까? 신앙인이 불신자에게 왜 선한 영향을 끼치지 못하고 있다고 생각합니까? 전 국민의 4분의 1이

기독교인이지만 민족사에 별다른 영향을 주지 못하는 시대입니다. 이 사실이 무엇을 의미한다고 생각합니까? 교회에 세상이 넘쳐 들어와서 구별이 어려운 시대가 되고 말았습니다. 성도인 우리의 삶과 안 믿는 친구들의 삶에서 근본적인 차이를 발견하기 힘든 시대입니다. 여러분이 가지고 있는 목표나 추구하는 바가 불신자 친구의 그것과 차이가 있습니까? 혹시 아무 차이도 발견할 수 없다면, 여섯째 천사의 대접이 오늘 우리 삶 가운데 이미 부어졌다는 것을 깨달아야 합니다.

성도와 불신자 사이의 구별은 창조 이후로 존재해 왔습니다. 동시에 이 구별을 없애려는 시도 역시 태초부터 지금까지 계속되고 있습니다. 태초의 유혹은 이 구별을 없애려는 시도였습니다. 사탄이 여자에게 찾아와 속삭였습니다. 창조주 하나님과 피조물 사이의 구별을 없애려고 속삭였습니다.

> 너희가 그것을 먹는 날에는 너희 눈이 밝아져 하나님과 같이 되어 선악을 알 줄 하나님이 아심이니라(창 3:5).

최초의 유혹은 이 구별을 없애 버리라는 것이었습니다. 엄연히 존재하는 창조주 하나님과 피조물 사이의 구별을 없애라는 것입니다.

여러분은 삶에서 창조주 하나님의 위치를 인정하고 있습니까? 우리는 우리 인생의 주인이 아닙니다. 우리 중에 원하는 가문에 태어난 사람은 아무도 없습니다. 태어나기 전에 태어날 나라를 선정한 사람이 있습니까? 태어날 시간을 선택한 사람이 있습니까? 우리가 걷는 인생길에서도 우리는 주인이 아닙니다. 우리 인생 배후에서 우리 삶을 주관하시는 그 손길 앞에 겸비해져야 합니다. 우리는 피조물에 불과합니다. 엄연히 대주재 하나님이 우리 삶을 주장하고 계십니다. 삶은 우리 것이 아닙니다. 우리 마음대로 쓸 수 있는 것이 아닙니다. 우리의 주인이신 하나님에게 그 삶을 어떻게 살기를 원하시는지 물어야만 신앙인입니다. 신앙인은 자신의 인생길을 자기가 원하는 방향으로 걷는 사람이 아닙니다. 하나님이 가기 원하시는 곳으로 가야만 합니다.

우리 시대는 창조주와 피조물 간의 엄연한 구별을 철폐하려고 합니다. 그날 이후 동일한 유혹이 오늘날까지 계속되고 있습니다. 오늘날 뉴에이지 운동의 메시지도 다를 바 없습니다. 그들은 자연 보호 운동을 내걸지만 궁극적인 목표는 사람과 자연은 결국 하나라는 것을 주장하는 것에 있습니다. 더 나아가 도덕적인 선과 악의 차별을 폐지하자고 주장합니다. 그러나 절대적인 악과 선이 세상에 존재하지 않는다면 무슨 행동이든 못할 것이 없습니다. 그들이 주장하는 새로운 도덕 운동은 사실 무도덕 운동입니다. 하나님의 형상대로 지음받은 사람의 동물화 운동입니다.

창조될 때부터 사람에게는 해도 되는 일이 있고 해서는 안 되는 일이 엄연히 존재했습니다. 사람이기 때문에 해야 하는 일이 있는가 하면 해서는 안 되는 일이 있습니다. 우리 모두 그런 상황 속에 태어난 것입니다. 내 마음에 들면 무슨 짓이든 할 수 있다는 것은 선이 아닙니다. 사람과 짐승이 다른 점이 거기에 있습니다. 짐승에게 자기 어미가 어디 있습니까? 자기 아비가 어디 있습니까? 닭을 한번 보십시오. 개를 한번 보십시오. 가책을 느낄 이유가 없습니다. 그것이 그들의 창조 질서입니다. 동물에게는 그렇게 살아가는 것이 하나님의 창조 질서에 순응하는 것입니다. 그러나 우리는 사람입니다. 그래서 우리는 지음받을 때부터 해서는 안 되는 일의 감각과 해야 하는 일에 대한 도덕적인 마음을 가지고 태어나는 것입니다. "도덕적인 선악을 철폐하자"라고 부르짖는 것은 하나님의 형상대로 사람을 창조하신 하나님에게 대항하는 운동입니다.

그들은 또한 특정 종교의 지원을 철폐하도록 목소리를 높이고 있습니다. 말하자면 종교는 모두 같다는 것입니다. 결국 종교 혼합주의로 몰고 가서 순수한 말씀에 기초한 기독교를 반대하려고 획책합니다. 또한 그들은 하나의 세계 정부 운동을 주창합니다. 사탄에 의해 지배되는 하나의 세상을 만들기 위해 활동하고 있습니다. 세상 조직은 사탄이 지배합니다. 한꺼번에 통제하기 쉽도록 하나의 정부를 부르짖는 것입니다. 정치, 종교, 사회, 학문, 어느 곳에든 파고듭니다.

지금 이 강물이 말라서 "동방에서 오는 왕들의 길이 예비되었더라"(16:12)라고 기록하고 있습니다.

개구리 같은 세 더러운 영

> 또 내가 보매 개구리 같은 세 더러운 영이 용의 입과 짐승의 입과 거짓 선지자의 입에서 나오니 그들은 귀신의 영이라 이적을 행하여 온 천하 왕들에게 가서 하나님 곧 전능하신 이의 큰 날에 있을 전쟁을 위하여 그들을 모으더라(16:13, 14).

"개구리 같은 세 더러운 영"은 어디서 나오고 있습니까? 하나는 용의 입에서, 하나는 짐승의 입에서, 하나는 거짓 선지자의 입에서 나오고 있습니다. 우리 입에서는 나오지 않고 있는지, 우리 입에서 튀어나오는 말들이 무엇인지 한번 생각해 보십시오. 하나님을 찬양하는 말입니까? 하나님께 영광을 돌리는 말입니까? 형제를 세우는 말입니까? 형제를 헐뜯는 말입니까? 비난하는 말입니까? 속이는 말입니까? 개구리 같은 더러운 영이 지금 나오고 있습니다.

먼저 "용"은 누구를 가리킵니까? 오래 신앙생활을 하신 분들은 익히 들어 그가 누구인지 알고 있습니다. 용은 여기서 '마귀'를 뜻합니다(12:9). 온 세상을 거짓으로 유혹하는 괴수입니다. 하늘에서 쫓겨난 사탄은 지금 세상에서 활동하고 있습니다.

지금은 사탄이 교회까지 침투해서 교회를 파괴하는 시대입니다. 교회의 도덕적 순결을 떨어뜨립니다. 하나님의 사람들을 넘어뜨리고 교회를 파괴하는 공작을 계속하고 있습니다. 많은 목회자와 평신도가 도덕적인 성결을 상실하도록 해서 세상이나 교회나 별것 아니라는 인상을 주려고 합니다. 때로는 기독교의 진리를 왜곡시켜서 우리가 믿고 있는 구주대망(救主大望)의 위대한 진리를 한낱 웃음거리로 만듭니다. 엉뚱한 때에 주님이 오신다고 선전하여 성경에 나타나 있는 진리가 세상에 짓밟히도록 아주 교묘하게 조종하고 있습니다.

어떻게 사탄이 교회 안에서 활동할 수 있습니까? 다니엘은 누누이 한날 하나님의 성전에 서지 못할 것이 서게 될 것을 예언하였습니다. 거룩한 자리에 서지 못할 자가 서게 될 것을 말하고 있습니다. 교회 안에 거짓 지도자를 세워서 하나님의 교회를 유린하려고 공작하고 있습니다. 온갖 거짓말로 사람들의 판단을 흐리게 만듭니다. 비리의 핵심을 보지 못하게 합니다. 양심을 따라서 증언조차 하지 못하게 만듭니다. 여론몰이로 종교 재판을 합니다.

그래서 신앙대로 살려는 사람은 아주 어려워지는 때가 올 것을 계시록은 말하고 있습니다. 소수의 무리만이 용과 짐승을 경배하지 않고 남는 자가 될 것을 말하고 있습니다. 이스라엘이 포로 되어 살 때 남은 자들이 돌아왔듯이 순결을 지킨 남은 자 사상이 요한계시록에 흐르고 있습니다. 끝까지 하나님의 계명을 가지고 주의 말씀에 자기 생명을 내놓을 남은 자들이 있을 것입니다. 그러나 세상은 대부분 우상을 숭배하게 될 것을 말하고 있습니다. 번영의 우상을 숭배하게 될 것입니다. 쾌락과 안일의 우상을 따르게 될 것입니다.

두 번째로 악한 영이 그 입에서 나오는 “짐승”은 누구를 가리킵니까? 우리는 계시록에서 짐승에 대해 이미 익히 들어 왔습니다. 다니엘서 이후로 짐승은 세상 권력을 가리키고 있습니다. 이 전통은 계시록에도 그대로 반영되고 있습니다. 바다에서 올라온 짐승, 땅에서 나온 짐승 모두 정치적인 권력을 상징합니다. 정치 권력에 대한 욕구는 사람에게 본능적인 것 같습니다. 그래서 정치 권력의 뒷이야기는 항상 사람들에게 즐겨 읽히고 있습니다. 최고 통치자의 전기나 권력 투쟁에 관한 이야기가 항상 잘 팔립니다. 정치는 삶에서 직접적이고 중요한 역할을 하고 있습니다. 그러므로 정치 권력은 사탄의 관심사에서 벗어날 때가 없습니다. 사탄은 세상 정치뿐 아니라 교회의 정치 배후에서도 활동하고 있습니다. 스스로 바른 판단을 내린다고 하지만 그 배후에는 악의 세력이 역사하고 있습니다. 그래서 우리는 선한 정치에 관심을 가지고 그것을 추구해야 합니다. 그러나 세상 권력은 본질상 악의 영역에 지배받게 되어 있습니다.

더 정확하게 말하면 짐승은 그 본질이 용의 하수인입니다. 그 본성이 야수적인 힘에 바탕을 둔 짐승이라고 누누이 말씀하고 있습니다. 다니엘서와 계시록에서는 이 세상 권력을 짐승으로 일관되게 말하고 있습니다. 그 권력이 유지되는 궁극적인 힘은 어떤 정의나 합리성에 있지 않습니다. 비합리적이고 야수적인 힘에 있다는 것을 알아야만 합니다. 우리가 기대 이상으로 세상 정치나 교회 정치에 바라면 우리는 계속 실망할 것입니다.

마지막으로 개구리 같은 악한 영은 “거짓 선지자”의 입에서도 튀어나오고 있습니다. 본문에 그 정체를 드러내는 거짓 선지자는 적그리스도의 대변인입니다. 그저 모든 것에 대하여 하나님을 대항하는 이론들을 퍼뜨릴 자를 지칭하고 있습니다.

그런데 이 세 더러운 영이 왜 개구리 같다고 묘사되고 있습니까? 왜 하필 개구리가 표적입니까? 몰골이 흉악해서입니까? 여러분은 개구리가 울어대는 것을 들어 본 적이 있는지요? 여름에 울어대는 매미 소리와 마찬가지로 오뉴월 못자리에서 들리는 개구리 울음소리도 대단합니다. 매미는 낮에 울어대지만 개구리는 주로 밤에 울어댑니다. 개구리가 울기 시작하면 엄청나다는 것을 들어 본 사람이라면 다 알 것입니다.

이 개구리 같은 세 더러운 영이 합작해서 세상의 왕들을 충동질하여 큰 날에 있을 전쟁을 위해 모으는 역할을 하고 있다고 말하고 있습니다. 우리가 사는 세상은 세 개구리처럼 생긴 영이 극도로 활동하는 시대입니다. 그저 끊임없이 떠들어대고 있습니다. 우리는 끊임없이 쏟아지는 정보의 홍수 속에 살고 있습니다. 그래서 사람들은 뭐가 바른 소리인지 알지 못합니다. 끊임없이 울어대는 개구리 소리에 넋을 잃듯 수많은 정보는 참과 거짓을 분별하지 못하도록 하고 있습니다.

수없이 쏟아지는 활자 정보뿐 아니라 방송 매체와 영상 매체로도 우리의 정신을 혼란하게 만듭니다. 매일 말씀을 묵상하고 마음속에 두지 않는다면 영적 분별력을 상실하기 쉽습니다. 눈뜨면 휴대 전화를 보고, 매일매일 텔레비전을 켭니다. 그리하여 우리의 혼을 빼앗으려 듭니다. 바벨론이 팔고 있는 상품에는 사람의 영혼까지 포함되어 있습니다. 세상은 우리로 하여금 그냥 정신을 잃어버리도록, 무엇을 듣고 살아야 하며 무엇을 위해 목숨을 바쳐야 하는지에 대해서 절대적인 진리를 상실하도록 만듭니다. 이 소리도 그 소리 같고, 그 소리도 저 소리 같고, 이 사람 말도 옳은 것 같고, 저 사람 말도 옳은 것 같고, 모두 개골개골 떠들어대니까 사람들이 참과 거짓 사이에서 분별을 상실하고 맙니다. 애굽 온 천지에 개구리가 뛰어다녀서 귀찮았듯이 말세에 이 개구리의 더러운 영이 모든 사람 가운데 침투하고 있습니다.

지금 사탄은 동방으로부터 오는 왕들을 유인하고 있습니다. 그 영향이 온 세상에 확산되고 하나님을 향한 반역이 노골화될 것을 말하고 있습니다. 제25시의 상황으로 치달을 것입니다. 아무런 소망이 없어 보이는 시대입니다. 그러나 그것은 계시록이 말하는 이야기의 전부가 아닙니다.

전능하신 이의 큰 날

> 그들은 귀신의 영이라 이적을 행하여 온 천하 왕들에게 가서 하나님 곧 전능하신 이의 큰 날에 있을 전쟁을 위하여 그들을 모으더라(16:14).

세 더러운 영은 온 천하 왕들을 미혹해서 모으고 있습니다. 하나님의 백성을 결판내려고 덤벼들고 있지만, 자기가 결판나는 날인 줄은 알지 못하고 있습니다.

시편 2편을 보면, 옛날 이스라엘 다윗 시대에 다윗의 즉위를 반대해서 온 열방이 기를 쓰고 들고 일어난 것을 읽어 볼 수 있습니다. 또 사도행전 4장을 보면 세상의 군왕들이 모여서 기름 부음 받은 자 예수를 죽이는 일에 동맹한 것을 알 수 있습니다. "그날에는 헤롯과 빌라도가 친구가 되었다"(눅 23:12 참조)고 합니다. 예수를 잡아 죽이는 일처럼 하나님의 사역을 망치는 일에는 동조와 협력을 잘합니다. 그리스도를 십자가에 못 박기 위해 소리치고 합창하던 음모가 이제는 노골화될 것입니다. 드디어 전능하신 이의 큰 날 그 모습을 드러낼 것입니다.

얼핏 보면 성경은 자주 "전능하신 이의 큰 날"을 이야기하는 것 같습니다. 그러나 "전능하신 이의 큰 날"이라는 표현은 사실 흔치 않습니다. 오히려 성경은 "주의 날" 혹은 "그리스도의 날", "주 예수 그리스도의 날"이라고 표현합니다. 때로는 더 간단하게 "그날"이라고 말하기도 하고, 혹은 "마지막 날"이라고 표현하면서 그 성격을 드러내기도 합니다. 하나님의 모든 구속 역사가 완료되는 날입니다. 그래서 베드로는 이날이 "하나님의 날"이라고 증거하고 있습니다.

그날에는 하나님의 구원과 하나님의 심판이 모두 완성되는 것을 보게 될 것입니다. 한 개인의 삶뿐 아니라 공동체로서의 교회의 삶과 온 피조물 속에 이 구속 역사가 완성되는 날일 것입니다. 인류 역사상 수시로 분출되던 하나님과 그 백성을 향한 미움과 박해가 이제 극치에 달할 그날입니다. 세상의 모든 권세가 전능자와 그 백성을 대항하고 반역하는 순간, 인류 역사의 최종 드라마가 완성될 것입니다. 그래서 이날을 여호와의 큰 날, "전능하신 이의 큰 날"이라고 성경은 말하고 있습니다.

내가 도둑같이 오리니

15절을 보십시오. 주님이 극적으로 개입하십니다. 15절은 이야기의 흐름을 중단시키고 있습니다. 세 더러운 영의 이야기를 잠깐 중단하고 있습니다. 개구리 소리를 잠깐 중단시키시고 예수님의 음성을 듣게 하고 있습니다. 주님은 "보라 내가 도둑같이 오리니"라고 말씀하십니다. 15절에서 느닷없이 말씀하시는 분은 우리 주님이라는 것을 알아야 합니다.

> 보라 내가 도둑같이 오리니 누구든지 깨어 자기 옷을 지켜 벌거벗고 다니지 아니하며 자기의 부끄러움을 보이지 아니하는 자는 복이 있도다(16:15).

예기치 않은 순간에 들린 음성입니다. 그러나 적절한 상황 가운데서 발하신 주의 음성입니다. 하나님과 악의 세력 간에 임박한 최후 결전의 위기 앞에서 교회를 향해 주님이 긴급히 위로하시는 것을 보아야 합니다. 아마겟돈에 집결한 왕들의 이야기는 인류 역사의 마지막 이야기가 아닙니다. 주님의 재림이 궁극적인 이야기가 될 것입니다. 우리가 열심히 읽는 신문과 온라인 뉴스에 실린 어떤 놀라운 기사나 중대한 기사든 간에 그보다 엄청난 역사가 우리를 기다리고 있습니다. "내가 …… 오리니"라고 주님이 말씀하십니다. 이 사건이야말로 성도들의 초미의 관심사여야 합니다. 성도들은 모든 관심을 "내가 …… 오리니"라고 하신 그 주님을 바라보는 데 쏟아야만 합니다. 계시록은 "내가 …… 오리니" 하시는 주님의 음성을 확인시키고, 또 한 번 확인시키기 위해서 기록되었습니다.

계시록은 그날이 가까워졌다는 것을 말씀해 주는 책입니다. 다시 오실 구주를 대망하고 있습니까? 주님은 '깨어 있으라'고 권고하십니다. 그날 벌거벗은 채 주님을 맞이하지 않기를 바랍니다. 사탄과 그 하수인의 선전을 간파하는 영적 분별력으로 역사의 황혼을 바라보아야 합니다. 마지막 때에 주님이 바라는 역사의 파수꾼으로서 하나님은 누군가 서 있기를 바라고 계십니다.

거룩한 삶을 살아가십시오. 말세 준비는 유혹이 노골화되는 이 시대를 경건하고 거룩하게 살아가는 것입니다. 항상 기도하는 자세로 살아가는 준비가 우리의 삶 속에 필요합니다. 아파트 추첨하는 날이나 입주하는 날이 우리 삶의 관심사가 되어서는 안 됩니다. 하늘 아버지 보좌에 계신 그분이 우리를 위해 계실 그 처소가 우리의 관심사여야만 합니다.

> 누구든지 깨어 자기 옷을 지켜 벌거벗고 다니지 아니하며 자기의 부끄러움을 보이지 아니하는 자는 복이 있도다(16:15).

15절 말씀은 계시록에 나오는 일곱 번의 축복 선언 가운데 세 번째 선언입니다. 성도는 항상 깨어 있는 자세로 삶을 살아가도록 부름받은 자입니다.

주님이 도래하심으로 이미 역사의 종말은 다가왔습니다. 이 세상 역사는 위기를 맞이하고 있습니다. 우리는 어느 순간에도 끝장날 수 있는 역사의 위기 앞에 살아가고 있는 자들입니다. 그래서 주님은 제자들을 향해 깨어 있으라고 권면하십니다.

생활의 어려움은 신앙생활을 어렵게 합니다. 그러나 생활에 여유가 생기면 또 다른 유혹을 받습니다. 가난하면 가난한 대로 주일을 지키는 것이 어렵습니다. 날마다 일하러 나가야 하니 쉽지 않습니다. 부하면 좋은 승용차를 타고, 좋은 숙소에 여러 쾌락 시설이 있는 곳으로 달려가기 바빠서 주일을 지키기가 만만치 않습니다.

깨어서 주님의 재림을 대망하십시오. 세상에 우리의 안전을 맡기지 마십시오. 하나님과 우리의 바른 관계, 그것이 어떤 환난 속에서도 우리에게 보장될 것입니다. 자고 쉬는 대신 깨어 근신하는 무리입니다. 최후의 날을 앞둔 교회를 위해서 주님은 갑작스러운 위로의 말로 찾아오십니다. 역사의 어둠이 짙어 가고 파고가 높아질 때 가까이 다가오시는 주님을 만나십시오. "내니 두려워하지 말라"(요 6:20) 하시며 갈릴리의 풍랑 이는 밤바다에 찾아오신 그분이 우리 곁에 항상 계십니다. 사탄은 그 위용을 과시하여 우리를 삼킬 듯이 기세를 올리지만 모든 것은 주님의 손안에 있습니다. 승리는 확실히 그분의 것입니다. 투쟁을 앞둔 교회를 위해 의미 깊은 말씀을 삽입하고 나서 마지막 16절 이야기가 계속됩니다.

우리의 흰옷을 지킵시다

> 세 영이 히브리어로 아마겟돈이라 하는 곳으로 왕들을 모으더라(16:16).

어떤 이에게는 아마겟돈 전쟁보다 흥미진진한 주제도 없을 것입니다. 신학책뿐만 아니라 소설과 영화 제목에서도 이 단어를 본 적이 있을 것입니다. 사람들은 그 전쟁이 언제 어디서 일어날지 궁금해 합니다. 어느 나라가 그 전쟁에 참여할지 알고 싶어서 성경을 연구합니다. 그러나 본문을 조심스럽게 읽어 보면, 성경은 그런 문제에 아무 관심을 보이지 아니합니다.

본문의 강조점은 오히려 다른 곳에 있습니다. 아마겟돈이 어떤 곳이든 상관없습니다. 언어적으로, 지리적으로 추적할 하등의 이유가 없습니다. 단 한 번 나오는 지명에 불과합니다. 계시록의 특성상 틀림없이 상징적 의미를 가진 지명일 것입니다. 아마겟돈은 특정한 장소를 지칭하는 대신, 온 세상의 반란을 가리키는 의미일 것입니다. 악의 최후 대결, 그 최후 파멸의 장소를 상징할 뿐입니다. 언제 어디서 일어나든 상관없이 그날은 악의 최후 파멸의 날입니다. 본문은 그날을 위해 모여드는 왕들을 보여 주고 끝을 맺습니다.

사랑하는 성도 여러분, 이미 강물이 마른 시대, 경계가 철폐된 상황에서 우리에게 요구하시는 주님의 음성을 다시 한 번 들으십시오.

> 보라 내가 도둑같이 오리니 누구든지 깨어 자기 옷을 지켜 벌거벗고 다니지 아니하며 자기의 부끄러움을 보이지 아니하는 자는 복이 있도다(16:15).

유브라데 강물이 마르고 왕들이 모여 시작하는 아마겟돈, 그 피의 전쟁이 두렵습니까? 적과 아군의 경계가 없어져서 불안합니다. 정치적으로도 9·11 사태 이후 전선 없는 새로운 전쟁에 이미 돌입했습니다. 영적인 전선도 다를 바 없다는 것을 실감했습니다.

사랑하는 성도 여러분, 우리의 앞날에 무슨 일이 일어나도 우리 주님은 그 피로 우리를 정결케 하십니다. 어린양의 피에 씻은 흰옷을 지킵시다. 하나님이 끝까지 우리를 그 은혜의 영역 안으로 인도하실 것입니다. 끝까지 인내하십시오. 찬양하며 주를 맞이하십시오. 그분이 속히 오실 것입니다.

Revelation

요한계시록 16장 17-21절

17 일곱째 천사가 그 대접을 공중에 쏟으매 큰 음성이 성전에서 보좌로부터 나
서 이르되 되었다 하시니 18 번개와 음성들과 우렛소리가 있고 또 큰 지진이 있
어 얼마나 큰지 사람이 땅에 있어 온 이래로 이같이 큰 지진이 없었더라 19 큰
성이 세 갈래로 갈라지고 만국의 성들도 무너지니 큰 성 바벨론이 하나님 앞
에 기억하신 바 되어 그의 맹렬한 진노의 포도주 잔을 받으매 20 각 섬도 없어
지고 산악도 간 데 없더라 21 또 무게가 한 달란트나 되는 큰 우박이 하늘로부
터 사람들에게 내리매 사람들이 그 우박의 재앙 때문에 하나님을 비방하니 그
재앙이 심히 큼이러라

23

일곱째 대접

그리스도 안에서 사랑하는 성도 여러분, 계시록은 종말의 도래를 전하는 책입니다. 요한은 종말의 도래를 실제보다 앞당겨 말하고 있습니다. 때로는 구원의 문맥 속에서, 때로는 심판의 문맥 속에서 종말의 도래를 실제보다 앞당겨 기술합니다. 그러고 나서 종말에 일어날 사건들을 확대해서 서술합니다.

사실 요한은 이미 바벨론의 몰락을 말한 적이 있습니다(14:8). 그리고 여기 일곱째 대접 재앙을 통해 하나님의 심판이 바벨론 위에 임할 것을 앞당겨 선언합니다. 바벨론의 심판과 몰락은 17장과 18장에서 상세히 서술됩니다. 다만 이 본문은 실제보다 시일을 앞당겨서 내다본 선언입니다.

여섯째 인이 떼어졌을 때 하나님의 진노의 큰 날이 우리에게 이르렀습니다(6:12-17). 일곱째 천사가 나팔을 불었을 때 하늘에서는 큰 음성들이 나며 종말이 선언되었습니다(11:15-19). 단숨에 영광 중에 임하시는 하나님의 통치와 땅을 망하게 하는 자들을 멸망시키는 심판의 시행을 노래합니다. 그와 마찬가지로 일곱째 대접은 바벨론의 심판을 초래합니다. 그 상세한 기술은 앞으로 나올 것입니다.

우선 마지막 나팔과 마지막 대접 사이의 몇 가지 유사점을 살펴봅시다. 일곱째 천사가 나팔을 불 때 하나님 나라가 이뤄짐을 알리는 큰 음성이 하늘에 있었습니다(11:15). 그리고 이십사 장로들이 찬양하는 가운데 심판의 때가 도래한 것을 언급합니다(11:18). 큰 음성들과 함께 하늘에 있는 하나님의 성전이 열리고 성전 안에 언약궤가 보이며 또 번개와 음성들과 우레와 지진과 큰 우박이 있었습니다(11:19). 마찬가지로 일곱째 대접이 쏟아지자 큰 음성이 하늘 성전 보좌로부터 났습니다. 그리고 "되었다"라는 선언(16:17)으로 하나님의 목적이 성취된 것을 알렸습니다. 전 지구상에 심판이 임하여 번개, 음성들, 우렛소리와 큰 지진이 엄청난 우박과 함께 있었습니다(16:18, 21).

그동안 진노의 일곱 대접은 차례로 부어졌습니다. 땅에, 바다에, 물 근원에, 해에, 짐승의 보좌에, 큰 강 유브라데에 쏟아졌습니다. 이제 일곱째 대접이 공중에 쏟아집니다. 드디어 마지막 재앙이 쏟아집니다.

일곱째 대접의 최후 심판

일곱째 천사의 일곱째 대접입니다. 일곱째 천사가 그 대접을 공중에 쏟습니다. 사람이 숨 쉬고 사는 공기 중에 하나님의 진노의 대접을 쏟습니다. 죄를 범한 인류를 향한 최후 심판의 순간이 드디어 도래했습니다. 하늘에서 땅까지 이 심판을 면하는 곳은 단 한 곳도 남아 있지 않습니다. 일곱째 대접은 철저한 파멸을 가져왔습니다. "되었다"라는 획기적인 선언이 하늘 보좌에서 나올 만큼 철저한 심판이 도래했습니다.

번개와 음성들과 우렛소리를 동반한 큰 지진이 땅을 강타합니다. 사람이 살아가는 존재의 기반을 송두리째 흔들고 갈라놓습니다. 유례없는 무서운 격변이 일어납니다. 창조 세계의 마지막 격변이요 진동입니다. 히브리서 기자의 표현을 빌리면 땅뿐 아니라 하늘까지 진동하는 격변입니다. "이 또한 번이라 하심은 진동하지 아니하는 것을 영존하게 하기 위하여 진동할 것들 곧 만드신 것들이 변동될 것을 나타내심이라"(히 12:27)고 하는 사건입니다. 본문은 다니엘이 말한 바 있는 마지막 환난을 기술합니다.

> 그때에 네 민족을 호위하는 큰 군주 미가엘이 일어날 것이요 또 환난이 있으리니 이는 개국 이래로 그때까지 없던 환난일 것이며……(단 12:1).

또한 요엘 선지자가 예언한 여호와의 날입니다.

> 곧 어둡고 캄캄한 날이요 짙은 구름이 덮인 날이라 새벽빛이 산꼭대기에 덮인 것과 같으니 이는 많고 강한 백성이 이르렀음이라 이와 같은 것이 옛날에도 없었고 이후에도 대대에 없으리로다(욜 2:2).

학개의 예언도 성취되는 날입니다.

> 만군의 여호와가 이같이 말하노라 조금 있으면 내가 하늘과 땅과 바다와 육지를 진동시킬 것이요(학 2:6).

이는 또한 주님이 친히 하신 예언의 성취이기도 합니다.

> 이는 그때에 큰 환난이 있겠음이라 창세로부터 지금까지 이런 환난이 없

었고 후에도 없으리라 …… 그날 환난 후에 즉시 해가 어두워지며 달이 빛을 내지 아니하며 별들이 하늘에서 떨어지며 하늘의 권능들이 흔들리리라(마 24:21, 29).

일곱째 대접이 쏟아진 결과

일곱째 대접이 쏟아진 결과를 차례로 살펴봅시다. 일곱째 대접은 사람이 숨 쉬는 공기 가운데 쏟아졌습니다. 영적 적용에 앞서 대기 오염을 생각해 볼 수 있습니다. 하나님을 거역하는 죄를 계속 지을 때 인류는 그 삶의 근원부터 공격받을 것입니다. 모든 자연이 사람과 더불어 싸움을 걸어올 것입니다. 모든 우주가 하나님을 거역하는 인류의 대적이 될 것입니다. 마실 물부터 숨 쉴 공기에 이르기까지 모든 자연이 사람을 대항할 것입니다. 사람이 창조주 하나님을 인정하고 그분에게 합당한 영광을 돌려 드리지 아니할 때 사람의 삶은 그 근원부터 흔들릴 것입니다.

일곱째 천사가 대접을 공중에 쏟으니 어떤 일들이 일어났습니까? 큰 음성이 성전 보좌로부터 터져 나왔습니다. 성전과 보좌가 함께 등장하는 장면은 앞에서도 나왔습니다.

그러므로 그들이 하나님의 보좌 앞에 있고 또 그의 성전에서 밤낮 하나님을 섬기매 보좌에 앉으신 이가 그들 위에 장막을 치시리니(7:15).

그뿐만 아니라 하나님의 선언에는 번개와 음성들과 우렛소리가 동반되었습니다. 이런 현상은 모두 하나님의 능력과 영광을 드러냅니다. 하늘 보좌의 환상 가운데 기술된 현상을 보십시오.

보좌로부터 번개와 음성과 우렛소리가 나고 보좌 앞에 켠 등불 일곱이 있으니 이는 하나님의 일곱 영이라(4:5).

8장 5절과 11장 19절을 보면 일곱째 봉인의 마지막 장면과 일곱째 나팔의 마지막 장면에서도 같은 현상이 나타납니다. 그리고 본문의 일곱째 대접 재앙도 같은 현상을 묘사합니다. 달리 말해 번개, 음성, 우렛소리는 하나님을 거역하는 인류를 향한 하나님의 진노의 도구로 동원되고 있습니다. 출애굽 때 나타난 현상들이 지금 적그리스도의 세대 위에 그 극치를 드러내고 있습니다. 옛 애굽 왕과 그 백성을 심판할 때처럼 동일하게 동원되고 있습니다. 이런 하늘의 현상과 함께 땅에도 큰 지진이 일어납니다.

또 큰 지진이 있어 얼마나 큰지 사람이 땅에 있어 온 이래로 이같이 큰 지진이 없었더라(16:18).

지진에 관련해서 나오는 이 표현은 출애굽 재앙 때 반복되어 나온 구절을 기억나게 합니다.

내일 이맘때면 내가 무거운 우박을 내리리니 애굽 나라가 세워진 그날로부터 지금까지 그와 같은 일이 없었더라(출 9:18).

메뚜기 재앙에 관련해서도 비슷한 표현이 나옵니다.

이는 네 아버지와 네 조상이 이 땅에 있었던 그날로부터 오늘까지 보지 못하였던 것이리라 …… 메뚜기가 애굽 온 땅에 이르러 그 사방에 내리매 그 피해가 심하니 이런 메뚜기는 전에도 없었고 후에도 없을 것이라(출 10:6, 14).

마지막 애굽 재앙과 관련해서도 마찬가지입니다.

> 애굽 온 땅에 전무후무한 큰 부르짖음이 있으리라(출 11:6).

이런 표현은 앞서 본 대로 다니엘의 예언에도 나오고, 마지막 환난을 말씀하신 주님의 입에서도 나옵니다.

> 이는 그날들이 환난의 날이 되겠음이라 하나님께서 창조하신 시초부터 지금까지 이런 환난이 없었고 후에도 없으리라(막 13:19).

종말에 관한 예언의 전통 속에 익숙한 표현이 본문에도 나옵니다. 사람이 세상에 있어 온 이래로 그같이 큰 지진은 없었다고 표현할 만큼 엄청난 지진이 일곱째 대접을 쏟은 결과로 발생합니다. 큰 지진은 항상 하나님의 심판 행위에 따라 나옵니다. 몇 차례 엄청난 지진을 겪은 1세기 사람들에게는 생생한 충격으로 다가오는 묘사입니다. 사람이 지금껏 경험한 어떤 지진보다 엄청난 지진이 종말의 때에 도래할 것입니다. 이는 여러 선지자의 예언 속에 이미 나타난 바 있습니다. 이사야의 예언을 들어 보십시오.

> 그러므로 나 만군의 여호와가 분하여 맹렬히 노하는 날에 하늘을 진동시키며 땅을 흔들어 그 자리에서 떠나게 하리니(사 13:13).

학개도 예언했습니다.

> 만군의 여호와가 이같이 말하노라 조금 있으면 내가 하늘과 땅과 바다와 육지를 진동시킬 것이요(학 2:6).

스가랴 역시 동일합니다.

> 그날에 그의 발이 예루살렘 앞 곧 동쪽 감람산에 서실 것이요 감람산은 그 한가운데가 동서로 갈라져 매우 큰 골짜기가 되어서 산 절반은 북으로, 절반은 남으로 옮기고 그 산골짜기는 아셀까지 이를지라 너희가 그 산골짜기로 도망하되 유다왕 웃시야 때에 지진을 피하여 도망하던 것같이 하리라 나의 하나님 여호와께서 임하실 것이요 모든 거룩한 자들이 주와 함께하리라(슥 14:4, 5).

주님도 분명하게 지진을 종말의 현상으로 일러 주셨습니다.

> 곳곳에 지진이 있으며 기근이 있으리니 이는 재난의 시작이니라(막 13:8).

하나님이 흔히 쓰시던 심판의 방편이 지진입니다. 우리 삶의 근거를 흔들어버립니다. 큰 성 바벨론이 세 갈래로 갈라지고 맙니다. 완전히 박살이 날 것입니다. 하나님을 떠난 도시, 사람이 중심에 있는 그 문명은 완전히 파괴될 것입니다. 그와 함께 만국의 성들도 무너져 내릴 것입니다. 큰 성 바벨론을 비롯한 "만국의 성들"은 21장 2절에 등장하는 "거룩한 성"과 대조를 이루는 문명의 상징입니다. 하나님은 불의 도시, 의인의 피를 흘리던 그 죄악을 반드시 기억하셔서 심판하실 것입니다. 비록 오래 기다리기도 하지만 하나님의 심판은 결코 멈추지 않습니다.

마지막 심판의 장엄함

> 큰 성이 세 갈래로 갈라지고 만국의 성들도 무너지니 큰 성 바벨론이 하

> 나님 앞에 기억하신 바 되어 그의 맹렬한 진노의 포도주 잔을 받으매 (16:19).

하나님의 진노가 하나님을 떠난 인류 위에 부어질 것입니다. 여기서 미리 언급만 되고 있는 "그의 맹렬한 진노의 포도주 잔을" 받는 장면은 17장과 18장에 자세히 나올 것입니다. 그 죄악과 그 받을 심판이 상세히 전개될 것이나 여기서는 실제보다 앞당겨 서술되었을 뿐입니다.

전무후무한 지진의 결과, 큰 성 바벨론과 만국의 성들이 무너져 내렸습니다. 그리고 "각 섬도 없어지고 산악도 간 데 없더라"(16:20)고 기술하고 있습니다. 이런 현상은 여섯째 인이 떼어졌을 때 이미 묘사된 바 있습니다. 여섯째 인이 떼어질 때 큰 지진과 격심한 우주적 재난이 수반되어 "각 산과 섬이 제자리에서 옮겨지는"(6:14 참조) 일이 있었습니다. 마찬가지로 일곱째 대접으로 말미암은 큰 지진은 섬과 산을 그 자리에서 사라지게 했습니다. 심판 날에 있을 우주적인 격변과 자연적인 변동을 보여 주는 말입니다. 계시록 20장 11절은 섬과 산만이 아니라 "땅과 하늘이 그 앞에서 피하여 간 데 없더라"고 말하고 있습니다. 이는 모두 최후 심판의 무서움을 보여 주는 기술입니다. 이를 통해 말로 나타낼 수 없는 하나님의 심판의 장엄함을 보여 주고 있습니다. 역사의 마지막에 임하는 심판 계시의 웅대함을 보여 주는 표현입니다. 우주의 격변과 동시에 심판의 장엄함을 "각 섬도 없어지고 산악도 간 데 없더라"라는 말로 표현하고 있습니다. 히브리서 기자의 표현대로 그날에는 모든 것이 흔들릴 것을 보여 주고 있습니다.

끝으로 요한은 큰 우박이 하늘로부터 떨어지는 것을 기술합니다.

> 또 무게가 한 달란트나 되는 큰 우박이 하늘로부터 사람들에게 내리매……(16:21).

한 달란트의 무게, 즉 거의 45-50킬로그램이나 되는 큰 우박으로 하나님은 지진에 남은 사람들을 심판하십니다. 지진이 하나님의 심판 도구이듯, 우박 역시 하나님의 심판 도구로 등장합니다. 성경에는 여호수아가 다섯 왕과 싸울 때 칼에 죽은 자보다 큰 우박에 맞아 죽은 사람이 더 많았다고 기록되어 있습니다. 에스겔 역시 하나님의 심판을 이같이 예언합니다.

> 내가 또 전염병과 피로 그를 심판하며 쏟아지는 폭우와 큰 우박덩이와 불과 유황으로 그와 그 모든 무리와 그와 함께 있는 많은 백성에게 비를 내리듯 하리라(겔 38:22).

일곱째 출애굽 재앙과 일곱째 대접 재앙의 우박은 파괴력에서 유사합니다. 넷째, 다섯째와 마찬가지로 그들은 이 재앙으로 돌이키지 않았습니다. 우박 재앙은 사람을 돌이키는 데 실패했습니다. 오히려 끝까지 하나님을 훼방했다고 말합니다. 하나님의 사랑의 호소에도 움직이지 않는 사람에게는 소망이 없습니다. 그런 사람은 하나님의 진노의 호소에도 움직이지 아니할 것입니다. 살아 계신 하나님의 손에 빠져드는 무서움만이 기다릴 뿐입니다. 하나님은 끝까지 그 심령을 닫은 자를 심판하실 것입니다.

> 사람들이 그 우박의 재앙 때문에 하나님을 비방하니 그 재앙이 심히 큼이러라(16:21).

보통은 하나님을 무시하다가도 재앙을 만나면 돌아서는데, 이 사람들은 심히 큰 재앙을 만나도 하나님을 더욱 훼방하는, 갈 데까지 간 모습입니다. 짐승의 표를 가진 자들은 짐승의 본성을 닮아 끝까지 하나님을 인정하지 않고 그분에게 영광을 돌리지 않습니다.

지금 여러분이 마음속에 간직한 진리는 무엇입니까? 인류의 죄악은 반드시 그 마지막 심판을 받을 것입니다. 본문은 악한 인류에게 최후 심판이 도래함을 우리에게 확인시킵니다. "되었다"(16:17)라는 획기적인 선언이 한날 성취될 것입니다. 하나님의 심판이 철저히 이뤄질 것에 대한 맛보기 선언입니다. 사탄과 그 추종자들이 멸망하고 땅을 망하게 하는 자들이 멸망하는 순간이 도래할 것입니다.

"되었다"라는 본문의 선언은 21장에서 보좌에 앉으신 이가 "이루었다"라고 하신 선언과 동일합니다. 본문에서는 맛보기로 선언하지만 21장에서는 일이 다 이뤄진 후에 "이루었다"라고 선언할 것입니다. 한날 하나님의 심판은 그 충족함을 누릴 것입니다. 이제 "되었다"라고, 악인의 심판이 충분하다고 그분이 선언하실 것입니다. 그때 사탄과 그 추종자는 멸망하고, 더러워진 피조물은 깨끗해질 것입니다. "보라 내가 만물을 새롭게 하노라"(21:5)라고 하신 선언은 십자가 위에서 하신 구주 예수님의 선언과 쌍벽을 이룹니다. 십자가 위에서 "다 이루었다"라고 선언하신 것과 상응하는 선언입니다. 십자가 위에서는 구속 사역의 완성을 외치셨다면, 본문의 하늘 보좌에서는 심판 집행의 완성을 외치셨습니다. 하나님의 은혜를 멸시하는 자들을 향한 하나님의 최종 심판이 완성됨을 알리는 선언입니다.

마지막 날 어디에 서 있을 것인가

사랑하는 성도 여러분, 모든 피난처가 없어지는 순간 여러분은 어디에 서실 것입니까? 삶의 근거인 땅이 사라질 것입니다. 하늘에서 우박이 비처럼 쏟아질 것입니다. 섬들과 산들이 제자리에서 떠나갈 것입니다. 기댈 언덕이 사라질 것입니다. 지상의 모든 나라가 박살날 것입니다. 세상 모든 보험 증서는 휴지로 변할 것입니다. 그날 여러분의 안전한 피난처는 어디입니까? 여러분의 안전을 어디에서 발견할 것입니까? 시인과 함께 고백하십시오.

> 하나님은 우리의 피난처시요 힘이시니 환난 중에 만날 큰 도움이시라 그러므로 땅이 변하든지 산이 흔들려 바다 가운데에 빠지든지 바닷물이 솟아나고 뛰놀든지 그것이 넘침으로 산이 흔들릴지라도 우리는 두려워하지 아니하리로다(셀라)(시 46:1-3).

사랑하는 성도 여러분, 우리가 받은 나라는 '흔들리지 않는 나라'입니다. 그 나라는 다니엘이 환상 가운데 본 대로 하늘의 하나님이 세우신 나라입니다. "그 국권이 다른 백성에게로 돌아가지도 아니할 것이요 도리어 이 모든 나라를 쳐서 멸망시키고 영원히 설"(단 2:44) 나라입니다. 또한 "영원히 야곱의 집에 왕 노릇 하실"(눅 1:33 참조) 우리 주께서 다스리시는 무궁한 나라입니다. 여러분은 이 나라를 알고 계십니까? 오늘 그 통치 아래 여러분을 맡겼습니까?

일곱째 대접은 종말의 종말을 보여 주는 동시에 무궁한 나라의 시작을 암시하고 있습니다. 최종 심판을 완성하심으로 세상 나라가 우리 주와 그리스도의 나라가 되어 주님이 세세토록 왕 노릇 하실 것입니다. 이제 그 나라의 백성답게 은혜를 받아 "경건함과 두려움으로 하나님을 기쁘시게 섬기는"(히 12:28 참조) 성도가 되시기를 빕니다.

Revelation

요한계시록 17장 1-6절

1 또 일곱 대접을 가진 일곱 천사 중 하나가 와서 내게 말하여 이르되 이리로 오
라 많은 물 위에 앉은 큰 음녀가 받을 심판을 네게 보이리라 2 땅의 임금들도 그
와 더불어 음행하였고 땅에 사는 자들도 그 음행의 포도주에 취하였다 하고 3 곧
성령으로 나를 데리고 광야로 가니라 내가 보니 여자가 붉은 빛 짐승을 탔는데
그 짐승의 몸에 하나님을 모독하는 이름들이 가득하고 일곱 머리와 열 뿔이 있
으며 4 그 여자는 자주 빛과 붉은 빛 옷을 입고 금과 보석과 진주로 꾸미고 손에
금잔을 가졌는데 가증한 물건과 그의 음행의 더러운 것들이 가득하더라 5 그
의 이마에 이름이 기록되었으니 비밀이라, 큰 바벨론이라, 땅의 음녀들과 가증
한 것들의 어미라 하였더라 6 또 내가 보매 이 여자가 성도들의 피와 예수의 증
인들의 피에 취한지라 내가 그 여자를 보고 놀랍게 여기고 크게 놀랍게 여기니

24
붉은 짐승을 탄 여자

그리스도 안에서 사랑하는 성도 여러분! 요한이 보여 주는 계시록의 큰 흐름을 다시 한 번 기억하십시오. 요한계시록을 살필 때 제발 나뭇가지 하나에, 잎사귀 하나에 매달리지 마십시오. 그러면 숲속에서 길을 잃어버릴 수밖에 없습니다. 요한계시록을 살필 때마다 큰 흐름이 어떻게 흘러가는지를 마음속에 담아 두십시오.

요한계시록의 큰 흐름

이제 요한계시록 17장은 새로운 차원의 이야기로 접어들고 있습니다. 지금껏 요한은 적그리스도에 의한 큰 환난의 때에 큰 박해가 있을 것이라 말했습니다. 일곱 나팔과 일곱 대접의 재앙 아래서도 끝까지 반항하는 사람들에 대해 기술했습니다. 끝까지 굽히지 않고 회개하지 않는 인류의 모습을 보여 주었습니다. 마지막 일곱째 대접이 쏟아질 때까지 사람들의 모습이 그러합니다. 하나님의 무서운 진노의 손아래 빠져들어 가기까지 하나님의 경고와 진노에도 개의치 않고 "내버려 두라"고 소리치는 무리입니다.

일곱째 대접은 바벨론의 파멸을 간략히 기술하고 있습니다. 바벨론의 파멸은 이미 14장 8절에서도 예고된 바 있습니다. 이제 남은 것은 이미 선언된 바벨론의 종말을 기술하는 것밖에 없습니다. 본문 1절은 모든 나라를 그 음행으로 말미암아 진노의 포도주를 먹이던 음녀의 최후를 기술하고 있습니다.

> 이리로 오라 많은 물 위에 앉은 큰 음녀가 받을 심판을 네게 보이리라 (17:1).

17장 1절에서 19장 10절은 땅의 임금들과 거기에 살던 모든 사람을 음행의 포도주로 취하게 하던 큰 음녀 자신이 받을 심판을 보여 주고 있습니다. "큰 성 바벨론이 하나님 앞에 기억하신 바 되어 그의 맹렬한 진노의 포도주 잔을 받으매"(16:19)라고 이미 밝힌 바 있습니다. 이제 17장과 18장은 바벨론이 그 잔을 어떻게 비웠는지, 그 진노의 포도주 잔을 어떻게 끝까지 받아 마셨는지를 기록하고 있습니다. 말하자면 하나님의 승리의 부정적인 측면을 먼저 기술하는 것입니다. 이어서 요한은 19-22장에서 하나님의 승리의 긍정적인 측면을 서술할 것입니다. 그리스도의 영광스러운 오심과 그분이 승리자로서 다스리심과 새 하늘과 새 땅에서 이루어질 새 질서를 요한계시록 끝까지 기술할 것입니다.

우리는 본문의 흐름을 이와 같이 주제별로 살펴볼 수 있는 동시에 주인공을 중심으로도 살펴볼 수 있습니다. 다시 말해 그리스도의 원수들이 어떻게 멸망했는지를 차례로 짚어 볼 수 있습니다. 요한계시록은 그리스도의 원수를 다섯 부류로 분류하고 있습니다. 용, 바다가 낳은 짐승, 육지가 낳은 짐승, 음녀 바벨론, 짐승의 표를 받은 무리입니다. 15장과 16장은 짐승의 표를 받은 자들의 최후라는 관점에서 그리스도의 원수의 파멸이 기록되어 있습니다. 17장과 18장에는 음녀 바벨론과 육지가 낳은 짐승(즉 거짓 선지자)과 바다가 낳은 짐승의 패망을 기술하고 있습니다. 그리고 앞으로 살필 20장에서는 마지막으로 용의 최후가 나올 것입니다.

본문 17장은 어떤 부분보다도 어려워 보입니다. 정말 갈피를 잡을 수 없는 묵시적 환상의 특성이 유감없이 발휘되고 있습니다. 서술하는 내용이 우리의 예상을 뛰어넘고 있습니다. 마치 여름날 낮잠을 자면서 꾼 꿈 같습니다. 도저히 갈피를 잡을 수 없습니다. 앞의 이야기를 하다가 다음 이야기로 뛰어드는데, 무엇을 이야기하는지 알 수가 없습니다.

계시록은 바울 서신처럼 이해하려 해서는 안 됩니다. 그 특유의 흐름 속에서 파악해야만 합니다. 계시록을 읽을 때 신문 사설을 읽듯 읽어서는 이해할 수가 없습니다. 오히려 시사만평을 대하듯이 계시록의 장면들을 대해야 합니다. 그렇게 가닥을 잡고 나면 의외로 단순한 메시지가 드러날 것입니다. 동시에 그 메시지가 얼마나 의미심장한 것인지 알 수 있을 것입니다.

17장은 세상의 본질을 짐승으로 소개하고 있습니다. "음녀"라고 묘사하고 있습니다. 정확히는 '붉은 짐승을 탄 음녀'라고 그 실상을 그려 주고 있습니다. 그리하여 성도들이 그 음녀를 가까이해서는 안 된다는 것을 직감적으로 느낄 수 있게 합니다. 말하자면 18장에서 하나님이 하늘로부터 하실 그 권면에 성도들이 귀를 기울일 수 있도록 세상이 얼마나 추한 여자인지 그 정체를 폭로합니다.

> 내 백성아, 거기서 나와 그의 죄에 참여하지 말고 그가 받을 재앙들을 받지 말라 그의 죄는 하늘에 사무쳤으며 하나님은 그의 불의한 일을 기억하

> 신지라(18:4, 5).

요한은 자신이 보낸 편지에 같은 진리를 이렇게 표현하고 있습니다.

> 이 세상이나 세상에 있는 것들을 사랑하지 말라 누구든지 세상을 사랑하면 아버지의 사랑이 그 안에 있지 아니하니 이는 세상에 있는 모든 것이 육신의 정욕과 안목의 정욕과 이생의 자랑이니 다 아버지께로부터 온 것이 아니요 세상으로부터 온 것이라 이 세상도, 그 정욕도 지나가되 오직 하나님의 뜻을 행하는 자는 영원히 거하느니라(요일 2:15-17).

큰 음녀의 모습

이제 본문을 통해 이 음녀를 만나 봅시다.

> 또 일곱 대접을 가진 일곱 천사 중 하나가 와서 내게 말하여 이르되 이리로 오라 많은 물 위에 앉은 큰 음녀가 받을 심판을 네게 보이리라 땅의 임금들도 그와 더불어 음행하였고 땅에 거하는 자들도 그 음행의 포도주에 취하였다 하고(17:1, 2).

먼저 일곱 천사 중 하나가 와서 요한에게 큰 음녀를 소개합니다. 그 동일한 천사가 뒤에서는 요한에게 어린양의 신부를 보여 줍니다. 이는 우연한 일이 아닙니다. 창녀의 모든 유혹과 그 행사가 폭로되고 멸망한 후에 그리스도의 신부가 그 모습을 드러낼 것이기 때문입니다.

창녀의 모습은 항상 그리스도의 신부, 어린양의 신부와 대조를 이룹니다. 요한이 본 큰 창녀의 차림새를 한번 보십시오. "자주 빛"과 "붉은 빛" 옷을 입고 있습니다. 그리스도의 신부가 입는 흰옷과 대조됩니다. 자줏빛과 진홍빛 옷은 로마인들이 아주 좋아한 색깔의 옷입니다. 로마인들은 누구나 자줏빛이나 진홍빛 옷을 입기 좋아했습니다. 그것은 아무나 입는 옷이 아니었습니다. 자줏빛 물을 들이려면 엄청난 비용이 필요했기 때문에 아무나 그런 옷을 입지 못했습니다. 왕후장상이나 부자만 입을 수 있는 색의 옷이었습니다. 그래서 로마인들은 입을 수만 있다면 자줏빛, 진홍빛 옷을 입고 싶어 했습니다. 사도행전에는 '자주 장사'가 등장하는 것을 볼 수 있습니다. 자주 물감과 관련한 물품을 파는 장사입니다. 자주 물감은 소량이지만 굉장히 값이 나가는 물품입니다. 외형에 비해서 엄청 고부가 가치의 상품이 자주 물감이었습니다.

이 창녀는 지금 왕후장상처럼 화려한 옷을 차려입었습니다. 하지만 그리스도의 신부가 지닌 아름다움은 그 종류가 다릅니다. 계시록에서 그리스도의 신부는 희고 깨끗한 옷을 입고 등장합니다. 그리스도의 신부의 아름다움과 참된 가치는 그 질이 다릅니다. 희고 깨끗한 세마포 옷을 입고 등장합니다. 어린양의 피에 그 옷을 씻어 희게 하였기 때문입니다.

큰 음녀의 차림새를 더 살펴봅시다. "금과 보석과 진주로 꾸미고" 있습니다. 그러나 이 모든 것은 그리스도의 신부의 장식품으로는 언급되지 않습니다. 오히려 사도들은 그 반대의 것을 성도들에게 권합니다.

> 이와 같이 여자들도 소박하고 정숙하게, 단정한 옷차림으로 자기를 단장하십시오. 머리를 지나치게 꾸미지 말며, 금붙이나 진주나 값비싼 옷으로 치장하지 말고, 하나님을 공경하는 여자에게 어울리게, 착한 행실로 치장하기를 바랍니다(딤전 2:9, 10, 새번역).

여자의 본능적인 욕망 중 하나가 예쁘게 꾸미고 싶은 것입니다. 그런데 꾸밀 수 있지만 한계가 있다는 것입니다. 머리도 야단스럽게 꾸미지 말라고 권합니다. 사도 바울이 결혼을 하지 않아서 이런 말을 하는 것이 아닙니다. 결혼한 베드로도 같은 관점을 취하고 있습니다. 아무리 바빠도 화장은 하고 나가듯 속사람을 단장하라며, 이것이 하나님이 보시기에 값진 것이라고 말합니다.

> 전에 하나님께 소망을 두었던 거룩한 부녀들도 이와 같이 자기 남편에게 순종함으로 자기를 단장하였나니(벧전 3:5).

당대의 성도들을 향해 권면할 뿐 아니라 하나님의 백성은 그렇게 살아왔다고 말합니다. 그리스도인은 세상을 살아갈 때 그 옷차림까지도 음녀와는 달라야 합니다. 큰 음녀처럼 꾸미고 나오는 것을 칭송하는 분위기는 하나님의 백성이 모인 자리일 수 없습니다. 자신을 살펴보십시오. 큰 음녀 바벨론은 세상의 허영과 사치로 그 특색을 이루고 있습니다. 그러나 하늘의 신부, 하늘의 여자는 하늘의 것으로 단장합니다. 계시록 12장에 등장한 그 여자는 해와 달과 별로 장식하고 있었습니다. 그리고 성도들의 의를 나타내는 깨끗한 세마포 옷을 즐겨 입었습니다.

큰 음녀의 행위

본문의 큰 음녀는 옷차림새나 치장한 모습만 그리스도의 신부와 다른 것이 아닙니다. 하는 짓도 어린양의 신부와는 다릅니다. 그 손에 들린 잔을 한번 보십시오. 그 손에는 "금잔"이 들려 있습니다. 금잔에는 감미로운 포도주가 넘칠 법합니다. 그러나 실상은 전혀 다릅니다. 화려한 잔의 외형과 달리 그 안의 내용물은 끔찍합니다. 그 잔 속에는 "가증한 물건과 음행의 더러운 것들"이 가득 차 있습니다.

그의 속셈이 무엇인지를 폭로하는 내용물들입니다. 그 잔의 술로 세상 사람들을 취하게 하고, 임금들을 음행 속으로 끌어넣습니다. 2절은 음녀의 작태를 그대로 폭로하고 있습니다.

> 땅의 임금들도 그와 더불어 음행하였고 땅에 사는 자들도 그 음행의 포도주에 취하였다 하고(17:2).

세상에서 높은 사람, 낮은 사람 할 것 없이 다 음녀와 더불어 음행하고 말았다는 이야기입니다. 모두 음녀가 주는 잔을 받아 마셔서 정신을 잃었습니다.

여기서 큰 음녀와 어린양의 신부가 다시 한 번 대조되고 있습니다. 큰 음녀는 가증한 것으로 잔을 가득 채워 사람들에게 먹이기를 즐겨 합니다. 그 음행의 포도주를 받아 마신 모든 사람은 장차 하나님의 진노의 포도주를 남김없이 받아 마실 것입니다. 하나님의 심판과 저주 아래 빠져들 것입니다. 음녀와 더불어 오늘을 희희낙락하며 사는 모든 사람은 장차 하나님의 무서운 심판 아래 들어갈 것입니다.

자기만 음행의 포도주를 즐기는 데 그치는 것이 아니라 세상 모든 사람으로 하여금 마시도록 하는 것이 음녀가 하는 일입니다. 그래서 "땅의 음녀들과 가증한 것들의 어미라"(17:5)고 폭로하지 않습니까? 그의 이마에 이름이 기록되어 있습니다. 이 음녀는 온 세상에 지부를 가지고 있습니다. 세상 골목마다 자기 부하들을 두고 있습니다. 그래서 세상 모든 사람에게 그 음란의 포도주를 마시게 하고 온 세상을 파멸로 몰아갑니다.

어린양의 신부, 새 예루살렘

큰 음녀 바벨론과 달리, 어린양의 신부는 '새 예루살렘'이라고 합니다. 마치 이 큰 음녀를 앞서 '네가 본 바 여자는 땅의 임금들을 다스리는 큰 성이라'고 한 것처럼, 어린양의 신부는 다른 비유로 말하면 '새 예루살렘'입니다.

새 예루살렘 시내 한복판에 생명수의 강이 흘러가고 있습니다. 더러워진 하천에 더러운 물이 흘러내리는 것과 대조적으로 그 도시 한 가운데에 생명수의 강이 흐르고 있다고 말합니다. 길 강 좌우에는 생명 나무가 풍성한 과일을 맺고 있습니다. 그 잎사귀조차도 만국을 회복시키는 치료 약의 역할을 감당하고 있다고 요한은 기술하고 있습니다(22:1, 2). 음행하는 여자는 사람들에게 쾌락의 술을 마시게 하고 음란에 빠지게 해서 결국 사람의 영혼을 사냥질한다면, 어린양의 신부는 사람들에게 생명수를 공급하고 그 잎사귀까지도 만국을 새롭게 하는 역할을 합니다. 어린양의 신부는 성도들을 초대하고 있습니다. "오라 하시는도다 듣는 자도 오라 할 것이요 목마른 자도 올 것이요 또 원하는 자는 값없이 생명수를 받으라"(22:17)고 성령과 신부가 말씀하십니다.

성도의 행사는 이와 같이 세상 사람들과 달라야 합니다. 세상은 남을 죽이기까지 자기 욕망을 추구하지만, 성도는 세상을 살리는 일에 부름받은 사람들입니다. 자기 욕망을 달성하기 위해 자식들이 부모를 돌아보지 않는 시대입니다. 그뿐 아니라 마치 경쟁이라도 하듯 부모가 자식을 팽개치는 시대에 우리는 살고 있습니다. "여인이 어찌 그 자식을 잊겠느냐"(사 49:15 참조)고 말씀하셨지만 이 시대는 자기의 번영과 평안을 위해 자기 태의 열매를 마음대로 죽여 버리는 악한 부모가 가득합니다. 쾌락이라는 신을 섬기기 위해, 평안이라는 그 신을 기쁘게 하기 위해 자기 속에 있는 생명까지 무자비하게 말살하는 현실은 이전에 없던 세태입니다. 50년 전만 해도 그렇지 않았습니다.

성도의 행사는 세상 사람들과 달라야 합니다. 사랑하는 성도 여러분, 여러분이 숨 가쁘게 달려가는 목적은 무엇입니까? 커다란 성곽과 커다란 기둥의 집을 세우기를 원하십니까? 도대체 무엇 때문에 그렇게 바쁘게 달리고 있습니까? 24시간 중 30분도 하나님 앞에 무릎 꿇지 못하고 무엇을 하고 있습니까? 168시간 가운데 하나님을 위한 시간을 얼마나 마련하고 있습니까? 도대체 무엇 때문에 그러고들 삽니까? 먹을 것이 없습니까? 입을 옷이 없습니까? 몸을 누일 자리가 부족합니까? 하나님은 우리에게 일용한 것들이 있어야 함을 아십니다. 그래서 우리에게 일용할 것을 위해서 날마다 기도하라고 가르치셨습니다. 이 말은 '기도하면 내가 반드시 공급해 주마'라고 하시는 약속입니다.

여러분은 무엇 때문에 그 아름다운 젊은 시절을 다 보내고 있습니까? 직장에서 빨리 진급하는 것이 목표입니까? 다른 친구보다 먼저 집을 사는 것, 그것이 여러분의 목표입니까? 여러분이 추구하는 삶이 무엇입니까? 세상에 있는 것들은 육신의 정욕과 안목의 정욕에 지나지 않습니다. 화려하게 보이기 위해, 그럴듯하게 차려입기 위해 열심히 살고 있습니까? 열방과 민족과 족속에게 나아가 구원할 수 있는 여력은 없으면서 무엇을 위해서 그렇게 바쁘게 살아가고 있습니까? 여러분이 추구하는 삶은 이웃에게 선을 끼치는 삶입니까? 여러분 주위에 사는 사람들은 여러분이 있으나 마나 아무런 혜택을 받지 못하는 사람들이 아닙니까? 여러분은 이웃을 경쟁 상대로, 착취의 대상으로 생각하지는 않습니까? 여러분이 갈망하는 삶은 함께 사는 다른 사람들의 삶을 풍성하게 하는 삶입니까? 혹시 이웃의 기쁨과 행복을 파괴해서라도 내 욕망을 달성하려는 삶을 살고 있지는 않습니까?

범세계적인 영향

우리는 이 여자에 대해 더 살펴볼 필요가 있습니다.

> 그의 이마에 이름이 기록되었으니 비밀이라, 큰 바벨론이라, 땅의 음녀들과 가증한 것들의 어미라 하였더라(17:5).

여자들은 머리에 무언가 치장하기를 원합니다. 그래서 아주 일찍부터 머리 장식이 있었습니다. 어쩌면 로마 시대의 풍속을 살펴보아야 할지 모르겠습니다. 그 당시 창녀들은 이마에 띠를 띠고 있었습니다. 거기에는 주인이 누구인지, 누구에게 속해 있는지 그 이름을 써 놓았다고 합니다. 그래서 당시 사람들은 5절 말씀을 들으면 바로 알아들었을 것입니다.

1절은 여자를 가리켜 "많은 물 위에 앉은 큰 음녀"라고 말함으로써 그 여자의 정체를 보여 준 바 있습니다. 이 큰 음녀의 이마에 "큰 바벨론이라"라는 이름이 기록되어 있듯이 18장에 나올 큰 성 바벨론과 동일시되는 여자입니다. 이 여자를 가리켜 '많은 물 위에 앉았다'고 하는 표현은 고대 바벨론을 회상하게 합니다. 고대 바벨론은 그 성곽이 유브라데 큰 강가에, 문자 그대로 '앉아 있던' 도시였습니다. 유브라데강이 그 성안으로 흘러갈 뿐 아니라 그 성곽을 두르고 있었습니다.

세상에서 가장 발달된 관개 시설을 자랑하던 바벨론이었습니다. 바벨론은 이 시설을 하기 위해 이스라엘 백성을 포로로 잡아 와 70년 동안 투입한 것입니다. 당대에 명성을 떨친 관개 시설입니다. 그래서 그들은 풍부한 물로 풍성한 농작물을 거두어들일 수 있었습니다. 부유한 나라의 대명사가 바벨론이었습니다. 먹을 것이 있으면 풍요롭고 행복한 세상이었습니다. 그래서 바벨론은 모든 열국이 선망하는 대상이었습니다. 바벨론처럼 되는 것이 열국 모든 왕의 소망이었습니다. 그 관개 시설은 풍성한 소출을 약속해 주는 동시에 때로는 안전을 보장해 주는 수단이 되기도 했습니다. 그래서 옛날 성들 중에는 흐르고 있는 강을 끼고 성을 세우거나 일부러 성곽 주위에 물을 채웠습니다. 강 자체가 성을 보호하는 구실을 했기 때문입니다.

그 이상 무엇을 추구하겠습니까? 큰 성 바벨론은 번영을 보장하는 도시였을 뿐만 아니라 그 번영을 지속해 주는 안전이 보장된 도시였습니다. 세상이 추구하는 것이 그것 아닙니까? 남보다 많이 수확하는 것과 그 수확을 지키는 것이 사람들이 추구하는 것 아닙니까? 남보다 빨리 출세하고 끝까지 그 자리를 지키면 출세라고 부릅니다. 바벨론은 풍성한 도시였고 안전이 보장된 도시였습니다. 그러나 동시에 권력과 폭력이 난무한 곳이었습니다. 번영과 사치와 자기 신뢰와 자랑뿐만 아니라 권력과 폭력, 억압과 불의와 우상 숭배가 아주 만연한 도시였습니다.

하나님이 없는 번영과 행복을 노래하던 모든 문명은 옛 바벨론의 재판(再版)입니다. 로마가 바벨론의 재판으로 등장했고, 금세기에는 뉴욕과 런던과 파리뿐 아니라 홍콩과 도쿄와 서울도 마찬가지 정신을 공유하고 있습니다. 그래서 모두 너 나 할 것 없이 도시로 몰려드는 것 아닙니까? 거기서 보장하는 삶을 누리기 위해서입니다. 지리적으로 물가에 앉아 있는 바벨론의 영향이 범세계적이었듯, 오늘날 하나님 없는 도시 문명의 영향 역시 범세계적입니다.

본문은 "네가 본 바 음녀가 앉아 있는 물은 백성과 무리와 열국과 방언들이니라"(17:15)고 설명해 줍니다. 열국 위에 앉아 있다는 것은 열국과 통하고 있다는 이야기 아니겠습니까? 음녀가 끼치는 영향이 범세계적인 것을 보여 주고 있습니다. 그 음녀가 온 세상 사람들에게 끼치는 광활한 영향을 이와 같이 상징적으로 기술하고 있습니다. 파리의 잡지들이 오늘날 한국에서 복사판처럼 그대로 나오고 있습니다. 뉴욕의 유행 물결이 일주일이 멀다

하고 서울 명동 거리까지 직수입되고 있습니다.

사랑하는 성도 여러분, 우리가 정말 보려고만 한다면 화려하게 차려입은 이 여자가 어떤 여자인지 알 수 있습니다. 하지만 우리 자신이 그 여자처럼 화려한 옷을 걸치고 다니면 그 여자가 누구인지 보이지 않습니다. 그 여자가 걸친 온갖 장식을 하려고 들면 우리는 그 여자의 정체를 발견할 수 없습니다. 오로지 '나도 저 여자처럼 좀 좋은 옷, 비싼 옷 입고 다녔으면', '우리 남편도 저 여자 남편처럼 출세 좀 했으면' 하고 부러워할 뿐입니다. 그러나 지금 우리가 처한 자리를 바로 정하기만 한다면 요한이 본 것처럼 우리도 그 여자를 볼 수 있을 것입니다.

성령은 요한을 광야로 데리고 갔습니다. 그리고 이 여자의 정체가 무엇인지 알려 주고 있습니다. 성곽, 도시 안은 워낙 불빛이 현란하기 때문에 하늘의 별들이 전혀 보이지 않습니다. 광야로 나가 보십시오. 그래야 하늘의 별빛을 제대로 즐길 수 있을 것입니다. 자신을 자랑할 데가 없어서 미친 듯이 몰려다니는 사람들처럼 그 속에 휩쓸려 다녀서는 이 여자가 어떤 여자인지 정체를 바로 알 수가 없습니다. 광야로 오십시오. 하나님은 광야에서 자기 뜻을 밝히기를 지금도 좋아하십니다.

"큰 음녀"가 가리키는 것들

본문에서 만나는 큰 음녀는 곧 세상을 가리키고 있습니다. 온갖 유혹으로 사람들의 정신을 빼앗아 하나님에게서 멀어지게 하는 세상입니다. 요한일서에서 지적한 그 세상입니다. 성도가 사랑하지 말아야 할 그 세상, 그것이 이 여자입니다. 이 여자는 바로 그 세상을 가리키고 있습니다. 육신의 정욕과 안목의 정욕과 이생의 자랑! 육신을 따라 죄악 된 욕망을 따라 살지 말라는 이야기입니다.

더 많이 갖고, 더 좋은 것을 갖고 싶은 욕망에서 벗어나야 합니다. 안목의 정욕, 보암직한 그 감정을 부추기면 정신을 차리지 못합니다. 보암직하게 나타나기 위해 물질을 아끼지 않고, 이생의 자랑을 추구하기 위해 혼이라도 내어 놓습니다. 잘산다는 것, 몇 평으로 입주했다는 것, 아들을 출세시켰다는 것, 딸 시집을 잘 보냈다는 것 모두 육신의 정욕과 안목의 정욕과 이생의 자랑이요, 그 모두가 하늘 아버지에게서 온 것이 아닙니다. 그 근원은 세상입니다. 성도들은 세상 사람들과 다르게 살아야 합니다.

음녀는 또한 세상 도성의 대표로 바벨론을 가리킵니다. 신부 하늘의 도성 새 예루살렘과 대조되는 성읍입니다. 이 세상 문명은 두 가지밖에 없습니다. 그리스도를 위하는 새로운 문명이 있는가 하면, 하나님 없이 기고만장해져서 바벨탑을 쌓은 옛 바벨론 문명, 이 두 줄기가 아직도 도도히 흐르고 있습니다. 옛 바벨론뿐만 아니라 세상 문명은 모두 음녀 같습니다. 향락에 도취하고 거만하고 오만무례합니다. 산업과 상업과 예술 문화의 중심 도읍인 바벨론은 사람들을 유혹해서 하나님에게서 멀어지게 했습니다. 사치, 유혹, 악독에 빠지도록 유혹하는 바벨론은 바로 세상의 실상입니다.

육신의 정욕, 안목의 정욕, 이생의 자랑으로 구체화된 세상은 본문의 큰 음녀를 보여 주고 있습니다. 이 음녀의 목표는 땅의 임금들을 음행하게 하고 땅의 사람들로 그 음행의 포도주에 취하게 하는 일입니다. 그 일을 위해서 현란하게 차려입고 나타납니다. 요염하게 등장하고 있습니다. 네온사인과 갖가지 요란스러운 불빛을 동원해서 사람들을 유혹하고 있습니다. 그 이마에 있는 이름처럼 땅의 음녀들과 가증한 것들의 어미 노릇을 하고 있습니다. 그 여자를 통해서 모든 죄악이 나타납니다. 온갖 불경건한 도구로 하나님을 제대로 섬기지 못하게 부추기고 있습니다. 그 여자의 잔은 보기에는 화려한 금잔이지만, 온갖 가증한 것이 가득 담겨 있습니다. 거기에 있는 것들은 때로 비디오 시스템, 때로 오디오 시스템이 될 수 있습니다. 한 번도 이웃을 도와 본 적 없지만 자기의 눈과 귀를 위해서 엄청 투자하는 것은 사탄의 수작에 넘어가는 것입니다. 철학 강의나 인문학 강의 모두 좋습니다. 강의 자체는 잘못된 것이 하나도 없습니다. 하지만 성도가 성경 한 번 읽을 기회는 가지지 않으면서 밤새워 소설을 읽는다면 그것은 여러분을 미혹하는 금잔의 더러운 것들 중 하나입니다.

저는 반문화적이 되라고 말하는 것이 아닙니다. 그러나 때로는 현대 문명의 이기와 그 모든 것이 우리를 하나님에게서 멀어지게 하는 도구로 전락하고 있다는 것을 경고하지 않을 수 없습니다. 그 자체로는 악하지 않지만 그것을 추구하는 것을 목적으로 삼으면 죄악이 되는 것입니다. 어쩌면 예술을 위한 예술, 스포츠를 위한 스포츠 같은 부류에 분류될지 모르겠습니다. 화려하게 차려입은 그 손의 금잔에는 온갖 잡스러운 것이 담겨 있습니다.

외형은 그럴듯하지요. 금빛입니다. 금잔입니다. 온갖 부도덕과 악이 판치는 곳이 도시 문명의 특색 아닙니까? 유리를 붙여서 번쩍번쩍한 고층 건물이 있는 곳이 도시인가 하면, 도시야말로 사람이 사람 이하로 살아가는 곳이기도 합니다. 사람이 세운 문명의 터전은 그와 같습니다. 옛날처럼 물을 길어다 마시지 않아도 되는 수도 시설이 있고, 심지에 불을 붙이지 않고 스위치만 누르면 온 집이 환해집니다. 그런데 우리는 이런 편리함을 추구하면서 여전히 비닐하우스에 사는 이웃에게는 무관심합니다.

사치와 타락과 부패와 권력의 집중지인 옛 바벨론, 요한 시대의 로마, 오늘의 서울은 자신들만의 악의 향락에 만족하지 않습니다. 부근 지역 도시들에 그 악을 나누려고 힘씁니다. 그 음행을 세계적으로 보급하는 땅의 음녀들과 가증한 것들의 어미 역할을 충실히 수행하고 있습니다.

창녀 바벨론은 과거에도 있었고 현재에도 존재하고 미래에도 있을 것입니다. 구체적인 형태와 붙이는 이름은 때마다 다를 수 있습니다. 이름은 그때그때 달라지지만 본질은 마찬가지입니다.

붉은 빛 짐승을 탄 여자

마지막으로 우리는 이 음녀에 대한 흥미 있는 묘사를 한 가지 살펴보려고 합니다. 3절에서 요한은 "내가 보니 여자가 붉은 빛 짐승을 탔는데"라고 말합니다. '붉은 빛 짐승을 탄 여자'라고 하니 삼류 영화 제목 같습니다. 그 짐승의 몸에는 하나님을 모독하는 이름이 가득하고 일곱 머리와 열 뿔이 있습니다. 큰 음녀는 그 붉은 빛 짐승을 타고 있습니다.

이는 음녀와 짐승이 서로 얼마나 결탁하고 있는지를 보여 주는 그림입니다. 세상의 유혹과 폭력이 얼마나 같이 어울리는지를 보여 주는 그림입니다. 오늘날 신문 만평가들처럼 요한은 본질을 꼬집기 위해 한 컷의 만화를 그려 놓고 있습니다. 화려한 차림을 한 여자가 그 꾸민 것과는 전혀 어울리지 않게 흉측하게 생긴 붉은 짐승, 괴물같이 생긴 짐승을 타고 있다는 것입니다. 그래서 이 여자와 짐승이 어떤 관계인지를 보여 줍니다.

우리는 이 짐승을 이미 만난 적이 있습니다. 계시록 11장은 그가 무저갱에서 올라왔다고 말합니다. 13장은 훨씬 자세하게 설명한 다음 짐승에게 힘을 부여하는 배후가 용이라는 사실까지도 캐냅니다. 큰소리치고 난무하는 짐승 뒤에 힘을 대는 용이 있었다고 정확하게 말합니다. 붉은 용, 붉은 짐승, 붉은 옷을 입은 창녀라면 이 셋이 한통속이구나 하는 것을 알아볼 수 있습니다. 샛노란 유니폼을 입은 아이들이 줄지어 가면 한 유치원을 다닌다는 것을 알아볼 수 있듯이, 모두 붉은 옷을 입고 있다는 것은 그들이 같은 통속이라는 것을 보여 줍니다. 모두 같은 색, 한통속입니다. 본문은 특히 이 음녀와 짐승이 아주 밀접한 관계에 있다는 것을 설명하고 있습니다. 한글 번역은 이 여자가 붉은 짐승을 탔다고 되어 있지만 어쩌면 짐승과 더불어 뒹굴고 있는 모습일 수도 있습니다.

역사상 어느 시대를 막론하고 적그리스도적인 유혹 행위는 항상 적그리스도적인 박해 행위와 손을 맞잡고 다닙니다. 잔인한 힘으로 교회를 박해하는 행위를 대표하는 붉은 짐승과, 간교한 유혹으로 교회를 마비시키는 붉은 옷 입은 여자는 서로 내밀한 관계를 맺고 있습니다. 얼핏 보면 전혀 딴 세상에 속한 것 같습니다. 여자는 아름다운 옷을 입고 귀걸이를 하고 부어라 마셔라 하는데, 짐승은 광야에 살고 있습니다. 괴물입니다. 흉측하게 생겼습니다. 전혀 상관관계가 없어 보입니다. 그러나 광야에 가서 살펴보니 둘이 같이 뒹굴며 놀아나고 있습니다. 서로 은밀히 협조하고 있습니다. 이 여자의 취한 모습을 한번 보십시오. 여자가 술잔을 들고 이 사람 저 사람에게 마시게 해서 다른 사람만 마시게 하는 줄 알았더니 여자 자신이 술에 취해 곤드레만드레하고 있습니다.

경계해야 할 세상

성도들의 피, 달리 말해서 예수 그리스도의 말씀에 신실한 자들의 생명을 이 여자가 마시고 있다는 것을 보여 주고 있지 않습니까? 겉으로 보면 여자는 자기 것으로 세상을 취하게 하는 동시에 성도들의 피에 취해 있습니다. 우리는 이 음녀를 경계해야 합니다. 입에 포도주를 머금고 우리에게 다가옵니다. 그 입을 맞추기만 하면 달콤한 포도주가 우리 목구멍으로 넘어올 것처럼 보입니다. 자세히 살펴보십시오. 성령의 이끌림을 받아서 여자의 정체를 다시 한 번 살펴보라는 말씀입니다. 광야에서 하나님의 은혜로 그 포도주를 보게 된다면, 여자의 입에서 우리의 목으로 흘러들어 오는 그 달콤한 포도주가 바로 성도들의 피라고 지적합니다. 우리가 세상에 도취하여 즐겨 마시는 포도주가 동료 성도의 피가 아닌지를 한번 보라고 말씀하십니다. 우리가 추구하는 번영과 행복과 향락의 포도주를 얻기 위해서 달려나갈 때 그런 우리의 삶을 보고 연약한 사람들이 넘어지지 않는지 한 번 돌아보십시오.

"목사, 장로, 집사가 저렇게 생활한다"라는 소리를 듣게 되는 것은 바로 연약한 성도들의 생명을 짓밟는 일입니다. 그들이 실족하지 않도록 우리가 정신 차려야 합니다. 이 시대는 우리의 혼을 빼놓는 시대입니다. 세상의 특징은 우리로 하여금 정신이 없도록 하는 것입니다. 도도히 흘러가는 물결 속에 우리를 던져 놓습니다. 우리가 추구하는 것이 성도들이 박탈당하고 있는 그것과 얼마나 가까이 있는지를 봐야겠습니다.

화려한 옷과 금과 보석과 진주로 꾸미고 싶은 욕망 때문에 이웃과 형제를 짓밟는 짐승의 작태를 벗어나야만 합니다. 때로 세상은 우리에게 음녀처럼 유혹합니다. 미소를 머금고 다가옵니다. 다음 순간 세상은 짐승처럼 돌진해 옵니다. 달콤한 유혹으로, 무서운 박해로 우리를 삼키려 합니다. 본문을 어렵다고 생각하지 말고, 우리의 생각이 항상 어디를 향하는지 생각해 보십시오. 본문이 어려운 것이 아닙니다. 설명을 잘하지 못해도 쉬울 수 있습니다.

붉은 짐승을 탄 창녀는 바로 우리가 경계해야 할 세상입니다. 우리는 이 여자가 짐승처럼 맹목적인 힘으로 달려들 때 견뎌야 합니다. 여자가 온갖 미소를 띠고 다가설 때는 뿌리쳐야만 합니다. 지난밤 '붉은 빛 짐승을 탄 음녀'가 다가오지 않았는지 생각해 보십시오. 그 여자가 예쁜 옷을 입고 다가오지 않는지, 짐승의 모습으로 돌변해 오지 않는지 살피면서 세상을 살아야 합니다. 힘들 때는 더 견뎌야 합니다. 유혹 속에 빠질 때는 더 경계하고, 더 순결을 지켜야만 합니다. 그 여자는 지금 성도의 피로 만취되어 있지만, 하나님은 반드시 그 여자를 진노의 포도주에 취하게 하실 것입니다. 많은 물 위에 앉은 큰 음녀, 붉은 빛 짐승을 탄 음녀, 큰 바벨론, 땅의 음녀들과 가증한 것들의 어미가 받을 심판을 하나님이 곧 보여 주실 것입니다.

요즘에는 세상이 어떤 모습으로 우리에게 다가서고 있습니까? 우리도 그 여자처럼 예뻐질 수 있다고 속삭이고 있습니까? 우리도 그 여자가 주는 잔을 받아 마실 차례가 되었다고 스스로 부추기고 있습니까? 아니면 온갖 찬란한 이름이 그 몸에 가득하고 일곱 머리와 열 뿔의 무시무시한 붉은 짐승으로 우리에게 생명을 위협하고 있습니까? 세상이나 세상에 있는 것들을 사랑하지 마십시오. 또한 우는 사자처럼 삼키려고 드는 세상을 두려워하지 마십시오.

> 무릇 하나님께로부터 난 자마다 세상을 이기느니라 세상을 이기는 승리는 이것이니 우리의 믿음이니라(요일 5:4).

Revelation

요한계시록 17장 6b-12절

6b 내가 그 여자를 보고 놀랍게 여기고 크게 놀랍게 여기니 7 천사가 이르되 왜
놀랍게 여기느냐 내가 여자와 그가 탄 일곱 머리와 열 뿔 가진 짐승의 비밀을
네게 이르리라 8 네가 본 짐승은 전에 있었다가 지금은 없으나 장차 무저갱으
로부터 올라와 멸망으로 들어갈 자니 땅에 사는 자들로서 창세 이후로 그 이름
이 생명책에 기록되지 못한 자들이 이전에 있었다가 지금은 없으나 장차 나올
짐승을 보고 놀랍게 여기리라 9 지혜 있는 뜻이 여기 있으니 그 일곱 머리는 여
자가 앉은 일곱 산이요 10 또 일곱 왕이라 다섯은 망하였고 하나는 있고 다른 하
나는 아직 이르지 아니하였으나 이르면 반드시 잠시 동안 머무르리라 11 전에
있었다가 지금 없어진 짐승은 여덟째 왕이니 일곱 중에 속한 자라 그가 멸망으
로 들어가리라 12 네가 보던 열 뿔은 열 왕이니 아직 나라를 얻지 못하였으나 다
만 짐승과 더불어 임금처럼 한동안 권세를 받으리라

25
짐승의 정체

그리스도 안에서 사랑하는 성도 여러분! 요한은 성령에 이끌려 광야에서 환상을 보았습니다. 그리고 거기서 붉은 빛 짐승을 탄 여자를 보았습니다. 여러분은 그 여자의 차림새며 취한 상태뿐 아니라 그 여자가 탄 붉은 짐승의 모양을 기억하십니까?

그 짐승의 몸에는 하나님을 모독하는 이름이 가득하고 일곱 머리와 열 뿔이 있습니다. 그 짐승을 타고 있는 여자는 자주 빛과 붉은 빛 옷을 입고 금과 보석과 진주로 꾸미고 손에는 금잔을 들고 있습니다. 다음 순간 요한이 여자를 보았을 때 그 여자는 성도들의 피와 예수의 증인들의 피에 취해 있었습니다. "그 여자를 보고 놀랍게 여기고 크게 놀랍게 여기니"(17:6) 천사가 그 비밀을 설명해 줍니다. 여자와 그가 타고 있는 일곱 머리, 열 뿔 달린 짐승의 비밀을 설명하기 시작합니다.

여자와 짐승의 비밀은 본질상 하나입니다. 여자의 비밀이 따로 있고 짐승의 비밀이 따로 있는 것이 아닙니다. 하나를 아는 것은 다른 하나를 아는 것입니다. 여자에 대해 잘 파악하면 짐승에 대해서도 바로 알게 될 것입니다. 짐승의 본질을 파악하면 여자가 어떤 존재인지 알게 될 것입니다.

그러나 본문에서는 짐승을 더 중요하게 설명하고 있습니다. 하지만 우리로서는 천사의 설명을 알아듣는 것마저 쉽지 않습니다. 그래서 설명에 대한 설명이 필요합니다. 7절과 8절은 짐승에 대한 설명입니다. 9-11절은 그 짐승의 일곱 머리에 대한 설명입니다. 12절은 그 짐승의 열 뿔에 대한 설명입니다. 15절에서는 여자가 앉은 물에 대해 설명하고, 18절에서는 여자 자신에 대해 성경 자체로 설명하고 있습니다. 성경은 성경으로 푼다는 가장 고전적인 의미를 여기서 이해할 수 있겠습니다.

요한계시록의 목적

요한계시록은 계시의 형식이나 내용 면에서 완전히 새로운 계시라고 볼 수 없습니다. 요한은 지금 구약 선지자, 신약 사도들이 말한 내용을 더 정확하고 자세하게 밝히고 있습니다. 또한 선지자들의 묵시에서 그 표현 양식을 빌리고 있습니다. 다시 말하지만 계시록이 담고 있는 내용은 사도들과 주님의 가르침과 동일합니다. 복음서와 서신서에 나타난 마지막에 관한 진리를 묵시 형식으로 확인해 주는 책이 계시록입니다.

그러므로 우리는 천사의 비밀을 이해하기 위해 바른 해석 원리를 붙잡아야 합니다. 나무만 보고 숲은 보지 못하면 안 됩니다. 해석이 필요한 상징도 있지만, 구체적인 해석이 필요하지 않은 상징도 있습니다. 다만 하나의 전체적인 조망을 형성하는 요소에 지나지 않습니다. 파스텔화를 그릴 때 특정한 색을 칠하는 것은 전체적인 분위기를 제시하는 방편일 수 있습니다. '이 색은 무엇을 뜻한다'고까지 해석하지 않아도 좋습니다. 특히 본문

같은 환상을 두고 일곱 머리, 일곱 산, 일곱 왕이 구체적으로 누구냐고 묻는 것은 어리석은 질문입니다. 지금 본문에서 활동하고 있다고 말하는 여섯 번째 왕은 도대체 로마의 어느 왕을 가리키느냐고 묻는 것은 부질없는 짓입니다. 열 뿔에 대해서도 마찬가지입니다. 그 열 왕은 유럽 공동체의 어느 열 나라를 가리키느냐고 묻는 것은 어리석은 짓입니다. 그렇게 질문하는 것은 계시록을 수수께끼 책으로 만드는 것입니다.

계시록은 가로세로의 공란을 끼워 맞추는 퍼즐이 아닙니다. 계시록은 반드시 속히 일어날 일을 알려 주어 당시 박해 가운데 있는 성도들을 위로하고 오늘날 우리가 이 계시에 따라 종말을 준비할 수 있게 하는 책입니다. 성도들이 세상에서 맞닥뜨려야 하는 짐승의 정체를 폭로하여 그를 대항할 지혜를 얻게 하는 것이 계시록의 목적입니다. 일곱 머리, 열 뿔의 상징을 통해서 그 짐승의 역사와 미래를 보여 주며 그 짐승에 시달리는 성도들을 위로하고 격려하기 위해서 쓴 책입니다. 그러므로 지금까지 들어온 줄긋기식 해석은 모두 잊으시기 바랍니다. 계시록은 우리 스스로 알 수 없는 하나님의 깊은 비밀을 그 영으로 요한에게 공개합니다. 비밀을 공개함으로 우리가 오실 그리스도를 사모하고 세상 모든 것에 종말이 있다는 것을 알도록 하는 큰 메시지를 담고 있습니다. 말세를 만난 우리를 영적으로 준비시키는 일에서 벗어나 황당무계한 해석으로 위기의식만 조장하는 종말론적 편견에 휩쓸리지 않도록 조심해야 합니다.

우리는 앞으로도 어리석은 종말론이 기승을 부릴 것을 예상해야 합니다. 1992년 10월 28일에 종말이 온다고 유포한 것은 거짓으로 드러났지만, 사탄은 자기 목적을 이루었습니다. 그날 종말이 온다고 모여 있던 사람들이 당황해하는 모습을 비춤으로 기독교의 진리가 그와 같이 우스꽝스러운 것으로 느끼도록 했기 때문입니다. 사탄은 이와 같은 짓을 계속할 것입니다.

그러므로 지혜의 마음을 가지고 계시록의 말씀에 접근해야 합니다. 그렇지 않으면 여기서 이 말 하면 이 말 따라가고, 저기서 저 말 하면 저 말 따라가는 식으로 미궁에서 항상 헤매게 될 것입니다.

이제 7-12절에 나오는 '짐승의 비밀'을 집중 추적해 보겠습니다. 짐승의 비밀, 그 일곱 머리와 열 뿔의 비밀을 밝힘으로 짐승의 성격을 파악하고, 짐승의 역사가 어떻게 되는지, 짐승의 미래가 무엇인지 진지하게 접근해 보시기를 바랍니다.

짐승의 비밀

> 네가 본 짐승은 전에 있었다가 지금은 없으나 장차 무저갱으로부터 올라와 멸망으로 들어갈 자니 땅에 사는 자들로서 창세 이후로 그 이름이 생명책에 기록되지 못한 자들이 이전에 있었다가 지금 없으나 장차 나올 짐승을 보고 놀랍게 여기리라(17:8).

8절은 짐승의 성격을 폭로하고 있습니다. 우선 그는 무저갱으로부터 올라오는 자라고 말하고 있습니다. 13장에서는 같은 짐승을 바다에서 올라왔다고 설명했습니다.

지금 요한은 바다 가운데 밧모섬에 있습니다. 요한은 바다가 어떻게 출렁이는지 아주 잘 알고 있습니다. 끝없이 출렁이는 그 바다를 보며 지금의 세상을 보고 있습니다. 세상 사람들은 파도처럼 늘 요동하고 있습니다. 그러므로 성경에서 '바다'는 항상 요동하는 인생의 모습을 떠올리게 합니다.

13장은 바다에서 나온 짐승이라고 말하지만, 더 자세히 설명하면 세상 사람들이 추켜세운 권력이고, 더 근원적으로 따지면 무저갱에서부터 올라온 자라는 것입니다. 영적으로 더 깊이 설명하면, 짐승의 본거지는 무저갱이라는 말입니다. 그런 의미에서 13장은 이미 이 짐승이 사탄인 용으로부터 권세와 능력을 받은 자라고 밝히고 있습니다. 사탄과 모든 하수인은 짐승이든 거짓 선지자든 출처가 동일합니다. 무저갱! 그곳이 그들의 출발점입니다. 사탄에 관한 불변하는 사실 중 하나는 항상 "무저갱으로부터" 나온다는 것입니다. 악의 출처는 '끝없는 심연으로부터'라고 성경은 말합니다. 반면 선의 출처는 '위로부터'라고 대조적으로 설명하고 있습니다. 모든 좋은 것은 위로부터, 빛들의 아버지에게서 온다고 말합니다. 모든 악한 것은 밑으로부터, 끝없는 나락으로부터 나옵니다. 또한 성령은 위에 계신 아버지와 아들에게서 오는 영이지만 사탄과 그 하수인은 항상 끝없는 심연에서부터 나옵니다.

짐승의 또 다른 특징은 전에 있었는데 지금은 또 안 보이고 장차 또 나타난다는 것입니다. 그의 특징은 있다가 없다가 다시 나타나는 데 있습니다. 그런 것을 보고 사람들은 신출귀몰하다고 말합니다. 귀신의 특징은 신출귀몰한 것입니다. 기세를 부리다가 없어지는 것처럼 보였는데 어느새 또 나타나는 것이 귀신의 특징입니다. 나타나고 사라지고 또 나타나는 것이 그의 특징입니다. 마치 이제도 계시고 전에도 계셨고 장차 오실 이에 빗대어서 짐승의 성격을 규명하는 것 같습니다.

우리가 신뢰하는 그분은 지금도 계시고 전에도 계셨고 장차 오실 분입니다. 그러나 그분과 대조되는 이 짐승은 전에는 있었는데 지금은 없고 또 장차 나타날 자입니다. 얼핏 보면 같은 것 같으나 자세히 보면 같지 않습니다.

사탄은 항상 자신을 빛의 사자와 같이 나타냅니다. 본질이 꼭 하나님인 것처럼 보입니다. 대단한 위용을 가지고 위협하다가 또 조용해지기도 합니다. 그러나 사탄이 신출귀몰하며 사람들의 감탄과 찬양을 받을지라도 결코 세상의 절대권자가 아닙니다. 오직 주 하나님만이 모든 것을 주장하시는 전능자입니다. "나는 알파와 오메가라 이제도 있고 전에도 있었고 장차 올 자요 전능한 자라"(1:8)고 하셨습니다. 하나님만이 이제도 있고 전에도 있었고 장차 올 전능하신 분입니다. 그분은 전에도 계셨고 장차 오실 자인 동시에 현재의 실권자로 보좌에 앉아 계시는 분입니다.

이와 반대로 짐승은 권력의 공급자인 사탄과 같이 과거에 있었고 미래에 잠시 허용되지만, 현재에는 실권을 가지고 있지 못하다는 것이 요한의 역사 이해입니다. 십자가의 승리로 말미암아 그는 권좌에서 쫓겨났다고 말합니다. 그는 지금 묶여 있다고 말합니다. 이전에는 도전 없는 지상 권세를 누렸지만 이제는 그 권세가 패했다고 말합니다.

지금은 그의 권세 아래 있던 자들이 하나님의 아들의 빛의 나라로 속속 탈출하고 있습니다. 바로 우리가 어둠의 나라에서 빛의 나라로 탈출한 사람들입니다. 하나님을 예배하고 찬송할 수 있다는 것이 마귀의 어두운 권세가 깨뜨려지고 있음을 보여 주는 증거입니다.

사탄은 이제 이 세상의 실권자가 아닙니다. 그는 장차 잠깐 놓임받을 것이지만 그것은 영원한 멸망으로 들어가는 과정에 불과합니다. 무저갱 속에 있는 그를 나오도록 해서 잠깐만 기승을 부리게 한 다음에는 불과 유황 못에 던질 것을 성경은 말하고 있습니다.

> 너희는 지금 그로 하여금 그의 때에 나타나게 하려 하여 막는 것이 있는 것을 아나니 불법의 비밀이 이미 활동하였으나 지금은 그것을 막는 자가 있어 그중에서 옮겨질 때까지 하리라 그때에 불법한 자가 나타나리니 주 예수께서 그 입의 기운으로 그를 죽이시고 강림하여 나타나심으로 폐하시리라(살후 2:6-8).

지금도 불법의 기운이 꿈틀거리고 있지만 잠시 억제된 상태라는 것을 성경이 분명하게 밝히고 있습니다. 역사상 반드시 마지막 대결의 순간이 있을 것이라고 본문은 말합니다. 그러므로 천사의 설명은 사도 바울이 데살로니가후서에서 가르친 동일한 진리를 확인시키고 있을 뿐입니다. 영적인 눈으로 보면 그 짐승은 무저갱으로부터 나와서 멸망으로 들어가는 자입니다. 그러나 세상 사람의 눈으로 보면 있다가 없다가 신출귀몰하는 자입니다. 세상 사람들 눈에는 이전에 있었는데 지금 보이지 않고 또 나타날 자로 비치지만, 우리는 그 출처를 알고 그 결국을 압니다.

영적인 안목으로 이 짐승을 바라보면, 그의 근원이 어디며 결국이 어디일지 알 수 있습니다. 그러나 세상 사람들은 나타나는 모습만 보고 감탄할 뿐입니다. 세상은 사라졌다가 다시 나타날 짐승에 대해 감탄합니다. 우리는 동일한 현상이 기술된 것을 계시록에서 만난 적이 있습니다.

> 그의 머리 하나가 상하여 죽게 된 것 같더니 그 죽게 되었던 상처가 나으매 온 땅이 놀랍게 여겨 짐승을 따르고(13:3).

그의 머리 하나가 죽는 것처럼 보였는데 조금 후에 다시 살아나자 온 세상이 열광한다는 것입니다. 그래서 그는 "죽게 된 상처가 나은 자"라고 불립니다. 혹은 "칼에 상하였다가 살아난 짐승"으로 불리기도 합니다.

땅에 사는 자들의 특징

그러면 "땅에 사는 자들"(17:8)은 누구입니까? 이들은 우리를 가리키는 것이 아니라 세상에 모든 소망을 두고 살아가는 사람들을 가리킵니다. 말하자면 "창세 이후로 그 이름이 생명책에 기록되지 못한 자"(17:8)들을 가리키는 관용적인 표현입니다.

그들은 신출귀몰하는 짐승을 보고 감탄하며 찬양을 돌릴 것이라고 말하고 있습니다. 그의 능력이 굉장한 것처럼 경배드릴 것이라는 말입니다. 온 세상을 재패하는 영웅들은 항상 세상의 감탄과 칭송을 받습니다. 독재적인 제국 건설자들은 항상 큰 성 바벨론 시민의 열광을 불러일으킵니다. 세상 모든 권세와 영광을 수중에 넣기 원하는 인생의 욕구를 대리만족시키기 때문입니다. "살인귀, 엘바섬 탈출하다"라고 하다가 육지에 도착하자 "나폴레옹 장군, 노르만디 상륙하다"라고 합니다. 그러다가 "대원수 황제 폐하, 파리에 입성하다"라고 합니다. 언제든 권력을 장악하는 사람에게 아첨하는 것이 땅에 사는 자들이 하는 짓거리입니다.

세상은 권세와 능력 있는 자에게 스포트라이트를 비추기 좋아합니다. 그 사람들의 뒷이야기를 하나 주워들은 것으로 만족하고 자랑하는 사람들입니다. 자기 손에 넣고 싶은 세상의 권세와 영광을 대신해서 장악한 자를 우러러봄으로 욕망을 대리 충족하는 것입니다. 그러나 사람은 유한한 피조물입니다. 절대로 세상을 그 수중에 장악할 수 없습니다. 창조주 하나님의 통치와 심판 아래 그는 항상 복속해야 하는 것입니다. 세상 권세와 영광에 굶주린 사람은 늘 이와 같이 눈앞에 나타나는 권력 앞에 환호성을 울립니다. 권력과 영광에 굶주린 인민은 그들의 정치적인 욕구를 대신 쟁취한 영웅을 항상 칭송하기를 좋아합니다.

사랑하는 성도 여러분, 짐승의 본질을 바로 파악하십시오. 그 기원과 종국을 기억하십시오. 무저갱으로부터 나와서 불과 유황 못으로, 멸망으로 치닫는 운명임을 인식하십시오. 그는 찬송과 경배의 대상이 아닙니다. 추구와 갈망의 대상이 아닙니다. 오직 한 분 하나님만이 우리의 찬양과 경배를 받기에 합당하신 분입니다. 화려한 과거 때문에, 그 장엄한 미래의 위용 때문에 속아서는 안 됩니다. 짐승은 본질상 무저갱 출신이고 멸망역에 귀착할 자입니다. 세상 모든 권력은 동일하게 썩어 있고 세상 모든 제국은 시대가 바뀌어도 본질은 바뀌지 않습니다. 세상의 어떤 권력자든 나타났다가 바뀌고, 왔다가 지나가는 것이지 그 이상 아무런 의미가 없습니다. 동일하게 썩어 있고, 다음 주자에게 바통이 인계되나 결국은 망하게 될 것이라는 것이 계시록이 전하는 진리입니다.

전에는 있었다가 지금은 없으나 장차 나올 짐승은 지금도 계시며 전에도 계셨고 장차 오실 어린양과는 비교할 수가 없습니다. 오직 한 분 보좌에 앉으신 이와 어린양만이 찬송과 존귀와 영광과 능력을 세세토록 받기에 합당하신 분입니다.

사랑하는 성도 여러분, 우리가 누구를 찬송하느냐에 따라서 우리의 소속이 밝혀집니다. 우리의 영원한 운명은 지금 누구를 예배하느냐에 달려 있습니다. 여러분은 여러분의 기대를 어디에 걸고 있습니까? 여러분의 소원을 어디에 두고 있습니까? 여러분의 눈은 어디를 바라보고 있습니까?

일곱 머리의 비밀

두 번째로 일곱 머리의 비밀을 한번 들어 보십시오.

> 지혜 있는 뜻이 여기 있으니 그 일곱 머리는 여자가 앉은 일곱 산이요 또 일곱 왕이라 다섯은 망하였고 하나는 있고 다른 하나는 아직 이르지 아니하였으나 이르면 반드시 잠시 동안 머무르니라 전에 있었다가 지금 없어진 짐승은 여덟째 왕이니 일곱 중에 속한 자라 그가 멸망으로 들어가리라 (17:9-11).

11절은 8절 말씀을 부연해 주는 말씀 같습니다. "그가 멸망으로 들어가리라"고 부연 설명처럼 말하고 있습니다. 이 구절은 정말 지혜가 필요한 구절입니다. 그동안 헛된 시도가 얼마나 많았는지 모릅니다. 일곱 머리와 일곱 비밀을 밝히기 위해서 얼마나 많은 책이 기록되었는지 모르겠습니다.

지혜가 필요하다고 성경이 말하는 곳마다 사람은 자기의 어리석음으로 다가서기를 좋아합니다. 그것이 죄인의 특징 아닙니까?

> 지혜가 여기 있으니 총명한 자는 그 짐승의 수를 세어 보라 그것은 사람의 수니 그의 수는 육백육십육이니라(13:18).

이 '666'과 마찬가지로 짐승의 흉측한 일곱 머리는 우리를 괴롭히고 있습니다. 머리가 일곱 달린 괴물을 해치우기란 사람에게 쉽지 않은 일입니다. 혹시 영화에서 공룡 이야기를 본 적이 있습니까? 아니면 옛날 신화를 한번 읽어 보십시오. 머리가 몇 개 달린 괴물들, 뱀들의 이야기입니다. 다섯 마리는 죽었는데, 하나는 아직도 있고 또 하나는 다시 나타나려고 하는 장면입니다.

사도 요한은 이 묵시적인 표현을 통해 악의 제국이 가진 역사의 성격을 밝히고 있습니다. 불필요하게도 많은 사람이 일곱 머리를 로마의 일곱 왕에 짜 맞춰 보려고 합니다. 당대 사람들은 일곱 언덕의 도시가 바로 로마라고 생각하며 살았기 때문입니다. 로마가 실제로 일곱 구릉 위에 건설되었기 때문에 당시 사람들에게 '일곱 언덕의 도시' 하면 로마를 가리켰습니다. 그래서 이 일곱 언덕의 도시 로마야말로 "여자가 앉은 일곱 산"이라는 표현에 들어맞는다고 무릎을 쳤습니다.

'일곱 언덕의 도시 로마'라고 하면 당대에 누구라도 알아보았을 텐데 제가 왜 특별히 지혜가 필요하다고 경고했을까요? 그것은 바로 로마가 이 의미의 전부를 결코 밝힐 수는 없기 때문입니다. 요한이 계시록을 쓸 때까지 통치가 끝난 로마의 황제들은 이미 다섯이 훨씬 넘었습니다. 그래서 어떤 사람은 이 황제는 통치 기간이 짧으니 빼고, 저 황제는 박해를 별로 안 했으니 빼고, 그렇게 해서 다섯 사람을 맞춰 보려고 노력했습니다. 그러다 보니 누구를 넣고 뺄지에 관해 학자들의 의견이 일치하지 않습니다. 똑똑한 학자들이 일치되지 않는 주장을 하는 것은 결국 엉뚱한 시도일 수 있다는 이야기입니다.

일곱 산 위에 있는 로마의 일곱 왕보다는 차라리 역사상 나타난 고대 제국들을 드는 것이 그럴듯해 보일지 모르겠습니다. 애굽, 앗수르, 바벨론, 바사, 그리스 이 다섯 제국과, 지금의 로마, 그리고 장차 마지막 제국이 나타날 것이라고 풀면 오히려 그럴듯해 보입니다. 그러나 그렇게 푸는 것 역시 같은 실수를 저지르게 됩니다. 요한의 의도는 우리로 그 다섯에 꿰맞추라는 것이 아닙니다. 그것이 로마의 왕들이든, 역사에 있던 대제국이든 상관없습니다. 오히려 요한의 관심사는 양적인 규명보다 질적인 규명을 하는 데 있습니다. 요한은 역사적, 정치적인 규명 대신 우리로 하여금 신학적인 의미 파악에 관심을 쏟도록 합니다.

숫자 일곱의 의미

계시록을 일관되게 해석하려면 여기 나오는 숫자 일곱 역시 상징적으로 다루어야 합니다. 옛 사람들, 특별히 그리스-로마 세계 사람들은 7일 단위로 살아갔습니다. 로마인이든, 유대인이든 삶의 단위가 한 주간을 중심으로 이루어져 있습니다.

그런 면에서 우리의 옛 시골 사람과 다릅니다. 옛날 시골 사람들은 닷새 단위로 살아갔습니다. 장날이 그들의 삶에 중심이었습니다. 그러나 그리스-로마 세계는 일주일 단위로 살아갔습니다. 그래서 '다섯은 망하였고, 하나는 있고, 다른 하나는 곧 올 것이다'라고 말함으로써 지금 때가 얼마나 되었는지 느끼게 해주는 것입니다. 대다수 왕과 왕국은 이제 지나갔다는 메시지를 전하고자 합니다. 즉 '일곱 가운데서 다섯이 망하였고' 하는 말씀입니다.

"하나는 있고 다른 하나는 아직 이르지 아니하였으니 이르면 반드시 잠시 동안 머무르리라"(17:10)고 하는 것은 지금 있는 것이 마지막은 아니라는 이야기입니다. 장차 마지막 것이 오는데 그것은 "반드시 잠시 동안" 있을 것임을 밝히고 있습니다. 한 주를 이레에 빗대어 일곱을 만수로 칠 때, 끝이 곧 도래할 것이라는 것은 계시록의 일관적인 메시지가 아닙니까?

계시록은 처음부터 "때가 가까움이라"(1:3)라고 전하고 있습니다. 이제는 때가 가까워졌다는 것입니다. 아직 이르지 아니한 다른 이가 하나 있다고 함으로써 지금은 종말 그 자체가 아니라 종말에 임박해 있다는 것을 암시하고 있습니다. "이 일이 먼저 있어야 하되 끝은 곧 되지 아니하리라"(눅 21:9b). 이 모든 일 전에 박해가 극심해지고 사랑이 식어지는 그럴 때가 있을 것이고 종말이 오리라고 주님이 말씀하신 것을 다른 표현으로 지금 한 번 더 확인하고 있는 것입니다. 같은 진리를 다른 형식으로 증거하는 것이 계시록의 특징입니다. 계시록은 결코 새로운, 전혀 다른 내용을 이야기하는 것이 아닙니다. 선지자들이 말했던, 다니엘이 예언했던, 사도들이 증거했던, 그리고 주님 자신이 가르쳤던 그 종말의 진리를 표현을 달리해서 묵시적으로 말하고 있습니다.

사랑하는 성도 여러분, 다섯은 망하였고 지금 하나는 있고 다른 하나는 곧 올 것입니다. 특히 아직 이르지 않은 다른 이의 특징은 그가 오면 "반드시 잠시 동안" 계속하리라는 데 있습니다. 무슨 의미입니까? 성도들을 괴롭히던 일곱 머리 가운데 벌써 다섯은 처형되었다는 것입니다. 이미 하나님의 심판을 받았다는 것입니다. 아직 하나가 활동하고 있는 것 때문에 당대의 성도들이 괴로움을 당하고 있다는 것을 설명하고 싶어 합니다. 짐승의 대리인이 나타나서 성도들을 괴롭히고 있음을 보여 주고 있습니다. 성도들을 괴롭히는 짐승이 아직 다 죽지는 아니했다는 것을 보여 주고 있습니다.

그러나 그것은 마지막이 아니라 마지막 때가 다가올 것을 말씀하고 있습니다. 한 나라가 더 올 것이다, 즉 한 머리가 나타날 것을 말함으로 현재에도 여전히 굼틀거리고 기승을 부리는 악이 있지만 마지막 악은 아니라는 것을 알려 줍니다. 더 기승을 부릴 종말론적인 이 머리가 나타날 것인데, 그것은 다행히도 "잠시 동안"만 기승을 부린다는 것입니다. 그래서 박해 속에 있는 성도들로 하여금 위로를 얻고 안위를 받게 하는 것이 이 본문의 특색입니다.

사랑하는 성도 여러분, 일곱 머리를 양적인 숫자로 해석해서는 안 됩니다. 질적인 숫자로 파악해야 합니다. 일곱 머리, 그것은 충만한 악의 세력을 가리킵니다. 다섯 머리가 망했다는 것은 이제 짐승에 대해 의미심장한 승리가 시작되었다는 것을 보여 주고 있습니다. 하나님의 심판 행위를 부각하고 있습니다. 하나님 대신 자기가 왕인 듯, 통치자인 듯 날뛰던 세상 제국들이 무너졌다는 것을 보여 주고 있습니다. 이 타락한 세상 권력자들이 추구하는 욕망이 이제는 끝장나고 있다는 것을 알려 주고 있습니다. 지금도 하나가 세상 주권자인 듯 활약하고 있지만, 그도 망하고, 조금 뒤에는 마지막 머리가 다시 나타날 것을 말하고 있습니다.

> 전에 있었다가 지금 없어진 짐승은 여덟째 왕이니 일곱 중에 속한 자라……(17:11).

"전에 있었다가 지금 없어진 짐승"은 덩치 그대로 보면 마치 없어진 것처럼 보이지만 아직도 여덟째 왕으로 건재하고 있고 속성상 일곱 왕과 조금도 다를 바 없다는 것입니다.

열 뿔의 비밀

마지막으로 열 뿔의 비밀을 들어 보십시오.

> 네가 보던 열 뿔은 열 왕이니 아직 나라를 얻지 못하였으나 다만 짐승과 더불어 임금처럼 한동안 권세를 받으리라(17:12).

열 뿔은 열 왕을 가리킨다고 밝힙니다. 그래서 20세기에 유럽 공동체가 태동할 때 사람들이 얼마나 나라들을 헤아렸는지 모릅니다. 하지만 이미 열 개를 넘어섰는데 아무 일이 없습니다. 그래서 이제 말을 바꾸어 그중에 곧 탈퇴할 나라가 나올 것이라며, 그 열 개가 계시록이 말하는 열 뿔이라고 이야기하기를 좋아합니다. 계시록을 이렇게 보는 것은 사람들의 호기심을 자극할 수 있겠지만, 우리의 영적인 삶에는 아무런 유익이 없습니다. 멸망으로 치닫는 데만 도움이 될 뿐입니다. 그런 이야기에 귀를 기울이면 끝없는 나락 속으로, 미궁 속으로 빠져들 것입니다.

유럽 공동체 열 나라를 가지고 왈가왈부하기보다는 차라리 여러분의 손을 한번 바라보십시오. 한번 세어 보십시오. 고대인에게 열이라는 숫자는 만수였습니다. 꽉 찬 숫자였습니다. 우리가 손가락이 다섯 개인 손 둘을 가지고 있기 때문에 십진법을 발달시킨 것 아닙니까? 그러니까 이 열 나라는 이 나라, 저 나라 해서 열 나라가 아닙니다. 마지막에 나타날 세상에 있는 모든 나라를 가리켜 "열 뿔"이라고 하는 것입니다. 그러므로 열 왕은 열 개의 나라라기보다는 세계 모든 문화와 나라 속에서 일어날 인류의 마지막 나라들을 가리키고 있습니다. 이 마지막 제국은 성격상 적그리스도이고, 타락한 세상의 집합체일 것입니다.

다르게 표현하면 마지막 날에 동방에서부터 오는, 그리스도를 대적하는 왕들에 해당하는 사람들입니다. 또 계시록 뒤편에서 온 천하 임금들이라는 표현을 찾아볼 수 있습니다. 뭇 사람들을 지배하는 세상의 권력자들을 가리키고 있습니다만 그들 역시 신속하게 지나갈 것입니다.

이는 반복해서 강조하는 진리 아닙니까? 무슨 말이 반복되는지 줄을 그어 가면서 보십시오. 분명히 반복되는 말들이 있습니다. 그 반복되는 말들이야말로 강조하고 싶은 메시지입니다.

그러나 한동안만

열 왕이 장차 받을 권세 역시 잠시 동안만 누리게 될 것을 말하고 있습니다. 계시록에서는 "천이백육십 일"에 대해서 말합니다. 또 "마흔두 달"에 대해서 말하기도 하고, "한 때와 두 때와 반 때", 연수에 대해서 말하기도 합니다. 그렇게 말하다가 지금 여기서는 '시간'을 이야기하고 있습니다. 열 왕이 다스릴 그때는 '한동안'이라고 합니다. 문자적으로는 '한 시간에 지나지 않는다'는 것입니다. 날, 주, 달, 햇수를 말하다가 한 시간이라고 말하는 것은 그 열 왕이 기승을 부릴 그때는 대조적으로 아주 짧을 것을 의미합니다.

그들이 아직 나라를 얻지 못했다고 규명함으로써 장차 나타날 최후의 적그리스도인 왕국과 그 권력들을 의미하고 있습니다. 그들 역시 짐승들과 더불어 권력을 누릴 것을 말씀함으로써 그 소속과 성격이 어떠할지를 보여 주고 있습니다.

사랑하는 성도 여러분, 여러분은 역사를 어떻게 보십니까? 세월이 지나면 역사가 조금 더 선해질 것이라고 생각하십니까? 다음 정권이 더 공의로워질 것이라고 생각하십니까? 어리석은 기대를 걸고 살아서는 안 됩니다. 우리는 계시록 말씀에 귀를 기울여야 합니다. 마지막에 나타날 열 왕도 짐승과 더불어 왕권을 행사하는 나라들이라고 말하고 있습니다. 마지막까지 이 땅에 세워질 어떤 나라도 결코 의가 보금자리를 트는 나라가 되지 못할 것입니다. 마지막에 등장하는 그 나라들 역시 짐승으로 더불어 임금처럼 권세를 휘두르는 나라라고 말씀하고 있습니다. 다행히도 그 통치 기간이 매우 짧은 한 시간에 지나지 않을 것이라는 사실이 우리에게 그나마 위로를 주는 것입니다.

세상은 결코 변하지 아니할 것입니다. 불의한 세상은 결코 변하지 않을 것입니다. 세상은 오히려 더 악해질 것입니다. 하지만 그 기간은 짧을 것입니다. 우리는 여기서 다시 한 번 성도들을 위로하고자 하는 요한의 의도를 파악할 수 있어야 합니다.

역사의 마지막에 등장할 나라 역시 야수적인 나라입니다. 한 정부가 지나가고 또 다른 정부가 수립되고 그 정부가 또 다른 정부로 이양되고 그 정부가 또 다른 정부로 또 바뀌어도 세상 나라의 본질은 바뀌지 않습니다. 정부마다 내세우는 구호는 달라지지만 실상은 전혀 변하지 않을 것입니다. 엄청난 교만과 권력을 구사할 것입니다. 그러나 그들의 득세는 잠깐일 거라고 말합니다. 그들은 유한하고 일시적일 거라고 말합니다. 한시적인 권한을 행사할 뿐이라고 말합니다.

일곱 머리와 열 뿔을 가진 짐승에 대한 설명이 우리에게 어떤 메시지를 전해 줍니까? 그 짐승의 출처와 결국을 말해 줌으로 성도들을 위로합니다. "너희를 삼킬 듯이 설치고 있지만 결국 멸망으로 들어갈 자다. 조금도 용기를 잃지 마라. 다섯은 이미 망했고 하나는 지금 있고 마지막 것은 곧 올 것이다. 이제 때가 다 되었다. 열 왕이 권세를 갖게 되면 반드시 한 시간 동안만 계속될 것이다"라고 하십니다. 무슨 이야기입니까? "조금만 더 기다려라. 조금만 더 참고 기다리면, 신앙의 정조를 지키고 기다리면, 그리스도의 나라가 될 것"이라고 말씀하고 있습니다. 세상 나라가 그리스도의 나라가 될 것이니 조금만 더 견디라는 메시지를 이 본문이 동일하게 해주고 있습니다.

사랑하는 성도 여러분, 이 단순하고 엄숙한 진리를 지금껏 사람들이 얼마나 비틀어 왔는지 모릅니다. 지혜롭게 접근해야 할 자리에 항상 어리석음으로 접근했습니다. 그렇게 접근하면 세상의 나쁜 통치자치고 여기 열뿔에, 일곱 머리에 해당하지 않는 사람이 없습니다. 나폴레옹, 히틀러 중 아무나 갖다가 줄긋기를 하는 것입니다. 그것은 바른 해석 방법이 아닙니다. 우리는 계시록이 말하려 하는 요지를 붙잡아야 합니다. 그는 무저갱에서 나왔다가 영원한 불 못으로 멸망할 자입니다.

세상 역사는 닷새가 지나갔고 이제는 잠깐 있지만, 마지막 날 하루가 온다는 것입니다. 이제 우리는 인류 역사의 마지막 때를 살고 있다는 것입니다. 그리고 그 마지막 순간은 지금까지 있었던 날들에 비해 성격상 하루지만 그 기간은 잠깐일 것을 강조하고 있습니다. 그래서 "잠시 잠깐 후면 오실 이가 오시리니 지체하지 아니하시리라"(히 10:37)라는 동일한 메시지를 우리에게 전하고 있습니다.

Revelation

요한계시록 17장 12-14절

12 네가 보던 열 뿔은 열 왕이니 아직 나라를 얻지 못하였으나 다만 짐승과 더불
어 임금처럼 한동안 권세를 받으리라 13 그들이 한뜻을 가지고 자기의 능력과
권세를 짐승에게 주더라 14 그들이 어린양과 더불어 싸우려니와 어린양은 만
주의 주시요 만왕의 왕이시므로 그들을 이기실 터이요 또 그와 함께 있는 자들
곧 부르심을 받고 택하심을 받은 진실한 자들도 이기리로다

26

짐승의 활동

그리스도 안에서 사랑하는 성도 여러분! 본문은 앞서 살펴본 말씀의 계속입니다. 계속되는 '일곱 머리와 열 뿔 가진 짐승의 비밀'입니다. 특히 '열 뿔 가진 짐승'의 마지막 활동을 들려줍니다. 열 뿔 가진 짐승의 두 가지 두드러진 활동이 그의 정체를 분명하게 드러냅니다. 그는 한뜻으로 어린양을 대항할 것입니다. 그는 또한 한뜻으로 음녀를 미워할 것입니다. 상반된 두 활동에 자신을 쏟아붓지만 오히려 그 정체가 폭로될 것입니다.

사랑하는 성도 여러분, 우리는 왜 이 짐승의 정체를 파악해야 합니까? 일곱 머리와 열 뿔 달린 짐승은 바로 우리가 싸워야 할 대적이기 때문입니다. 우리가 싸움에서 이기려면 반드시 적을 알아야 합니다. 신앙의 싸움에서 승리자로 남기 위해서는 적의 정체를 바로 파악해야 합니다.

여러분은 혹시 일곱 머리와 열 뿔 가진 짐승을 만나 보신 적이 있습니까? 신앙생활 가운데서 그를 맞닥뜨려 보신 적이 있습니까? 그는 일곱 머리를 가지고 있습니다. 그는 매우 간교합니다. 인간의 지능을 뛰어넘습니다. 하나님의 지혜가 아니면 그를 도저히 이겨 낼 수 없습니다. 또한 그는 열 뿔을 가지고 있습니다. 매우 큰 힘이 있습니다. 혈과 육으로 감당할 수 있는 존재가 아닙니다. 전능하신 하나님의 힘으로만 이겨 낼 수 있습니다. 주 안에서와 그분의 힘의 능력으로 강건해질 때 비로소 승리를 기약할 수 있습니다. 여러분은 이런 일곱 머리와 열 뿔 가진 짐승을 의식하면서 살아가고 있습니까?

그 짐승은 바로 그 당시 성도들을 박해하던 자입니다. 또한 오늘 우리를 위협하고 있는 자입니다. 한날 우리가 맞닥뜨려 최후 결전을 해야 할 당사자입니다. 계속되는 천사의 설명에 단순한 호기심만 가지고 귀를 기울이지 마십시오. 그 박해와 유혹을 이겨 내기 위해 우리는 대적의 정체를 반드시 규명해야 합니다.

열 뿔의 활동

우선 말세에 보이는 그의 첫 활동을 보십시오.

> 네가 보던 열 뿔은 열 왕이니 아직 나라를 얻지 못하였으나 다만 짐승과 더불어 임금처럼 한동안 권세를 받으리라 그들이 한뜻을 가지고 자기의 능력과 권세를 짐승에게 주더라 그들이 어린양으로 더불어 싸우려니와 어린양은 만주의 주시요 만왕의 왕이시므로 그들을 이기실 터이요 또 그와 함께 있는 자들 곧 부르심을 받고 택하심을 받은 진실한 자들도 이기리로다(17:12-14).

짐승의 열 뿔은 말세에 나타날 열 왕에 대한 설명의 계속입니다. 열 왕은 스스로는 큰 의미가 없는 존재로 등장하고 있습니다. 본문에서는 오히려 짐승의 동맹자로 그 의미를 부여하고 있습니다. 그들은 자신의 목적을 추구하지 않고 오히려 한뜻으로 짐승을 섬기고 있습니다. 그리고 열 왕은 능력과 권세를 짐승에게 돌리고 있습니다. 바꾸어 말하면, 짐승은 열 왕의 능력과 권세를 넘겨받습니다. 짐승은 바로 열 왕의 권력 집합체인 것입니다. 또 짐승은 열 왕이 숭배하고 경배하는 대상입니다. 오직 한뜻으로 열 왕은 짐승을 경배하고 있습니다.

> 누가 이 짐승과 같으냐 누가 능히 이와 더불어 싸우리요……(13:4).

마치 구속받은 성도들의 찬양을 흉내 내는 듯합니다.

> 여호와여 신 중에 주와 같은 자가 누구니이까 주와 같이 거룩함으로 영광스러우며 찬송할 만한 위엄이 있으며 기이한 일을 행하는 자가 누구니이까(출 15:11).

홍해를 건넌 이스라엘이 노래한 찬양을 흉내 내어 짐승 찬가를 부르고 있습니다. "대개 나라와 권세와 영광이 아버지께 영원히 있습니다"라는 우리의 기도를 흉내 내어 그들은 그 능력과 권세와 나라를 짐승에게 돌리고 있습니다. 열 왕의 통치권 이양은 최후 결전을 위한 준비 과정입니다. 열 왕은 지금 그 싸움을 효율적으로 하기 위해 자기들의 권세를 짐승에게 돌리고 있습니다.

이 싸움의 상세한 기술은 19장 17절 이하에 나올 것입니다. 마지막 싸움은 그리스도의 재림 때 결판날 것입니다. 그러나 지금 천사는 그 일을 압축해서 미리 들려주고 있습니다. 지금 박해받고 있는 성도들을 위해서 앞당겨 승리의 기쁨을 맛보게 해줍니다.

> 그들이 어린양과 더불어 싸우려니와 어린양은 만주의 주시요 만왕의 왕이시므로 그들을 이기실 터이요 또 그와 함께 있는 자들 곧 부르심을 받고 택하심을 받은 진실한 자들도 이기리로다(17:14).

열 왕이 한뜻으로 뭉치는 것은 어린양의 최후 결전을 준비하기 위함입니다. 그러나 그것은 헛된 노력에 불과합니다. 한뜻으로 뭉쳐 공격하지만 승리는 일방적입니다. 어린양과 그의 백성의 것입니다. "이기실 터이요 …… 이기리로다"라고 반복해서 선언하고 있습니다. 어린양이 그들을 이기실 것입니다. 또 어린양과 함께 있는 자는 그들을 이길 것입니다. 그들은 어리석게도 승부가 분명한 싸움을 걸어오고 있습니다. 적그리스도와 그 동맹자들은 한마음으로 어린양을 대적합니다.

사랑하는 성도 여러분, 어린양과 더불어 싸우는 이 싸움을 우리는 어떻게 이해해야 합니까? 어린양과 무시무시한 짐승의 싸움은 마치 이미 결판난 것처럼 보입니다. 어린양이 그 무시무시한 짐승을 도무지 상대하지 못할 것처럼 느껴집니다. 어린양과 일곱 머리와 열 뿔 가진 짐승의 싸움의 결과는 시작하기 전부터 뻔해 보입니다. 그러나 우리의 예상을 뒤엎고 죽임당한 어린양이 승리하고 있습니다. 흉측스러운 짐승이 여지없이 패하고 맙니다. 13장 7절은 어린양과 더불어 싸우는 이 싸움을 짐승과 성도들의 싸움으로 묘사하고 있습니다. 그 구절에서 짐승이 어린양과 더불어 싸운다는 것은 짐승이 어린양을 따르는 자들을 박해하는 것을 말합니다. 어린양을 따르는 자들을 압박하고 죽이는 것을 말하고 있습니다.

> 또 권세를 받아 성도들과 싸워 이기게 되고 각 족속과 백성과 방언과 나

라를 다스리는 권세를 받으니(13:7).

이 기록을 보면 짐승이 승리하는 듯이 보입니다. 성도들을 이기고 열방을 다스리는 자로 등장하고 있습니다. 그 여자가 온 족속과 백성과 방언과 나라를 지배하는 듯 보입니다. 그러나 그의 권세는 주어진 권세입니다. "권세를 받아", "권세를 받으니"라고 기술하고 있습니다. 열 왕의 권세는 짐승에 의해서, 짐승은 용에 의해서 움직여지는 것처럼 보이지만 최후 통제는 전능하신 하나님이 하십니다. 이는 계시록이 반복해서 알려 주고 있는 주제입니다. 정해진 창조주의 뜻은 거스를 수 없습니다. 창조주 하나님의 뜻을 궁극적으로 이루기 위해서 역사는 진행되고 있습니다.

짐승의 입을 통한 싸움

열 왕의 권세와 능력을 넘겨받은 짐승이 어떻게 어린양과 또 그와 함께 있는 성도들과 더불어 싸웁니까? 싸움의 양상은 어떻게 나타납니까? 본문은 압축되어서 그 면에 대해 구체적으로 언급하지 않고 있습니다. 그러나 13장 6절을 보면 그 싸움이 짐승의 입을 통한 싸움인 것을 알 수 있습니다.

> 짐승이 입을 벌려 하나님을 향하여 비방하되 그의 이름과 그의 장막 곧 하늘에 사는 자들을 비방하더라.

이 싸움은 하나님의 이름을 비방하는 모습으로 나타납니다. 이 싸움은 하나님의 장막인 하늘에 거하는 자, 즉 하나님의 백성을 훼방하는 형태로 나타나는 싸움입니다. 짐승은 어린양을 따르는 자들을 무자비하게 박해합니다. 억압과 폭력을 사용하기도 합니다. 그러나 그것은 그가 사용하는 전술의 전부가 아닙니다. 짐승은 때로 거짓으로, 때로 교묘한 선전으로 하나님의 백성을 교란하려 듭니다.

> 또 내가 보매 개구리 같은 세 더러운 영이 용의 입과 짐승의 입과 거짓 선지자의 입에서 나오니(16:13).

용의 입에서 나오는 것도 개구리 모양이고, 짐승의 입에서 기어 나오는 것도 개구리 모양이고, 거짓 선지자의 입에서 나오는 것도 개구리 모양의 더러운 영이라고 말하고 있습니다. 그래서 그들은 오뉴월 밤에 울어대는 개구리처럼 떠들어대는 것입니다. 끊임없는 선전으로 하나님의 백성을 미혹하려 하고 있습니다.

오늘날 매스컴은 그 어느 때보다 사탄의 도구로 전락했습니다. 대중 매체를 통해서 선전 공략과 책동을 획책하고 있습니다. 사탄은 신문과 잡지를 손안에 넣으려 하고 있습니다. 방송과 영화를 그 수중에 장악하려 하고 있습니다. 그래서 온갖 모략과 거짓으로 하나님의 백성을 세뇌하고 있습니다. 연속극에서도 이런 사탄의 책략은 나타납니다. 어쭙잖은 교인들을 신자의 표상으로 등장시키는 것입니다. 연속극에 나오는 예수 믿는 사람은 교회에서 존경받는 사람이 아닙니다. 그저 왔다 갔다 하는 사람일 뿐입니다. 연속극에서는 세상에서 손가락질당하는 사람을 그리스도인의 표상인 양 등장시킵니다. 그래서 예수 믿는 사람의 모습이 그런 양 획책하고 있는 것입니다. 예수 믿는 사람이 모두 그런 식으로 살아가는 것처럼 이미지를 떨어뜨리고 있습니다. 이런 것이 사탄의 술책입니다.

그뿐 아니라 어린양이 영원한 하나님의 아들 됨을 부인합니다. 그분의 성육과 무흠한 삶을 트집하고 있습니다. 미디어를 통해 아주 교묘하고도 설득력 있게, 그리스도는 다만 보통 사람에 지나지 아니했다고 우리를 유혹합니다. 그분의 구속의 죽음과 부활과 승천을 불신하게 만들고 있습니다. 그분이 영화롭게 되심과, 그 결과로 주시는 성령의 능력을 의심하게 만들고 있습니다. 인류의 유일하신 구주로서의 예수의 능력을 떨어뜨리기 위해서 사탄이 대중 매체 전부를 손아귀에 장악하는 시대입니다.

하지만 진리에 대한 그들의 공격은 결코 승리하지 못할 것입니다. 그들은 진리를 공격할 수 있지만, 진리를 바꿀 수는 없습니다. 진리는 공격당할 수 있지만, 변질하지 않습니다. 그들은 어린양과 더불어 싸울 수 있습니다. 그러나 그들의 공격은 어린양의 생명을 위협할 수가 없습니다.

보십시오. 그들이 그분을 이기는 대신 그분이 그들을 이기고 있습니다. 그 이유는 단순합니다. 어린양이 만주의 주시요 만왕의 왕이시기 때문입니다. 어린양의 권세는 절대적입니다. 그분의 왕권은 불변합니다. 그러므로 그들의 파멸은 필연적입니다. 짐승과 그 동맹자의 패망은 불가피합니다. 예수님은 승리자이십니다. 그분은 십자가로 승리하셨습니다. 십자가는 무력한 어린양의 패배의 상징이 아닙니다. 십자가는 하나님의 무한한 지혜의 승리를 나타냅니다. 하나님은 우리에게 불리한 모든 기록을 십자가와 함께 도말하셨습니다. 그 모든 것을 십자가에 못 박아 우리 가운데서 없애 버리셨습니다. 십자가로 모든 통치자와 권력자의 무장을 해제해 버리셨습니다. 세상의 모든 통치자와 세상의 권력자들을 그리스도의 개선 행진의 포로로 삼고 있습니다. 주님은 십자가의 승리를 통해 이미 짐승과 그 동맹자들을 사람의 구경거리로 만드셨습니다. 이제 그리스도는 모든 통치와 권세의 머리이십니다.

> 그들이 어린양과 더불어 싸우려니와 어린양은 만주의 주시요 만왕의 왕이시므로 그들을 이기실 터이요……(17:14).

어린양의 승리

사랑하는 성도 여러분, 우리를 암흑의 권세에서 건져 내신 그분을 찬양합시다. 사랑하는 아들의 나라, 빛의 영역으로 옮기신 이를 노래합시다. 예수님은 승리자이십니다. 악의 권세를 무력하게 하셨습니다. 그 권세 아래 있는 자들이 속속 구출되고 있습니다.

우리가 드리는 찬양과 감사는 지옥 권세를 흔들고도 남습니다. 짐승과 그 동맹자들의 패배는 불가피합니다. 지옥 권세를 조금도 두려워하지 마십시오. 예수님은 승리자이십니다. 우리의 구주 어린양께서는 죽음을 이기고 승리하셨습니다. 어린양은 만주의 주시요, 만왕의 왕이십니다. 어린양의 승리는 불변의 진리입니다. 어린양은 그들을 이기셨고, 한뜻으로 달려드는 그들을 이기셨습니다. 어린양의 결정적인 승리의 자리가 십자가입니다. 그분은 결정적인 승리를 이루셨고, 지금도 계속적인 승리를 거두고 계시며, 궁극적인 승리를 확보하셨습니다. 이미 성도들은 "십자가 십자가 무한 영광일세 요단강을 건넌 후 무한 영광일세"라고 찬양하고 있습니다. 십자가는 요단강을 건넌 다음에도 성도들의 무한한 영광의 상징이 될 것입니다.

동시에 십자가는 요단강 이편의 성도들에게 무한한 권능의 상징입니다. 요단강 이편에 선 성도들에게 무한한 권능이 되고 있습니다. 어린양 예수님은 지금 승리자이십니다. 그분의 십자가는 오늘 우리의 삶에 능력을 부여합니다. 죄가 우리를 옭아맬 때 그리스도의 십자가를 기억하십시오. 죄로 우리의 양심이 괴로울 때 그리스도의 십자가를 믿으십시오. 우리는 십자가 사건 이후부터 자기 죄로 망하지 않습니다. 사람이 죽음이나 형벌을 받는 것은 그 죄 때문이 아니라 불신 때문입니다. 죄에 대한 하나님의 용서의 십자가를 불신한 결과, 사람은 멸망을 받습니다. 사람은 결코 자기 죄로 죽지 않습니다. 죄 용서를 불신하기 때문에 죽음의 자리에 떨어집니다.

사랑하는 성도 여러분, 죄책감이 양심을 엄습해 올 때 그리스도의 십자가 죽음을 앙모하십시오. 그리스도의 십자가의 피가 우리의 양심을 깨끗하게 하실 것입니다. 그분이 십자가에서 우리 죄를 대신해서 피를 흘리셨습니다. 그리스도의 십자가의 피는 사람이 지은 모든 죄를 용서하기에 능하십니다. 그 십자가의 피는 어떠한 사람의 죄도 도말할 수 있습니다. 모든 불리한 조항들을 지워 버리고 도말하셨습니다. 어린양의 십자가를 믿으십시오. 십자가의 어린양을 신뢰하십시오. 세상 죄를 지고 가신 하나님의 어린양이 우리 죄를 감당하셨습니다. 죄 없는 분이 못 박히신 것은 죄 있는 우리를 대신한 것입니다. 흠도 없고 점도 없는 어린양 같은 그리스도의 보배로운 피가 우리를 짐승의 권세에서 해방하셨습니다. 어린양 예수의 피가 영원한 사죄의 평안을 우리 마음에 허락하십니다.

우리는 그날 이후에 거룩한 하나님 어린양 예수의 피로 속죄함을 얻습니다. 그 피가 우리를 짐승의 권세로부터 벗어나게 했습니다. 지금부터 영원토록 두려움 없이 하나님을 섬길 수 있는 자유의 나라로 인도하셨습니다. 사는 동안 받는 모든 은혜의 원천이 어린양의 십자가에 있습니다. 십자가의 예수는 승리자이십니다.

그분의 옷자락에 쓰인 글을 읽어 보십시오. "그 옷과 그 다리에 이름을 쓴 것이 있으니"(19:16)라고 성경은 말하고 있습니다. "만왕의 왕, 만주의 주"라고 기록되어 있습니다. 만왕의 왕 예수를 찬송합시다. 만주의 주 어린양을 노래합시다. 예수는 승리자이십니다.

승리의 축복에 함께

그런데 본문은 어린양 예수만을 승리자로 소개하지 않습니다. 예수님은 홀로 승리자로 서 계시지 않습니다. "또 그와 함께 있는 자들 곧 부르심을 받고 택하심을 받은 진실한 자들도 이기리로다"(17:14)라고 선언하고 있습니다. 어린양과 함께 있는 자들 역시 승리자입니다. 어린양이 어디로 가시든 따라가는 자 역시 승리의 축복에 참여할 것입니다.

사랑하는 성도 여러분, 우리는 승리자입니다. 우리의 위상을 바로 인식해야 합니다. 건전한 자기 자아상을 가져야만 싸움에서 승리할 수 있습니다. 우리는 이미 승리자입니다. 어린양의 승리의 동참자로 부름받은 자입니다.

우리는 이미 여기서 승리의 새 노래를 노래하는 자입니다. 우리는 시간마다 부르는 찬양의 의미를 바로 알아야 합니다. 그때 찬양이 새로워질 것입니다. 그때 힘차게 노래하게 될 것입니다. 참 즐거운 노래를 늘 높이 부르면서 이 세상을 사는 동안에 찬양하게 될 것입니다. 우리 영혼을 구원하신 주님을 찬양하는 일에 함께하십시오. 참 즐거운 노래를 늘 높이 부르면서 만왕의 왕 되신 주, 그리스도를 함께 찬양하십시오. 지금부터 승리의 노래를 함께 부릅시다. 우리 모두 영원토록 구원의 주님을 함께 찬양할 자들입니다. "어린양은 만주의 주시요 만왕의 왕이시므로 그들을 이기실 터이요 또 그와 함께 있는 자들 곧 부르심을 받고 택하심을 받은 진실한 자들도 이기리로다"라고 선언하고 있습니다.

우리는 어떻게 어린양의 승리에 동참할 수 있습니까? 우리를 위해 어린양이 싸우는 싸움을 뒤에서 뒷짐 지고 구경만 하고 있을 것입니까? 다른 군사들은 새벽부터 나와 싸우고 있는데 예배 시간에 나오는 것조차도 힘들어하고 미적대고 있을 것입니까? '다른 사람이 어찌하든지 나는 십자가의 군사로서 함께 싸워야겠다'는 각오를 다져야 할 때가 아닙니까? 이제 마지막 결전을 하는 시대에 돌입하고 있습니다. 우리는 사탄이 대중 매체를 전부 손아귀에 넣어서 총력전을 해오는 시대에 살고 있습니다.

하나님의 말씀을 읽고 그 말씀을 암송하고 묵상하지 않으면 여지없이 당할 수밖에 없는 엄청난 물결이 우리를 엄습해 오고 있는 시대에 지금 살고 있습니다. 우리는 어린양과 더불어서 어떻게 이 싸움을 싸워야 하겠습니까? 우리는 그분과 함께 싸우는 군사들입니다. 하나님의 어린양이 우리를 위해 십자가에서 결정적인 싸움을 싸우셨습니다.

전세는 이미 확정되었습니다. 예수님은 부활하셨습니다. 어린양은 하나님 보좌 우편에 앉으셨습니다. 승리자로 등극하셨습니다. 그러나 잔당 소탕전이 우리를 기다리고 있습니다. 거기가 우리가 부름받은 자리입니다. 사랑하는 성도 여러분, 주님은 이미 결정적인 승리를 하셨습니다. 그의 머리가 짓이겨졌지만, 그의 몸뚱이는 아직도 꿈틀거리고 있는 시대에 우리가 살고 있습니다. 그러기에 잔당 소탕전이 우리를 부르고 있습니다.

우리는 이 부름에 참여하는 주의 군대로 우리의 신분을 인식해야 합니다. 어떤 사람들은 이미 승리하신 그 승리에만 안주합니다. 어떤 사람들은 자기가 싸우지 않으면 질 것처럼 생각하고 있습니다. 승리는 확정되었지만, 우리는 잔당 소탕전에 부름받았습니다. 그리하여 승리의 영광에 함께 참여하도록 주님은 우리를 부르고 계십니다. 남은 싸움을 위한 부름에 응답하는 성도들이 되길 바랍니다.

Revelation

요한계시록 17장 15-18절

15 또 천사가 내게 말하되 네가 본 바 음녀가 앉아 있는 물은 백성과 무리와 열
국과 방언들이니라 16 네가 본 바 이 열 뿔과 짐승은 음녀를 미워하여 망하게 하
고 벌거벗게 하고 그의 살을 먹고 불로 아주 사르리라 17 이는 하나님이 자기 뜻
대로 할 마음을 그들에게 주사 한 뜻을 이루게 하시고 그들의 나라를 그 짐승에
게 주게 하시되 하나님의 말씀이 응하기까지 하심이라 18 또 네가 본 그 여자는
땅의 왕들을 다스리는 큰 성이라 하더라

27

음녀의 비밀

그리스도 안에서 사랑하는 성도 여러분! 우리는 세상에 살지만 세상에 속한 자들이 아닙니다. 성도로서 세상을 살아가는 사람입니다. 그러므로 성도의 길에는 여러 시련이 있습니다.

요한은 지금 하늘나라를 향해서 나아가는 주의 백성을 위해서 자기가 본 환상을 전하고 있습니다. 본문에서 요한은 성도들이 겪는 어려움을 크게 두 가지로 구분하고 있습니다. 앞서 우리는 짐승의 정체를 살펴보았습니다. 여기서는 음녀의 정체를 살펴볼 차례입니다. 성도인 우리의 신앙 노정을 방해하는 어려움은 박해일 수 있습니다. 또 성도인 우리의 신앙 노정을 벗어나게 하는 유혹 역시 만만치 않은 위력을 발휘합니다. 무서운 박해가 짐승처럼 우리를 위협하며 달려들기도 할 것입니다. 달콤한 유혹이 음녀의 잔에 담긴 포도주처럼 다가오기도 할 것입니다.

요한은 17장 서두에서 큰 음녀가 받을 심판을 보이겠다고 약속했습니다.

그리고 “여자와 그가 탄 일곱 머리와 열 뿔 가진 짐승의 비밀”(17:7)을 일러 줄 것을 약속한 바 있습니다. 하지만 지금껏 요한은 여자보다 짐승에 대해 더 많은 이야기를 했습니다. 이제 요한은 17장을 마감하면서 관심을 여자에게로 돌리고 있습니다. 여자에 관한 더 특징적인 정보와 이 여자의 최후 멸망에 대해 말해 주고 있습니다. 이 여자를 멸망시킬 하나님의 방법을 공개하고 있습니다.

음녀의 영향력

그러면 천사가 공개하는 음녀의 비밀을 하나씩 살펴봅시다.

> 또 천사가 내게 말하되 네가 본 바 음녀가 앉아 있는 물은 백성과 무리와 열국과 방언들이니라(17:15).

17장 1절에서는 그 여자가 “많은 물 위에” 앉아 있다고 말하고, 본문 15절에서는 “네가 본 바 음녀가 앉아 있는 물은 백성과 무리와 열국과 방언들이니라”라고 설명하고 있습니다. ‘많은 물 위에 앉은 여자’는 음녀의 커다란 영향을 보여 줍니다. 여자의 영향은 모든 백성과 무리와 열국과 방언들에 이르고 있습니다.

앞서 이 여자에 대한 여러 묘사가 있었습니다. 1절에서는 방금 언급한 대로 “물 위에 앉은” 여자로 기술되고 있습니다. 3절에는 여자가 “붉은 빛 짐승을 탔[다]”고 묘사되어 있습니다. 또 9절에는 ‘일곱 머리 위에 앉은’ 여자로 묘사되어 있습니다. 이런 다양한 묘사는 일관성 없는 혼란스러운 기술이 아닙니다. 오히려 다양한 진리를 부각하는 수단입니다.

본문 15절은 여자가 앉아 있는 물이 “백성과 무리와 열국과 방언들”이라고 설명함으로 이 여자의 영향력을 보여 주고 있습니다. 예로부터 바벨론은 물 위의 도시로 알려져 왔습니다. 도성 바벨론을 관통하는 동시에 그 주위를 에워싸고 흐르는 유브라데 강변에 건설된 세계 제국의 수도가 바로 바벨론이었습니다. 유브라데강은 젖줄처럼 온 세계의 부를 축적하는 통로이기도 했습니다. 또한 도성 바벨론은 큰 제국답게 모여든 모든 인종의 전시장과 같았습니다. 이 젖줄을 통해 건설된 도시의 부를 함께 향유하고자 모여든 사람들에게 지대한 영향을 끼치는 도시였습니다.

요한이 살던 때에 고대 바벨론의 모습이 재현된 곳이 로마 제국의 수도 로마입니다. 로마는 '일곱 언덕의 도시'라고 불렸습니다. 많은 사람으로 이루어진 복합 문명의 수도 로마는 요한 당대의 바벨론이었습니다. 로마 문명은 그 영향이 전 세계적이어서 당대의 모든 지역에 파급되었습니다. "모든 길은 로마로 통한다"는 말은 바로 그때 상황을 말해 줍니다.

여자의 영향은 요한 당시 로마뿐 아니라 오늘 우리가 사는 세속도시까지 이릅니다. 이 세상 어디를 가도 우리는 이 여자를 만날 수 있습니다. 어느 길목에서든 주의 백성을 유혹하는 요염한 자태를 볼 수 있습니다. 서울만큼이나 뉴욕에서도 그 영향력을 발휘하고 있습니다. 도쿄, 홍콩, 런던, 파리, 어디에서든 이 여자의 영향력이 지배적입니다. 이 세상 어느 지역, 어느 민족도 이 여자의 영향력을 벗어난 곳은 없습니다.

그 영향은 전 세계적일 뿐 아니라 계층 면에서 총체적입니다. 모든 계층의 사람들이 이 여자의 영향 아래 있습니다. 높은 자, 낮은 자 할 것 없이 모든 계층의 무리가 이 여자의 영향 아래 있습니다. 하나님을 모르는 세상 사람들 중에는 여자의 영향을 벗어난 자가 없습니다. 이 여자는 온 세계 도처에서 그 모습을 나타내고 있습니다.

음녀의 정체

그래서 18절은 이 여자의 정체를 직접 밝히고 있습니다.

> 또 네가 본 그 여자는 땅의 왕들을 다스리는 큰 성이라 하더라(17:18).

앞에서는 여자가 앉은 물에 관해 설명했다면 지금은 그 여자가 "땅의 왕들을 다스리는 큰 성"이라고 설명합니다. 18절은 여자에 대해 두 가지 사실을 밝히고 있습니다. 바로 "큰 성", 큰 도시라는 것입니다. 또한 여자는 "땅의 임금들을 다스리는" 영향력을 가지고 있습니다. 음녀의 실체가 드러나고 있습니다.

요한이 환상 중에 본 이 여자는 누구입니까? 역사상 모든 큰 성을 상징하고 있습니다. 이 여자는 역사에 나타났던 모든 도시를 상징하고 있습니다. 여자는 하나님 없이 사람이 세운 문명, 그 자체입니다. 최초의 도시 바벨에 기원하여 소돔과 애굽으로 불립니다. 고대의 바벨론과 요한 당대의 로마로 대표되는 도시 문명입니다. 또한 여자는 역사적인 한 도시라기보다는 말세에 나타날 종말론적인 도시 바벨론을 상징합니다. 1세기에는 로마가 그 역할을 감당했다면 마지막 시대에는 종말론적인 바벨론이 그 역할을 할 것입니다.

세계 문명은 날로 도시화될 것입니다. 세계 문명은 갈수록 조직화될 것입니다. 고도의 조직화된 도시, 큰 성 바벨론은 모든 사람의 관심을 모을 것입니다. 옛 바벨론과 로마가 그랬듯이 큰 도시는 항상 세계적인 존재의 근원이기도 합니다. 모든 가증한 것과 음행의 더러운 것의 원천이기도 합니다. 그래서 성경은 "큰 바벨론이라, 땅의 음녀들과 가증한 것들의 어미라"(17:5)고 합니다. 모든 권력의 집결지이며 그 부의 영향으로 온 세상을 타락시키는 장본인이기도 합니다. 그 도시는 큰 권세를 가진 여자로 등장합니다. 온갖 사치와 방탕이 여자의 이름 아래 세력을 떨치고 있습니다.

하나님은 동산을 창조하셨지만 사람은 '도시'라고 부르는, 하나님 없는 문명을 만들었습니다. 하늘에서 내리는 이슬과 비를 바라보며 땀 흘려 노동하는 삶을 버리고, 세상의 온갖 보험에 자신의 안전을 내맡기며 일확천금을 노리는 투기에 인생을 거는 것이 도시인의 삶입니다. 그러므로 큰 성 바벨론을 "땅의 음녀들과 가증한 것들의 어미라"고 부릅니다. 악의 모태가 된 도시는 바벨론, 로마를 거쳐서 오늘도 번성하고 있습니다. 그런 의미에서 이 성은 결코 역사적인 한 도성만 가리키지 않습니다. 역사 속에서 하나님을 거역하는 모든 악한 조직의 모체입니다. 역사상 어느 특정 도시가 아닌 전 세계적인 영향을 끼치는 사탄의 도시 바벨론을 가리킵니다. 하나님이 창조하신 노동의 터전으로 동산과 대조를 이루는, 사람이 만든 쾌락과 소비의 장소인 모든 도시를 가리키고 있습니다.

또한 음녀는 땅의 임금들과 임금들이 다스리는 도시로서 하나님의 성 새 예루살렘과 대조를 이루고 있습니다. 온갖 유혹과 방탕의 대명사인 음녀는 언제나 순결한 헌신의 여인 그리스도의 신부와 대조를 이룹니다. 역설적으로 말하면 온 세상에 영향을 끼치는 초역사적인 실체로 큰 성 바벨론이 출현하는 것은 바로 하나님으로부터 내려올 새 예루살렘의 전주곡입니다. 세상이 점점 도시화되어 가는 것은 결국 하늘에서 내려올 신부 새 예루살렘을 위한 전주곡에 지나지 않는 것입니다.

날로 도시화되는 문명 속에서 자신의 의미를 확인하기 힘겨워하는 성도 여러분, 천사의 설명을 귀담아들으십시오. 천사는 음녀의 실체를 "네가 본 그 여자는 땅의 왕들을 다스리는 큰 성이라"며 큰 권세를 가진 자로 규정합니다. 온 세상 임금을 그 치맛자락으로 휘어잡고 있는 여자입니다.

음녀의 최후

그러나 16절은 끔찍한 장면 전환을 보여 주고 있습니다.

> 네가 본 바 이 열 뿔과 짐승은 음녀를 미워하여 망하게 하고 벌거벗게 하고 그 살을 먹고 불로 아주 사르리라(17:16).

여자가 17장 서두에 등장할 때는 "물 위에 앉은 큰 음녀"라고 소개되었습니다. 열국의 부를 축적하는 자였습니다. 또한 열 왕의 도성으로 막강한 영향력을 행사하던 자였습니다. 그러나 16절에서는 음녀의 최후를 '버림받은 여인'으로 기술하고 있습니다. 음녀는 본래 제국의 수도였습니다. 본래 짐승 위에 앉아 있었습니다. 본래 짐승의 일곱 머리에 앉아 있었습니다. 음녀 바벨론은 열 왕의 지지를 받아 한뜻으로 어린양을 대적했습니다. 도시 바벨론은 어린양을 따르는 이들을 박해하는 장소입니다. 또한 6절을 보면 성도들의 순교의 피를 요구하는 장소이기도 합니다.

> 또 내가 보매 이 여자가 성도들의 피와 예수의 증인들의 피에 취한지라…….

여자는 성도들의 피를 요구하는 자였습니다. 그런데 지금껏 열 뿔과 더불어 여자를 등에 태우고 다니던 짐승이 돌연 사랑하던 여자를 미워하고 있습니다. 그 이유는 밝히지 않습니다. 갑작스러운 반역의 음모가 구체화되고 있습니다. 느닷없이 열 뿔과 짐승은 음녀를 미워합니다. 지금 짐승의 진중에서 자중지란(自中之亂)이 일어났습니다. 스스로 무너져 내리고 있습니다. '스스로 싸우는 나라마다 망한다'는 말씀 그대로 이루어지고 있습니다. 이전에 연애하던 열기만큼 이제는 여자를 강렬하게 미워하고 있습니다. 다윗의 아들 암논의 변덕과 마찬가지로 정당한 이유가 없는 행동입니다. 한때는 다말을 사랑해서 상사병이 걸릴 만큼 열정적이다가 누이 다말을 폭행한 다음에는 끔찍이 미워한 암논의 변덕에서도 나타난 행동입니다.

악인의 특징은 변덕스러운 데 있습니다. 죽고 못 살던 관계가 어느샌가 미움의 도가니 속으로 빠져들어 갑니다. 어제만 해도 없으면 못 살겠다던 관계가 오늘 보면 견딜 수 없이 미워하는 관계로 전락해 가는 현상들을 보십시오. 한때 사랑하던 것, 그토록 심취하던 것들을 이내 싫어하고 증오하는, 변덕스러운 모습을 본 적이 있습니까? 그들이 추종하는 짐승의 특성이 표출되는 작태입니다. 아침에는 사랑하다가 해가 지기 전에 미움에 휩싸이는 사람들은 짐승의 본성을 닮은 자들입니다. 짐승의 행동에서는 그럴듯한 이유를 찾아낼 수 없습니다. 그러기에 짐승다운 것입니다. 돌발적이고 사리로는 도무지 설명할 수 없는 행동이 짐승의 특징 아닙니까? 악인의 특성은 행복한 형제의 만남이 아닙니다. 오순도순 정담을 나누기 위해서 서로 만나 시간을 보내는 것이 아닙니다. 명절이 되어서 만나도 마찬가지 아닙니까? 질시하고 미워하며 상호 파멸로 치닫습니다. 서로를 세워 주는 한마디 말보다는 깊은 곳에 상처를 내는 말을 내뱉습니다. 상호 파멸로 귀결되는 미움으로 치닫게 됩니다.

우리는 짐승 대신 어린양을 따르는 자입니다. 서로 세우는 사랑의 말을 하는 훈련을 해야만 합니다. 하나님의 공동체는 하나님의 백성이 하나님의 백성답게 훈련되는 장소입니다. 얼굴을 대하는 사람 사이에서 서로 세워 주고 격려하는 말을 나누는 연습을 해야만 합니다. 세상을 살 때도 우리가 서로를 돌보면서 세우는, 어린양을 따르는 백성인 것을 세상 가운데 보여 주어야만 합니다. 증오하고 시기하고 미워하는 세상 가운데서 사랑하고 아끼며 나누는 공동체가 있다는 것을 보여 주어야 합니다.

주일마다 대하는 형제 자매는 주님이 우리를 위해서 보내신 사람들입니다. 우리가 같은 공동체에서 만난 것은 서로 섬기도록 하기 위해서입니다. 자기 이익을 위해서, 영적인 욕구를 채우기 위해서, 내 유익만 얻기 위해서 모였다가 사라지는 무리의 만남의 장이 결코 아닙니다. 교회는 신앙의 공동체입니다. 서로 사랑하기 위해 만난 사람들입니다. 사랑하기에 서로 관심을 가지기로 작정하고 만난 사람들입니다. 또 어려움에 함께 서기로 서원하고 만난 사람들의 모임입니다. "형제가 서로 사랑하는 것이 어찌 그리 선하고 아름다운가?"(시 133:1 참조) 하는 시가 이루어지는 곳이 신앙 공동체여야 합니다. 성도가 서로 교제하는 곳에서는 어린양 예수가 왕이신 나라의 특성이 드러나야만 합니다.

보십시오. 짐승 제국의 특성을! 이 자중지란을! 그들은 한때 끔찍이 여기던 사이입니다. 짐승은 항상 여자를 등에 태우고 다녔습니다. 일곱 머리는 여자를 떠받치고 살았습니다. 그 여자는 땅의 임금들을 다스리는 큰 성이었습니다. 그런데 갑작스러운 모반이 일어나고 있습니다. 요한은 그 이유를 밝히지 않습니다. 다만 짐승이 이전에 연애하던 그 여자를 심히 미워하는 장면을 보여 주고 있습니다. 그 손에서 포도주를 받아 마시며 함께 뒹굴던 여자를 느닷없이 미워하고 있습니다.

미움이 어떻게 표시되고 있습니까? 버림받은 여인의 모습을 하나씩 주시해 보십시오. 그 여인은 항상 자줏빛과 붉은 빛 옷으로 단장했습니다. 금과 보석과 진주로 꾸민 여자였습니다. 그러나 그 모든 옷이 사랑하던 자들에 의해 벗겨졌습니다. 이전에 연애하던 자들에 의해서 그 모든 치장이 거두어졌습니다. 벌거벗은 수치 속에 지금은 버림당한 여자입니다. 이전에 사랑하던 자들에게 받는 미움이기에 배신과 모욕이 이 여자를 극도로 지배하고 있을 것입니다. 굶주린 야수의 본능처럼 짐승은 여자의 살을 먹고 있습니다. 음녀가 부어 주는 잔의 향락에 빠져 있던 이 사람들이 이제는 그 술잔을 싫어하고 그 술에 구토를 느끼고 있습니다. 여자가 제공하던 사치와 방탕에 파묻혀 살던 자들이 환각 속에서 깨어난 듯이 여자를 미워하고 마약에 취한 듯이 여자의 살을 삼키는 짐승으로 변하고 있습니다.

폭군이 폭군을 불러오고 백성이 백성을 삼키는 이런 분란이 극도에 달한 말세의 현상입니다. 말세는 온갖 이익이 난무하는 시대입니다. 온갖 이익이 서로 충돌하는 시대입니다. 집단 이기가 극에 달하는 것이 말세의 한 특징입니다. 전쟁과 전쟁의 소문을 들을 뿐만 아니라 난리와 난리의 소문을 들을 것입니다. 그뿐 아니라 날이 갈수록 사람과 사람이, 무리와 무리가 자기 이익 때문에 들고일어나서 반목하는 것을 보게 될 것입니다.

> 이 열 뿔과 짐승은 음녀를 미워하여 망하게 하고 벌거벗게 하고 그 살을 먹고 불로 아주 사르리라(17:16).

도시는 언제나 결국 그 주민에 의해서 황폐해졌습니다. 로마의 사치와 방탕에 빠져 살던 자가 로마를 불로 태웠듯이 음녀의 운명은 그의 손에서 잔을 받아 마시는 자들에 의해 결판날 것입니다. 불이 그 자녀를 삼키고 그 집을 태울 것입니다. 부를 축적하고 온 세계를 호령하며 자고(自高)하던 큰 도시가 완전한 폐허와 멸망으로 치달을 것입니다. 성경은 인류 문명이 이같이 사람에 의해서 멸망할 것이라고 말합니다. 우후죽순처럼 치솟고 있는 현대 문명의 상징 같은 고층 건물들은 한순간에 내려앉게 될 것입니다.

진노하시는 창조주 하나님 앞에 두려워 떠는 지구의 몸부림을 견디지 못할 것입니다. 사람이 쌓아 올린 모든 것을 비웃듯이 무너져 내리게 할 것입니다. 세상 나라와 그 운명은 세상 사람과 그 변덕으로 결국 끝장을 볼 것입니다. 콰이강의 다리가 만든 자들에 의해 파괴되었듯이 현대 문명도 그것을 이룩했던 자들의 손에 의해 마지막 파괴의 버튼이 눌러질 것입니다.

하나님이 심판하시는 방법

여자의 모습은 피할 수 없는 인류의 운명입니다. 온 세상을 취하게 만든 여자가 하나님의 손에서 받아 마시게 될 진노의 포도주입니다. 하나님 대신 사랑받던 여자가 결국 그 사랑하던 자들에게 버림받게 될 것입니다. 왜 그렇습니까? 이것이 하나님이 심판하시는 방식이기 때문입니다. 짐승이 여자를 미워하는 의외의 반전은 여자를 심판하시는 하나님이 택하신 방법입니다. 여자의 파멸은 하나님에게서 오는 것입니다. 그러므로 피할 수 없습니다. 짐승과 열 뿔이 일치단결해서 여자를 미워하는 것마저 하나님의 뜻이 실현되는 것입니다.

도무지 있을 수 없는 일이 16절에 기술되어 있습니다. 그들은 본래 한편이었습니다. 도무지 떼려야 뗄 수 없는 한패였습니다. 그러나 지금 그들 스스로 싸움이 일어나고 있습니다.

> 이는 하나님이 자기 뜻대로 할 마음을 그들에게 주사 한뜻을 이루게 하시고 그들의 나라를 그 짐승에게 주게 하시되 하나님의 말씀이 응하기까지 하심이라(17:17).

하나님의 말씀은 하나님을 미워하는 자들에 의해서도 성취됩니다. 하나님의 뜻은 하나님을 거스른 행위 속에서도 실현됩니다. 그렇다고 '그럼 됐다, 하나님의 뜻을 거스르자'라고 생각하는 사람은 짐승의 마음을 소유한 것입니다. 사탄은 사명감을 가지고 하나님의 뜻을 거스른 자입니다. 동시에 그는 의도치 않게 하나님의 뜻을 이루는 도구이기도 합니다. 요한은 17절에서 다시 한 번 하나님이 모든 것을 다스리고 계심을 보여 주고 있습니다. 모든 역사는 하나님의 뜻을 실현하는 과정으로 의미를 가집니다. 짐승과 그 동맹자들은 의도하지 않았고 알아채지도 못합니다만, 그들이 하는 짓이 바로 하나님의 뜻을 이루고 있는 것입니다. 짐승에게 모든 권력을 이양시킨 것도 결국 하나님의 말씀을 성취하는 한 과정에 지나지 않습니다. 그들이 뜻을 한데로 모아가는 것은 바로 하나님의 뜻을 하나로 이루어가는 과정에 불과한 것입니다.

모든 역사는 하나님의 뜻을 실현하기 위해 나아갑니다. 창조하신 하나님의 뜻은 나날이 이루어져 가고 있습니다. 모든 역사는 선포된 하나님의 궁극적인 뜻을 실현하기 위해서 오늘도 숨 가쁘게 달려갑니다. 우리는 이런 관점에서 세상을 보는 눈을 가지고 있습니까? 그렇다면 "진실로 사람의 노여움은 주를 찬송하게 될 것이요"(시 76:10) 하는 시인의 고백에 우리도 함께 할 것입니다.

사랑하는 성도 여러분, 예상을 뒤엎는 일들이 종종 일어나고 있습니까? 당연한 일입니다. 우리는 마스터플랜을 만든 적이 없습니다. 우리는 그 완벽한 계획에서 작은 한 부분일 뿐입니다. 그렇기에 우리는 그 계획을 다 알지 못합니다. 우리는 뜻대로 일이 진전되지 않는 고비를 만날 것입니다. 예상을 뒤엎는 일에 부딪히더라도 놀랄 이유가 없습니다. 조금도 두려워할 이유가 없습니다. 사건의 배후마다 하나님이 계시기 때문입니다. 하나님이 모든 사건을 주관하십니다. 하나님의 뜻은 모든 사건의 배후마다 도사리고 있습니다. 하나님의 선포된 말씀이 이루어지기까지 역사는 여전히 하나님의 장중에 있습니다.

도무지 의미를 찾을 수 없는 야생마 같은 역사의 현장 속에서도 결코 낙담하지 마십시오. 오늘은 미친 말과 같이 날뛰는 것처럼 의미를 알 수 없는 소용돌이에 당면했을지라도, 거기에 우리를 향하신, 우리를 사랑하시는 하나님의 뜻이 있음을 기억해야만 합니다. 역사는 전능하신 하나님의 수중에 있습니다. 우리는 역사의 한 부분, 그 한순간만 보기 때문에 때로는 그 의미를 파악하지 못합니다. 당혹해 합니다. 어쩔 바를 알지 못합니다. 그러나 하나님의 날들이 이루어졌을 때, 그때 그 사건이 나를 왜 그토록 힘들게 했는지를 알게 될 것입니다.

모든 것은 하나님의 뜻을 실현하는 도구일 뿐

역사는 여전히 하나님의 장중에 있다는 것을 본문이 보여 주고 있습니다. 심지어 악이 서로 물고 뜯는 것마저도 하나님의 궁극적인 뜻을 실현하는 데 도구로 쓰이고 있다고 말하고 있습니다. "하나님의 말씀이 응하기까지 하심이라"(17:17)고 밝히고 있습니다. 요한은 기회가 있을 때마다 이 사실을 증거하고 있습니다. 악인들은 서로 물고 뜯는 것이 보편적인데 그들도 때로는 동맹할 때가 있다는 것입니다. 그러나 그것은 "하나님의 말씀이 응하기까지"라고 못 박습니다.

짐승은 그가 섬기던 여자를 반역할 수 있습니다. 열 뿔은 여자를 패망시킬 수 있습니다. 여자에 대한 태도가 돌변할 수 있습니다. 그러나 열 뿔과 짐승은 하나님을 반역할 수 없습니다. 그들은 결코 하나님을 모반하는 음모를 성사시킬 수 없습니다. 그들은 하나님을 결코 패퇴시킬 수 없습니다. 어떠한 세력도 지상에서 우리 아버지의 뜻을 거스를 수 없습니다. 어떠한 권력도 천상에서 우리 주 예수 그리스도의 권세를 이길 수 없습니다. 그래서 우리는 "나라와 권세와 영광이 아버지께 있습니다"라고 고백하지 않습니까?

만유의 주시요 만왕의 왕이신 어린양 외에 누가 그 보좌에 함께 앉을 수 있겠습니까? 어린양과 그 피로 구속받은 백성만이 장차 온 세상을 다스릴 것입니다. 그 역사의 실현을 향해 오늘 모든 사건이 의미를 갖는 것입니다. 한 번 반짝이고 지나가는 사건마저도 그때는 의미를 발견하게 될 것입니다. 역사 속에서 내가 당하는 고통의 의미를 다 알지 못하고 고민하는 분이 있습니까? 어떤 사건도 의미 없는 사건은 없습니다. 모든 사건은 하나님의 나라를 이루어 가는 그 역사의 진전에 일조(一助)할 뿐입니다. 역사의 정점에 도달하는 일을 위해 하잘것없는 사건부터 엄청난 특종 사건까지 각기 그 의미를 가지고 있습니다.

사랑하는 성도 여러분, 여기에 요한의 메시지가 있습니다. 짐승의 단결은 하나님의 뜻이 실현되는 과정입니다. 여자의 파멸은 하나님 뜻의 실현입니다. 모든 도시는 하나님의 심판 아래 파멸할 것입니다. 마지막 도시는 마지막으로 파멸할 것입니다. 예상치 못한 자중지란을 통해서 그 도시는 끝장을 볼 것입니다.

요한은 지금 그 일이 임박한 것을 느끼고 있는 영성의 사람입니다. 때가 단축된 것을 의식하며 살았습니다. 자신을 귀양 보내는 것 같은 불법이 이미 활동하고 있다는 것을 알고 있는 사람이었습니다. 요한은 자신이 당면하는 사건마다 때의 징조를 보고 있는 사람입니다. 동시에 그는 때로 다 알 수 없는 사건의 연속 가운데서도 궁극적인 귀결이 어떻게 될지를 내다보던 사람이었습니다. 역사는 하나님의 뜻을 실현하는 시녀에 불과합니다. 세상 권력과 세상의 유혹도 때가 이르면 그 종말을 고할 것입니다. 하나님의 모든 뜻이 완성되는 장엄한 순간이 이 시공간 속에 다가오고 있습니다.

> 이는 하나님이 자기 뜻대로 할 마음을 그들에게 주사 한뜻을 이루게 하시고 그들의 나라를 짐승에게 주게 하시되 하나님의 말씀이 응하기까지 하심이라(17:17).

하나님 말씀이 응하기까지 역사는 종착지를 향해 치달을 것입니다. 그리하여 마침내 그날 하나님의 원대한 나라가 이 땅에 이루어질 것입니다.

Revelation

요한계시록 18장 1-3절

1 이 일 후에 다른 천사가 하늘에서 내려오는 것을 보니 큰 권세를 가졌는데 그
의 영광으로 땅이 환하여지더라 2 힘찬 음성으로 외쳐 이르되 무너졌도다 무너
졌도다 큰 성 바벨론이여 귀신의 처소와 각종 더러운 영이 모이는 곳과 각종 더
럽고 가증한 새들이 모이는 곳이 되었도다 3 그 음행의 진노의 포도주로 말미
암아 만국이 무너졌으며 또 땅의 왕들이 그와 더불어 음행하였으며 땅의 상인
들도 그 사치의 세력으로 치부하였도다 하더라

28
무너졌도다, 큰 성 바벨론이여

그리스도 안에서 사랑하는 성도 여러분, 바벨론의 몰락은 예고된 적이 있습니다. 하늘을 날아가는 두 번째 천사가 선언한 바 있습니다. 다만 본문인 18장 1-3절은 같은 사실을 좀 더 상세히 기술하고 있습니다.

17장의 주제 역시 '바벨론의 파멸'이었습니다. 17장 1절에서 큰 음녀가 받을 심판을 보이기로 약속하고, 17장 16절에 "네가 본 바 이 열 뿔과 짐승이 음녀를 미워하여 망하게 하고 벌거벗게 하고 그 살을 먹고 불로 아주 사르리라"고 음녀가 받은 심판이 기술되어 있습니다. 17장 16절은 사건의 기술인 반면, 18장에는 더 상세하게 사건이 주는 느낌까지 기록되어 있습니다. 17장이 산문으로 몇 구절 기록한 것을 이어 18장 전부 할애하여 운문으로 기술하고 있습니다. 다른 표현 기법을 사용했지만 동일한 진리를 나타내고 있습니다. 앞에서는 큰 음녀 바벨론의 멸망으로 큰 성 바벨론의 멸망을 보여 주고 있습니다. 큰 음녀 바벨론의 멸망은 바로 큰 성 바벨론의 멸망과 같은 이야기입니다. 세상을 타락시키는 큰 음녀 바벨론의 최종 파멸을 큰 성읍 도시의 멸망이라는 새로운 이미지를 통해 강조하고 있습니다. 또 17장 16절은 음녀 바벨론의 멸망 과정을 기술하고 있습니다. 반면 18장에서는 큰 성 바벨론이 멸망한 결과가 어떻게 되었는지, 또 왜 멸망하게 되었는지를 밝히고 있습니다. 그런 면에서 17장에 나오는 큰 음녀에 대한 기술은 18장에 나오는 큰 성 바벨론과 분리할 수 없습니다. 17장에서는 묵시적 서술 형식의 특징인 만화 형식이 그 표현의 기조를 이루고 있는 반면, 18장에서는 옛 선지자들의 상상 기법이 동원되고 있습니다.

요한은 구약 선지자들의 멸망의 노래 형식을 빌려서 큰 성 바벨론의 비가(悲歌)를 엮어 가고 있습니다. 구약 선지자들이 바벨론의 멸망을 두고, 두로의 멸망을 두고, 니느웨의 멸망을 두고 읊던 그 멸망의 노래들을 사도 요한은 자기 환상의 근거로 삼습니다. 선지자들의 예언을 단순히 모방한 것이 아니라 자유롭게 차용하고 독창적으로 상상하고 있습니다. 종말을 예언한 많은 구약 선지자의 은유를 활용하되 단일한 메시지를 분명하게 살리고 있습니다. 선지자들의 멸망의 노래를 발췌했다고 볼 수 있지만 생동감의 극치를 살린 창의적인 표현을 여기서 읽어 볼 수 있습니다.

먼저 18장의 한 부분으로 들어가기 전에 전체를 조망할 필요가 있습니다. 18장 1-8절에는 세 가지 신탁(神託)이 통고되고 있습니다. 신탁이란 하나님(신)이 그의 뜻(말)을 사람들에게 전해 주는 것입니다. 1-3절은 '바벨론의 파멸 선언'을 통고하고 있습니다. 4절과 5절에는 '도피하라는 호소'가 포함되어 있습니다. 또 다른 음성이 하늘로부터 나와서 "내 백성아, 거기서 나오라"고 호소하고 있습니다. 끝으로 6-8절은 "갚아 주고 …… 갚아 주라"는 '보복의 외침'을 싣고 있습니다.

세 가지 신탁, 그 하나님의 말씀이 전달된 후에 이어 세 그룹의 사람들이 부르는 슬픔에 찬 노래가 기록되어 있습니다. 9절과 10절은 '땅의 임금들'

의 애가(哀歌)입니다. 11-16절은 '땅의 상인들'의 비가를 기술하고 있습니다. 그리고 17-19절은 '선장과 그 일행들'의 애가를 기록하고 있습니다. 그리고 이 슬픈 노래와 아주 대조적인 찬송이 20절에서 터져 나오고 있습니다. "하늘아 즐거워하라, 성도들아 기뻐하라"고 호소합니다.

마지막 부분은 구약 선지자들이 종종 그러했듯 행위 예언을 하고 있습니다. 상징적인 행동 계시와 그 설명이 나타나 있습니다. 어떤 때는 이스라엘이 멸망할 것을 보이시기 위해서 어떻게 망하는지, 그들이 어떻게 고생당할지를 선지자 자신이 행위로 보였습니다. 그러한 행동 계시가 마지막 부분에 나오고 있습니다. 한 번 더 같은 사실을 더 분명하게 전하기 위해서 다른 표현 기법을 사용합니다. '바벨론의 심판'이라는 단 하나의 메시지를 전하기 위해 여러 다른 방법을 동원합니다. 이런 방법은 큰 도시의 심판을 생생하게 표현하는 데 동원되고 있습니다.

큰 권세를 가진 새로운 천사의 등장

이제 18장 1절로 돌아가 봅시다.

> 이 일 후에 다른 천사가 하늘에서 내려오는 것을 보니 큰 권세를 가졌는데 그의 영광으로 땅이 환하여지더라(18:1).

천사의 등장은 심상치 않은 조짐을 보여 줍니다. 천사가 자주 등장하는 것이 계시록의 특징 중 하나입니다. 성경의 어느 책보다 천사가 자주 등장하는 책이 계시록입니다. 계시록은 우리가 평소 생각해 온 것보다도 두드러지게 천사의 역할을 나타내고 있습니다. 그 임무에 따라 천사의 배역이 달라지는 듯합니다.

본문에 나오는 천사에 대한 설명은 유난히 인상적입니다. '큰 권세를 가진 천사'라고 소개하고 있습니다. 보통 천사가 아니고 큰 권세를 가지고 있는 천사입니다. 그냥 나타난 것이 아니라 하늘에서 내려오고 있습니다. 말하자면, 하나님의 보좌로부터 파송받았다는 것을 우리에게 보여 주고 있습니다. 지금 하나님이 하실 말씀을 전하기 위해 오고 있는 천사라는 것을 우리로 하여금 느끼게 하고 있습니다. 하나님이 위엄 있는 한 천사를 파송하실 때는 무언가 중대한 말씀을 하기 위함입니다.

천사가 큰 권세를 가졌다는 것은 계시록에서 드문 표현입니다. 이 천사의 중요성을 암시하기 위해 그런 표현을 하고 있습니다. 그가 하늘에서 땅으로 내려오니까 캄캄한 밤에 전조등을 비추듯 "땅이 환하여지더라"고 표현합니다. 하늘에서 내려온 이 천사의 중요성이 그 영광으로 온 땅이 환하여진 것에서 또 한 번 확인되고 있습니다.

이 천사는 17장에 등장한 천사와는 다릅니다. 바벨론의 비밀과 짐승에 의한 도시의 멸망을 보여 준 천사는 일곱 대접을 가진 천사 중 하나였습니다. 반면 본문에 나오는 천사는 새로운 인물입니다. 새로운 인물을 등장시켜서 새로운 소식을 전하려고 합니다. 그러나 그가 누구인지는 밝혀져 있지 않습니다. 다만 부연된 설명을 통해 그가 상당히 중요한 천사라는 것을 알게 해줍니다.

그런데 왜 이 천사를 "큰 권세를 가졌는데"라고 설명할까요? 큰 권세, 큰 능력에 광채를 수반한 천사의 위대성은 바로 그가 전하는 메시지가 얼마나 중대하냐에 달려 있기 때문입니다. 바로 그가 위임받아 전할 하나님 말씀의 위대성이 그 천사의 위대성을 결정짓고 있습니다.

모든 권세와 영광으로 주님을 유혹한 사탄의 시험을 기억하십니까? 사탄은 천하만국의 영광을 순식간에 보여 주면서 그 영광으로 하나님의 아들을 유혹하려 했습니다. 세상이 주는 권세와 영광은 대단합니다. 그러나 지금 이 천사가 가지고 나타난 권세와 영광은 그보다 더 큽니다. 큰 성 바벨론과 천하만국의 권세나 영광보다 더 큰 권세와 영광을 가진 천사가 하늘에서 내려오고 있습니다.

하나님은 지금 우리에게 중대한 말씀을 전하시려고 완벽한 무대 장치를 마련하고 계십니다. 그래서 내레이터가 '큰 권세를 가진 천사'라고 말할 뿐만 아니라 그가 등장할 때에 스포트라이트를 환하게 비추어 지금 중대한 선언을 하려 한다는 것을 보여 줍니다.

영광스러운 사명

그 천사가 전하는 신탁은 바벨론의 멸망 소식입니다. 바벨론의 파멸은 바로 새 예루살렘의 도래를 위해 반드시 선행되어야 할 사건입니다. 신부 새 예루살렘이 하늘에서 내려오기 위해서 옛 도성 바벨론은 먼저 파멸되어야만 합니다. 바벨론의 멸망 통고를 통해 천사는 하나님 나라의 도래를 암시합니다. 이제 곧 하나님 나라가 태어난다는 것을 보여 주고 있습니다. 바벨론의 멸망 선고는 바로 하나님의 최종 승리의 전조입니다. 그러므로 18장 첫머리에 등장하는 천사가 큰 권세를 가졌다고 소개합니다. 동시에 그가 등장하자 그의 영광이 온 누리를 환하게 만들고 있습니다.

사랑하는 성도 여러분, 한 천사의 위대성은 그가 맡은 임무에 따라 결정됩니다. 한 사람의 위대성 역시 그가 맡은 임무에 따라 결정됩니다. 여러분은 어떤 임무를 띠고 이 땅에 태어났습니까? 어떤 사명을 가지고 세상을 살아가고 있습니까? 좋은 직장 잡아서 결혼하는 것, 그것이 여러분 삶의 궁극적인 목표입니까? 아이들 키우고 시집 장가 보내는 것이 여러분이 살아가는 삶의 유일한 목적입니까?

요한이 환상 가운데 본 천사의 임무, 그것이 바로 여러분이 수행할 임무입니다. 그리스도인은 그 종말을 대망하며 살 뿐만 아니라, 그 종말의 소식을 전하기 위해서 사는 자입니다. 하나님이 우리에게 하루의 생명을 더해 주시는 것은 삶에 종말이 있다는 것을 내가 알고 살 뿐만 아니라, 그 사실을 다른 사람들에게 전해 주기 위함입니다. 큰 성 바벨론의 멸망을 전하는 사명은 사소한 사명이 아닙니다. 우리가 세상을 살면서 수행할 그 어떤 임무보다 하나님의 눈에는 귀중한 사명입니다. 이 복음 증거를 위해서 주께서는 우리에게 하늘과 땅의 모든 권세를 위임하십니다. 큰 권세를 가지고 세상 종말 소식을 전합시다. 장차 망할 도성에 온통 정신을 빼앗겨 살아가지 않도록 사랑하는 사람들을 깨우치는 사명을 우리는 가지고 있습니다. 어디로 치닫고 있는지 모르는 문명을 보면서 불안해 하는 사람들에게 인류 문명의 종착지가 어딘지를 말해 줄 특권을 우리는 가지고 있습니다.

옛 세상은 파멸로 끝나지만 그것이 성경이 전하는 진리의 전부는 아닙니다. 우리는 "내가 만물을 새롭게 하노라"고 전하는 그분을 소개해 주어야 합니다. 우리가 전하는 그 진리로 인해 사람들의 어두운 얼굴에서 환한 빛이 발할 것입니다. 태초에 "빛이 있으라"고 명하신 그분이 다시 한 번 "내가 만물을 새롭게 하노라"고 선언하십니다. 그때는 의가 보금자리를 트는 새 하늘과 새 땅이 도래할 것입니다.

불의한 세상 속에서 억울함을 당해도 그 억울함을 하소연할 데 없이 살아가는 사람들에게 하나님의 의가 둥지를 트는 새 하늘과 새 땅이 다가오는 이 놀라운 사실을 전해 줄 영광스러운 임무를 가지고 우리는 살아가고 있습니다. 세상을 살 때 불안해 하는 영혼들이 복된 소식으로 밝아져 오는 순간이 여러분을 통해 있기를 바랍니다. 천사의 영광으로 땅이 환해지듯 여러분이 전한 진리로 인해서 사람들의 얼굴이 밝아져 오는 사역에 여러분이 쓰임 받기를 원합니다.

빛 가운데 계신 분, 빛을 옷처럼 두른 분의 임재로부터 온 천사가 나타날 때 온 누리가 그 영광으로 환해지는 것은 당연한 일입니다. 40일간 하나님을 대면한 모세의 얼굴에 나타나는 광채로 인해 이스라엘은 그를 보기를 두려워했습니다. 그렇다면 밤낮 하나님의 존전에서 하나님을 모시던 천사가 세상에 나타날 때 그 영광이 온 누리를 둘러 비쳤다는 것은 이상한 표현이 아닐 것입니다. 마찬가지로 빛의 사자들이 가는 곳마다 어둠은 사라져야 합니다. 우리가 빛의 사자의 사명을 감당하고 있다면 우리 삶의 자리에서 어둠이 사라져야만 합니다. 덮고 있는 어둠이 우리 삶을 더 이상 규정짓지 못해야만 합니다. 우리는 자신이 빛 가운데로 나아갈 뿐만 아니라 어둠 속에 있는 사람들을 빛으로 초대하는 임무를 가지고 있습니다.

세상 말세의 특징

이 천사의 등장은 하나님의 영광으로 세상을 환하게 만드는 일이 우리의 고유 사명임을 다시 한 번 일깨워 주고 있습니다. 힘센 천사의 힘센 음성으로 외치는 이 천사의 통고를 한번 들어 보십시오. 지금껏 우리는 무대 위에 천사가 등장한 배경에 대해서 이야기했을 뿐입니다. 천사가 아직 입을 열지 아니했습니다.

> 무너졌도다 무너졌도다 큰 성 바벨론이여 귀신의 처소와 각종 더러운 영이 모이는 곳과 각종 더럽고 가증한 새들이 모이는 곳이 되었도다(18:2).

저는 북한산을 자주 등반했습니다. 그래서 다행히 이 구절을 읽으며 무슨 소리인지 빨리 깨달을 수 있었습니다. 북한산에 가 보면 아주 더러운 골짜기가 있습니다. 어떤 골짜기인지 아십니까? 무당들이 푸닥거리를 한 곳입니다. 그곳은 촛불 냄새가 진하게 날 뿐 아니라 명태 썩은 냄새가 납니다. 그런 곳에는 어떤 새들이 날아드는지 아십니까? 까마귀 같은 불길한 새들이 찾아듭니다. 종달새나 꾀꼬리는 거기서 노래하지 않습니다. 귀신의 처소와 각종 더러운 영이 모이는 곳은 지나가려 하면 스산한 느낌이 듭니다. 음침하고 섬뜩한 느낌이 드는 곳입니다. 본문 2절은 "각종 더러운 영이 모이는 곳과 각종 더럽고 가증한 새들이 모이는 곳이 되었도다"라고 묘사하고 있습니다. 14장 8절보다 상세히 바벨론 파멸을 이야기하는 것만이 아니라 바벨론이 파멸한 다음에 어떤 양상이 되었는지, 어떤 모습이 되었는지를 보여 주고 있습니다.

한때 바벨론은 세상의 자랑이었습니다. 모두 소유하기를 원했습니다. 그 큰 바벨론의 몰락을 눈여겨보십시오. 몰락한 바벨론은 귀신의 처소가 되고 말았습니다. 각종 더러운 영이 들끓고, 더러운 새들이 모여드는 곳이 되고 말았습니다. 세상이 말세에 어떻게 변해 갈 것인지를 이 구절이 우리에게 보여 주고 있습니다. 인류 문명의 극치를 자랑하던 우리 시대의 문명이 어떻게 치달을지를 보여 주고 있습니다. 문화의 꽃을 피우던 공간이 우주의 쓰레기장으로 변할 것을 말해 주고 있습니다. 이것은 "지구 살리기 운동"으로 회복할 수 있는 것이 아닙니다. "국토 대청결 운동"에 사람들이 나선다고 해서 회복될 수 있는 상황도 아닙니다.

자랑하던 바벨론의 영광은 쇠퇴하고 아무도 발붙일 수 없는 곳으로 전락하고 말 것입니다. 전적인 폐허가 된 것을 보여 주는 설명을 덧붙이고 있습니다. 귀신의 처소, 각종 더러운 영이 출몰하는 곳, 각종 더럽고 가증한 새들의 집결지가 되었다고 말합니다. 이것이 황폐화된 바벨론의 모습입니다. 더 이상 사람이 머무를 곳이 아닌 폐허, 그것이 말세 문명의 특징입니다. 문명의 주모(主母) 역을 감당하던 도시 바벨론은 음산한 폐허가 되어 버린 느낌입니다. 더 이상 왕과 상인의 거주지가 아닌 것입니다.

말세의 특징은 세상이 황폐화된다는 것입니다. 온갖 귀신이 득실대는 시대가 말세의 특징입니다. 하다 못해 중학교, 초등학교 교실에서도 귀신을 불러들이는 잡스러운 장난들로 가득할 것입니다. 더러운 영의 지배는 필연적으로 더러운 문화를 산출하게 됩니다. 귀신에 의해서 지배되는 사람들은 더러운 삶의 양태를 연출할 수밖에 없습니다. 기술 문명 시대의 찬가가 귀신 출몰 시대의 공포로 변하고 말 것입니다. 그 마음에 하나님 두기를 싫어하는 인류가 받을 대가는 그들이 따르던 악한 영의 난장판으로 변하는 것입니다. 회개 촉구의 경고 메시지를 거부한 사람들은 그 심령이 황폐해지고 말 것입니다. 그 심령이 귀신들의 거처가 되고 말 것입니다. 그들이 사는 자리가 더러워질 것입니다. 그들이 사는 집들이 더러워질 것입니다. 그들이 사는 주거 지역이 쓰레기장 같아질 것입니다. 한때는 대단한 도시였습니다. 사람의 위업을 자랑하던 고층 건물이 즐비하던 도시였습니다. 그러나 장차 그곳은 귀신의 소굴이 될 것입니다. 더럽고 끔찍한 야생 짐승의 출몰지로 변할 것입니다.

천사가 힘센 소리로 외치고 있습니다. 왜 조용히 말하지 않고 외칩니까? 모든 사람이 듣도록 하기 위해서입니다. 구약 예언의 하나를 읽어 보면 당아새와 고슴도치, 부엉이와 까마귀가 득실대는 곳이 될 것이라고 합니다(사 34:11 참조). 이런 새들은 깨끗한 곳을 좋아하지 않습니다. 울음소리도 음산한 새들입니다. 황폐해진 환경을 즐겨 찾는 새들입니다.

깨끗한 자연환경보다 더러워진 자연환경을 선호하는 동식물이 무성해지는 터전, 그것이 말세의 모습입니다. 가시나무와 엉겅퀴가 자라는 옛 폐허에 이제 공해 식물인 미국 자리공이 버티고 설 것입니다. 새가 그 모이를 노리듯 악한 영이 그 먹이를 삼키려고 준비하는 세상이 되고 말 것입니다. 사람들이 지나간 자리가 더럽혀지듯 문명이 지나간 자리는 폐허가 될 것입니다. 북한산 조용한 계곡이 접신하는 자들에 의해 더럽혀지고 더러운 새들의 포식 장소로 전락하듯 장차 문명 세계 곳곳이 또 하나의 난지도가 될 것입니다. 더러운 영, 가증한 새의 출몰지로 전락할 것을 통고하고 있습니다. 그 마음에 거룩한 영이 거하지 않는 이들의 특징은 그 주변을 더럽힌다는 것입니다. 마음에 더러운 영이 거하는 이들은 가는 곳마다 환경을 더럽게 만듭니다. 앉아서 함성을 지르던 야구장이 쓰레기장으로 변하고, 그들이 놀고 간 유흥지는 쓰레기 몸살을 앓습니다.

사랑하는 성도 여러분, 우리는 그런 면에서 세상 사람들과 달라야 합니다. 우리가 공부하는 책상은 깨끗이 정리되어야 합니다. 우리가 자는 잠자리도 정리되어야만 합니다. 우리가 사는 집 안도 정리되어 있어야만 합니다. 환경을 깨끗이 하는 것은 우리가 어떤 영을 따르는 사람인지 입증하는 하나의 증표입니다.

하나님을 섬기는 사람들은 가는 곳마다 에덴 회복 운동을 하지만 하나님을 떠난 인류는 가는 곳마다 세상을 황폐한 곳으로 만듭니다. 목회하면서 사람들을 만나 봐도 마찬가지입니다. 마음에 거룩한 성령이 거하는 분들은 삶의 환경을 그렇게 두지 못합니다. 엄청 지저분한 삶을 살다가도 복음을 듣고 신앙생활을 하기 시작하면 마음이 새로워지고 삶의 환경도 바뀝니다. 우리가 어떻게 살아가고 있는지는 우리가 무엇 때문에 사는지를 보여 줄 수 있는 현장이어야 합니다. 그리스도인의 특징이 환경을 보전하고 깨끗이 유지하는 일에도 나타나야만 합니다.

바벨론 파멸의 원인

> 무너졌도다 무너졌도다 큰 성 바벨론이여 귀신의 처소와 각종 더러운 영이 모이는 곳과 각종 더럽고 가증한 새들이 모이는 곳이 되었도다(18:2).

본문은 폐허가 된 인류 문명의 종착지를 설명해 주고 있습니다. 그들은 이런 끔찍한 자리에 왜 빠져들었습니까? 그들이 지은 죄는 무엇입니까? 바벨론은 자신이 짓는 죄만으로 만족하지 않았습니다. 바벨론의 죄는 자기만 죄를 지을 뿐만 아니라 다른 사람들도 그 죄를 짓도록 충동하는 데 있습니다.

음녀가 현란하게 꾸미고 나타나는 것은 자기만족만을 위해서가 아닙니다. 값비싼 옷을 입고 온갖 보화로 치장하는 것은 자기를 자랑하는 동시에 남을 유혹하는 도구로도 쓰기 때문입니다. 앞 장에서 천사가 묘사한 음녀의 모습을 들을 때 과소평가해서는 안 됩니다. 붉은 옷, 자줏빛 옷을 입고 나타났다고 하니까 무슨 만화책에 나타난 마귀를 보듯이 생각한다면 감이 없는 것입니다. 현장감을 가지고 본문을 읽어야 합니다.

우리가 사는 골목골목에서 만날 수 있는 여자입니다. 우리의 직장에서도 만날 수 있는 여자고, 우리의 생활 속에서도 유혹할 수 있는 여자입니다. 우리는 이 여자를 어디서든 대할 수가 있습니다. 천사가 묘사를 하는 것은 그냥 듣고 넘어갈 이야기가 아닙니다. 매혹적인 모습으로 인해 넘어진 영혼이 얼마나 많은지 알고 계십니까? 오늘날에도 값비싼 옷과 진주, 금, 보석은 여전히 세상 사람들이 선망하는 표적입니다. 우리 삶의 현장, 그 사치와 매혹적인 모습 뒤에 음흉한 흉계를 가진 사탄이 도사리고 있습니다. 멋있어 보이죠? 집에서 열심히 일하는 아내보다 직장 여성이 더 아름다워 보이죠? 그러나 그것을 통해 우리 영혼을 삼키려고 하는 사탄의 마수가 뻗치고 있다는 것을 알아야 합니다.

본문은 바벨론 파멸의 원인을 음행이라고 규정하고 있습니다. 계시록에서 음행은 우상 숭배를 표현하는 특정한 용어입니다. 남편을 두고 다른 남자와 놀아나는 일이 음행이듯, 창조주를 두고 다른 신을 섬기는 것을 음행이라 부르고 있습니다. 어린양께 바쳐야 할 충성을 짐승에게 돌릴 때, 그것을 음행이라고 계시록은 규정하고 있습니다. 걸어야 할 길을 떠나서 다른 데 마음을 빼앗기는 일을 보고 음행이라고 성경은 규정하고 있습니다.

신자들이 세상을 살면서 영화롭게 해야 할 하나님 한 분을 바라보지 아니하고 엉뚱한 일에 자신을 내어 주고 사는 것이 음행입니다. 하나님을 영화롭게 하고 그분을 즐거워하는 대신, 자신을 영화롭게 하고 자기 삶을 즐기는 것이 음행이라는 말입니다. 섬겨야 할 하나님을 바로 섬기지 아니하고 엉뚱한 것을 추종하면 결과적으로 실제적인 음행까지 나아가는 것입니다. 살면서 섬겨야 할 하나님이 분명하지 않는 사람은 음행하고 있는 것입니다. 세상을 사는 목적이 무엇인지 분명하지 않은 성도도 음행하는 것입니다. 우리를 위해서 목숨을 주시기까지 사랑하신 그분이 우리 삶 속에서 섬김받아야 할 분으로 분명하게 부각되지 아니하면, 다른 사람이 아닌 우리 자신이 바로 음행하는 사람입니다. 삶을 절제하고 이웃을 돌아보는 대신 자신의 쾌락만 추구하고 사는 것도 계시록이 말하는 음행입니다. 여러분은 40세, 50세, 또 60세를 바라보기까지 어떤 삶을 살고 있습니까? 고작 자식 키우고 결혼시킨 것이 전부입니까? 여러분은 음행하는 자입니다.

우리에게 호흡을 주신 그분이 아직도 우리 삶에 소중한 분으로 나타나지 않는다면 우리 삶은 소모적인 삶인 것입니다. 나이 든 사람만이 문제가 아닙니다. 젊은 사람들도 마찬가지입니다. 한창 꿈 많을 때 살아가는 삶의 목표가 무엇인지 분명하지 아니하면 마음 깊숙한 곳에서 음행이 시작되고 있는 것입니다.

삶은 자신의 쾌락을 위해 존재하지 않습니다. 자기의 만족을 위해서 있지도 않습니다. 삶은 절제하며 이웃을 섬기는 기회여야 합니다. 하나님의 형상대로 지음받은 이들을 섬기기 위해 하나님이 내게 직장을 주셨습니다. 가정을 주셨습니다. 하나님이 내게 힘을 주시고 지혜를 주셨습니다. 직장생활에서 여러분이 움켜쥐고 있는 것은 무엇입니까? 오늘이라도 하나님이 부르시면 무엇을 가지고 하나님 앞에 서게 될지를 한번 생각해 보십시오.

사랑하는 성도 여러분, 인류 최후 문명의 몰락, 그 원인이 어디에 있습니까? 사치와 부도덕한 삶 때문입니다. 무절제한 사치와 끝 간 데 모르는 부도덕한 삶이 인류의 몰락을 불러오고 있습니다. 바벨론의 향락과 바벨론의 보화, 그것이 인류 문명의 암초입니다. 바벨론의 사치는 자만을 가져옵니다. 사치는 방종으로 치닫게 합니다. 엄청난 부로 인한 자만은 절제 없는 힘의 남용을 초래할 것입니다. 자신만 그렇게 사는 것이 아니라 사람들로 하여금 그렇게 살도록 유혹하고 있는 것입니다.

권력과 부, 사치와 쾌락은 오늘날 문명의 암인 동시에 개개인 영혼의 덫이라는 것을 기억해야만 합니다. 음행의 포도주는 하나님의 진노를 불러옵니다. 여기서 요한은 감정이 격한 나머지 우리가 단번에 알아듣기 어려운 이야기를 하고 있습니다. 음행의 진노의 포도주로 인하여 결국 하나님의 진노의 포도주 잔을 마시게 하니까, 음행의 진노의 포도주가 같은 잔인 것처럼 말하고 있습니다.

음행의 포도주는 하나님의 진노를 불러들입니다. 땅의 왕들의 음행과 땅의 상인들의 치부 수단을 조심하면서 세상을 살아가십시오. 사치와 방종을 위해 끝없는 부를 축적하는 것이 이 시대의 특징입니다. 부가 가치를 높이는 것이 마치 사업의 궁극적인 목적인 것처럼 달려가고 있습니다. 말세에는 어느 시대에서도 볼 수 없던 정경 유착이 특징을 이룰 것입니다. 소수의 사람이 부를 독점하기 위해 정치 권력까지 손아귀에 넣는 것이 이 시대의 특징입니다. 기초 의원, 지방 의원, 국회 의원 할 것 없이 재산을 공개해 보니까 그 나물에 그 밥 아닙니까? 부를 가진 사람들이 권력까지 그 손아귀에 넣고 있습니다.

문명 사회를 보십시오. 인류 역사를 한번 조명해 보십시오. 50년 전, 100년 전으로 거슬러 가 보십시오. 그때는 이렇게까지 치닫지 아니했습니다. 간혹 돈 많은 사람이 권력을 갖고 있기는 했지만 돈을 가진 사람마다 권력을 손아귀에 넣으려고 하지는 아니했습니다. 부자는 부자대로 한 그룹이 있고, 권력을 가진 사람은 그들대로 한 그룹이 존재했습니다. 재산을 탐하는 사람은 사대부 자격이 없는 것이 한국 사회에 통용되던 도덕률이었습니다. 그것이 완전히 무너져 버린 시대가 바로 오늘 우리가 살고 있는 시대입니다. 땅의 왕들이 음행의 포도주 잔에서 즐기는 시대고, 땅의 상인들이 그 쾌락이 주는 기쁨을 누리기 위해 온갖 수단으로 치부하는 시대가 오늘 시대입니다.

땅의 왕들과 땅의 상인들을 그냥 단숨에 이야기하는, 말하자면 정경 유착의 시대가 말세의 특징적인 현상일 것입니다. 그것이 바로 화려한 도성 바벨론의 멸망 원인입니다. 갈수록 정치권력과 결탁해서 경제적인 불공평과 부패로 치닫는 세상, 그것이 요한이 본 마지막 시대의 모습입니다.

경건하고 절제하라

사랑하는 성도 여러분, 이 성경 메시지가 우리에게 주는 도전은 무엇입니까? 우리 가운데 그렇게 땅의 왕들같이 권력을 누리는 사람이 있습니까? 세상의 상인들에 버금가는 그런 치부를 하는 사람들이 있습니까? 우리 가운데는 왕에 버금가는 권력자나 상인이 없습니다. 그러나 음행의 포도주가 왕과 상인의 전유물이겠습니까? 음행의 포도주는 왕들만 마시겠습니까? 상인들만 취하겠습니까? 아닙니다. 그것은 결코 그들의 전매 특허물이 아닙니다.

자기를 사랑하고, 돈을 사랑하며, 자긍하고, 감사하지 아니하는 것은 그들만의 모습이 아닙니다. 자기 사랑, 돈 사랑, 자기 교만, 감사 없음에 빠져드는 삶은 그들만의 모습이 아니라는 것입니다. 절제하지 못하고, 조급하며, 쾌락을 하나님보다 더 사랑하는 것은 세상의 왕들과 땅의 상인들만의 특징이 아닌 것입니다.

수억이 없어도 가진 사람마냥 방탕하게 살 수 있습니다. 같은 정신으로 놀아날 수가 있습니다. 갖지 못한 사람들도 거만한 부자처럼 살아갈 수 있습니다. 명절에 누가 한 상자 선물하면 그냥 보는 앞에서 던져 버리는 사람들은 가난한 사람들 가운데도 있습니다. 그런 정신으로 살아가는 일은 돈을 꼭 가져야만 되는 것이 아닙니다.

사랑하는 성도 여러분, 그러기에 세상을 살 때 경건을 회복해야 합니다. 경건은 바로 지금 내가 가지고 있는 것들에 만족하는 삶에서 나옵니다. 지금 입을 것과 먹을 것에 만족할 때에 경건한 삶을 살 수 있습니다. "우리가 먹을 것과 입을 것이 있은즉 족한 줄로 알 것이니라"(딤전 6:8)고 성경도 말하고 있습니다. 지금 가지고 있는 것에 만족하지 못한다면 우리는 말세의 죄악의 동참자인 것입니다.

> 부하려 하는 자들은 시험과 올무와 여러 가지 어리석고 해로운 욕심에 떨어지나니 곧 사람으로 파멸과 멸망에 빠지게 하는 것이라 돈을 사랑함이 일만 악의 뿌리가 되나니 이것을 탐내는 자들은 미혹을 받아 믿음에서 떠나 많은 근심으로써 자기를 찔렀도다(딤전 6:9, 10).

마치 비수로 자기를 찌르는 듯한 사람을 만나 본 적 없습니까? 우리보다 돈이 훨씬 많은데도 많은 염려와 근심으로 그냥 머리가 터질 듯이 사는 사람들을 본 적이 없습니까? 이유가 뭡니까? 돈을 사랑하기 때문입니다. 그렇게 돈을 사랑할 때는 돈과 함께 멸망할 것입니다. 돈을 사랑하는 것은 일만 악의 뿌리입니다. 많은 미혹과 여러 근심으로 자기를 찌를 것입니다. 하지만 많이 가진 사람들만 돈, 돈 하지는 않습니다. 가난한 사람들도 무얼 먹을까, 마실까 염려합니다. 마치 자기 능력으로 세상을 사는 듯이 염려하는 것은 마찬가지 죄악을 범하는 것입니다.

하나님은 우리의 창조주이십니다. 하나님은 우리의 주재자이십니다. 하나님은 오늘 우리에게 공급해 주시는 분으로 우리 삶 속에 남아 계시기를 원하는 분입니다. 어려운 옛날에는 감사하며 살다가도 사업이 조금 커진다고 혼자서 다 일하는 것처럼 염려할 필요가 없는 것입니다. 하나님이 여전히 주인이신 것을 잊지 말아야 합니다. 사업을 확장하는 일과 돈을 사랑하는 일은 같은 일이 아닐 수 있습니다. 하지만 돈을 사랑하는 것은 미혹을 받는 첫걸음입니다. 그것이 결국 우리를 믿음에서 떠나게 할 것입니다. 많은 근심으로 자기를 스스로 찌르는 어리석은 삶을 살아서는 안 됩니다.

사랑하는 성도 여러분, 절제하십시오. 주신 것으로 사회적인 책임을 감당하십시오. 가진 것으로 나누어 사는 법을 배워 가십시오. 가장 구체적으로 표현하는 일 가운데 하나가 주일에 연보하는 것입니다. 공동체를 통해 필요한 사람들에게 나누는 것이 이웃을 사랑하는 구체적인 방법 중 하나입니다. 물질을 나누며 이웃을 섬기기 위해 자기의 욕망을 절제해야 합니다. 가진 사람이 자기 것을 가지고 즐기려 들면 바깥사람과 다를 것이 하나도 없습니다.

언제나 자기보다 더 가진 사람들이 눈에 들어오지, 가난한 사람은 눈에 들어오지 않습니다. 이상합니다. 돈을 사랑하는 사람들은 자기보다 더 번쩍거리는 옷을 입은 사람이 눈에 들어오지, 자기보다 헐벗은 사람들은 공동체 안에서 찾아내지를 못합니다. 완전히 돈에 눈이 먼 사람들에게는 가난한 사람들이 보이지 않습니다.

사랑하는 성도 여러분, 여러분이 가진 것으로 만족하시기 바랍니다. 우리가 가진 것으로 이웃을 돌아보는 훈련을 해야 합니다. 맘몬을 신으로 섬기는 음행을 피하십시오. 이 시대는 무서운 시대입니다. 과거 어떤 때보다 노골적으로 돈을 좋아하는 시대입니다. 음행이 여러분의 삶의 모습이 되지 않도록 하십시오. 물질이 여러분의 신이 되지 않도록 조심하십시오. 사치와 방종으로 치닫는 삶에서 자신을 절제해야 합니다. 권력과 사치, 방종과 쾌락으로 치닫는 세상의 흐름 속에서 절제하며 섬기는 훈련, 그것이 세상을 나그네로 사는 그리스도인의 바른 모습입니다. 우리에게 건강을 주시고, 지혜를 주시고, 직장을 주시고, 가정을 주신 것은 그렇지 못한 사람들을 섬기기 위함입니다.

사람들이 말합니다. 지금 우리 시대는 경제가 상당히 어려워서 고생하는 시대라고 말합니다. 하지만 그렇게 엄살 부리기 시작하면 언제나 어려운 시대입니다. 그런 불길한 이야기들을 하는 경제학자들은 언제나 남아 있을 것입니다. 그러나 그렇게만 보는 것은 세상을 바로 보는 것이 아닙니다. 저는 그렇게 보지 않습니다. 반만 년 역사 동안에 배달겨레가 이처럼 잘 살던 시대는 없습니다.

부와 쾌락을 신으로 삼는 맘몬주의에서 절제와 섬김을 신조로 삼는 성도의 대열에 여러분이 남아 있기를 바랍니다. 독생자를 주신 하나님의 사랑을 아는 자는 세상 재물로 형제의 궁핍함을 보고 도와주는 섬김의 삶을 살아야 합니다. 멸망할 바벨론의 궤도를 따라 살지 마십시오. 할 수 있는 대로 세상을 밝히며 살아가십시오. 절제와 섬김으로 살아가십시오. 세상의 흐름을 거슬러 사는 자들이 되기를 바랍니다.

Revelation

요한계시록 18장 4, 5절

4 또 내가 들으니 하늘로부터 다른 음성이 나서 이르되 내 백성아, 거기서 나와
그의 죄에 참여하지 말고 그가 받을 재앙들을 받지 말라 5 그의 죄는 하늘에 사
무쳤으며 하나님은 그의 불의한 일을 기억하신지라

29
내 백성아, 거기서 나오라

그리스도 안에서 사랑하는 성도 여러분! 여러분은 세상의 종말을 내다보고 계십니까? 언제 그 종말의 시간이 이를 것인가는 요한의 관심사가 아닙니다. 요한은 지금 하나님을 떠난 지구 문명의 멸망의 확실성을 증거하고 있습니다.

우리에게 주어진 부름

요한은 온 세상을 타락시킨 문명을 향한 하나님의 확실한 심판을 증거합니다. "무너졌도다! 무너졌도다! 큰 성 바벨론이여!"(18:2) 이 첫째 신탁에 이어 본문은 둘째 신탁을 보여 주고 있습니다. 하늘에서 나는 계속되는 음성에 우리의 관심을 쏟아 봅시다.

> 내 백성아, 거기서 나와 그의 죄에 참여하지 말고 그가 받을 재앙들을 받지 말라 그의 죄는 하늘에 사무쳤으며 하나님은 그의 불의한 일을 기억하신지라(18:4, 5).

첫째 신탁과 달리 둘째 신탁은 별다른 배경 설명 없이 신탁 그 자체만 강조하고 있습니다. 처음 하나님 말씀이 전달될 때는 큰 권세를 가진 천사가 내려왔다고 소개하고, 그 지위에 걸맞은 환한 영광이 온 땅에 내려 비추었습니다. 그러나 두 번째 천사의 말은 별다른 설명 없이 전달되고 있습니다.

세 번째 신탁이 하나님의 심판을 대행하는 자들을 향한 당부의 말씀이라면, 이 두 번째 신탁은 하나님의 백성을 향한 호소입니다. 하늘에서 들린 제2의 음성이 두 번째 신탁을 전달하고 있습니다. 앞에서 들은 천사와 다른 음성이 제2의 신탁을 들려주고 있습니다. "내 백성아, 거기서 나와 그의 죄에 참여하지 말고 그가 받을 재앙들을 받지 말라"고 호소합니다.

큰 성 바벨론에 살고 있는 자기 백성을 향한 하나님의 부르심은 신구약 성경에 흐르는 주제이기도 합니다. 성도는 세상에 살지만 세상에 속한 무리가 아닙니다. 교회는 세상에 있지만 세상으로부터 불러냄을 받은 구별된 무리입니다. 그러므로 하나님은 그 백성을 시대마다 불러내십니다.

구약 창세기에서 우리는 그 백성 사이에서 이와 같은 하나님의 부르심을 발견합니다. 창세기 12장 1절에는 당대 문명 도시인 갈대아 우르에서 아브라함을 불러내시는 하나님의 음성이 있었습니다.

> 너는 너의 고향과 친척과 아버지의 집을 떠나 내가 네게 보여 줄 땅으로 가라.

지금껏 아브라함이 속한 모든 인연(因緣)에서 아브라함을 단절시키는 부르심입니다. 신앙생활은 한 사람이 지금껏 속한 세상에서 분리되는 순간 시작됩니다.

사랑하는 성도 여러분, 여러분은 지금 어디에 속해 있습니까? 지금껏 여러분이 가장 깊이 속한 소속은 어디입니까? 다 포기할 수 있지만 이것 하나만은 버릴 수 없다고 하는 것이 무엇입니까? "너는 너의 고향과 친척과 아버지의 집을 떠나 내가 네게 보여 줄 땅으로 가라"는 음성을 들어 보신 적이 있습니까? 때로는 떠나지 못한 삶의 터전이나 방식이 우리의 신앙을 어렵게 만듭니다. 때로는 지연과 혈연이 새로 시작한 신앙생활을 어렵게 하기도 합니다. 하나님이 지시하시는 방향으로 나가는 데 방해가 되기도 합니다.

우리는 같은 맥락에서 주님의 말씀을 음미해 볼 수 있습니다. 주님은 "무릇 내게 오는 자가 자기 부모와 처자와 형제와 자매와 더욱이 자기 목숨까지 미워하지 아니하면 능히 내 제자가 되지 못하고 누구든지 자기 십자가를 지고 나를 따르지 않는 자도 능히 내 제자가 되지 못하리라"(눅 14:26, 27)고 말씀하십니다. 주님의 이 요구는 당대에 주님을 친히 따른 자들에게만 주어진 명령이 아닙니다. 오늘을 살고 있는 우리에게도 주어지는 주님의 부르심입니다. 모든 신앙인은 신앙의 선조 아브라함이 들은 음성을 들어야만 합니다. "네 본거지를 떠나서 내가 지시하는 땅으로 가라"는 것입니다. "네가 지금까지 생각하고 살아온 그 삶의 방식을 떠나라"고 하나님은 명하고 계십니다.

그래서 어린 시절 일찍 복음을 들은 사람은 복이 있습니다. 그들은 하나님의 음성에 쉽게 적응할 수 있기 때문입니다. 여섯 살 난 아이는 예순 살 먹은 할아버지가 하나님을 믿는 것보다 훨씬 쉽게 복음을 받아들일 수 있습니다. 60년 동안 살아온 방식이 주일에 교회 한 번 나와서 바뀐다는 것은 기적과 같은 일입니다. 그렇게 쉽게 일어나지 않습니다. 하나님은 신앙생활을 시작하는 사람들을 향해 "네가 지금까지 살던 방식을 포기하라"고 명하십니다. 세상을 무엇이라고 생각하며 살았든 세상에 대한 생각을 달리 해야만 합니다. 그리스도인들은 이 세상을 하나님이 창조하신 세상으로 고백하며 살아가는 사람들입니다.

여러분은 그동안 어떻게 세상을 살아왔습니까? 열심히 일해야 먹고산다고 생각합니다. 엿새만 일하는 것이 아니라 돈벌이가 되면 주일에도 나가서 일해야 한다고 생각합니다. 그것이 사람들이 세상을 사는 방식입니다. 하지만 하나님은 이레 되는 날에 안식하라고 명하셨습니다. 우리가 땀을 흘리기 때문에 우리 손에 먹을 것이 주어지는 것이 아니라 노동할 수 있는 능력과 지혜를 주시는 분이 하나님이라는 것을 인정하도록, 하나님이 우리 삶의 주인이신 것을 인정하도록, 우리 삶의 방식을 바꾸도록 명하십니다. 이전에는 이레가 똑같은 날이었습니다. 주일 하루 놀아도 그날은 즐기는 날이었습니다. 그러나 이제 신앙의 걸음을 출발하는 사람에게 주일은 거룩한 날입니다. 엿새로부터 구별된 날입니다. 그래서 이날은 함부로 약속을 만드는 날이 아닙니다. 이날은 하나님에게 속한 날이기 때문입니다.

그리스도인들은 신앙의 영역에 들어선 첫출발부터 지금껏 살아온 삶의 방식을 바꾸어야 합니다. 예수 믿기로 작정할 때부터 엿새 동안은 힘써 일하고 이레째에는 쉬는, 안식에 동참하도록 명하고 있습니다. 그래서 우리에게 약속된 하늘 안식을 이 땅에서 맛볼 수 있도록 하나님이 축복하십니다. 내가 노력해서 사는 것이 아니라 이제는 하나님의 축복으로 살아간다는 것을 일주일 삶을 통해 고백하는 일이 주일 성수의 바른 의미입니다.

순종의 결과

"무릇 내게 오는 자가 자기 부모와 처자와 형제와 자매와 더욱이 자기 목숨까지 미워하지 아니하면 능히 내 제자가 되지 못하고 누구든지 자기 십자가를 지고 나를 따르지 않는 자도 능히 내 제자가 되지 못하리라"(눅 14:26, 27)고 예외 없이 주님은 말씀하십니다. 그러나 하나님은 이 무자비한 명령을 내리시고 그 명령 때문에 망설이는 우리를 보고 즐기는 분이 아니십니다. 다만 본토에 있을 때보다, 친척의 일에 매여 있을 그때보다, 아비 집에서 편안히 살고 있을 그때보다, 거기서 떠날 때에 하나님을 깊이 경험할 수 있기 때문에 불러내시고 있습니다. 하나님은 그 명령에 순종할 때 누리게 될 축복을 미리 말씀해 주심으로 우리를 격려하십니다.

> 내가 너로 큰 민족을 이루고 네게 복을 주어 네 이름을 창대하게 하리니 너는 복이 될지라(창 12:2).

엿새 동안 혹은 이레 동안 일해도 근근이 살아왔는데 엿새만 일하고 살려니 걱정됩니까? 그래서 하나님은 약속하십니다. "네 이름을 창대하게 하리니 너는 복이 될지라"(창 12:2)라고 천지를 지으신 하나님이 약속하십니다. 어둠 속에 "빛이 있으라 하시매 빛이 있었고" 하신 그 전능하신 하나님의 말씀에 순종하는 자들에게 "너는 복이 될지라"고 명하고 계십니다.

> 너를 축복하는 자에게는 내가 복을 내리고 너를 저주하는 자에게는 내가 저주하리니 땅의 모든 족속이 너로 말미암아 복을 얻을 것이라……(창 12:3).

떠나라는 명령에 순종하는 믿음의 조상 아브라함은 복의 원천일 뿐 아니라, 그를 축복하면 복을 받고, 그를 저주하면 저주를 받게 되어 있습니다. 복의 원천인 동시에 복의 시금석이 되고 있습니다.

창세기 19장을 읽어 봅시다. 하나님은 아브라함의 조카 롯을 당대 큰 도시 소돔에서 불러내셨습니다. 그 일을 위해 이번에는 하늘에서 롯이 살고 있는 동네로 천사들을 파송했습니다. 롯이 살고 있는 동네는 당대에 큰 도시였고 특별히 동성애의 죄악으로 유명한 도시였습니다. 그 도시가 정말 그렇게 끔찍한지 현장 확인을 하고자 하나님이 천사들을 파송했습니다.

해 질 녘에 천사들이 소돔성에 도착했습니다. 소돔 성민의 눈이 휘둥그레졌습니다. 자기들이 지금껏 보지 못한 멋있는 남자들이었습니다. 밤이 되었을 때 소돔 성에 있는 남자란 남자는 온통 롯의 집에 몰려들었습니다. 그리고 롯의 집 대문을 두드리기 시작했습니다. "오늘 오후에 너의 집에 온 사람들을 내어 놓아라. 우리가 그들을 성폭행하겠다." 그때 롯이 답합니다. "우리 집에 온 손님인데 내어 줄 수 없다. 대신에 내가 남자를 가까이하지 아니한 딸 둘을 내어 주겠다. 이 손님들은 내어 줄 수 없다. 그것은 있을 수 없는 일이다." 그러나 '처녀들은 소용없다'고 소리칩니다. 그 멋진 남자들을 내어 놓으라는 것입니다. 그와 더불어 성적인 관계를 맺겠다고 한 것이 소돔 성민의 죄악이었습니다. 그들의 죄가 하늘에 달했습니다. 하늘의 하나님이 죄의 실상을 알아보기 위해 천사들을 파송했는데, 그 천사들을 내어 놓도록 요구하고 있습니다.

그러자 천사들이 롯을 재촉합니다. "이 외에 네게 속한 자가 없느냐? 네 사위나 자녀나 성중에 네게 속한 자들을 다 성 밖으로 이끌어 내라. 그들에 대하여 부르짖음이 여호와 앞에 큼으로 여호와께서 우리로 이것을 멸하러 보내셨으니 우리가 멸하리라." 재촉하는 천사의 소리를 듣고 롯은 성중으로 나와서 그 딸들과 정혼한 사위들에게 이야기합니다. "여호와께서 이 성을 멸하실 터이니 너희는 일어나 이곳을 떠나라." 그러나 장인이 될 롯의 충고는 그들 귀에 농담으로 들렸을 뿐입니다. 밤의 소동이 끝나고 동틀 즈음 천사들은 다시금 떠날 것을 재촉하고 있습니다. "일어나 여기 있는 네 아내와 두 딸을 이끌어 내라 이 성의 죄악 중에 함께 멸망할까 하노라"(창 19:15)고 재촉했습니다. 큰 성 소돔으로부터 불러내시는 하나님의 열심을 생생히 보게 하는 기록입니다.

구원은 악한 세상으로부터 건져 내는 일입니다. 이 악하고 거슬린 세대에서 건져 내는 일입니다. 악하고 패역한 세상에 미련을 갖고 그 길을 되돌아보는 것은 영적 생명을 잃는 위험한 도박입니다. 한 번 돌아선 세상에 두 번 다시 미련을 갖지 마십시오. 거기에 마음을 두면 떠나는 발걸음이 무거워질 뿐입니다. "도망하여 생명을 보존하라 돌아보거나 들에 머물지 말고 산으로 도망하여 멸망함을 면하라"(창 19:17)고 하시며 제발 도망하라고 호소하십니다.

멸망받을 도성 소돔으로부터의 구출은 장차 멸망할 도성 바벨론으로부터의 구원의 그림자이기도 합니다. 뒤를 돌아보지 말고 지시하는 방향으로 나아가라는 명령은 그때 롯이 들은 명령인 동시에 오늘 모든 신앙의 후예가 들어야 하는 명령입니다. 롯의 아내처럼 비참한 처지에 빠져들지 마십시오. 성경은 그 아내의 최후를 이렇게 기록하고 있습니다.

> 롯의 아내는 뒤를 돌아보았으므로 소금 기둥이 되었더라(창 19:26).

세상에 대한 미련이 얼마나 많은 사람을 영적으로 마비시키는지 생각해 본 적 있습니까? 꼼짝하지 못하고 움직이지 못하는 소금 기둥으로 만듭니다. 세상에 대한 미련 때문에 우리의 영적 감각이 무뎌지지 않도록 자신을 돌아보시기 바랍니다.

큰 성 소돔의 매력은 바로 큰 성 바벨론의 매력이기도 합니다. 화려한 옷을 입고 금과 보석으로 치장한 음녀에 대한 입맞춤은 죽음의 입맞춤입니다. 옮겨 다니며 천막을 치는 목축의 삶에 비해 성중에 큰 담을 쌓아 놓고

대문을 닫아 놓고 사는 것은 훨씬 안락하고 편안합니다. 그러나 소돔 성중의 삶은 자기도 모르게 소돔 죄악과 가까이하는 삶이기도 합니다. 그러므로 하늘의 음성을 새겨들어야만 합니다. "내 백성아, 거기서 떠나라"는 호소는 애굽에 살던 하나님의 백성이 듣던 음성입니다. 애굽에는 부추와 마늘이 있고 수박과 참외가 풍성했습니다. 그러나 하나님의 백성이 영주할 곳은 아니었습니다. 하나님의 백성은 언약의 하나님을 섬기기 위해 애굽에서 나와야만 했습니다.

그들은 순종의 발걸음을 통해 출애굽기를 기록해야만 합니다. 그래서 오고 오는 하나님의 백성에 대한 출애굽의 모형을 완성해야만 합니다. 애굽에서 나오는 이스라엘은 바로 세상에서 나오는 하나님 백성의 그림자이기도 합니다. 출애굽의 역사를 이루시는 분이 전능하신 하나님임을 알아야 했듯이, 오늘 우리의 구원 역시 하나님의 전능하신 사역의 결과인 것을 찬양해야겠습니다.

> 나는 여호와라 내가 애굽 사람의 무거운 짐 밑에서 너희를 빼내며 그들의 노역에서 너희를 건지며 편 팔과 여러 큰 심판들로써 너희를 속량하여 너희를 내 백성으로 삼고 나는 너희의 하나님이 되리니 나는 애굽 사람의 무거운 짐 밑에서 너희를 빼낸 너희의 하나님 여호와인 줄 너희가 알지라(출 6:6, 7).

최후의 호소

하나님은 세속 문명 애굽에서 그 백성을 구원하실 뿐만 아니라 죄를 짓는 무리에서도 불러내십니다. 민수기 16장을 보십시오. 반역하는 고라와 다단과 아비람의 장막 사면에서 떠나라고 하나님이 명하고 계십니다.

이 악인들의 장막에서 떠나고 그들의 물건은 아무것도 만지지 말라 그들의 모든 죄중에서 너희도 멸망할까 두려워하노라 …… 만일 여호와께서 새 일을 행하사 땅이 입을 열어 이 사람들과 그들의 모든 소유물을 삼켜 산 채로 스올에 빠지게 하시면 이 사람들이 과연 여호와를 멸시한 것인 줄을 너희가 알리라(민 16:26, 30).

이 말과 함께 땅이 갈라지면서 고라와 다단과 아비람 일족을 삼켜 버린 것을 볼 수 있습니다. 하나님은 자기 백성이 죄악 중에 멸망하기를 원하지 않으십니다. 그러므로 그 백성을 향하여 거기서 나오라고 부르시는 하나님입니다. 오늘 죄악의 동참은 내일 재앙의 동참을 의미하기 때문입니다. "거기서 나와 그의 죄에 참여하지 말고 그의 받을 재앙들을 받지 말라"고 호소하십니다. 하나님의 불러내시는 이런 음성은 구약 선지자들의 호소이기도 합니다. 이사야는 당대에 이스라엘을 향해 이같이 선포했습니다.

너희는 떠날지어다 떠날지어다 거기서 나오고 부정한 것을 만지지 말지어다 그 가운데에서 나올지어다……(사 52:11).

"주일에 하나님 앞에 와서 예배하는 자여, 엿새를 세상 사람들의 삶으로부터 구별하라"라고 하나님은 지금도 요구하십니다. 이는 이사야뿐 아니라 예레미야의 호소이기도 합니다.

너희는 바벨론 가운데에서 도망하라 갈대아 사람의 땅에서 나오라 양 떼에 앞서가는 숫염소같이 하라(렘 50:8).

우리는 목축 문화를 잘 모르지만 상상해 볼 수는 있습니다. 양 떼가 이동할 때 숫염소 한 마리가 앞장서서 갔던 모양입니다. 그 양 떼 무리와 함께 걷지 않는 숫염소처럼 많은 사람이 살고 있는 그 삶의 방식에서 떠나라고 명하고 있습니다.

구약 선지자들뿐 아니라 신약 사도 역시 같은 부담을 가지고 있었습니다. 대표적인 경우를 바울이 고린도 교회에 보낸 두 번째 편지에서 읽어 볼 수 있습니다. 바울은 고린도 교회에 "너희는 믿지 않는 자와 멍에를 함께 메지 말라"(고후 6:14)고 편지했습니다. 어떤 사람에게는 사업상 멍에일 수도 있습니다. 어떤 사람에게는 결혼이 멍에일 수도 있습니다.

> 너희는 믿지 않는 자와 멍에를 함께 메지 말라 의와 불법이 어찌 함께하며 빛과 어둠이 어찌 사귀며 그리스도와 벨리알이 어찌 조화되며 믿는 자와 믿지 않는 자가 어찌 상관하며 하나님의 성전과 우상이 어찌 일치가 되리요……(고후 6:14-16).

구약 선지자들이 떠나라고 한 말의 의미를 신약적으로 해설합니다.

> 너희에게 아버지가 되고 너희는 내게 자녀가 되리라 전능하신 주의 말씀이니라 하셨느니라(고후 6:18).

세상 가운데서 떠나라고 한 것은 세상 사람들과 멍에를 같이하지 말라는 명령입니다. 달리 말해서 하나님의 백성은 세상에서 살지만 세상 사람들처럼 처신할 수 없습니다. 주님의 백성은 남들 살아가듯이 세상을 살 수 없습니다. 그런 의미에서 우리는 로마 성도들을 향한 바울의 권면을 한번 들어 보아야 합니다.

> 너희는 이 세대를 본받지 말고 오직 마음을 새롭게 함으로 변화를 받아 하나님의 선하시고 기뻐하시고 온전하신 뜻이 무엇인지 분별하도록 하라 (롬 12:2).

"너희는 세상의 유행을 좇아가지 말라. 세상 사람들의 사조를 뒤좇아 가지 말라. 마음을 새롭게 하라. 변화를 받으라. 하나님의 선하시고 기뻐하시고 온전하신 뜻이 무엇인지 날마다 삶에서 분별하고 살아가라"고 권면합니다. "떠나라"는 이 명령은 성경 66권을 면면히 흐르고 있는 하나님의 메시지 중 하나입니다. 이 명령은 계시록만의 호소가 아닙니다. 제2의 신탁은 결코 계시록만이 우리에게 들려주는 하나님의 말씀이 아닙니다.

우리는 세상 가운데서 따로 나와 사는 무리이기에 '성도'라고 불립니다. 세상에서 불러냄을 받았기에 우리의 모임을 일컬어서 교회, '에클레시아'라고 합니다. '불러냄을 받은 자들'이라고 부릅니다. 하나님은 역사를 통해서 그 백성을 불러내시는 일을 하십니다. 특별히 심판을 앞둔 시기에 그 백성을 향해 발하시는 긴박한 호소입니다. 소돔성의 심판을 앞두고 천사를 보내어 롯의 일가를 구원하려 하신 것을 살펴보았습니다. 고대 바벨론의 심판을 앞두고 하나님은 그 백성 이스라엘에게 거기서 떠나라고 요구하셨습니다.

이제 하나님은 요한이 환상 가운데서 받은 신탁으로 명하고 계십니다. 모든 시대의 마지막에 종말론적인 경고를 발하고 계십니다. 하나님은 시대마다 심판하시는 하나님입니다. 역사 속의 심판은 하나님의 징계이자 경고입니다. 그러나 이제 하나님은 더 이상 경고의 의미로 심판하시지 않습니다. 마지막 처벌로서 심판하실 것입니다. 성도들의 피와 예수의 증인들의 피에 취한 음녀를 심판하실 것입니다.

선지자들의 피와 성도들의 피와 및 땅 위에서 죽임당한 모든 자의 피를 간직한 큰 성 바벨론을 하나님이 심판하실 것입니다. 주의 백성을 억울하게 죽인 그들을 하나님이 반드시 앙갚음하실 것입니다. 그뿐 아니라 이 땅에서 억울하게 죽임당한 모든 피에 대한 호소를 들으시고 그에 상응하는 보응을 하실 것입니다. 역사 속에서 하나님은 죄악이 관영할 때마다 그 지역을 멸하셨습니다. 동시에 나머지 사람들에게 경고가 되게 하셨습니다.

그들을 벌하시는 동시에 나머지 사람들에게 경고하시는 하나님의 음성이 들리지 않습니까? 하나님은 특별히 이 민족 교회를 향해 거듭 경고하십니다. 이 민족처럼 참사와 같은 일들을 거듭 당하는 민족이 어디 있습니까? 이것은 하나님의 말씀을 듣는 주의 백성을 향한 경고입니다. 그러나 때가 이르면 하나님이 더 이상 경고가 아니라 마지막 처벌로 심판하시는 때가 이르리라는 말씀입니다. 선지자들과 성도들과 무릇 땅 위에 죽임당한 모든 자의 피를 간직한 큰 성 바벨론을 하나님은 심판하실 것입니다.

이 땅에서 억울하게 죽임당한 아벨부터 시작해서 우리가 이름을 알 수 없는 마지막 한 명의 억울한 사람에 이르기까지 하나님은 그 피를 갚으실 것입니다. 이 마지막 세대에 하나님은 반드시 갚으실 것입니다.

"또 실로암에서 망대가 무너져 치어 죽은 열여덟 사람이 예루살렘에 거한 다른 모든 사람보다 죄가 더 있는 줄 아느냐"(눅 13:4)고 말씀하신 주님의 시사 평론을 들어 보신 적 있습니까? 그들이 특별히 죄가 더 많아서 죽은 것이 아니라 회개하지 아니하면 우리 모두 동일한 운명이라는 것을 말씀하고 있습니다. 쾌락은 우리의 신이 아닙니다. 때가 지나가고 날이 지나가기에 늦기 전에 놀자는 것이 구호가 아닙니다.

이제 최후 심판을 앞둔 순간에 최후 경고를 바라고 있습니다. "내 백성아, 거기서 나와 그의 죄에 참여하지 말고 그가 받을 재앙들을 받지 말라"고 경고하십니다. 흥청대고 먹고 마시며 즐기는 삶에서 나와 그의 죄에 참여하지 말고 그의 받을 재앙들을 받지 말라고 호소하십니다.

우리가 들어야 할 음성

초대 교회 성도들의 형편을 다시 한 번 기억해 보십시오. 화려한 자태로 유혹하는 큰 음녀의 활동이 아직 쇠하지 않았습니다. 그 성중에 성도들과 선지자들의 피가 아직 흐르고 있는 상황입니다. 그 무서운 짐승 앞에서 순간순간 타협하고 변절하고 싶은 유혹을 느끼고 있습니다. 초대 교회 성도들은 순교의 위협이 극심해질수록 타협하고 싶은 유혹이 새삼 꿈틀거리는 상황 속에 살고 있었습니다. 굴복하고 싶은 유혹이 끈질기게 손짓합니다. 그냥 굴복하고 하루라도 편히 발 뻗고 자고 싶은 유혹이 그들의 삶에도 있었습니다.

요한의 편지를 받는 성도들 가운데는 상황의 심각성을 인식하지 못하는 사람들이 있었습니다. 요한은 지금 창녀 여왕의 매력과 그의 덫에서 연약한 성도들을 보호하려는 안타까움으로 제2의 신탁인 하늘로부터의 음성을 전달하고 있습니다.

사랑하는 성도 여러분, 오늘은 어떻습니까? 그때와 다릅니까? 세월이 흘러서 이제 큰 음녀의 매력은 상실되었습니까? 여자의 얼굴에 주름은 깊어져 이제는 여자의 손짓과 눈짓이 매혹적이지 않습니까? 2천 년의 세월을 통해 여자의 자태는 더욱 요염해지고 더욱 매력적이 되지는 않았습니까? 우리 시대야말로 하나님 없이 살 수 있다고 설득하는 힘이 점점 거세지는 때 아닙니까? 편리함과 안락함이라는 목표 앞에서 희생되는 군상이 늘어나는 시대입니다. 사치와 부에 대한 추구가 과거 어느 때보다 보편화된 시대입니다. 이 편한 세상에서 성곽 같은 안전한 공간에서 살라고 유혹하는 세상입니다.

큰 물 위에 앉은 음녀가 화장을 고치고 이 시대의 영혼들을 사냥질하고 있습니다. 모든 고난과 고통을 멀리하고 자기만족에 깊이 빠진 시대입니다. 쾌락을 하나님으로 삼는 시대가 바로 이 시대라고 사도는 지적하고 있습니다. 자기 쾌락과 충족을 위해서는 이웃의 고통이나 생명마저 전혀 돌아보지 않는 무정한 시대, 이 비정한 시대가 우리가 살고 있는 시대의 특징 아닙니까? 이 시대 정신 위에 군림하는 큰 음녀 바벨론은 불사조처럼 유혹의 손길을 더 깊숙하게 우리 삶 속에 뻗쳐 오고 있지 않습니까?

사랑하는 성도 여러분, 그러므로 오늘 우리가 들어야 할 음성이 여기 있습니다. "내 백성아, 거기서 나오라"고 주님이 말씀하십니다. 공부하는 것은 안락한 삶을 누리기 위한 수단이 결코 아닙니다. 직장을 갖는 것은 편안하고 쾌적한 삶을 누리기 위한 방편이 결코 아닙니다. 하나님을 섬기는 기회일 때 삶은 의의가 있습니다. 하늘 아버지의 음성에 귀를 기울이십시오. 세속적인 삶은 죄악 된 삶입니다. 시대의 정신을 따라 사는 삶은 죄악 된 삶입니다. "그 여자의 죄에 가담하지 말라. 그 여자의 화려함에 넋을 잃지 말라. 그 여자의 치장에 혼을 빼앗기지 말라. 그 여자의 "부어라, 마셔라" 하는 노랫가락에 함께 놀아나지 말라"고 호소하십니다.

지금은 하나님의 백성이 깨어 간구해야 할 때가 아닙니까? 그 여자의 죄에 가담하지 말라고 합니다. 무엇이 이 여자의 특징적인 죄입니까? 사치, 자만, 고통 회피, 어렵고 힘들고 더러운 일은 회피하려는 시대 정신이 바로 이 여자의 정신입니다. 타락의 결과로 주어진 가시밭길을 어쨌든 도피하고자 하는 발악입니다. 그 여자가 당하는 재난을 당하지 않도록 하라고 호소합니다. 오늘 여자의 죄에 동참하는 것은 내일 여자의 재앙에 함께하는 것을 의미합니다. 창녀 여왕의 특징적인 삶에서 벗어나십시오. 사치, 자만, 고통 회피, 모든 여자는 멋있는 옷을 입고 싶은 본능적인 욕망을 가지고 있습니다.

그럼에도 거룩한 부녀들은 거기에 소망을 두지 않습니다. 그것이 그들 삶의 궁극적인 목표라고 생각하지 않습니다. 우리 이웃에 도움이 필요한 사람들의 삶을 위해 자신의 삶의 수준을 떨어뜨릴 수 있는 것이 이 여자의 삶에서 벗어나는 길이 아닙니까? 자만, 얼마나 별것 아닌 것 가지고 자랑하는 시대입니까? 그처럼 좋아서 죽고 못 살아 결혼하고는 한 해가 가기 전에 갈라서는 것은 모두 자만심 때문 아닙니까? 고통을 회피하고 편하게 살고자 하는 것은 바로 우리로 하여금 더 깊숙한 죄의 자리에 타협하도록 하는 길일 수도 있습니다. 고난과 고통의 삶을 피해 살 때 우리를 기다리는 것은 여자가 받을 재앙에 함께하는 것입니다.

사랑하는 성도 여러분, 세상이 받을 재앙이 두렵습니까? 그러면 그들과 함께 살아가지 마십시오. 그 가운데서 나와 구별된 삶을 살아가십시오. 하나님은 바벨론의 죄악을 결코 망각하지 않으십니다. 여자의 죄는 하늘까지 닿았고, 하나님은 그 여자가 지은 죄를 기억하십니다. 박해받는 성도들의 관점에서 보면 하나님이 절박한 상황을 잊고 계신 것 같습니다. 주님을 향해 충성하던 사람들은 피를 흘리고 땅에 묻히고 있는데 그 억울한 죽음에 대해 하나님은 침묵하고 계신 것 같습니다. 그러나 하늘에 사무친 그 죄악은 하나님의 기억 속에서 사라질 수 없습니다. 온 땅에 가득할 뿐 아니라 하늘까지 쌓아 둔 인생의 죄악은 하나님의 눈에서 사라질 수가 없습니다.

그렇기에 성경은 변함없이 죄악의 도시에서 멀어질 것을 그 백성에게 요구하고 있습니다. 성경은 끊임없이 우리에게 그 허영의 도시에서 떠날 것을 요구하고 있습니다. 박해받는 성도의 삶에는 항상 타협하고 싶은 속세의 유혹이 있습니다. 적대적인 삶의 환경에서 긴장을 좀 풀고 살고 싶은 유혹을 느낍니다. 적당하게 타협하고 산다면 서로 칭찬하면서 살아갈 수 있습니다. 서로 추켜세우면서 영광을 나눠 가질 수 있습니다.

그러나 성도의 삶은 구별된 삶입니다. 거룩한 길을 걸어야 합니다. 올곧게 살아간다고 해서 세상이 우리를 칭찬해 주는 법이 있습니까? 우리는 하나님이 마지막에 하실 말씀을 기억하고 살아가는 사람들입니다. 그 마지막 하나님 말씀에 온 생을 걸고 걷는 사람들이 그리스도인 아닙니까? 그러기에 우리가 올곧게 살아가는 모습이야말로 동일한 길을 걸어가는 하나님의 백성에게 격려와 위로가 될 수 있습니다. 우리가 연약해서 쓰러져 버리고 지쳐서 타협해 버리면 우리를 보면서 그렇게 세상을 살아야겠다고 생각했던 사람들에게 얼마나 실망이 될지 생각해 본 적 있습니까? 자신의 영혼뿐 아니라, 많은 성도의 운명이 함께 달려 있습니다.

그러므로 우리는 그냥 왔다가 사라질 수 있고, 만났다가 헤어질 수 있는 사람이라고 생각해서는 안 됩니다. 신앙 공동체는 새로운 의미에서 기도하고 서로가 올곧게 서도록 함께 붙들어 주어야 하는 공동체입니다. 그래서 어려운 때도 함께 서기를 요구하는 것이고, 공동체가 필요한 자리에서 함께 희생하기를 요구하는 것입니다. 예배만 같이 드리고 그냥 헤어지는, 기분 맞으면 같이 나오다가 비바람 몰아치기 시작하면 언제라도 떠날 수 있는 사람을 어떻게 공동체 일원이라고 생각할 수 있습니까?

한 시대를 성도로 살아간 아우구스티누스의 고백을 들어 보십시오. 우리는 이 세상 시민의 권리를 부인해야 합니다. 그리고 믿음의 날개로 하나님께 날아가 도피해야 합니다. 때로 주저앉고 싶은 유혹을 느끼십니까? 믿음의 날개로 하나님의 품으로 날아가십시오. 세상 어느 곳이 아니라 하나님의 품 안에서 도피처를 발견하십시오. 그때 세상의 매력이 우리를 유혹하지 못할 것입니다. 그때 세상이 받을 재앙이 우리를 덮치지 못할 것입니다.

다시 한 번 제2의 신탁에 귀를 기울이십시오. "내 백성아, 거기서 나와 그의 죄에 참여하지 말고 그가 받을 재앙들을 받지 말라"(18:4). 하늘까지 닿은 그들의 죄를 하나님이 결코 간과하지 않으십니다. 공개적인 그 뻔뻔함을 하나님이 처벌하실 것입니다.

우리는 숨어서 짓던 죄들을 이제는 공개적으로 짓는 패역한 시대의 마지막을 살고 있습니다. 그렇다고 요한은 지금 세상이 심판받게 되었다고 기빼서 날뛰는 것이 아닙니다. 요한은 하나님의 백성이 그들과 타협하지 않도록, 그 마지막 시간을 견디도록 요구하고 있습니다. 안타까운 마음으로 호소하는 글이 이 요한계시록입니다. 박해받는 성도의 관점에서는 악한 자들이 죄를 짓고도 무사태평인 것 같습니다. 그러나 하늘의 관점에서는 다릅니다. 하나님은 결코 악을 간과하지 않으십니다.

> 그의 죄는 하늘에 사무쳤으며 하나님은 그의 불의한 일을 기억하신지라 (18:5).

주의 이름으로 하는 일들에 대해 보장받지 못할 때 실망하십니까? 하나님은 그 일마저도 기억하실 것입니다. 모든 선한 일과 모든 악한 일에 대해 하나님은 낱낱이 기억해 두십니다. 그리고 마지막 날, 그에 따라 응분의 심판을 하실 것입니다. 하나님은 불의한 일을 기억하십니다. 세상이 저지른 그 일을 하나님은 결코 그냥 넘어가지 않으십니다.

타협의 유혹을 받을 때가 있습니까? 저도 그런 유혹을 받을 때가 있습니다. 안일해지고 싶은 그런 유혹이 여러분에게는 없습니까? 굴복해 버리고 싶은 욕망이 안에서 꿈틀댈 때가 제게는 있습니다. 그때 이 하늘의 음성에서 우리의 무릎을 강하게 세우는 새 힘을 얻으시기를 바랍니다. "내 백성아, 거기서 나와 그의 죄에 참여하지 말고 그가 받을 재앙들을 받지 말라"고 하시는 말씀을 기억하십시오. 제2의 신탁은 세속의 진한 유혹 속에서 살아가는 성도들에게나, 세상의 극심한 박해 속에 처한 성도들에게나 동일한 격려와 경고의 말씀이 될 것입니다. 주님이 가까이 오고 계십니다. 마라나타.

Revelation

요한계시록 18장 6-8절

6 그가 준 그대로 그에게 주고 그의 행위대로 갑절을 갚아 주고 그가 섞은 잔
에도 갑절이나 섞어 그에게 주라 7 그가 얼마나 자기를 영화롭게 하였으며 사
치하였든지 그만큼 고통과 애통함으로 갚아 주라 그가 마음에 말하기를 나는
여왕으로 앉은 자요 과부가 아니라 결단코 애통함을 당하지 아니하리라 하니
8 그러므로 하루 동안에 그 재앙들이 이르리니 곧 사망과 애통함과 흉년이라
그가 또한 불에 살라지리니 그를 심판하시는 주 하나님은 강하신 자이심이라

30

그대로 갚아 주라

그리스도 안에서 사랑하는 성도 여러분! 요한계시록 18장은 큰 성 바벨론의 멸망에 관한 하나님의 말씀을 세 가지로 전달하고 있습니다. 본문은 바벨론의 멸망에 관한 세 번째 신탁입니다.

하나님은 그 메시지의 중대함에 어울리는 큰 권세를 가진 천사를 통해 첫 번째 신탁을 전하셨습니다. 그 후 하늘에서 제2의 신탁이 전달됩니다. 두 번째 신탁은 하나님의 백성, 그 성도들에게 주시는 말씀입니다. 요한은 하늘에서 나는 또 다른 음성을 듣습니다. 그런데 본문인 제3의 신탁은 받는 사람이 바뀌고 있습니다. 제2의 신탁이 하나님의 백성에게 주어진 말씀인 반면, 제3의 신탁은 하나님의 심판을 수행하는 자들에게 주어지는 말씀입니다.

하나님의 심판 원리

> 그가 준 그대로 그에게 주고 그의 행위대로 갑절을 갚아 주고 그가 섞은 잔에도 갑절이나 섞어 그에게 주라(18:6).

제3의 신탁은 공의에 입각한 처벌을 요구하고 있습니다. 준 그대로 갚아 주라는 보응의 논리입니다. 공정한 심판을 촉구하는 것은 성경 전체에 흐르는 주제입니다. 특히 바벨론에 대한 하나님의 심판을 생각나게 합니다.

> 내가 우선 그들의 악과 죄를 배나 갚을 것은 그들이 그 미운 물건의 시체로 내 땅을 더럽히며 그들의 가증한 것으로 내 기업에 가득하게 하였음이라(렘 16:18).

> 활 쏘는 자를 바벨론에 소집하라 활을 당기는 자여 그 사면으로 진을 쳐서 피하는 자가 없게 하라 그가 일한 대로 갚고 그가 행한 대로 그에게 갚으라 그가 이스라엘의 거룩한 자 여호와를 향하여 교만하였음이라(렘 50:29).

계속되는 예레미야의 예언입니다.

> 너희 눈앞에서 그들이 시온에서 모든 악을 행한 대로 내가 바벨론과 갈대아 모든 주민에게 갚으리라 여호와의 말씀이니라(렘 51:24).

행한 대로 갚는다는 것은 예레미야의 예언뿐 아니라 성경의 기본 흐름 가운데 하나입니다. 시편 28편 기자 다윗도 하나님에게 동일한 간구를 드리고 있습니다. "그들이 하는 일과 그들의 행위가 악한 대로 갚으시며 그들의 손이 지은 대로 그들에게 갚아 그 마땅히 받을 것으로 그들에게 갚으소서"(시 28:4). 행한 대로 갚는 것은 불변하는 하나님의 심판 원리입니다. 그러나 이 하나님의 심판 원리는 사실 성경에만 기록되어 있는 것이 아니라 사람들 사이, 사람들의 상식 가운데서도 살아 있습니다. '더도 말고 덜도 말고 꼭 나한테 한대로 너도 받아야 한다'고 사람들이 저주하지 않습니까?

행한 대로 갚는 것이 하나님의 심판 원리입니다. 그래서 우리는 하나님에게 억울함에 대해 공정한 심판을 호소할 수 있습니다. 그러나 우리 자신이 보응하려고 덤벼서는 안 됩니다. 오히려 우리는 원수를 용서하는 삶을 추구해야 합니다. 우리는 십자가에 못 박히신 분을 따르는 자들입니다. 그렇기에 우리는 십자가에 자신을 못 박는 자들을 용서해 달라고 기도하신 주님을 본받아 살아야 하는 사람들입니다. 어린양을 따르면서 세상을 살 때, 신앙 때문에 박해를 당하기도 합니다. 그러나 박해하는 이들에 대해서는 용서하는 자세로 살아갑니다. 데살로니가 성도들을 향한 바울의 충고를 들어 보십시오.

> 삼가 누가 누구에게든지 악으로 악을 갚지 말게 하고 서로 대하든지 모든 사람을 대하든지 항상 선을 따르라(살전 5:15).

베드로 역시 그들의 나그네를 향해 같은 충고를 하고 있습니다.

> 악을 악으로, 욕을 욕으로 갚지 말고 도리어 복을 빌라 이를 위하여 너희가 부르심을 받았으니 이는 복을 이어받게 하려 하심이라(벧전 3:9).

악을 악으로, 욕을 욕으로 갚지 않고 도리어 복을 비는 것은 우리가 그

복을 유업으로 받을 자로 부름받았기 때문입니다.

바울을 통한 주님의 음성을 다시 한 번 들어 보십시오. "너희를 박해하는 자를 축복하라 축복하고 저주하지 말라"(롬 12:14). 그래서 그리스도인의 삶은 세상 사람들의 생각을 초월하는 삶입니다.

> 아무에게도 악을 악으로 갚지 말고 모든 사람 앞에서 선한 일을 도모하라 …… 내 사랑하는 자들아 너희가 친히 원수를 갚지 말고 하나님의 진노하심에 맡기라 기록되었으되 원수 갚는 것이 내게 있으니 내가 갚으리라고 주께서 말씀하시니라(롬 12:17, 19).

그래서 그리스도인은 마음속에 보복을 꿈꾸지 않는 사람입니다. 다만 공의로운 심판자의 손에 맡길 뿐입니다. 하나님만이 마음의 동기를 살피시고 공정히 심판하실 수 있습니다. 진노의 날, 공의의 하나님이 갚으실 것입니다. 본문의 신탁 역시 동일한 진리를 확인하는 하나님의 말씀입니다.

> 그가 준 그대로 그에게 주고 그의 행위대로 갑절을 갚아 주고 그가 섞은 잔에도 갑절이나 섞어 그에게 주라(18:6).

성도는 하나님의 공의로운 손에 보응을 맡기면서 살아가는 사람입니다. 당하지만 그대로 갚아 주지 아니하고 그를 불쌍히 여기고 축복하는 삶이 그리스도인의 삶입니다. 우리가 용서와 사랑으로 살아가지만 그렇다고 하나님의 공의로운 심판이 사라지는 것은 아닙니다.

"그의 행위대로 갑절을 갚아 주고 그가 섞은 잔에도 갑절이나 섞어 그에게 주라"는 말에서 '갑절이나 갚는다'는 것은 산술적으로 두 배로 갚는다는 의미가 아닙니다. 이는 정확하고 충분하게 처벌하는 것을 가르치는 구약적인 표현입니다. 하나님은 옛 바벨론을 그 죄악대로 충분히 갚으셨습니다. 또한 당대 로마를 그 죄악대로 응분의 심판을 하셨습니다. 지금도 하나님은 선지자와 성도들의 피를 흘린 그 잔인함을 보응하실 것입니다. 하나님의 공의로운 보응은 결코 영원히 잠자지 않습니다.

사랑하는 성도 여러분, 심은 대로 거두는 것이 하나님이 심판하시는 원리입니다. 그래서 "스스로 속이지 말라"고 권면합니다. 하나님은 우리에게 속임을 당하지 않으십니다. 우리가 살면서 어떻게 심어 왔든 노년에 거두게 될 것입니다. 우리가 봄에 무엇을 뿌렸든 가을에 그것을 거두게 될 것입니다. 젊은 날 하나님 말씀대로 살기 위해 훈련한 사람과 그렇지 않은 사람은 삶의 가을에 거둘 때 분명한 차이가 있을 것입니다.

> 스스로 속이지 말라 하나님은 업신여김을 받지 아니하시나니 사람이 무엇으로 심든지 그대로 거두리라 자기의 육체를 위하여 심는 자는 육체로부터 썩어질 것을 거두고 성령을 위하여 심는 자는 성령으로부터 영생을 거두리라(갈 6:7, 8).

생각하는 것이 세상적인 욕망밖에 없는 사람은 썩어질 것을 거둘 것입니다. 누구든 심은 대로 거둘 것입니다. 우리는 지금 어떻게 살고 있습니까? 그 나라를 위한 환난을 받으며 살아갑니까? "너희로 환난을 받게 하는 자들에게는 환난으로 갚으시고 환난을 받는 너희에게는 우리와 함께 안식으로 갚으시는 것이 하나님의 공의시니"(살후 1:6, 7)라고 성경은 밝히고 있습니다. 선지자들과 성도들의 피를 흘리게 한 큰 성 바벨론은 피를 마시게 될 것입니다. 하나님은 죽임당한 모든 자의 피를 큰 성 바벨론에 갚아 주실 것입니다. 그 행위대로 갑절을 갚아 주실 것을 말씀하고 있습니다.

사치와 영화, 교만과 자긍

그러면 심판을 부른 바벨론의 죄악은 무엇입니까? 7절 말씀이 그것을 폭로해 주고 있습니다.

> 그가 얼마나 자기를 영화롭게 하였으며 사치하였든지 그만큼 고통과 애통함으로 갚아 주라 그가 마음에 말하기를 나는 여왕으로 앉은 자요 과부가 아니라 결단코 애통함을 당하지 아니하리라 하니(18:7).

바벨론의 죄악은 사치와 영화입니다. 갈수록 세상은 어떤 부류의 사람들에게는 풍요로울 것입니다. 사치와 영화, 그것이 보편적으로 사람들이 추구하는 대상이 될 것입니다. 사치와 영화를 누리면 교만과 자긍이 뒤따라오게 되어 있습니다. 유한한 인생이면서도 무한한 하나님인 양 자긍하는 바벨론의 죄악은 하나님의 심판을 불러들입니다. 큰 성 바벨론의 사치와 자긍은 반드시 하나님의 심판을 불러옵니다.

사랑하는 성도 여러분, 여러분은 이전보다 풍족한 삶을 살고 있습니까? 마음을 낮은 데 두고 살아가십시오. 겸비하게 우는 자들과 함께 살아가십시오. 가진 자들은 갖지 않은 자들처럼 살아가라고 권하고 있습니다.

풍년을 주시는 하나님에게 감사하고, 사치와 자긍으로 하나님의 심판 아래 빠져들지 않도록 경고하고 있습니다. 큰 성 바벨론의 자부심과 교만을 공유하지 마십시오. 풍요롭고 행복한 상태가 계속되리라고 스스로 자랑하지 마십시오. "나는 여왕으로 앉은 자요 과부가 아니라 결단코 애통함을 당하지 아니하리라"고 여왕처럼 사치하며 자부하는 세상 사람들을 만나 보신 적은 없습니까?

과부는 고대 세계에서 궁핍하고 도움을 받지 못한 대표적인 계층입니다.

여왕과 가장 대조를 이루는 사람이 과부입니다. "나는 여왕으로 앉은 자요 과부가 아니라"고 하는 교만한 자기주장을 한번 들어 보십시오. 자기는 "결단코 애통함을 당하지 아니하리라", "절대로 슬픔을 당하지 아니하리라"고 말합니다. "다른 일은 몰라도 나는 결단코 애통함을 당하지 아니하리라"고 하는 그 교만의 외침이 지금 하늘에 달하고 있습니다.

교만한 자기주장에 타인의 권리를 유린하길 밥 먹듯 하는 군상에게서 멀어지십시오. 타인을 무시하고 모욕하는 거만을 목걸이로 삼고 살아가는 사람들에게서 벗어나야 합니다. 큰 차를 굴린다고 해서 길 가는 사람들을 무시하는 것은 이 시대 사람들이 짓는 죄악 중 하나입니다.

여러분은 "그가 마음에 말하기를 나는 여왕으로 앉은 자요 과부가 아니라 결단코 애통함을 당하지 아니하리라"고 말하는 이들에게 당해 보신 적이 없습니까? 구약 시인은 이런 사람을 만난 경험을 고백하고 있습니다. "악인은 그의 교만한 얼굴로 말하기를 여호와께서 이를 감찰하지 아니하신다 하며 그의 모든 사상에 하나님이 없다 하나이다 …… 그가 그의 마음에 이르기를 하나님이 잊으셨고 그의 얼굴을 가리셨으니 영원히 보지 아니하시리라"(시 10:4, 11)고 이들의 이야기를 그대로 옮기고 있습니다. 다윗 역시 "어리석은 자는 그의 마음에 이르기를 하나님이 없다 하는도다 그들은 부패하고 그 행실이 가증하니 선을 행하는 자가 없도다"(시 14:1)라고 실토합니다. 그래서 시편 73편에서 아삽은 탄식하고 있습니다.

> 그들은 죽을 때에도 고통이 없고 그 힘이 강건하며 사람들이 당하는 고난이 그들에게는 없고 사람들이 당하는 재앙도 그들에게는 없나니 그러므로 교만이 그들의 목걸이요 강포가 그들의 옷이며 살찜으로 그들의 눈이 솟아나며 그들의 소득은 마음의 소원보다 많으며 그들은 능욕하며 악하게 말하며 높은 데서 거만하게 말하며 그들의 입은 하늘에 두고 그들의

혀는 땅에 두루 다니도다(시 73:4-9).

하늘과 땅에서 못하는 말이 없습니다. "하나님이 어찌 알랴 지존자에게 지식이 있으랴"(시 73:11)라고 말하는 사람이 세상에 많습니다. 마음의 소원보다 소득이 더 많기에 자기가 인생뿐인 것을 망각하고 그 입에 무슨 말이든 내뱉고 살아가는 자들이 오늘 이 시대에 다 사라졌다고 생각하십니까?

큰 성 바벨론이 받는 심판의 특징

이런 악인들 가운데 살고 있는 하나님의 백성을 위로하기 위해 사도 요한은 세 번째 신탁을 전달하고 있습니다.

> 그러므로 하루 동안에 그 재앙들이 이르리니 곧 사망과 애통함과 흉년이라 그가 또한 불에 살라지리니 그를 심판하시는 주 하나님은 강하신 자이심이라(18:8).

본문은 교만한 성 바벨론이 받을 심판의 양상을 기술하고 있습니다. 그 심판의 특징은 갑작스러운 데 있습니다. "하루 동안에"라는 말은 옛 바벨론의 심판을 기억나게 합니다. 이스라엘을 통한 바벨론의 심판 통고를 들어보십시오.

> 그러므로 사치하고 평안히 지내며 마음에 이르기를 나뿐이라 나 외에 다른 이가 없도다 나는 과부로 지내지도 아니하며 자녀를 잃어버리는 일도 모르리라 하는 자여 너는 이제 들을지어다 한날에 갑자기 자녀를 잃으며 과부가 되는 이 두 가지 일이 네게 임할 것이라 네가 무수한 주술과 많은

주문을 빌릴지라도 이 일이 온전히 네게 임하리라(사 47:8, 9).

그 마음에 교만히 말하는 자에게는 재앙이 "한날에 갑자기" 임할 것입니다. 18장은 재앙의 갑작스러움을 면면히 나타내 보여 주고 있습니다. 10절에 보니 "그의 고통을 무서워하여 멀리 서서 이르되 화 있도다 화 있도다 큰 성, 견고한 성 바벨론이여 한 시간에 네 심판이 이르렀다"고 말합니다. 17절에도 "그러한 부가 한 시간에 망하였도다" 하고, 19절에도 "화 있도다 화 있도다 이 큰 성이여 바다에서 배 부리는 모든 자들이 너의 보배로운 상품으로 치부하였더니 한 시간에 망하였도다"라고 밝히고 있습니다.

하나님은 그 영광을 다른 이에게 결단코 빼앗기지 않으십니다. 교만하게 성 전체로 술잔치를 벌이던 벨사살 왕에게 임한 심판을 기억하십니까? 모든 교만은 하나님의 신속한 심판을 불러들이는 손짓입니다. 큰 성 바벨론에 임한 재앙의 두 번째 특징은 그 철저성에 있습니다.

그러므로 하루 동안에 그 재앙들이 이르리니 곧 사망과 애통함과 흉년이라 그가 또한 불에 살라지리니……(18:8).

모든 재앙은 종류대로 바벨론 성을 찾아옵니다. 세상 사람들은 믿기 어려운 심판이라고 생각할 것입니다. 그러나 이 재앙들은 피할 수 없습니다. 사망이 그들을 덮칠 것입니다. 그래서 통곡할 것입니다. 흉년이 그들을 따를 것입니다. 모든 재앙이 차례대로 임하고, 그리고 불에 살라지는 최후를 맞이할 것입니다.

요즘 사람들은 가끔 불이 얼마나 무서운지 잊어버리고 살아갑니다. 그러나 옛날 사람들은 불에 살라진다는 것이 어떠한 종말인지 알고 살았습니다. 부족과 부족이 서로를 침범해서 한 마을을 공략해 버리고 완전히 태워 버렸습니다. 그래서 어디 갔다 오다가 마을이 불타고 있는 연기를 보면 '끝장나는구나' 하고 다 알았던 것입니다. "그가 또한 불에 살라지리니"라는 말의 의미는 그만큼 당대 사람들에게 심각한 것입니다. 솟아오르는 연기는 몰락의 상징입니다. 애통과 굶주림과 죽음만 남을 것입니다. 화려한 바벨론 문명의 최후를 제3의 신탁이 선언하고 있습니다.

큰 성 바벨론에 임한 재앙의 마지막 특징은 그것이 강한 하나님에게서 온다는 데 있습니다. 그러기에 아무도 벗어날 수 없는 심판입니다. 필연적인 심판입니다. 그날은 경고도 없이 임할 것입니다. "그를 심판하시는 주 하나님은 강하신 자이심이라"고 말씀합니다.

하나님이 오래 참으시니까 사람들이 대담해져서 두려워할 줄 모릅니다. 그러나 심판하시는 하나님은 강하신 하나님입니다. 하나님은 기다리시고, 기다리시고, 돌아오기를 기다리시지만, 끝까지 거역하는 자들은 무섭게 심판하실 것입니다. 살아온 데 대해 뉘우치지 아니하면 하나님의 심판은 무서울 것입니다. 심판하시는 하나님은 강하신 분입니다. 하나님의 능력을 간과하지 마십시오. 그분 앞에 겸비해지십시오. 사람을 속이듯 하나님을 속이려 해서는 안 됩니다. 사람은 속일 수 있습니다. 사람의 눈은 피할 수 있습니다. 그러나 하나님의 눈은 피할 수가 없습니다. 하나님은 결코 속임을 당하지 않으십니다. 그분은 공정히 심판하실 능력자이십니다. 그를 심판하시는 주 하나님은 강하신 자이심을 항상 기억하십시오.

겸비해지라

사랑하는 성도 여러분, 큰 성 바벨론의 사치가 극에 달한 시대를 살고 있습니다. 그 어느 때보다 방종으로 치닫고 있는 시대에 우리가 살고 있습니다. 부를 추구하는 것이 사람들의 보편적인 목표가 된 시대입니다. 하나님

없이도 안전하다고 사람들은 생각합니다. 하나님 없이도 번영할 수 있다고 생각합니다. 하나님 없이도 우리에게 주어진 것들을 지켜갈 수 있다고 생각합니다. 그런 자들 중에서 "내 백성아, 거기서 나오라" 하시며 교만한 죄에서 벗어나라고 말씀하십니다. 그러한 죄에서 벗어나야 그 받을 재앙에 동참하지 아니할 것이기 때문입니다. 세상 사람들이 오늘 짓는 죄에 동참하면서 내일 세상이 받을 재앙에서 도피할 수 있으리라 생각하는 것은 스스로를 속이는 것입니다.

오늘 우리의 젊은 날 꿈이 다른 젊은이들과 다를 바 없다면 어떻게 노년에 다른 삶을 살 수 있을 거라고 생각할 수 있습니까? 하나님의 능하신 손 아래 겸비해져야만 합니다. 자신에게 주어진 기회를 하나님에게 어떻게 보답하고 있는지 생각해 보십시오. 하나님 없이 내 계획대로 내일이 있으리라 생각합니까? "내 백성아, 거기서 나오라"고 하늘 아버지가 오늘도 호소하고 계십니다. 오늘 우는 자를 내일 위로하실 것입니다. 오늘 웃는 자를 내일 애통하게 하실 심판의 하나님입니다. 데살로니가후서 말씀을 다시 한 번 보십시오.

> 너희로 환난을 받게 하는 자들에게는 환난으로 갚으시고 환난을 받는 너희에게는 우리와 함께 안식으로 갚으시는 것이 하나님의 공의시니 주 예수께서 자기의 능력의 천사들과 함께 하늘로부터 불꽃 가운데에 나타나실 때에 하나님을 모르는 자들과 우리 주 예수의 복음에 복종하지 않는 자들에게 형벌을 내리시리니(살후 1:6-8).

하나님은 마지막 심판의 날을 준비하고 계십니다. 하나님의 복음을 전혀 알지 못한 사람들을 그날 심판하실 것입니다. 그리고 하나님의 복음을 듣고도 순종하지 아니한 자들을 심판하실 것입니다.

하나님 백성인 양 나와 앉아 있으면서도 하나님 말씀대로 살지 않는 자들을 향해 하나님은 심판하실 분으로 자기를 소개하고 계십니다. 주일에 예배하는 일뿐 아니라 엿새 동안 세상의 죄악에 동참하지 않는 삶을 살 때에만 세상이 받는 형벌에서 벗어 날 수 있습니다.

> 이런 자들은 주의 얼굴과 그의 힘의 영광을 떠나 영원한 멸망의 형벌을 받으리로다(살후 1:9).

하나님을 모르는 자들, 하나님에게 순종하지 않는 자들에게 영원한 멸망의 형벌이 기다리고 있습니다. 그러나 성도들에게는 다를 것입니다. 능력 가운데 그분이 강림하실 때 우리는 그분에게 영광을 돌려 드릴 것입니다. 경이의 찬양으로 그분에게 나아갈 것입니다. 그날 우리는 환난에서 안식으로 옮겨질 것입니다. 사랑하는 성도 여러분, 그날의 소망이 여러분에게 더 분명해지기를 바랍니다. 그날의 안식을 더욱 사모하면서 오늘 이 세상을 살아가기를 바랍니다.

Revelation

요한계시록 18장 9-20절

9 그와 함께 음행하고 사치하던 땅의 왕들이 그가 불타는 연기를 보고 위하여 울
고 가슴을 치며 10 그의 고통을 무서워하여 멀리 서서 이르되 화 있도다 화 있도
다 큰 성, 견고한 성 바벨론이여 한 시간에 네 심판이 이르렀다 하리로다 11 땅의
상인들이 그를 위하여 울고 애통하는 것은 다시 그들의 상품을 사는 자가 없음
이라 12 그 상품은 금과 은과 보석과 진주와 세마포와 자주 옷감과 비단과 붉은
옷감이요 각종 향목과 각종 상아 그릇이요 값진 나무와 구리와 철과 대리석으로
만든 각종 그릇이요 13 계피와 향료와 향과 향유와 유향과 포도주와 감람유와 고
운 밀가루와 밀이요 소와 양과 말과 수레와 종들과 사람의 영혼들이라 14 바벨론
아 네 영혼이 탐하던 과일이 네게서 떠났으며 맛있는 것들과 빛난 것들이 다 없
어졌으니 사람들이 결코 이것들을 다시 보지 못하리로다 15 바벨론으로 말미
암아 치부한 이 상품의 상인들이 그의 고통을 무서워하여 멀리 서서 울고 애통
하여 16 이르되 화 있도다 화 있도다 큰 성이여 세마포 옷과 자주 옷과 붉은 옷
을 입고 금과 보석과 진주로 꾸민 것인데 17 그러한 부가 한 시간에 망하였도
다 모든 선장과 각처를 다니는 선객들과 선원들과 바다에서 일하는 자들이 멀
리 서서 18 그가 불타는 연기를 보고 외쳐 이르되 이 큰 성과 같은 성이 어디 있
느냐 하며 19 티끌을 자기 머리에 뿌리고 울며 애통하여 외쳐 이르되 화 있도
다 화 있도다 이 큰 성이여 바다에서 배 부리는 모든 자들이 너의 보배로운 상
품으로 치부하였더니 한 시간에 망하였도다 20 하늘과 성도들과 사도들과 선
지자들아, 그로 말미암아 즐거워하라 하나님이 너희를 위하여 그에게 심판을
행하셨음이라 하더라

31
비탄의 노래

그리스도 안에서 사랑하는 성도 여러분! 계시록 18장은 큰 성 바벨론의 심판에 대해 말하고 있습니다. 큰 성 바벨론의 심판은 인류 문명의 심판을 상징합니다. 죄악 된 인류 문명은 반드시 그 최후를 맞이합니다. 우리가 사는 지구 문명은 반드시 그 최후의 날을 맞이할 것입니다. 사람들은 세상이 영원할 듯이 살고 있습니다. 그러나 성경은 변함없이 최후의 날을 증거하고 있습니다. 이 종말에 대한 신앙이 우리를 갈라놓을 것입니다. 여러분은 세상이 영원하리라고 생각합니까? 아니면, 세상이 그 끝 날을 맞이하리라고 믿고 있습니까?

계시록 18장은 세 번이나 큰 성 바벨론의 파멸을 선고합니다. 세 차례의 신탁을 통해 그 최후를 선언합니다. 지난번에 살펴본 세 번째 신탁에 이어 이번 본문에는 세 부류의 사람들의 입에서 터져 나오는 세 차례 애가가 있습니다. 왕들, 상인들, 선인들의 애가입니다. 비탄의 노래마다 "화 있도다

화 있도다 큰 성, 바벨론이여"(18:10, 16, 19 참조)와 같이 거의 비슷한 후렴으로 끝나고 있습니다.

이 비탄의 노래는 에스겔 26-28장에 나오는 두로에 대한 에스겔 선지자의 파멸 노래에 뿌리를 두고 있습니다. 이것은 우연한 일치가 아닙니다. 사도 요한은 지금껏 우리가 만나 본 대로 묵시의 근원을 구약 선지자들의 예언 속에 두고 있습니다. 그가 묵상한 구약 예언이 그가 당면한 미래에 대한 전망을 밝혀 주고 있습니다. 그러기에 성도들은 신구약 성경 말씀을 묵상하는 것입니다. 그것이 우리 발의 등불이 될 것입니다. 말씀을 암송하십시오. 그것이 우리 삶을 보호할 것입니다.

종말(심판)에 대한 상반된 반응

본문을 한번 보십시오. 본문을 통해서 바벨론 심판에 대한 상반된 반응을 살펴보겠습니다. 크게 두 가지 반응이 기술되어 있습니다. 먼저는 기득권자들의 반응을 비탄의 노래로 길게 기술하고 있습니다. 다음은 신자들의 반응을 하늘의 요청 형식으로 짧게 기록하고 있습니다.

종말은 대조적인 반응을 가져올 것입니다. 종말을 예상하지 않고 살아온 사람들에게 그날은 낭패의 순간일 것입니다. 세상과 더불어 모든 특권을 누리던 사람들에게는 세상의 멸망이 모든 것의 상실을 의미할 것입니다. 그러므로 그들은 상심하고 낙담하고 슬퍼할 것입니다. 울며 가슴을 치고 자기 머리에 티끌을 뿌릴 것입니다. 그러나 종말을 대망해 온 성도들의 반응은 다릅니다. 하나님의 날이 임하기를 바라보고 간절히 사모하던 하나님의 백성은 다릅니다. 거룩한 행실과 경건함으로 그날이 오기를 대망하던 주의 백성에게는 다를 수밖에 없습니다. 본문은 세상에 모든 것을 걸고 살던 사람들의 반응을 길게 기술하고 있습니다.

> 그와 함께 음행하고 사치하던 땅의 왕들이 그가 불타는 연기를 보고 위하여 울고 가슴을 치며 그의 고통을 무서워하여 멀리 서서 이르되 화 있도다 화 있도다 큰 성, 견고한 성 바벨론이여 한 시간에 네 심판이 이르렀다 하리로다(18:9, 10).

땅의 왕들의 반응을 필두로 땅의 상인들의 반응을 가장 길게 기술한 다음, 마지막으로 바다에서 배 부리는 자들의 반응을 기록하고 있습니다.

> 땅의 상인들이 그를 위하여 울고 애통하는 것은 다시 그들의 상품을 사는 자가 없음이라(18:11).

> 모든 선장과 각처를 다니는 선객들과 선원들과 바다에서 일하는 자들이 멀리 서서 그가 불타는 연기를 보고 외쳐 이르되 이 큰 성과 같은 성이 어디 있느냐 하며 티끌을 자기 머리에 뿌리고 울고 애통하여 외쳐 이르되 화 있도다 화 있도다 이 큰 성이여 바다에서 배 부리는 모든 자들이 너의 보배로운 상품으로 치부하였더니 한 시간에 망하였도다(18:17-19).

애통하는 이유

세 차례의 비가(悲歌)가 세 부류의 기득권자에게서 터져 나오고 있습니다. 땅의 왕들, 땅의 상인들, 바다의 해운업자들입니다. 모두 바벨론의 멸망으로 인해 돌이킬 수 없는 손해를 보는 자들입니다. 그래서 그들은 함께 슬피 울고 가슴을 칩니다. 하나같이 비탄의 노래를 부르고 있습니다.

모든 기회를 바벨론에 걸었을 뿐만 아니라, 모든 기반이 큰 성 바벨론에 있던 그들의 손실은 엄청 납니다. "화 있도다 화 있도다 큰 성, 견고한 성 바벨론이여"라고 울부짖는 그들의 모습을 보십시오. 그들은 왜 슬퍼합니까? 그들이 읊조리는 비탄의 노래를 자세히 들어 보면 각기 조금씩 다른 이유에서 슬퍼하고 있습니다. 왕들은 "큰 성, 견고한 성 바벨론이여"라고 부르고 있습니다. 상인들은 그 같은 성을 세마포와 자주와 붉은 옷을 입고 금과 보석과 진주로 꾸민 것이라 말하며(18:16 참조) 슬픈 노래를 부르고 있습니다.

각자 자신의 관점에 따라 바벨론의 멸망을 보고 있습니다. 성 자체의 멸망을 보고 애통하는 자는 아무도 없습니다. 그보다는 모두 이익을 더 얻을 수 없어서 애가를 부르고 있습니다. 큰 성 바벨론은 그들을 유혹하고 부요하게 했지만 아무도 그 여자를 진정으로 사랑하지는 않았습니다. 다만 이용하다가 더 이상 이용할 수 없게 됨을 알자 슬퍼할 뿐입니다.

왕들은 그 성이 멸망함으로 불타는 연기를 보고 그의 고통을 무서워하여 울부짖고 있습니다. 상인들은 성이 멸망함으로 그 큰 시장이 사라진 것 때문에 슬퍼하고 있습니다. 뱃사람 역시 다를 바 없습니다. 더 이상 무역할 수 없어서 슬퍼할 따름입니다. 아무도 그 성이나 그 성에 사는 사람들의 처지에서 슬퍼하지 않습니다. 다만 자신들의 이익이 끝난 것을 애통해 할 뿐입니다. 무언가 더 얻을 수 없는 처지가 된 것을 탄식할 뿐입니다. 그래서 모두들 불타는 성에서 멀찍이 서서 탄식만 늘어놓고 있을 뿐입니다. 왕들은 바벨론의 멸망으로 그들의 권력과 특권이 붕괴된 것을 슬퍼합니다. 상인들은 바벨론의 멸망으로 보고의 원천이던 값비싸고 사치스러운 상거래가 없어진 것을 애통하고 있습니다. 뱃사람들은 그들의 재산 증식 수단이 사라진 것을 한탄하고 있습니다. 깊은 물속에 상품들을 모두 수장시킨 옛 두로 사람들처럼 그들에게 세상적인 부의 상실은 모든 것의 상실이기에 낙담하고 있을 따름입니다.

난공불락처럼 보였던, 끝없을 것처럼 보였던 쾌락과 사치가 타오르는 연기와 함께 사라짐을 보고 탄식하고 있습니다. 세상 사람들 눈에는 이 세상 문명이 난공불락과 같습니다. 결코 무너지지 않을 것처럼 보입니다. 그들 눈에는 세상이 결코 끝날 것처럼 보이지 않습니다. 그렇기에 타오르는 연기를 목도하게 될 때 그들은 절망할 것입니다. 신시가지의 꿈에 부풀어 있던 사람들에게 신시가지마저 한줌의 잿더미로 화하게 될 때, 그들이 걸었던 모든 것이 사라지고 낙담할 것입니다.

불변하는 사람의 욕구

모두에게 절망적인 상황이지만, 본문은 특히 상인들의 손실을 길게 나열하고 있습니다.

> 땅의 상인들이 그를 위하여 울고 애통하는 것은 다시 그들의 상품을 사는 자가 없음이라(18:11).

그러면서 그들이 팔던 상품을 길게 늘어놓고 있습니다.

> 그 상품은 금과 은과 보석과 진주와 세마포와 자주 옷감과 비단과 붉은 옷감이요 각종 향목과 각종 상아 그릇이요 값진 나무와 구리와 철과 대리석으로 만든 각종 그릇이요 계피와 향로와 향과 향유와 유향과 포도주와 감람유와 고운 밀가루와 밀이요 소와 양과 말과 수레와 종들과 사람의 영혼들이라(18:12, 13).

에스겔의 예언 전통을 따라서 왕들보다 상인들에 치중하여 길게 기술하고 있습니다. 에스겔의 예언에서는 상품 하나하나의 생산지가 어디인지 언급하지만 요한은 침묵합니다. 요한 당대 사람들은 물건 이름만 들어도 그 것이 어느 지방에서 무역해 들어온 것인지 다 알고 있었기 때문입니다.

금, 상아 기명, 값진 나무는 북아프리카에서 수입되는 상품이라는 것을 알고 있습니다. 당대 바벨론인 로마에 살고 있던 사람들은 물품 이름만 들어도 어디에서 수입한 물품인지를 다 알고 있었습니다. 보석과 진주는 인도에서 수입된 물품이고, 계피는 중국 남부에서, 비단 역시 중국에서, 향, 향유, 유향 이런 향료들은 아랍에서, 밀과 고운 밀가루는 애굽에서, 말은 아르베니아에서, 수레는 고올(Gaul)에서 각각 수입한 물품이라는 것을 알고 있었습니다.

예나 지금이나 사람들은 수입품에 정신을 빼앗기고 그것을 사려고 발버둥 칩니다. 본문은 우리로 하여금 당대의 엄청난 물량 거래를 느낄 수 있도록 일부러 상품 목록을 길게 서술해 두고 있습니다. 금, 은, 보석, 진주, 세마포, 자주 옷감, 비단, 붉은 옷감, 순모 옷감, 아름다운 옷감, 현대에 나오는 상품들을 여기에 대입해 보십시오. 이 부분은 더 길어질 수 있습니다. 모든 모피 제품을 여기에 추가할 수 있을 것입니다.

백화점에 가 보십시오. 거기에는 여러 물건이 지금도 산더미처럼 쌓여 있습니다. 당대의 엄청난 물량이 당대의 바벨론 로마를 향해 몰려들었습니다. 크게 나누면 보석류, 직물, 장신구, 향신료가 있고, 식료품과 동물과 사람까지 팔고 있었습니다. 이 목록을 보면 백화점 몇 층에서 구입해야 될지 다 알 수 있는 물품들 아닙니까? 오늘날 바겐세일 못지않게 정신을 잃을 만큼 많은 물품이 당대 바벨론 로마에 넘치게 들이닥치고 있었습니다.

로마의 과소비는 유명했습니다. 오늘날 한국인들의 신 과소비에 버금갈 만했습니다. 한 번의 연회를 위해 이집트에서 들여온 장미꽃 값으로 8천만 원을 썼다는 기록이 있습니다. 어떤 황제는 임기 1년을 채 못 채웠는데 그동안 식품비로 160억을 소모했다는 기록이 있습니다. 어떤 로마 사람은 자신이 너무 가난한 것에 우울증이 걸려서 자살하고 말았는데, 남은 재산을 보니 지금 가치로 2억 4천만 원이 남아 있었습니다. 또한 과소비에는 졸부나 지식인이나 다를 바가 없었습니다. 우리가 아는 철인 세네카는 본문에 나오는 이 값진 나무로 상판을 만들고 상아로 다리를 만든 탁자를 300개나 가지고 있었다는 기록이 있습니다.

혼수품을 제외하고도 결혼 비용으로 수천만 원 넘게 들이는 것이 일상이 되어 가는 우리 시대 사람들의 모습이 바로 여기에 나오는 사람들의 모습입니다. 로마 당대의 풍요로운 삶을 누리는 사람들은 별종들이 아닙니다. 오늘 서울에 살고 있는 사람들과 같은 사람들입니다. 생긴 모습은 조금 다를지 모르지만 그들 속에서 꿈틀거리는 욕망은 꼭 같았습니다. 사람들의 욕망은 그때나 지금이나 다를 바가 없습니다. 당시에 로마의 과소비와 풍요로움은 속담이 될 만큼 유명했습니다. 하나님이 세상에 내려준 부의 10분의 9는 로마 시민이 다 차지했고, 남은 10분의 1로 나머지 세상 사람들이 가졌다고 합니다. 12절과 13절을 다시 한 번 보십시오.

> 그 상품은 금과 은과 보석과 진주와 세마포와 자주 옷감과 비단과 붉은 옷감이요 각종 향목과 각종 상아 그릇이요 값진 나무와 구리와 철과 대리석으로 만든 각종 그릇이요 계피와 향로와 향과 향유와 유향과 포도주와 감람유와 고운 밀가루와 밀이요 소와 양과 말과 수레와 종들과 사람의 영혼들이라(18:12, 13).

잘 읽어 보면 오늘날 바겐세일 품목과 별로 다를 바가 없습니다. 정규 뉴스 시간 전후로 등장하는 영상 광고 내용과도 비슷할 것입니다. 좀 특이한 품목이라면 마지막에 "종들과 사람의 영혼들이라"고 하는 부분일 것입니다. 문자대로 번역하면 '몸뚱이들과 사람의 영혼들'이라는 의미입니다. '몸뚱이들'이라는 표현은 당시 상인들이 종을 어떻게 취급했는지를 보여 줍니다.

몸뚱이 하나에 얼마냐는 것입니다. 심지어 예루살렘 그 거룩한 성에도 사람과 종들을 세워 파는 장소가 있었다고 역사가들은 기록하고 있습니다. 몸뚱이가 튼튼해 보이면 값이 올라갑니다. 왜소해 보이면 값이 내려갑니다. 당대 상인들의 사람 평가가 여실히 보이는 표현입니다. 종들은 다만 몸뚱이 이상이 아니었습니다. 그러나 사람의 영혼까지도 그들의 판매 목록에 포함되어 있습니다. 세상이 파는 것은 물건만이 아닙니다. 사람도 포함되어 있습니다. 양심의 가책도 없이 사람을 팔아 치웠습니다. 쾌락과 부와 권력을 위한 욕망으로 인해 사람들은 그들 자신의 생명을 팔아넘기고 있습니다.

세상을 사랑하지 마십시오

사랑하는 성도 여러분, 조심하십시오. 세상은 조금도 변하지 않았습니다. 세상 것을 얻기 위해 자기 영혼을 넘겨주는 어리석음을 범해서는 안 됩니다.

> 사람이 만일 온 천하를 얻고도 제 목숨을 잃으면 무엇이 유익하리요 사람이 무엇을 주고 제 목숨과 바꾸겠느냐(마 16:26).

서슴없이 영혼까지 값을 치르고 구매한 상품이 불타 없어지는 현장의 슬픈 노래를 들어 보십시오.

> 화 있도다 화 있도다 큰 성, 견고한 성 바벨론이여 한 시간에 네 심판이

이르렀다……(18:10).

이르되 화 있도다 화 있도다 큰 성이여 세마포 옷과 자주 옷과 붉은 옷을 입고 금과 보석과 진주로 꾸민 것인데 그러한 부가 한 시간에 망하였도다……(18:16, 17).

화 있도다 화 있도다 이 큰 성이여 바다에서 배 부리는 모든 자들이 너의 보배로운 상품으로 치부하였더니 한 시간에 망하였도다(18:19).

순간적으로 파멸했다는 것을 노래하고 있습니다. 세 번 반복되는 이 비탄의 노래와 대조적인 장면을 우리는 20절에서 살펴볼 수 있습니다.

하늘과 성도들과 사도들과 선지자들아, 그로 말미암아 즐거워하라 하나님이 너희를 위하여 그에게 심판을 행하셨음이라 하더라(18:20).

갑작스럽게 본문이 전환됩니다. 이것이 묵시록의 특징입니다. 묵시록이 무언지, 묵시록의 특징이 무언지 모르는 사람은 자기 꿈을 한번 생각해 보십시오. 꿈에서는 장면 전환이 순식간에 일어납니다. 첫 장면에는 분명히 내 남편 같은 사람이었는데 그 다음 장면에서 보니까 전혀 엉뚱한 사람이 나타납니다. 그것이 꿈, 묵시가 갖는 특징이 아닙니까?

꿈속의 주제 변화와 마찬가지로 자유로운 장면 전환이 한 번 더 나오고 있습니다. 슬픈 탄식이 길게 나온 다음에 그 슬픔과 대조적으로 하늘 백성의 한줄기 기쁨이 터져 나오고 있습니다.

시민권이 하늘에 있는 주님의 백성은 큰 성 바벨론이 멸망하는 것으로 슬퍼할 이유가 없습니다. 우리의 시민권은 하늘에 있습니다. 그러기에 이 세상이 불타는 것을 애통하는 애통에 동참할 이유가 없는 것입니다. 오히려 바벨론의 멸망은 우리에게 기쁨의 원인이고 축제의 원인이 되어야 합니다. 전능하신 하나님이 공의를 시행하고 계시기 때문입니다. 하나님의 심판 원리는 준 대로 갚아 주는 것입니다. 세상이 준 대로 갚아 주시는 것이 하나님의 심판 원리입니다. 갈망하던 하나님의 공의의 심판이 이루어졌습니다. 그러기에 성도들은 기뻐하고 즐거워하고 있습니다. "하늘에 있는 천사들이여 땅에 있는 성도들이여 사도들이여 선지자들이여 기뻐하고 즐거워하라 하나님이 심판하셨도다"(18:20 참조).

불의한 세상만으로 역사가 끝난다면 신자야말로 세상에서 가장 불쌍한 자입니다. 욕망을 따라 달려 보지도 못하고 세상이, 역사가 종장에 이른다면 신자들이 얼마나 불행하겠습니까?

그러나 역사는 의가 거하는 바 새 하늘과 새 땅의 도래로 마감할 것입니다. 분명한 미래가 전능하신 하나님 손에 있습니다. 오늘 멸시와 박해를 받는 주의 백성을 위한 큰 날을 예비하신 하나님이 내일 그 공의로운 심판으로 보상해 주실 것입니다. 우리가 주의 나라를 위해 흘린 눈물을 기억하실 것입니다. 그 나라를 위해 흘린 땀을 하나님이 기억하실 것입니다. 하나님 나라를 위해 신실함으로 흘린 그 피를 반드시 보상해 주실 것입니다.

이제 그 보상이 시행되었습니다. 하나님의 공의의 보응은 최후의 승자가 누구인지 밝혀 줄 것입니다. 큰 환난의 날에는 성도가 짐승의 표적이었습니다. 이제 무서운 시간은 지나가고 하나님이 바벨론을 심판하셨습니다. 하나님이 심판주로 자신을 계시하셨습니다. 지상의 악을 소멸하셨습니다. 하나님이 그 백성을 구출하셨습니다. 당신의 의를 정오의 해같이 드러내셨습니다. 하늘과 성도들은 기뻐하라고 하늘의 외침이 터져 나오고 있습니다. 이것은 개인적인 보복의 날이 아닙니다. 하나님의 공의가 완전히 이루어지는 역사의 심판 날입니다.

그날, 여러분이 살고 있는 이 성이 완전히 무너져 버리는 그날, 여러분은 어떤 반응을 보일 것입니까? 애통할 것입니까? 탄식할 것입니까? 아니면 세상의 멸망이 하나님의 공의로운 심판의 시행인 것으로 말미암아 기뻐하실 것입니까? 세 차례의 비탄의 노래가 여러분에게는 하늘 찬양의 전주곡이 되게 하십시오. 여러분이 하나님 나라에 시민권을 두고 있다면 땅이 망하는 순간은 슬퍼하는 순간일 수 없습니다. 하나님 나라가 도래하는 순간이기 때문입니다. 땅이 무너져 내리는 것은 하나님 나라가 도래하는 순간입니다. 세상 나라가 하나님 나라가 되는 순간입니다. 사도 요한은 이렇게 선언합니다.

> 이 세상이나 세상에 있는 것들을 사랑하지 말라 누구든지 세상을 사랑하면 아버지의 사랑이 그 안에 있지 아니하니 이는 세상에 있는 모든 것이 육신의 정욕과 안목의 정욕과 이생의 자랑이니 다 아버지께로부터 온 것이 아니요 세상으로부터 온 것이라 이 세상도, 그 정욕도 지나가되 오직 하나님의 뜻을 행하는 자는 영원히 거하느니라(요일 2:15-17).

"육신의 정욕"은 사람의 타락한 본성으로 나오는 욕망이고, "안목의 정욕"은 보는 것마다 손에 넣고 싶어 하는 것이고, "이생의 자랑"은 다만 이 현세에만 한정된 욕망이라는 것입니다.

세상을 사랑하지 마십시오. 우리는 세상을 이기도록 부름받은 사람들입니다. 세상에 혼을 빼어 주는 자들이 아니라 맑은 정신으로 세상을 정복해 나가는 것이 우리의 부름입니다. 그 종말에 찬양하는 사람들 가운데에 여러분이 있기를 바랍니다. 그 노래 속에 여러분의 찬양이 함께하기를 바랍니다. 의가 거하는 바 새 하늘과 새 땅이 도래하는 순간에 우리를 구원하신 영혼의 구주 예수를 마음껏 찬송하는 사람들이 되기를 바랍니다.

Revelation

요한계시록 18장 21-24절

21 이에 한 힘센 천사가 큰 맷돌 같은 돌을 들어 바다에 던져 이르되 큰 성 바벨
론이 이같이 비참하게 던져져 결코 다시 보이지 아니하리로다 22 또 거문고 타
는 자와 풍류하는 자와 퉁소 부는 자와 나팔 부는 자들의 소리가 결코 다시 네
안에서 들리지 아니하고 어떠한 세공업자든지 결코 다시 네 안에서 보이지 아
니하고 또 맷돌 소리가 결코 다시 네 안에서 들리지 아니하고 23 등불 빛이 결
코 다시 네 안에서 비치지 아니하고 신랑과 신부의 음성이 결코 다시 네 안에서
들리지 아니하리로다 너의 상인들은 땅의 왕족들이라 네 복술로 말미암아 만
국이 미혹되었도다 24 선지자들과 성도들과 및 땅 위에서 죽임을 당한 모든 자
의 피가 그 성중에서 발견되었느니라 하더라

32

결코 다시 보이지 아니하리로다

그리스도 안에서 사랑하는 성도 여러분! 심판은 희비 교차를 가져옵니다. 지금 웃는 자는 그때 울고 가슴을 칠 것입니다. 지금 우는 자는 그때 즐거워할 것입니다.

> 지금 주린 자는 복이 있나니 너희가 배부름을 얻을 것임이요 지금 우는 자는 복이 있나니 너희가 웃을 것임이요 …… 그러나 화 있을진저 너희 부요한 자여 너희는 너희의 위로를 이미 받았도다 화 있을진저 너희 지금 배부른 자여 너희는 주리리로다 화 있을진저 너희 지금 웃는 자여 너희가 애통하며 울리로다(눅 6:21, 24, 25).

지금껏 계시록 18장은 웃는 자의 애통을 기술했습니다. 동시에 우는 자의 기쁨의 찬양을 요청해 왔습니다. 18장의 주조를 이루는 비탄의 노래는 기득권자의 입에서 터져 나오고 있습니다. 땅의 왕들과 상인들과 바다의 해운업자들이 바벨론의 멸망을 보고 멀리 서서 울고 가슴을 치고 애통하고 있습니다. 그러나 우리는 세 차례 애가의 뒷부분에서 짧지만 확실한, 대조적인 하늘 요청을 듣습니다.

> 하늘과 성도들과 사도들과 선지자들아, 그로 말미암아 즐거워하라 하나님이 너희를 위하여 그에게 심판을 행하셨음이라 하더라(18:20).

바벨론 심판에 대한 반응을 길게 기술한 다음에 본문 21-24절에서 다시 한 번 행동 계시와 그에 따른 심판으로 바벨론 심판을 보여 주고 있습니다.

바벨론의 최후를 보여 주는 행동 예언

> 이에 한 힘센 천사가 큰 맷돌 같은 돌을 들어 바다에 던져 이르되 큰 성 바벨론이 이같이 비참하게 던져져 결코 다시 보이지 아니하리로다(18:21).

행동 예언은 말로 들려주어도 못 알아듣는 백성에게 하나님이 자주 쓰신 방법입니다. 구약 예언자들은 말씀을 더디 듣는 백성에게 가끔 일인극으로 메시지를 전하고는 했습니다. 이사야, 예레미야, 에스겔도 일인극으로 메시지를 전했습니다. 완고한 사람들을 위해서 하나님은 귀로 듣는 대신에 눈으로도 보게 하여 그 메시지를 깨닫도록 하십니다. 세 차례의 슬픈 노래를 들려주어도 두려움이 없는 사람을 향해서 한 힘센 천사의 모노드라마를 준비하고 계십니다.

계시록에는 가끔 힘센 천사가 등장합니다. 우리는 5장 2절에서 큰 두루마리를 지키는 힘센 천사의 음성을 들었습니다.

누가 그 두루마리를 펴며 그 인을 떼기에 합당하냐…….

우리는 또 다른 힘센 천사의 등장을 10장에서 보았습니다.

구름을 입고 하늘에서 내려오는데 그 머리 위에 무지개가 있고 그 얼굴은 해 같고 그 발은 불기둥 같으며 그 손에는 펴 놓인 작은 두루마리를 들고 그 오른발은 바다를 밟고 왼발은 땅을 밟고 사자가 부르짖는 것같이 큰 소리로 외치니……(10:1-3).

그 순간 일곱 우레가 그 소리를 발했다고 기록하고 있습니다.

우리는 본문에서 힘센 천사의 세 번째 등장을 보고 있습니다. 하나님의 능력을 보여 주기에 합당한 힘센 천사가 등장합니다. 그가 펼치는 모노드라마를 유심히 지켜보십시오. 큰 맷돌 같은 돌을 들어서 바다에 던집니다. 듣는 귀가 더딘 사람도 보면 알 수 있도록 큰 맷돌 같은 돌을 바다에 던져 버립니다. 바다에 떨어진 맷돌은 흰 거품을 내면서 신속히 사라집니다.

"한 시간에" 심판을 맞이한 바벨론의 멸망을 극화한 장면입니다. 큰 연자 맷돌 같은 무거운 돌은 바다에 떨어지는 즉시 하얀 거품을 내면서 사라져 버립니다. 힘센 천사의 엄청난 힘으로 큰 도시 바벨론을 던질 터이니 다시는 그 흔적도 찾을 수 없을 것이라고 합니다.

또 거문고 타는 자와 풍류하는 자와 퉁소 부는 자와 나팔 부는 자들의 소리가 결코 다시 네 안에서 들리지 아니하고 어떠한 세공업자든지 결코 다시 네 안에서 보이지 아니하고 또 맷돌 소리가 결코 다시 네 안에서 들리지 아니하고 등불 빛이 결코 다시 네 안에서 비치지 아니하고 신랑과 신부의 음성이 결코 다시 네 안에서 들리지 아니하리로다……(18:22, 23).

행동 예언은 말로 전달되는 계시를 재확인하는 역할을 합니다. 힘센 천사의 행동이 바벨론의 최후를 실감나게 보여 주고 있습니다. 세상의 눈에는 큰 맷돌처럼 대단한 바벨론을 바다에 던져 넣는 천사의 행동은 하나님의 지극히 큰 능력을 보여 주고 있습니다.

멸망의 최후 모습

완벽하고 철저한 멸망을 보여 주고 나서 관중의 관심을 사로잡는 큰 소리로 바벨론의 멸망을 선포하고 있습니다. 이 힘센 천사의 설명을 두 부분으로 나눌 수 있습니다. 이같이 완벽한 최종 멸망을 먼저 서술하고, 이어서 그 멸망의 원인을 밝히고 있습니다.

먼저, 멸망한 바벨론 도성을 바라보십시오. 침묵이 그 도성을 장악하고 있습니다. 사람들로 북적되던 도시를 정적이 지배하고 있습니다. 사람들의 활동이 활발하던 곳에서 모든 행위가 중단되었습니다. 모든 것이 적막 속에 가라앉고 모든 빛이 사라진 곳입니다. 완벽한 정적과 완벽한 암흑만이 북적대던 도시 바벨론의 거리를 장악하고 있습니다. 완벽한 고요와 완벽한 암흑은 바벨론의 전적인 파멸을 상징합니다. 예전에는 사람들로 들끓던 도시였습니다. 자기 추구 활동으로 번잡하던 곳에 지금은 죽음과 폐허의 정적만 자리하고 있습니다. 옛 선지자의 예언이 완전히 성취된 시대입니다.

> 보라 여호와께서 땅을 공허하게 하시며 황폐하게 하시며 지면을 뒤집어 엎으시고 그 주민을 흩으시리니 …… 땅이 온전히 공허하게 되고 온전히 황무하게 되리라 …… 그러므로 저주가 땅을 삼켰고 그중에 사는 자들이 정죄함을 당하였고 땅의 주민이 불타서 남은 자가 적도다 새 포도즙이 슬퍼하고 포도나무가 쇠잔하며 마음이 즐겁던 자가 다 탄식하며 소고 치는

기쁨이 그치고 …… 노래하면서 포도주를 마시지 못하고 독주는 그 마시는 자에게 쓰게 될 것이라 …… 모든 즐거움이 사라졌으며 땅의 기쁨이 소멸되었도다(사 24:1, 3, 6-11).

이사야 24장 초반부에서 말하고 있는 예언입니다. 예레미야서에도 같은 유의 예언이 나오고 있습니다.

내가 그들 중에서 기뻐하는 소리와 즐거워하는 소리와 신랑의 소리와 신부의 소리와 맷돌 소리와 등불 빛이 끊어지게 하리니 이 모든 땅이 폐허가 되어 놀랄 일이 될 것이며……(렘 25:10, 11).

에스겔 26장에도 유사한 예언이 나오고 있습니다. 계시록 18장은 구약의 파멸 예언이 궁극적으로 성취된 상황을 서술하고 있습니다.

또 거문고 타는 자와 풍류하는 자와 퉁소 부는 자와 나팔 부는 자들의 소리가 결코 다시 네 안에서 들리지 아니하고 어떠한 세공업자든지 결코 다시 네 안에서 보이지 아니하고 또 맷돌 소리가 결코 다시 네 안에 들리지 아니하고 등불 빛이 결코 다시 네 안에 비치지 아니하고 신랑과 신부의 음성이 결코 다시 네 안에 들리지 아니하리로다(18:22, 23).

빛이 사라짐은 멸망한 도시의 적막을 강조합니다. 모든 결혼식은 과거의 일입니다. 신랑, 신부의 기쁨이 더 이상 남아 있지 아니할 것입니다.

바벨론은 지금껏 예술 활동의 중심지였습니다. 왕들과 상인들은 예술 활동의 후원자였습니다. 그러나 지금은 음악을 비롯한 모든 예술 활동이 중단되었습니다. 상업 활동의 중심지인 바벨론의 적막을 보십시오. 상업뿐 아니라 공업 활동 역시 끝장을 보았습니다. 상공업뿐만 아니라 일상적인 활동마저 끝난 폐허의 적막만이 도사리고 있습니다.

옛날에는 밥을 해서 먹으려면 집집마다 맷돌을 돌려서 곡식을 갈아야 했습니다. 그러므로 맷돌 소리가 그친다는 것은 그곳에 더 이상 사람이 살지 않는다는 말입니다. 밤도 낮도 없고 모든 활동이 정지된 죽음의 도시를 그리고 있습니다. 사람의 활동이 결코 보이지 않을 것이라고 반복하고 있습니다. "결코 다시"라는 말을 여섯 번 반복하여 그 완벽한 파멸을 선언하고 있습니다. 교만한 자를 흩으시고, 힘센 자를 보좌에서 끌어 내리시고, 부자를 공수로 돌리시는 하나님의 심판 활동이 완료된 상황입니다. 큰 맷돌 같은 바벨론을 깊은 바다에 던져 버렸습니다.

사랑하는 성도 여러분, 상공업 활동에 종사하는 사람들뿐 아니라 일상생활에 매여 있는 사람들조차 바쁘게 돌아가는 것이 이 세상 삶의 특징입니다. 우리의 정신을 빼가려 하는 것이죠. 그러나 기억하십시오. 적막이 덮칠 날이 다가오고 있습니다. 암흑이 우리를 삼킬 때가 서서히 다가오고 있습니다. 개인적인 종말의 날이 찾아오는 동시에 인류 문명 최후의 날이 우리를 찾아올 것입니다. 흔적도 없이 우리 삶의 자취를 삼켜 버리는 하나님의 심판 날이 우리 모두에게 다가오고 있습니다.

사랑하는 성도 여러분, 그날 여러분은 어떻게 반응할지를 한번 생각해 보십시오. 그날 여러분의 반응을 미리 생각하면서 살아가십시오. 지금 웃고 즐기다가 그날 애통하지 마십시오. 지금은 고난받으나 그날 안식할 것을 내다보는 순례자의 길을 걸어가십시오. 오늘 박해와 환난 속에서 인내와 믿음으로 살아가십시오. 지금 환난받는 그 백성에게 그날 안식으로 갚으시는 것이 하나님의 공의입니다.

세상이 줄 수 있는 모든 쾌락에 정신을 빼앗겨 살아가는 것이 아니라 하나님의 백성과 함께 다가올 하나님의 도성을 향해 가는 이 땅의 나그네로 살아가십시오. 규모 없는 삶에서 벗어나십시오. 일주일에 168시간, 우리에게 주어진 시간을 책임 있게 감당하십시오. 수고하고 열심히 값을 치른 양식을 먹고 살아가십시오. 선을 행하다가 낙심하지 마십시오. 그날의 보상이 우리를 기다리고 있습니다.

심판의 이유

큰 소리로 외치는 천사의 음성에 계속 귀를 기울여 보십시오. 그가 바벨론 심판의 이유를 밝혀 주고 있습니다.

> 너의 상인들은 땅의 왕족들이라 네 복술로 말미암아 만국이 미혹되었도다 선지자들과 성도들과 및 땅 위에서 죽임을 당한 모든 자의 피가 그 성 중에서 발견되었느니라……(18:23, 24).

이 부분은 새번역 성경의 번역이 더 나아 보입니다.

> 그것은 네 상인들이 땅의 세도가로 행사하고 모든 민족이 네 마술에 속아 넘어갔기 때문이고, 예언자들의 피와 성도들의 피와 땅에서 죽임을 당한 모든 사람의 피가 이 도시에서 발견되었기 때문이다(18:23, 24).

하나님이 바벨론을 심판하셔야 했던 이유가 무엇입니까? 인간 중심의 세상 문명을 심판하셔야 할 이유가 어디에 있습니까? 개역개정은 그 첫째 이유로 "너의 상인들은 땅의 왕족들"이라고 모호하게 번역했습니다. 그러나 새번역 성경은 "네 상인들이 땅의 세도가로 행사"했기 때문이라고 좀 더 분명하게 밝히고 있습니다. 좀 더 의역하면 "네가 그들을 큰 자로 행세하도록 만들었기 때문이다"라고 할 수 있습니다.

바벨론의 죄는 부 자체에 있지 않습니다. 세상에서 우리가 누리는 부는 하나님의 축복일 수 있습니다. 우리가 누리는 부를 갖지 못한 자들과 나눔으로 하나님의 축복의 통로가 될 수 있습니다. 부 자체가 아니라 부에 대한 우리의 태도, 부를 사용하는 우리의 방법이 죄악 될 수 있습니다. 바벨론의 죄 또한 부 자체에 있지 않습니다. 그보다 부에 대한 그들의 태도, 부에 대한 사용 방법이 하나님의 심판을 불러왔습니다. 그러므로 부자가 하나님 나라에 들어가는 것이 약대가 바늘귀에 들어가는 것보다 어렵다는 말은 여전히 진리입니다. 죄인은 누구도 하나님 나라에 자력으로 들어갈 수 없거든 하물며 그 부를 신뢰하고 오용하는 자들은 말해 무엇하겠습니까?

가진 자들이 그 가진 것 때문에 교만해지는 것은 죄인에게 아주 자연스러운 모습입니다. 부는 가진 자를 거만하게 만드는 속성이 있습니다. 왕과 같은 거만한 사람으로 변하게 만듭니다. 그래서 돈이 말하는 세상에서 많은 돈을 가지고도 겸손하게 살기란 매우 어렵습니다. 가진 자가 검소하게, 겸손하게 산다는 것은 하나님의 은혜가 아니면 불가능합니다. 예부터 돈이 큰 소리를 쳐 왔습니다. 그래서 가난한 정승보다 부유한 백정이 났다고 말하지 않았습니까?

사랑하는 성도 여러분, 문제는 부 자체가 아닙니다. 우리가 죄인이기 때문에 부를 소유하게 되면 갑자기 달라진다는 것이 문제입니다. 가졌다는 것 때문에 자신을 내세우게 되는 것입니다. 목에 힘을 주는 것입니다. 다른 사람의 권리를 짓밟고도 더 가지려고 달려드는 것입니다. 그렇기에 많은 사람에게 부가 결코 축복이 되지 못하는 것을 봅니다. 부의 축적이 결코 하나님의 축복으로 귀결되지 않더라는 것을 우리는 보고 있습니다. 부는 가진 사람을 거만하게 만드는 속성이 있기 때문입니다.

가졌다는 것 때문에 남을 무시하게 되는 것입니다. 그것이 바벨론이 멸망한 원인입니다. 하나님이 세상을 최후 심판하셔야 하는 이유입니다. 혹 가진 것이 있습니까? 다른 사람보다 무언가 가진 것이 있습니까? 겸비하십시오. 여러분은 가진 것을 어떻게 사용하고 있습니까? 이웃을 돌아보는 일에 쓰십시오. 하나님이 부를 맡기신 것은 우리에게 더 큰 책임을 맡기신 것입니다.

상인들은 땅의 세도가로 행사했습니다. 말세가 될수록 돈이 더 큰소리치는 시대에 접어들고 있습니다. 이전 어느 시대보다 돈을 가진 사람들이 세도를 부리는 시대에 우리는 살고 있습니다. 50년 전만 해도, 100년 전만 해도 돈을 가진 사람은 돈을 가졌을 뿐입니다. 적어도 세도를 부리는 계층과 돈을 가진 계층은 분리될 수 있었습니다. 그러나 지금은 지방 기초 의회부터 광역 의회에 이르기까지 돈 가진 사람들이 대다수 자리를 차지합니다. 국회 의원은 말할 것도 없습니다. 그래서 그중 혹 드물게 갖지 못한 사람이 있으면 집중 조명되는 것입니다. 대부분 가지고 있기 때문입니다. 그래서 상인들은 땅의 세도가로 행세했다고 규정하고 있습니다. 거기에는 세도가로서 사람들을 짓밟았다는 말이 내포되어 있습니다.

스스로 세도가로 행세했을 뿐만 아니라 모든 민족이 그의 마술에 넘어갔기 때문에 하나님은 바벨론을 심판하셨습니다. 바벨론은 죄를 짓는 데 만족하지 않고 열국을 유혹해서 죄를 짓도록 했습니다. 부를 축적하는 방법 자체에서 기인한 죄도 있지만 복술, 속임수, 주문 등 무엇이든 통하면 다 사용해서 부를 추구합니다. 어두운 거래에 능한 도시요, 세상에 뒷거래를 끌어들인 도시가 바벨론입니다. 도시 문명은 항상 어두운 뒷거래에 능합니다. 하늘만 바라보면서 농사짓던 사람들과는 다릅니다. 세상 모든 술수를 부끄러움 없이 차용하고 그것을 전수하는 도시가 바벨론입니다.

더 나아가 바벨론의 술수가 낳은 죄악 됨은 모든 나라로 하여금 부요와 사치를 궁극적인 목표로 삼아 살도록 하는 데 있습니다. 세상의 죄는 순진한 사람들로 '돈, 돈' 하도록 만든다는 데 있습니다. 발달한 나라를 목표로 부를 추구하도록 만들고 있습니다. 어떤 나라들을 '미개국', '개발도상국'이라 분류해 놓고는 부의 추구와 사치와 쾌락을 지향하도록 만드는 것입니다. 초강대국인 자신들의 뒤를 밟도록 하는 것입니다. 나라 사이뿐 아니라 개인적으로도 가진 사람들이 으스댐으로써 갖지 못한 사람들로 하여금 '나는 언제 저렇게 으스댈 수 있을까' 하는 마음을 품고 따라 가도록 만드는 것이 세상의 죄입니다. 사치와 방탕뿐만 아니라 물질 지상주의로 나아가게 하는 것이 바벨론이 세상에 퍼뜨리는 죄악입니다.

바벨론의 죄는 돈을 우상으로 섬기는 것입니다. 사치와 방탕에 빠져들기 시작하면 사람을 더 이상 존중하지 않습니다. 물질주의는 인격을 존중하지 않습니다. 모든 관계를 이익 여부에 따라 판단합니다. 돈이 되는지, 되지 않는지에 따라서 생명도 가리지 않습니다. 인술을 다루는 의사도, 공의를 시행해야 할 판사도, 영혼을 다루어야 할 목사도 같은 죄를 짓는 것입니다. 돈이 되는지에 따라 사람을 대하는 엄청난 죄악에 하나같이 빠져들고 있습니다. 돈이 되는지에 따라 상대방을 대우하는 것입니다. 돈벌이에 도움이 된다고 생각하면 이웃의 먹거리에 농약을 치는 시대에 우리가 살아가고 있습니다. 돈이 되는 한 무슨 짓이라도 하는 것입니다. 그뿐이겠습니까? 물질이 우상이라면 사람의 피를 흘리는 것도 마다하지 않습니다.

> 선지자들과 성도들과 및 땅 위에서 죽임을 당한 모든 자의 피가 그 성중에서 발견되었느니라 하더라(18:24).

피를 흘린 땅은 하나님의 저주를 불러옵니다. 피를 흘린 도성은 하나님의 심판을 불러옵니다. 땅에 흐르는 피는 복수를 요청하는 피입니다. 그 피가 흐르면서 숨이 넘어갈 때 푸른 하늘을 쳐다보며 사람들이 무엇을 외쳤겠습니까? "하나님, 이 억울함을 갚아 주십시오" 하고 마지막 숨을 거두지 아니했겠습니까? 아벨 이후에 모든 억울한 피의 부르짖음이 하나님의 보좌에 쉬지 않고 들리고 있습니다.

사치와 방탕, 물질 지상주의적인 삶의 태도는 하나님을 두려워하지 않고 사람을 사람으로 대하지 않습니다. 그런 삶을 악하다고 규정하고 심판을 선언하시는 하나님을 싫어합니다. 거룩하신 하나님을 따라 사는 무리까지 증오합니다. 자기보다 의로운 삶을 사는 자를 죽임으로 분풀이를 합니다. 아벨 이후 흘린 모든 순교의 피가 바벨론의 거리마다 흐르고 있습니다.

이것이 하나님이 큰 성 바벨론을 심판해야 하는 이유입니다. 더불어 살도록 하신 이웃의 생명을 빼앗는 것은 골육상잔의 죄악입니다. 피조물의 위치에서 다른 이를 죽이는 것은 창조주, 심판자의 위치를 찬탈하는 죄악입니다.

반드시 심판하실 하나님

목숨을 좌지우지할 수 있는 분은 우리에게 목숨을 주신 하나님 한 분밖에 없습니다. 우리가 무엇인데 남의 목숨에 대해 마지막 말을 할 수가 있습니까? 손댈 수 있는 분은 하나님뿐입니다.

권력을 가지게 되면, 부를 통해 영향력을 행사하게 되면, 사람을 사람으로 보지 않고 그 생명을 아끼지 않는 죄에 대해 하나님은 갚으십니다. 땅에 흘려진 인생의 모든 피에 대해 하나님이 심판하시는 날을 허락하신다고 말씀하고 있습니다. 그래서 성경은 우리가 보복하는 것을 금하고 있습니다. '내가 한번 손을 봐줘야겠다'는 마음을 먹지 말라는 것입니다. 그것은 하나님이 하실 일입니다. 불의한 세상 속에 살다 보면 그런 생각이 들 때가 한두 번이 아닙니다. 그러나 공의로우신 하나님 손에 심판을 맡기는 것이 성도의 태도입니다. '하나님, 이 억울함을 보시고 심판하시는 날을 허락해 주십시오' 하고 기도하는 것에서 더 나아가서는 안 됩니다.

거만한 도시 옛 바벨론이나 당대 로마는 하나님의 백성 박해하기를 그들의 쾌락으로 알았습니다. 민중의 즐거움으로 하나님의 백성을 내어 놓았습니다. 원형 극장에서 굶주린 사자들 앞에 성도들을 풀어 놓았습니다. 정치에 대한 불만의 해소책으로 그리스도인을 제물로 삼던 일들은 로마 시대로 끝나지 않았습니다. 무죄한 성도의 피는 지금도 부르짖고 있습니다.

> 거룩하고 참되신 대주재여 땅에 거하는 자들을 심판하여 우리 피를 갚아 주지 아니하시기를 어느 때까지 하시려 하나이까……(6:10).

아벨의 피가 부르짖고 있습니다. 주후 64년 네로의 대학살 때 뿌려진 피가 부르짖고 있습니다. 이 땅에 흘려진 피들까지 가세하고 있습니다. 1980년 광주에서 흘려진 피들도 신원해 주시기를 부르짖고 있습니다. 모든 억울한 피가 보복을 요청하고 있습니다. 하나님은 이 피들의 부르짖는 소리를 듣고 심판하시는 분입니다. 오직 한 분의 피만이 용서를 외치고 있습니다. 아벨의 피보다 더 나은 어린양 예수의 피입니다. 어린양 예수 그리스도의 보배로운 피만이 속죄를 부르짖습니다.

창조주 하나님을 향해 사람의 모든 죄악을 용서해 달라고 부르짖고 있습니다. "아버지 저들을 사하여 주옵소서 자기들이 하는 것을 알지 못함이니이다"(눅 23:34). 목숨이 끊어지는 순간 그 목숨을 끊는 자들을 용서해 달라고 부르짖는 피는 예수 그리스도로 말미암아 시작된 것입니다. 그러기에 성도들도 자기를 죽이는 자들을 저주하면서 죽음을 맞이하지 않았습니다. 그들이 짓는 죄가 무슨 죄인지 알게 되기를, 그리하여 거기서 돌이키기를 부르짖는 용서의 부르짖음은 하나님의 백성으로부터 말미암은 것입니다.

피 흘린 죄에서 용서받는 길은 그 보배로운 피를 믿는 것뿐입니다.

사람이 지은 죄 중에서 가장 극한 것이 남의 피를 흘리는 죄입니다. 우리가 지은 모든 죄는 원천적으로 그 죄에 같이하고 있습니다. 아직 손에 피를 대지 아니했다고요? 자기 욕망을 따라 남을 희생시키는 태도로 살아갈 때 우리는 모두 피 흘린 자의 후손이요, 그 죄에 동참한 자가 됩니다.

십자가에 흘리신 피만이 그날의 심판에서 우리를 지켜 줄 것입니다. 보좌에 앉으신 이와 어린양의 진노에서 우리를 가려 주실 것입니다. 바벨론이 심판을 받는 진노의 큰 날, 우리는 어디에 설 수 있겠습니까? "나는 피 흘리지 않았습니다"라며 뻔뻔스럽게 설 수 있겠습니까? 그 죄에 동참하지 아니했다고 나설 수 있겠습니까? 진노의 큰 날 우리를 능히 서게 하시는 것은 예수 그리스도의 보혈밖에 없습니다. 모든 죄인을 대신하여 흘리신 그리스도의 십자가 피가 사람을 용서해 주십니다. 바벨론은 반드시 철저히 심판받을 것입니다. 그러나 어린양에 피에 그 옷을 씻은 자들은 환난의 날에 능히 서게 될 것입니다.

양심껏 살아서는 아무도 구원받을 수 없습니다. 정직하게 살아서 용서받을 사람도 아무도 없습니다. 다 죄인으로 태어났고 죄를 지으며 살아왔습니다. 땅에 피를 흘리던 죄인의 죄에 동참한 자들입니다. 그러므로 우리 죄를 용서받는 유일한 길은 어린양 예수의 피뿐입니다. 아벨보다 크게 부르짖는 예수 그리스도의 피의 부르짖음을 믿는 자만이 용서받을 수 있습니다. "아버지여 저들을 사하여 주옵소서"라며 피가 부르짖는 소리를 귀로 들은 자들만이 환난의 날에 능히 서게 될 것입니다. 하나님이 우리를 시험하시는 그날, 하나님의 공의가 밝히는 사실로 인해 모든 성도는 눈물보다 진한 감사의 찬송을 드릴 것입니다.

사랑하는 성도 여러분, 여러분은 이 불의한 세상을 어떻게 살고 있습니까? 살 만한 세상입니까? 편리한 세상입니까? 돈 있으니까 그런대로 즐길

만한 세상이라고 생각하고 있습니까? 오늘도 억울한 사람들의 한숨이 끝나지 않고 있습니다. 오늘도 무죄한 피가 이 도성에 흐르고 있습니다. 여러분이 하나님의 백성이라면 이 불의한 세상에서 고통하는 하나님의 백성을 외면하면서 어찌 여러분만 편안하게, 안일하게 살아갈 수 있습니까?

세상을 사는 하나님의 백성은 언제나 하나님의 백성 편에 서야 합니다. 언제나 억울함을 당하는 사람들의 고통에 함께해야 합니다. 한숨 쉬는 사람들의 원한에 마음을 두어야만 합니다. 그 흐르는 눈물들에 함께해야만 합니다. 이 불의한 세상을 살아가면서 적당하게 편안하게 살아갈 수 있다고 여긴다면 여러분이 어느 편에 서 있는지를 생각해야 합니다. 음녀와 함께 음녀가 약속하는 쾌락 속에서 살아가는 사람은 아닌지, 그들을 뒤쫓아가고 있지는 않은지 여러분 자신을 돌아보아야만 합니다. 천사가 큰 맷돌을 던지면서 바벨론이 이와 같이 빠져서 사라져 버릴 것이라고 소리치고 있습니다. 여러분이 뒤쫓아 가는 그 바벨론은 한낱 바다에 던져지는 바윗돌처럼 사라질 것입니다. 그때 여러분이 어디에 서게 될지를 지금 결정해야만 합니다.

그날이 오기를 바라보면서 살고 있습니까? 가난한 자들, 억울한 사람들이 품은 원한에 대해서 "하나님 속히 오십시오"라고 기도해 본 적 있습니까? "이 억울함을 풀어 주십시오"라고 기도해 본 적 있습니까? "이 불의한 것을 기억해 주시고 신원해 주십시오" 하고 간구하고 있습니까? 오늘을 살아가는 하나님의 백성은 창녀와 같이, 음녀와 같이 되어서는 안 됩니다.

세상은 우리의 영혼을 노략질하고 있습니다. 세상은 우리의 정신을 앗아가고 있습니다. 그 여자는 화려하게 차려입고 우리를 유혹하지만 다시 한번 여자를 바라보십시오. 그 입에 성도들의 피가 묻어 있고 성도들의 피에 취해 있습니다.

여러분이 무엇 때문에 살고 있는지 돌이켜 보십시오. 삶의 목표가 어디에 있는지를 생각해 보십시오. 성중에서 성도들의 피가 발견되었다고 하나님이 선언하고 계십니다. 여러분이 걸어온 자취에서 억울한 일들을 행하지 아니했습니까? 남의 입에 한숨이 나오도록 하는 삶을 살지 아니했습니까? 남의 눈에서 피눈물이 나게 걸어온 길은 아닙니까? 하나님은 반드시 그것을 갚으실 날을 정하고 계십니다.

여러분이 하나님의 백성이라면, 이 불의한 세상이 맷돌짝처럼 바다로 빠지듯이 사라져 버리고 의가 거하는 바 새 하늘과 새 땅이 다가올 날을 기다려야 하지 않겠습니까? 정신 차리지 아니하면 세상의 노랫소리에 취해 그렇게 살아야 할 것처럼 우리는 넋을 잃고 말 것입니다. 그러기에 우리는 세상의 모든 가무(歌舞)가 끝날 그날이, 적막의 그날이 한날 우리에게 다가오고 있다는 것을 기억해야만 합니다.

Revelation

요한계시록 19장 1-8절

1 이 일 후에 내가 들으니 하늘에 허다한 무리의 큰 음성 같은 것이 있어 이르
되 할렐루야 구원과 영광과 능력이 우리 하나님께 있도다 2 그의 심판은 참되
고 의로운지라 음행으로 땅을 더럽게 한 큰 음녀를 심판하사 자기 종들의 피를
그 음녀의 손에 갚으셨도다 하고 3 두 번째로 할렐루야 하니 그 연기가 세세토
록 올라가더라 4 또 이십사 장로와 네 생물이 엎드려 보좌에 앉으신 하나님께
경배하여 이르되 아멘 할렐루야 하니 5 보좌에서 음성이 나서 이르시되 하나님
의 종들 곧 그를 경외하는 너희들아 작은 자나 큰 자나 다 우리 하나님께 찬송
하라 하더라 6 또 내가 들으니 허다한 무리의 음성과도 같고 많은 물소리와도
같고 큰 우렛소리와도 같은 소리로 이르되 할렐루야 주 우리 하나님 곧 전능하
신 이가 통치하시도다 7 우리가 즐거워하고 크게 기뻐하며 그에게 영광을 돌리
세 어린양의 혼인 기약이 이르렀고 그의 아내가 자신을 준비하였으므로 8 그에
게 빛나고 깨끗한 세마포 옷을 입도록 허락하셨으니 이 세마포 옷은 성도들의
옳은 행실이로다 하더라

33
하늘의 할렐루야

그리스도 안에서 사랑하는 성도 여러분! 우리는 지금 하늘 음악회에 초대받은 사람들입니다. 헨델의 메시아를 듣는 정도가 아니라 하늘의 할렐루야를 듣는 복된 자리에 초대받았습니다. 그동안 우리가 들었던 어떤 웅장한 합창도 이제 들을 하늘의 할렐루야에 비교할 수 없습니다. 그것은 마치 한낮에 밝게 비추는 태양 앞에 켜놓은 촛불과 같을 것입니다. 허다한 무리의 음성과도 같고, 많은 물소리와도 같고, 큰 우렛소리와도 같은 그 웅장한 소리의 위엄 앞에 압도당할 것입니다. 세상 나라가 지나가고 하나님 나라가 도래하는 영광스러운 순간에 어울리는 찬양을 듣게 될 것입니다.

그동안 우리의 관심은 심판받을 큰 음녀 바벨론에 있었습니다. 특히 우리는 몇 번에 걸쳐 그 바벨론의 멸망을 슬피 노래하는 애가를 살펴본 바 있습니다. 음녀 바벨론과 함께 음행하고 사치하던 땅의 왕들, 바벨론으로 인하여 치부하던 땅의 상인들, 화물 운송으로 인하여 부를 누리던 해운업

자들의 비탄의 노래를 들은 바 있습니다.

그들이 슬피 노래한 세 차례 비가와 대조적으로 본문에는 네 차례 할렐루야가 터져 나오고 있습니다. 울고 가슴을 치며 멀리 서서 부르던 비탄의 노래가 끝나고 하늘 할렐루야가 19장의 분위기를 압도합니다. 모든 음악이 끝나고 적막이 지배하던 바벨론과 대조적으로 말로 표현하기는 힘든 웅장한 찬양이 하늘 예배를 주관하고 있습니다.

> 하늘과 성도들과 사도들과 선지자들아, 그로 말미암아 즐거워하라 하나님이 너희를 위하여 그에게 심판을 행하셨음이라……(18:20).

이 외침에 대한 응답 찬양이 19장 분위기를 주도하고 있습니다. 17장과 18장의 바벨론 멸망으로 자극된 19장의 하늘의 할렐루야가 하늘 예배 분위기를 주도하고 있습니다.

허다한 큰 무리의 음성이 온 누리에 울려 퍼지는 하늘 음악회에 참석해 봐야겠습니다. 그러면 힘들고 고단했던 삶의 피로가 모두 사라질 것입니다. 하늘의 할렐루야를 듣는 순간 세상의 고통이 멀리 사라질 것입니다. 우리가 하늘 할렐루야를 들을 수 있는 귀를 갖기만 하면 우리가 드리는 예배 분위기도 달라질 것입니다. 터져 나오는 하늘 찬양을 들어 보십시오.

하늘의 허다한 무리의 찬양

> 이 일 후에 내가 들으니 하늘에 허다한 무리의 큰 음성 같은 것이 있어 이르되 할렐루야 구원과 영광과 능력이 우리 하나님께 있도다 그의 심판은 참되고 의로운지라 음행으로 땅을 더럽게 한 큰 음녀를 심판하사 자기 종들의 피를 그 음녀의 손에 갚으셨도다 하고(19:1, 2).

첫 번째 할렐루야는 "하늘에 허다한 무리"라고만 밝혀져 있습니다. 아마도 하늘의 천군 천사가 모두 일어서서 터뜨리는 찬송 같습니다. 그들은 성도들이 얻는 구원에 지대한 관심을 가지고 지켜보던 무리입니다. 지금 그들의 입에서 세 차례 찬양이 터져 나오고 있습니다. 큰 음녀를 심판하심으로 하나님이 그 백성의 구원을 이루셨다고 찬송을 드리고 있습니다. "할렐루야 구원과 영광과 능력이 우리 하나님께 있도다."

계시록에는 가끔 이런 비슷한 찬양들이 터져 나오고 있습니다. 본문에서는 "구원과 영광과 능력"을 찬송하고 있습니다. 계시록 최초로 하늘 보좌가 보인 순간에 네 생물이 보좌에 앉으신 세세토록 사시는 이에게 영광과 존귀와 감사를 돌린 것을 우리는 기억합니다. 그에 화답해서 이십사 장로들이 면류관을 보좌 앞에 던지며 영광과 존귀와 능력을 돌려 드렸습니다. 계시록에는 이런 세 차례 찬양뿐 아니라 일곱 번의 찬양도 나오고 있습니다. 인봉한 책을 떼기에 합당하신 하나님의 어린양 유대 지파 다윗의 뿌리를 향한 천천만 성도들의 찬양, 그 천사들의 찬양을 기억하십니까?

> 죽임을 당하신 어린양은 능력과 부와 지혜와 힘과 존귀와 영광과 찬송을 받으시기에 합당하도다……(5:12).

아무도 능히 셀 수 없는 큰 무리가 종려 가지를 들고 노래하자 모든 천사가 보좌와 장로들과 네 생물 주위에 서서 화답할 때에 동일한 일곱 번의 찬송이 한 번 터져 나왔습니다.

> 아멘 찬송과 영광과 지혜와 감사와 존귀와 권능과 힘이 우리 하나님께 세세토록 있을지어다 아멘……(7:12).

하늘은 하나님의 영광을 찬송하는 곳입니다. 땅에서는 싸움과 저주의 고함 소리가 터져 나오지만, 하늘은 찬송 소리가 울려 퍼지는 곳입니다. 특별히 계시록에서는 하늘 보좌가 열리는 순간마다 하늘 찬송이 터져 나왔습니다. 본문도 하늘의 허다한 무리의 찬양을 통해 하늘이 하나님을 찬양하는 곳임을 보여 주고 있습니다.

세상에는 염려가 있고 근심이 있습니다. 슬픔이 있고 눈물이 있습니다. 그러나 하나님 나라는 기쁨만이 지배할 것입니다. 그곳은 하나님을 찬양하는 찬송이 가득한 곳입니다. 여러분이 가는 곳마다 찬양할 수 있는 자리가 되기를 바랍니다. 단 두세 사람이 모여도 좋습니다. 하나님을 찬양하십시오. 여러분은 하늘 시민이기 때문입니다. 그뿐만 아니라 일주일에 한 번씩, 성도가 함께 모여 하늘 찬양에 응답하는 예배의 자리는 땅에 사는 하나님 백성임을 입증하는 자리입니다.

여호와를 찬양하라

이제 바벨론을 심판하심으로 구원과 영광과 능력이 누구에게 속하는지가 분명하게 드러나고 있습니다. 우리 구주 예수님까지 유혹하려 들던 세상 영광의 실체가 한낱 잿더미로 화하는 순간에 드려지는 하늘 찬양입니다. 우리는 순식간에 천하만국의 영광을 보여 주면서 우리의 구주까지 유혹하려고 들던 마귀를 항상 기억하고 살아야 합니다.

> 이르되 이 모든 권위와 그 영광을 내가 네게 주리라 이것은 내게 넘겨준 것이므로 내가 원하는 자에게 주노라 그러므로 네가 만일 내게 절하면 다 네 것이 되리라(눅 4:6, 7).

“만일 내게 절하면” 천하만국과 그 영광을 “네게 주리라”며 세상에 오신 하나님의 아들을 유혹한 그 유혹이 아직도 하나님 백성 사이에서 끝나지 않고 있습니다. “모든 권위와 영광을 내가 네게 주리라”, “만일 내게 절하면 다 네 것이 되리라”고 하는 마귀는 그날 이후 똑같은 수법으로 유혹하고 있습니다.

여기 물거품이 된 세상의 권세를 보십시오. 잿더미가 된 세상 영광을 바라보십시오. 이제 구원과 영광과 권력이 바벨론에 속하지 않음이 드러났습니다. 이제 구원과 영광과 권력이 한 분 하나님에게만 속했음이 분명해졌습니다. 이 불타오르는 연기를 바라보면서도 계속 속고 사시렵니까? 세상은 반드시 그 화려한 네온사인과 함께 멸망할 것입니다. 그 모든 영광과 권세와 주권은 사라질 것입니다. 영원한 실체가 드러나는 순간 하늘의 천군 천사가 노래하는 할렐루야를 들어 보십시오. “할렐루야 구원과 영광과 능력이 우리 하나님께 있도다”(19:1).

사랑하는 성도 여러분, 하늘 할렐루야에 화답하십시오. 마음속으로 크게 화답하면서 살아갑시다. 입술을 열어 할렐루야를 불러 봅시다. “할렐루야”는 ‘여호와를 찬양하라’는 뜻입니다. “할렐루야”, 그것은 구속받은 성도들의 새로운 고백입니다. “할렐루야”는 구약 이스라엘의 소원이 뜻으로 번역되지 않고 소리로 음역되어 전달된 것입니다. 칠십인 역 성경에서 그대로 전수되어 회당 예배를 거쳐 오늘 그리스도께 드리는 예배 가운데 전달된 것입니다. 그래서 오늘날 그리스도인들의 만국 통용어 가운데 하나가 되었습니다. 세상 어디를 가도 “할렐루야”는 그리스도인 사이에서 통하는 말입니다.

“할렐루야”라고 할 때 여러분은 그 의미를 알고 있습니까? 마음속에 하나님의 이름을 높이고자 하는 소원이 있습니까? “할렐루야”, ‘여호와를 찬양하라’고 하는 이 소원을 온 세상에 전파하고 싶습니까? 구원과 영광과 권세가 하나님에게 있음을 아는 주의 백성은 언제나 "할렐루야"를 외치며 살아가는 사람입니다.

"할렐루야"는 우리에게 그만큼 익숙한 말이라서 어떻게 생각하면 성경 어디를 찾아봐도 나올 것 같습니다. 그러나 구약 시편에서 24번, 신약에서는 본문에서만 4번 등장합니다. 우리에게 익숙한 데 비해 신약에서는 본문을 떠나서는 달리 찾을 수 없는 보화와 같은 소중한 단어입니다.

수많은 하늘 무리가 여기서 "할렐루야"를 두 번 발하고 있습니다. 그에 화답해서 이십사 장로와 네 생물이 "아멘 할렐루야"를 외치고 있습니다. 그리고 보좌의 음성의 요청으로 구속받은 수많은 성도의 입에서 네 번째 "할렐루야"가 메아리치고 있습니다. 우리가 드리는 예배의 진수도 "할렐루야"에 대한 응답이어야 합니다. 나를 구원해 주신 하나님을 찬송하고 싶은 소원으로 가득한 사람들의 예배를 하나님이 기뻐하십니다.

"아멘 할렐루야"로 화답하고 싶은 열망이 여러분을 지배하고 있습니까? 하늘의 허다한 무리는 왜 큰 음성으로 "할렐루야"를 노래하고 있습니까? 하늘 "할렐루야"를 부르는 이유가 무엇입니까? 첫째 이유는 구원과 영광과 능력이 주께 속해 있기 때문입니다. 오직 주님에게 구원과 영광과 능력이 속해 있기 때문입니다.

> 그의 심판은 참되고 의로운지라 음행으로 땅을 더럽게 한 큰 음녀를 심판하사 자기 종들의 피를 그 음녀의 손에 갚으셨도다 하고(19:2).

이 구절은 영광과 구원과 능력이 주께 속한 이유를 좀 더 구체적으로 밝히고 있습니다. 하늘 "할렐루야"는 하나님의 심판과 관련됩니다. 하나님이 심판하시는 것을 볼 때 여호와를 찬양하고 싶은 소원이 그 가운데서 솟구쳤습니다. 바벨론 심판은 구원의 전주곡입니다. 바벨론 심판은 하나님의 영광이 드러나는 순간입니다. 누가 실권자인지가 밝혀지는 순간입니다. 그러기에 바벨론을 심판하는 순간, "할렐루야"를 노래하고 있습니다.

본문은 "그의 심판은 참되고 의로운지라"고 밝히고 있습니다. 하나님만이 참된 심판을 하실 수 있습니다. 하나님만이 의로운 심판을 수행하실 능력을 갖추셨습니다. 하나님만이 사람의 내면 깊숙한 생각을 꿰뚫어 보시기 때문입니다. 하나님만이 사람이 행동하는 동기를 살피시기 때문입니다. 하나님만이 바르게 심판하실 수 있는 지혜와, 그 지혜를 응용하고 적용할 수 있는 능력을 가지고 계십니다. 달리 말해 사람들은 바로 판단할 수 없습니다. 사람들의 심판은 결코 참되고 의로울 수 없습니다.

그래서 아이러니하게도 사법부(the ministry of justice)만큼 사람들에게 억울한 한을 심어 주는 부서도 없습니다. 백성의 억울함을 풀어 주어야 할 자리에 있으면서도 지혜롭지 못할 뿐 아니라 그들 스스로가 악한 욕망에 따라 판단함으로써 억울한 사람들의 억울함을 더욱 키우는 집단으로 전락하고 있습니다. 사법 고시 근처에 가 보지 못한 사람들도 남을 억울하게 만들기는 마찬가지입니다. 자신이 당했다고 생각하겠지만 하나님은 아십니다. 자신이 억울한 일을 당했다고 생각하지만 상대방 관점에서는 달리 판단할 수도 있습니다.

하나님의 판단만이 의롭고 참될 뿐입니다. 먼저 만난 사람의 이야기를 들을 때는 그 사람과 함께 억울한 사정에 대해 분개합니다. 그러나 다음 사람에게서도 내막을 한번 들어 보십시오. 그러면 생각이 달라질 것입니다. 하나님만이 우리네 사연을 바로 심판을 하실 수 있습니다.

여기 지금 하나님의 심판에 대한 찬송이 터져 나오고 있습니다. 하늘 홍해 가에서도 동일한 찬송을 불렀습니다.

주 하나님 곧 전능하신 이시여 하시는 일이 크고 놀라우시도다 만국의 왕이시여 주의 길이 의롭고 참되시도다(15:3).

또한 우리는 하늘 제단의 순교자들이 동일한 주제를 화답하는 것을 들었습니다.

그러하다 주 하나님 곧 전능하신 이시여 심판하시는 것이 참되시고 의로우시도다……(16:7).

그러므로 우리는 세상을 살 때 마지막 심판 행위에 우리 자신을 맡겨야 합니다. 삶을 돌아볼 때 우리의 양심이 우리를 꾸짖지 않으면 하나님 앞에 담대히 설 수 없을 것입니다. 그러나 그것으로 우리가 의롭다고 인정받는 것은 아닙니다. 마지막 날 주께서 무엇을 말씀하실지 기다려야 합니다.

하나님 심판의 공정성

보십시오, 하나님의 심판 행위를! "음행으로 땅을 더럽게 한 큰 음녀를 심판하사 자기 종들의 피를 그 음녀의 손에 갚으셨도다!"(19:2) 여기 하나님의 공정성이 두 가지 심판 행위에 나타나 있습니다.

음녀의 양대 죄악이 무엇입니까? 음녀의 첫 번째 죄악은 땅을 망하게 하는 죄입니다. 음행으로 땅을 더럽게 했다는 말은 포괄적인 의미를 담고 있습니다. 음녀는 도덕적인 음행을 부추기는 세상 문명의 실체입니다. 세상 문명은 우리가 보는 것마다, 듣는 것마다 도덕적으로 타락하도록 충동질하고 있습니다. 동시에 사람의 마음을 창조주 하나님에게서 돌이켜 피조물로 향하게 하는 죄를 짓게 하고 있습니다. 그뿐 아니라 물리적인 더러움마저 세상에 만연시키는 것을 볼 수 있습니다.

창조주 하나님을 그 마음속에 두기 싫어하는 인류는 도덕적 타락으로 치닫습니다. 창조주 하나님 한 분만으로 만족하지 않는 사람은 하나님이 지으신 세상 또한 소중히 여기지 않습니다. 사람이 쾌락과 편리를 추구하며 살아간 자리에는 각종 오염과 공해 물질이 남게 됩니다. 창조주의 피조물을 망쳐 놓는 일을 자행하고 있습니다. 그러므로 땅을 망하게 하는 자들을 멸망시키는 것이 하나님의 공의로운 심판입니다. 하나님 심판의 공정성이 여기에 드러나 있습니다. 하나님이 선물로 주신 땅을 망하게 했기 때문에 그들 역시 망하게 될 것이라고 말하고 있습니다.

더 나아가서 하나님은 자기 종들의 피를 그 손에 갚으심으로 심판의 의로움과 참됨을 입증하고 계십니다. 사탄은 하나님의 종들을 멸망시키려 하는 자입니다. 하나님의 종들을 유혹해서 타락시킬 뿐 아니라 때로는 하나님의 신실한 종들이 어떤 식으로도 유혹되지 않을 때 그 생명의 피를 보려고 달려들기도 합니다. 그래서 가인의 손에 죽은 아벨로 시작해서 의인의 흉함을 질시하고 죽이는 행위를 지금껏 자행해 왔습니다. 창조 세계만 망칠 뿐 아니라 하나님의 창조 목적까지 좌절시키려 달려드는 것이 세상의 죄악입니다. 창조하신 목적에 따라 살아가는 하나님 백성의 씨를 말리려 드는 것이 세상의 정체입니다.

하나님은 사람을 만드셔서 찬양받기를 원하십니다. 부모가 자녀를 통해 공경받기 원하듯이 창조주 하나님은 피조물을 통해서 영광과 존귀를 받기를 원하십니다. 창조주 하나님에게 영광과 존귀를 돌려 드리기 전에는 세상을 사는 참된 목표를 발견할 수 없습니다. 돈을 모을 수 있고, 지위도 가질 수 있습니다. 그러나 그 무엇을 해도 한 분 하나님을 사랑하고 즐거워하기까지는 삶의 참된 목표를 찾을 수 없습니다.

창조의 목적에 따라 사는 종들을 죽여 피를 흘린 도성이 바벨론입니다. 성도들을 죽임으로 그들은 하늘의 하나님을 대적하고 있습니다. 그러므로 하나님은 지금 바벨론을 심판하심으로 그 백성을 보응하십니다. 일찍이 자신을 종들의 피를 갚아 주고 원수를 보수하는 분으로 나타내신 하나님의 진면목이 이제 밝히 드러나고 있습니다.

> 너희 민족들아 주의 백성과 즐거워하라 주께서 그 종들의 피를 갚으사 그 대적들에게 복수하시고 자기 땅과 자기 백성을 위하여 속죄하시리로다(신 32:43).

신명기의 선언이 입증되는 순간입니다. 그러기에 "할렐루야"가 하늘에서 터져 나올 수밖에 없습니다. 사랑하는 성도 여러분, 하나님의 아들이 세상에 오신 목적이 무엇입니까? 마귀의 일을 멸하기 위해서입니다. 땅을 망하게 하는 마귀의 일을 끝장내기 위해서입니다. 하나님의 아들이 이 땅에 오신 이후 마귀의 일은 종말을 고하고 있습니다. 하나님의 아들이 이 땅에 오심은 땅을 망하게 하는 음녀의 사역을 중단시키기 위해서입니다.

하나님의 아들이 오셔서 하나님의 자녀들이 새로워지는 새 시대가 열렸습니다. 이 새 시대를 살아가면서 여러분과 하나님의 관계가 바로 되어 가고 있습니까? 여러분은 지금 어디에 서 있습니까? 여러분이 선 대열이 어디인지 한 번 확인해 보십시오. 예배는 감사와 찬양으로 하나님을 만나는 새로운 대열에 서는 것입니다.

지금 새로운 역사가 형성되고 있습니다. 하나님의 아들이 이 땅에 오심은 궁극적으로 하나님이 지으신 땅을 새롭게 합니다. 모든 피조물은 하나님의 아들들이 나타나는 그날을 고대합니다. 썩음의 굴레에서 벗어나 하나님의 아들의 영광에 동참하기를 온 피조물이 탄식하며 기다리고 있습니다.

땅이 새로워지기 위해서, 새 하늘과 새 땅이 들어서기 위해서는 반드시 이 땅을 먼저 심판하셔야 합니다. 하나님의 종들과 땅을 망하게 한 자들의 처벌이 선행되어야 합니다. 이제 이 같은 심판이 실행되었기에 하늘의 천사들이 "할렐루야"를 발하고 있습니다.

땅을 더럽게 하고 하나님의 종들의 피를 흘림으로 음녀는 악의 화신인 자기의 정체를 드러냈습니다. 그 본성에 어울리는 일을 함으로써 자신을 악의 도구로 드렸습니다. 사람들을 부추겨서 죄짓게 하는 일이 사탄의 짓입니다. 이웃을 헐뜯고 성도들을 음해하는 일은 마귀의 행위에 동참하는 것입니다. 이는 모두 자신을 악의 도구로 드리는 일입니다. 우리는 18장에서 이 모든 죄악을 행한 자의 손에 갚으시는 하나님의 심판이 완료된 것을 목도했습니다.

두 번째 할렐루야

> 두 번째로 할렐루야 하니 그 연기가 세세토록 올라가더라(19:3).

하늘의 허다한 무리가 다시 한 번 큰 소리로 "할렐루야"를 발하고 있습니다. 한글 번역은 "할렐루야"만 직접 인용처럼 번역하고 "그 연기가 세세토록 올라가더라"는 말은 설명처럼 여운을 남기고 있습니다. 그러나 다른 많은 번역에서는 그 모두를 하늘 찬양의 내용으로 삼아 직접 인용하고 있습니다. "할렐루야 그 연기가 세세토록 올라가더라." 이미 우리는 이 불길과 연기를 본 적이 있습니다.

> 네가 본 바 이 열 뿔과 짐승은 음녀를 미워하여 망하게 하고 벌거벗게 하고 그의 살을 먹고 불로 아주 사르리라(17:16).

"불로 아주 사르리라"라는 이야기는 18장에도 여러 번 반복되었습니다.

> 그러므로 하루 동안에 그 재앙들이 이르리니 곧 사망과 애통함과 흉년이라 그가 또한 불에 살라지리니……(18:8).

여왕처럼 교만한 바벨론의 심판이 선언된 적이 있습니다.

그 불붙는 연기들을 보고 땅의 왕들과 상인들이 탄식한 것을 우리는 보았습니다. 소돔의 행위를 닮은 바벨론은 소돔과 같은 최후를 맞이하는 것이 합당합니다. 하늘에서 내리는 불과 유황으로 그 종말을 고한 소돔의 운명에 큰 성 바벨론이 지금 동참하고 있습니다. 다만 옛 소돔의 불길은 시간이 흐른 다음에 사그라졌다면, 음녀 바벨론을 태우는 연기는 "세세토록" 올라가고 있다는 표현이 다를 뿐입니다. 물론 여기 "세세토록"이라는 표현은 본문의 흐름 속에서 그 의미를 이해해야 합니다.

새 하늘과 새 땅이 도래했는데 한쪽에서 옛 바벨론의 타는 연기가 뭉게뭉게 피어오를 리는 만무합니다. 성경은 성경으로 풀어야 합니다. 문맥 안의 상식에 어울리게 이해해야만 합니다. 이런 표현은 다만 구약의 선지서에 기원을 둔 시적 은유로 이해해야만 할 것입니다. '세세토록 연기가 올라간다'는 의미가 무엇인지 바로 이해해야만 합니다.

> 이것은 여호와께서 보복하시는 날이요 시온의 송사를 위하여 신원하시는 해라 에돔의 시내들은 변하여 역청이 되고 그 티끌은 유황이 되고 그 땅은 불붙는 역청이 되며 낮에나 밤에나 꺼지지 아니하고 그 연기가 끊임없이 떠오를 것이며 세세에 황무하여 그리로 지날 자가 영영히 없겠고(사 34:8-10).

이사야가 에돔의 심판을 예언하고 있습니다. 어쩌면 사도 요한은 이 이사야의 예언을 염두에 두고 '그 연기가 세세에 올라간다'는 표현을 사용하고 있는지도 모르겠습니다. 바벨론 심판의 완벽함을 보여 주기 위해 요한은 이사야 예언의 표현을 빌리고 있을 뿐입니다. 그 심판은 완벽하고 돌이킬 수 없다는 것입니다.

본문의 두 번째 할렐루야는 단순한 반복이 아닙니다. 말하자면 일종의 하늘 앙코르에 해당합니다. 다시 한 번 "할렐루야"를 외침으로 이 장면의 효과를 극대화하고 있습니다. "할렐루야 하니 그 연기가 세세토록 올라가더라"고 한 번 더 외침으로 우리로 하여금 그 연기를 회상하게 합니다.

아멘 할렐루야

사랑하는 성도 여러분, 우리는 하늘 무리의 찬양에만 머무를 수 없습니다. 보좌 가까이 거하는 이십사 장로와 네 생물을 더 만나 보아야 합니다. 그들 역시 하나님의 심판 행위에 화답하고 싶어 합니다. 그들도 지금 소리칩니다. "아멘 할렐루야!"(19:4)

여기에 귀에 익은 또 하나의 표현이 있습니다. "아멘!"입니다. 세계 어디를 가나 통할 수 있는 공통어입니다. "아멘" 역시 의미로 번역되지 않고 소리로 음역되어 기독교에 편입된 구약식 표현입니다. "아멘!"은 '진실로' 혹은 '그러하다'는 의미입니다. 그래서 기도가 끝날 때 "아멘!" 하는 것은 기도한 분의 모든 간구에 '나도 진실로 같이합니다', '나도 그러합니다'라고 합창하는 것입니다.

그러면 "아멘 할렐루야!"는 무슨 뜻이겠습니까? 천군 천사의 찬양 내용에 함께한다는 이십사 장로와 네 생물의 화답입니다. 그들 역시 구원과 영광과 능력이 하나님에게 있음을 고백합니다. 그들 또한 하나님의 심판이 참되고 의로움을 인정합니다. 큰 음녀를 심판하신 하나님을 찬양하며, 허다한 하늘의 천군 천사 못지않은 즐거움을 그들도 표현하고 있습니다. 하늘의 천사들이 기뻐하고 있다면, 천사들보다 가까운 자리에서 하나님을 섬기는 이십사 장로와, 그보다 더 가까운 자리에서 하늘 보좌를 옹위하고 있는 네 생물의 마음속에서는 "아멘 할렐루야!"가 요동치고 있을 것입니다.

하나님의 심판은 하늘 예배의 주제입니다. 하늘 찬송의 주제입니다. 하늘 무리는 심판의 공의로움에 관심을 가지고 있습니다. 반면 땅에 사는 백성은 다가올 하나님 나라, 그 혼인 잔치에 대해 소원을 가지고 있습니다. 우리 모두 참여할 그 하늘의 잔치에 관심을 두고 있다는 것이 뒤에 나오는 찬양에서 드러나고 있습니다. 그러나 하늘의 찬송에서는 하나님의 공의가 드러나는 데 관심이 있다는 것이 흥미롭습니다.

하늘의 천군 천사들은 심판의 공의에 관심이 있습니다. 이십사 장로와 네 생물은 심판하시는 하나님의 공의로움에 더 관심하고 있습니다. 어쩌면 땅에서 행해지는 모든 불의를 목도했기에 하나님의 공의가 시행되는 데 관심이 있는지도 모릅니다. 하늘 높은 곳에서 모든 악을 내려다 본 그들로서는 하나님의 공의로운 심판의 순간이 고대되었을지 모릅니다. 억울한 눈물과 무죄한 피가 끝나고, 하나님의 공의가 정오의 태양같이 빛나는 순간이 오기를 "아멘 할렐루야!"로 화답합니다.

"아멘 할렐루야!"는 그 마음에 기쁨과 감격이 넘치는 자의 입에서만 터져 나올 수 있습니다. 장로들과 그룹들은 그 마음이 감사와 찬양으로 벅차서 "아멘 할렐루야!" 두 마디밖에 하지 못합니다. 감정이 격해지면 말수가 줄어드는 법입니다. 감정이 고조되면 적절한 말을 찾기 어렵습니다. 영화롭고 위엄 가득한 보좌 가까이 있는 장로들과 네 생물의 영성은 "아멘 할렐루야!"라는 단 두 마디로 요약되고 있습니다. 여러분은 자주 찬양하십니까? 찬양의 말들이 여러분 입에 가득한 것을 감사하십시오. 격한 감정으로 "아멘 할렐루야!" 하는 단 두 마디로 만족하는 경지로 나아가십시오. 때로는 침묵 가운데 더 크신 위엄을 예배하는 특권을 누리십시오.

계시록은 이십사 장로와 네 생물이 이같이 하나님 예배에 동참하는 모습을 종종 보여 줍니다. 이십사 장로와 네 생물은 어떻게 하나님을 예배하고 있습니까? 오늘날 예배하는 우리의 모습과 가까이서 하나님을 예배하는 이십사 장로와 네 생물의 모습은 어떻게 다릅니까? 그들은 창조주 하나님을 향한 만물의 찬양에 아멘으로 화답하면서(5:9) 예배하고 있습니다. 세상을 심판하고 그 나라가 도래함을 찬양하고 있습니다.

> 감사하옵나니 옛적에도 계셨고 지금도 계신 주 하나님 곧 전능하신 이여 친히 큰 권능을 잡으시고 왕 노릇 하시도다(11:17).

구속받은 자들이 새 노래로 노래할 때 네 생물과 이십사 장로는 침묵으로 그 광경을 지켜보고 있었습니다(14:3). 이제 본문 19장 4절에서는 앞서 만물의 찬양에 화답했듯 침묵을 깨뜨리고 하늘 찬양에 화답하여 확인하고 있습니다. 그 심판이 참되고 의로움을 함께 고백하고 있습니다.

작은 자나 큰 자나 모두 찬양하라

계시록에서 마지막으로 등장하는 네 생물과 이십사 장로의 "아멘 할렐루야!"를 살펴볼 차례입니다. 그러나 이것은 잠시 미루어 두고 먼저 그 하늘 보좌에서 무슨 음성이 들려 나왔는지를 들어보겠습니다.

> 보좌에서 음성이 나서 이르시되 하나님의 종들 곧 그를 경외하는 너희들아 작은 자나 큰 자나 다 우리 하나님께 찬송하라 하더라(19:5).

성도 여러분, 하늘의 천군 천사들이 할렐루야를 노래했다는 것을 듣고만 끝나면 아무 소용이 없습니다. 이십사 장로와 네 생물이 "아멘 할렐루야"로 화답했다는 지식을 갖게 된 것이 우리에게 무슨 도움이 되겠습니까? 그들이 "아멘 할렐루야"를 했다는 것이 우리와 어떤 상관이 있습니까?

보좌에서 흘러나오는 음성을 들어 보십시오. 하나님이나 그리스도의 음성일 리는 없습니다. 네 생물 중 하나의 외침인 것 같습니다.

> 하나님의 종들 곧 그를 경외하는 너희들아 작은 자나 큰 자나 다 우리 하나님께 찬송하라 하더라(19:5).

적절한 자리에 터져 나오는 어울리는 권면 같습니다. 작은 자나 큰 자나 하나님에게 영광을 돌리라고 요청하고 있습니다. 하나님의 종들, 그분을 경외하고 예배하며 섬기기 위해 세상을 살아가는 자들에게 "너희들아 작은 자나 큰 자나 다 우리 하나님께 찬송하라"고 요청합니다. 보좌로부터 들리는 그 음성이 우리를 참된 예배자의 자리로 돌려놓고 있습니다. 모든 하나님의 대적이 영원히 진멸됨을 찬송하십시오. 우리의 구원이 이제 땅에 밝히 드러나게 된 사실들에 대해 영광의 할렐루야를 발하십시오.

이런 자리에 오면 꼭 불평하는 사람들이 있습니다. 세상이 불타고 있는 자리에서, 다른 사람이 망한 자리에서 어떻게 찬송할 수 있냐고 말합니다. 그런 사람들은 세상을 살면서 억울함을 당해 본 적이 없는 사람들입니다. 배부른 사람들입니다. 살과 피를 나눈 형제들이 얼마나 무참히 짓밟히고 살았는지 눈물 한 번 흘려본 적 없는 사람들입니다. 세상을 살면서 하나님의 공의가 짓밟히는 것을 보고도 마음에 부담 한 번 가진 적 없는 사람들입니다. 세상을 살면서 하나님의 공의가 짓밟히는 것으로 고통당해 봤다면, 하나님의 백성이 갖지 못했다는 이유로, 하나님을 남달리 사랑한다는 이유로 박해당하는 고통을 안다면 그런 시비를 하지 않을 것입니다.

여러분은 하나님의 공의가 짓밟히는 일로 인해 마음에 부담을 가지고 세상을 살고 있습니까? 하나님의 백성이 억울함을 당한 것에 대해서 알고 있습니까? 여러분 마음속에 그 원통함을 가지고 밤낮 부르짖어 본 적이 있습니까? 그렇다면 하나님의 공의가 시행되는 심판이 행해지는 순간, 하늘의 할렐루야에 여러분도 마음을 합하게 될 것입니다. 감히 찬양하는 이들을 향해 종교적인 열광주의자라고 비난하고 조소하지 못할 것입니다.

여러분은 세상에서 의인이 고통당하는 것을 알고 있습니까? 오직 하나님 말씀대로 사는 자들이 종종 비난의 대상이 되는 것을 목도한 적이 있습니까? 세상에서 별 볼 일 없다고, 세상에서 몹쓸 것이라고, 세상에서 더러운 이름으로 불린 적이 있습니까? 사람들이 모이면 여러분을 향해 수군수군하는 것을 당해 본 적이 있습니까? 남달리 주님을 사랑한다는 이유로 그러한 고통을 당했다면 이 순간에 "아멘 할렐루야"를 발하지 아니할 수 없을 것입니다. 이제 하나님의 공의가 찬란히 빛나는 이 순간을 어떻게 감격 없이 맞이할 수가 있겠습니까? "아멘 할렐루야!"가 자신도 모르게 터져 나올 것입니다. "너희들아 작은 자나 큰 자나 다 우리 하나님께 찬송하라."

세상을 살 때 사회적으로 무시당하고 경제적으로 업신여김받아 본 적 있습니까? 하나님 말씀대로 살기 위해 주일에 문을 닫아야만 했고, 하나님 말씀대로 주일을 지키기 위해 입시를 포기해야 했고, 직장을 포기해야 했던 고통이 무엇인지를 조금이라도 알고 있습니까? 그렇다고 하면 큰 자나 작은 자나 모두 다 우리 하나님을 찬송하는 일에 함께하게 될 것입니다.

물론 신앙의 성숙도에서 차이가 있을 수 있습니다. 예수를 오래 믿은 사람도 있고 교회 나온 지 몇 주 안 된 사람도 있을 것입니다. 하지만 누구든 상관없이 다 우리 하나님을 찬송하라고 요청하고 있습니다. 다 함께 그 구원을 찬양하십시오. 심판을 통해 도래한 하나님의 구원의 완성을 노래하십시오. "아멘 할렐루야!"로 화답하는 여러분 모두가 되기를 바랍니다.

Revelation

요한계시록 19장 6-10절

6 또 내가 들으니 허다한 무리의 음성과도 같고 많은 물소리와도 같고 큰 우렛
소리와도 같은 소리로 이르되 할렐루야 주 우리 하나님 곧 전능하신 이가 통치
하시도다 7 우리가 즐거워하고 크게 기뻐하며 그에게 영광을 돌리세 어린양의
혼인 기약이 이르렀고 그의 아내가 자신을 준비하였으므로 8 그에게 빛나고 깨
끗한 세마포 옷을 입도록 허락하셨으니 이 세마포 옷은 성도들의 옳은 행실이
로다 하더라 9 천사가 내게 말하기를 기록하라 어린양의 혼인 잔치에 청함을 받
은 자들은 복이 있도다 하고 또 내게 말하되 이것은 하나님의 참되신 말씀이라
하기로 10 내가 그 발 앞에 엎드려 경배하려 하니 그가 나에게 말하기를 나는 너
와 및 예수의 증언을 받은 네 형제들과 같이 된 종이니 삼가 그리하지 말고 오
직 하나님께 경배하라 예수의 증언은 예언의 영이라 하더라

34

어린양의 혼인 잔치

그리스도 예수 안에서 사랑하는 성도 여러분! 살면서 어떤 한 날을 설레며 기다려 본 적이 있습니까? 그런 적이 있든 없든 여러분에게는 마음 설레며 기다리는 날이 남아 있습니다. 역사의 마지막에 성취될 복된 소망을 가지고 여러분은 살고 있습니다. 좋은 날이 기다리고 있는 젊은이들에게만 기약된 소망의 날이 아닙니다. 좋은 날이 모두 끝났다고 여기는 어르신들에게도 동일한 복된 소망이 예수 그리스도 안에서 기다리고 있습니다. 그러기에 아무도 "나는 별 볼 일 없다"고 말할 수 없습니다. 신앙인은 가장 영광스러운 날을 앞두고 사는 자입니다.

말로 표현할 수 없는 영광스러운 감격의 날이 우리를 기다리고 있습니다. 성경은 그 영광스러운 순간을 결혼에 자주 비유합니다. 정혼한 신부가 사랑하는 신랑이 데리러 오는 날을 고대하는 것에 비유합니다. 어린양의 혼인 잔치는 모든 성도의 마음에 자리한 복스러운 소망입니다.

곧 다가올 찬양의 순간

이제 어둡고 슬픈 노래는 끝났습니다. 비탄의 노래는 18장으로 마감했습니다. 밝고 기쁜 노래가 19장에서 시작됩니다. 암흑이 사라지고 찬란한 빛이 비치기 시작합니다. 아우성이 사라지고 할렐루야가 하늘을 가득 채우고 있습니다.

하늘의 할렐루야를 계속 들어 보십시오. 세 번의 할렐루야가 바벨론을 심판하신 하나님에게 드려지고 있습니다. 네 번째 할렐루야는 이제 다가올 어린양의 혼인 잔치를 앞두고 부르는 찬양입니다. 과거를 두고 부르는 노래가 아니라, 다가올 영광스러운 미래를 두고 부르는 찬양이 하늘을 가득 메우고 있습니다. 하늘은 막 거행될 결혼식을 앞둔 찬양으로 가득 차 있습니다. 이 세상의 모든 폭포, 이 세상의 모든 파도 소리, 세상의 모든 천둥소리가 동시에 들려오는 것을 상상해 보십시오. 그래도 마지막 날 하나님에게 드릴 경배와 찬양 소리에 족히 비교할 수 없을 것입니다. 요한은 지금 그 영광스러운 현상을 사람의 말로 표현하기를 망설이고 있습니다. 하늘의 현상을 기술하는 데 거룩한 망설임을 보이며 '……와 같다'고 세 번 표현하고 있습니다.

> 또 내가 들으니 허다한 무리의 음성도 같고 많은 물소리와도 같고 큰 우렛소리와도 같은 소리로 이르되 할렐루야 주 우리 하나님 곧 전능하신 이가 통치하시도다(19:6).

요한은 네 번째 하늘 할렐루야의 웅장함을 적절히 묘사할 단어를 발견하지 못하고 있습니다. 큰 무리의 음성 같기도 하고 큰 물소리 같기도 하고 우렁찬 우렛소리 같기도 하다고만 소개하고 있습니다. 그날 하늘의 찬양은 실로 영광스럽고 웅장할 것입니다. 세상에서 가장 웅장한 합창단의 노래도 가히 하늘의 할렐루야와 비교할 수 없을 것입니다. 그 영광스러운 찬양이 우리 귀에 들릴 날이 다가오고 있습니다. 아니, 우리 자신이 그 영광스러운 찬양을 드릴 순간이 도래하고 있습니다.

찬양의 주제

그날의 찬양 주제가 무엇입니까? 지금 온 하늘을 할렐루야 찬양으로 채우는 이유가 무엇입니까? "할렐루야 주 우리 하나님 곧 전능하신 이가 통치하시도다"(19:6)라는 말은 좀 더 정확하게 "할렐루야 주 우리 하나님 곧 전능하신 이가 통치를 시작하셨도다"라고 번역할 수 있습니다. 기다려 온 하나님의 통치가 시작됨을 찬양하고 있습니다. 마침내 하나님이 온 세상을 다스리시는 일이 이제 눈앞에 나타나고 있다는 찬양입니다. 하나님은 언제나 통치해 오셨습니다. 그러므로 그분은 주님입니다. 만물을 그 뜻대로 하시는 전능자이십니다. 아무도 그 뜻을 거역할 수 없는 전능하신 분입니다. 할렐루야, 주 우리 하나님 곧 전능하신 이가 통치를 이미 시작하셨습니다. 이제 사람들의 눈앞에 그분이 통치자인 것을 드러내실 날이 다가오고 있습니다. 그러나 계시록을 보면 아직 하나님의 통치가 시행된 것이 아닙니다. 그리스도께서 다시 돌아오는 일이 남아 있습니다. 사탄이 결박되어 무저갱에 던져지는 일이 남아 있습니다. 그러고 나서 메시아께서 등극하셔서 통치하실 것입니다.

그러나 본문은 그 확실한 사실을 맛보기로 선언하고 있습니다. 요한은 가끔 어떤 일이 일어나기 전에 맛보기로 선언할 때가 있습니다. 바벨론 심판은 17장과 18장의 주제이지만 14장에서 맛보기로 보여 주었습니다.

무너졌도다 무너졌도다 큰 성 바벨론이여 모든 나라에게 그의 음행으로 말미암아 진노의 포도주를 먹이던 자로다 하더라(14:8).

우리는 동일한 맛보기 선언을 하나님 나라의 도래와 관련해서 들은 적이 있습니다. 21장과 22장에 가서야 비로소 우리는 새 하늘과 새 땅이 도래하는 것을 보게 됩니다. 그러나 11장에 이런 맛보기 선언이 나타나 있습니다.

세상 나라가 우리 주와 그의 그리스도의 나라가 되어 그가 세세토록 왕 노릇 하시리로다 하니(11:15).

이 하늘 찬양에 화답하여 이십사 장로가 노래하는 소리도 들었습니다.

감사하옵나니 옛적에도 계셨고 지금도 계신 주 하나님 곧 전능하신 이여 친히 큰 권능을 잡으시고 왕 노릇 하시도다(11:17).

본문의 찬양 역시 성격상 맛보기 선언에 불과합니다. 아직 하나님의 큰 권능이 모두 드러난 것은 아닙니다. 다만 우리 하나님 전능하신 이가 통치를 시작하셨을 뿐입니다. 눈앞에 나타난 바벨론 심판은 하나님 통치의 가시적인 첫걸음입니다. 대적하던 모든 세력을 심판하심은 하나님의 승리와 통치의 시작일 뿐입니다. 전능하신 주 우리 하나님이 완전하신 위엄 가운데 세상에 영광과 위엄을 나타내 보이셨다고 외치고 있습니다. "할렐루야 주 우리 하나님 곧 전능하신 이가 통치를 시작하셨도다!"

사랑하는 성도 여러분, 여러분은 하나님을 전능하신 분으로 고백하고 있습니까? 어떤 세력도 주 우리 하나님의 뜻을 거스르지 못함을 인식하고 있습니까? 그렇다면 여러분은 주 하나님 곧 전능하신 이의 통치를 고대하고 있습니까? 아직도 만물이 그분에게 복종치 않는 사실로 인해 안타까워하셨습니까? 만물이 그 발아래 복종하게 될 날을 대망하며 살아가고 있습니까? 그분이 전능하시면 그분의 뜻을 거스른 모든 일이 끝장나기를 사모합니까? 불의한 세상 속에서 의가 보금자리를 트는 새 하늘과 새 땅이 임하길 고대하며 살고 있습니까? 그날이 임하기를 대망하며 사는 자들에게는 '할렐루야'를 노래할 순간이 찾아올 것입니다.

그런 의미에서 네 번째 할렐루야는 앞선 세 번의 할렐루야보다 적극적인 전망을 보여 주고 있습니다. 바벨론 심판에서 이제 전능하신 통치라는 적극적인 주제로 바뀌고 있습니다. 바벨론의 파멸을 경축한 다음, 하나님의 최후 승리와 구속 목적의 최종 완성을 선포하고 있습니다.

혼인 잔치의 시작을 기뻐해야 할 이유

네 번째 할렐루야의 주제는 하나님 통치의 도래, 달리 비유하면 어린양의 혼인 잔치의 시작을 알리는 찬양입니다. 계속해서 하늘을 메운 우렁찬 찬양에 귀를 기울여 보십시오.

> 우리가 즐거워하고 크게 기뻐하며 그에게 영광을 돌리세 어린양의 혼인 기약이 이르렀고 그의 아내가 자신을 준비하였으므로 그에게 빛나고 깨끗한 세마포 옷을 입도록 허락하셨으니 이 세마포 옷은 성도들의 옳은 행실이로다 하더라(19:7, 8).

'즐거워하고 크게 기뻐하라'는 권면으로 하늘 찬양은 계속되고 있습니다. 동시에 우리가 즐거워하고 크게 기뻐해야 하는 이유를 제시하고 있습니다.

신약 성경에서 "즐거워하고 기뻐하라"는 말은 다른 곳에서 딱 한 번 등장합니다. 마태복음 5장 12절 말씀입니다.

> 기뻐하고 즐거워하라 하늘에서 너희의 상이 큼이라 너희 전에 있던 선지자들도 이같이 박해하였느니라.

의를 위해 박해받는 그리스도인을 향해 주어진 권면의 말씀입니다. 주님을 위해 박해와 모욕을 당하며 모든 악한 말을 들을 때, 하늘에 준비된 큰 상으로 인해 기뻐하라고 권면합니다. 본문은 그날 하늘에서 받을 상을 어린양과 그 신부의 결혼으로 묘사하고 있습니다.

> 어린양의 혼인날이 이르렀다. 그의 신부는 단장을 끝냈다. 신부에게 빛나고 깨끗한 모시옷을 입게 하셨다……(19:7, 8, 새번역).

세상을 살던 모든 성도가 가슴속에 대망하던 날이 묘사되어 있습니다. 결혼식과 그 잔치는 땅 위에서 그날을 소망한 하나님의 백성이 장차 누릴 구원의 축복을 묘사하기에 적절한 비유입니다. 세상 사람들이 즐거워할 수 있는 날이 혼인날이기 때문입니다.

구약 예언서부터 신약의 복음서와 서신서, 그리고 이 책 요한계시록에 이르기까지 이 결혼 비유는 자주 등장합니다. 구약은 이스라엘을 하나님의 아내로 비유하고 있습니다. 그 아내가 언제나 불성실한 것이 특징이지만, 이스라엘을 하나님의 아내라고 말합니다. 신약은 교회를 그리스도의 신부로 말하며, 신랑이 오는 것을 기다리는 모습으로 그리고 있습니다.

이제 여기, 오래 소망하던 순간이 도래했다고 선포하고 있습니다. 하늘 찬양은 어린양의 혼인날이 도래했다고 알리지만 여기서 실제 상황을 기술하지는 않습니다. 21장, 22장에서 다른 비유를 통해 상세히 기술할 것입니다만, 본문에서는 맛보기로 선언하고 있습니다.

유대인의 결혼식은 크게 두 단계로 나뉩니다. 정혼식과 결혼식입니다. 우리 식으로는 약혼식과 결혼식으로 바꿀 수 있을지 모르겠습니다. 다만 그들의 정혼식은 우리의 약혼식보다 의미가 깊습니다. 물론 정혼식과 결혼식 사이에는 떨어져 있는 기간이 상당하지만 두 사람이 남편과 아내로 여겨진다는 점에서 우리의 약혼과는 다릅니다. 요셉에게 나타난 천사의 말을 기억하십니까?

> 다윗의 자손 요셉아 네 아내 마리아 데려오기를 무서워하지 말라 그에게 잉태된 자는 성령으로 된 것이라(마 1:20).

정혼한 마리아를 향해 "네 아내"라고 말합니다. 정혼하고 동거하기 전이었으나 '아내'라고 부릅니다.

정혼한 다음 결혼식을 치르기 위해 남편 될 사람은 지참금을 지불해야만 합니다. 그래서 때로는 야곱처럼 노동으로 지참금을 대신하기도 했습니다. 지참금을 지불하고 나면, 신랑은 친구를 앞세우고 신부집으로 가서 신부를 집으로 데려와 7일간 계속되는 잔치를 엽니다.

교회는 그리스도와 믿음으로 정혼한 사이입니다. 이제 하늘의 신랑이 나타날 순간을 기다리고 있습니다. 그분이 십자가에서 우리를 값 주고 사셨습니다. 모든 지참금이 지불되었습니다. 그러기에 성경은 교회의 모습을 어느 순간에 나타날 신랑을 기다리는 신부로 그립니다. 신랑이 와서 우리를 공중에 데리고 올라가 거기에서 혼인 잔치가 열릴 것입니다. 영원토록 그 잔치가 끝나지 아니할 것이라고 말하고 있습니다. 그것은 결혼식이 끝없이 계속된다는 이야기가 아닙니다. 결혼식 자체는 우리가 누릴 구원의 즐거움을 묘사하는 비유라는 것을 항상 기억해야 합니다. 그 구원의 기쁨이 영원토록 계속될 것을 보여 주려고 잔치가 계속된다고 표현합니다.

본문은 혼인 기약이 이르렀음을 선포합니다. 이제 신부 단장이 끝났다고 말하고 있습니다. 소망하던 순간이 도래했음을 알립니다. "혼인 기약이 이르렀고 그의 아내가 자신을 준비하였으므로" 신부에게 빛나고 깨끗한 모시옷을 입게 하셨습니다. 결혼하신 분이라면 결혼을 앞두고 손꼽아 기다리던 감격을 한번 되새겨 보십시오. 아직 결혼하지 않은 분이라면 한날 다가올 그날을 한번 미리 상상해 보십시오. 그러면 어린양의 혼인 기약이 이르렀다는 말이 다른 사람 이야기처럼 들릴 수가 없습니다. 자신이 이 혼인 잔치에 주인공임을 아는 사람은 무덤덤하게 듣고 넘길 수 없습니다.

누군가의 아내가 되기로 약속한 여인은 그날 이후로 아무 남자에게나 눈길을 보내지 않습니다. 그것이 신부와 창녀의 차이입니다. 한 남자만 기다리는 정숙한 아내와 아무 남자에게나 정을 주는 여자의 차이입니다. 새번역 성경은 "그의 신부는 단장을 끝냈다"라고 말하고 있습니다. 오랫동안 기다리며 신부는 단장을 완료했습니다. 이제 그에 합당한 마음가짐과 몸치장을 해야 할 것입니다. 이제 날이 도래했습니다. 신부 단장이 끝났습니다.

성경은 결혼을 위한 신부 단장을 그에게 생명을 주신 그리스도의 일로 묘사하기도 하지만, 본문은 특히 신부 편에서의 준비를 강조하고 있습니다. 신랑도 결혼하기 위해 무언가를 해야만 합니다. 그러나 신부 역시 그날을 위해 무언가를 준비해야 한다고 말합니다. 신랑은 준비했는데 신부는 전혀 신경 쓰지 않는다면 그 결혼은 행복할 수 없을 것입니다. 두 사람 다 준비해야 합니다. 그래서 그리스도께서 그 피를 흘리셔서 값을 치르셨습니다. 우리를 위해 물로 씻어 깨끗하게 하셨습니다. 우리를 위해서 모든 좋은 것을 준비하셨습니다. 그러기에 신부 된 자들도 그날을 위해 준비해야 합니다.

신랑 편에서 보낸 옷감으로 지금 깨끗하고 빛나는 흰 세마포 옷을 만들어 입은 것처럼 보입니다. 본문에 나오는 세마포의 특징은 두 가지입니다. 우선 고운 모시옷의 특징으로 빛난 천이라고 묘사하고 있습니다. 이는 성도가 지니는 영광을 나타냅니다. 둘째는 깨끗한 천이라고 묘사합니다. 이것은 성도의 순결과 충성, 신실함을 상징하고 있습니다.

신부는 빛나고 깨끗한 모시옷으로 단장합니다. 이것은 또한 창녀의 차림과 대조를 이룹니다. 창녀는 자줏빛과 붉은 빛 옷을 입고 금, 보석, 진주로 휘황찬란하게 꾸몄습니다. 그런 치장으로 누군가를 홀리려는 것입니다. 그러나 이와 대조적으로 신부는 빛나고 깨끗한 고운 모시옷을 받아 입었습니다. 이 옷은 아무나 차려입을 수 없습니다. 오직 허락된 여자만 입을 수 있습니다. 아내 될 사람, 신부에게만 보내진 옷감입니다.

사랑하는 성도 여러분, 여러분은 빛나고 깨끗한 고운 모시옷을 입고 살아가십니까? 이 고운 모시옷은 성도들의 의로운 행위라고 설명하고 있습니다(19:8 참조). 어린양의 피에 씻은 결과로 입은 옷을 계시록 7장도 흰 세마포 옷으로 비유하고 있습니다. 같은 흰 세마포 옷을 가르칠 때 7장은 어린양의 피에 씻음 받은 옷이라고 강조하고, 본문에서는 성도들의 옳은 행실이라고 강조합니다.

우리는 그리스도의 의로 의롭다고 인정받습니다. 그리스도의 의를 통해 우리가 의로운 자라고 불리게 됩니다. 변화된 우리 삶은 하늘 신랑의 부름을 마음에 새긴 성도의 합당한 반응입니다. 우리가 거룩한 삶을 살 때 그리스도의 거룩함을 나의 것으로 소유한 삶이 드러나게 됩니다. 성도는 하나님의 선한 일을 위하여 그리스도 안에서 새로 지어진 자들이라고 성경은 밝히고 있습니다. 하나님 말씀과 그리스도의 증거에 끝까지 신실한 백성의 순종으로 짜인 깨끗하고 빛난 고운 모시옷이라고 누군가 설명하고 있습니다. 하나님 말씀대로 살기 위해 노력한 삶, 그리스도에 대한 증거에 끝까지 신실한 그들의 충성으로 씨줄과 날줄이 만나 짜인 옷인 것입니다. 그리스도의 무한한 의를 자기 것으로 받아들인 성도는 매일 성령 안에서 거룩한 삶을 살아가려고 발버둥 치는 자들입니다.

> 사랑하는 자들아 우리가 지금은 하나님의 자녀라 장래에 어떻게 될지는 아직 나타나지 아니하였으나 그가 나타나시면 우리가 그와 같을 줄을 아는 것은 그의 참모습 그대로 볼 것이기 때문이니 주를 향하여 이 소망을 가진 자마다 그의 깨끗하심과 같이 자기를 깨끗하게 하느니라(요일 3:2, 3).

우리는 지금 하나님의 자녀지만 하나님의 자녀로서의 진면목은 아직 드러나고 있지 않습니다. 그러나 이 소망을 가진 자마다 그의 깨끗하심과 같이 자신을 깨끗하게 하는 자들이 되어야 합니다. 사도 요한뿐 아니라 바울 역시 같은 권고를 합니다.

> 그런즉 사랑하는 자들아 이 약속을 가진 우리는 하나님을 두려워하는 가운데서 거룩함을 온전히 이루어 육과 영의 온갖 더러운 것에서 자신을 깨끗하게 하자(고후 7:1).

우리를 더럽게 하는 육신의 욕망과 마음의 생각에서 거룩함을 온전히 이루어가자고 권면하고 있습니다. 사랑하는 성도 여러분, 그날 우리 모두 흠 없이 서게 될 소망이 기다리고 있습니다.

> 물로 씻어 말씀으로 깨끗하게 하사 거룩하게 하시고 자기 앞에 영광스러운 교회로 세우사 티나 주름 잡힌 것이나 이런 것들이 없이 거룩하고 흠이 없게 하려 하심이라(엡 5:26, 27).

주님은 물로 씻고 말씀으로 깨끗하게 하사 우리를 거룩하게 하십니다. 그래서 말씀을 듣는 자리로 나와야만 합니다. 예배는 자기 앞에 영광스러운 교회로 그분이 우리를 단장하시는 시간입니다. 티와 주름 잡힌 것들이 없이 거룩하고 흠이 없게 세우시려는 신랑의 의지가 우리 삶을 통해 나타나야만 합니다.

거룩하고 흠 없이 세우겠다는, 모든 부족을 내 몸에 채워 가겠다는 사랑의 결단이 있을 때 두 사람이 행복할 수 있습니다. 그리스도께서는 우리를 향해 그러한 소망을 가지고 계십니다. 흠 없이 하나님 앞에 우리를 세우고자 하시는 소원을 품고 계십니다. 그러므로 우리에게서 흠을 발견할 때마다 우리에게 새롭게 하실 능력을 부여하십니다. 그래서 우리를 그리스도의 신부로 아름답게 단장할 것입니다. 그날 우리는 그분과 같아질 영광을 누릴 것입니다. 우리를 향한 예언의 말씀이 그날 성취될 것입니다.

> 내가 여호와로 말미암아 크게 기뻐하며 내 영혼이 나의 하나님으로 말미암아 즐거워하리니 이는 그가 구원의 옷을 내게 입히시며 공의의 겉옷을 내게 더하심이 신랑이 사모를 쓰며 신부가 자기 보석으로 단장함 같게 하셨음이라(사 61:10).

신랑이 마지막 사모를 쓰고 신부가 자기 보석으로 마무리 짓는 것처럼, 더 이상 손댈 수 없을 만큼 완벽한 아름다움을 갖추게 하리라고 예언하셨습니다. 이스라엘이 하나님에게 패역하여 포로 되었을 그때, 세상과 동화되어 가고 있을 그때, 하나님은 이스라엘에게 이 말씀을 고백하며 자기 백성들에게 다가오셨습니다.

그날의 희망이 우리에게 찬란히 남아 있습니다. 우리는 결코 좋은 날들이 모두 지나간 사람인 양 패배감 속에서 과거만 되씹으며 살 자들이 아닙니다. 우리에게는 영광스러운 미래가 남아 있습니다. 여태껏 경험한 어떠한 영광스러운 날보다 더 영광스러운 날이 우리에게는 남아 있습니다. 그러기에 하나님의 계명과 예수 믿는 믿음을 지키는 삶을 살아야 합니다.

요한계시록은 신앙의 열매로 행동을 강조하고 있습니다. 믿음은 선물로 주어졌지만, 믿음을 선물로 받은 자답게 살도록 강조하고 있습니다. 고통과 박해 속에서 살아가는 1세기 그리스도인들을 요한계시록은 격려하고 있습니다. 그래서 여기 이 세마포 옷은 성도들의 옳은 행실이라고 밝히고 있습니다.

사랑하는 성도 여러분, 어린양의 아내 된 자아상을 새롭게 하십시오. 자기가 누구인지 바른 자아상을 갖기 전에는 제구실을 할 수가 없습니다. 우리는 어린양의 신부입니다. 아무에게도 눈길을 주지 않는 정숙함을 이루어 가십시오. 어떤 유혹에도 굴하지 않는 신실함을 이루십시오. 어떤 박해에도 넘어지지 않는 충성을 우리에게 요구하고 있습니다. 우리 영혼을 가장 아름답게 가꾸어 가시는 성령님의 사역이 그날 완성될 것입니다. 머리끝부터 발끝까지 그리스도의 의로 치장될 날이 다가옵니다. 우리가 입을 빛나고 깨끗한 모시옷을 기억하며 살아가십시오. 그러면 창녀의 그 화려한 옷이 우리 마음을 미혹하지 못할 것입니다. 어린양의 아내 된 성도 여러분, 그 복된 혼인날을 위해 준비하는 시간이 있기를 바랍니다.

영원한 행복과 기쁨의 축제일

> 천사가 내게 말하기를 기록하라 어린양의 혼인 잔치에 청함을 받은 자들은 복이 있도다 하고 또 내게 말하되 이것은 하나님의 참되신 말씀이라 하기로 내가 그 발 앞에 엎드려 경배하려 하니 그가 나에게 말하기를 나는 너와 및 예수의 증언을 받은 네 형제들과 같이 된 종이니 삼가 그리하

지 말고 오직 하나님께 경배하라 예수의 증언은 예언의 영이라 하더라 (19:9, 10).

하늘 찬양이 끝나고 다시 한 천사가 등장하고 있습니다. 하늘에는 천사가 무수히 많은 것 같습니다. 계시록에는 계속 천사가 등장합니다. 어쩌면 17장 1절에 등장한 천사 같습니다. 그가 요한에게 "기록하라 어린양의 혼인 잔치에 청함을 받은 자들은 복이 있도다"라고 말합니다. 계시록에 등장하는 일곱 번의 복 가운데 네 번째 복입니다.

여기에 다시 묵시록의 특징이 나타나 있습니다. 7-9절을 살펴보면 앞에서는 어린양의 신부로 묘사된 교회의 모습이 갑자기 결혼식에 초대된 손님들로 묘사되고 있습니다. 이런 이중 묘사는 모순이 아닙니다. 묵시적 기록에서는 이런 자유가 일반적인 특징입니다. 보십시오. 어떤 때는 그리스도께서 어린양으로 등장하십니다. 그런데 어떤 때는 양 떼의 목자로 묘사되십니다. 이러한 묵시적 유동성이 계시록의 특징입니다.

여러분은 이 혼인 잔치 날을 기다리고 있습니까? 결혼할 날을 기다리고 있습니까? 혼인 잔치에 참여할 희망을 품고 살아갑니까? 이날은 하나님의 영광을 위한 모든 계획이 성취되는 날입니다. 이날은 교회를 위한 하나님의 모든 계획이 이루어지는 날입니다. 신랑, 신부가 결합될 그날, 우리는 각별한 교제를 누릴 것입니다. 이날 사랑의 노래를 들려주실 그 신랑의 음성을 사모하고 있습니까? 얼굴과 얼굴을 대면해서 보게 될 그 영광스러운 감격이 여러분 마음에 남아 있습니까? 바라던 모든 것이 눈앞에 나타나는 믿음의 확증이 여러분을 기다리고 있습니까?

이날을 사모하던 주님의 신부들의 고백을 한번 들어 보십시오. 청교도인 사무엘 루더포드는 이렇게 고백했습니다. "어린양의 결혼 잔치를 기다리느라 나는 퍽 시장하다." 사무엘 루더포드는 어린양의 결혼식에 참석할 그날을 기다리면서 시장기를 느끼며 세상을 살았습니다. 동일한 청교도이자 순교자인 존 브래드포드는 자기 옆에 묶인 채 함께 화형당할 젊은 존 리프에게 이렇게 격려했습니다. "형제여 안심하게. 우리는 오늘 밤 주님과 함께 즐거운 식사를 하게 될 것이네."

사랑하는 성도 여러분, 나그네와 행인처럼 세상을 살아가는 동안 우리에게 어린양의 혼인 잔치를 사모하는 마음이 샘솟기를 원합니다. 그날 주와 더불어 먹고 마실 소망이 오늘의 굶주림을 이기게 하고도 남을 것입니다. 그날 주와 더불어 누릴 영광의 소망이 오늘 세상의 영화와 권세에서 우리를 지켜 줄 것입니다. 말로 표현할 수 없는 즐겁고 행복한 순간을 성도들은 혼인 잔치의 즐거움에 비유합니다. 그래서 사람들이 알아들을 수 있도록, 하나님은 사람의 말로 그 구원의 즐거움을 묘사하고 계십니다.

사랑하는 성도 여러분, 그리스도의 백성이 모두 고대하는 그날의 소망이 여러분에게 날로 새로워지기를 바랍니다. 온 피조계가 갈망하는 어린양의 혼인 잔치는 마침내 모든 성도의 영원한 행복과 기쁨의 축제의 날이 될 것입니다. 어린양의 혼인 잔치, 그 영광에 소망을 걸고 견뎌 온 성도들에게 기뻐하고 즐거워하는 순간이 도래할 것입니다. 즐거워하며 기뻐 뛰는 순간이 될 것입니다.

사도 요한은 이 영광스러운 환상 앞에 압도되었습니다. 이 초대 소식을 전하는 천사의 위엄 앞에 엎드렸습니다. 그의 위엄과 메시지의 영광에 압도되어 그 천사를 주님으로 느낀 모양입니다. 그래서 요한이 "기록하라 어린양의 혼인 잔치에 청함을 받은 자들은 복이 있도다"라는 말씀 앞에 엎드려 경배하려 할 때 "삼가 그리하지 말[라]"는 제지를 받았습니다. 천사는 오직 한 분 하나님을 경배하라고 말하고 있습니다. 영광스러운 계시의 증인이요 하나님만이 경배의 대상임을 확인시키고 있습니다.

우리는 아직 영화로운 곳에서 사는 자들이 아닙니다. 그냥 평범한 성도입니다. 하찮은 일에 넘어지고 쓰러지는 자들입니다. 귀양을 보내면 귀양살이를 하게 되는 처지에 있는 자들입니다. 그러나 천사의 말을 한번 들어보십시오. 적어도 그리스도를 증거하는 문제에 관한 한 우리는 하늘 천사와 같은 증거의 동역자입니다. 천사와 함께 그리스도의 증인 된 자로 자신을 인식하십시오. 우리의 사명을 확인하며 살아가십시오.

우리의 사명은 주님을 증거하는 것입니다. 우리의 관심은 얼마나 편하게 사느냐가 아닙니다. 얼마나 빨리 내 집을 마련하느냐가 아닙니다. 얼마나 빨리 갖출 것 다 갖추고 안락하게 지내느냐가 아닙니다. 우리의 소망은 어떤 상황에서도 주님을 증거하는 그 일입니다. 그 일에 관한 우리의 부름은 천사의 부름과 동등합니다. 동일한 주님의 종들이며, 주님의 증거를 함께 가진 자들입니다.

사랑하는 성도 여러분, 여러분의 삶 속에 예수를 전하는 메시지가 남아 있습니까? 여러분이 사는 것을 보고 다른 이들이 "저 사람이 예수 믿는 사람이구나" 하고 인정하겠습니까? 성령의 관심사는 예수를 증거하는 것입니다. 밝히 증거하십시오. 모든 무릎이 그 앞에 꿇게 될 날을 바라보면서 증거하십시오. 모든 입술이 우리 주님을 향해 주 하나님이라고 고백하는 그날을 바라보면서 증거의 삶을 살아가십시오. 세상이 하나님만 경배하는 그 순간을 바라보십시오. 환상의 전달자인 천사가 중요한 것이 아닙니다. 계시를 설명하는 설교자가 중요한 것이 아닙니다. 계시의 주인이시며 계시의 대상이신 하나님만 경배받으셔야 합니다. 말씀에 대한 합당한 반응이 우리 삶에 있어야만 합니다.

"어린양의 혼인 잔치에 청함을 받은 자들은 복이 있도다"라는 선언 앞에서 요한은 이성을 잃고 말았습니다. 그것이 요한이 우리에게 보여 준 영성입니다. 요한의 영성은 그 복된 말씀 앞에 엎드려 경배하려고 하고 있습니다. 여러분도 요한처럼 이 메시지의 영광에 압도당하고 있습니까? 부끄럽게도 우리 삶은 무슨 말씀을 들어도 합당한 반응을 나타내지 못하는 자리에 빠져 있지는 않습니까? 이제부터 전적으로 하나님의 말씀에 여러분을 내어 맡기십시오. 듣는 말씀에 여러분 자신을 의탁하십시오. 하나님을 경배하고 찬양토록 할 것입니다. 모든 사람이 하나님을 경배토록 하는 것이 요한의 관심사입니다. 그러기에 예수의 증거를 위해 요한은 자신을 드렸습니다. 예수의 증거, 그것이 이 책을 쓴 요한의 관심사이고 밧모섬에 귀양을 간 이유이기도 합니다.

요한뿐 아니라 모든 성도가 이 때문에 박해와 순교를 당했으며 용과 더불어 싸우며 세상을 살고 있습니다. 우리에게 날마다 예수의 증거가 있기를 바랍니다. 그리스도를 아는 성도의 증표가 우리 삶에 나타나기를 바랍니다. 그리하여 피조물 대신 창조주만 경배하는 삶에 우리가 참여할 뿐만 아니라, 모든 인생이 동참할 수 있는 요한의 비전이 우리의 것이 되기를 바랍니다. 모든 민족과 방언, 나라와 족속들이 하나님을 함께 경배하는 비전 속에서 우리의 남은 날들을 살아가야겠습니다.

Revelation

요한계시록 19장 11-16절

11 또 내가 하늘이 열린 것을 보니 보라 백마와 그것을 탄 자가 있으니 그 이름
은 충신과 진실이라 그가 공의로 심판하며 싸우더라 12 그 눈은 불꽃 같고 그
머리에는 많은 관들이 있고 또 이름 쓴 것 하나가 있으니 자기밖에 아는 자가
없고 13 또 그가 피 뿌린 옷을 입었는데 그 이름은 하나님의 말씀이라 칭하더
라 14 하늘에 있는 군대들이 희고 깨끗한 세마포 옷을 입고 백마를 타고 그를
따르더라 15 그의 입에서 예리한 검이 나오니 그것으로 만국을 치겠고 친히 그
들을 철장으로 다스리며 또 친히 하나님 곧 전능하신 이의 맹렬한 진노의 포도
주 틀을 밟겠고 16 그 옷과 그 다리에 이름을 쓴 것이 있으니 만왕의 왕이요 만
주의 주라 하였더라

35
백마 타신 분과 그 군대

그리스도 안에서 사랑하는 성도 여러분, 요한계시록은 예수님에게 사랑받은 제자 요한이 쓴 책입니다. 그가 주의 날 밧모섬에서 성령에 감동하여 환상을 보았습니다. 하나님이 속히 행하실 일들에 대해서, 하나님의 교회가 장차 겪을 일들에 대해서 본 것을 편지로 써서 보낸 책입니다.

요한계시록의 큰 흐름을 다시 한 번 생각해 봅시다. 계시록 가장 처음에는 일곱 교회에 보낸 편지가 나옵니다. 이어서 하나님이 우리 가운데 하실 일들을 기록한 두루마리의 일곱 봉인이 차례로 떼어지는 장면이 나옵니다. 그리고 일곱 경고의 나팔이 울려 퍼지면서 하나님의 임박한 진노를 알립니다. 마지막으로 일곱 진노의 대접이 쏟아지는 환상이 요한계시록의 주조를 이루고 있습니다. 16장 17절 이하를 보면 일곱째 진노의 대접을 쏟는 장면이 나옵니다. 거기서 만국의 성이 무너지며 큰 성 바벨론이 하나님의 맹렬한 진노의 포도주 잔을 받아 마시는 광경을 보여 주고 있습니다. 그리고 17장부터 19장 10절까지는 이 일곱째 대접에 관한 예언을 확장하여 중요한 내용으로 다루고 있습니다.

어떤 의미에서 본문의 환상은 바로 앞부분인 어린양 혼인 잔치의 절정으로 볼 수 있습니다. 동시에 이제 펼쳐질 마지막 사건, 그리스도의 재림과 사탄의 패배, 사탄의 결박, 천년 왕국, 사탄의 최후, 마지막 심판, 그리고 새 하늘과 새 땅, 새 예루살렘을 기술하는 사건들의 첫 시작으로도 볼 수 있습니다. 그렇게 볼 때 본문은 그리스도의 재림을 기술하는 것으로 볼 수 있습니다. 사실 어린양의 혼인 잔치라는 앞 단락은 우리에게 신랑 예수의 등장을 예상하게 하고, 신랑 그리스도와 그 백성의 완전한 결합을 내다보게 합니다. 그러나 이 혼인 잔치와 피로연과 관련된 해설은 아무 데서도 나오지 않고 있습니다.

반면에 재림하시는 그리스도에 관한 새로운 환상은 그분의 도래로 인하여 일어날 한 가지 사건을 강조하고 있습니다. 악의 세력을 정복하시는 그분의 승리를 강조하고 있습니다. 성경을 읽어 보면 이 주제가 계속 나오고 있다는 것을 알 수 있습니다. 하나님은 악한 세상을 그대로 두지 아니하시고 심판하셨던 것을 볼 수 있습니다. 성적인 죄악이 극을 달리고 있을 때 소돔과 고모라를 벌하심으로 하나님이 한 시대를 심판하신 것을 볼 수 있습니다. 그뿐 아니라 하나님은 세상을 반드시 심판하셔서 악을 제하실 것을 예언서를 통해 말씀하고 계십니다. 그것은 기독교 성경이 지닌 일관된 메시지입니다. 구약 예언서에서는 여호와 자신이 원수를 무찌르고 승리의 행진을 하시는 분으로 나타나 있습니다. 우리는 복음서에서 주님의 입술을 통해 동일한 교훈을 반복적으로 들을 수 있습니다. 마태복음 24장과 25장, 마가복음 13장, 누가복음 21장을 보면 예수님이 친히 심판주로 오심을 거듭 말하고 있는 것을 알 수 있습니다. 서신서도 여러 곳에서 예수님이 천사들의 나팔과 함께 심판하시는 주로 오시는 것을 말하고 있습니다. 요한은 지금 그리스도께서 백마 탄 승리자로 오시는 것을 보고 있습니다.

백마를 타고 오시는 분

사랑하는 성도 여러분, 우리 모두 요한이 본 그 환상에 동참해 보아야겠습니다. 로마서는 대학에서 듣는 강의와 같았다면, 요한계시록은 영화관에서 볼 수 있는 장면이라고 생각해도 좋겠습니다. 눈으로 보고 우리에게 전해진 이야기가 여기에 기록되어 있기 때문입니다. "또 내가 하늘이 열린 것을 보니"(19:11)라는 구절은 요한이 하나님의 신비에 속한 환상을 볼 때마다 자주 사용한 표현입니다. 4장 1절에서는 하늘에 있는 열린 문을 통해서 하늘 보좌에 앉으신 분을 보았습니다. 그리고 15장 5절에서는 하늘에 있는 성전이 열리면서 성전 안에 있는 언약궤를 보게 됩니다.

요한은 무시무시한 심판을 앞두고 언약하신 하나님의 신실성을 다시 한 번 믿게 합니다. 본문은 하늘 자체가 열려서 영광 중에 임하시는 백마 탄 우리 대장 그리스도와 그 군대의 오실 길을 예비하는 것 같습니다. 하늘 자체가 열려서 요한으로 하여금 영광 중에 임하시는 백마 탄 우리 대장을 보게 합니다.

이제 요한은 환상의 마지막 절정으로 우리를 초대하고 있습니다. 특별히 본문은 전부 상징적인 표현이어서 이해하기 쉽지 않지만, 여러 환상이 겹치고 겹쳐 나타나 있습니다. 은유적인 여러 상징을 집합시켜서 메시지를 전하기 때문에 그가 본 환상을 이해하기가 그리 쉽지는 않습니다. 하지만 그가 보았던 환상을 통해 궁극적으로 말하고 싶어 한 것을 파악하기란 그리 어렵지 아니할 것으로 보입니다.

요한은 백마 타고 오시는 그리스도의 환상을 통해 무엇을 말해 주고 싶어 합니까?

> 보라 백마와 그것을 탄 자가 있으니 그 이름은 충신과 진실이라 그가 공의로 심판하며 싸우더라(19:11).

요한이 본 환상 속에서 그분의 이름이 여러 차례 소개되고 있습니다. 이름은 사람을 소개하는 방편입니다. 특히 고대 사회에서는 이름에서 그가 누구이며 무엇을 하는 사람인지가 드러났습니다. 요즘은 옛날만큼 이름을 신경 쓰지 않지만 옛날에는 지금보다 이름에 더 많은 의미를 부여했습니다. 이름이 그 사람을 나타낸다고 생각했기 때문입니다. 그뿐 아니라 이 환상은 예수님의 눈이 어떤지, 예수님이 입으신 옷은 어떤지 등 예수님의 모습을 자세히 묘사합니다. 또 그분이 오시면 어떤 일을 하게 될지 그 하실 일을 설명해 주고 있습니다. 이름과 모습, 사역의 기술은 모두 백마 타신 우리 대장 예수께서 어떤 분인지를 소개하는 수단입니다.

백마를 타고 오시는 분은 승리하신 그리스도가 틀림없습니다. 계시록에서 흰색은 항상 승리를 상징하는 의미를 가지고 있습니다. 그리스도께서는 승리자로 오셔서 역사를 완성하실 분입니다. 그때 모든 악의 세력에서 그 백성을 구원하심으로 자기 약속을 지키실 것입니다. 그때 모든 악한 자를 심판하셔서 그 약속을 지키실 것입니다.

요한이 환상 속에서 본 백마 타신 대장 그리스도는 구원과 심판을 하기에 능하신 분입니다. 요한은 마지막에 나타나실 주님을 그림 같은 상징 언어로 묘사하고 있습니다. 예수 그리스도의 재림은 사람의 생각과 상상을 초월하는 사건일 것입니다. 그래서 말로 설명하기에는 한계를 느끼기 때문에 그림처럼 보여 주어 상상할 수 있도록 요청하고 있습니다. "보라 백마와 그것을 탄 자가 있으니 그 이름은 충신과 진실이라. 그가 공의로 심판하며 싸우더라." 지금껏 역사를 통해 하나님의 백성을 압박하던 악의 세력을 최후에 정복하실 그리스도를 가리켜 "백마와 그것을 탄 자"로 묘사하고 있습니다.

사랑하는 성도 여러분, 역사는 악이 승리함으로 끝나지 아니합니다. 악의 승리로 최종 귀결되지 아니할 것입니다. 반드시 백마와 그것을 타신 분이 오셔서 최후 승리자로서 악을 평정하시고 심판하실 것을 본문은 우리에게 말해 주고 싶어 합니다. 이것은 구약과 신약에 걸쳐 성경이 보여 주는 일관된 메시지입니다.

충신과 진실, 하나님의 말씀이신 분

혼인 잔치의 초청을 듣고 신랑이 등장할 것을 예상했는데 하늘 그 자체가 열리더니 백마 타신 대장이 우리에게 나타나셨습니다. 백마 타신 야전군 사령관입니다. 우리 신랑 예수께서 정복자이시기 때문입니다. 그분의 이름을 '신실과 진리'(19:11, 새번역 참조)라고 말하고 있습니다. 그분은 또한 13절에서 하나님의 말씀으로 불리고 있습니다. 사람들의 모든 거짓말과 대조적으로 하나님의 말씀은 궁극적으로 하나님의 신실함과 참되심을 드러낼 것이기에 예수 그리스도, 하나님의 뜻을 이루시는 그분을 가리켜 '신실과 진실'이라고 부릅니다. 그리스도는 자기 백성에게 약속하신 대로 오실 신실하고 참되신 구원자이실 것입니다.

그리스도는 또한 공의로 심판하며 싸우실 것입니다. 이는 그분의 변함없는 속성입니다. 불의에 직면하고 사는 하나님의 백성의 위로는 하나님이 공의로 심판하신다는 사실에 있습니다. 속수무책으로 당하는 듯 보이는 하나님의 백성을 위해 그분이 나타나셔서 나서서 싸우신다는 이 진리는 하나님의 백성을 위로하기에 남음이 있습니다.

여러분은 우리의 대장이 누구인지 알고 있습니까? 그 이름이 왜 하나님의 말씀이라고 불리는지 생각해 보셨습니까? 요한복음이, 요한 서신이, 요한계시록이 공통으로 예수 그리스도를 가리켜 하나님의 말씀이라고 증언하고 있습니다. 특히 계시록에서 하나님의 말씀은 하나님의 원대한 목적의 계시를 의미합니다.

그리스도께서는 탁월한 의미에서 하나님의 말씀이십니다. 하나님의 모든 구속 계획이 그분을 통해 구체화될 것이기 때문입니다. 그분 안에서 하나님의 뜻은 완벽하게 성취될 것입니다. 하나님을 통해 첫 창조가 있었던 것처럼 그분을 통해 새 창조가 이루어질 것입니다. 그분을 통해서 하나님의 구속 행위가 완성될 것입니다. 그분의 십자가 죽음을 통해서, 그분의 부활을 통해서 하나님의 뜻이 밝혀져 왔습니다. 그러나 이제 그분이 심판주로 재림하심으로 하나님의 남은 뜻이 만천하에 궁극적으로 드러날 것입니다. 그분의 재림, 그것은 하나님의 계시의 절정이 될 것입니다. 창조의 주도자이시고 새 창조의 완성자이신 그리스도께 적합한 이름은 '하나님의 말씀'입니다.

사랑하는 성도 여러분, 그 이름이 신실과 진실이신 분, 하나님의 말씀이신 분을 여러분은 신뢰하고 있습니까? 그분은 세상을 창조하셨습니다. 그분은 새 세상을 오게 하실 것입니다. 불의한 세상은 이제 물러갈 것입니다. 그리고 진리의 의가 보금자리를 트는 새 세상이 오게 될 것입니다.

눈물의 세상이 물러가고 기쁨의 세상을 도래하게 하실 분이 바로 그리스도 예수이십니다. 질병으로 고통받던 사람들이 다시는 아프지 않는 새로운 세상을 창조하실 분입니다. 죽음으로 삶의 종지부를 찍는 것이 이제 끝나버리고, 영원한 생명으로 충일하게 될, 그 새로운 하늘과 땅을 이 땅에 가져오실 분, 그분이 우리가 믿는 예수 그리스도, 하나님의 아들이십니다. 하나님은 이 아들을 통해 우리가 살고 있는 이 땅을 만드셨을 뿐 아니라 사람들이 더럽혀서 오염시키는 이 땅을 다시 새롭게 하실 것입니다. 이 새 땅은 불의가 아니라 공의로 통치되는 새 땅이 될 것입니다.

가장 기본적인 기독교의 메시지가 여기에 있습니다. 우리는 그 하나님을 믿는 신앙을 고백합니다. 전능하사 천지를 창조하신 하나님을 믿는 사람들은 전능하신 능력으로 그분이 온 세상을 새롭게 하실 것을 믿는 신앙을 가지고 있습니다. 그래서 우리는 동일한 세상을 살아가지만 되는 대로 살지 않습니다. "노세 노세 젊어서 노세"를 부르며 세상을 망치고 더럽히는 사람들이 아닙니다. 하나님이 지으신 세상이기에 우리는 이것을 하나님의 관심으로 보호할 뿐 아니라 이 세상의 주인공인 사람들이 서로 사랑하며 살기를 소원합니다.

세상이 끝날 때가 가까워지면 거짓 구원자들이, 거짓 선지자들이 난무할 것입니다. 그 이름이 신실과 진실이신 그리스도만을 대망하십시오. 그분이 약속하신 그대로 온 세상을 새롭게 하실 것입니다. 그분이 백마 타신 승리자로 오셔서 공의로 온 세상을 심판하실 것입니다.

우리가 예배드릴 때마다 고백하듯이 그분이 오시면 하나님과 관련하여 산 자와 하나님을 모르고 살아간 죽은 자를 구별하여 심판하실 것입니다. 하나님을 섬기면서 세상을 사는 자와 살아 계신 하나님을 무시하고 세상을 사는 자를 구별하실 것입니다. 그분은 오셔서 우리 개개인의 마음과 삶을 심판하실 것입니다. 그러므로 그분의 눈은 불꽃 같다고 본문이 밝혀 주고 있습니다. 우리 주님은 그 눈이 불꽃 같으셔서 우리의 속생각을 보시는 분입니다. 마음의 생각과 숨은 의도까지 파악하십니다. 그날 주 앞에서는 모든 것이 다 드러날 것입니다. 아무것도 그분의 불꽃 같은 눈에서 숨지 못할 것입니다. 심판을 통해 다시 한 번 하나님의 신실하심과 정의로움을 입증하실 것입니다. 개인뿐 아니라 하나님을 대적하는 모든 단체와 세력과 국가와 정권을 하나님의 신실하심과 정의로움으로 심판하실 것입니다.

심판하시는 방법

본문 15절은 하나님이 어떻게 심판하실지 구체적으로 밝히고 있습니다.

> 그의 입에서 예리한 검이 나오니 그것으로 만국을 치겠고 친히 그들을 철장으로 다스리며 또 친히 하나님 곧 전능하신 이의 맹렬한 진노의 포도주 틀을 밟겠고.

화난 아내의 입에서 나온 말은 사랑하는 남편을 상하게 하는 날카로운 칼이 됩니다. 본문은 그리스도의 입에서 나오는 예리한 검을 통해 만국을 칠 것이라고 말하고 있습니다. 그들을 철장으로, 쇠몽둥이로 다스리며 친히 하나님 곧 전능하신 이의 맹렬한 포도주 틀을 밟게 될 것이라고 말하고 있습니다. 요한은 그가 사랑한 구약에서 도출한 세 가지 비유로 심판 사역을 한 단계씩 서술해 가고 있습니다.

> 그가 여호와를 경외함으로 즐거움을 삼을 것이며 그의 눈에 보이는 대로 심판하지 아니하며 그의 귀에 들리는 대로 판단하지 아니하며 공의로 가난한 자를 심판하며 정직으로 세상의 겸손한 자를 판단할 것이며 그의 입의 막대기로 세상을 치며 그의 입술의 기운으로 악인을 죽일 것이며 공의로 그의 허리띠를 삼으며 성실로 그의 몸의 띠를 삼으리라(사 11:3-5).

이사야는 메시아가 오시면 하실 일을 예언했습니다. 어쩌면 요한의 환상은 이 예언에 뿌리를 박고 있을 수 있습니다. 이사야의 예언뿐 아니라 다윗의 메시아 예언에도 바탕을 두고 있을지 모릅니다. 복음은 온 세상을 정복하는 하나님의 능력입니다. "내게 구하라 내가 주리니"(시 2:8 참조)라고 약속하고 있습니다. 동시에 하나님의 말씀대로 순종하지 아니한 자들은 장차 그 진노의 쇠몽둥이 앞에서 깨뜨려질 것입니다.

또 15절은 "또 친히 하나님 곧 전능하신 이의 맹렬한 진노의 포도주 틀을 밟겠고"라며 주님을 진노의 포도주 틀을 밟는 분으로 묘사합니다.

> 에돔에서 오는 이 누구며 붉은 옷을 입고 보스라에서 오는 이 누구냐 그의 화려한 의복 큰 능력으로 걷는 이가 누구냐 그는 나이니 공의를 말하는 이요 구원하는 능력을 가진 이니라 어찌하여 네 의복이 붉으며 네 옷이 포도즙 틀을 밟는 자 같으냐 만민 가운데 나와 함께한 자가 없이 내가 홀로 포도즙 틀을 밟았는데 내가 노함으로 말미암아 무리를 밟았고 분함으로 말미암아 짓밟았으므로 그들의 선혈이 내 옷에 튀어 내 의복을 다 더럽혔음이니 이는 내 원수 갚는 날이 내 마음에 있고 내가 구속할 해가 왔으나 내가 본즉 도와주는 자도 없고 붙들어 주는 자도 없으므로 이상하게 여겨 내 팔이 나를 구원하며 내 분이 나를 붙들었음이라 내가 노함으로 말미암아 만민을 밟았으며 내가 분함으로 말미암아 그들을 취하게 하고 그들의 선혈이 땅에 쏟아지게 하였느니라(사 63:1-6).

이스라엘 사람들은 포도를 수확하면 우리처럼 여름 과일로 먹는 것이 아니라 주로 포도주를 담습니다. 그래서 거두어들인 포도를 포도즙 틀에 넣어 짓밟습니다. 그러면 아무리 조심해도 입고 있던 옷들이 붉게 물들게 됩니다. 이스라엘 사람들에게는 이 이야기가 생활 속 이야기이기 때문에 무슨 말인지 금방 감을 잡을 수 있습니다.

장차 한 분이 마치 포도즙 틀을 밟은 자처럼 붉게 물든 옷을 입고 등장하실 것이라고 합니다. 그분이 분함으로, 노함으로 하나님의 진노의 포도즙 틀을 밟을 것이라고 이사야는 예언했습니다. 그 예언에 기초하여 요한은 자기 환상 속에서 그가 친히, 홀로 하나님 곧 전능하신 이의 맹렬한 진노의 포도주 틀을 밟게 될 것이라고 말합니다.

이 모든 심판 사역을 그리스도께서 홀로 하신다는 것에 유의하십시오. 하늘의 군대는 그분의 심판 사역의 증인에 불과할 것입니다. 그들은 승리의 축제에 참여할 흰옷을 입고 있습니다. 그러나 같은 백마를 타고 있어도 그리스도의 옷은 붉은 선혈로 물들어 있다는 사실을 대조적으로 보시기 바랍니다. 그리스도께서는 말씀을 통해 싸우실 때 하나님의 공의로 홀로 싸우실 것입니다. 말씀으로 세상을 창조하시고, 말씀으로 만물을 붙드시고, 말씀으로 만물을 심판하실 그리스도께서 오셔서 싸우실 것입니다. 오셔서 의로운 재판장, 강한 심판장으로 역사하실 것입니다. 사람의 역사를 심판하실 재판장이 되실 것입니다.

만왕의 왕, 만주의 주

마지막으로 요한이 본 백마 탄 우리 대장 예수 그리스도께서는 역사의 심판자이실 뿐 아니라 역사의 주관자이십니다. 그분의 머리에 많은 면류관이 승리자요, 역사의 주관자이심을 보여 줄 뿐 아니라 그 옷과 다리에 쓰인 이름이 입증하고 있습니다.

다리를 덮은 옷자락에 "만왕의 왕, 만주의 주"라고 기록된 그 이름을 보십시오. 그리스도의 절대적인 왕권을 표시하고 있습니다. 역사에는 왕이 많았습니다. 다스리는 민족이 크기도 하고 작기도 했습니다. 승리의 노래를 부르기도 하고 사라지기도 했습니다. 그러나 본문에 나타난 우리의 왕은 "만왕의 왕, 만주의 주"라고 그 옷깃에 새겨져 있습니다. 오늘날 우리는 실세라고 하는 사람들이 얼마나 초라해지는지를 뉴스를 통해 보고 있습니다. 그러나 불변하시는 역사의 주관자는 그리스도 한 분입니다. 그분이 홀로 역사를 주관하시며 역사의 왕으로 군림하십니다. 백마를 타시고 그 군대와 함께 등장하실 것입니다.

사랑하는 성도 여러분, 우리는 이미 예수 그리스도를 주로 고백하고 있습니다. 그분이 통치자시라는 고백입니다. 가이사가 아니라 예수께서 주라는 그 고백의 전통을 오늘 우리가 이어받아 그리스도께서 주라는 고백에 함께하고 있습니다. 우리를 지배하는 분은 오직 하늘에 계신 왕인 것을 마음으로 믿고 입으로 고백합니다. 세상은 아직 그 사실을 인식하지 못하고 있습니다. 한날 모든 무릎이 그 앞에 꿇게 될 것이고 모든 입술이 우리 주 예수 그리스도를 주라고 고백하게 될 것입니다.

"만왕의 왕, 만주의 주"께서 영광 중 역사의 지평 속에 나타나실 소망을 붙드십시오. 그 왕국은 영원하고, 그 왕권은 무궁할 것입니다. 그 왕국을 위해 사는 삶이 얼마나 보람된 삶인지 그때 알게 될 것입니다. 그 왕권을 섬기기 위해, 그 왕국을 확장하기 위해 부름받은 것이 얼마나 영광스러운 특권인지를 그날 인식하게 될 것입니다. 민족과 나라, 족속과 방언이 "만왕의 왕, 만주의 주" 앞에 돌아올 비전을 가지고 남은 날들을 살아가십시오. 그날 온 세상이 주님을 절대 왕, 절대 주로 시인할 것입니다. 그때 울려 퍼질 찬양이 온 누리를 가득 채울 것입니다. "주가 다스리시네" 하는 찬양이 온 누리에 가득할 것입니다. 그분이 온 만유를 다스리시는 왕으로 우리 눈앞에 나타날 것입니다. "만왕의 왕, 만주의 주"는 바로 그러한 의미입니다.

그 이름의 신비

본문에 나오는 백마 타신 분에게는 또 하나의 이름이 있습니다. 그러나 그 이름은 "자기밖에 아는 자가 없[다]"(19:12)고 밝히고 있습니다. 그분의 이름은 "충신과 진실"로 밝혀졌습니다. 그분의 이름은 "하나님의 말씀"으로 밝혀졌습니다. 그분의 이름은 "만왕의 왕, 만주의 주"라고 밝혀졌습니다. 그런데 또 그분만이 아는 이름이 있다고 이야기합니다. 고대 세계에서 이름은 항상 그가 누구며 무엇을 하는지를 보여 준다고 이미 말씀드렸습니다. 자기밖에 아는 자가 없는 그리스도의 이름은 우리로 하여금 그분 본성의 신비를 생각하게 합니다. 사실 우리는 하나님 아버지와 주님의 관계, 주님과 우리의 관계, 주님과 만물의 관계를 다 터득해서 알 수는 없습니다. 다만 하나님이 공개하신 만큼 알 수 있을 따름입니다. 하늘 아버지만이 예수 그리스도를 다 아실 것입니다. 우리는 다만 아버지의 뜻대로 계시를 받는 순간에 보여 주시는 영역만 알게 될 것입니다.

그러나 지금 우리는 예수를 "만왕의 왕, 만주의 주"라고까지 고백하고 있습니다. 세상의 똑똑한 사람들이, 내로라하는 사람들이 알지 못하는 비밀에 대해 우리는 이미 알고 있습니다. "옳소이다. 이렇게 된 것이 아버지의 뜻이니이다. 이것을 세상의 슬기롭고 지혜 있는 자들에게는 감추시고 어린아이와 같은 자들에게 나타내시니 감사합니다"(눅 10:21 참조). 아버지의 뜻대로 계시를 받은 사람만이 그리스도께서 누구신지 아는 축복을 누립니다. 물론 우리 역시 지금은 주님에 대해 희미하게만 알 뿐입니다. 그러나 그날은 얼굴과 얼굴을 대하여 보듯이 친히 알게 될 것입니다.

사랑하는 형제자매 여러분, 백마를 타고 군대와 함께 등장하신 그리스도께서 우리 삶에 무슨 의미가 있습니까? 불의한 세상을 살 때 그분의 진실과 정직이 우리 삶을 바꾸고 있습니까? 그분이 신실하고 정직하신 분이고 그분이 하나님의 뜻을 이 땅에서 완성하시는 분이라면 우리 삶은 어떻게 되어야겠습니까? 우리가 그리스도 예수의 뒤를 따라가는 자라면 사람 사이에 감추어져 있는 하나님의 거룩하신 모습을 나타내기 위해 하나님은 우리를 사용하기를 원하십니다. 우리 몸을 통해 하나님이 누구시며 하나님의 신실하심이 어떠한지를 이 땅에 드러내길 바라십니다. 그리스도께서는 이 세상에 몸을 입고 오기를 간절히 소원하신 분입니다. 그 몸을 통해 아버지의 뜻을 나타낼 기회로 삼고 싶어 하셨습니다.

사랑하는 형제자매 여러분, 생명을 주어 우리를 살게 하셨는데 사는 날 동안 우리의 삶이 사람들로 하나님을 보게 하는 기회가 됩니까? 하나님의 신실과 진실을 드러내는 기회가 되고 있습니까? 하나님의 말씀이 드러나고 있습니까? 하나님의 감추어진 뜻이 나타나는 기회로 우리의 생을 하나님 앞에 바치고 있습니까? 그분이 신실과 정직이라는 이름으로 불릴 때 우리 또한 그 이름으로 불리는 자들인 것을 기억하십시오. 그분이 그리스도이기 때문에 우리는 그리스도인입니다. 그렇기에 그분이 성실하고 정직한 분이면 그분을 따르는 우리 삶에도 성실과 정직이 있어야만 합니다.

개인과 역사의 심판자 그리스도의 이름에 관한 말씀이 우리에게 의미가 있습니까? 그분이 우리 개인의 삶을 심판하시고, 우리 마음속 깊은 동기를 원하시며, 우리는 그분을 속일 수 없다는 사실로 인해 하나님을 두려워하고 있습니까? 여러분은 하나님 말씀에 따라서 살려고 노력하고 있습니까? 적당히 속이면 무슨 짓이라도 할 수 있는 더러운 삶을 아직도 살고 있습니까? 그분은 불꽃 같은 눈을 가지신 심판주로 세상에 오실 것입니다. 하나님을 두려워하지 아니하면, 심판하실 하나님을 무서워하지 아니하면, 사람은 무슨 일이라도 다 할 수 있는 짐승과 같은 존재로 전락하고 마는 것입니다. 그것은 이상한 것이 아니라 그 마음에 하나님 두기를 싫어하는 사람들의 필연적인 결과입니다. 거룩하신 하나님의 눈을 두려워하지 아니하면 사람은 욕망에 따라 무슨 일이든지 할 수 있는 존재가 되고 마는 것입니다.

"만왕의 왕, 만주의 주"라는 그리스도의 칭호가 여러분 마음속에 의미가 있습니까? 그렇다면 그리스도 예수는 여러분에게 타인이 아닐 것입니다. 이를 알게 하신 것은 사람의 지혜가 아니라 하나님의 계시의 결과입니다. 그분이 다시 오심으로 하나님의 모든 약속은 실현될 것입니다. 오셔서 의로운 재판자가 되시고 무적의 심판자가 되실 것입니다. 그리하여 온 세상이 "만왕의 왕, 만주의 주"를 고백하게 될 것입니다.

사랑하는 성도 여러분, 세상을 살면서 백마 타신 그분을 바라보십시오. 희고 깨끗한 세마포를 입고 그분을 따르는 하늘의 천천만 군대를 바라보십시오. 우리 삶은 지금 누구를 따르고 있습니까? 우리의 의복은 지금 희고 깨끗한 세마포 의복으로 준비되어 있습니까? 짐승의 표를 받고 우상을 경배하지 마십시오. 한 분 하나님 그분만 마음과 뜻과 정성을 다해 섬기시기 바랍니다. 그분의 형상대로 지음받은 이웃을 내 몸처럼 섬기는 하나님 백성의 삶, 그것이 우리에게 있어야 합니다. 그들만이 어린양의 혼인 잔치에 참여하게 될 것입니다. 짐승처럼 세상을 살면서, 욕망을 따라 살면서, 더럽게 살면서, 우상을 경배하면서, 세상의 것들에 혼을 빼 주면서 영광스러운 새 하늘과 새 땅에 참여하게 될 것이라고 자신을 속이지 마십시오. 새 하늘과 새 땅은 짐승처럼 살지 않고 사람의 아들처럼 사는 이들에게만 약속된 축복입니다.

백마를 타시고 승리하시는 우리의 대장을 따라가십시오. 희고 깨끗한 세마포 의복을 입고 백마를 타고 그분을 따르는 그 군대 가운데에서 우리의 모습을 발견할 수 있기를 바랍니다. 하늘 군대, 그 모습이 우리가 세상에서 추구하는 삶의 거룩한 목표가 되기를 바랍니다.

Revelation

요한계시록 19장 17-21절

17 또 내가 보니 한 천사가 태양 안에 서서 공중에 나는 모든 새를 향하여 큰 음
성으로 외쳐 이르되 와서 하나님의 큰 잔치에 모여 18 왕들의 살과 장군들의 살
과 장사들의 살과 말들과 그것을 탄 자들의 살과 자유인들이나 종들이나 작은
자나 큰 자나 모든 자의 살을 먹으라 하더라 19 또 내가 보매 그 짐승과 땅의 임
금들과 그들의 군대들이 모여 그 말 탄 자와 그의 군대와 더불어 전쟁을 일으키
다가 20 짐승이 잡히고 그 앞에서 표적을 행하던 거짓 선지자도 함께 잡혔으니
이는 짐승의 표를 받고 그의 우상에게 경배하던 자들을 표적으로 미혹하던 자
라 이 둘이 산 채로 유황불 붙는 못에 던져지고 21 그 나머지는 말 탄 자의 입으
로부터 나오는 검에 죽으매 모든 새가 그들의 살로 배불리더라

36

백마 타신 분의 승리

그리스도 안에서 사랑하는 성도 여러분, 산 자와 죽은 자를 심판하러 오실 그분을 알고 계십니까? 그분이 바로 우리 주 예수 그리스도이십니다. 그 옷과 다리에 쓰인 대로 "만왕의 왕, 만주의 주"이십니다. 그분은 하나님의 모든 약속을 성취하실 하나님의 말씀이십니다. 그리스도 예수는 자기 백성에게 약속하신 대로 오시는 신실하고 참되신 분입니다.

그러면 본문의 환상이 무엇을 말하고 있는지 살펴봅시다. 본문의 환상은 내용상 둘로 구분되어 있습니다. "또 내가 보니"라는 말로 17절을 시작하고, "또 내가 보매"라는 말로 19절을 시작하고 있습니다. 요한이 본 것은 두 개의 독립적인 환상입니다.

> 또 내가 보니 한 천사가 태양 안에 서서 공중에 나는 모든 새를 향하여 큰 음성으로 외쳐 이르되 와서 하나님의 큰 잔치에 모여 왕들의 살과 장군들

의 살과 장사들의 살과 말들과 그것을 탄 자들의 살과 자유인들이나 종들이나 작은 자나 큰 자나 모든 자의 살을 먹으라 하더라(19:17, 18).

이 음성은 무엇을 말하고 있습니까? 큰 싸움이 끝난 들판을 상상해 보십시오. 즐비하게 쓰러진 시체 위에 독수리 떼가 몰려드는 참혹한 전쟁터를 떠올려 보십시오. 묻히지 못한 시체들이 온 들판에 널려 있고 썩은 시체를 파먹기 위해 몰려든 독수리 떼만 음산하게 울어대는 처참한 패배의 장소로 요한은 우리를 초대하고 있습니다.

총체적인 최후 파멸

먼저 본문의 표현을 살펴봅시다. "한 천사가 태양 안에 서서"라고 말합니다. 요한은 왜 한 천사가 태양 안에 서서 고함을 친다고 표현할까요? 그런 표현을 통해 무엇을 말하려 하고 있을까요? 해는 우리가 쳐다볼 수 있는 가장 높은 곳에 있습니다. 눈에 쉽게 띄는 곳이자 명령하는 위치를 의미합니다.

하늘 가장 높은 곳에서, 공중을 나는 모든 새가 보고 들을 수 있는 위치에서 지금 큰 소리로 초대하고 있습니다. 하나님의 큰 잔치에 와서 시체를 실컷 뜯어먹으라는 음성입니다. 그러고는 각종 계층 사람의 시체를 열거하고 있습니다. "왕들의 살과 장군들의 살과 장사들의 살과 말들과 그것을 탄 자들의 살과 자유인들이나 종들이나 작은 자나 큰 자나 모든 자의 살을 먹으라"고 말하고 있습니다. 모든 세상 각계각층의 시체가 열거되고 있습니다. 노아 홍수에 필적하는 세계적인 사건으로 이 사건을 기술하고 있습니다. 첫 심판이 온 지면을 덮쳤듯 마지막 심판도 세계적이 될 것입니다.

요한은 각양각색의 사람들을 열거하여 이 심판이 얼마나 보편적인지를 보여 주려 하고 있습니다. 그뿐 아니라 이 심판이 얼마나 철저한지를 말하려 하고 있습니다. 구약 선지자 에스겔의 표현과 정신을 빌려서 최후 심판의 처절함을 말하고 있습니다. 그 심판에는 아무도 예외가 없을 것입니다. 악의 최후 파멸은 총체적일 것입니다. 하나님의 결정적인 승리를 묘사하기 위해서 공중에 나는 새들이 살을 뜯어먹는 구약적 이미지를 동원하고 있습니다.

하나님과 그리스도와 그 백성의 원수들이 무참히 패배한 시체로 깔릴 것을 보여 주고 있습니다. 현대에서도 크게 다르지 않습니다만 특히 고대 세계에서는 시체가 매장되지 못하고 공중의 새나 빈 들의 짐승에게 먹히는 것을 죽은 자의 가장 큰 수치이자 불행으로 여겼습니다. 심지어 예를 갖추어 묻히지 못한 시체는 부활에서도 배제되는 것으로 간주하여 최악의 수치로 여겨졌습니다.

본문에 기술된 환상은 역사의 종말에 일어날 일입니다. 역사의 종착지에서 이 사건을 바라보고 있습니다. 요한은 지금 하나님의 모든 대적이 최후의 멸망, 비참한 종말을 맞이하리라는 것을 새들의 잔치라는 이 환상으로 나타내고 있습니다.

환상이기 때문에 문자적으로 이런 최후가 있을 것이라고 상상할 필요는 없습니다. 실제는 이보다 더 극적이고 비참할 수도 있습니다. 2천 년 전 사람들이 느낄 수 있는 최악으로 악인의 최후가 아주 비참할 것을 표현한 것이지 그것을 꼭 문자적으로 이해할 이유는 없습니다. 그런 표현을 통해 무엇을 나타내려 하는지가 중요합니다. 반면 문자적으로 여겨서는 안 되지만 동시에 비현실적으로 여겨서도 안 됩니다.

악인의 최후 파멸과 그리스도의 최종 승리는 엄숙한 진리입니다. 계시록은 하나님과 사탄의 투쟁을 중심 주제 중 하나로 다루고 있습니다. 하나님과 사탄의 투쟁이 역사 속에서는 그리스도와 적그리스도의 투쟁으로 나타나고 있습니다. 그리스도의 승리를 표현하는 마지막 부분에서 요한은 적그리스도와 그 추종자에 대한 그리스도의 결정적인 승리를 고대의 큰 전쟁이라는 틀 속에서 표현하고 있습니다. 전쟁 후 즐비하게 널려 있는 시체들에 몰려드는 독수리 떼를 보여 주어 악인의 최후가 얼마가 끔찍하고 비참할지를 말하는 데 그 의도가 있습니다.

여러분, 역사의 마지막에 백마 타신 그리스도의 최후 승리를 믿고 계십니까? 그리스도인은 그리스도의 최후 승리를 고백하는 사람들입니다. 그래서 우리는 우리 주 예수 그리스도를 일컬어 '주님'이라고 부르지 않습니까? 우리는 "주 예수만을 위해 목숨까지도 바치는" 자입니다. 주님 자신도 "주검이 있는 곳에는 독수리들이 모일 것이니라"(마 24:28)는 말로 큰 환난의 날을 서술하고 계십니다.

고대 세계에서는 치열한 전쟁으로 피차간에 많은 사상자를 속출했습니다. 특히 최후 결전은 쌍방간에 그만큼 큰 희생을 요구합니다. 이 싸움은 최후의 결전을 이야기하고 있습니다. 승리자 편에서도 사상자를 배출합니다. 그러나 승리자 편의 죽은 자들은 전쟁 영웅으로 대우받고 안장됩니다. 그렇다면 본문의 버려진 시체, 새들의 먹이가 되고 있는 시체는 패배자의 시체임이 틀림없습니다. 아직 싸움을 위한 군대가 소집되기 전, 첫 환상을 통하여 새들의 잔치가 있는 것은 하나님과 그리스도를 거스른 싸움이 무가치하다는 것을, 전혀 무의미하다는 것을 강조합니다. 싸워 볼 것도 없이 승리는 결정되었다는 것을 말씀하고 있습니다. 최후 승리는 창세전부터 백마 타신 분의 것으로 확정되어 있습니다.

사랑하는 동역자 여러분, 그렇기에 우리가 싸우는 싸움은 희망이 있는 싸움입니다. 우리는 결과가 어떻게 될지 모르고 막연한 가운데 목숨을 내던지는 것이 아닙니다. 우리는 최후에 승리하실 그분의 싸움을 싸우고 있습니다. 더 정확히 말하면 우리는 이미 십자가로 말미암아 승리하신 그리스도의 승리에 동참하는 싸움을 싸울 뿐입니다. 그분이 2천 년 전 십자가에서 승리하셨기에, 뱀의 머리를 박살내셨기에, 우리의 싸움은 이미 승리가 확정되었습니다. 아직 경기가 남았지만 점수를 보니 끝난 게임이나 다름없습니다. 다만 승리를 굳히기 위해서 마지막까지 하고 있을 뿐입니다.

여러분은 지금 누구의 깃발을 따르고 있습니까? 그리스도의 깃발 아래 자신을 맡기는 자는 최후 승리를 공유할 것입니다. 우리를 대신해서 싸우시고 십자가에서 결정적으로 승리하신 그리스도를 끝까지 거부하면 하나님의 큰 잔치에서 새들의 먹이로 전락할 비참한 운명을 맞이할 것입니다.

적그리스도의 실제적 멸망

요한이 본 두 번째 환상을 읽어 보겠습니다.

> 또 내가 보매 그 짐승과 땅의 임금들과 그들의 군대들이 모여 그 말 탄 자와 그의 군대와 더불어 전쟁을 일으키다가 짐승이 잡히고 그 앞에서 표적을 행하던 거짓 선지자도 함께 잡혔으니 이는 짐승의 표를 받고 그의 우상에게 경배하던 자들을 표적으로 미혹하던 자라 이 둘이 산 채로 유황불 붙는 못에 던져지고 그 나머지는 말 탄 자의 입으로부터 나오는 검에 죽으매 모든 새가 그들의 살로 배불리더라(19:19-21).

두 번째 환상은 마지막 싸움의 결과를 좀 더 자세히 설명하고 있습니다. 그러나 싸움 자체에 대한 상세한 묘사는 별로 없습니다. 패가 어떻게 나누어졌는지만 자세히 설명하고 있습니다.

"그 짐승과 땅의 임금들과 그들의 군대들이" 한편에 모여 있고, 다른 한편에는 "말 탄 자와 그의 군대"가 서로 싸움을 시작했다고 말하고는 '싸움이 끝났다'고 연결되고 있습니다. 그리고 체포되어 산 채로 유황불 붙는 못에 던져졌다고 말하고 있습니다. 싸움을 기술하는데 양쪽에서 얼마나 치열하게 싸웠는지는 전혀 서술되어 있지 않습니다. 싸움을 시작했는데 싸움이 끝나 버리고 말았습니다. 적그리스도의 군대가 백마 타신 분과 그분의 군대로 더불어 싸우려고 집결해서 전쟁을 일으키다가 그냥 패하고 말았다는 것입니다. 정말 싱겁게 기술되어 있습니다. 특히 군대의 대장 격인 짐승과 거짓 선지자는 잡혀서 산 채로 불에 던져지고 나머지 추종자들도 백마 타신 분의 입에서 나오는 검에 죽임을 당해서 모든 새의 밥이 되었다고만 기술되어 있습니다.

가끔 문학책들을 보면 1장에서 먼저 결론적인 이야기를 다루고 그 결론에 도달하게 된 과정을 풀어서 쭉 설명하는 경우가 있습니다. 앞에서는 즐비하게 널려 있는 시체가 있는 빈 들로, 전쟁터로 우리를 초대한 다음, 어떻게 싸움이 그렇게 결말지어졌는지를 말씀해 주는 것이 두 번째 환상입니다.

이 두 번째 단락도 요한이 본 환상입니다. 그렇기에 상징적인 표현으로 기술됩니다만 그 메시지는 실제적인 멸망을 뜻하고 있습니다. 비록 묵시적인 언어로 기술되어서 우리가 문자적으로 받아들여서는 안 되지만 동시에 심각한 진리로 받아야 합니다. 묵시적인 언어로 기술되었다고 비현실적인 것으로 치부해서는 안 됩니다. 비록 환상의 기술은 문자적으로 이해해서는 안 되지만 요한의 묵시적인 언어는 최후 승리와 최후 심판을 더 생생하게 그림처럼 보여 주기 위한 방편입니다. 묵시적인 언어는 사실을 더 실감 나게 표현할 수 있다는 장점을 가지고 있습니다. 그렇기에 그 방식을 빌려서 표현하고 있습니다.

바울은 백마 타신 그리스도의 최후 승리를 일상적인 용어로 표현하고 있습니다.

> 그때에 불법한 자가 나타나리니 주 예수께서 그 입의 기운으로 그를 죽이시고 강림하여 나타나심으로 폐하시리라 악한 자의 나타남은 사탄의 활동을 따라 모든 능력과 표적과 거짓 기적과 불의의 모든 속임으로 멸망하는 자들에게 있으리니 이는 그들이 진리의 사랑을 받지 아니하여 구원함을 받지 못함이라 이러므로 하나님이 미혹의 역사를 그들에게 보내사 거짓 것을 믿게 하심은 진리를 믿지 않고 불의를 좋아하는 모든 자들로 하여금 심판을 받게 하려 하심이라(살후 2:8-12).

악한 자가 역사하는 시대가 되면 사탄의 능력을 따라서, 사탄의 역사를 빌려서 나타날 것입니다. 그래서 모든 능력과 표적과 거짓 기적과 불의의 모든 속임으로 사람들을 미혹할 것입니다. 그들은 진리를 사랑하지 아니하였기 때문에, 결국은 허황한 생각 속에 살아가기 때문에 스스로 속아서 그 심판을 받게 될 것입니다.

데살로니가후서에서 바울은 주 예수께서 나타나셔서 불법한 자를 그 입의 기운으로 죽이신다고 간단하게 서술하고 있습니다. 이 역시 상징적인 표현이기는 마찬가지입니다만, 그것이 요한계시록처럼 환상 가운데 있는 것이 아니라 편지 가운데 있을 뿐입니다. 그러나 핵심은 역시 "그 입의 기운으로"라는 부분입니다. 말하자면 하늘로부터 그리스도께서 나타나셔서 맞대결을 하시면 그리스도의 대적은 "그 입의 기운으로", 즉 말 한마디로 끝장난다는 이야기입니다.

그런데 왜 전쟁에 대한 상세한 설명이 없을까요? 악의 세력은 대단해 보이지만 그리스도께서 맞대결을 하시면 무력할 것입니다. 사로잡혀서 산 채로 불 못에 던져지는 존재에 지나지 않습니다. 다시는 그 기세를 떨치지 못할 것입니다. 짐승이 사로잡히고 그의 선지자가 사로잡혀서 던져질 것을 말하고 있습니다.

초대 교회 성도들의 상황에서 이 이야기를 한번 생각해 보십시오. 그들은 이 짐승의 세력에게 늘 생명을 위협당하며 살아가는 자들이었습니다. 정부 권력의 앞잡이로부터 가이사를 숭배해야 한다는 선전 소리를 날마다 듣던 사람들입니다. 그런데 요한의 환상은 짐승이 산 채로 사로잡혀서 불 못에 던져질 것을 보여 줍니다. 그 선지자도 산 채로 사로잡혀 불 못에 던져질 것입니다. 더 이상 하나님의 백성을 박해하던 세력이 기세를 떨치지 못할 것입니다. 하나님의 백성을 미혹하던 악의 영이 더는 기승을 부리지 못할 것이라고 말하고 있습니다.

여러분은 그리스도인으로 세상을 살면서 동일한 세력 앞에 서 보신 적이 있습니까? 우리가 속한 삶의 현장 속에서도 그는 때로 엄청난 덩치를 가진 모습으로 우리를 위압해 올 수 있습니다. 그의 무시무시한 발에 짓눌리기만 하면 우리 같은 존재는 끝날지도 모릅니다. 그런가 하면 때로는 간교하게 "한 번만 내 말을 들으면 네 장래가 보장된다"고 유혹해 올 수도 있습니다. 하나님의 백성은 세상을 살면서 언제나 박해라는 세력과 유혹이라는 세력 앞에서 시달립니다. 그렇기에 마지막 싸움이 지나가면 그러한 세력들이 더는 남아 있지 아니할 것을 말씀합니다. 그날 후에는 아무리 찾아보아도 찾지 못할 것이라고 말씀합니다.

이미 이기신 싸움

> 그런즉 가라지를 거두어 불에 사르는 것같이 세상 끝에도 그러하리라 인자가 그 천사들을 보내리니 그들이 그 나라에서 모든 넘어지게 하는 것과 또 불법을 행하는 자들을 거두어 내어 풀무 불에 던져 넣으리니 거기서 울며 이를 갈게 되리라(마 13:40-42).

다른 비유를 통해서 또 한 번 같은 말씀을 하고 있습니다. 천국 비유를 통해 주님이 말씀하신 바대로 최후 심판은 가라지를 거두어 불에 사르는 것과 같을 것입니다. 그런데 왜 실제적인 싸움에 대한 기술은 없을까요? 요한은 이미 싸움이 있었고 그리스도께서 이기셨다고 선언한 바 있습니다. 계시록 5장에서 어린양이 그의 죽음으로 이기셨다고 기술하고 있습니다.

> 울지 말라 유대 지파의 사자 다윗의 뿌리가 이겼으니 그 두루마리와 그 일곱 인을 떼시리라 하더라(5:5).

이미 이겼다고 선언하고 있습니다. 역사의 장이 펼쳐지고 있습니다. 그 뿐 아니라 계시록 12장은 하늘 싸움의 장면을 소개해 줍니다. 거기에 나온 하늘 싸움도 미가엘 군대의 승리로 끝났습니다. 사탄이 하늘에서 쫓겨난 것을 말씀해 준 바 있습니다. "또 우리 형제들이 어린양의 피와 자기들이 증언하는 말씀으로써 그를 이겼으니"(12:11)라고 노래하고 있습니다.

십자가 위에서 결정적인 판가름이 났습니다. 치명적인 일격으로 뱀의 머리를 박살 냈습니다. 이제 잠시 꿈틀거릴 뿐입니다. 머리를 완전히 박살 내도 뱀은 꿈틀거립니다. 십자가 위에서 사탄의 머리는 완전히 찍혔습니다. 지금은 다만 꿈틀거리고 있을 뿐입니다. 그러나 시한부입니다. 얼마 후면 완전히 맥이 빠져서 뻗어 있을 것입니다. 잠시 꿈틀거리는 것은 하나님의 뜻이 성취될 동안입니다. 그때까지는 살아 있는 것처럼 보일 것입니다.

요한은 본문에서 만왕의 왕, 만주의 주이신 그리스도께서 적그리스도의 화신인 짐승과 거짓 선지자를 파멸시킬 것을 서술하고 있습니다. 거짓 선지자는 사탄의 역사를 따라 능력과 표적, 거짓 기적과 모든 불의의 속임으로 멸망하는 자들을 미혹할 것입니다. 거짓 선지자는 "짐승의 표를 받고 그의 우상에게" 경배하며 살아가는 모든 사람을 속이던 자입니다. 짐승과 거짓 선지자가 동시에 체포되어 산 채로 불 못에 던져졌다고 말함으로써 다시는 불법이, 불의가 성행치 못할 것을 증거하고 있습니다. 그뿐만 아니라 만왕의 왕, 만주의 주께서는 나머지 추종자들도 무찌르시는 승리자로 묘사됩니다. "입으로부터 나오는 검"으로 짐승과 거짓 선지자의 추종자들을 심판하시는 주님으로 묘사하고 있습니다. "입으로부터 나오는 검에 죽으매"라는 표현을 읽을 때 예수님의 입에서 진짜 칼이 나올 것으로 알아들어서는 안 됩니다. 입에서 나오는 말씀으로 적을 죽이는 승리자로서 예수님을 묘사할 뿐입니다.

끝까지 회개치 않는 자들이 받을 몫

여러분은 이 마지막 싸움에서 어느 편에 가담하고 있습니까? 여러분이 총사령관 예수 그리스도의 깃발 아래 있기를 바랍니다. 그분은 만왕의 왕, 만주의 주이십니다. 맹렬한 마지막 싸움이 시작될 그때가 아니라 바로 지금 예수님의 깃발 아래 있어야 합니다. 그렇지 않으면 "짐승의 표를 받고 그의 우상에게" 머리를 숙이는 삶을 살 수밖에 없습니다. 결국 그들의 최후는 속임과 패배만 공유하게 될 것입니다. 성경은 끝까지 회개하지 않고 마음이 굳어진 사람들에게는 어린양의 진노와 심판만 기다리고 있을 뿐이라고 엄숙하게 경고합니다. 이 부분뿐 아니라 모든 성경은 끝까지 회개하지 않는 자들이 받을 몫이 얼마나 무서울지를 보여 줍니다. 그러기에 시인은 열방과 그 왕들을 권면하고 있습니다.

> 그런즉 군왕들아 너희는 지혜를 얻으며 세상의 재판관들아 너희는 교훈을 받을지어다 여호와를 경외함으로 섬기고 떨며 즐거워할지어다 그의 아들에게 입 맞추라 그렇지 아니하면 진노하심으로 너희가 길에서 망하

리니 그의 진노가 급하심이라 여호와께 피하는 모든 사람은 다 복이 있도다(시 2:10-12).

"여호와를 경외함으로 섬기고 떨며 즐거워할지어다." 우리 하나님을 경외함으로 섬기십시오. 떨며 즐거워하십시오. 하나님은 아무도 멸망당하지 않기를 바라십니다. 모두 진리를 알고 구원에 이르기를 바라십니다. 하나님은 아무나 지옥에 던져 넣는 분이 아니십니다. 다만 사람이 스스로 선택하여 지옥으로 향할 뿐입니다. 적그리스도적인 가치관을 가지고 적그리스도적인 삶을 살아가면 불 못이 종착역일 수밖에 없습니다.

세상을 사는 사람들은 오직 두 가지 가치관 속에서 살아갑니다. 그리스도처럼 자신을 희생하고 남을 섬기며 살든지, 남을 희생시켜서라도 자신은 한 치도 손해 보지 않고 살든지 둘 중 하나입니다. 여러분은 어디에 서서 신앙생활하고 있습니까? 적그리스도처럼 속이고 박해하고 남의 생명을 돌보지 않으며 살든지, 자신이 희생하더라도 남을 세우고 섬기는 삶을 살든지 두 갈래 길밖에 없습니다. 지금 여러분은 어느 쪽에 서 있습니까?

빌라도가 남긴 유명한 말을 기억하십니까? "그리스도라 하는 예수를 내가 어떻게 하랴"(마 27:22). 빌라도는 예수를 두고 고민했습니다. "그리스도라고 하는 이 예수를 내 삶에서 어떻게 할 것인가?" 그것이 지금 제가 여러분에게 묻는 질문입니다. 그 질문에 대한 여러분의 대답이 오늘의 삶과 영원한 운명을 결정할 것입니다.

그날 오시는 백마 타신 분이 여러분의 대장이십니까? 그러면 여러분은 영원한 승리에 동참할 것입니다. 그날 오시는 백마 타신 분의 그 입에서 나오는 검이 두렵습니까? 그분을 심판주로 맞이하시렵니까? 아니면 구원주로서 그분을 환영하실 것입니까? 끝까지 하나님의 진리를 부인하고 하나님의 복음을 거절하면 여러분은 그리스도를 심판주로 맞이해야 합니다.

복음의 핵심은 누구도 그 지은 죄로 인해 불 못에 가지는 않는다는 것입니다. 지은 죄 때문에 처벌받는 것이 아니라 다른 이가 대신 벌을 받았다는 복음을 불신하기 때문에 영원한 처벌을 받습니다. 이 무한한 하나님의 용서를 거절할 때 그 완고함의 대가는 스스로 지불해야 합니다. 여러분이 거절한 은혜의 말씀이 그날 심판의 말씀이 될 것입니다. 여러분을 구원하기 위해 하셨던 그 은혜로운 말씀이 한날 여러분을 정죄하는 수단이 되지 않기를 바랍니다.

> 사람이 내 말을 듣고 지키지 아니할지라도 내가 그를 심판하지 아니하노라 내가 온 것은 세상을 심판하려 함이 아니요 세상을 구원하려 함이로라 나를 저버리고 내 말을 받지 아니하는 자를 심판할 이가 있으니 곧 내가 한 그 말이 마지막 날에 그를 심판하리라(요 12:47, 48).

사랑하는 형제자매 여러분, 제가 하나님의 흰 보좌 앞에서 여러분 사이에 설 것입니다. 제가 무엇이라고 증거했는지 말할 것입니다. 여러분의 귀로 이 말을 분명히 들었습니다. 저는 본문을 통해서 최후 결전의 향배가 어떻게 향할지를 분명히 말씀드렸습니다. 영원한 승리가 누구의 것이며 패배자의 운명이 어떠할지를 말씀드렸습니다. 여러분 자신의 눈으로 그것을 읽었습니다. 시체를 뜯는 독수리 떼의 모습으로 그 끔찍한 최후를 보여 드렸습니다. 그러므로 이제 여러분 스스로 선택해야 합니다.

그 비참한 최후를 여러분 것으로 선택하시겠습니까? 아니면 오늘 십자가의 깃발 아래 그분을 위해 싸우는 군대가 될 것입니까? 살아 계신 하나님의 손에 빠져드는 것은 무서운 일일 것입니다. 살아 계시는 하나님의 심판하시는 손에 떨어지지 않기를 바랍니다. 복음의 말씀을 마음에 믿고 영광스러운 최후에 대한 소망이 여러분에게 날마다 새로워지기를 바랍니다.

Revelation

요한계시록 20장 1-3절

1 또 내가 보매 천사가 무저갱의 열쇠와 큰 쇠사슬을 그의 손에 가지고 하늘로
부터 내려와서 2 용을 잡으니 곧 옛 뱀이요 마귀요 사탄이라 잡아서 천 년 동안
결박하여 3 무저갱에 던져 넣어 잠그고 그 위에 인봉하여 천 년이 차도록 다시
는 만국을 미혹하지 못하게 하였는데 그 후에는 반드시 잠깐 놓이리라

37

천년 결박

그리스도 안에서 사랑하는 성도 여러분, 이제 우리는 요한을 통해 주어진 예수 그리스도의 계시, 그 마지막 단원을 살피게 됩니다.

첫째 단원은 1-3장으로 그 중심 주제는 일곱 교회, 일곱 금 촛대 사이로 다니시는 그리스도입니다. 일곱 금 촛대 사이로 다니시는 그리스도를 통해 "볼지어다 내가 세상 끝 날까지 너희와 항상 함께 있으리라"(마 28:20)라는 그분의 약속 성취를 볼 수 있습니다. 동시에 일곱 교회에 보낸 편지로 세상의 빛인 교회의 사명을 확인할 수 있습니다.

둘째 단원은 4-7장입니다. 하늘의 환상과 일곱 봉인이 떼어지는 것을 볼 수 있습니다. 죽임당하셨으나 지금 하늘에서 다스리시는 어린양 예수 그리스도의 모습을 뵐 수 있습니다. "세상에서는 너희가 환난을 당하나 담대하라 내가 세상을 이기었노라"(요 16:33)고 하신 주님의 말씀이 기억나는 부분입니다.

셋째 단원은 8-11장입니다. 죄악이 가득한 세상에 울려 퍼지는 일곱 경고의 나팔이 이 단원의 주제입니다. "하나님께서 그 밤낮 부르짖는 택하신 자들의 원한을 풀어 주지 아니하시겠느냐"(눅 18:7)고 하신 하나님의 약속이 기억나는 부분입니다.

이렇게 1-11장의 계시록 전반부가 마감되고, 12-22장에서는 후반부가 전개됩니다. 전반부에서는 그리스도께서 내재하시는 교회, 세상의 박해를 받는 교회의 모습이 나오지만, 교회는 결국 보호되고 승리자로서 서게 됩니다. 세상에 있는 교회는 박해를 받지만, 그들의 기도는 응답되어 큰 환난을 벗어나고 최후 승리를 거두게 될 것을 보여 줍니다. 후반부에서는 지상의 투쟁보다 더 깊은 영적 배경과 그리스도의 궁극적 승리를 소개합니다.

넷째 단원에서는 용과 그 추종자들의 박해를 받는 여인과 남자 아이에 대한 환상입니다. "내가 너로 여자와 원수가 되게 하고 네 후손도 여자의 후손과 원수가 되게 하리니 여자의 후손은 네 머리를 상하게 할 것이요 너는 그의 발꿈치를 상하게 할 것이니라"(창 3:15)라는 예언의 말씀이 그대로 이루어지는 장면입니다.

다섯째 단원은 15장과 16장으로 회개하지 않는 세상에 임하는 하나님의 진노의 일곱 대접입니다. 경고의 나팔 소리를 듣고도 회개하지 않는 인류를 향해 하나님의 진노가 쏟아부어진 것입니다. "네 고집과 회개하지 아니한 마음을 따라 진노의 날 곧 하나님의 의로우신 심판이 나타나는 그날에 임할 진노를 네게 쌓는도다"(롬 2:5)라고 경고하신 대로입니다.

여섯째 단원은 17-19장입니다. 여기서는 바벨론의 멸망과 짐승과 거짓 선지자에게 내려진 징벌의 생생한 모습이 나옵니다. "이 세상도 그 정욕도 지나가되"(요일 2:17)라는 요한의 말씀과 같습니다. 우리는 거기서 지나가는 세상을 보게 됩니다.

이제 살펴볼 본문 20장 1절부터 계시록 끝까지가 일곱째 단원입니다. 그리스도의 교회 그 마지막 원수의 최후와 더불어 성도들의 최후 승리가 묘사되어 있습니다. 새 하늘과 새 땅에서 영원토록 왕 노릇 하는 성도들을 볼 때 "우리를 사랑하시는 이로 말미암아 우리가 넉넉히 이기느니라"(롬 8:37)라고 고백한 말씀을 확인하게 됩니다.

계시록이 주어진 목적

주 안에서 사랑하는 성도 여러분, 요한계시록이 주어진 목적이 무엇입니까? 요한계시록을 통해서 세계 역사가 앞으로 어떻게 진전될지 그 궁금증을 풀어 주기 위해서입니까? 요한계시록은 악의 세력과 저항해 싸우는 전투적 교회를 위로하기 위하여 주어졌습니다. 하나님은 박해받는 성도의 눈물을 보고 계신다는 것을 보여 주기 위해서 기록되었습니다. 그들의 기도가 세상 역사를 움직이고 있다는 것을 확인시키고 있습니다. 그들의 죽음을 하나님이 귀하게 보신다고 말하고 있습니다. 성도들의 최후 승리는 확증되어 있습니다. 그들의 흘린 피는 보상될 것이며, 그들은 영원히 다스릴 것입니다. 계시록은 그리스도께서 최후 승리자로 오셔서 자기 백성을 "어린양의 혼인 잔치"에 데려가시고, 새 하늘과 새 땅에서 그들과 영원토록 함께하실 것이라는 성경 마지막 메시지를 담고 있습니다.

마치 세상은 아직도 악이 승리하는 것처럼 보입니다. 무저갱에서 나온 짐승과 그 일당이 승리하는 것처럼 보입니다. 한 주간의 사건 사고 소식을 통해 우리는 이 세상이 얼마나 혼란과 부패 속에 빠져 있는지를 확인합니다. 정말로 다스리시는 이가 하나님인지 아니면 무저갱에서 나온 사탄인지 헷갈리게 하는 세상 속에서 살고 있습니다. 그러나 계시록은 최후 승리가 그리스도와 그의 백성에 있음을 보여 주고 있습니다.

바벨론은 무너졌습니다. 짐승과 거짓 선지자들은 산 채로 유황불 붙는 못에 던져졌습니다. 그의 추종자들도 백마 타신 분의 입에서 나오는 검으로 죽임당했습니다. 본문은 이제 마지막 남은 대적, 붉은 용, 옛 뱀, 마귀, 사탄의 최후를 보여 주고 있습니다.

무저갱에 던져진 사탄

> 또 내가 보매 천사가 무저갱 열쇠와 큰 쇠사슬을 그의 손에 가지고 하늘로부터 내려와서(20:1).

요한이 본 천사가 내려오는 모습은 무엇을 이야기합니까? 누군가를 잡아 큰 쇠사슬로 묶어 무저갱에 가두고, 무저갱의 열쇠를 잠그려는 차림으로 오지 않습니까?

> 용을 잡으니 곧 옛 뱀이요 마귀요 사탄이라 잡아서 천 년 동안 결박하여 무저갱에 던져 넣어 잠그고 그 위에 인봉하여 천 년이 차도록 다시는 만국을 미혹하지 못하게 하였는데 그 후에는 반드시 잠깐 놓이리라(20:2, 3).

요한이 본 환상은 한 천사의 등장으로 시작하고 있습니다. 그러나 요한은 그가 어떤 모습인지를 자세하게 서술하지 않습니다. 다만 그가 무엇을 하는지를 강조하고 있습니다. 그 손에 있는 무저갱 열쇠와 큰 쇠사슬이 지금 그가 하게 될 일을 짐작하게 합니다. 보십시오. 그가 용을 잡았다고 기록하고 있습니다. 하늘에서 내려오는 이름도 없는 한 천사가 용을 체포하여 사탄의 무력함을 폭로하고 있습니다.

인류 역사의 시작에 하와를 속인 옛 뱀이 붙잡힙니다. 참소자, 마귀인 그가 지금 붙잡힘으로 더 이상 성도들을 모함할 수 없게 되었습니다. 한때 온 세상을 그 휘하에 둔듯이 대단해 보이던 사탄이 하늘에서 파송된 무명의 천사에게 붙잡히는 환상을 지금 보고 있습니다. 사탄의 권세는 항상 주어진 권세요, 한정된 권세입니다. 그는 하늘에서 내려온 한 무명의 천사에게 붙들려 큰 쇠사슬에 결박되고 무저갱에 던져집니다. 무저갱은 밑바닥 없는 굴이요, 사탄의 본거지입니다. 사탄을 무저갱에 결박하여 던진 다음 손에 가지고 있던 열쇠로 잠그고 그 위에 인봉했다고 말합니다. 이제 하나님의 허락 없이는 아무도 그를 무저갱에서 나오게 할 수 없습니다. "천 년이 차도록 다시는 만국을 미혹하지 못하게 하였는데 그 후에는 반드시 잠깐 놓이리라"라는 설명을 덧붙이고 있습니다.

그러면 요한이 본 환상의 의미는 무엇입니까? 사탄을 잡아 결박해서 무저갱에 던졌다는 말은 요한 당대에 박해를 받던 성도들에게 어떤 의미와 가치가 있었을지를 한번 생각해 보십시오.

그 시대는 영적으로 암울하고 황량한 시기였습니다. 성도들은 심한 박해를 받고 있었습니다. 그들은 동굴 속에 숨기도 했고 감옥에 던져지기도 했습니다. 주림과 목마름과 기근에 시달려야 했습니다. 사나운 짐승의 밥이 되기도 했고 유배지에서 목 베임을 당하기도 했습니다. 그들의 피가 흘려졌습니다. 안디바는 버가모에서 살해되었고, 사도 요한은 지금 밧모섬에 유배되어 있습니다. 로마 정부는 성도들에 대한 박해의 기세를 더욱 높여서 황제 숭배를 온 세상 종교로 만들려고 합니다. 거리마다 우상 신전이 즐비하고 음란한 숭배자들이 가득했습니다.

사탄의 기세가 드높은 상황 속에서 사는 성도들에게 요한이 본 본문의 환상은 어떤 의미가 있었으며, 그들에게 무슨 위로를 주었을까요? 사탄이 결박되어 천 년이 차도록 무저갱에서 벗어날 수 없다는 사실이 그들에게 무슨 의미를 주었겠습니까? 사탄은 큰 쇠사슬에 묶여 무저갱에 던져졌으며, 그곳을 열쇠로 잠그고 그 위에 인봉까지 했습니다. 더 이상 열국을 유혹할 수 없습니다. 이 환상의 의미가 무엇을 상징합니까?

사탄을 묶는 일은 그리스도의 오심과 관계가 있습니다. 여기서는 묶어서 무저갱에 던졌다고 기술되어 있지만, 계시록 12장은 하늘에서 내쫓겼다고 말하고 있습니다. 12장은 분명 그리스도의 초림으로, 그분의 십자가 죽음과 부활로 더 이상 하늘 백성인 성도들을 참소할 수 없게 된 사탄의 처지를 설명합니다. 요한이 보았던 환상을 따라 하늘에서 큰 찬양이 나옵니다. 환상만 볼 때는 마치 텔레비전 소리를 줄여 놓고 보는 것과 같습니다. 그림만 봐서는 무슨 의미인지 금방 파악할 수 없습니다. 볼륨을 높여서 들어 보십시오. 하늘에서 찬양이 울려 퍼지고 그 가사가 분명하게 들립니다.

> 이제 우리 하나님의 구원과 능력과 나라와 또 그의 그리스도의 권세가 나타났으니 우리 형제들을 참소하던 자 곧 우리 하나님 앞에서 밤낮 참소하던 자가 쫓겨났고(12:10).

그분의 오심과 사탄의 결박

본문에서는 그 동일한 사탄이 무저갱에 던져져서 더 이상 "만국을 미혹하지 못하게" 되었다는 설명이 부연되어 있습니다. 그리스도께서 이 세상에 오심으로 더 이상 그는 만국의 미혹자로 군림할 수 없게 되었습니다.

그리스도께서 이 세상에 오시기 전에는 사탄이 열국을 지배하고 있었습니다. 그는 공중의 권세 잡은 자요, 믿지 아니하는 자들의 마음을 혼미하게 하던 "이 세상의 신"(고후 4:4)으로 불리던 자입니다. 유대인을 제외한 모든 민족은 사탄의 지배 아래 있었습니다. 사도행전의 표현을 빌리면 "하나님이 지나간 세대에는 모든 민족으로 자기들의 길들을 가게 방임"(행 14:16)하셨습니다. 하지만 그리스도께서 세상에 오심으로 상황은 바뀌었습니다. 시므온의 예언대로 그리스도로 말미암는 주의 구원은 만민 앞에 예비된 "이방을 비추는 빛이요 주의 백성 이스라엘의 영광"(눅 2:32)이기 때문입니다. 주님의 구원은 이방을 비추는 빛이고 주의 백성 이스라엘의 영광입니다. 마태가 관찰한 대로 그분이 오심으로 이방에 빛이 비치기 시작했습니다.

> 스블론 땅과 납달리 땅과 요단강 저편 해변 길과 이방의 갈릴리여 흑암에 앉은 백성이 큰 빛을 보았고 사망의 땅과 그늘에 앉은 자들에게 빛이 비치었도다 하였느니라(마 4:15, 16).

예수 그리스도의 사역 초창기를 기록하면서 마태는 이 예언이 지금 이루어졌다고 말합니다. 주님이 갈릴리 길을 다니시는 것을 흑암에 비친 빛이라고 말하고 있습니다. 그리스도께서 오심으로 이방의 갈릴리 땅에 앉았던 사람들뿐 아니라 열방을 덮고 있던 흑암 중에 있던 사람들에게 큰 빛이 비치어 사탄은 더 이상 열국을 미혹할 수 없게 되었습니다. 제사장 사가랴의 찬양을 한번 들어 보십시오.

> 이로써 돋는 해가 위로부터 우리에게 임하여 어둠과 죽음의 그늘에 앉은 자에게 비치고 우리 발을 평강의 길로 인도하시리로다……(눅 1:78, 79).

어둠과 죽음의 그늘에 앉은 자들에게 위로부터 돋는 태양이 비치고 있다고 말씀합니다. 그 밤에 천사가 통고한 대로 그리스도의 오심은 땅 위의 온 백성에게 미칠 큰 기쁨의 좋은 소식입니다. 그분의 오심과 사탄의 결박은 서로 결속되어 있습니다.

주님이 오셔서 사역을 시작하실 때, 바리새인들은 예수가 사탄의 힘으로 악령을 내쫓는다고 비방했습니다. 그때 주님은 "사람이 먼저 강한 자를 결박하지 않고서야 어떻게 그 강한 자의 집에 들어가 그 세간을 강탈하겠느냐 결박한 후에야 그 집을 강탈하리라"(마 12:29)고 대답하셨습니다. 사람이 먼저 강한 집주인을 결박하지 않고는 그 집의 물건을 빼앗을 수 없다는 것입니다. 사탄의 지배 아래 있던, 마귀의 종 되었던 사람들이 이제 해방되는 것은 강한 자 사탄이 결박되었다는 것을 암시하고 있습니다. 여기 "결박한다"라는 단어는 본문 계시록 20장 2절에 나와 있는 "결박한다"와 동일한 단어입니다.

광야에서 시험을 받으시고 그 시험을 이기심으로 마귀를 결박하셨습니다. 사탄을 결박하시고 그 졸개들인 마귀들을 내쫓기 시작하셨습니다. 사탄도 강하지만 그리스도는 더 강한 자로 세상에 오셨습니다. 그러므로 강한 자 사탄을 묶고, 그분의 소유였던 사람들을 해방하시는 역사가 그분의 사역을 통해서 나타나고 있습니다.

그리스도께서 오시기 전에는 만국이 그의 지배 아래 있었고, 대부분의 유대인 역시 하나님을 불신하며 대적하였습니다. 그러나 그리스도의 오심으로 사태는 달라졌습니다. 파송된 70인이 돌아와서 보고한 것을 기억하십니까? 그들은 기뻐하며 감격으로 선교 보고를 드렸습니다. "주여 주의 이름이면 귀신들도 우리에게 항복하더이다"(눅 10:17). 그때 주님은 어떻게 대답하셨습니까? "사탄이 하늘로부터 번개같이 떨어지는 것을 내가 보았노라"(눅 10:18)고 하셨습니다. 제자들의 전도 사역은 사탄이 하늘에서 번개같이 떨어지는 것과 깊은 관련이 있다고 말씀하셨습니다. 또한 주님은 복음이 이방인들에게, 헬라인들에게 증명되는 일과 관련지어 이렇게 설명하고 계십니다.

> 이제 이 세상에 대한 심판이 이르렀으니 이 세상의 임금이 쫓겨나리라 내가 땅에서 들리면 모든 사람을 내게로 이끌겠노라 하시니(요 12:31, 32).

“내가 땅에서 들리면”, 곧 ‘내가 십자가를 지면 모든 사람을 내게로 이끌겠노라’ 하십니다. ‘내가 땅에서 들려 열방 가운데 드러나게 되면 이 세상 임금이 쫓겨나고 모든 사람을 내게로 이끌겠노라’라고 주님이 선언하고 계십니다. 여기서 “쫓겨나리라”라고 번역된 단어 역시 무저갱에 ‘던진다’라는 말에서 파생된 단어입니다. 이보다 더 중요한 사실은 사탄을 하늘에서 내쫓는 일, 즉 사탄을 무저갱으로 던져 넣는 일은 모든 사람을 자기에게 이끄는 일과 밀접한 관련이 있다는 것입니다.

사탄이 그 왕좌에서 내쫓김으로 말미암아 모든 사람이 주께 돌아오는 역사가 일어납니다. 십자가 죽음과 사흘만의 부활은 사탄의 패배와 그리스도의 등극을 의미합니다. 그러므로 이제 예수께서는 제자들에게 온 세상에 나가 복음을 전하도록 분부하십니다.

> 하늘과 땅의 모든 권세를 내게 주셨으니 그러므로 너희는 가서 모든 민족을 제자로 삼아 …… 볼지어다 내가 세상 끝 날까지 너희와 항상 함께 있으리라(마 28:18-20).

그분이 십자가에서 승리하시고 부활하심으로 말미암아 하나님의 아들로 선포되셨으니 이제 온 천하에 나가서 복음을 전하라고 제자들을 파송하며 명하고 계십니다.

“온 천하를 꾀는 자”(12:9) 사탄은 하늘에서 쫓겨났습니다. 여자가 낳은 아이가 철장으로 만국을 다스리는 새로운 시대가 열렸습니다. “너는 내 아들이라 오늘 내가 너를 낳았도다 내게 구하라 내가 이방 나라를 네 유업으로 주리니 네 소유가 땅끝까지 이르리로다”(시 2:7, 8)라고 하신 말씀이 그리스도를 통해서 궁극적으로 성취된 시대입니다. 이제 옛 예언이 성취되어 하나님 아버지께서 열방을 그분의 유업으로 아들 예수 그리스도에게 맡기셨습니다. 그러므로 예수께서 하늘과 땅의 모든 권세를 가지신 분으로 지금 군림하고 계십니다.

마태복음 28장 18-20절의 명령에 복종하여 제자들이 나가서 복음을 전함으로 전개되는 새로운 상황을 바울은 골로새 교인들에게 이렇게 기술합니다.

> 이 복음이 이미 너희에게 이르매 너희가 듣고 참으로 하나님의 은혜를 깨달은 날부터 너희 중에서와 같이 또한 온 천하에서도 열매를 맺어 자라는도다(골 1:6).

이 복음은 골로새 사람들 사이에서뿐 아니라, 우리가 속한 교회 사람들 중에서, 또 지금 온 천하에서 열매를 맺어 자란다고 확인하고 있습니다. 바울은 자신이 이 복음의 사역자 됨을 "이 복음은 천하 만민에게 전파된 바요 나 바울은 이 복음의 일꾼이 되었노라"(골 1:23)라고 소개하고 있습니다.

그리스도 십자가 사건 이후에 복음이 온 열방에 전파되는 새로운 국면으로 접어든 것입니다. 달리 말해서 사탄은 더 이상 열방의 지배자가 되지 못한다는 것입니다. 그는 결박되었고 던져졌으며 갇혀서 인봉되었습니다. 골로새서 2장 14절은 십자가 사건을 이렇게 설명합니다.

> 하나님께서는 우리에게 불리한 조문들이 들어 있는 빚 문서를 지워 버리시고, 그것을 십자가에 못 박으셔서, 우리 가운데서 제거해 버리셨습니다(새번역).

사랑하는 성도 여러분, 갚아야 할 빚 문서는 누가 가지고 있습니까? 빚을 받아야 할 사람이 가지고 있습니다. 채권자에게 그 문서가 남아 있는 한, 채무자는 큰소리치지 못하게 되어 있습니다. 하지만 우리에게 불리한 조항들이 들어 있는 빚 문서를 지워 버리고, 그것을 십자가에 못 박아 우리 가운데서 없이 하셨다는 것입니다. 지금까지 열방을 다스리던 "모든 통치자들과 권력자들의 무장을 해제시키시고, 그들을 그리스도의 개선 행진에 포로로 내세우셔서, 뭇사람의 구경거리로 삼으셨다"(골 2:15 참조, 새번역)고 말씀합니다.

십자가 사건은 지금까지 열방을 지배하던 세상의 통치자들과 권력자들의 무장 해제 사건입니다. 그리스도의 죽음을 통해 그분이 승리하셨기 때문입니다. 이제는 악한 영이 세상을 지배하지 못합니다. 사탄은 그 권좌에서 쫓겨났습니다. 그는 무력해졌습니다. 그들은 그리스도의 개선 행렬에 끌려 나온 포로에 불과하다고 설명하고 있습니다. 사람들의 구경거리로 만드셨다고 말하고 있습니다.

사탄이 결박당하고 내쫓기는 사건은 주 예수의 초림과 관계되어 있습니다. 성육신하신 후 보좌에 오르시기까지 일련의 사건들을 통해 사탄은 결박당했습니다. 예수님의 오심으로 결박당했다고 말해도 되지만, 더 정확히 말하자면 십자가 죽음, 그것이 결정적으로 사탄의 머리를 부수었습니다. 예수 그리스도께서 십자가에서 손발을 못 박히신 순간, 사탄(뱀)의 머리가 박살났습니다. 그러므로 예수 그리스도께서 부활하신 그 순간은 바로 주께서 권력자로 다시 등극하셨다는 것을 보여 줍니다. 유대인에게만 제한된 구원 역사가 그 일 이후 헬라인과 모든 사람 사이에서 진전되는 것입니다.

로마의 개선장군들은 승리의 행진을 할 때 약탈한 선물들을 사람들에게 뿌려 주었습니다. 마찬가지로 그분이 승리하셔서 하늘로 올라가 아버지 보좌 우편에 등극하심으로 그들이 보고 듣는 성령을 부으셨다고 베드로는 설교합니다. 승천하셔서 승리하심으로 성령을 선물로 부어 주시는 사건이 일어났습니다. 그래서 그 성령을 선물로 받은 사람들은 나아가 사탄의 종이

된 사람들을 해방시킬 수 있는 능력을 소유합니다. 그동안 사람들을 결박했던 사탄이 이제 결박당했기 때문에 더 이상 열방을 유혹할 수 없습니다.

십자가에 들린 그리스도께서 이제 모든 사람을 당신께로 이끄십니다. 각 족속과 방언, 백성과 나라 가운데서 택함받은 백성이 주께 돌아오고 있습니다. 선교 역사를 한번 읽어 보십시오. 선교 지도를 펴놓고 한번 살펴보십시오. 어떤 지도는 예수 그리스도의 복음이 팔레스타인에서 시작하여 어떻게 점점 온 세계로 퍼져 가는지를 분명하게 보여 줍니다. 사탄의 영향권은 점점 줄어들고 있습니다. 세상은 교회를 이기지 못합니다. 교회가 세상을 이기고 있습니다. 믿는 사람들이 군병같이 복음의 행진을 하고 있습니다.

그러므로 사탄이 결박된 천 년이라는 정해진 기간은 그리스도의 초림부터 재림까지 전 기간을 가리키는 상징적인 의미입니다. 계시록의 모든 숫자가 상징적인 의미를 지니듯 천 년이라는 숫자 역시 상징적인 의미를 가지고 있다고 봐야 옳습니다.

여전히 악이 판치는 이유

사랑하는 성도 여러분, 여러분은 지금 사탄이 결박당한 것을 믿고 있습니까? 사탄이 결박당해서 무저갱에 던져진 것으로 생각하고 있습니까? 사탄이 정말 묶여서 인봉된 상태입니까? 그렇다면 세상의 악과 부정, 온갖 속임수가 왜 이렇게 판치고 있을까요? 사탄이 결박당했다면 어떻게 이와 같이 부정된 악이 만연할 수 있습니까? 여기에 오늘 성도들이 가지고 있는 문제, 2천 년 전에 안고 뒹굴던 문제가 있습니다.

그들이 보고 겪는 현실은 오히려 정반대로 느껴졌습니다. 그러나 느낌은 정확한 것이 아닙니다. 우리의 느낌은 얼마든지 왜곡될 수 있습니다. 우리를 기만할 수 있습니다. 그리스도인은 느낌에 의존해서 사는 자가 아닙니다. 눈으로 보고 귀로 듣는 감동에 따라 모든 것을 판단하는 자가 아닙니다. 내 감동에 따라 판단하는 것이 전부라고 생각하는 것은 어리석은 짓입니다. 그리스도인은 말씀에 따라 현실을 재조명하는 자입니다.

어떻게 보면 사탄은 아직도 활동하고 있을 뿐 아니라, 기승을 부리고 있습니다. 허락된 영역 안에서 그 영향력은 더욱 기승을 부리고 있습니다. "자기의 때가 얼마 남지 않은 줄을 알므로 크게 분 내어"(12:12) 활동하고 있다고 계시록은 설명하고 있습니다. 쫓겨난 사탄은 자기의 때가 다 되어 간다는 것을 알기에 기승을 부리고 있습니다.

로마서 마지막 장을 한번 읽어 보십시오. 당시 로마 교회에는 교훈을 거스르고 분쟁을 일으키는 자들이 있었습니다. 주 그리스도를 섬기는 대신 자기의 배만 섬기는 자들이 있었다고 말합니다. 그럴듯한 아첨으로 순진한 자들의 마음을 미혹하고 있었습니다. 바울은 이 모든 현상을 바라보며 그것들을 그들과 그들 가운데 발악하는 사탄의 일로 결론짓고 있습니다. 그래서 바울은 기도합니다.

> 평강의 하나님께서 속히 사탄을 너희 발아래에서 상하게 하시리라……(롬 16:20).

말하자면 이 사탄의 발악을 통해서 진리 대신 비진리가 사람들의 마음을 사로잡고, 서로 사랑하고 겸손히 섬기는 대신 분쟁하고 분열하며 서로 자신의 뜻을 내세우고, 하나님의 말씀을 위해 살기보다는 말씀을 자기 생활의 수단으로 삼는 시대가 되었다고 규정합니다. 바울은 그것을 사탄이 역사하기 때문이라고 파악했기에, 주님이 속히 평강의 하나님으로 임하셔서 사탄을 그들의 발아래 굴복시키시기를 바란다고 기도합니다. 그리스도의 오심으로 사탄의 활동이 억제되었다고 말하는 동시에 아직도 그 활동이 끝나지 않았다고 말하고 있습니다.

그는 결박되어 무저갱에 던져졌고 그 문은 잠기고 인봉되었습니다. 그럼에도 우리는 그가 아직도 주어진 영역에서 기승을 부리고 있는 것을 바라보고 있습니다. 우는 사자와 같이 두루 다니며 삼킬 자를 찾는다고 사도 베드로는 말하고 있습니다(벧전 5:8 참조). 그러나 그가 묶여 있다는 사실을 기억하십시오. 묶여 있다는 믿음을 굳게 해서 그를 대적하십시오. 사탄은 아직도 으르렁거리지만, 그가 할 수 없는 일이 있습니다. 사탄은 여전히 활동하고 있지만, 그가 못하는 일이 있습니다. 온 열방과 민족에게 복음을 전하는 선교 기관인 교회를 파괴할 수는 없다는 것입니다. 또 사탄은 성도들을 죽일 수 있을지 모르지만 이길 수는 없습니다. 오히려 성도들이 사탄을 이기고 있습니다.

> 어린양의 피와 자기들이 증언하는 말씀으로써 그를 이겼으니 그들은 죽기까지 자기들의 생명을 아끼지 아니하였도다(12:11).

죽기까지 자기 생명을 아끼지 아니하는 하나님의 백성은 사탄을 이기는 자들입니다. 겉으로만 보면 박해하는 자들의 손에 피를 흘리는 것이 그리스도인입니다. 하지만 내면적으로 역사를 읽는 사람들에게 그것은 그들이 진 것이 아니라 하나님의 말씀을 생명보다 사랑한 성도들이 이김으로 결판나는 현장입니다. 복음의 진리는 많은 나라와 백성의 마음속에서 오늘도 마귀의 거짓을 몰아내고 있습니다.

하나님의 교회가 여러 곳에서 개척되고 있습니다. 물론 사탄은 개척하도록 가만히 내버려 두지 않습니다. 방해 공작이 따릅니다. 그뿐만 아니라 개척해도 계속해서 악의 영이 활동합니다. 그러나 대세는 결정되었습니다. 여러 나라와 족속과 방언과 백성 가운데서 수많은 성도가 생겨나고 있습니다. 성경이 각국 방언으로 계속 번역되어 보급되고 있습니다. 지금도 복음은 힘차게 전진하면서 사탄의 권세를 짓누르며 뻗어 나가고 있습니다.

사랑하는 성도 여러분, 낙동강은 어디로 흘러갑니까? 여러분 집 앞에서 보면 낙동강은 북으로도 흘러가고 있습니다. 낙동강 물줄기는 서쪽으로 갈 수도 있습니다. 동쪽으로 갈 수도 있습니다. 그러나 큰 흐름을 보면 낙동강은 남쪽으로 흐르고 있습니다. 여기저기 우리 주변만 보면, 도대체 무슨 일이 되는지를 발견하지 못합니다. 오감으로 확인할 수 있는 것이 아무것도 없습니다. 그럼에도 불구하고 이미 대세는 결정되었습니다. 온 천하에서 이 복음이 열매를 맺고 자라고 있다는 것이 사도 바울의 인식인 동시에 바로 오늘 역사를 바라보는 성도들의 인식이어야 합니다.

그리스도의 교회는 과거 어느 때보다 흥왕하고 있습니다. 20세기는 과거 어느 세기보다 많은 순교의 피를 흘린 세기였고, 동시에 과거 어느 때보다 많은 열매를 거둔 선교의 세기이기도 했습니다. 물론 그렇다고 세상이 점점 좋아지고 있다는 말은 아닙니다. 복음이 전해진다고 해서 모두 신자가 되는 일이 일어나지도 않습니다. 주님이 오실 때쯤은 대다수 사람이 예수 믿게 되리라고 낙관하지 마십시오. 오히려 "인자가 올 때에 세상에서 믿음을 보겠느냐"(눅 18:8)고 하신 주님의 질문을 의미 있게 새겨 보십시오. 그것이 암시하는 바가 무엇입니까? 마지막 때가 되면 환난이 매우 극심하여 주께서 그 택하신 자들을 위해 날을 감하지 아니하시면 아무도 구원받을 자가 없습니다. 서로 의심하고 고발하고 박해하는 상황이 더 악해질지도 모릅니다. 악이 극으로 치달을지도 모릅니다. 그러나 마귀는 그리스도에 의해 지금 결박되었습니다. 여자의 후손이 그 머리를 상하게 했습니다. 그 머리를 분쇄해 버렸습니다. 십자가 위에서 그 머리를 찍어 버렸습니다. 그리스도의 십자가에 의해 패자의 운명이 결정되었습니다.

예수 그리스도를 바라보라

사랑하는 성도 여러분, 악이 아직도 기승을 부리고 있지만, 사실을 바로 보고 인식해야 합니다. 그리스도와 그분의 백성이 영원한 승자입니다. 우리 역시 히브리서를 받은 초대 교회 그리스도인과 같은 상황 속에 살고 있습니다. 이미 예언된 말씀에 따르면 그리스도께서 이미 만물의 주로 기록되어 있습니다.

> 그를 잠시 동안 천사보다 못하게 하시며 영광과 존귀로 관을 씌우시며 만물을 그 발아래에 복종하게 하셨느니라……(히 2:7, 8).

이 예언의 말씀대로 "만물로 그에게 복종하게 하셨은즉 복종하지 않은 것이 하나도 없어야 하겠으나 지금 우리가 만물이 아직 그에게 복종하고 있는 것을 보지 못하고"(히 2:8)라고 히브리서 기자는 자기 상황을 판단하고 있습니다. 하나님 말씀대로 만물을 그에게 복종시켰다고 했으니 어느 것도 그에게 복종되지 않는 것이 없지만, "지금 우리가 만물이 아직 그에게 복종하고 있는 것을 보지 못하고 오직 우리가 천사들보다 잠시 동안 못하게 하심을 입은 자 곧 죽음의 고난받으심으로 말미암아 영광과 존귀로 관을 쓰신 예수"(히 2:8, 9)를 바라볼 뿐이라고 말합니다. 그래서 히브리서 기자는 "믿음의 주요 또 온전하게 하시는 이인 예수"(히 12:2)에게 우리의 눈을 떼어 놓지 않도록 권고합니다.

계시록을 받은 성도들의 상황은 어떠했습니까? 그때야말로 악이 가장 기승을 부리는 시대였습니다. 주후 30년부터 예수 그리스도의 복음이 증거되었지만, 계시록이 기록된 주후 90년대는 그전 몇십 년보다 훨씬 악이 기승을 부리고 극에 달하여 발악하던 때였습니다. 그래서 사도 요한은 사탄의 결박과 그의 몰락에 대해 기록하고 있습니다. 천 년 동안 벗어나지 못하리라고 말하고 있습니다. 악이 기승을 부릴 때 우리의 시선은 승리자 예수 그리스도를 향해야 합니다. 십자가에서 사탄을 이기시고 부활하심으로 하나님의 아들로 인정되신 그분을 바라보십시오.

믿음의 주요, 믿음의 시작자요 완성자이신 예수 그리스도 그분에게 여러분의 눈을 떼지 마십시오. 그분의 십자가 죽음을 바라보십시오. 그분의 승리하신 부활 사건을 여러분의 마음에 새겨 보십시오. 그분이 승리자이십니다. 그분이 사탄을 결박하셨고 다시 사탄을 우리의 발아래 상하게 하실 것입니다. 이제는 높은 곳에 계시고 믿음의 보좌에 앉으신 그분에게 영광과 찬양과 존귀를 영원토록 돌려 드립시다.

Revelation

요한계시록 20장 4-6절

4 또 내가 보좌들을 보니 거기에 앉은 자들이 있어 심판하는 권세를 받았더라 또
내가 보니 예수를 증언함과 하나님의 말씀 때문에 목 베임을 당한 자들의 영혼
들과 또 짐승과 그의 우상에게 경배하지 아니하고 그들의 이마와 손에 그의 표
를 받지 아니한 자들이 살아서 그리스도와 더불어 천 년 동안 왕 노릇 하니 5 (그
나머지 죽은 자들은 그 천 년이 차기까지 살지 못하더라)이는 첫째 부활이라 6 이
첫째 부활에 참여하는 자들은 복이 있고 거룩하도다 둘째 사망이 그들을 다스
리는 권세가 없고 도리어 그들이 하나님과 그리스도의 제사장이 되어 천 년 동
안 그리스도와 더불어 왕 노릇 하리라

38
천년 왕 노릇

그리스도 안에서 사랑하는 성도 여러분, 우리는 지금까지 하나님의 원수가 어떤 최후를 맞이할 것인지를 살펴보았습니다. 18장에서는 세상 나라 바벨론의 멸망을 살펴보았습니다. 사치하고 영화로운 성이 순식간에 사망과 흉년을 만난 것으로 그 최후를 묘사했습니다. 각양 상품으로 치부하던 도시가 불붙는 연기에 휩싸인 것으로 그 멸망을 묘사했습니다. 큰 맷돌 같은 돌이 바다에 빠져 다시는 보이지 않는 것처럼 바벨론도 그렇게 순식간에 완전히 멸망할 것을 묘사했습니다.

19장에서는 만왕의 왕, 만주의 주 그리스도와 그 백성의 원수인 짐승과 거짓 선지자들의 멸망을 살펴보았습니다. 즐비한 시체들 사이에 초대받은 새 떼를 보여 주어 그 처참한 최후를 묘사했습니다. 짐승과 땅의 임금들과 그 군대들이 백마 탄 분과 그 군대에 대항하다가 순식간에 패망했습니다. 짐승들이 잡히고 사람을 미혹하던 거짓 선지자들도 잡혀서 산 채로 유황불 붙는 못에 던져졌습니다.

20장에서는 하나님을 대항하던 최후의 대적인 붉은 용, 옛 뱀, 마귀, 사탄의 최후를 기술하고 있습니다. 사탄은 계시록 12장에서 "붉은 용"으로 묘사되었습니다. 그는 옛적에 아담과 하와를 속이던 자입니다. 그래서 그를 가리켜 "옛 뱀"이라고 말합니다. 붉은 용, 옛 뱀, 사탄은 마귀들을 그 졸개로 부리고 있습니다. 그래서 "마귀"요 "사탄"이라고 단숨에 묘사하고 있습니다. 그의 최후가 어떻게 되었습니까? 천 년 동안 결박당했습니다. 이름 없는 한 천사가 하늘에서 내려와 큰 쇠사슬로 그를 결박하고 무저갱에 던져 열쇠로 잠가 봉인했다고 서술하고 있습니다.

사랑하는 성도 여러분, 하나님의 원수들이 이와 같이 차례로 패망합니다. 이제 우리는 그들의 최후에 관한 궁금증을 해소했습니다만 그동안 그들에게 박해받던 성도들, 그들에게 죽임당한 순교자들은 어떻게 되었을까요? 원수들이 받을 보응에 상당하는 보상이 하나님의 백성을 기다리고 있을 것이 틀림없습니다. 본문은 바로 이런 우리의 궁금함에 대한 대답입니다. 다시금 우리의 관심을 요한이 본 환상으로 가져가 봅시다.

하나님의 백성의 최후

본문 4절은 "또 내가 보좌들을 보니 거기에 앉은 자들이 있어 심판하는 권세를 받았더라. 또 내가 보니 예수를 증언함과 하나님의 말씀 때문에 목 베임을 당한 자들의 영혼들과 또 짐승과 그의 우상에게 경배하지 아니하고 그들의 이마와 손에 그의 표를 받지 아니한 자들이 살아서 그리스도와 더불어 천 년 동안 왕 노릇 하니"라고 기록하고 있습니다. 하나님의 원수들과 대조적으로 하나님의 백성의 최후는 어떠합니까? 요한은 환상 중에서 보좌들을 보았습니다. 거기 앉은 자들이 심판하는 권세를 받은 것을 봅니다. 거기에는 누가 앉아 있습니까? 목 베임을 당한 자들의 영혼과 짐승에 경배하지 않은 자들이 그 보좌에 앉아 왕 노릇 하고 있습니다.

여러분은 신앙생활을 하면서 여러 유혹과 박해를 받을 때, '이런 상황에서 버티면 내게 기다리고 있는 것이 도대체 무엇인가' 하고 물어본 적은 없습니까? 신앙의 정조를 지킨다는 것이 무슨 의미가 있는지 생각해 본 적 없습니까? 타협 대신 손해를 보고, 출세하는 대신 직장에서 쫓겨날 때 과연 우리를 기다리는 보상이 무엇인지 생각해 보셨습니까?

요한이 이 서신을 쓴 주후 1세기 상황을 생각해 보십시오. 로마 제국의 박해는 극심했습니다. 십자가 사건 후 50-60년 동안 박해와 유혹의 시기였지만 주후 90년대에는 그 박해의 도가 극에 달했습니다. 모두가 이제 더 이상 견딜 수 없는 상황이라고 느끼는 시절이었습니다. 순교자들은 사형 집행관의 칼날 아래 그들의 목을 내놓았습니다. 이미 야고보를 비롯해서 사도 바울이 순교의 제물로 자신을 드렸습니다. "황제가 우리의 신이다"라고 고백하기를 거부한 성도들의 생명은 보장받을 수가 없었습니다. 타오르는 불 속에서 최후를 맞이하든, 원형 경기장에서 굶주린 사나운 사자의 밥이 되든 해야 했습니다.

본문의 표현을 유심히 살펴보십시오. "예수를 증언함과 하나님의 말씀 때문에 목 베임을 당한 자들"의 영혼이 등장하고 있습니다. 여기서 "목 베임"은 문자적으로 보면 칼이 아닌 양날 선 도끼로 참수당한 것을 의미합니다. 역사적인 자료에 따르면 로마 공화정은 참수 도구로 양날 선 도끼를 사용했고, 뒤에 로마 제국은 양날 선 칼을 선호했습니다.

도구에 상관없이 신앙 때문에 무참히 처형되는 형제 자매들을 바라보던 성도들은 어떤 의문이 들었겠습니까? 신앙 때문에 사형이 언도되고 결국 참수당한 형제 자매를 두고 그들의 미래, 그들이 받을 상급이 무엇일지 생각해 보지 아니했겠습니까? 예수를 믿으면서 결국 이런 비참한 최후를 맞이한다면, 그것이 그들에게 주어지는 것의 전부라면, 도대체 예수를 믿는 것이 무슨 의미가 있을지 생각해 보았을 것입니다. 어떻게 보면 세상에서 모든 것을 상실하는 것 같았을 것입니다. 이런 성도들의 최후를 바라보던 연약한 성도들은 신앙이 흔들리기도 했을 것입니다. 평생 예수를 믿고 남달리 충성했는데 갑작스러운 죽음을 당한다든지, 아니면 고통스러운 병으로 생을 마감한다면, 그 신실한 삶에 대한 보장이 무엇일지 궁금한 생각이 들지 않겠습니까?

이런 궁금증을 가진 성도들을 위로하기 위해서 주님은 요한에게 본문의 환상을 보여 주셨습니다. 우선 비참하게 최후를 마친 순교자들의 영혼을 보여 주시고 이어서 끝까지 동일한 싸움을 싸우다가 세상을 떠난 주의 백성의 미래를 보여 주십니다. 하늘 보좌에서 그리스도와 함께 심판하는 권세를 누리고 있는 장면을 보여 주십니다.

세상을 살면서 신앙 때문에 온갖 고초를 당한 성도들은 죽어도 죽지 않습니다. 그 목을 날 선 도끼의 밥으로 내어 주었지만 그들은 살아서 그리스도와 함께 왕 노릇 하고 있습니다. 그들은 지금 하늘 보좌에서 다스리고 있습니다. "죽으면 죽으리라"는 각오로 신앙의 정조를 지킨 자들에게 "죽으면 살리라"는 보장을 이 환상에서 하고 있습니다. "살아서 그리스도와 더불어 천 년 동안 왕 노릇 하니"라고 밝히고 있습니다. 그들은 처참하게 목이 날아갔습니다. 끝까지 신실하게 살기 위해 어려움을 당하다가 최후를 맞이했습니다. 그러나 그들은 지금 살아서 그리스도와 왕 노릇 하고 있다고 사도 요한은 우리에게 전해 주고 있습니다. 그는 흔들리고 있는 신앙의 동지들을 위로하기 위해 그가 본 환상의 영광스러운 한 장면을 여기에 소개해 주고 있습니다. "살아서 그리스도와 더불어 천 년 동안 왕 노릇 하니"라고 말하고 있습니다.

주 안에서 사랑하는 성도 여러분, 주후 1세기 말의 상황뿐 아니라 지금 우리 세기에도 신앙생활을 하는 것은 쉽지 않습니다. 어떤 때는 박해가 극심해서 신앙을 포기해야 할 것처럼 느껴지고, 외적인 박해가 잠잠하면 혼미한 가운데 세상이 주는 달콤한 유혹 속에 빠져들기도 합니다. 사탄은 때로 박해를 통해서, 때로 달콤한 유혹을 통해서 우리를 세상에 빠져 살도록 미혹합니다. 그래서 이 시대에도 어떤 나라들은 여전히 날카로운 박해의 칼날을 세우고 있습니다. 물론 서울이든 지방이든, 오늘 우리가 살고 있는 곳에서는 더 이상 날카로운 칼날이 우리 목을 위협하지 않습니다. 그러나 우리는 동일한 배도의 유혹 가운데서 믿음의 싸움을 싸우고 있습니다.

여러분, 그리스도를 위해 포기하신 것이 있습니까? 그렇다면 여러분은 이 본문에서 큰 위로를 받을 수 있을 것입니다. 그리스도를 위해 세상 법정에서 불리한 판결을 받아 본 적이 있다면 보좌에 앉아서 심판하는 권세를 받았다는 말씀이 의미 있게 다가올 것입니다. 여러분의 억울한 사연이 그 날 바로잡힐 것이기 때문입니다. 세상의 법정은 10년, 15년이 지나가도 여러분의 사연을 바로 규명하지 않을지 모릅니다. 그러나 하나님 나라의 법정에서는 모든 것이 바로 드러날 것입니다. 여러분의 기도가 하나도 억울한 것 없이 보상받을 것입니다. 그뿐 아니라 장차 심판할 권세를 갖게 될 것입니다. 오늘은 억울함을 당하고, 그들의 판단으로 삶이 좌지우지되지만, 그날에는 여러분이 심판할 권세를 가질 것이라고 성경은 말하고 있습니다.

"예수를 증언함과 하나님의 말씀 때문에" 희생하신 것이 있습니까? "내가 신앙생활을 하기 때문에 손해를 보겠다"고 결심하신 적이 있습니까? "내가 예수님 때문에 타협하지 않겠다. 평안함과 안일함을 포기하겠다"고 결단해 보신 적이 있습니까? 그런 적이 있다면, 본문이 은혜롭게 다가올 것입니다. 순교라는 칼날의 위협 속에 살던 자들에게 '목 베임을 당한 자들이 살아서 주님과 함께 다스리고 있다'는 이 말 한마디가 얼마나 위로되었겠습니까? 그러나 동일한 이야기가 이 시대 교회에서는 그 의미를 상실한 이유가 어디에 있습니까? 우리가 그와 같은 싸움을 싸워 본 적이 없기 때문입니다.

사랑하는 성도 여러분, 평생 주님을 믿었지만 아무것도 얻은 것 없이 삶을 마감한다고 해서 두려워하지 마십시오. 낙심하지 마십시오. 거기에는 보좌가 있습니다. 거기 앉은 자들은 심판하는 권세를, 그리스도로 더불어 왕 노릇 하는 특권을 누릴 것입니다. 일곱 교회를 향해 격려하신 말씀을 기억해 보십시오. 예수님은 서머나 교회를 향해 말씀하십니다.

> 너는 장차 받을 고난을 두려워하지 말라 볼지어다 마귀가 장차 너희 가운데에서 몇 사람을 옥에 던져 시험을 받게 하리니 너희가 십 일 동안 환난을 받으리라 네가 죽도록 충성하라 그리하면 내가 생명의 관을 네게 주리라 귀 있는 자는 성령이 교회들에게 하시는 말씀을 들을지어다 이기는 자는 둘째 사망의 해를 받지 아니하리라(2:10, 11).

세상에서 십 일 동안 환난을 받지만 천 년 동안 그리스도와 함께 왕 노릇 하리라고 격려하시는 음성을 접해 보십시오. 세상에서 환난이 심하나 그것은 십 일간의 한정된 시간에 지나지 않습니다. 그러나 죽도록 충성하면 좋은 곳 하늘에서 천 년이나 그리스도와 함께 살면서 다스릴 것이라고 요한은 증언하고 있습니다. “네가 죽도록 충성하라 그리하면 내가 생명의 관을 네게 주리라”고 하신 약속이 실현되어 지금 그들이 그리스도와 더불어 왕 노릇 하고 있습니다.

귀 있는 자는 성령이 교회들에게 하시는 말씀을 들어야만 합니다. 일곱 교회뿐 아니라 지금 지상에 있는 교회를 향해서도 그리스도께서 말씀하고 계십니다.

또 하나의 약속

이기는 자에게 또 하나의 약속이 남아 있습니다. "이기는 자는 둘째 사망의 해를 받지 아니하리라"(2:11)고 약속하고 있습니다. 본문 6절에서 선포되는 축복의 선언을 들어 보십시오. "이 첫째 부활에 참여하는 자들은 복이 있고 거룩하도다 둘째 사망이 그들을 다스리는 권세가 없고 도리어 그들이 하나님과 그리스도의 제사장이 되어 천 년 동안 그리스도와 더불어 왕 노릇 하리라"고 약속하고 있습니다. 주를 위해 신실하게 살고 신실하게 죽은 성도들은 둘째 사망이 다스릴 수 없습니다. 오히려 그들이 하나님과 그리스도의 제사장이 되어 천 년 동안 그리스도와 더불어 왕 노릇 할 것을 약속하고 있습니다. 지금 당하는 고난이 극심하지만 열흘 동안만 견디라고 주님은 우리에게 권면하고 계십니다(2:10 참조). 장차 올 영광과 족히 비교할 수 없기 때문입니다.

사랑하는 주님의 백성 여러분, 세상의 눈에는 예수 믿는 것이 별 볼 일 없어 보일 때도 있습니다. 때로는 비참한 최후를 당하는 것처럼 보이기도 합니다. 갑작스러운 사고사를 만나기도 하고 고통스러운 병으로 최후가 끝날 수도 있습니다. 평생 밤낮으로 시골 교회를 지켜오던 장로님 부부가 밤중에 교통사고로 떠나 버리기도 합니다. 그러나 그것은 성도의 마지막이 아닙니다. 성도들에게는 더 좋은 미래가 보장되어 있습니다. 신앙 때문에 모든 것을 박탈당하고 급기야는 날 선 도끼 아래 목을 내어 놓기도 하지만 그들에게는 영광스러운 미래가 있습니다.

> 그러므로 우리가 낙심하지 아니하노니 우리의 겉사람은 낡아지나 우리의 속사람은 날로 새로워지도다(고후 4:16).

겉사람은 세월과 함께 낡아집니다. 병들어서 곧 죽음을 앞둔 사람이 불쌍해 보입니까? 우리 자신을 생각해 보십시오. 우리 자신도 늙어 가고 있습니다. 우리도 언젠가는 늙고, 언젠가는 이 세상을 떠나야만 합니다. 그들을 불쌍하게 여기기 이전에 우리도 그러한 과정을 향해서 치닫고 있는 것을 알아야만 합니다. 겉사람은 누구를 막론하고 낡아지고 있는 것입니다. 그러나 우리의 속은 날로 새롭다고 고백할 수 있어야 신앙인입니다.

> 우리가 잠시 받는 환난의 경한 것이 지극히 크고 영원한 영광의 중한 것을 우리에게 이루게 함이니(고후 4:17).

그리스도인은 고난을 대하는 관점이 달라야만 합니다. 잠시 당하는 이 고통은 지극히 크고 영광스러운 미래를 위한 준비에 지나지 않습니다. 영원한 영광의 중한 것을 우리에게 이루게 하는 과정에 불과합니다. 그렇기에 자꾸 마음이 가고 관심이 가서 눈길을 돌리는 곳이 어디냐고 말씀하고 있습니다. "우리가 주목하는 것은 보이는 것이 아니요 보이지 않는 것이니 보이는 것은 잠깐이요 보이지 않는 것은 영원함이라"(고후 4:18)고 말씀하십니다.

사랑하는 성도 여러분, 천 년 동안 왕 노릇 한다는 이 환상이 초대 교회 성도들에게는 살아 있는 비전이었기 때문에 그들은 굴하지 아니하였습니다. 고린도 교회뿐 아니라 로마 성도들에게도 같은 고백을 하고 있습니다.

> 다만 이뿐 아니라 우리가 환난 중에도 즐거워하나니 이는 환난은 인내를, 인내는 연단을, 연단은 소망을 이루는 줄 앎이로다(롬 5:3, 4).

> 생각하건대 현재의 고난은 장차 우리에게 나타날 영광과 비교할 수 없도다

피조물이 고대하는 바는 하나님의 아들들이 나타나는 것이니(롬 8:18, 19).

영광스러운 그날을 고대한다고 말씀하고 있습니다. "우리가 알거니와 하나님을 사랑하는 자 곧 그의 뜻대로 부르심을 입은 자들에게는 모든 것이 합력하여 선을 이루느니라"(롬 8:28)고 선언하고 있습니다. 그러기에 "또 미리 정하신 그들을 또한 부르시고 부르신 그들을 또한 의롭다 하시고 의롭다 하신 그들을 또한 영화롭게 하셨느니라"(롬 8:30)고 선언하고 있습니다. 우리가 부름받은 것은 이미 선택되었기 때문입니다. 선택된 자들을 하나님이 부르셨고, 부르신 그들을 의롭다 선언하시고, 의롭다 하신 그들을 하나님이 궁극적으로 영화롭다고 선언하실 것을 말씀합니다. 원리적으로 그리스도 안에서 우리는 이미 영화롭게 된 자들이라고 선언합니다. 그러므로 우리를 향해 "성도"라고 부르는 것이지요. 세상에서는 열흘 동안 고난을 받지만, 하늘에서는 천 년 동안 그리스도와 더불어 왕 노릇 할 것입니다.

요한계시록의 메시지는 결코 어려운 것이 아닙니다. 여기서 기껏해야 열흘간 고난당하지만, 천 년 동안 그리스도와 더불어 살아서 왕 노릇 한다고 전합니다. 그 메시지를 왜 어렵다고 합니까? 우리가 관심 보이는 것, 세상 것에 매여 있기 때문에 이 환상의 메시지가 가까이 느껴지지 아니할 뿐입니다.

욕망이 아닌 복음을 따르는 삶

사랑하는 성도 여러분, 신앙생활하기가 고달픕니까? 의미가 없어 보입니까? 세상의 영광이 우리 눈앞에 확대되어 나타나기 때문입니다. 요한의 환상을 통해서 참된 삶의 비전이 무엇인지를 확고히 하십시오. 복음을 위해 현세를 포기하는 삶을 살아가십시오. 금세에 백배나 받되 박해를 겸하여 받고 내세의 영생을 받지 못할 자가 없습니다. 현세에서 처자를, 부모를, 형제를, 전토를 포기해 보십시오. 여러분에게 주어질 수 있는 그럴듯한 자리를 포기해 보십시오. 한 번도 하나님 나라를 위해 포기해 본 적이 없으면 성경의 약속이 어떻게 실감 나게 다가오겠습니까?

세상을 사는 성도들에게 박해와 고난은 그때나 지금이나 선택 과목이 아닙니다. 세상과 동화할 수 없는 성도들에게 그것은 필수 과정입니다. 짐승을 경배하는 대신 하나님을 섬기는 자에게는 불가결한 과정입니다. 짐승처럼 살아가고 있는 세상 사람들 속에서 인자와 같이, 사람의 아들과 같이 살아가는 자들에게는 고달픔이 있게 마련입니다.

이성 없는 짐승들 사이에서 무엇을 제대로 보장받고 살아가려고 기대하고 있습니까? 이마와 손에 그의 표를 받지 아니하는 삶에 박해와 고난은 반드시 따라옵니다.

> 무릇 그리스도 예수 안에서 경건하게 살고자 하는 자는 박해를 받으리라 (딤후 3:12).

그것이 성경이 가르치고 있는 진리입니다. 무릇 그리스도 예수 안에서 경건하게 살아가려고 발버둥 쳐 보십시오. 성도들이 받는 박해가 어제만의 이야기가 아니라 오늘의 삶에도 존재하고 있다는 것을 알게 될 것입니다.

여러분은 어떤 방식으로 세상을 살아가고 있습니까? 짐승의 생각을 하며 살고 있습니까? 짐승은 자기 욕망 충족 외에는 다른 것을 생각하지 않습니다. 욕망에 따라 사는 존재가 짐승입니다. 사람은 짐승과 무엇이 다릅니까? 사람은 이성을 따라 사는 존재입니다. 이성적으로 건전한 상식을 가지고 살아가는 자입니다.

주위 세상을 살펴보십시오. 이 세상이 어디로 치닫고 있습니까? 자기 욕망을 위해서라면 사람의 생명조차 아끼지 아니하는 시대가 아닙니까? 자기 눈앞의 이익을 위해 남의 이익과 재산과 생명은 돌보지 않는 짐승들의 난장판 속에서 그리스도인답게 살아가려고 해보십시오. 손해 보지 않는 일이 어떻게 가능합니까? 짐승은 욕망을 따라 사는 존재입니다. 욕망이 여러분의 우상입니까? 그러면 여러분은 아직도 이마에, 머릿속에, 사상 속에 짐승의 생각이 가득 차 있는 것입니다. 짐승의 생각으로 사는 자는 욕망을 따라 사는 자들입니다. 자기에게 이익이 된다면 수단과 방법을 가리지 않는 자는 그 손에 짐승의 표를 가지고 있는 것입니다. 짐승처럼 생각하고 짐승처럼 행동하면서 살고 있지 않습니까? 이익이 될 것 같으면 10년간 사귀어 온 사람도 그냥 배신해 버립니다. 짐승처럼 생각하고 사는 자에게 이 세상은 결코 나그네의 길이 아닙니다. 이 세상이 외국처럼 낯설게 느껴지지 아니할 것입니다.

그러나 하나님의 생각과 행동으로 살아가는 성도들에게 이 세상은 나그네 길과 외국 땅에 불과합니다. 보좌에 앉아 세상을 심판하는 권세는 예수를 증언함과 하나님의 말씀 때문에 목 베임을 당한 자들과 짐승과 그의 우상에게 경배하지 아니하고 이마와 손에 그의 표를 받지도 아니한 자들에게 주어질 것입니다. 순교의 죽음만이 아니라 순교적인 삶을 사는 사람에게도 약속되고 있습니다. "살아서 그리스도와 더불어 천 년 동안 왕 노릇" 하는 축복은 그리스도 안에 신실한 모든 자에게 보장되어 있습니다.

이 편지를 쓴 사도 요한의 형제를 생각해 보십시오. 우리는 세베대의 두 아들 요한과 야고보를 알고 있습니다. 야고보는 신약 교회 순교자의 명단 첫 자리에 그 이름이 기록되었고, 우리에게 이 환상을 전해 준 요한은 사도들 가운데 가장 오래 살아남아 그 사명을 다하고 있습니다. 지금 야고보와 사도 요한은 동일하게 그리스도와 더불어 왕 노릇 하고 있습니다. 죽음으로 최후를 마감한 순교자들이나 안방에서 평안히 임종하는 성도나 다

같이 하나님과 그리스도의 제사장이 되어 천 년 동안 왕 노릇 하는 권세를 누릴 것입니다. 대주재이신 아버지 하나님은 어떤 사람은 순교의 죽음으로 마지막을 장식하게 하시고, 어떤 사람은 평안하게 끝까지 두심으로 자연사하게 하심으로 영광을 받으십니다. 사람의 뜻대로가 아니라 아버지께서 정하신 대로입니다.

죽도록 충성하는 자에게 생명의 면류관이 약속되어 있습니다. 그러나 주 안에서 죽은 모든 자를 향해서도 복되다고 계시록은 선언하고 있습니다. 그의 죽음을 주께서 귀히 보신다고 약속하고 있습니다.

사랑하는 성도 여러분, 그러므로 우리는 성도답게 세상을 살아갑시다. 성도답게 죽음을 맞이하십시오. 우리는 "살아서 그리스도와 더불어 천 년 동안 왕 노릇 할" 사람들입니다. 두려워하지 마십시오. 몸은 죽이되 영혼을 죽이지 못하는 자들을 무서워하지 마십시오. 우리의 안일을 위해 영혼을 질식시키는 어리석은 삶을 택하지 마십시오. 세상의 안일과 쾌락을 좇는 자리에서 벗어나 하나님 앞에 나아가 부르짖음으로 영혼이 살아나기를 바랍니다. 성도의 영혼은 살아서 그리스도와 더불어 천 년 동안 왕 노릇 할 것입니다. 바울의 고백을 한번 생각해 보십시오. 그는 "몸을 떠나 주와 함께 있는"(고후 5:8) 소망을 담대히 붙들었습니다. 사는 것이 그리스도인 자들에게는 죽는 것도 유익합니다. 몸을 떠나는 것은 그리스도와 함께 있는 새로운 차원의 삶으로 들어가는 것이기 때문입니다.

세상 사람들은 죽는 사람만 불쌍하다고 말합니다. 사는 사람은 어떻게 해도 산다고 말합니다. 그러나 신자들은 다릅니다. 그리스도를 위해 사는 신자들에게 사는 날은 그리스도를 섬기는 기회일 것입니다. 성도를 돌보는 기회일 것입니다. 반면 죽는 것은 그리스도와 동거하는 새로운 차원으로 접어드는 일일 것입니다. 이 진리가 믿어지지 않는 사람은 요한이 본 환상을 깊이 묵상해 보십시오. 요한이 무엇을 보았는지 묵상해 보십시오. 살아서 그리스도와 더불어 천 년 동안 왕 노릇 하고 있습니다.

죽음 이후 의인과 악인의 운명

사람의 사후 상태를 신앙 고백서는 어떻게 정리하고 있습니까? 웨스트민스터 신앙 고백 32장 1절은 이렇게 정리합니다.

> 사후에 인간의 몸은 티끌로 돌아가고 부패하지만, 그들의 영혼은 죽거나 자는 것이 아니라 불멸이다. 영혼은 그 속성이 불멸이므로 죽은 후에는 곧 영혼을 주신 하나님께 돌아간다. 의인의 영혼은 완전히 거룩하게 되어 지극히 높은 하늘에 영접되어, 거기서 그들의 몸이 완전히 구속되기를 기다리면서, 빛과 영광 가운데 하나님의 얼굴을 뵈옵지만, 악한 자의 영혼은 지옥에 던져져 고통과 극심한 어둠 가운데 마지막 대심판의 날까지 갇혀 있다.

사람의 몸은 죽으면 티끌로 돌아갑니다. 병으로 죽든, 늙어서 죽든, 사고를 만나 산산조각 나든 모두 썩어 버립니다. 그러나 그 영혼은 죽거나 자는 것이 아닙니다. 죽은 후에는 영혼을 주신 하나님에게 돌아갑니다. 의인의 영혼은 완전히 거룩하게 되어서 지극히 높은 하늘에 영접되어 그들의 몸이 완전히 구속되기를 기다리면서 빛과 영광 가운데 하나님의 얼굴을 뵈옵게 됩니다. 반면 "악한 자의 영혼은 지옥에 던져져 고통과 극심한 어둠 가운데 마지막 대심판의 날까지 갇혀 있다"고 정리하고 있습니다. 요한의 표현을 빌리면, "그 나머지 죽은 자들은 그 천 년이 차기까지 살지 못하[는]"(20:5) 것입니다. 의인의 영혼은 영광 중에 그리스도와 함께 이미 다스리지만 죄인의 영혼은 고통 가운데서 심판의 날을 기다릴 뿐입니다.

주 안에서 사랑하는 성도 여러분, 사람의 영혼은 불멸입니다. 우리의 영혼은 몸이 죽은 다음에도 죽지 않습니다. 여러분의 영혼이 그때 어디에 가기를 원하십니까? 그러므로 잠시 동안 살면서 충성하라고 성경은 말합니다. 천 년 동안의 보상이 기다리고 있기 때문입니다.

문자적인 천 년이 아닙니다. 계시록에 나오는 어떤 숫자도 산술적인 의미가 아니듯 여기 나오는 천 년은 그리스도의 초림과 재림 사이의 기간을 가리킵니다. 정확히 말하면 십자가에서 사탄의 머리가 깨진 다음 다시 사탄이 결정적인 최후를 맞이하는 순간까지를 천 년이라고 기록하고 있습니다. 성경은 이 전망을 분명하게 보여 주고 있습니다.

> 오직 그리스도는 죄를 위하여 한 영원한 제사를 드리시고 하나님 우편에 앉으사 그 후에 자기 원수들을 자기 발등상이 되게 하실 때까지 기다리시나니(히 10:12, 13).

히브리서는 승천하셔서 보좌에 등극하신 그리스도께서 최후 승리의 날을 기다리고 계신다고 분명하게 말하고 있습니다. 시편 110편 1절의 예언이 성취되는 것을 기다리고 계십니다.

> 여호와께서 내 주에게 말씀하시기를 내가 네 원수들로 네 발판이 되게 하기까지 너는 내 오른쪽에 앉아 있으라 하셨도다.

바울 역시 동일한 진리를 선포하고 있습니다. 고린도전서 15장 25절에 보면 "그가 모든 원수를 그 발아래에 둘 때까지 반드시 왕 노릇 하시리니"라고 밝히고 있습니다. 그리스도께 천 년은 원수의 최후 공격과 최후 복속을 이루는 기간입니다. 그러나 이 세상을 떠난 그리스도인들에게는 죽음과 부활 사이의 기간이고, 그 영혼과 몸이 다시 결합하기를 기다리는 기간입니다.

우리의 영혼이 어떻게 부활하게 될지 생각해 보셨습니까? 썩을 것으로 심고, 그날 썩지 아니할 것으로 거두게 될 것입니다. 여기서는 욕된 것으로 심지만 그날 우리는 영광스러운 것으로 거두게 될 것입니다. 여기서는 피곤하고 약하고 지친 몸으로 심지만 그날에는 강한 것으로 거두게 될 것입니다. 육의 몸으로 심어서 신령한 몸으로 다시 살 소망이 우리에게 있습니다. 그 기다림의 날들까지 우리 영혼이 무엇을 하는지를 요한의 환상이 우리에게 설명해 주고 있습니다. 목 베임을 당한 영혼과 끝까지 신실한 삶을 산 성도들은 모두 살아서 그리스도로 더불어 천 년 동안 왕 노릇 하고 있다고 증언하고 있습니다.

Revelation

요한계시록 20장 7-10절

7 천 년이 차매 사탄이 그 옥에서 놓여 8 나와서 땅의 사방 백성 곧 곡과 마곡을
미혹하고 모아 싸움을 붙이리니 그 수가 바다의 모래 같으리라 9 그들이 지면에
널리 퍼져 성도들의 진과 사랑하시는 성을 두르매 하늘에서 불이 내려와 그들
을 태워 버리고 10 또 그들을 미혹하는 마귀가 불과 유황 못에 던져지니 거기는
그 짐승과 거짓 선지자도 있어 세세토록 밤낮 괴로움을 받으리라

39

최후의 결전

그리스도 안에서 사랑하는 성도 여러분, 지금 우리는 계시록 마지막 단원에 접어들었습니다. 총 7막으로 구성된 연극이라면 지금 7막 3장을 관람할 차례입니다. 본문 사건의 발단은 이미 3절 끝부분에서 예고되었습니다. "천 년이 차도록 다시는 만국을 미혹하지 못하게 하였는데 그 후에는 반드시 잠깐 놓이리라"라고 앞서 예고된 일이 본문에서 일어나고 있습니다.

천 년이 차매

"천 년이 차매 사탄이 그 옥에서 놓여." 때가 되매 악이 그 마지막 기승을 부릴 것을 보여 주는 환상입니다. 때가 되면 사탄이 묶여 있다고 믿기지 아니할 만큼 기승을 부리게 될 것을 예고하는 환상입니다.

우리는 계시록을 신약의 다른 성경과 독립된 계시로 이해해서는 안 됩니다. 상징적인 언어를 사용하지만 계시록의 메시지는 복음서에 나타난 주님의 가르침과 서신서에 기록된 사도들의 가르침과 일치합니다. 말하자면 계시록은 비상징적인 가르침에서 충분히 확증된 메시지를 매우 상징적이고도 초시간적인 언어로 나타낼 뿐입니다. 그것을 극도로 정제하고 반복하여 강조하고 있을 뿐입니다.

요한계시록이 초대 교회에 주어진 목적이 무엇입니까? 악의 세력과 대항해서 싸우는 성도들을 격려하기 위해서입니다. 그들에게 악의 세력이 결박된 것을 보여 주어 격려하고자 했습니다. 이미 그 세력은 결박되어 있다는 것을 보여 줌으로 지나치게 놀라지 말도록, 내일의 소망을 갖도록 의도하고 있습니다. 그럼에도 악이 기승을 부리는 순간에 그 이유를 묻는 성도들에게 본문은 답하고 있습니다. 이미 주님은 복음서에서 세상 끝이 오기 전에 큰 환난의 때가 있을 것을 경고하셨습니다.

> 창세로부터 지금까지 이런 환난이 없었고 후에도 없으리라 그날들을 감하지 아니하면 모든 육체가 구원을 얻지 못할 것이나 그러나 택하신 자들을 위하여 그날들을 감하시리라(마 24:21, 22).

성도들이 의롭게 살려고 할 때 세상은 가만있지 않습니다. "무릇 그리스도 예수 안에서 경건하게 살고자 하는 자는 박해를 받으리라"(딤후 3:12)고 말한 것처럼 세상은 성도들의 단짝이 아닙니다. 그러므로 세상을 살아갈 때 성도들은 박해를 받습니다. 그러나 어느 순간 그 박해가 극도에 이를 때가 있습니다. "창세로부터 지금까지 이런 환난이 없었고 후에도 없으리라"고 주님이 말씀하신 것처럼 이 악한 세대의 마지막이 될 때는 더 극심한 환난이 있을 것을 주님이 말씀하셨습니다. 그렇기에 주님은 주의하고 깨어 있으라고 경고하셨습니다.

깨어 있으라 내가 너희에게 하는 이 말은 모든 사람에게 하는 말이니라……(막 13:37).

누가복음은 좀 더 구체적으로 권면하고 있습니다.

너희는 스스로 조심하라 그렇지 않으면 방탕함과 술 취함과 생활의 염려로 마음이 둔하여지고 뜻밖에 그날이 덫과 같이 너희에게 임하리라 이날은 온 지구상에 거하는 모든 사람에게 임하리라 이러므로 너희는 장차 올 이 모든 일을 능히 피하고 인자 앞에 서도록 항상 기도하며 깨어 있으라 하시니라(눅 21:34-36).

우리는 동일한 교훈을 서신서에서도 읽을 수 있습니다.

불법의 비밀이 이미 활동하였으나 지금은 그것을 막는 자가 있어 그중에서 옮겨질 때까지 하리라(살후 2:7).

지금도 악의 세력이 활동하고 있지만 통제되고 있다는 것입니다. 막는 자가 있어서 그것을 통제하고 있습니다.

그때에 불법한 자가 나타나리니 주 예수께서 그 입의 기운으로 그를 죽이시고 강림하여 나타나심으로 폐하시리라 악한 자의 나타남은 사탄의 활동을 따라 모든 능력과 표적과 거짓 기적과 불의의 모든 속임으로 멸망하는 자들에게 있으리니 이는 그들이 진리의 사랑을 받지 아니하여 구원함을 받지 못함이라 이러므로 하나님이 미혹의 역사를 그들에게 보내사 거짓 것을 믿게 하심은 진리를 믿지 않고 불의를 좋아하는 모든 자들로 하여금 심판을 받게 하려 하심이라(살후 2:8-12).

지금도 악이 나타나서 활동하지만 때가 되면 불법한 자가 나타나 놀랍게 활동할 것을 말씀하고 있습니다. 그가 나타나면 사탄의 역사를 따라 모든 능력과 표적과 거짓 기적과 불의의 모든 속임으로 임할 것을 말씀하고 있습니다. 여기서는 그 희생자들을 "멸망하는 자들"이라고 부르고 있습니다. 진리를 사랑하는 대신 거짓 것을 사랑하는 자들이라고 말씀하고 있습니다. 진리를 믿지 않고 불의를 좋아하는 모든 자가 그 욕망대로 심판을 받게 된다고 마지막 때에 일어날 환난에 대해 말씀하십니다.

그러면 그 옥에서 풀려난 사탄은 무슨 일을 합니까? 그는 나오자마자 땅의 사방 백성을 다시금 미혹합니다. 7절은 "천 년이 차매 사탄이 그 옥에서 놓여" 나왔다고 말합니다. 그리고 "나와서 땅의 사방 백성 곧 곡과 마곡을 미혹[했다]"(20:8)고 합니다. 마치 천 년의 세월도 그에게는 아무런 교훈을 주지 못한 것처럼 보입니다. 세월이 흐르면 바뀔 것이라고 낙관하지 마십시오. 악은 그리 쉽게 사라지지 않습니다. 우리 마음속에 도사리고 있는 죄악도 마찬가지입니다. 시간만 지나면 착해진다고 낙관하지 마십시오. 하나님의 은혜로 바뀌기 전에는 쉽게 변하지 않습니다.

보십시오, 사탄을! 그는 여전히 사람을 속이는 자로 등장합니다. 이전에 만국을 미혹하지 못하도록 천 년 동안 결박당했습니다. 그러나 천 년이 차서 풀려나기가 무섭게 다시금 땅의 사방 백성을 미혹합니다. 이전에 결박되었던 그곳에서 다시 시작합니다. 때로 우리도 이전에 넘어진 그 자리에서 정확히 다시 넘어지는 것을 봅니다.

사탄의 최후 공격의 상징

사탄은 하나님에 대한 최후 공격을 감행하기 위해 땅끝에 있는 백성까지 총동원합니다.

> 천 년이 차매 사탄이 그 옥에서 놓여 나와서 땅의 사방 백성 곧 곡과 마곡을 미혹하고 모아 싸움을 붙이리니 그 수가 바다의 모래 같으리라(20:7, 8).

"땅의 사방 백성"을 설명하면서 "곡과 마곡"이 등장합니다. 구약 에스겔 시대의 사람들은 저 멀리 떨어져 북쪽 가장 끝에 있는 사람들을 곡과 마곡이라고 생각한 모양입니다. 에스겔서는 마곡 땅에 있는 곡이라고 지칭함으로써 "곡"을 마곡 땅에 사는 백성의 우두머리로 말하고 있습니다. 그리고 그 시대 사람들은 곡 왕을 가장 무서운 세력으로 생각한 것 같습니다.

그러면 에스겔 38장과 39장에 나오는 곡과 마곡의 공격은 무엇에 관한 예언일까요? 성경학자 대부분은 수리아 사람 '안티오코스 에피파네스'가 하나님의 백성을 무섭게 박해할 날들에 대한 예언이라고 생각합니다. 그러면 사도 요한은 왜 이 곡과 마곡을 본문에 등장시킬까요? 그는 에스겔서에서 하나님의 백성이 곡과 마곡에 의해 박해받은 것을 교회에 대한 악한 세상의 최후 공격의 상징으로 사용하고 있습니다. 사탄과 그를 따르는 악한 세계 전체가 교회를 박해하는 때를 에스겔서의 곡과 마곡의 박해의 극치로 보고 있습니다.

그러면 이 두 가지 사건에는 어떤 유사점이 있을까요? 먼저 에스겔서에 나오는 곡과 마곡의 공격은 구약 시대에 하나님의 백성이 겪어야 할 가장 극심한 시련이었습니다. 구약 시대에도 하나님의 백성은 그들의 죄악으로 인해 여러 번 이웃 나라에 팔아넘겨져 박해를 받았습니다. 그들이 겪은 박해 가운데 가장 극심한 시대를 말하라면 마곡과 곡이라고 지칭되는 안티오코스 에피파네스의 박해였습니다. 그렇기에 곡과 마곡의 이야기가 신약 시대에서 교회를 박해하고 공격하는 적그리스도 세력의 최종 공격의 상징으로 사용되는 것은 타당합니다. 곡과 마곡의 군대는 그 수가 매우 많은 것이 특징입니다. 그래서 이것은 그리스도 재림 직전까지 교회에 대한 범세계적인 박해와 압박을 나타내기에 적합한 상징일 수 있었습니다. 또 안티오코스 에피파네스에 의해서 야기된 박해는 매우 가혹하였지만 기간이 아주 짧았습니다. 그러므로 이것은 이 시대 마지막에 있을 짧은 최후의 환난을 상징하기에 적절합니다. 마지막으로 곡과 마곡으로 상징된 수리아 군대가 패주한 것은 예상 밖의 일이었습니다. 또한 수리아 군대는 순식간에 완벽히 궤멸되었습니다. 이것은 분명 하나님이 행하신 일이었습니다. 이스라엘을 향한 곡과 마곡의 극심하고도 전면적인 공격은 교회를 대항하는 악한 세상의 최후 발악을 나타내는 좋은 상징이 되고 있습니다. 그것이 급히 끝났다는 것도 또 한 번 비교될 수 있습니다.

본문은 그 싸움이 땅의 사방 백성과 연류된 것임을 말하고 있습니다. "그 수가 바다의 모래" 같다고 말합니다. 세상 끝 날에 닥칠 마귀의 악영향은 전 세계적일 것입니다. 이때는 사탄이 최후 발악을 하는 때입니다. 사탄의 마지막 때에 동원될 군사는 바다 모래와 같습니다. 세상과 교회의 싸움은 신약 성경에 등장하는 보편적인 진리입니다. 다만 재림 직전에는 그 싸움이 극도에 이를 것이라고 성경은 말하고 있습니다. 악이 마지막 발악을 할 것이기 때문입니다. 그러므로 이 싸움은 계시록에서 이미 몇 번 등장한 적이 있습니다.

> 그들은 귀신의 영이라 이적을 행하여 온 천하 왕들에게 가서 하나님 곧 전능하신 이의 큰 날에 있을 전쟁을 위하여 그들을 모으더라(16:14).

온 천하 임금들을 모으는 거짓 선지자, 악한 영의 활동에 대해 말하고 있습니다.

> 그들이 한뜻을 가지고 자기의 능력과 권세를 짐승에게 주더라 그들이 어린양과 더불어 싸우려니와 어린양은 만주의 주시요 만왕의 왕이시므로 그들을 이기실 터이요 또 그와 함께 있는 자들 곧 부르심을 받고 택하심을 받은 진실한 자들도 이기리로다(17:13, 14).

> 또 내가 보매 그 짐승과 땅의 임금들과 그들의 군대들이 모여 그 말 탄 자와 그의 군대와 더불어 전쟁을 일으키다가(19:19).

본문은 이 동일한 싸움을 다시 한 번 강조하고 있습니다. 이 전쟁은 모든 세상 임금이 모여서 하나님 곧 전능하신 이의 큰 날에 일으키는 아마겟돈 전쟁과 동일합니다. 이 싸움은 왕 중의 왕이신 어린양과 열 뿔로 상징되는 세상 임금들의 싸움입니다.

계시록은 역사의 종말에 일어날 최후의 싸움을 다양하게 묘사하고 있습니다. 다만 본문에서는 그것을 속박된 사탄이 풀려나서 일으키는 전쟁으로 말하는 점이 다릅니다. 이 전쟁은 온 세계적이고 결정적인 전쟁이 될 것입니다. "그들이 지면에 널리 퍼져 성도들의 진과 사랑하시는 성을 두르매"(20:9). 이 싸움의 가장 특징적인 양상은 온 지면에서 일어나는 전면전이라는 것입니다. 세상 어떤 민족과 나라도 이 싸움에서 예외일 수 없습니다. 땅 위에 사는 모든 방언과 족속은 이 싸움에 연루될 수밖에 없습니다.

주 안에서 사랑하는 성도 여러분! 이 세상에 사는 모든 사람은 이 싸움에 연루되어 있습니다. 포위당한 사람들 가운데 있든 포위하고 공격하는 쪽에 가담해 있든, 사람들은 이 싸움에서 어느 한편에 서야 한다는 것을 본문은 말해 주고 있습니다. 지금 사탄은 풀려나와서 온 세상에 공격을 감행하고 있습니다. 그들은 성도들의 진을 둘러싸고 있습니다. 하나님이 사랑하시는 성을 완전히 포위하고 있습니다.

성도들의 진과 사랑하시는 성

이 싸움이 어떻게 결말날지는 잠깐 접어 두고, 본문이 우리를 어떻게 묘사하고 있는지를 관찰해 봅시다. 본문은 사탄의 공격 대상인 하나님의 백성을 무엇이라고 묘사하고 있습니까? "성도들의 진과 사랑하시는 성"이라고 표현하고 있습니다. 여기서 "성도들의 진"이라는 말은 악이 기승을 부리는 세상과 대조되는 '하나님 백성의 성격'을 보여 줍니다.

우리의 싸움은 혈과 육에 대한 싸움이 아니라 궁극적으로 악한 영들에 대한 싸움입니다. 그러나 계시록을 설교하는 얼마나 많은 사람이 한날 세상의 모든 나라가 예루살렘을 포위해서 공격할 것이라고 말하는지 모릅니다. 성경은 그렇게 말하고 있지 않습니다. 싸움은 세상과 하나님 백성 사이의 싸움입니다. 더 이상 열방과 한 민족 이스라엘의 싸움이 아닙니다. 이 싸움의 승리는 성도들의 질에 달려 있습니다. 그러므로 성도들의 힘은 그들의 거룩한 삶의 질에 달려 있습니다. 성도들은 악이 기승을 부리는 세상 속에서 영혼을 거슬러 싸우는 육체의 정욕을 제어해야 합니다. 특별히 사도 베드로는 이 사실을 강조하고 있습니다.

> 사랑하는 자들아 거류민과 나그네 같은 너희를 권하노니 영혼을 거슬러 싸우는 육체의 정욕을 제어하라(벧전 2:11).

우리는 지금 이 싸움을 싸우고 있습니다. 세상에서 거류민과 나그네같이 살아가면서 우리 속에서 충동질하는 육체의 욕망에 대항하여 싸우는 자들입니다. 한날 또 하나의 싸움이 예루살렘 성 주위에서 일어나는 것이 아니라 오늘 우리가 살아가는 이 삶 속에서 싸우고 있습니다. 우리의 영혼을 거슬러서 넘어뜨리려 하는 육체의 욕망이 우리를 공격해 오고 있습니다.

> 너희가 음란과 정욕과 술 취함과 방탕과 향락과 무법한 우상 숭배를 하여 이방인의 뜻을 따라 행한 것은 지나간 때로 족하도다 …… 만물의 마지막이 가까이 왔으니 그러므로 너희는 정신을 차리고 근신하여 기도하라(벧전 4:3, 7).

> 그러나 주의 날이 도둑같이 오리니 …… 너희가 어떠한 사람이 되어야 마땅하냐 거룩한 행실과 경건함으로 하나님의 날이 임하기를 바라보고 간절히 사모하라……(벧후 3:10-12).

사도 베드로는 하나님 백성의 승리가 결정되는 비결은 우리의 거룩한 행실과 경건한 삶에 달려 있다고 말하고 있습니다.

> 주 앞에서 점도 없고 흠도 없이 평강 가운데서 나타나기를 힘쓰라(벧후 3:14).

또 성경은 성도들의 진을 가리켜 "사랑하시는 성"이라고 말하고 있습니다. 비록 원수 마귀의 총공격 아래 포위되어 있지만, 그 성은 하나님이 사랑하시는 성이라는 사실에 소망이 있습니다. 하나님은 하나님의 통치 아래 자신을 기꺼이 드리는 백성의 모임을 당신의 눈동자처럼 사랑하시고 아끼십니다. 교회에 대한 박해가 고조에 달하고 성도들이 더 이상 버틸 수 없는 지경에 이를 때도 우리가 절망하지 않을 이유가 바로 여기에 있습니다. 바로 하나님이 사랑하시는 진이기 때문입니다. 하나님이 사랑하시는 성이기 때문입니다. 우리는 하나님이 택하신 자요 그분이 사랑하시는 백성입니다.

사탄의 최후 파멸

보십시오. 최후의 결판이 어떻게 나고 있습니까? “하늘에서 불이 내려와 그들을 태워 버리고”(20:9) 있습니다. 신앙을 뿌리째 뽑으려고 온 땅에서 달려들던 사탄의 최후 공세는 어이없게 끝이 납니다. 하나님의 심판은 신속합니다. 갑작스럽게 하늘에서 내려온 불이 그들을 태워 버렸다고 간단히 기록함으로 하나님의 심판의 신속성과 최종성을 강조하고 있습니다.

온 지면에서 하나님의 백성을 포위하고 둘러쌌을 때는 뭔가 지구전(持久戰)으로 들어갈 것처럼 보였지만 싸움은 어이없게 끝났다고 말하고 있습니다. 하늘에서 불이 내려와 그들을 태워 버렸다고 말하고 있습니다. 사탄은 이제 오래 기다려 온 하나님의 심판 아래로 떨어집니다. 주님이 십자가에 들리시는 순간 이 세상 임금은 쫓겨났습니다. 역사의 마지막에 그는 완전히 궤멸될 것입니다. 대(大) 기만자, 사탄의 파멸은 하늘에서 내리치는 번개와 같이 신속하고 예기치 않는 일이 될 것입니다. 분명히 하나님이 나타나셔서 그 원수들을 끝장내실 것입니다.

> 주 예수께서 그 입의 기운으로 그를 죽이시고 강림하여 나타나심으로 폐하시리라(살후 2:8).

주 예수께서 단 한 번의 심판을 위해 강림하실 것입니다. 그분의 나타나심은 악한 자의 파멸을 의미합니다. 사탄은 그 이름에 걸맞은 악을 자행했습니다. 온 세상을 미혹했고 거짓을 사랑하는 모든 자를 속였습니다. 하나님을 알지 못하고 우리 주 예수의 복음에 순종하지 않는 온 세상을 기만했습니다. 이제 그의 최후를 살펴봅시다.

> 또 그들을 미혹하는 마귀가 불과 유황 못에 던져지니 거기는 그 짐승과 거짓 선지자도 있어 세세토록 밤낮 괴로움을 받으리라(20:10).

세상을 미혹하던 마귀의 최후를 간략하게 기술합니다. 그는 유황불이 타오르는 못에 던져졌습니다. 짐승과 거짓 선지자와 더불어 사탄은 고통당할 것입니다. 이 고통은 세세토록 밤낮 계속됩니다. 사탄과 그를 따르는 무리는 영원히 멸망할 것입니다. 마귀는 불과 유황 못에 영원히 던져졌습니다.

어린양 예수 그리스도의 승리는 완벽합니다. 오직 그분만이 그분의 발아래 모든 원수를 짓밟을 것입니다. 온 세상은 그분의 통치 아래 들어올 것입니다. 이제 곧 인류의 최후 원수인 사망과 음부도 불 못에 던져질 것입니다(20:14). "그가 모든 원수를 그 발아래에 둘 때까지 반드시 왕 노릇 하시리니 맨 나중에 멸망받을 원수는 사망이니라"(고전 15:25, 26).

주 안에서 사랑하는 성도 여러분! 요한이 우리에게 보여 주고 있는 환상은 여기에서 마감하고 있습니다. 이제 일의 결국을 들었습니다. 사탄과 그를 따르는 무리의 최후를 이제 보았습니다. 불과 유황 못에 던져진다는 표현이 가리키는 바가 무엇입니까? 하나님은 2천 년 전 사람들이 가장 무시무시한 심판을 알아들을 수 있도록 불과 유황으로 타는 못을 설정하셨습니다. 이 사실을 통해 하나님이 말씀하고 싶으신 것은 하나님을 거스른 악은 최후에 멸망하고 만다는 것입니다. 끔찍한 최후를 맞이하고 만다는 사실을 말하고 싶어 하십니다. 비참한 최후 파멸만이 인류의 기만자가 맞을 최후입니다. 대 기만자 사탄뿐 아니라 그를 추종하는 모든 자가 함께 맞이할 최후입니다. 보십시오. 그 짐승과 거짓 선지자가 거기 있습니다. 그를 추종하는 모든 인류가 그와 함께 불과 유황으로 타는 못에 던져집니다.

> 그러나 두려워하는 자들과 믿지 아니하는 자들과 흉악한 자들과 살인자들과 음행하는 자들과 점술가들과 우상 숭배자들과 거짓말하는 모든 자들은 불과 유황으로 타는 못에 던져지리니 이것이 둘째 사망이라(21:8).

사탄은 기만하는 자였습니다. 그 특징이 사람들을 미혹하는 것입니다. 계시록 19장 20절은 "표적으로 미혹하던 자"라고 그 성격을 말하고 있습니다. 그뿐 아니라 본문 8절도 "땅의 사방 백성 곧 곡과 마곡을 미혹하고"라고 말하고 있습니다. 10절은 "그들을 미혹하는 마귀"라고 묘사하고 있습니다. 마귀의 특징은 속이는 것입니다. 거짓말하는 모든 자는 불 못에 던져질 것이라고 말하고 있습니다. 하나님의 백성은 생명을 걸고 진리를 사수하는 자들입니다. 그러나 세상은 거짓을 그 입에 담아 두고 살아갑니다. 성경은 모든 거짓의 사람은 거짓의 아비와 함께 불 못에 던져질 것이라고 말하고 있습니다.

하나님을 거역하는 자를 기다리는 최후 심판을 가볍게 여기지 마십시오. "살아 계신 하나님의 손에 빠져들어 가는 것이 무서울진저"(히 10:31)라고 히브리서 기자는 경고합니다. 히브리서 기자의 경고를 늘 기억하십시오.

> 너희는 삼가 말씀하신 이를 거역하지 말라 땅에서 경고하신 이를 거역한 그들이 피하지 못하였거든 하물며 하늘로부터 경고하신 이를 배반하는 우리일까보냐 …… 그러므로 우리가 흔들리지 않는 나라를 받았은즉 은혜를 받자 이로 말미암아 경건함과 두려움으로 하나님을 기쁘시게 섬길지니 우리 하나님은 소멸하는 불이심이라(히 12:25, 28, 29).

Revelation

요한계시록 20장 11-15절

11 또 내가 크고 흰 보좌와 그 위에 앉으신 이를 보니 땅과 하늘이 그 앞에서 피
하여 간 데 없더라 12 또 내가 보니 죽은 자들이 큰 자나 작은 자나 그 보좌 앞
에 서 있는데 책들이 펴 있고 또 다른 책이 펴졌으니 곧 생명책이라 죽은 자들
이 자기 행위를 따라 책들에 기록된 대로 심판을 받으니 13 바다가 그 가운데
에서 죽은 자들을 내주고 또 사망과 음부도 그 가운데에서 죽은 자들을 내주
매 각 사람이 자기의 행위대로 심판을 받고 14 사망과 음부도 불 못에 던져지
니 이것은 둘째 사망 곧 불 못이라 15 누구든지 생명책에 기록되지 못한 자는
불 못에 던져지더라

40
최후의 심판

그리스도 안에서 사랑하는 성도 여러분, 우리가 읽은 본문은 최후 심판의 날에 대해서 말하고 있습니다. 계시록의 많은 부분이 역사 속의 심판과 관련되어 있습니니다. 일곱 인, 일곱 나팔, 일곱 대접의 심판을 읽을 수 있습니다. 그리스도께서 땅 위에 있는 사람을 향한 하나님의 심판을 대행하십니다. 그러나 본문은 역사에 대한 심판을 그 주제로 삼고 있습니다. 지금 이 세상의 이야기는 절정에 이르렀기 때문입니다. 20장을 기점으로 이 세상의 이야기는 더 이상 나오지 아니할 것입니다.

지금 요한의 관심사는 보좌에 앉으신 심판주와 그 앞에 불려 나온 심판받을 자들의 두렵고 무서운 광경을 그려 내는 것입니다. 요한은 본문에서 심판 날에 대한 환상을 자세히 기록하고 있습니다. 이날은 "정하신 사람으로 하여금 천하를 공의로 심판할 날"(행 17:31)입니다. 이 마지막 심판 날에 우리는 모두 그 보좌 앞으로 불려 나가게 될 것입니다. "한 번 죽는 것은 사람에게 정해진 것이요 그 후에는 심판이 있으리니"(히 9:27)라고 성경은 선언합니다.

크고 흰 보좌와 그 위에 앉으신 이

여러분은 이 마지막 심판을 준비하며 살고 계십니까? 그렇다면 함께 요한의 환상을 살펴봅시다. 요한의 시선은 특별히 다음 장면들에 집중하고 있습니다.

먼저 요한은 "크고 흰 보좌와 그 위에 앉으신 이"를 보았습니다. 위엄 있고도 가공할 만한 외형이 요한을 사로잡았다는 것이 그 보좌의 첫 번째 특징입니다. '큰 보좌'입니다. 보좌의 크기는 바로 그 보좌에 앉으신 분의 위대함을 보여 줍니다. 그분의 권위의 장엄함을 보여 줍니다. 이는 또한 보좌 앞에서 일어날 심판의 엄위로움과 형벌의 엄중함을 나타냅니다.

요한의 시선을 사로잡은 보좌의 두 번째 특징은 그 색이 희다는 데 있습니다. 그분이 앉으신 심판의 보좌를 왜 "흰 보좌"라고 했을까요? 흰색은 깨끗함과 순결을 연상시킵니다. 마지막으로 사람의 철저한 죄악성을 심판하는 장면에 등장한 주님의 보좌가 "흰 보좌"라는 사실은 아마 검은 죄악을 심판하실 주님의 거룩함을 상징하는 것이 아닌가 하는 생각이 듭니다. 그것은 보좌에서 발산되는 완벽한 순결과 거룩을 나타낸다고 볼 수 있습니다. 보좌에 앉으신 분은 거룩하시고 순결하시며, 그분의 심판은 공정합니다. 이 심판은 불공평하거나 불완전하지 아니할 것입니다. 참되고 공명하여 누구나 옳다는 것을 인정할 것입니다. 보좌 위에 앉으신 분의 판결은 절대로 의롭습니다. 누구나 그 판결을 반박하지 못할 것입니다. 그것이 정죄든 사면이든 상관없이 공의로운 판단이 될 것입니다. "세상을 심판하시는 이가 정의를 행하실 것이 아니니이까"(창 18:25).

그러면 보좌에 앉으신 재판장은 누구십니까? 어떤 이는 하나님 자신이라 말하고, 어떤 이는 주 예수 그리스도라고 말합니다. 성경에 이렇게도 말하고, 저렇게도 말하는 부분이 있기 때문입니다. 그러나 계시록에서는 대개 아버지 하나님을 가리킵니다. 아마 보좌에 앉으신 분은 하나님 자신이시지만 그분의 아들 주 예수 그리스도를 통해 심판하신다고 볼 수 있습니다. 아버지와 아들은 하나이시며, 아버지는 아들에게 심판의 권세를 주셨습니다. 온 세상의 정죄를 받으신 그리스도야말로 온 인류를 심판하기에 자격 있는 분입니다. 그분만이 거룩하고 공의로운 심판의 주님입니다.

> 또 내가 크고 흰 보좌와 그 위에 앉으신 이를 보니 땅과 하늘이 그 앞에서 피하여 간 데 없더라(20:11).

최후 심판의 엄위로운 장면을 "땅과 하늘이 그 앞에서 피하여 간 데 없더라"라는 말로 표현합니다. 심판하실 보좌에 앉으신 하나님의 장엄한 영광 앞에 땅과 하늘이 두려워 도망치고 있습니다. 이것은 하나님의 임재 앞에서 갖게 되는 죄인의 두려움을 반영한 시적 표현일까요? 아니면 온 우주의 해체를 가리키는 사실적인 표현으로 생각해야 할까요? 옛 세상은 사라지고 곧 새 세상이 도래할 것이기 때문입니다. 성경은 옛 세계의 종말이 올 것을 말하고 있습니다.

> 너희는 하늘로 눈을 들며 그 아래의 땅을 살피라 하늘이 연기같이 사라지고 땅이 옷같이 해어지며……(사 51:6).

> 천지는 없어지려니와 주는 영존하시겠고 그것들은 다 옷같이 낡으리니 의복같이 바꾸시면 바뀌려니와(시 102:26).

그날에는 하늘이 큰 소리로 떠나가고 물질이 뜨거운 불에 풀어지고 땅과 그중에 있는 모든 일이 드러나리로다(벧후 3:10).

성경의 증언입니다. 사라지는지 불타 없어지는지 어느 것이 정확한지 묻는 것은 성경을 읽는 바른 자세가 아닙니다. 성경은 장차 될 일을 사람들의 한계적인 용어로 표현할 뿐입니다. 하여간 본문은 심판 날의 총체적 재난의 두려움을 "땅과 하늘이 그 앞에서 피하여 간 데 없더라"라는 말로 그리고 있습니다.

심판자와 심판을 받아야 할 사람들 사이에 가로막고 있는 것은 아무것도 없습니다. 그 장엄한 광경에서 우리의 시선을 흩뜨리는 것은 아무것도 존재하지 않습니다. 보좌에 앉으신 이의 모습이 천지간에 부각될 것입니다. 하나님이 모든 것을 주관하시고 타락한 모든 사람을 공의로 심판하실 것입니다.

심판받는 자는 누구인가

이제 우리는 심판자가 누구신지를 압니다. 그렇다면 심판받는 자는 어떤 사람들일까요? "또 내가 보니 죽은 자들이 큰 자나 작은 자나 그 보좌 앞에 서 있는데"(20:12)라고 말하고 있습니다. 심판받을 사람들은 누구입니까? 인류 맨 첫 사람부터 가장 마지막에 태어난 사람까지 모두 포함합니다. 아담과 하와부터 그분 마지막 후손까지 이 심판대 앞에 서게 될 것입니다. 가인도 서게 될 것이고, 그에게 살해된 동생 아벨도 그 심판대에 설 것입니다. 산 위에서 방주를 지은 노아도 서게 될 것이고, 그를 조롱하다가 홍수로 멸망한 동시대 사람들도 서게 될 것입니다. "여호와여 돌아오소서 언제까지니이까"(시 90:13)라고 애타게 기다리던 구약의 성도들도 서게 될 것이고, 이유 없이 그들을 미워한 원수들도 다 같이 서게 될 것입니다. 구약의 모든 선지자도 설 것이요, 신약의 사도들도 한 사람도 예외 없이 서게 될 것입니다. 시대마다 하나님의 종들의 말씀을 들은 모든 청중도 그날 하나님의 보좌 앞에 서게 될 것입니다.

이 세상을 살아간 사람 가운데 크고 흰 보좌 앞에 서지 않을 사람은 아무도 없습니다. 큰 자나 작은 자나 누구든지 그 보좌 앞에 서게 될 것입니다. 아무리 대단한 사람도 심판을 면제받을 수 없습니다. 아무리 보잘것없는 사람도 심판받기에 미달되는 사람은 없습니다. 사람들이 만들어 낸 구별이나 차이는 그날 더 이상 효력이 없을 것입니다. 세력을 부리던 자나 힘없이 살던 자나 모두 크고 흰 보좌 앞에 서게 될 것입니다. 유명 인사와 무명 인사가 나란히 서게 될 것입니다. 통치자와 통치받던 자가 최초로 같은 처지에 서게 될 것입니다. 인기 스타와 열광하던 그의 팬들이 함께 서게 될 것입니다. 영웅들과 그의 추종자들도 모두 불려 나올 것입니다. 명성 있는 교수들도 서게 될 것이고, 무식한 사람들도 서게 될 것입니다. 사장도 설 것이고, 근로자도 설 것입니다. 설교하는 자도 그 앞에 서게 될 것이고, 설교를 듣는 회중도 서게 될 것입니다. "죽은 자들이 큰 자나 작은 자나 그 보좌 앞에 서 있는데"라고 요한은 증언합니다. 너무 높거나 너무 비천해서 하나님의 보좌 앞에 서지 않아도 되는 사람은 한 사람도 없습니다. 계시록 6장은 이 부분을 "땅의 임금들과 왕족들과 장군들과 부자들과 강한 자들과 모든 종과 자유인이 굴과 산들의 바위틈에 숨어 산들과 바위에게 말하되 우리 위에 떨어져 보좌에 앉으신 이의 얼굴에서와 그 어린양의 진노에서 우리를 가리라 그들의 진노의 큰 날이 이르렀으니 누가 능히 서리요"(6:15-17)라고 조금 다르게 묘사하고 있습니다.

그러면 죽은 자들이 크고 흰 보좌 앞에 어떻게 서게 될 수 있습니까? 그들 가운데는 이미 죽은 지 오래되어 흔적조차 남지 않은 사람도 많습니다.

한 줌 흙이 된 지 오래되고, 한 줌 먼지로 사라진 지 오래된 사람들도 있습니다. 그들이 어떻게 이 보좌 앞에 서게 될 것입니까? 13절은 "바다가 그 가운데에서 죽은 자들을 내주고 또 사망과 음부도 그 가운데에서 죽은 자들을 내주매"라고 말하고 있습니다. 바다와 사망과 음부가 죽은 자를 다 내주었다는 말은 이 심판의 우주적인 범위를 가리킵니다. 아무도 면제받지 못할 것입니다. 더 이상 예외가 없습니다. 크고 흰 보좌 앞에 서게 될 피고는 세상을 살다가 죽음을 맛본 모든 사람입니다. 심지어 바다에 빠져 죽어 시체조차 찾지 못한 사람도 그날에는 심판의 자리로 나올 것입니다.

유대인들은 특별히 바다에 빠져 죽어 시체도 찾지 못한 사람들의 운명을 불안해했습니다. 그들은 스올이라 불리는, 죽은 영들의 세계로 돌아가지 못하고 결국 이 심판의 자리에서 마지막 하나님 백성의 영광에 동참하지 못할 것을 두려워했습니다. 그러나 두려워할 이유가 없습니다. 어떤 죽음이든 상관없이 모두 심판의 자리에 나아오게 될 것입니다. 안방에서 평안하게 죽었든 교통사고로 처참하게 죽었든 차이가 없습니다. 물에 빠져 죽었든 불에 타서 죽었든 상관없습니다. 질병으로 고생하다가 고통 중에 세상을 떠났든 자다가 조용히 숨을 거두었든 아무런 상관이 없습니다. 죽은 장소나 형태는 중요한 것이 아닙니다. 모든 사람은 한 번은 죽을 것입니다. 그러나 그 후에 하나님의 심판 앞에 서야 할 것입니다.

이미 죽어 썩어 버린 육체가 어떻게 부활할 수 있을까요? 오직 하나님만이 그 신비한 일을 행하실 수 있습니다. 그래서 우리는 하나님을 '전능하신 하나님'이라고 부릅니다. 세상에 아무것도 없을 때 말씀으로 천지를 창조하신 하나님을 믿습니다. "빛이 있으라" 하실 때 빛이 있었던 그 하나님의 위력을 믿습니다. 어둠 가운데서 빛을 불러내시고, 공허한 가운데 의미를 불어넣으시고, 아무 생명이 없는 가운데 생명을 창조하신 그 하나님의 전능하신 능력을 신뢰하는 것입니다. 굳은 돌같이 하나님의 영광을 깨닫지 못하던 자들을 불러내셔서 빚으시고, 바꾸시고, 찬송하는 백성으로 만드신 그 하나님의 전능하신 능력이 그날 다시 한 번 우리를 하나님 앞에 세울 것입니다.

어떻게 심판받는가

하지만 우리의 관심은 부활 과정이나 심판 원리를 알아내는 데 있지 않습니다. 정말 중요한 것은 "한 번 죽는 것은 사람에게 정해진 것이요 그 후에는 심판이 있[다]"(히 9:27)는 것입니다. 우리 모두 그날을 대비하는 것에 관심을 집중해야 합니다.

세상 모든 사람이 심판을 받기 위해 부활할 것입니다. 그러나 누구나 동일한 판결을 받지는 않을 것입니다. 12절이 선포하는 진리를 귀담아들어 보십시오.

> 또 내가 보니 죽은 자들이 큰 자나 작은 자나 그 보좌 앞에 서 있는데 책들이 펴 있고 또 다른 책이 펴졌으니 곧 생명책이라 죽은 자들이 자기 행위를 따라 책들에 기록된 대로 심판을 받으니.

이 책들은 어떤 책입니까? 우리 삶의 행적이 하나도 남김없이 기록된 책입니다. 우리의 행동뿐 아니라 모든 동기가 기록되어 있습니다. 우리의 겉과 속이 낱낱이 기록되어 있습니다. 우리의 행동, 우리의 말 하나하나가 다 기록되어 있습니다. 무슨 무익한 말을 했든 그날에 책임을 물을 것입니다. 우리의 생각과 의도가 모두 백일하에 드러날 것입니다. 사람들의 눈이 보지 못한 감추어진 모든 행동과, 사람들의 마음이 헤아리지 못한 욕망이 그대로 드러날 것입니다. 누구를 위해 어떻게 살았는지가 밝혀질 것입니다.

우리 선택의 가장 깊은 동기가 드러날 것입니다. 우리가 받은 재능과 은사를 어떻게 사용했는지 낱낱이 조사받고 심판받을 것입니다. 우리 하나님은 사람을 외모로 보지 않으시고 각 사람의 행위대로 판단하시는 분입니다.

> 외모로 보시지 않고 각 사람의 행위대로 심판하시는 이를 너희가 아버지라 부른즉 너희가 나그네로 있을 때를 두려움으로 지내라(벧전 1:17).

> 죽은 자들이 자기 행위를 따라 책들에 기록된 대로 심판을 받으니(20:12).

세상의 책들은 진실하지도, 완벽하지도 않습니다. 자서전도, 전기도 마찬가지입니다. 그러나 여기 펼쳐진 책들의 기록은 정확하고 완벽합니다. 모든 것을 적나라하게 폭로할 것입니다. 우리가 어떤 가치관을 가지고 살았는지 드러날 것입니다. 우리가 어떠한 성품의 사람인지 밝혀질 것입니다. 어떠한 고집을 부리면서 하나님의 일을 어떻게 방해했는지 그때 폭로될 것입니다. 우리의 속마음이 환하게 드러날 것입니다. 어떤 동기도 더 이상 감출 수 없습니다.

우리는 우리 자신이 한 일을 망각할 수 있습니다. 우리가 내뱉은 말을 다 기억할 수 없습니다. 남아 있는 기억조차 왜곡되고 불완전합니다. 그러나 우리 삶의 어떤 부분도 하나님의 보좌 앞에 펼쳐진 책들에는 모두 정확히 기록되어 있습니다. 하나님은 그대로 다 기록해 두셨습니다. 우리 삶의 어떤 부분도 하나님이 보지 못하고 잊어버리신 것은 없습니다. 우리 삶의 어떤 과정도 선악 간에 모두 하나님이 기억하실 것입니다. 그 기록에 따라 우리는 심판받을 것입니다. 우리가 살았던 삶의 발자국을 따라 하나님은 심판하실 것입니다. 물론 행위대로라면 구원받을 자가 아무도 없지만 그럼에도 심판은 언제나 우리의 행위를 따라 판단된다고 성경은 말하고 있습니다. "각 사람이 자기의 행위대로 심판을 받고"(20:13)라고 다시금 반복하고 있습니다. 우리가 행한 모든 행동에 따라 그날 심판받을 것입니다.

신앙인이라고 해서 심판에서 면제될 수는 없습니다. 다른 모든 사람과 마찬가지로 우리 생의 기록도 거기에 남아 있습니다. 우리의 생애도 세세히 조사받고 그에 따라서 평가될 것입니다. 그때야말로 우리는 우리 생에 그 어느 순간보다 우리의 모습을 바로 보게 될 것입니다. 우리 생에 그 어느 순간보다 우리의 죄악의 처절함을 실감할 것입니다. 우리의 타락과 패역의 정도가 얼마나 극심했는지 보게 될 것입니다. 우리가 걸어온 삶의 기록에 근거해서는 구원의 소망이 없다는 것을 절감하게 될 것입니다. 그 기록이 남아 있는 한 우리 삶은 하나님의 심판을 피할 수 없습니다. 우리를 상관하시는 자의 눈앞에서 모든 것이 명백하게 드러날 것입니다.

> 지으신 것이 하나도 그 앞에 나타나지 않음이 없고 우리의 결산을 받으실 이의 눈앞에 만물이 벌거벗은 것같이 드러나느니라(히 4:13).

주 안에서 사랑하는 성도 여러분, 그날 우리는 어떻게 하나님의 진노를 면할 수 있겠습니까? 그 엄숙한 순간에, 하늘과 땅도 그 자리를 피해 버린 순간에 우리는 어디에서 위로를 받을 수 있겠습니까? 우리의 행위에 상응하는 언도가 내려지기 직전에 우리는 어디에서 자비의 처소를 발견할 수 있겠습니까?

우리가 진정으로 하나님의 백성이라면 하나님의 진노에서 가려 줄 만세 반석을 발견하게 될 것입니다. 그 엄숙한 순간, 우리를 덮어 주시는 하나님 은혜의 크기를 그때 비로소 실감하게 될 것입니다. 우리를 구원하시는 하나님의 은혜의 넓이와 높이와 깊이와 길이를 알게 될 것입니다. 하나님의 은혜의 풍성함이 우리 모든 죄의 기록을 덮어 주기에 넉넉할 것입니다. 하나님의 은혜의 옷자락이 우리의 모든 치부(恥部)를 가려 주기에 충분할 것입니다. 우리 주 예수 그리스도의 완전한 사역이 우리를 하나님에게로 인도하는 데 부족함이 없을 것입니다. 의로우신 그리스도께서 불의한 우리를 대신하셔서 이미 심판을 받으셨기 때문입니다. 책에 기록된 모든 기록이 우리 죄악을 낱낱이 고발하는 순간에도 우리의 죄악을 말끔히 도말하신 하나님의 은혜의 풍성함을 비로소 제대로 체험하게 될 것입니다. 우리의 죄악을 도말하기 위해 대신 십자가에 돌아가신 그리스도의 죽으심이 얼마나 보배로운지를 우리는 비로소 절감하게 될 것입니다. 그러므로 우리 마음이 그리스도의 속죄 보혈을 믿는다면 더 이상 두려워할 것이 없습니다.

영원한 불에 떨어지느냐, 하나님의 축복에 참여하느냐

마지막으로 보좌에서 나오는 최후 판결을 들어 봅시다. 보좌에서 나오는 영원한 생명과 사망의 판결은 어디에 근거하고 있습니까? 어떤 사람들이 불 못에 던져지고, 어떤 사람들이 21장부터 펼쳐지는 새 하늘과 새 땅에 참여하게 됩니까? 영원한 판결의 기준이 무엇입니까?

그 기준은 살았을 때 하나님과 맺은 관계에 있습니다. 영원한 불에 떨어지느냐, 하나님의 축복에 참여하느냐는 우리가 세상을 살면서 하나님과 어떤 관계를 맺었느냐에 따라 결정될 것입니다. 지금 그리스도 안에 있느냐 있지 않느냐가 판결 기준입니다. 여러분은 지금 그리스도를 믿고 그분에게 속해 있습니까? 그리스도의 은혜에 자신을 의탁하며 그분의 자비를 밤낮없이 노래해 보신 적이 있습니까? 주의 음성을 듣고 싶어서 밤에도 하나님의 말씀을 펼치고 새벽에도 하나님의 말씀을 펼쳐 본다면, 여러분은 하나님의 자녀 된 특징을 지닌 사람들입니다.

여러분의 이름은 생명책에 기록되어 있습니까? 우리는 12절에서 책들이 펴 있고 또 다른 책 한 권이 펴진 것을 보았습니다. 그 책에는 하나님이 선택하신 자들의 이름이 하나도 빠짐없이 기록되어 있습니다. 계시록 21장 27절은 이 책을 가리켜 "어린양의 생명책"이라고 부르고 있습니다. 이 책에는 어린양의 보혈로 죄악을 씻음받은 백성의 이름이 기록되어 있습니다. 이 책은 죄악을 말끔히 씻음받은 순결한 주의 백성의 이름을 기록하고 있습니다. 환난 가운데서 나와 어린양의 피로 그 옷을 씻어 희게 한 무리입니다. 이들은 하나님에게 속한 백성이기에 세상을 사는 동안 '나그네와 행인'으로 처신했습니다. 세상과 짝하는 대신 세상에서 박해와 환난을 당한 사람들입니다. 그들의 이름이 생명책에 기록된 것은 그들 자신의 올곧은 삶 때문이 아니라 오직 어린양 같은 예수 그리스도의 보배로운 피로 말미암았다는 것을 즐겨 고백한 백성이기 때문입니다.

"누구든지 생명책에 기록되지 못한 자는 불 못에 던져지더라"(20:15). 이 구절 자체는 얼핏 보면 절망적인 내용을 기술하고 있는 것 같습니다. 이 구절이 여러분을 절망케 합니까? 하나님이 왜 이토록 부정적인 말로 우리를 다시 한 번 깨우치려 하시겠습니까? "누구든지 생명책에 기록되지 못한 자는 불 못에 던져지더라"라는 말은 무슨 이야기입니까? 우리 이름이 생명책에 기록되면 불 못의 심판에 들어가지 않는다는 것입니다. 이 사실을 한 번 더 강조하기 위해서 때로는 부정적으로 때로는 우리 마음을 캄캄하게 하는 절망적인 이야기로 깨우치려 하시는 것입니다. 생명책에 기록되기만 하면 불 못에 던져지지 않는다는 놀라운 진리가 여기서 소리치고 있습니다.

여러분의 이름은 생명책에 기록되어 있습니까? 지금 여러분은 하나님과 어떠한 관계를 맺고 있습니까? 여러분은 하나님을 아는 사람으로 자신을 여기고 있습니까? 자신을 거듭난 백성으로 생각하고 있습니까? 그렇다면 여러분의 삶에서 새 생명의 열매가 나타나야 합니다. 합당한 열매가 나타나지 않는 회개는 가증한 것입니다. 그것은 우리 자신을 또 한 번 깊이 실망시킬 뿐입니다. 그것은 다만 우리 자신을 만족시키고 우리의 양심을 잠재우는 데 도움이 될 뿐입니다. 생명으로 말미암는 회개는 의의 열매를 맺는 것입니다. 하나님을 기쁘시게 하는 삶으로 표현되어야 합니다.

성경은 '불 못'과 '생명수의 강', 이 두 곳을 우리에게 제시하고 있습니다. 20장 마지막에는 불 못이 펼쳐져 있습니다. 그런가 하면 21장에는 생명수의 강이 흐르고 있습니다. 어느 것을 선택하시렵니까? 사람들은 이런 질문을 받을 때 같은 값이면 자신의 이름이 생명책에 기록되어 있기를 소망합니다. 그러나 여러분이 예수를 믿고 수년 동안 주일마다 교회에 나오며 나름대로 성실하게 살았다고 생각했는데, 한날 주님이 여러분의 이름을 기억하지 못하신다면, 그 후회가 어떨지 생각해 보셨습니까? 여러분의 이름이 생명책에 기록되어 있기를 바란다면 진지하게 자신의 삶을 살펴보십시오.

미국이 낳은 가장 위대한 철학자이자 위대한 목회자인 조나단 에드워즈는 이렇게 충고합니다. "만약 우리 삶이 하늘을 향한 것이 아니라면 그 삶은 지옥으로 갈 것이라고 간주해야 한다." 무슨 말입니까? 오늘 우리 삶이 하늘을 향한 삶이 아니라면 그 삶은 지옥으로 치닫는 삶이라는 것입니다. 지금 여러분의 삶은 어디로 향하고 있습니까? 하늘을 향하지 않는 삶은 지옥으로 치닫는 삶입니다. 저 높은 곳을 향하지 않는 삶은 영원한 파멸의 절벽을 향해 치닫고 있습니다. 걷잡을 수 없이 낭떠러지로 달려가는 삶입니다. 생명책의 주인이신 어린양 예수 그리스도의 말씀을 들어 보십시오.

> 내 말을 듣고 또 나 보내신 이를 믿는 자는 영생을 얻었고 심판에 이르지 아니하나니 사망에서 생명으로 옮겼느니라(요 5:24).

하나님이 보내신 자들을 통해 선포되는 복음을 귀담아들으십시오. 하나님의 말씀을 들을 수 있다는 것은 우리에게 주어진 놀라운 축복입니다.

예수 그리스도께서 우리를 대신해서 십자가에 죽으셨다는 사실을 믿는 순간 우리 죄는 사함받습니다. 죄 사함을 받을 뿐 아니라 사망에서 영생으로 옮겨집니다. 영생으로 옮겨질 뿐 아니라 영원한 축복의 자리로 나아갑니다.

"예수 앞에 나오면 죄 사함받으며 …… 영생 복락 면류관 확실히 받겠네"(새찬송가 287장). 이것이 바로 복음입니다. 어린양 예수 그리스도를 믿음으로 우리 이름이 생명책에 기록됩니다. 거기에 기록된 우리 이름은 결코 흐려질 수 없습니다. 지워질 수 없습니다. 예수 그리스도의 생명이 보증하고 있기 때문입니다.

그 이름이 생명책에 기록된 자

그날에는 사망과 음부도 불 못에 던져질 것입니다. 인류를 사로잡던 사망이 그날에는 불 못에 던져질 것입니다. 인류를 위협하며 꼼짝하지 못하게 하던 사망마저도 그날에는 불 못에 던져질 것입니다. 음부도 그날에는 무력해질 것입니다. 모든 죄의 잔재가 그날 말끔히 사라질 것입니다.

사망과 음부는 지금껏 하나님을 반역하였습니다. 생명의 주인이신 하나님의 뜻을 거스른 일들을 자행해 왔습니다. 인류에 슬픔을 가져오고 죄악을 가져오고 죄의 결과로 말미암는 숱한 문제를 가져왔습니다. 그래서 우리 삶에 눈물이 있고 헤어짐이 있고 병듦이 있습니다. 오늘까지 그 권세 아래 인류를 사로잡고 있습니다. 그러나 그날이 오면 사망과 음부는 강제로 움켜잡은 자들을 내어 놓아야 할 것입니다. 그가 포로로 잡았던 모든 자를 하나님의 심판 자리에서 석방해야 할 것입니다. 이제는 그 포로 된 자들이 하나님의 심판대에 서게 될 것입니다. 그리스도께서 이미 사망과 음부의 속박으로부터 그 백성을 해방하셨습니다. 계시록 초두에서 우리는 그리스도께서 사망과 음부의 열쇠를 가지신 분인 것을 보았습니다. 그분의 손에 사망과 음부도 달려 있습니다.

주 안에서 사랑하는 성도 여러분, 우리를 죄와 죽음의 세력에서 구원하신 주님을 우리 마음 깊은 곳에서 찬송합시다. 크고 흰 보좌와 그 위에 앉으신 이를 영원히 노래합시다. 최후 심판은 우리에게 두려움을 가져다주는 것이 아니라, 그날에 마음껏 주를 찬양하게 할 것입니다. 지금은 우리의 한계 때문에, 우리의 연약 때문에, 우리의 죄악 때문에 우리가 소원하는 만큼 주님을 찬송하지 못하고, 주님이 원하시는 만큼 자주 주님의 보좌 앞으로 나아가지 못하지만, 그날에는 우리를 괴롭히던 모든 죄의 잔재가 말끔히 사라질 것입니다.

지금은 우리가 소원하는 바에 따라 살지 못하므로 때로 우리 자신도 절망하고 우리를 보는 사람도 낙담합니다. 그러나 사망과 음부가 불 못에 던져지는 그날에는 죄의 모든 잔재가 우리 삶에서 사라질 것입니다. 우리에게 허락하신 그 소원을 따라 하나님을 기쁘시게 하는 새로운 영역으로 옮겨질 것입니다. 최후 심판은 우리를 구속하신 하나님의 은혜를 확인하는 기회가 될 것입니다.

여러분은 지금 자신의 이름이 생명책에 기록되어 있다는 것을 고백할 수 있습니까? 그 사실로 인해 감사하며 찬송을 돌릴 수 있습니까?

> 모든 눈물을 그 눈에서 닦아 주시니 다시는 사망이 없고 애통하는 것이나 곡하는 것이나 아픈 것이 다시 있지 아니하리니 처음 것들이 다 지나갔음이러라 보좌에 앉으신 이가 이르시되 보라 내가 만물을 새롭게 하노라 하시고 또 이르시되 이 말은 신실하고 참되니 기록하라 하시고 또 내게 말씀하시되 이루었도다 나는 알파와 오메가요 처음과 마지막이라 내가 생명수 샘물을 목마른 자에게 값없이 주리니 이기는 자는 이것들을 상속으

로 받으리라 나는 그의 하나님이 되고 그는 내 아들이 되리라 그러나 두려워하는 자들과 믿지 아니하는 자들과 흉악한 자들과 살인자들과 음행하는 자들과 점술가들과 우상 숭배자들과 거짓말하는 모든 자들은 불과 유황으로 타는 못에 던져지리니 이것이 둘째 사망이라(21:4-8).

왜 둘째 사망입니까? 생명의 역사가 다시 기약되어 있지 않기 때문입니다. 둘째 부활에 참여하는 자들에게 다시는 죽음이 위협할 수 없듯이 둘째 사망에 들어가면 다시는 소망이 없기 때문입니다.

그렇다면 본문 15절의 진리를 다시 한 번 생각해 보십시오. "누구든지 생명책에 기록되지 못한 자는 불 못에 던져지더라." 우리 이름이 그 생명책에 기록되어 있다는 것을 아십니까? 온 세상이, 온 교회가 우리를 향해 손가락질할지라도 여전히 우리를 사랑하실 분이 누구인지 알고 계십니까? 우리의 생애가 누구에게 의탁되어 있는지 알고 계십니까?

또한 우리의 이름이 그 생명책에 기록되어 있다면, 우리에게 소중한 사람들의 이름은 어디에 있는지를 생각해 보십시오. 우리가 사랑하는 부모, 사랑하는 자녀의 이름이 우리 이름과 함께 생명책에 나란히 기록되어 있습니까? 그렇지 않다면 누가 그들에게 복음을 전해야겠습니까? 오늘 우리에게 생명을 주시고 그 생명을 더불어 나누게 하시려고 하나님이 우리를 남겨 두셨습니다. 여러분의 생에 일어난 가장 의미 있는 사건이 주님을 영접한 것이라면 그 놀라운 일이 소중한 사람들에게도 일어나게 해주십시오. 여러분이 어린양 예수를 따르기로 결단했듯이 그들도 동일하게 결단하도록 기도하며 도와주십시오.

혹 여러분의 마음을 답답하게 하고 아프게 하는 사람들이 있습니까? 우리도 하나님의 은혜가 아니었다면 하나님의 마음을 아프게 할 자였음을 생각하면서 용서하십시오. 그들을 위해 기도할 자로 하나님이 여러분을 남겨 두셨음을 기억하시기 바랍니다.

바울에게 빌립보 교회만큼 마음에 와닿은 교회는 없었습니다. 바울은 당대의 온 세계를 다니며 복음을 전했고 그가 가는 곳마다 교회가 탄생했지만, 그가 가장 사랑한 교회는 빌립보 교회였던 것을 기억할 것입니다. 바울은 지금 멀리 떨어져 있으면서 빌립보 교회에서 일어난 성도들의 불화를 듣고 이렇게 권면합니다.

> 또 참으로 나와 멍에를 같이한 네게 구하노니 복음에 나와 함께 힘쓰던 저 여인들을 돕고 또한 글레멘드와 그 외에 나의 동역자들을 도우라 그 이름들이 생명책에 있느니라(빌 4:3).

바울은 자신의 이름이 생명책에 기록되어 있다는 사실만큼이나 동역자들의 이름도 기록되어 있다는 것을 확신하고 있었습니다. 생명책에 그 이름이 기록된 사람들은 영원한 하늘나라의 기업을 함께 나눌 사람들입니다.

그 이름이 생명책에 기록되어 있는 형제자매를 사랑하십시오. 그들을 귀히 여기십시오. 그들을 향해 비난하고 험담하는 것은 무서운 일입니다. 아무도 제 살을 물어뜯지는 않습니다. 생명책에 그 이름이 있는 자들을 존귀하게 여기십시오. "나의 사랑하고 사모하는 형제들"이라고 불러 보십시오. "나의 기쁨이요 면류관인 사랑하는 자들"이라고 불러 보십시오. 그렇게 인식할 때 우리의 교제는 영원할 것입니다. 사망과 음부도 그 사랑에서 우리를 분리할 수 없습니다. 불 못의 위용도 우리의 교제를 단절시킬 수 없습니다. 새 하늘과 새 땅에서 얼굴과 얼굴을 대할 그때까지 우리의 교제는 영원할 것입니다. 크고 흰 보좌의 심판을 인식하면서 하루하루 복되고 귀하게 살아가기를 바랍니다.

Revelation

요한계시록 21장 1-8절

1 또 내가 새 하늘과 새 땅을 보니 처음 하늘과 처음 땅이 없어졌고 바다도 다시
있지 않더라 2 또 내가 보매 거룩한 성 새 예루살렘이 하나님께로부터 하늘에서
내려오니 그 준비한 것이 신부가 남편을 위하여 단장한 것 같더라 3 내가 들으
니 보좌에서 큰 음성이 나서 이르되 보라 하나님의 장막이 사람들과 함께 있으
매 하나님이 그들과 함께 계시리니 그들은 하나님의 백성이 되고 하나님은 친
히 그들과 함께 계셔서 4 모든 눈물을 그 눈에서 닦아 주시니 다시는 사망이 없
고 애통하는 것이나 곡하는 것이나 아픈 것이 다시 있지 아니하리니 처음 것들
이 다 지나갔음이러라 5 보좌에 앉으신 이가 이르시되 보라 내가 만물을 새롭게
하노라 하시고 또 이르시되 이 말은 신실하고 참되니 기록하라 하시고 6 또 내게
말씀하시되 이루었도다 나는 알파와 오메가요 처음과 마지막이라 내가 생명수
샘물을 목마른 자에게 값없이 주리니 7 이기는 자는 이것들을 상속으로 받으리
라 나는 그의 하나님이 되고 그는 내 아들이 되리라 8 그러나 두려워하는 자들
과 믿지 아니하는 자들과 흉악한 자들과 살인자들과 음행하는 자들과 점술가
들과 우상 숭배자들과 거짓말하는 모든 자들은 불과 유황으로 타는 못에 던져
지리니 이것이 둘째 사망이라

41

새 하늘과 새 땅

그리스도 안에서 사랑하는 성도 여러분, 본문은 요한이 마지막으로 본 환상입니다. 21장은 1-20장과는 전혀 다른 분위기입니다. 미래에 관한 요한의 환상은 이제 절정에 달하고 있습니다. 의가 보금자리를 트는 하나님의 통치의 새벽이 동터 오고 있습니다. 심판은 끝나고, 세상은 새로워지고, 온 누리에 기쁨과 조화가 가득 넘치는 새날이 밝아 오고 있는 장면을 묘사합니다.

지금껏 요한은 하나님의 성령에 감동하여 마지막 때에 이루어질 일들에 대한 환상을 보기도 하고 듣기도 했습니다. 이제 마지막으로 그는 새 하늘과 새 땅, 곧 새 예루살렘에 대한 계시를 봅니다(21:1, 2). 그리고 보좌에서 나오는 큰 음성이 인류에게 어떤 의의를 지니는지 설명합니다(21:3, 4). 그 뒤를 따라 나오는 구절들 역시 보충 설명으로, 목회적 관심을 반영하고 있습니다(21:5-8).

새 하늘과 새 땅의 축복에 참여하는 약속은 누구에게 주어집니까? 낙심되는 상황에서도 믿음을 저버리지 않는 모든 자에게 주어지고 있습니다. 동시에 진리를 떠나 적그리스도의 길을 추구하는 자에게는 파멸을 경고하고 있습니다. 본문은 엄숙한 경고로 끝맺지만, 전체적인 분위기는 밝습니다. 말로 다 표현할 수 없는 기쁨이 넘치고 있습니다. 수난당하는 교회의 궁극적 축복을 묘사하고 있기 때문입니다.

그리스도를 따르는 자들이 바라는 궁극적인 보상은 무엇입니까? 그분을 사랑하는 모든 이가 누릴 최고의 보상은 '하나님 자신'입니다. 그러므로 본문의 환상은 계시록 전체의 절정인 동시에 성경에 나오는 모든 구원 약속의 절정이기도 합니다. 적그리스도와 싸워 온 교회의 유일한 위로는 창조하신 하나님의 목적이 땅 위에 온전히 성취되는 것만이 아닙니다. "보라 내가 만물을 새롭게 하노라"(21:5)고 하시는, 보좌에 앉으신 이의 음성이 그날 우리를 위로할 것입니다.

요한이 본 마지막 환상

이제 요한이 마지막으로 본 환상을 자세히 살펴봅시다.

> 또 내가 새 하늘과 새 땅을 보니 처음 하늘과 처음 땅이 없어졌고 바다도 다시 있지 않더라(21:1).

요한은 말을 매우 아껴서 표현하기에 종종 해석하기가 어렵습니다. 여기서도 마찬가지입니다. "새 하늘과 새 땅"을 어떻게 이해해야 할까요? 우선 새 하늘과 새 땅은 처음 하늘과 처음 땅을 대체하고 있습니다. 태초에 하나님은 하늘과 땅을 창조하셨습니다. 아무것도 없는 가운데 만물을 만드셨습니다. 권능의 말씀으로 무에서 유를 창조하셨습니다. 천지 창조를 통해 그분의 전능하심을 유감없이 드러내셨습니다. 그분의 전능하심을 분명하게 나타내신 처음 하늘과 처음 땅은 이제 새 하늘과 새 땅에 그 자리를 내어 줍니다.

우리는 사도신경을 고백할 때 "전능하사 천지를 만드신"으로 시작합니다. 이 진리는 구약에서도 발견할 수 있습니다.

> 천지는 없어지려니와 주는 영존하시겠고 그것들은 다 옷같이 낡으리니 의복같이 바꾸시면 바뀌려니와 주는 한결같으시고 주의 연대는 무궁하리이다(시 102:26, 27).

시인의 고백뿐 아니라 선지자의 예언에서도 이 진리는 입증됩니다.

> 보라 내가 새 하늘과 새 땅을 창조하나니 이전 것은 기억되거나 마음에 생각나지 아니할 것이라 너희는 내가 창조하는 것으로 말미암아 영원히 기뻐하며 즐거워할지니라……(사 65:17, 18).

우리는 동일한 진리를 신약 다른 곳에서도 발견합니다. 가장 쉽게 떠오르는 것은 사도 베드로의 말씀입니다.

> 하나님의 날이 임하기를 바라보고 간절히 사모하라 그날에 하늘이 불에 타서 풀어지고 물질이 뜨거운 불에 녹아지려니와 우리는 그의 약속대로 의가 있는 곳인 새 하늘과 새 땅을 바라보도다(벧후 3:12, 13).

우리 주님도 직접 선언하셨습니다.

천지는 없어지겠으나 내 말은 없어지지 아니하리라(막 13:31).

그러면 처음 하늘과 처음 땅이 없어진다는 것은 무슨 뜻일까요? 여기서는 완전한 소멸이 아닌, 한 상태에서 다른 상태로 변화되는 것을 의미합니다. 처음 하늘과 처음 땅은 완전히 소멸하지 않고 새로운 상태로 변화됩니다. 본문은 그것을 "새 하늘과 새 땅"이라고 부릅니다. 여기서 '새롭다'라는 형용사는 질적으로 새로워진 상태를 의미합니다. 지금 있는 것에서 전혀 다른 새것으로 변한 것이 아니라 지금 있는 것이 질적으로 완전히 새로워진 것을 의미합니다. 지금 있는 하늘과 땅은 없어지고 또 다른 하늘과 땅이 도래하는 것이 아닙니다.

요한은 지금 우리가 바라보는 것과 다른 하늘과 땅을 바라보는 것이 아닙니다. 같은 하늘과 땅이 새로워진 것을 바라보고 있습니다. 태초에 권능의 말씀으로 창조하신 동일한 하늘과 땅이지만, 이 땅에는 더 이상 가시와 엉겅퀴가 없을 것입니다. 더 이상 약육강식의 동물계가 아닐 것입니다. 우주의 신음과 고통은 그치고 본래의 영광이 회복될 것입니다. 지금 죄의 결과로 신음하고 있는 자연계가 치유되고 원상대로 회복되어 잠재적인 모든 가능성이 실현될 것입니다. 사람이 타락하는 순간, 함께 저주 아래 갇혔던 대자연이 하나님의 아들들의 영광스러운 자유에 동참할 것입니다. 인류의 구속 계획이 완성되는 순간, 저주받은 우주도 새롭게 될 것입니다. 죄와 사탄의 영향에서 해방되어 하나님의 영광을 온전히 계시하는 영광스러운 우주로 변모할 것입니다. 그날에는 새들이 더 이상 울지 아니할 것입니다. 다만 영광스러운 노래를 부를 것입니다. 짐승의 포효하는 소리가 그치고 이리와 어린양이 함께 뛰놀 것입니다. 새 하늘과 새 땅에서는 우리 입의 탄식 소리와 자연의 신음, 그리고 도시의 소음도 더 이상 들리지 아니할 것입니다. 우주의 신음은 그치고 대자연의 합창 소리가 온 누리를 가득 채울 것입니다.

1절에서 요한은 "바다도 다시 있지 않더라"라고 말하고 있습니다. 그 의미는 무엇일까요?

포효하는 바다 물결 가운데서 생명의 위협을 받아 본 사람이라면 바다에 대한 두려움을 실감할 것입니다. 특히 고대 세계에서 배를 타고 항해하는 것은 언제나 생명의 위협을 동반하는 일이었습니다. 평상시에는 "하나님이 어디 있어!"라고 말하는 무신론자도 배를 타고 위험에 빠지면 "하나님, 살려주세요"라고 기도할 정도로 간절해집니다. 때로 바다는 두렵고 캄캄한 미지의 위협으로 느껴졌을 것입니다. 그뿐만 아니라 바다는 언제나 물결과 파도가 치는 곳입니다. 그래서 그 자체가 안정되지 못한 세상의 상징으로 적합했습니다.

> 그러나 악인은 평온함을 얻지 못하고 그 물이 진흙과 더러운 것을 늘 솟구쳐 내는 요동하는 바다와 같으니라(사 57:20).

"바다도 다시 있지 않더라"라는 것은 타락한 옛 세상과 새롭게 구속된 세상 사이의 현저한 차이를 나타냅니다. 타락한 옛 질서와 구속된 새 질서의 엄청난 차이를 그렇게 표현하고 있습니다. 전적으로 새롭고 다른 새 질서로 옛 세상이 대치된 것을 나타냅니다. 우리는 이 사실을 5절의 선언에서 감지할 수 있습니다. 본문 5절을 보면 보좌에 앉으신 이가 "보라 내가 만물을 새롭게 하노라"라고 말씀하십니다.

> 또 내가 보매 거룩한 성 새 예루살렘이 하나님께로부터 하늘에서 내려오니 그 준비한 것이 신부가 남편을 위하여 단장한 것 같더라(21:2).

요한은 먼저 새 하늘과 새 땅을 보았습니다. 처음 하늘과 처음 땅은 더 이상 보이지 않았습니다. 그뿐만 아니라 바다도 다시 있지 않았습니다. 그리고 이제 요한은 또 다른 환상을 보고 있습니다. 새 하늘과 새 땅을 배경으로 "거룩한 성 새 예루살렘이 하나님께로부터" 내려오는 것을 봅니다. 그 아름다움을 신부가 남편을 위하여 단장한 것에 비교하고 있습니다.

"거룩한 성 새 예루살렘"은 구속받은 백성의 처소를 상징합니다. 그것이 "거룩한" 이유는 죄로부터 완전히 분리된 하나님의 백성이 거처하는 곳이기 때문입니다. 또한 그것을 "성"이라고 부르는 이유는 많은 무리가 안전하게 함께 살며 서로 친교를 나누는 아름다운 곳이기 때문입니다. 성경은 하늘 예루살렘을 하나님의 거처로 말하기도 하고 성도들의 본향으로 소개하며 완전하게 된 의인의 영들이 거하는 곳으로 말하기도 합니다.

동시에 "거룩한 성 새 예루살렘"은 어린양의 신부로 단장한 구속받은 백성을 의미합니다. 계시록은 두 도시의 이야기를 우리에게 들려주는 동시에 두 여자의 이야기를 말해 주고 있습니다. 음녀로 비유되는 세상 도시와 신부로 비유되는 하늘의 도성을 자주 대조하고 있습니다. 신부가 남편을 위하여 단장한 것 같은 거룩한 성 새 예루살렘은 박해 가운데서도 끝까지 신앙을 지킨 하나님의 백성을 상징하고 있습니다.

하나님이 그 백성과 함께 계시므로

요한이 1절과 2절에서 본 환상의 의미를 본문 3절과 4절을 통해 파악해 봅시다. 요한은 1절과 2절에서 자신이 본 계시의 절정을 기술합니다. 그러나 그 환상의 정확한 의미는 3절과 4절의 설명을 들을 때 분명해집니다.

> 내가 들으니 보좌에서 큰 음성이 나서 이르되 보라 하나님의 장막이 사람

들과 함께 있으매 하나님이 그들과 함께 계시리니 그들은 하나님의 백성이 되고 하나님은 친히 그들과 함께 계셔서 모든 눈물을 그 눈에서 닦아 주시니 다시는 사망이 없고 애통하는 것이나 곡하는 것이나 아픈 것이 다시 있지 아니하리니 처음 것들이 다 지나갔음이러라(21:3, 4).

3절에서는 새 예루살렘이 내려온 의미를 들려주고 있습니다. 구약을 관통하고 있는 기본 주제를 보좌에서 나온 큰 음성이 선언하고 있는 것입니다. 구약 모든 언약의 후렴과도 같은 표현이 여기에 나타나 있습니다.

나는 그들의 하나님이 되고 그들은 내 백성이 될 것이라……(렘 31:33).

하나님의 모든 구원 역사는 여기에 그 목표가 있습니다. 하나님의 자기 계시와 구원 사역의 목표가 표현된 구절입니다. 이것이 아브라함을 통해 맺으신 언약의 목표이고, 모세와 다윗을 통해 갱신하신 언약의 성취입니다. 그뿐 아니라 그리스도를 통한 신약 계시의 목표이기도 합니다. 이제 본문은 이 언약의 약속이 활짝 꽃피우고 있는 것을 보여 줍니다. 하나님의 장막은 역사 속에서 그 백성과 함께했습니다. 광야 생활을 할 때도 하나님의 장막은 그 백성과 동행했습니다. 하나님의 장막은 하나님의 임재와 영광을 나타냅니다. 사도 요한은 복음서에서 하나님의 장막이 사람들과 함께한 것을 다시 한 번 증언합니다.

말씀이 육신이 되어 우리 가운데 거하시매 우리가 그의 영광을 보니 아버지의 독생자의 영광이요 은혜와 진리가 충만하더라(요 1:14).

하나님의 영광스러운 임재가 사람들과 함께했다고 증거합니다. 이제 이

시점부터는 더 이상 일시적인 동거가 아니라 영원토록 그 백성과 함께하실 것입니다.

본문 3절에서 요한은 보통 단수로 표현하는 '그 백성' 대신 복수형인 "사람들"로 표현하고 있습니다. "각 나라와 족속과 백성과 방언에서" 나온 구속받은 백성을 모두 염두에 두고 있습니다. 하나님은 영광 가운데 모든 민족과 백성과 나라와 방언 가운데서 나온 그 백성들과 동거하실 것입니다. 하나님은 그들과 함께 계시며 그들의 하나님이 되실 것입니다. 하나님은 오고 오는 세대 이후로 그 백성 가운데 계시며 그 백성과 교제를 나누시는 분입니다.

4절은 하나님이 그 백성과 함께 계시므로 하나님의 백성이 누리게 될 축복을 묘사하고 있습니다.

> 모든 눈물을 그 눈에서 닦아 주시니 다시는 사망이 없고 애통하는 것이나 곡하는 것이나 아픈 것이 다시 있지 아니하리니 처음 것들이 다 지나갔음이러라.

은혜와 영광이 충만한 가운데 하나님이 그 백성과 함께 계시므로 옛 질서 속에서 보던 불행한 모든 것은 사라질 것입니다. 왜 불행한 것들이 더 이상 존재할 수 없습니까? 위로하시는 영광의 하나님이 그날 우리 눈에서 모든 눈물을 씻어 주실 것이기 때문입니다. 영광의 하나님이 사망이 가까이할 수 없는 생명을 주실 것이기 때문입니다. 그 영광스러운 하나님이 어떤 슬픔도 잠식할 수 없는 기쁨을 허락하실 것이기 때문입니다.

주 안에서 사랑하는 성도 여러분, 옛 질서는 다 지나가고 만물이 새로워질 것입니다. 여러분은 얼마나 자주 이 사실을 내다보고 있습니까? 예수를 믿는 사람들은 이 사실을 자주 묵상해야 합니다. 그래야 예수를 믿고, 예수를 바라보는 영광의 광채가 얼굴에서 나타나게 됩니다. 믿기지 않는 놀라운 영광을 자주 묵상해 보십시오. 장차 다가올 영광스러운 소망이 오늘의 어두운 현실을 밝혀 줄 것입니다.

처음과 마지막이신 분의 보증된 약속

요한은 지금 그 목적을 위해 우리에게 이 환상을 전하고 있습니다. 우리가 믿기에는 매우 엄청난 사실이기 때문에 하나님은 5절 이하에서 자신의 권위로 확증하시며 최종 권면을 하고 계십니다. 새 하늘과 새 땅, 하늘로부터 내려오는 새 예루살렘 성은 한 번도 본 적도, 생각해 본 적도 없는 것들입니다. 교회에 나오기 전에는 들어 본 적도 없습니다. 그러나 하나님이 당신 자신의 이름을 걸고 이 사실이 진리임을 이야기하십니다.

> 보좌에 앉으신 이가 이르시되 보라 내가 만물을 새롭게 하노라 하시고 또 이르시되 이 말은 신실하고 참되니 기록하라 하시고(21:5).

여기서 하나님은 새 하늘과 새 땅의 도래에 대한 절대적인 보증으로 "이 말은 신실하고 참되니 기록하라"고 말씀하십니다. 하나님의 이 진술은 참되고 실재적입니다. "그의 많으신 긍휼대로 …… 우리를 거듭나게 하사 산 소망이 있게"(벧전 1:3) 하셨습니다. 이 소망은 그분을 바라는 모든 자에게 결코 실망이나 환멸을 안겨 주지 않습니다.

약속하신 분이 누구십니까? 그리스도의 신부이자 어린양과 누릴 친밀한 교제를 우리에게 약속하신 분이 누구십니까? "나는 알파와 오메가요 처음과 마지막이라"고 자신을 밝히시는 분입니다. 그분은 앞에서도 동일하게 자신을 소개하셨습니다(1:8, 17, 2:8 참조). 이와 같은 하나님의 이름은 무엇을 생각나게 합니까? 눈에 보이는 현실과 다른 내일에 대한 약속을 보장하시는 분은 누구십니까? "내가 시초부터 종말을 알리며 아직 이루지 아니한 일을 옛적부터 보이고 이르기를 나의 뜻이 설 것이니 내가 나의 모든 기뻐하는 것을 이루리라"(사 46:10)라고 하시는 분입니다. 하나님은 영원하시며 전능하신 분입니다.

약속은 항상 약속하는 사람의 신실성과 능력에 달려 있습니다. 우리가 아무리 거짓 없는 약속을 해도 그것을 지킬 능력이 되지 않으면 감당할 수 없고 지킬 수 없는 약속이 됩니다. 그러나 지금 그분이 본문에서 "이루었도다"(21:6)라고 말씀하십니다. 하나님은 태초부터 끝을 이미 다 내다보시고 시작하셨습니다. 저는 처음 목회를 시작할 때 몇십 년 후에 어떻게 끝날지 상상하지 못했습니다. 그러나 하나님은 전부 다 알고 계셨습니다. 하나님은 만물을 지으신 분입니다. 하나님의 알파는 반드시 하나님의 오메가를 지향합니다. 하나님의 모든 계획은 그대로 성취됩니다. 하나님이 뜻하신 바는 반드시 끝장을 보고 맙니다. 우리 인생은 계획한 바를 이루지 못하고 중도에 그만두기도 합니다. 그러나 하나님은 계획하신 바를 반드시 성취하십니다. 그러므로 하나님의 의도는 하나님의 성취와 마찬가지로 확실합니다. 하나님이 하려고 마음먹으신 일은 이미 다 해놓은 일과 같은 것입니다.

주 안에서 사랑하는 성도 여러분! 알파와 오메가요 처음과 마지막이신 그분을 사모하십시오. 혼란스럽고 암담한 전망만이 우리 눈에 들어올 때도 하나님의 계획은 반드시 성취됩니다. 우리를 통해 이루시려는 모든 계획은 반드시 이뤄질 것입니다. 우리를 향한 하나님의 선한 뜻은 이미 이루어진 것처럼 확실합니다. 하나님을 신뢰하는 자에게는 미래가 불확실할 수 없습니다. 영원하신 하나님이 계시기에 미래는 안전합니다. 영원하신 하나님이 만물을 존재케 하셨듯이 또한 만물을 새롭게 하실 것입니다. 만물이 새로워질 때 비로소 우리 영혼의 깊은 욕구도 채워질 것입니다.

이기는 자에게 주어지는 약속

그러므로 하나님은 성경 곳곳에서 "오라"고 말씀하시며 사람들을 초청하십니다. 하나님을 향한 깊은 갈망을 가진 모든 자를 만족시키실 것입니다. 하나님에게 목말라하고 굶주려 하는 모든 자는 그날 배부를 것입니다. "내가 생명수 샘물을 목마른 자에게 값없이 주리니"라고 말씀하시기 때문입니다.

영적 갈증을 느끼십니까? 그날이 오면 생명수 샘물로 해갈할 것입니다. 음녀의 잔을 받아 마시지 아니한 모든 자를 위해 준비된 생명수 샘물이 우리의 갈한 목을 축이기에 충분할 것입니다. 한량없는 충만한 삶이 새 하늘과 새 땅에서 하나님과 나누는 교제로부터 흘러넘칠 것입니다. 지금 나아오십시오. 삶이 고달픕니까? 진정한 만족이 없습니까? 생명수 샘물만이 우리 삶을 새롭게 할 수 있습니다. 우리에게 생명을 주시고 더 풍성한 삶을 주시는 분은 어린양 예수 그리스도 한 분밖에 없습니다.

사랑하는 성도 여러분, 배우자가 그 욕구를 채워 주고 나를 만족하게 해 주리라는 어리석은 기대를 버리십시오. 비록 배우자에게는 속았지만 내 딸과 아들은 다를 것이라는 기대도 하지 마십시오. 믿고 싶은 대로 믿지 마십시오. 나 자신에게도 실망하는데, 누가 우리를 만족시킵니까? 우리를 만족하게 해주실 분은 오직 하나님 한 분뿐입니다.

수정같이 맑은 생명수의 강은 어디서부터 흘러나옵니까? "하나님과 및 어린양의 보좌로부터" 나옵니다.

> 또 그가 수정같이 맑은 생명수의 강을 내게 보이니 하나님과 및 어린양의 보좌로부터 나와서 길 가운데로 흐르더라……(22:1, 2).

그러나 이 생명수 샘물을 마시는 약속은 누구에게 주어지고 있습니까? 21장 7절은 "이기는 자는 이것들을 상속으로 받으리라 나는 그의 하나님이 되고 그는 내 아들이 되리라"고 말씀하고 있습니다. 이 영원한 축복은 오직 이기는 자에게만 주어지고 있습니다. 일곱 교회에 보낸 편지에서도 이기는 자에게 주어지는 약속을 들은 바 있습니다. 이기는 자는 생명 나무의 열매를 먹을 것입니다. 이기는 자는 둘째 사망의 해를 당하지 아니할 것입니다. 이기는 자는 감춰진 만나와 흰 돌을 받을 것입니다. 이기는 자는 열국을 다스리는 권세를 받을 것입니다. 이기는 자는 생명책에서 그 이름이 지워지지 아니할 것입니다. 이기는 자는 하나님의 성전 기둥이 될 것입니다. 이기는 자는 그리스도와 함께 보좌에 앉을 것입니다. 극심한 시련 가운데서도 끝까지 신앙을 고수한 자들이 이 모든 약속을 기업으로 누릴 것입니다.

하나님은 아브라함과 더불어 언약을 세우셔서 "너와 네 후손의 하나님이 되리라"(창 17:7)고 약속하셨습니다. 또 하나님은 다윗에게 "나는 그에게 아버지가 되고 그는 내게 아들이 되리니"(삼하 7:14)라고 약속하셨습니다. 이 옛 약속이 믿음으로 아브라함의 후사가 되는 모든 자에게 성취됩니다(갈 3:29). 지금 하나님이 선언하십니다.

> 이기는 자는 이것들을 상속으로 받으리라 나는 그의 하나님이 되고 그는 내 아들이 되리라(21:7).

그리스도를 부인하고 음녀에게 미혹되어 짐승을 따르며 짐승처럼 사는 자들은 하나님의 가족이 되는 축복에 참여할 수 없습니다. 하나님을 향한 갈망은 하나님의 자녀가 될 때만 채워질 수 있습니다.

그러면 새 하늘과 새 땅에 참여하는 축복을 누릴 수 없는 자는 누구입니까? 거룩한 성 새 예루살렘에 들어가는 축복을 박탈당하는 자는 누구입니까?

> 그러나 두려워하는 자들과 믿지 아니하는 자들과 흉악한 자들과 살인자들과 음행하는 자들과 점술가들과 우상 숭배자들과 거짓말하는 모든 자들은 불과 유황으로 타는 못에 던져지리니 이것이 둘째 사망이라(21:8).

하늘의 음성은 새 하늘과 새 땅에 참여하는 축복을 누리지 못하는 자들의 명단을 나열하고 있습니다. 사실 이 명단은 길거리에 써 붙이기 위한 것이 아닙니다. 오히려 박해 가운데 있는 성도들에게 들려주는 하나님의 말씀입니다. 이 예언의 말씀을 읽는 자와 듣는 자들은 모두 교회 안에 있는 사람들입니다.

그러므로 가장 먼저 "두려워하는 자들"을 언급합니다. 여기서 두려워하는 자는 '겁을 내는 자들'이라고 번역하는 편이 좋겠습니다. 극심한 박해 때문에 겁을 먹고 신앙을 지키기를 망설이며 중도에 신앙을 포기하는 자들을 염두에 두고 있습니다. 여러 번 살펴보았듯이 요한계시록이 쓰인 목적은 박해 아래 있는 성도들을 격려하기 위함입니다. 짐승의 위협 때문에 겁먹지 않도록, 그리스도를 사랑하고 신뢰하도록 격려하기 위해 본문의 환상이 기록되었습니다. 두려워하는 자들은 새 하늘과 새 땅의 축복을 누릴 수 없다고 말하고 있습니다.

그뿐만 아니라 "믿지 아니하는 자들" 역시 신앙을 가진 적 없는 자들이라기보다는 중도에 신앙을 부인한 자들을 뜻합니다. 중도에 신앙을 포기하면 거룩한 성 새 예루살렘 대신 불과 유황으로 타는 못에 참여할 것을 엄숙히 경고하고 있습니다.

끝까지 견디는 자에게만

1-4절에 나오는 새 하늘과 새 땅의 예언은 하나님 자신이 보증하십니다. 하나님은 믿음을 끝까지 지키는 자들에게 새 하늘과 새 땅에 참여하는 약속을 보장하십니다. 하나님에 대한 믿음이 흔들리는 자들에게는 새 하늘과 새 땅 대신 불과 유황으로 타는 못에 참여할 것이라고 경고하십니다.

이 말씀을 통해서 우리는 무엇을 배울 수 있을까요? 끝까지 견디는 자에게는 새 하늘과 새 땅이 주어집니다. 거룩한 성 새 예루살렘은 예수의 증거와 하나님의 말씀에 끝까지 신실한 자들의 몫입니다.

처음 이 편지를 받은 성도들에게는 우리가 사는 세상과 전혀 다른 차원인 환난의 바람이 불어 닥쳤습니다. 한 치 앞도 볼 수 없는 어둠 속을 걷고 있었습니다. 그 절망적인 순간에 가장 위로가 된 것은 '새 하늘과 새 땅, 새 예루살렘'에 대한 비전이었습니다. 그때 그들은 힘 있게 걸어갈 용기를 얻었을 것입니다. 하지만 오늘의 우리는 받은 박해가 전혀 없습니다. 그렇다고 세상에 속지 마십시오. 절대 세상에 취해 살지 마십시오. 세상에 취해 살다 보면 새 하늘과 새 땅을 보장할 수 없습니다.

짐승과 그 우상에게 경배하지도 아니하고 이마와 손에 그 표를 받지도 아니한 자만이 하나님의 자녀가 되는 축복을 누릴 것입니다. 짐승과 사람은 엄연히 다릅니다. 사람은 사람답게 살아야 합니다. 주님이 친히 하신 권면의 말씀을 다시 한 번 귀담아들어 봅시다.

> 또 너희가 내 이름으로 말미암아 모든 사람에게 미움을 받을 것이나 끝까지 견디는 자는 구원을 받으리라(막 13:13).

Revelation

요한계시록 21장 9-21절

9 일곱 대접을 가지고 마지막 일곱 재앙을 담은 일곱 천사 중 하나가 나아와서
내게 말하여 이르되 이리 오라 내가 신부 곧 어린양의 아내를 네게 보이리라
하고 10 성령으로 나를 데리고 크고 높은 산으로 올라가 하나님께로부터 하늘
에서 내려오는 거룩한 성 예루살렘을 보이니 11 하나님의 영광이 있어 그 성의
빛이 지극히 귀한 보석 같고 벽옥과 수정같이 맑더라 12 크고 높은 성곽이 있
고 열두 문이 있는데 문에 열두 천사가 있고 그 문들 위에 이름을 썼으니 이스
라엘 자손 열두 지파의 이름들이라 13 동쪽에 세 문, 북쪽에 세 문, 남쪽에 세
문, 서쪽에 세 문이니 14 그 성의 성곽에는 열두 기초석이 있고 그 위에는 어린
양의 열두 사도의 열두 이름이 있더라 15 내게 말하는 자가 그 성과 그 문들과
성곽을 측량하려고 금 갈대 자를 가졌더라 16 그 성은 네모가 반듯하여 길이와
너비가 같은지라 그 갈대 자로 그 성을 측량하니 만 이천 스다디온이요 길이
와 너비와 높이가 같더라 17 그 성곽을 측량하매 백사십사 규빗이니 사람의 측
량 곧 천사의 측량이라 18 그 성곽은 벽옥으로 쌓였고 그 성은 정금인데 맑은
유리 같더라 19 그 성의 성곽의 기초석은 각색 보석으로 꾸몄는데 첫째 기초석
은 벽옥이요 둘째는 남보석이요 셋째는 옥수요 넷째는 녹보석이요 20 다섯째
는 홍마노요 여섯째는 홍보석이요 일곱째는 황옥이요 여덟째는 녹옥이요 아홉
째는 담황옥이요 열째는 비취옥이요 열한째는 청옥이요 열두째는 자수정이라
21 그 열두 문은 열두 진주니 각 문마다 한 개의 진주로 되어 있고 성의 길은 맑
은 유리 같은 정금이더라

42

거룩한 성 새 예루살렘 1

그리스도 안에서 사랑하는 성도 여러분! 앞서 우리는 새 하늘과 새 땅이 펼쳐지는 장엄한 장면을 살펴보았습니다. 다음 순간 요한은 "거룩한 성 새 예루살렘이 하나님께로부터" 내려오는 것을 보았습니다.

본문은 하늘에서 내려오는 거룩한 성 예루살렘을 상세히 묘사하고 있습니다. 우리는 지금 성경에서 가장 아름답고 가슴 설레는 장면을 대하고 있습니다. 거룩한 성 예루살렘을 신부 곧 어린양의 아내로 설명합니다. 결혼하기 위해 단장을 끝낸 신부를 바라보는 설렘이 이 순간 우리를 사로잡을 것입니다.

한 천사, 두 환상

거룩한 성 예루살렘을 설명하는 천사를 "일곱 대접을 가지고 마지막 일곱 재앙을 담은 일곱 천사 중 하나"라고 소개하고 있습니다. 이 천사는 앞에서 등장한 적이 있습니다. 바로 "많은 물 위에 앉은 큰 음녀가 받을 심판"(17:1)을 보여 준 그 천사입니다.

요한은 동일한 천사에 의해서 전혀 다른 환상을 접하게 됩니다. 멸망당하는 음녀의 도성 바벨론과 거룩한 성 예루살렘의 영광이 크게 대조되고 있습니다. 하지만 본질상 심판과 구원은 별개의 사건이 아닙니다. 하나님의 공의와 하나님의 은혜는 동전의 양면과 같습니다. 하나님의 은혜로 말미암는 구원이 완성되기 위해서는 하나님의 공의로 말미암는 심판이 선행되어야 합니다. 공의로운 심판은 영광스러운 구원의 서곡입니다. 하나님은 하나의 목적을 가지고 계십니다. 그러므로 어린양의 아내가 나타나기 전에 음녀의 심판은 필연적입니다.

사랑하는 성도 여러분, 타락한 도시 바벨론에 빠져 살면서 동시에 새 예루살렘의 시민이 될 수는 없습니다. 새 예루살렘에서 살기를 원한다면 음녀의 도성 바벨론에서 나와야 합니다. 죄악 된 세상의 심판은 거룩한 성 새 예루살렘의 도래를 위한 필연적인 서곡입니다. 그러므로 동일한 천사가 두 가지 상반된 환상을 소개한 것은 이상한 것이 아닙니다.

그뿐 아니라 그 환상들을 요한에게 보여 준 천사를 통해 우리는 또 다른 진리를 발견할 수 있습니다. 하나님의 종들은 그가 해야 하는 사명을 고를 수 없다는 것입니다. 하나님은 심판을 위해 파송하실 수도 있고 축복을 위해 파송하실 수도 있습니다. 우리를 동쪽으로 보내실 수도 있고, 서쪽으로 보내실 수도 있습니다. 우리는 그분의 종이기 때문입니다. 하나님이 부르시면 우리는 갈 것인지 말 것인지 고민할 필요가 없습니다. 우리가 할 수 있는 선택은 순종밖에 없기 때문입니다.

사람들이 저에게 묻고는 합니다. "목사님은 은퇴하시면 무엇을 할 계획이십니까?" 그러면 저는 늘 이렇게 답합니다. "계획이 없습니다. 현역일 때

저의 주인이신 분이 은퇴 후에도 주인이시기에 주님이 정하신 대로 따를 뿐입니다. 그러나 하나 확실한 건 제 주인께서 저를 마냥 쉬게 두지는 않으실 것 같습니다." 제가 목사이기 때문에 주님이 저의 주인이신 것이 아닙니다. 성도들도 하늘 아버지를 주인으로 모시고 있습니다. 그래서 우리는 그분의 종으로서 주님이 시키신 일을 하면 됩니다. "하나님, 나에게 어떤 것을 원하십니까? 그것을 알게 해주십시오"라고 물으며 주인이 시키는 대로 하면 됩니다. 어쩌면 이 천사에게 하신 것처럼 차례로 그 일들을 시키실 수 있습니다. 하나님의 일꾼은 어디든 보냄받은 곳으로 가야 합니다. 가서 하나님이 시키시는 일에 순종해야 합니다. 하나님의 종은 자기가 할 일을 마음대로 고를 수 없습니다.

거룩한 성 예루살렘의 모습

이제 "일곱 대접을 가지고 마지막 일곱 재앙을 담은 일곱 천사 중 하나"의 인도를 받아 봅시다. 천사가 나아와서 말하기를 "이리 오라 내가 신부 곧 어린양의 아내를 네게 보이리라"고 합니다. 요한은 성령으로 이끌림받아 크고 높은 산으로 올라갔습니다. 그러나 막상 그가 본 것은 신부가 아니라 하나의 도시였습니다. 우리는 여기서 신부와 거룩한 성이 같다는 것을 확인할 수 있습니다. 천사가 요한에게 소개한 "신부 곧 어린양의 아내"는 장차 영광스럽게 될 교회를 가리킵니다. 동시에 하늘에서 내려온 거룩한 성 예루살렘 역시 미래에 나타날 영광스러운 교회를 보여 줍니다.

요한과 함께 거룩한 성 예루살렘을 자세히 살펴봅시다. 요한은 이 거룩한 성 예루살렘을 소개할 때마다 '하나님께로부터 하늘에서 내려왔다'고 언급하고 있습니다(21:2, 10). 하나님의 교회는 그 기원이 하나님에게서 말미암습니다. 그러므로 위로부터 태어난 자들로 구성됩니다. 요한이 복음서에서 “사람이 위에서 나지 아니하면 하나님 나라를 볼 수 없느니라”(요 3:3 참조)라고 말한 것과 같습니다. 물론 많은 성경에 “위에서”라고 되어 있지 않고, “다시”, “거듭”이라고 명시되어 있습니다. “다시”는 시간에 강조점을 두고, “위에서”는 공간에 강조점을 둡니다. 그러나 이 헬라어는 두 가지 의미를 모두 담고 있습니다.

> 너희는 그 은혜에 의하여 믿음으로 말미암아 구원을 받았으니 이것은 너희에게서 난 것이 아니요 하나님의 선물이라(엡 2:8).

에베소 교회를 향해 바울 역시 동일한 진리를 말하고 있습니다. 하나님의 교회는 언제나 “하나님께로부터 하늘에서” 내려옵니다. 그러므로 지옥의 권세가 하나님의 교회를 이길 수 없습니다.

요한이 바라본 “하나님께로부터 하늘에서 내려오는” 거룩한 성 예루살렘의 모습은 어떠합니까? 요한은 한마디로 말합니다.

> 하나님의 영광이 있어 그 성의 빛이 지극히 귀한 보석 같고 벽옥과 수정 같이 맑더라(21:11).

거룩한 성 예루살렘의 영광은 첫눈에 커다란 감동을 주었습니다. 하지만 그 아름답고 찬란한 새 예루살렘의 영광을 어떻게 사람의 말로 다 표현할 수 있을까요?

요한은 앞에서도 유사한 경험을 한 바 있습니다. 4장에서 그는 하나님의 영광스러운 환상을 보았을 때 적절한 말을 찾지 못하고 겨우 보석의 아름다움으로 나타낼 수밖에 없었습니다. 보좌에 앉으신 이의 모양이 “벽옥과 홍보석 같고 또 무지개가 있어 보좌에 둘렸는데 그 모양이 녹보석 같더라”

(4:3)고 표현할 수밖에 없었습니다. 이제 요한은 보석들의 이름을 사용하여 거룩한 성 예루살렘의 영광을 다시 한 번 묘사합니다. "벽옥"은 하나님의 영광을 설명할 때 사용되었습니다. 아마 블루 다이아몬드를 상상하면 될까요? 선명하고 투명하며 매우 밝습니다.

이 보석의 특징을 거룩한 성 예루살렘이 상징하는 교회에 적용해 봅시다. 드디어 영화롭게 된 교회가 하나님의 영광을 부여받고 이를 온전히 반영하고 있습니다. 하나님의 무궁하신 완전함과 모든 고귀한 속성이 교회를 통해서 반사되고 있습니다. 하나님의 은혜와 사랑이 교회를 통해 수정같이 나타납니다. 하나님의 거룩과 지혜와 선하심이 교회에서 반사되고 있습니다. 하나님의 영광을 가득 안고 이를 발산하고 있습니다. 하나님의 영광으로 채워진 교회의 모습은 얼마나 아름다울까요? 여러분이 지금까지 다닌 교회의 경험으로 그곳을 측량하지 마십시오.

거룩한 성 예루살렘의 안전한 성벽

그러면 지금부터 거룩한 성 예루살렘의 위용을 하나씩 살펴봅시다. 첫째로 거룩한 성 예루살렘의 성벽에 대한 묘사를 살펴봅시다.

> 크고 높은 성곽이 있고 열두 문이 있는데 문에 열두 천사가 있고 그 문들 위에 이름을 썼으니 이스라엘 자손 열두 지파의 이름들이라 동쪽에 세 문, 북쪽에 세 문, 남쪽에 세 문, 서쪽에 세 문이니 그 성의 성곽에는 열두 기초석이 있고 그 위에는 어린양의 열두 사도의 열두 이름이 있더라 (21:12-14).

여기서 우리는 거룩한 성 예루살렘의 크고 높은 성곽 앞에 압도당합니다. "크고 높은 성곽"은 무엇을 의미할까요? 고대 사회에서 크고 높은 성벽을 만드는 목적은 무엇이었을까요? 두말할 필요 없이 적군이 들어오지 못하도록 막아서 성안의 시민을 보호하는 것입니다. 그러므로 여기 나타난 크고 높은 성곽은 하나님의 교회가 누리는 '안전과 보호'라는 두 가지 선물과 특권을 시사합니다. 물론 그날 교회가 영광스럽게 되면 교회를 공격할 세력이 더 이상 남아 있지 않을 것입니다. "하나님께로부터 하늘에서 내려오는" 거룩한 성 예루살렘은 언제나 안전합니다. 시편 기자는 하나님의 백성이 누리는 안전에 대해 노래하기를 즐겨 했습니다.

> 지존자의 은밀한 곳에 거주하며 전능자의 그늘 아래에 사는 자여, 나는 여호와를 향하여 말하기를 그는 나의 피난처요 나의 요새요 내가 의뢰하는 하나님이라 하리니 …… 그가 너를 그의 깃으로 덮으시리니 네가 그의 날개 아래에 피하리로다 그의 진실함은 방패와 손 방패가 되시나니 …… 화가 네게 미치지 못하며 재앙이 네 장막에 가까이 오지 못하리니(시 91:1, 2, 4, 10).

> 여호와를 의지하는 자는 시온산이 흔들리지 아니하고 영원히 있음 같도다 산들이 예루살렘을 두름과 같이 여호와께서 그의 백성을 지금부터 영원까지 두르시리로다(시 125:1, 2).

크고 높은 성곽이 있는 거룩한 성 예루살렘을 바라보십시오. 요한계시록을 관통하고 있는 주제 중 하나가 기억날 것입니다. 하나님의 교회는 안전하다는 것을 기억하십시오.

초대 교회, 특별히 소아시아에 있는 일곱 교회는 로마 황제의 박해를 받고 있었습니다. 그뿐 아니라 교회 안에서는 이단 때문에 '이단 출입 금지'

라는 팻말도 달아 놓았을 법합니다. 우리 시대와 크게 다르지 않았습니다. 하지만 아무리 공격당하고 안팎으로 흔들려도 "하나님께로부터 하늘에서 내려오는" 참 교회는 파괴될 수 없습니다. 본질적으로 볼 때 교회는 미래뿐 아니라 현재에도 안전하고 영광스러운 도성입니다. 교회는 지금도 하나님의 보호 아래 있습니다. 우리 하나님은 영광스럽고 전능하신 분입니다.

또한 하늘에서 내려오는 거룩한 성 예루살렘에는 "열두 문"이 있습니다. 그 문에는 "열두 천사"가 있고, 그 문들 위에는 "이스라엘 자손 열두 지파의 이름"이 쓰여 있습니다. 그리고 성곽의 "열두 기초석"에도 어린양의 "열두 사도의 열두 이름"이 있습니다. 이것들이 가리키는 바는 무엇일까요? 여기에는 분명 당시 교회의 신학이 반영되어 있습니다.

우선 성문과 기초석에 적힌 이름들은 무엇을 의미할까요? 한마디로 하나님에게 택함받은 자들이 모두 안전하게 모여 있다는 의미입니다. 거룩한 성 예루살렘은 완벽하게 완성되었습니다. 그 성안에 들어가야 할 사람은 한 명도 제외되지 않았습니다. 구약 시대의 성도도 모두 포함되어 있습니다. 신약 시대의 성도도 모두 함께하고 있습니다. 그리스도께서는 하늘 아버지께서 당신에게 주신 자들을 단 한 명도 잃지 않으셨습니다.

"이스라엘 자손 열두 지파의 이름"과 "어린양의 열두 사도의 열두 이름"은 하나님의 구원 계획이 영광스럽게 종결되었음을 말해 줍니다. 구약 언약 백성과 신약 언약 백성은 모두 하나로 만날 것입니다. 하늘의 영광 중에서 신구약 시대의 모든 성도가 하나님을 만나고 아름다운 교제를 나눌 것입니다.

네가 네 성벽을 구원이라, 네 성문을 찬송이라 부를 것이라(사 60:18).

창세기 1장을 통해 우리는 하나님이 창조의 하나님인 것을 알고 있습니다. 또 우리는 성경 66권을 통해 하나님이 세상 역사를 주관하시는 분이라는 것을 알 수 있습니다. 동시에 하나님이 가장 핵심적으로 하시는 일은 '구원'이라는 것을 알고 있습니다. '창조'도 '구원'하기 위해 하신 일입니다. 역사를 주관해 가시는 것도 하나님의 구원 역사를 이루어 가시기 위해서입니다. 하나님 백성의 찬양 주제 역시 구원입니다. 아무도 능히 셀 수 없는 큰 무리가 각 나라와 족속과 백성과 방언에서 나와 흰옷을 입고 무엇을 노래했습니까? "구원하심이 보좌에 앉으신 우리 하나님과 어린양에게 있도다"(7:10)라고 노래했습니다. 열두 지파도 하나님의 백성 모두를 가리키고, 열두 사도의 이름도 하나님의 백성 전부를 가리킵니다. 언약의 시대 구분 없이 모두 동일한 구원을 그날 마음껏 노래할 것입니다.

성문의 "열두 천사"는 하늘 백성을 모으는 사역을 감당한 천사들을 연상하게 합니다(막 13:27). 동시에 성문을 지키는 파수꾼을 떠올릴 수 있습니다.

> 예루살렘이여 내가 너의 성벽 위에 파수꾼을 세우고 그들로 하여금 주야로 계속 잠잠하지 않게 하였느니라 너희 여호와로 기억하시게 하는 자들아 너희는 쉬지 말며 또 여호와께서 예루살렘을 세워 세상에서 찬송을 받게 하시기까지 그로 쉬지 못하시게 하라(사 62:6, 7).

이사야 선지자는 성벽에 선 파수꾼을 통해 이스라엘을 중보하며 하나님 나라가 도래하도록 기도하는 자들의 모습을 그리고 있습니다. 오늘도 하나님 나라가 이 땅에 영광 중 도래하기를 중보하는 자들이 필요합니다. 그러나 내일 그 나라는 완성되어 하늘 시민을 모으는 일은 종결됩니다.

거룩한 성 예루살렘의 규모

우리가 살필 두 번째는 거룩한 성 예루살렘의 규모입니다.

> 내게 말하는 자가 그 성과 그 문들과 성곽을 측량하려고 금 갈대 자를 가졌더라 그 성은 네모가 반듯하여 길이와 너비가 같은지라 그 갈대 자로 그 성을 측량하니 만 이천 스다디온이요 길이와 너비와 높이가 같더라 그 성곽을 측량하매 백사십사 규빗이니 사람의 측량 곧 천사의 측량이라(21:15-17).

요한은 천사가 거룩한 성 예루살렘을 금 갈대 자로 측량하는 것을 묘사합니다. 계시록 11장 1절에도 하나님의 성전과 제단과 그 안에서 경배하는 자들을 지팡이 같은 갈대로 측량하는 장면이 나옵니다. 그러나 본문의 장면은 보존이나 심판을 위한 측량이 아니고, 거룩한 성 예루살렘의 엄청난 크기를 보여 주기 위한 측량입니다. 이 성은 길이와 너비와 높이가 다 "만 이천 스다디온"입니다. 지상의 어떤 성과도 비교할 수 없는 엄청난 크기입니다. 이것을 굳이 오늘날 우리의 도량형으로 환산할 이유는 없습니다. 계시록에 나오는 숫자는 상징적이고, 본래 숫자 그대로 두어야 그 상징성이 가장 잘 드러나기 때문입니다.

"만 이천"이라는 숫자를 어떻게 이해할 수 있을까요? 흔히 삼위 하나님을 상징하는 '3'이라는 숫자와 땅의 사방을 상징하는 '4'라는 숫자를 곱한 데에 많은 수효를 상징하는 '1,000'을 다시 곱해서 나온 숫자로 봅니다. 이 측량이 말하는 바는 거룩한 성 예루살렘이 모든 세대와 민족에서 나온 셀 수 없는 많은 무리를 수용하기에 부족함이 없는 광활한 곳이라는 사실입니다. 하나님의 은혜는 그들 모두를 수용하기에 충분할 것입니다. 어쨌든지 숫자는 산술적인 의미 이상을 담고 있음이 틀림없습니다. "사람의 측량 곧 천사의 측량이라"(21:17)는 구절이 시사하는 바를 묵상해 보십시오. 요한은 지금 사람의 말로는 상상할 수도, 표현할 수도 없는 것을 나타내려고 애쓰고 있습니다.

또한 길이, 높이, 너비가 똑같은 거룩한 성 예루살렘은 그와 동일한 모형으로 만들어진 지성소를 기억나게 합니다(왕상 6:20). 구약에 정통한 요한의 의중에는 하나님의 거처 지성소가 있었을 것입니다. 그는 지금 자신이 본 거룩한 성 예루살렘이 하나님의 완벽한 거처임을 집요하게 나타내고 있습니다. 뒤에 나올 "성안에 성전이 없다"는 표현을 기억하면 좋겠습니다(21:22 참조). 구약 시대 지성소에는 대제사장만 들어갈 수 있었습니다. 그러나 이제 모든 성도는 지성소의 원형인 거룩한 성 예루살렘에서 하나님과 매 순간 은밀한 교제를 나눌 것입니다. 그 성안에 거하는 모든 성도는 왕 같은 제사장이기에 모두가 친밀한 교제를 누릴 것입니다. 하나님이 구약 시대 지성소에 특별히 거하셨듯이 이제 하나님은 자기 백성 가운데 임재하시기에 하나님과 우리의 교제는 더없이 친밀할 것입니다. 하나님 자신이 거룩한 성 예루살렘의 생명 그 자체일 것입니다.

이 성의 길이, 높이, 너비가 같다는 사실에 다시 한 번 유의해 봅시다. 완벽한 균형을 이루고 있는 성입니다. 이것은 무엇을 말해 줍니까? 새 예루살렘은 완벽한 조화의 도시입니다. 하나님의 구원 계획과 목적이 온전하게 달성된 것을 상징합니다. 모든 세대, 모든 나라를 향한 하나님의 구원 계획이 이제 완벽하게 성취되었습니다. 온 우주를 운영하시는 삼위 하나님의 구원 역사는 완벽할 것입니다. '각 나라와 언어와 민족과 족속들' 가운데서 나온 무수한 사람들이 그곳에서 거룩하고 완벽한 구원을 누릴 것입니다.

거룩한 성 예루살렘의 영광

요한이 감동한 세 번째 사실은 거룩한 성 예루살렘의 영광입니다.

> 그 성곽은 벽옥으로 쌓였고 그 성은 정금인데 맑은 유리 같더라 그 성의

성곽의 기초석은 각색 보석으로 꾸몄는데 첫째 기초석은 벽옥이요 둘째는 남보석이요 셋째는 옥수요 넷째는 녹보석이요 다섯째는 홍마노요 여섯째는 홍보석이요 일곱째는 황옥이요 여덟째는 녹옥이요 아홉째는 담황옥이요 열째는 비취옥이요 열한째는 청옥이요 열두째는 자수정이라 그 열두 문은 열두 진주니 각 문마다 한 개의 진주로 되어 있고 성의 길은 맑은 유리 같은 정금이더라(21:18-21).

요한은 거룩하신 하나님이 지니신 아름다움을 반사하는 우리의 영광스러운 모습을 11절에서 한마디로 간단히 묘사하고, 18-21절에서 여러 보석을 들어 본격적으로 설명합니다.

요한이 본 거룩한 성 예루살렘의 색채들은 찬란하기 그지없습니다. 황금색, 붉은색, 자주색, 보라색, 초록색, 푸른색, 노란색, 그리고 벽옥같이 맑고 빛나는 다이아몬드, 상상을 초월하는 진주와 정금으로 묘사하고 있습니다. 한날 우리는 하나님의 영광을 있는 그대로 볼 것입니다. 그날 하나님의 모든 충만하신 것으로 우리도 충만하게 될 것입니다. 여기에서 묘사한 것은 하늘의 영광을 드러내는 작은 촛불에 지나지 않습니다. 그러나 그날이 오면 사람의 언어로 다 표현할 수 없던 찬연한 영광을 우리 눈으로 보게 될 것입니다. 스바의 여왕이 솔로몬을 만나고 나서 했던 고백을 떠올리게 될 것입니다.

내가 그 말들을 믿지 아니하였더니 이제 와서 친히 본즉 내게 말한 것은 절반도 못 되니 당신의 지혜와 복이 내가 들은 소문보다 더하도다(왕상 10:7).

실제로 하늘나라에 도착하면 우리가 들었던 것은 만 분의 일에도 미치지 못한다는 것을 실감할 것입니다.

주 안에서 사랑하는 성도 여러분, 미래의 영광스러운 모습을 마음속에 그려 보면서 세상을 살아가십시오. 그 영광스러운 단장을 하면서 세상을 살아가십시오. 여러분의 말에 하나님의 지혜가 반영되게 하십시오. 위로부터 난 지혜는 아는 척하지 않습니다. 안다고 잘난 척하지 않습니다. 사람의 지혜가 판치는 곳에는 시기와 다툼도 판을 칩니다. 요란과 모든 악한 일이 뒤따릅니다. 그러나 하나님의 지혜가 자리하는 곳에는 성결과 화평과 관용과 양순과 긍휼과 선한 열매가 가득하고 편벽과 거짓이 없습니다. 우리를 위해서 돌아가신 그리스도의 영광이 반영되는 삶을 추구하십시오. 그리스도를 아는 해가 한 해 한 해 늘수록 우리의 모습 속에 주님의 모습이 나타나야 합니다. 이것이 우리를 선택하신 하나님의 궁극적인 목표입니다. "우리로 사랑 안에서 그 앞에 거룩하고 흠이 없게 하시려고"(엡 1:4) 그리스도 안에서 우리를 택하셨습니다. 그분의 은혜의 영광을 찬미하는 삶이 되게 하십시오. 한날 그 영광 앞에 흠 없이 즐거움으로 서게 하실 분을 바라보십시오.

사도 요한은 거룩한 성 예루살렘의 영광에 압도당했습니다. 여러분은 교회의 영광을 인식하고 있습니까? 건전한 자아상이 건강한 인간관계에 필연적이듯 영광스러운 교회상은 성도의 교제에 필수적입니다. 우리는 서로에게 나타나는 하나님의 영광을 볼 수 있어야 합니다. "형제 안에서 주의 영광을 보며, 자매 안에서 주의 영광을 보는" 안목이 땅 위에서 성도의 교제를 가능하게 만듭니다.

교회의 영광스러운 미래

우리가 살핀 거룩한 성 새 예루살렘의 아름다움은 장차 우리가 도달할 하나님 나라의 영광을 보여 주는 그림입니다. 우리는 여기에서 신부 곧 어린양의 아내로 묘사되는 우리의 자아상을 보고 있습니다. "하나님께로부터 하늘에서 내려오는" 거룩한 성 예루살렘의 영광은 우리의 영광스러운 미래의 모습입니다. 그날 우리는 주 앞에서 점도 없고 흠도 없이 평강 가운데 나타날 것입니다. 그날이 임하기를 바라보고 간절히 사모하십시오. 의가 보금자리를 트는 새 하늘과 새 땅을 바라보십시오. 주님이 오시기 전까지 이 세상은 불의한 속성을 벗어날 수 없습니다.

그날에는 신랑을 위해 예비한 신부의 아름다움에 비길 거룩한 성 예루살렘이 우리 가운데 임할 것입니다. 아니, 우리의 모습이 지극한 영광으로 화할 것입니다. 오늘 그리스도 안에서 영광으로 변하는 노력을 멈춰서는 안 됩니다. 쉬지 말고 기도하고 하나님 나라가 임하기를 사모하며, 한 해 한 해 나이가 들어가면서 우리 주님의 모습이 나 자신에게서 드러날 수 있도록 아름다운 성도가 되기를 바랍니다.

Revelation

요한계시록 21장 22-27절

22 성안에서 내가 성전을 보지 못하였으니 이는 주 하나님 곧 전능하신 이와 및
어린양이 그 성전이심이라 23 그 성은 해나 달의 비침이 쓸데없으니 이는 하나
님의 영광이 비치고 어린양이 그 등불이 되심이라 24 만국이 그 빛 가운데로 다
니고 땅의 왕들이 자기 영광을 가지고 그리로 들어가리라 25 낮에 성문들을 도
무지 닫지 아니하리니 거기에는 밤이 없음이라 26 사람들이 만국의 영광과 존
귀를 가지고 그리로 들어가겠고 27 무엇이든지 속된 것이나 가증한 일 또는 거
짓말하는 자는 결코 그리로 들어가지 못하되 오직 어린양의 생명책에 기록된
자들만 들어가리라

43

거룩한 성 새 예루살렘 2

그리스도 안에서 사랑하는 성도 여러분, 앞서 우리는 거룩한 성 예루살렘의 위용을 살펴보았습니다. 그 엄청난 크기와 찬란한 영광을 접했습니다.

이번에는 그 성의 또 다른 특징을 살펴보려 합니다. 앞서 거룩한 성 예루살렘을 외형적으로 관찰했다면, 이번에는 그 성에 사는 사람들의 시각에서 살펴보겠습니다.

성전이 없는 거룩한 성

첫째로 거룩한 성 예루살렘에서는 성전을 보지 못할 것입니다. 유대인에게 성전의 위치는 매우 중요했습니다. 성전은 하늘과 땅이 맞닿는 곳이라고 생각했습니다. 하나님이 자신을 나타내시고, 그들을 만나 주시는 곳이 성전이라고 생각했습니다. 광야의 이스라엘은 회막의 지성소에 하나님이 거하신다고 생각했습니다. 솔로몬 성전이 건축된 후에는 성전의 지성소에 하나님이 계신다고 생각해 왔습니다. 그래서 70년 포로 생활에서 돌아온 이스라엘은 가장 먼저 허물어진 성벽을 건축하고, 불타 버린 성전을 재건했습니다. 이스라엘 열 왕의 시대와 포로에서 돌아온 시대에서 성전은 유대인의 예배 중심지였습니다. 다만 신약 시대에 와서 쿰란 종파만이 성전 예배를 거부했습니다. 그들 가운데는 제사장도 있었는데 그들은 하나님의 백성이 새 성전이라고 생각했습니다.

본문 22절에서 "성안에서 내가 성전을 보지 못하였으니 이는 주 하나님 곧 전능하신 이와 및 어린양이 그 성전이심이라"고 하는 점에서 사도 요한은 예수님의 가르침을 성실하게 수용하고 있습니다. 예수님은 예루살렘 성전이 파괴될 것을 예언하시면서 성전 제사가 새로운 예배 질서로 대치될 것을 말씀하셨습니다. 성령과 진리로 예배드리는 새로운 시대가 올 것을 가르치셨습니다. 예수님은 이제 새로운 시대가 올 것을 예언하시면서 "너희가 이 성전을 헐라 내가 사흘 동안에 일으키리라"(요 2:19)고 말씀하셨습니다. 이 말은 다른 어떤 말보다도 당대 유대 지도자들을 격분시켰습니다. 그들은 46년에 걸쳐 지은 성전을 헐고, 사흘 안에 다른 성전을 짓겠다고 말한 예수를 용납할 수 없었습니다. 그러나 주님은 손으로 짓지 아니한 새로운 성전을 마음에 두고 계셨습니다. 그 성전은 살아나신 주님의 몸을 두고 하신 말씀입니다. 그래서 요한은 "예수는 성전 된 자기 육체를 가리켜 말씀하신 것이라"(요 2:21)고 설명합니다.

유대인에게 성전이란 어떤 곳입니까? 하나님이 그 백성을 은혜 가운데 만나 주시는 곳입니다. 그뿐 아니라 하나님이 받으실 만한 제물을 드리는 곳입니다. 그러므로 예수님은 "내가 곧 길이요 진리요 생명이니 나로 말미암지 않고는 아버지께로 올 자가 없느니라"(요 14:6)고 말씀하셨습니다. 예수님은 우리가 하나님에게로 나아가는 길이 되십니다. 예수님은 우리에게 하나님을 알려 주시는 진리가 되십니다. 예수님은 우리가 누릴 수 있는 생명이십니다. 예수님은 성전의 역할을 모두 감당하셨습니다. 부활하신 그리스도께서는 하나님이 자기 백성을 만나 주시는 장소가 되셨습니다. 살아나신 그리스도께서는 그 백성의 제물을 하나님이 받으실 만한 것으로 만드신 분입니다.

우리는 평소 기도 마지막에 "예수님의 이름으로 기도합니다"라고 합니다. 그것은 십자가에 매달려 돌아가시고 사흘 만에 살아나신 예수님 덕분에 우리의 찬양과 기도가 하나님 앞에 받아들여지는 것을 의미합니다. 요한은 지금 그것을 염두에 두고 성안에서 성전을 보지 못하였다고 증언합니다.

이제 하나님은 예수님을 통해 사람들을 만나 주십니다. 하나님은 그리스도 안에서 은혜로 그 백성을 만나 주시고 그 삶을 받아 주십니다. 그런 면에서 볼 때, 오늘날 한국 교회는 성도들을 잘못 인도하고 있습니다. 그 가운데 하나가 건물을 '성전'이라고 부르는 것입니다. 함께 예배하는 공간은 '예배당', 교제하는 공간은 '친교관', 하나님의 진리를 전수하는 공간은 '교육관'이라고 불러야 합니다. 우리에게는 더 이상 성전이 필요하지 않습니다. 하나님의 성전은 예수님의 몸을 통해 완성되었습니다. 살아 계신 하나님이 우리 안에 계시기 때문에 우리 한 사람 한 사람이 하나님이 거하시는 성전이라고 성경은 말하고 있습니다.

사실 구약 시대의 성막이나 성전은 하늘에 있는 것의 모형과 그림자였습니다. 모세가 본떠서 만든 것은 하늘에 있는 것의 축소판입니다(히 8:5 참조). 앞서 우리는 새 예루살렘 성이 길이와 너비와 높이가 같은 정육면체인 것을 살펴보았습니다. 또 회막 가운데 있었던 지성소도 정육면체라는 사실을 확인했습니다. 이제 참 성전은 사람의 손으로 건축한 것이 아닙니다. 돌로 지은 것도 아니고 보석으로 지은 것도 아닙니다. 구약의 성전이 아름다웠으니 지금도 교회당을 아름답게 꾸며야 한다는 말은 거짓말입니다. 건축에 돈을 끌어모으기 위한 속임수에 지나지 않습니다. 예배하는 공간을 수정과 황금으로 지어야 할 이유가 전혀 없습니다.

새로운 성전은 구속받은 수많은 성도로 구성됩니다. 구속받은 백성은 "산 돌같이 신령한 집으로 세워지고 예수 그리스도로 말미암아 하나님이 기쁘게 받으실 신령한 제사를 드릴 거룩한 제사장"(벧전 2:5)입니다. 이제 우리 자신이 바로 신령한 건물로 지어지는 성전인 동시에, 그 성전에서 섬기는 제사장이라고 신약 성경은 말합니다. 이 점에 있어서는 바울도 동일한 설교를 하고 있습니다. 그는 에베소 교회의 성도들을 향해 이렇게 설교했습니다.

> 너희는 사도들과 선지자들의 터 위에 세우심을 입은 자라 그리스도 예수께서 친히 모퉁잇돌이 되셨느니라 그의 안에서 건물마다 서로 연결하여 주 안에서 성전이 되어 가고 너희도 성령 안에서 하나님이 거하실 처소가 되기 위하여 그리스도 예수 안에서 함께 지어져 가느니라(엡 2:20-22).

우리는 그리스도 예수 안에서 하나님이 거하시는 처소로 점점 완성되어 갑니다. 우리 마음을 열어 하나님을 모셔 들이면 그때부터 하나님의 영이 우리 안에 거하십니다. 물론 우리는 순간순간 하나님의 임재를 잊어버리기도 하지만, 하나님은 당신의 성전이 된 우리를 결코 포기하지 아니하시며 우리 안에서 성령으로 당신의 거처를 이루시어 우리 안에 온전히 거하실 것입니다. 그래서 우리도 성령 안에서 하나님이 거하실 처소가 되고 있다고 말합니다.

하지만 궁극적인 관점에서 생각하면 우리는 하나님이 거하실 처소가 아닙니다. 하나님이 우리 안에 거하신다는 표현이 맞기는 하지만 완벽한 표현은 아닙니다. 반대로도 표현할 수 있기 때문입니다. 시편 기자는 오히려 하나님이 대대로 그 백성의 거처가 되신다고 고백합니다(시 90:1 참조). 우리가 하나님이 거하실 처소가 아니라 하나님이 우리의 영원한 처소가 되십니다. 그러므로 요한은 성안에서 성전을 보지 못한 이유를 "주 하나님 곧 전능하신 이와 및 어린양이 그 성전이심이라"고 밝히고 있습니다. 거룩한 성 예루살렘에 성전이 없는 것은 그 주민 때문이 아니라 전능하신 이와 어린양이 우리의 성전이 되시기 때문입니다.

구약 시대 사람들은 성전을 통해 하나님을 만났지만 이제 그 성 새 예루살렘의 시민들은 하나님을 직접 뵙게 될 것입니다. 그러므로 그림자 역할을 했던 성전은 더 이상 필요하지 않을 것입니다. 예수님이 오심으로 옛 성전은 이제 용도 폐기되었습니다.

성전의 역할은 전능하신 주 하나님뿐만 아니라 어린양에 의해서도 충족되고 있습니다. 요한이 이렇게 표현한 것은 전능하신 하나님과 어린양 예수 그리스도가 동등하신 분임을 보여 주기 위함입니다. 동시에 "우리를 사랑하사 그의 피로 우리를 해방하신"(1:5 참조) 하나님의 어린양께서 거룩한 성 예루살렘에서도 중보자의 역할을 계속 감당하실 것을 보여 줍니다. 거룩한 성 새 예루살렘에서도 어린양 예수 그리스도는 우리 찬송의 주제가 되실 것입니다. 그곳에서도 우리는 그분을 통해 하나님 아버지를 뵙게 될 것입니다.

해나 달의 비침이 필요 없는 거룩한 성

둘째로 거룩한 성 예루살렘에는 해나 달의 비침이 필요 없습니다.

> 그 성은 해나 달의 비침이 쓸데없으니 이는 하나님의 영광이 비치고 어린

양이 그 등불이 되심이라(21:23).

하나님의 직접적인 임재의 영광이 그 성을 가득 채우고 있기 때문에 해나 달의 비침이 쓸데없다고 요한은 증언하고 있습니다. 하나님이 창조하지 않으신 빛이 발하고 있습니다. 하나님에게서 분리할 수 없는 그 빛이 성을 가득 채우고 있습니다. 그러므로 해와 달의 비침이 더 이상 필요하지 않을 것입니다.

요한은 지금 새로운 세상의 천문학적 정보를 제공하는 것이 아닙니다. 하늘에 뜨는 해와 달이 거기에 있을 것인지 없을 것인지를 말하는 것이 아닙니다. 그의 목적은 하나님과 어린양의 임재로부터 발산되는, 말로 표현할 수 없는 영광스러운 빛을 증언하는 것입니다. 여기서 우리는 이사야 선지자의 예언을 떠올릴 수밖에 없습니다.

다시는 낮에 해가 네 빛이 되지 아니하며 달도 네게 빛을 비추지 않을 것이요 오직 여호와가 네게 영원한 빛이 되며 네 하나님이 네 영광이 되리니(사 60:19).

그때 우리는 이 예언이 성취된 것을 확인할 것입니다. 하나님의 영광이 그 성에 빛을 제공할 것입니다. 어린양은 그 빛을 전달할 것입니다. 요한은 일찍이 어린양의 생명이 사람들의 빛이라고 증언한 바 있습니다.

그 안에 생명이 있었으니 이 생명은 사람들의 빛이라(요 1:4).

어린양의 영광은 하나님 아버지의 영원하신 영광과 동일합니다.

> 아버지여 창세전에 내가 아버지와 함께 가졌던 영화로써 지금도 아버지와 함께 나를 영화롭게 하옵소서(요 17:5).

사도들은 변화산에서 이 영광을 바라보는 특권을 누렸습니다. 그 특권을 누렸던 사도 요한은 이와 같이 증거합니다.

> 말씀이 육신이 되어 우리 가운데 거하시매 우리가 그의 영광을 보니 아버지의 독생자의 영광이요 은혜와 진리가 충만하더라(요 1:14).

그 영광에 동참했던 베드로 역시 생의 마지막 순간까지 이 사실을 증거하고 있습니다.

> 우리는 그의 크신 위엄을 친히 본 자라 지극히 큰 영광 중에서 이러한 소리가 그에게 나기를 이는 내 사랑하는 아들이요 내 기뻐하는 자라 하실 때에 그가 하나님 아버지께 존귀와 영광을 받으셨느니라(벧후 1:16, 17).

본문 23절에 "어린양이 그 등불이 되심이라"는 표현은 "나는 세상의 빛이니"(요 8:12)라고 하신 말씀을 기억나게 합니다. 광야 이스라엘의 회막에 나타났던 영광이 다가오는 하나님 나라를 가득 채울 것입니다.

그리스도는 온 세상의 빛이시요, 구원의 근원이십니다. 온 인류에 하나님의 영광을 나타내시는 분입니다. 예수 그리스도를 통하여 우리는 하나님을 알게 됩니다. 하나님을 알지 못하는 사람은 그 누구도 자신을 알지 못합니다. 칼뱅은 「기독교 강요」에서 신의 지식과 사람의 지식에 대해 이야기했습니다. 하나님을 알아야 우리가 누구인지 알 수 있다는 것입니다. 어린양은 하나님의 영광을 비치는 등불이 되십니다.

만국이 자기 영광을 가지고 오는 거룩한 성

거룩한 성 예루살렘의 세 번째 특징을 "만국이 …… 자기 영광을 가지고 그리로 들어가리라"는 말로 표현하고 있습니다.

> 만국이 그 빛 가운데로 다니고 땅의 왕들이 자기 영광을 가지고 그리로 들어가리라 낮에 성문들을 도무지 닫지 아니하리니 거기에는 밤이 없음이라 사람들이 만국의 영광과 존귀를 가지고 그리로 들어가겠고(21:24-26).

요한은 우리가 아는 현세적인 사람의 말로 우리가 본 적도 없고, 들은 적도 없고, 생각이나 상상해 본 적도 없는, 장차 올 영광의 나라를 다시 한 번 묘사하고 있습니다.

"낮에 성문들을 도무지 닫지 아니하리니"라는 것은 성문이 활짝 열려 있다는 말입니다. 이것은 무엇을 뜻하는 말입니까? 완전히 개방되어 있는 성이지만 어떤 원수의 공격에도 위험에 처하지 않는다는 말입니다. 모든 원수가 불타는 못 속에 이미 던져졌기 때문입니다. 또한 "만국이 그 빛 가운데로 다니고 땅의 왕들이 자기 영광을 가지고 그리로 들어가리라"라는 표현을 통해 그분의 영광을 나타내려고 하고 있습니다. 당대 세상의 강대국을 생각해 보십시오. 그때는 로마가 강대국이었습니다. 지중해를 중심으로 로마가 온 천하를 지배하고 있었습니다. 평화가 오면 그것은 '로마의 평화'(Pax Romana)였습니다. 주변 모든 나라를 평정하여 성문은 활짝 열려 있고 열방이 조공을 바치러 그 성문으로 수시로 들어가는 것을 상상해 보십시오. 이제 새 예루살렘의 영광을 나타내기 위해 사람들이 알아들을 수 있는 표현을 빌려 말하고 있습니다. 이 그림은 하나님을 아는 지식이 온 땅에 가득할 것을 보여 줍니다. 달리 말해 복음의 진리가 온 세계에 넘치게 될 것을 말해 줍니다. 하나님의 모든 계획이 완성될 때 구속받은 자들이 각 나라와 족속과 백성과 방언에서 나올 것입니다. 이사야의 예언을 빌려 다시 한 번 설명하면 다음과 같습니다.

> 보라 어둠이 땅을 덮을 것이며 캄캄함이 만민을 가리려니와 오직 여호와께서 네 위에 임하실 것이며 그의 영광이 네 위에 나타나리니 나라들은 네 빛으로, 왕들은 비치는 네 광명으로 나아오리라(사 60:2, 3).

세상은 캄캄한 중에 빠지지만 하나님의 백성은 영광 가운데, 영화로운 빛 가운데로 나오는 것이 말세의 특징이 될 것입니다. 그날 거룩한 성 예루살렘에는 기쁨과 즐거움이 가득할 것입니다. 만국이 그 빛 가운데 다닐 것입니다.

만국 백성이 그 영광과 존귀를 가지고 들어올 것입니다. 이것은 하나님의 형상대로 지음받은 사람의 모든 가능성이 활짝 꽃피게 될 것을 가리키는 표현입니다. 창조주 하나님이 사람 안에 심어 주신 모든 재능이 활짝 피어날 것입니다. 모든 사람이 그들의 가능성을 최대한 발휘하는 그 완벽한 완성을 보여 주는 것을 “사람들이 만국의 영광과 존귀를 가지고 그리로 들어가겠고”라는 말로 표현하고 있습니다. 하나님이 사람 안에 심어 주신 모든 재능이 지금은 우리의 환경 때문에, 부모들의 욕망이나 교육 제도 때문에 제대로 피어날 수 없지만, 그날에는 하나님이 본래 지으신 그 영광을 회복할 것입니다. 그리하여 거룩한 성 예루살렘에 들어온 모든 백성은 창조주요 구속주 되신 하나님이 의도하신 본래 모습을 갖추게 될 것입니다. 그리하여 창조주시고 구원자이신 하나님에게 영광과 존귀를 전적으로 돌리게 될 것입니다.

성문이 닫히지 않는 거룩한 성

마지막으로 요한은 거룩한 성 예루살렘의 "성문들은 도무지 닫히지 아니하리니"라고 증언하고 있습니다. 요한은 이 구절을 통해 그곳의 삶이 보장하는 안정성과 개방성을 표현하고 있습니다.

> 낮에 성문들은 도무지 닫지 아니하리니 거기에는 밤이 없음이라(21:25).

거룩한 성 예루살렘에서의 삶은 완벽한 자유를 누리는 삶입니다. 거룩한 성 예루살렘에서는 만물이 창조주 하나님의 뜻에 따라 완벽한 조화를 이룰 것입니다. 사람 역시 그들이 지음받은 대로 창조주 하나님의 형상을 온전히 이루게 될 것입니다. 우리는 하나님의 뜻 가운데 온전해질 것입니다. 우리가 서로를 바라볼 때 "형제 자매 안에서 주의 영광을 보네"라고 말하지만, 사실 지금은 그저 바라보기 시작했을 뿐이고 정말로 아름답게 볼 그날이 우리에게 다가오고 있다는 것을 믿으시기 바랍니다. 만물이 하나님의 계획대로 완성되고 사람이 하나님의 뜻에 따라 완벽하게 이루어질 그날에는 신부가 신랑을 위하여 예비한 그 아름다움을 이룩하게 될 것입니다. 티나 주름 잡힘이 더 이상 남아 있지 아니할 것입니다.

우리 안에 있는 옛 상처 때문에 관계가 파괴되는 아픔도 더 이상 없을 것입니다. 그때에는 우리의 상처까지 밤하늘의 별처럼 아름답게 빛날 것입니다. 상처를 영어로 'scar'라고 하는데 한 글자만 바꾸면 'star'(별)가 되는 것을 아십니까? 우리의 상처들이 나중에는 많은 사람을 이해하게 해주는 별이 될 것입니다. 그때에는 모든 것이 더없이 아름다운 상태를 이루게 될 것입니다.

요한은 "거기에는 밤이 없음이라"고 말하고 있습니다. 주 하나님과 어린양의 영광이 그 성의 빛이 될 것이기 때문입니다. 달리 표현하면 그날은 다시는 해가 지지 않는 영원한 날이 될 것입니다. 새 하늘과 새 땅에는 모든 악한 것과 더러운 것이 더 이상 보이지 아니할 것입니다. 이제 어떠한 적대 세력도 남아 있지 않습니다. 어둠은 언제나 악을 나타내는 표현입니다. "거기에는 밤이 없음이라"라는 말을 잘 이해해 보십시오. 성의 평화를 위협할 그 어떤 세력도 남아 있지 않으므로 그 성은 닫힐 필요가 없습니다. 우리는 다시금 이사야의 예언이 성취된 것을 확인하게 됩니다.

> 네 성문이 항상 열려 주야로 닫히지 아니하리니 이는 사람들이 네게로 이방 나라들의 재물을 가져오며 그들의 왕들을 포로로 이끌어 옴이라 …… 다시는 낮에 해가 네 빛이 되지 아니하며 달도 네게 빛을 비추지 않을 것이요 오직 여호와가 네게 영원한 빛이 되며 네 하나님이 네 영광이 되리니 다시는 네 해가 지지 아니하며 네 달이 물러가지 아니할 것은 여호와가 네 영원한 빛이 되고 네 슬픔의 날이 끝날 것임이라(사 60:11, 19, 20).

성문이 언제나 닫히지 아니한다고 해서 누구나 들어올 수 있는 것은 아닙니다. 그곳은 거룩한 성이기 때문입니다. 누구나 다 들어온다면 거룩한 성이 될 수 없습니다. 27절을 보십시오.

> 무엇이든지 속된 것이나 가증한 일 또는 거짓말하는 자는 결코 그리로 들어가지 못하되 오직 어린양의 생명책에 기록한 자들만 들어가리라.

속된 자나 가증한 일을 행하는 자, 또는 거짓말하는 자는 거룩한 성 예루살렘에 결코 들어갈 수 없습니다. 문은 항상 열려 있지만 어떤 악한 세력도 그곳에 들어갈 수 없습니다. 거룩한 성 예루살렘에는 두려워하는 자들과 믿지 아니하는 자들이 있을 곳이 없습니다. 이미 그들은 둘째 사망의 불과 유황으로 타는 못에 던져졌기 때문입니다.

거룩한 성 예루살렘에 거하게 될 사람은 어린양의 생명책에 그 이름이 기록된 자들뿐입니다. 하나님의 은혜로 의롭다 하심을 받고 영화롭게 된 자들만 그곳에 거할 수 있습니다. 그들만이 창세로부터 예비된 지극한 영광을 누릴 수 있습니다. 그곳에서 그들은 하나님의 아들 예수 그리스도의 성숙한 분량까지 도달할 것입니다. 하늘 아버지를 사랑하는 일과 순종하는 일에 있어서 우리 한 사람 한 사람이 예수님처럼 될 것입니다. 우리는 "네 백성이 다 의롭게 되어 영원히 땅을 차지하리니 그들은 내가 심은 가지요 내가 손으로 만든 것으로서 나의 영광을 나타낼 것"(사 60:21)이라고 하시는 옛 예언의 성취를 다시 한 번 보게 될 것입니다.

요한은 계시록 20장 15절에서 "누구든지 생명책에 기록되지 못한 자는 불 못에 던져지더라"라는 동일한 진리를 말한 바 있습니다. 반면 본문에서는 앞에서 부정적으로 진술한 그 진리를 긍정적으로 나타내고 있습니다.

> 오직 어린양의 생명책에 기록된 자들만 들어가리라(21:27).

거룩한 성 새 예루살렘을 향하여

주 안에서 사랑하는 성도 여러분, 거룩한 성 새 예루살렘의 영광을 묵상하십시오. 그 성의 특징을 자주 묵상해 보십시오. 우리는 그 성을 향해 나아가는 순례자요 그 성을 이루어 갈 거룩한 백성입니다. 우리의 복된 미래상이 오늘 우리의 삶을 변화시키는 원동력이 되기를 바랍니다. 거룩한 행실과 경건함으로 그날의 영광이 도래하기를 사모합시다. 그분의 약속이 이루어져 의가 보금자리를 트는 새 하늘과 새 땅이 올 것입니다.

그날에는 더 이상 성전이 따로 필요하지 아니할 것입니다. 주 하나님 곧 전능하신 분과 어린양의 영광으로 해와 달의 비침이 필요하지 아니할 것입니다. 그 성의 문들은 언제나 주의 백성에게 활짝 열려 있을 것입니다. 그날을 대망하십시오. 저는 구주께서 오시는 그날을 대망하고 있습니다. 그날을 대망하는 사람은 그날에 합당한 준비를 해야 합니다.

> 너희가 어떠한 사람이 되어야 마땅하냐 거룩한 행실과 경건함으로 하나님의 날이 임하기를 바라보고 간절히 사모하라……(벧후 3:11, 12).

그날이 오기를 대망하며 그 영광에 들어가기를 간절히 사모하는 성도가 되시기를 바랍니다.

Revelation

요한계시록 22장 1, 2절

1 또 그가 수정같이 맑은 생명수의 강을 내게 보이니 하나님과 및 어린양의 보
좌로부터 나와서 2 길 가운데로 흐르더라 강 좌우에 생명나무가 있어 열두 가
지 열매를 맺되 달마다 그 열매를 맺고 그 나무 잎사귀들은 만국을 치료하기
위하여 있더라

44
생명수의 강

그리스도 안에서 사랑하는 성도 여러분, 지금부터는 역사의 마지막을 기록한 계시록 22장을 살펴보려고 합니다. 본문은 "생명수의 강"이라는 은유적 표현으로 우리의 완성된 구원을 묘사합니다.

본문을 살피기 전에 요한이 본 환상의 큰 흐름을 먼저 살펴봅시다. 계시록 21장에서 우리는 새 하늘과 새 땅을 살펴보았습니다. 바로 이어서 거룩한 성 예루살렘이 하늘에서 내려오는 것을 보았습니다. 처음에는 신부가 남편을 위해 단장한 것 같은 아름다운 성의 영광을 멀리서 보여 줍니다. 그 다음 장면에서는 크고 높은 산으로 올라가 찬란히 빛나는 성의 외형적인 아름다움을 보여 주고 그 성 내면의 영광스러운 특징을 묘사합니다. 그러고 나서 이제 우리는 거룩한 성 예루살렘의 중심부를 아주 가까이에서 바라보게 됩니다.

이제 계시록의 초점은 거룩한 성 예루살렘의 심장부로 옮겨 가고 있습니다. 요한은 인도자를 따라 성의 중심부를 흐르고 있는 생명수의 강가로 안내됩니다. 여기서 우리는 사도 요한이 밧모섬에서 받은 계시의 절정을 만납니다. 새 하늘과 새 땅을 배경으로 등장한 거룩한 성 예루살렘에 대한 묘사의 극치요 절정입니다. 동시에 본문의 장면은 신구약 모든 계시의 완성이요 압권입니다.

여러분은 왜 신앙생활을 합니까? 교회에 왜 열심히 다닙니까? 예수를 믿는 목적이 무엇입니까? 본문이 묘사하는 축복된 자리에 이르기 위함입니다. 기독교 진리를 학습하기로 약속하고 세례를 받는 목적은 본문이 보여주는 거룩한 성 예루살렘에서 하나님을 뵙기 위함입니다. 본문의 표현을 빌려 말하자면, 생명수의 강가에서 생명의 열매를 맛보기 위함입니다.

지금 사도 요한은 완성된 구원을 "생명수의 강", "생명나무"라는 상징으로 보여 주고 있습니다. 아담의 범죄로 상실한 모든 것이 회복된 모습입니다. 아담 안에서 처음 잃은 것을 단순히 회복하는 정도가 아니라 그 이상입니다. 그리스도 안에서 누리는 복락원(復樂園)의 영광은 아담 안에서 처음 잃어버린 실낙원(失樂園)의 영광과 비교할 수 없습니다. 1, 2절은 "생명수의 강", "생명나무"라는 상징적인 표현으로 복낙원을 묘사했다면, 3-5절은 보다 사실적인 표현으로 복낙원의 특징을 묘사하고 있습니다. 우리는 그 첫 부분인 1절과 2절을 '생명수의 강'이라는 제목으로 살펴보려고 합니다.

사실 거룩한 성 예루살렘은 21장 9절부터 묘사되고 있습니다. 그러나 본문은 우리에게 거룩한 성의 새로운 요소를 소개합니다. 앞에서 언급된 적 없는 하나님과 어린양의 보좌가 거룩한 성 한가운데 있다는 새로운 사실을 부각합니다. 그리고 옛 에덴동산의 모습을 상기시키는 생명수의 강이 거기에 흐르고 있다고 밝힙니다. 역사의 마지막은 역사의 시작과 무관하지 않습니다.

하나님과 어린양의 보좌로부터

먼저 생명수의 강, 그 원천을 생각해 봅시다.

> 또 그가 수정같이 맑은 생명수의 강을 내게 보이니 하나님과 및 어린양의 보좌로부터 나와서 길 가운데로 흐르더라……(22:1, 2).

첫 낙원 에덴에도 흐르는 강이 동산을 적시고, 거기서부터 갈라져 온 땅으로 흘러내렸습니다. 여기 복낙원에도 하나님과 어린양의 보좌로부터 나와서 길 가운데로 흐르는 강이 있습니다. 다만 첫 낙원에서 발원한 강들이 온 지면을 풍요롭게 하는 대지의 젖줄이라면, 복낙원의 강은 모든 피조물을 위한 생명수의 강입니다. 에덴동산에서 발원한 네 강줄기가 온 땅을 적시는 젖줄 구실을 했다면, 하나님과 어린양의 보좌로부터 흘러나오는 강은 거룩한 성 예루살렘 한가운데를 통과하여 만국을 치료하는 역할을 하고 있습니다.

단순히 육체적인 생명을 보장하는 에덴의 강물과 대조되는 영원한 생명수의 강이 거룩한 성 한가운데를 도도히 흐르고 있습니다. 달리 말해 영원한 생명이 그 성 한가운데로 흘러가고 있습니다. 수정같이 맑은 생명수의 강물이 넘실대는 곳이 바로 복낙원입니다.

생명수의 강은 창세기 2장뿐 아니라 에스겔 47장의 환상을 기억나게 합니다. 새 성전 환상을 통해 에스겔이 본 것을 사도 요한 역시 보고 있습니다. 에스겔은 그 물을 '생명수'라고 부르지 않았지만, "이 강물이 이르는 곳마다 번성하는 모든 생물이 살고 또 고기가 심히 많으리니 이 물이 흘러 들어가므로 바닷물이 되살아나겠고 이 강이 이르는 각처에 모든 것이 살 것이며"(겔 47:9)라고 설명했습니다. 또 에스겔은 사해(死海)가 변하여 생명이 충만한 바다가 되고, 강 좌우편의 마른 땅에 수목이 울창해지는 환상을 보았습니다.

> 강 좌우 가에는 각종 먹을 과실나무가 자라서 그 잎이 시들지 아니하며 열매가 끊이지 아니하고 달마다 새 열매를 맺으리니 그 물이 성소를 통하여 나옴이라 그 열매는 먹을 만하고 그 잎사귀는 약 재료가 되리라(겔 47:12).

성경은 가끔 생명수의 강에 대해 예언합니다. "한 시내가 있어 나뉘어 흘러 하나님의 성 곧 지존하신 이의 성소를 기쁘게 하도다"(시 46:4)라고 시편은 노래합니다. 에스겔 선지자뿐 아니라 스가랴 선지자도 동일한 진리를 증거합니다.

> 그날에 생수가 예루살렘에서 솟아나서 절반은 동해로, 절반은 서해로 흐를 것이라 여름에도 겨울에도 그러하리라(슥 14:8).

또한 에스겔은 성전 문지방 밑에서 물이 흘러나오는 것을 보았다면, 요한은 수정 같은 생명수가 하나님과 어린양의 보좌로부터 나오는 것을 보고 있습니다. 에스겔 선지자에게 성소는 하나님의 임재를 의미하는 장소입니다. 반면 하나님과 어린양이 성전인 거룩한 성 예루살렘에는 하나님과 어린양의 보좌야말로 지성소입니다. 그러므로 수정같이 맑은 생명수의 원천은 하나님과 어린양의 보좌로부터 흘러나옵니다. 하나님과 어린양이 모든 생명의 원천이라는 진리를 증거합니다.

생명수는 지금도 하나님과 어린양의 보좌에서 흘러나오고 있습니다. 모든 생명의 발원지는 하나님과 어린양 예수입니다. 그러므로 예수께서 에스겔의 환상을 기억하시며, 명절 끝 날 사람들에게 큰 소리로 외치셨습니다.

> 누구든지 목마르거든 내게로 와서 마시라 나를 믿는 자는 성경에 이름과 같이 그 배에서 생수의 강이 흘러나오리라……(요 7:37, 38).

본문의 환상을 통해 요한은 생수의 강이 성전을 대신하신 그리스도에게서 흘러나온다고 증언합니다. 복음서의 저자 요한은 이것이 그리스도께서 받으실 성령을 두고 하신 말씀이라고 설명합니다. 그분이 영광을 받으신 후에 부어 주실 성령을 가리켜 하신 말씀이라고 부연 설명을 합니다(요 7:39 참조). 오순절 이후 그리스도에게서 성령을 부음받은 성도의 삶은 복낙원의 삶의 예표요 그림자입니다. 장차 복낙원에서의 삶은 생수의 강이 흘러넘치는 삶이 될 것입니다. 우리는 지금 여기서부터 그 생수에 참여할 자입니다.

생명의 풍성함

둘째, 보좌로부터 흘러나온 생명수의 강은 어떤 혜택을 줍니까? 첫 낙원에서 사람들을 위해 각종 나무의 열매가 맺혔다면, 복낙원의 생명수 강 좌우에 있는 생명나무는 달마다 열두 가지 열매를 맺고 있습니다. 그뿐 아니라 그 잎사귀조차 만국을 치료하는 약재가 되고 있습니다. 이는 아담의 범죄로 상실한 모든 것이 그리스도 안에서 완전히 회복된 것을 보여 주는 상징입니다. 더 풍성히 보상되고도 남는 모습입니다. 낙원을 잃었을 때 사람들은 통곡했지만, 그리스도 안에서 그 낙원이 회복될 때 우리 눈에서는 모든 눈물이 씻길 것입니다.

여기서도 유대 묵시의 전통을 따라 창세기 기사로 다시 돌아갑니다. 창세기는 성경의 첫 번째 책이고, 요한계시록은 성경의 마지막 책입니다. 그리고 계시록의 마지막 22장은 다시 창세기의 첫 부분으로 돌아갑니다.

하나님은 에덴동산 가운데 생명나무를 심으셨습니다. 그러나 사람이 범죄한 뒤, 생명나무의 열매를 따 먹지 못하도록 쫓아내셨습니다. 그리고 두루 도는 불 칼을 두셔서 다시는 사람이 생명나무의 열매를 따 먹지 못하게 막으셨습니다. 죄악 된 상태에서 생명나무의 열매를 따 먹고 영생하는 비극을 막기 위한 배려입니다. 우리가 비참한 상태로 실낙원에서 영생한다면 그것이야말로 완벽한 저주일 것입니다. 그래서 하나님은 죄를 범한 사람들을 다 내쫓으시고는 누구도 접근하지 못하게 하셨습니다. 비참한 상태에서 영생하는 것을 막으시려는 하나님의 배려입니다.

이제 복낙원의 환상 속에 다시금 그 생명나무의 열매가 나타납니다. 강 좌우에 사람들 손이 닿을 만큼 가까이 생명나무의 열매가 맺힌 것을 봅니다. 1절과 마찬가지로 2절의 묘사도 그 근원을 창세기 2장과 아울러 에스겔 47장에 두고 있습니다. 본문 2절의 묘사를 에스겔 환상의 묘사와 대조해서 다시 한 번 들어 봅시다.

> 강 좌우 가에는 각종 먹을 과실나무가 자라서 그 잎이 시들지 아니하며 열매가 끊이지 아니하고 달마다 새 열매를 맺으리니 그 물이 성소를 통하여 나옴이라 그 열매는 먹을 만하고 그 잎사귀는 약 재료가 되리라(겔 47:12).

차이가 무엇입니까? 에스겔의 환상에는 여러 과실나무가 나오는 반면, 요한의 환상에는 한 그루의 생명나무가 등장합니다. 이 점에서 요한은 에스겔의 전통보다 창세기의 전통을 따르고 있다고 볼 수 있습니다. 에스겔의 환상에는 각종 열매를 맺는 나무들이 달마다 새 열매를 맺고 있다고 하지만, 본문 2절에 나오는 생명나무는 한 그루에서 열두 가지 열매가 달마다 맺히는 것처럼 보이기 때문입니다.

우리의 경험으로 보면 불가능합니다. 현세의 나무는 모두 각각 자기 열매만 맺을 뿐입니다. 맺는 열매에 따라 나무 이름이 정해집니다. 무화과 열매를 맺는 나무는 무화과나무, 포도 열매를 맺는 나무는 포도나무라고 부릅니다. 맺는 열매마다 나무의 이름이 정해집니다. 현세에서는 한 나무에 온갖 열매가 다 맺히지 않습니다. 또 나무마다 열매를 맺는 계절이 정해져 있습니다. 움이 트고 꽃이 피고 열매를 맺는 것은 1년에 한두 번이 고작입니다. 그러나 생명수 강가의 한 그루 생명나무에서는 열두 가지 열매가 달마다 열립니다. 이것은 죽음을 정복한 생명의 완전한 승리를 표현한 것입니다. 그곳은 죄로 말미암는 죽음의 흔적이 말끔히 사라지고 넘치는 생명이 가득한 곳입니다. 생명이 충만한 것을 나타내기 위해 달마다 나무에서 온갖 열매가 맺힌다고 표현하고 있습니다.

그리고 두 경우 모두 강 좌우편에서 그 열매를 따 먹을 수 있는 것으로 묘사하고 있습니다. 생명나무의 열매는 무엇을 상징합니까? 충만한 삶, 한량없는 기쁨의 삶을 의미합니다. 다함없는 생명을 상징하는 강수와 함께 생명나무 열매는 복낙원의 진수를 그려 주고 있습니다.

생명을 만끽하는 삶

마지막으로 복낙원에서 누리는 삶의 특징은 무엇입니까? 그리스도의 구속 사역으로 성취된 생명을 만끽하는 것입니다. 그리스도를 영접함으로 우리는 하나님의 자녀가 되는 특권을 누립니다. 동시에 하나님의 백성으로 풍성한 삶을 살게 하셨습니다. 이 풍성한 삶은 우리의 본래 삶에서는 나올 수 없습니다. 우리에게 성령을 부어 주셔서 성령으로 충만해질 때 비로소 풍성한 삶을 살 수 있습니다. 이 땅에서의 삶은 그 맛을 보는 것에 지나지 않습니다. "양으로 생명을 얻게 하고 더 풍성히 얻게 하려는"(요 10:10 참조) 목자의 사역을 우리는 충만히 누리게 될 것입니다. 예수 그리스도께서는 실낙원의 사람들에게 낙원을 되돌려 주기 위해 세상에 오셨습니다.

그리스도 안에서 사랑하는 성도 여러분, 그리스도 안에서만 우리의 모든 꿈이 이루어질 수 있습니다. 그리스도 안에서만 우리의 모든 소원이 만족될 수 있습니다. 그리스도 예수 안에서만 우리가 바라는 것이 눈앞에서 이루어질 수 있습니다. 그리스도께서는 사람에게 무지개보다 아름다운 낙원의 꿈을 실현해 주기 위해 세상에 오신 분입니다. 낙원의 회복은 우리의 탁월한 두뇌로 되는 것도, 우리의 능력 있는 팔로 이룰 수 있는 것도 아닙니다. 낙원은 예수 그리스도 안에서만 회복될 수 있습니다.

우리는 많은 꿈을 꿉니다. 그러나 이 꿈을 과연 얼마나 이루며 살고 있습니까? 우리는 마치 인생이 끝난 것처럼 한숨 쉬고 낙망합니다. 그러나 사실은 그렇지 않습니다. 그리스도께서는 우리가 품고 있는 기도와 소원을 넘어 우리가 상상하지 못한 것들을 그날 다 이루어 주십니다.

그러기 위해 그리스도께서는 하늘 영광을 포기하시고 이 땅에 오셨습니다. 본래 부요하신 자로서 가난하게 되신 것은, 그의 부요하심으로 말미암아 우리를 부요하게 하시기 위함입니다. 하나님의 아들이 사람의 아들이 되신 것은 사람의 아들들이 하나님의 아들들이 되도록 하기 위함입니다. 사람이 되셔서 죽음을 맛보시고 부활하심은 역사 속에 낙원을 회복시키기 위함입니다. 본문에 나오는 생명나무의 열매는 그리스도께서 세상에 오셔서 성취하신 사역이 완성되었음을 보여 줍니다. 첫 낙원의 생명나무 열매는 이제 그곳에 들어간 모든 성도의 몫입니다. 그날 우리의 죽을 몸은 죽지 아니함을 입게 될 것입니다.

나이가 많아지면 몸이 말을 듣지 않습니다. 여기저기 아픈 곳이 나타납니다. 60년, 70년 살다 보면 병드는 것은 자연스러운 현상입니다. 그러므로 쇠하는 이 육신이 젊은 날처럼 건강해지기를 바라지 마십시오. 오히려 쇠하는 육신을 벗어 버리고 신령한 몸을 입게 하실 소망을 주신 하나님에게 감사하십시오.

절대 젊음을 쫓아다니지 마십시오. 세월이 흘러가면 지금보다 더 몸이 말을 듣지 않는 때가 올 것입니다. 몸이 내 말을 듣지 아니하면 공동체 안에서 사람들도 내 말을 이전만큼 듣지 않는다는 것을 알게 될 것입니다. 그때 어린아이처럼 처신하지 마십시오. 공동체를 향해 섭섭한 마음을 가질 이유가 없습니다. 더 강건한 자에게 공동체를 이끌어 가게 하는 것이 하나님의 섭리입니다. 내 손에 쥔 것을 다른 사람에게 넘겨주는 것이 성숙한 사람의 처신입니다. 끝까지 움켜쥐려는 것은 창조의 섭리를 거스르는 것입니다. 그러므로 우리가 해야 할 한 가지 중요한 일은 지금 하는 일을 맡길 만한 사람을 키우는 일입니다. 우리는 다음 세대를 준비해야 합니다. 다음 세대를 위해 사람을 키우는 것은 하나님 나라의 내일을 위한 일입니다.

신앙의 성숙을 사모하는 개인은 육신이 쇠한다고 낙망하지 않습니다. 쇠하는 것은 헌 옷처럼 벗어 버리고 하늘에서 오는 신령한 옷을 새로 입을 것을 소망하기 때문입니다.

나이가 들어 눈이 잘 보이지 않는 것도 은혜입니다. 죄를 범한 채로는 생명나무의 열매를 못 먹게 하시듯, 나이가 들어 세상 것이 잘 보이지 않는 것은 이제 신령한 것을 바라보게 하시는 하나님의 은혜로운 배려입니다. 나이가 들면 귀도 잘 들리지 않습니다. 세상의 음성이 잘 들리지 아니하는 것은 사람을 사랑하사 신령한 주의 음성을 듣도록 하셔서 자기 곁으로 부르시는 하나님의 섭리입니다. 안경이나 보청기의 도움을 받으십시오. 그러나 우리를 사랑하사 가까이 부르시는 하나님의 호소를 알아차려야 합니다. 그분의 손길을 외면하지는 마십시오.

사랑하는 성도 여러분, 우리에게는 "죽을 것이 생명에 삼킨 바"(고후 5:4)

될 새날에 대한 소망이 있습니다. 영생은 그리스도를 통해 하나님을 만난 성도들의 몫입니다.

> 영생은 곧 유일하신 참 하나님과 그가 보내신 자 예수 그리스도를 아는 것이니이다(요 17:3).

"죽을 것이 생명에 삼킨 바" 될 그날에는 하나님과 어린양 예수 그리스도와 더불어 직접 교제하는 복을 누리게 될 것입니다.

주 뵈올 날을 사모하며

지금 여기서는 우리가 주님을 사랑하는 데 한계가 있습니다. 그래서 우리가 마음으로 사모하는 그분을 종종 잊기도 합니다. 그러나 그날이 오면 우리가 사랑하는 그분을 친히 뵙게 될 것입니다. 그날은 얼굴과 얼굴을 마주 대하는 것같이 친밀한 교제를 나눌 것입니다. 그날에 그 교제를 나눌 사람과 놓칠 사람의 차이는 바로 지금 내 옆에 있는 성도들을 어떻게 보느냐에 달려 있습니다. 기도할 때면 그 순간은 신실하고 경건해져서 참된 그리스도인이 된 것 같지만, 눈을 떴을 때 싫은 사람과 마주치면 눈을 피합니다. 성도들을 미워하고 내 옆의 구역장, 공동체 목사, 담임 목사가 마음에 안 든다고 불평하면, 나중에 천국 가서도 얻을 것이나 나눌 것이 아무것도 없을 것입니다. 그러나 형제 안에서 주의 영광을 보고 자매 안에서 주의 영광을 보는 자들은 얼굴과 얼굴로 주님을 뵙게 될 것입니다.

> 사랑하는 자들아 우리가 지금은 하나님의 자녀라 장래에 어떻게 될지는 아직 나타나지 아니하였으나 그가 나타나시면 우리가 그와 같을 줄을 아

는 것은 그의 참모습 그대로 볼 것이기 때문이니 주를 향하여 이 소망을 가진 자마다 그의 깨끗하심과 같이 자기를 깨끗하게 하느니라(요일 3:2, 3).

장차 우리가 어떻게 될지는 아직 모르지만 예수님이 나타나시면 우리도 그분처럼 되어 그분의 참모습을 보게 될 것입니다(요일 3:2, 현대인의성경).

우리가 앞으로 어떻게 될지는 상상이 가지 않지만 그리스도께서 다시 오실 때 그리스도를 닮은 자가 되어 있으리라는 사실만은 확신합니다. 그때 그분의 모습을 실제로 보게 될 것이기 때문입니다(요일 3:2, 현대어성경).

여러분은 주님을 향한 이 소망을 가지고 있습니까? 그렇다면 주의 깨끗하심과 같이 여러분의 삶이 깨끗해지길 소망하십시오. 지금 우리는 구주를 생각하고 기뻐하지만, 그날은 주님의 얼굴을 뵙게 될 것입니다.

본문은 생명나무에 관해서 열매뿐만 아니라 잎사귀도 언급합니다. 그 잎사귀가 약재로 쓰인다는 점에서는 에스겔의 환상과 요한의 환상이 동일합니다. 에스겔은 그냥 약재라고 언급했지만, 요한은 좀 더 구체적으로 "만국을 치료"하는 데 사용된다고 용도를 밝히고 있습니다(22:2 참조).

그렇다고 새 하늘과 새 땅에서도 치료받아야 할 고통이나 질병이 있다고 유추하는 것은 옳지 않습니다. 요한은 지금 현세의 유한한 언어로 내세의 무한한 영광을 그리려고 노력할 뿐입니다. 요한은 고통과 죽음이 자리한 현세와 대조해서 다가올 세대의 영광을 말하려고 노력하고 있습니다. 내세의 영광에 참여하는 모든 사람은 죄의 결과에서 나온 모든 고통에서 완벽히 벗어날 것입니다.

복음을 입으로만 전하는 것이 아니라 우리의 생각이나 행동으로 인해 사람들로 '저 사람은 조금 다른데?'라고 느끼게 한다면, 그것만으로 잎사귀도 만국을 치료하는 약재가 될 수 있을 것입니다.

주 안에서 사랑하는 성도 여러분, 수정같이 맑은 생명수가 흐르는 생명 시내를 사모하십시오. 거기서 보좌 가운데 계신 어린양이 우리의 목자가 되실 것입니다. 그 목자께서 우리를 생명수 샘으로 인도하실 것입니다. 거기서 하나님이 우리의 눈에서 모든 눈물을 씻겨 주실 것입니다. 그리스도의 몸 된 교회를 위해 흘렸던 모든 눈물을 주께서 친히 그 손으로 씻기실 것입니다.

그리스도 안에서 사랑하는 성도 여러분, 생명수의 강 좌우편에 달마다 새로 맺히는 생명나무의 열매를 사모하십시오. 이기는 자에게 주어진 약속이 남아 있습니다. 세상에서 살 때 세상의 유혹에 넘어지지 않기를 오늘도 성령님은 바라십니다. 어떠한 세상의 박해에서도 우리가 쓰러지지 아니하고 승리자 이상으로 서게 될 것을 우리 주님이 바라고 계십니다.

> 이기는 그에게는 내가 하나님의 낙원에 있는 생명나무의 열매를 주어 먹게 하리라(2:7b).

싸움은 두 가지입니다. 박해에서 견디는 것과 유혹에서 이기는 것입니다. 계시록의 일곱 교회를 보면 스멀스멀 올라오는 유혹보다 차라리 박해가 견뎌 내기 쉬웠다고 이야기합니다. 자주 박해당하는 북쪽 그리스도인보다 평안하게 있다가 자신도 모르는 사이에 유혹당하는 남쪽 그리스도인이 더 쉽게 넘어질 수 있다는 것을 아셔야 합니다. 박해를 버티고 유혹에 타협하지 말아야 합니다.

우리에게는 그날 거기서 생명나무의 과실을 먹게 될 소망이 있습니다. 우리가 나누는 성찬의 떡과 잔은 장차 우리가 먹고 마실 생명수와 생명나무의 열매를 상징합니다. 그리스도 예수만이 모든 사람을 위한 신령한 양식과 신령한 음료이십니다. "나를 믿는 자는 영원히 목마르지 아니하리라"(요 6:35)고 약속하셨습니다. 믿음으로 주님에게 나아오십시오. "진실로 진실로 너희에게 이르노니 믿는 자는 영생을 가졌나니 내가 곧 생명의 떡이니라"(요 6:47, 48)고 하시는 주님의 선언을 믿으십시오. "내가 아버지로 말미암아 사는 것같이 나를 먹는 그 사람도 나로 말미암아 살리라"(요 6:57)는 것이 주님이 우리를 설계하신 방법입니다. 주님으로 말미암아 살아야 할 사람들이 엉뚱한 것을 찾아 헤매면 삶이 피폐해집니다.

거룩한 성 예루살렘에 도달한 후에도 그리스도 그분만이 우리의 생명이시요, 우리 기쁨의 원천이실 것입니다. 이제 성령과 신부가 오라고 말씀하십니다. "듣는 자도 오라 할 것이요 목마른 자도 올 것이요 또 원하는 자는 값없이 생명수를 받으라"(22:17)고 말씀하십니다. 이제 우리 모두 그리스도 예수를 통해 생명의 강가로 나아갑시다.

Revelation

요한계시록 22장 3-5절

3 다시 저주가 없으며 하나님과 그 어린양의 보좌가 그 가운데에 있으리니 그
의 종들이 그를 섬기며 4 그의 얼굴을 볼 터이요 그의 이름도 그들의 이마에 있
으리라 5 다시 밤이 없겠고 등불과 햇빛이 쓸데없으니 이는 주 하나님이 그들
에게 비치심이라 그들이 세세토록 왕 노릇 하리로다

45

왕 노릇 하리로다

그리스도 안에서 사랑하는 성도 여러분, 생명수의 강가로 여러분을 다시 한 번 초대합니다. 이 환상은 사도 요한이 밧모섬에서 받은 계시의 절정이자 신구약 성경 계시의 극치입니다. 이제 복낙원의 삶을 좀 더 사실적으로 묘사하는 3-5절을 살피겠습니다.

다시 저주가 없으며

회복된 낙원의 특징은 무엇입니까? 성경은 생명이 넘치는 삶을 어떻게 소개합니까? 첫째로 그곳에는 저주가 없습니다. "다시 저주가 없으며 하나님과 그 어린양의 보좌가 그 가운데에 있으리니"(22:3)라고 말해 주고 있습니다. 우리는 여기서 저주가 임했던 창세기 사건을 떠올리게 됩니다. 하나님이 보시기에 심히 아름다웠던 낙원은 사람의 범죄로 말미암아 가시와 엉겅퀴가 돋아나는 저주의 땅이 되었습니다. "다시 저주가 없으며"라는 표현은 사람의 죄로 임한 저주가 이제 사라진 것을 의미합니다.

주 안에서 사랑하는 성도 여러분, 거기서 우리 눈은 가시와 엉겅퀴를 더 이상 발견하지 못할 것입니다. 거기서 우리 귀는 욕설과 악담을 더 이상 듣지 못할 것입니다. 폭력과 고함이 난무하는 것을 접하지 아니할 것입니다. 이제 의가 거하는 바 새 하늘과 새 땅이 도래했기 때문입니다. 오직 어린양의 생명책에 기록된 자들만이 그곳에서 살 것입니다. 그날 선지자의 예언이 성취될 것입니다.

> 여호와께서 천하의 왕이 되시리니 그날에는 여호와께서 홀로 한 분이실 것이요 그의 이름이 홀로 하나이실 것이라 …… 사람이 그 가운데에 살며 다시는 저주가 있지 아니하리니 예루살렘이 평안히 서리로다(슥 14:9, 11).

구약 선지자는 이 땅을 배경으로 예언했지만, 그 예언은 새 하늘과 새 땅에서 온전히 성취됩니다. 구약 선지자는 지상의 예루살렘을 배경으로 예언했지만, 그 예언은 거룩한 성 예루살렘에서 완벽히 성취됩니다. 그동안 드린 기도가 이루어지지 않는다고 낙심하지 마십시오. 우리가 소원하고 간구한 것보다 더 풍성하게, 더 영광스럽게 그날 하나님이 이루어 주실 것입니다. 낙심하지 말고 끈질기게 간구하십시오. 여기서 하나님의 역사가 나타나기를 간구하다가 세상을 떠난 분들의 기도도 그날 하나님이 이루어 주실 것입니다. 선지자가 보고 예언한 환상을 넘어 하나님은 여기에 새 하늘과 새 땅을 펼치고 계십니다. 거룩한 성 예루살렘의 영광을 보여 주고 계십니다.

그러면 온 땅에 임한 하나님의 저주는 어떻게 제거되었습니까? 하나님의 어린양 예수 그리스도를 찬양합시다. 하나님의 어린양 예수 그리스도께서 자신을 대속의 제물로 드리셨기 때문에 저주가 제거되었습니다. 그분이 십자가 위에서 우리를 대신해서 저주의 죽음을 당하셨습니다. "그리스도께서 우리를 위하여 저주를 받은 바 되사 율법의 저주에서 우리를 속량"(갈 3:13)하셨습니다. 그러므로 어린양의 피에 그 옷을 씻어 희게 한 하나님의 백성이 거할 새 삶의 터전에는 더 이상 저주가 없습니다.

이제 그곳은 저주를 가져왔던 원인마저 제거되었습니다. 하나님의 뜻을 거스른 인류에게 덮친 저주입니다. 그러나 거룩한 성안에 사는 모든 백성은 하나님의 뜻을 거스르는 마음을 더 이상 품고 있지 아니할 것입니다. 그러므로 거룩한 성안에 사는 사람들 사이에는 파멸이 찾아오지 아니할 것입니다. 다시는 하나님의 심판과 처벌이 임할 수 없습니다. 그곳은 왜 더 이상 저주가 없습니까? 거룩한 성 예루살렘 그 가운데에 하나님과 어린양의 보좌가 있기 때문입니다. 그곳은 하나님과 어린양이 통치하시는 곳입니다. 그분의 뜻이 새누리 곳곳마다 온전히 이루어질 것입니다. "아버지의 뜻이 하늘에서와 같이 땅에서도 이루어지게 하소서"라는 우리의 기도가 완벽하게 성취될 것입니다.

그 성중에는 축복의 샘이 솟아날 것입니다. 다함없는 은혜의 강수가 그 보좌로부터 흘러나오고 있습니다. 끝없는 축복의 생수가 저주에서 속량받은 시민을 위하여 흐르고 있습니다. 하나님과 어린양이 그곳에 거하심으로 그 성중에는 오직 축복만 넘쳐 납니다.

가까이에서 섬기는 삶

복낙원의 삶의 두 번째 특징은 무엇입니까? 저주가 없다는 부정적인 진술만으로는 그 풍요로운 삶을 온전히 서술할 수 없습니다. 복낙원의 두 번째 요소는 한마디로 하나님을 가까이에서 섬기는 삶입니다. 성경은 그것을 다음과 같이 말하고 있습니다.

> 그의 종들이 그를 섬기며 그의 얼굴을 볼 터이요 그의 이름도 그들의 이마에 있으리라(22:3, 4).

하나씩 나누어서 살펴볼까요? 복낙원에서는 하나님과 어린양의 종들이 하나님을 마음껏 섬길 것입니다. 구속받은 백성의 최대 기쁨은 하나님을 가까이에서 섬기는 일입니다. 여기서는 사람의 제일 되는 목적이 무엇인지를 교육해야만 합니다. 그러나 거기서는 가르치지 않아도 누구나 하나님을 가까이하기를 소원할 것입니다. 하나님을 영화롭게 하고 영원토록 그분을 즐거워하는 삶에 참예합니다. 여기서는 소원하는 것만큼 되지 않아 안타까워하지만, 거기서는 우리의 소원에 넘치도록 주를 가까이서 섬기게 될 것입니다. 그분의 뜻을 준행하고, 동시에 준행하는 기쁨을 만끽할 것입니다. 그날 하나님의 형상대로 지음받은 목적이 성취될 것입니다. 그날 율법이 요구하던 수준의 삶이 실현될 것입니다.

> 이스라엘아 네 하나님 여호와께서 네게 요구하시는 것이 무엇이냐 곧 네 하나님 여호와를 경외하여 그의 모든 도를 행하고 그를 사랑하며 마음을 다하고 뜻을 다하여 네 하나님 여호와를 섬기고(신 10:12).

또한 그날 우리는 사도적 가르침이 성취되는 것을 확인할 것입니다.

> 그러므로 형제들아 내가 하나님의 모든 자비하심으로 너희를 권하노니 너희 몸을 하나님이 기뻐하시는 거룩한 산 제물로 드리라 이는 너희가 드릴 영적 예배니라(롬 12:1).

그날에 우리는 하나님의 성령으로 섬기고 예배하는 즐거움을 누릴 것입니다. 그곳에서의 봉사는 영원히 왕 노릇 하는 것과 무관하지 않습니다. 하나님의 백성은 거기서 왕으로 섬길 것입니다. 왕은 누가 시키는 일을 하는 사람이 아닙니다. 자신이 원해서 하는 사람이 바로 왕입니다. 그들은 거기서 영원히 왕 노릇 하는 봉사자들이 될 것입니다.

그의 얼굴을 볼 터이요

그곳에서의 삶이 가지는 또 다른 요소는 무엇입니까? 본문은 "그의 얼굴을 볼 터이요"라고 말합니다. 이것은 대대로 하나님의 백성이 마음속에 간직해 온 소원이 성취되는 것입니다. 서로 얼굴을 마주 보는 것은 인격적인 관계에서 누리는 큰 축복입니다. 이 소원은 구약 여러 곳에서 찾아볼 수 있습니다.

> 네 파수꾼들의 소리로다 그들이 소리를 높여 일제히 노래하니 이는 여호와께서 시온으로 돌아오실 때에 그들의 눈이 마주 보리로다(사 52:8).

> 여호와는 의로우사 의로운 일을 좋아하시나니 정직한 자는 그의 얼굴을 뵈오리로다(시 11:7).

> 내가 여호와께 바라는 한 가지 일 그것을 구하리니 곧 내가 내 평생에 여호와의 집에 살면서 여호와의 아름다움을 바라보며 그의 성전에서 사모하는 그것이라(시 27:4).

> 내 영혼이 하나님 곧 살아 계시는 하나님을 갈망하나니 내가 어느 때에

나아가서 하나님의 얼굴을 뵈올까(시 42:2).

구약 성도들뿐 아니라 주님도 친히 팔복의 말씀 속에서 약속하십니다.

마음이 청결한 자는 복이 있나니 그들이 하나님을 볼 것임이요(마 5:8).

하나님을 본다는 것은 무엇을 의미합니까? 하나님의 임재를 신비적으로 체험하는 일입니까? 아닙니다. 전능하신 심판자를 부끄러움 없이 뵈옵는 특권을 누리는 것을 의미합니다. 창세기 사건을 다시 한 번 떠올려 보십시오. 범죄한 인간은 다가오시는 하나님의 음성을 듣고 어떻게 했습니까? 그들이 한 첫 번째 일은 여호와 하나님의 낯을 피한 것입니다. 그들은 동산 나무 사이에 숨었습니다. 그들은 두려워하여 숨었습니다. "네가 어디 있느냐"(창 3:9)고 물으시는 하나님 앞에서 두려워 떨었습니다. "아담아 네가 어디 있느냐"고 찾아오시기까지 했지만, 그들은 축복의 근원에게서 자신을 감추었습니다. 여러분은 "네가 어디 있느냐"고 물으시는 하나님을 두려워하며 맞이하지 마십시오.

사랑하는 성도 여러분, 항상 하나님을 생각하고 있습니까? 그분이 가까이 오신다는 소식이 들릴 때마다 감동하며 기뻐해야 합니다. 이것이 정상적인 그리스도인의 삶입니다. 이제 새 하늘과 새 땅이 도래했습니다. 거룩한 성 예루살렘 시민들은 부끄러움 없이 전능하신 심판자 하나님을 뵙는 자유를 누릴 것입니다. 사죄함받은 자들에게는 하나님을 뵙는 것이 최고의 소원입니다. 구원은 하나님을 부끄러움 없이 바라보는 일입니다.

사랑하는 자들아 우리가 지금은 하나님의 자녀라 장래에 어떻게 될지는 아직 나타나지 아니하였으나 그가 나타나시면 우리가 그와 같을 줄을 아는 것은 그의 참모습 그대로 볼 것이기 때문이니 주를 향하여 이 소망을 가진 자마다 그의 깨끗하심과 같이 자기를 깨끗하게 하느니라(요일 3:2, 3).

여러분은 그분의 얼굴을 뵙기를 소원하십니까? 우리는 하나님과 함께 거하게 될 뿐 아니라 우리의 눈으로 그분의 얼굴을 뵐 것입니다. 그날 우리는 창조주 하나님과 더불어 온전한 조화를 이룰 것입니다. 구속주 하나님과 더불어 온전한 교제를 누릴 것입니다. 머뭇거리거나 주저하지 않고 하나님 앞에 나아가게 될 것입니다. 그것이 최고선(最高善)입니다. 사람의 최우선은 하나님을 뵙는 것이고, 더불어 하나님을 눈으로 뵙는 것입니다.

모세도 "하나님, 말씀만 하시지 말고 주님의 얼굴을 제게 보여 주십시오. 그래야 제가 이 상황에서 위로가 됩니다"라고 했지만, 하나님은 움푹한 곳에 모세를 불러 놓으시고 당신의 손으로 덮고 지나가시면서 당신의 뒷모습, 후광(後光)만 보게 하셨습니다. 모세는 백성의 지도자였지만, 아직 예수 그리스도의 보혈로 깨끗함을 받고 영화롭게 되기 전이어서 하나님을 보면 살아남을 수 없었기 때문입니다. 그러나 그날이 오면 성도들은 모두 구속의 은혜에 감사하며 사랑 가운데서 그분과 교제를 나눌 것입니다. 여러분은 이 확신을 가지고 계십니까? 여러분의 소원은 하나님을 보고 싶어 하는 것이어야 합니다. "하나님을 뵙기를 원합니다. 그것뿐입니다"라고 고백해야 합니다. 얼굴과 얼굴을 마주하며 하나님을 보고 싶어 하는 소원이 우리 삶에 있어야 건강한 신앙생활을 하는 것입니다.

시대마다 주의 백성은 주님을 뵈올 소망을 품고 살았습니다. 욥은 일찍이 이 소망을 품고 살았던 대표적인 사람입니다. 욥이 당한 시련 가운데서도 가장 고통스러웠던 것은 사람 때문에 당한 시련이었습니다. 기왓장으로 자기 살을 긁은 것은 고통의 핵심이 아닙니다.

가장 친한 친구 넷이 달려들어 욥을 몰아세웠습니다. "욥, 네가 어떻게 그럴 수 있느냐? 너는 나쁜 사람이구나", "나쁜 짓 하지 않고 하나님에게 이렇게 벌 받는 사람이 세상에 어디 있느냐?"라고 친구들이 욥을 몰아세웁니다. 그러자 욥은 이렇게 말했습니다. "내가 언제 고아를 보고 모른 척했으며, 과부를 보고 무시한 적이 있느냐? 나는 이렇게 고통당할 만한 잘못을 범한 적이 없다." 그러나 욥의 친구들은 도리어 "욥, 너는 우리가 지금까지 알던 것보다 더 나쁜 사람이구나. 보통 사람들은 이런 환난을 당하면 죄를 뉘우치건만 너는 끝까지 네가 옳다고 하는구나"라고 이야기합니다. 친구들의 이런 말에 욥은 이렇게 고백하고 있습니다.

> 내가 알기에는 나의 대속자가 살아 계시니 마침내 그가 땅 위에 서실 것이라 내 가죽이 벗김을 당한 뒤에도 내가 육체 밖에서 하나님을 보리라 내가 그를 보리니 내 눈으로 그를 보기를 낯선 사람처럼 하지 않을 것이라 내 마음이 초조하구나(욥 19:25-27).

다윗의 마음도 동일한 확신으로 가득했습니다.

> 나는 의로운 중에 주의 얼굴을 뵈오리니 깰 때에 주의 형상으로 만족하리이다(시 17:15).

그분의 얼굴을 뵈올 때에는 모든 의심이 사라질 것입니다. 그분의 얼굴을 뵈올 때에는 모든 것을 밝히 알게 될 것입니다.

> 우리가 지금은 거울로 보는 것같이 희미하나 그때에는 얼굴과 얼굴을 대하여 볼 것이요 지금은 내가 부분적으로 아나 그때에는 주께서 나를 아신 것같이 내가 온전히 알리라(고전 13:12).

그분의 얼굴을 뵙는다는 것은 절대적인 신뢰 속에서 인격적인 관계를 맺는 것입니다. 서로에게 온전히 열려 있는 삶이 시작됩니다. 눈길만 주고받아도 서로의 마음을 읽을 수 있을 것입니다. 그것은 서로를 온전히 사랑하는 자리에 있을 때 가능합니다.

그의 이름도 그들의 이마에

하나님을 가까이 섬기는 세 번째 요소는 무엇입니까? 본문은 "그의 이름도 그들의 이마에 있으리라"(22:4)라고 말합니다. 우리는 일곱 교회에 보낸 편지 가운데서 비슷한 표현을 볼 수 있습니다.

> 이기는 자는 내 하나님 성전에 기둥이 되게 하리니 그가 결코 다시 나가지 아니하리라 내가 하나님의 이름과 하나님의 성 곧 하늘에서 내 하나님께로부터 내려오는 새 예루살렘의 이름과 나의 새 이름을 그이 위에 기록하리라(3:12).

"하나님의 이름"과 "새 예루살렘의 이름", 그리고 "나의 새 이름"까지 기록하겠다고 성경은 말하고 있습니다. 우리 신분증에도 그렇게 기록되어 있지 않습니까? 어디에 사는 사람인지, 이름이 무엇인지 기록되어 있습니다. 그날 우리의 신분도 그렇게 다 확인될 것입니다.

또 우리는 환상 중에서 하나님의 종들의 이마에 인을 치는 것을 보았습니다. 그뿐 아니라 후에 요한은 또 다른 환상에서 본 것을 이렇게 말하고 있습니다.

> 보라 어린양이 시온산에 섰고 그와 함께 십사만 사천이 서 있는데 그들의

이마에는 어린양의 이름과 그 아버지의 이름을 쓴 것이 있더라(14:1).

이마에 이름이 있다는 것은 무엇을 상징합니까? 구속받은 백성은 온전히 하나님의 소유된 백성입니다. 구속받은 백성은 하나님에게 보배로운 자들입니다. 우리는 보배로운 피로 값 주고 산 하나님의 소유입니다. 이마에 쓰인 이름은 하나님과 어린양의 소유임을 나타냅니다. 이마에 하나님의 이름, 어린양의 이름이 쓰인 자들은 자나 깨나 머릿속에 '어린양'과 '하나님의 생각'이 맨 앞자리에 오는 자들입니다.

주 안에서 사랑하는 성도 여러분, 거룩한 성 예루살렘에서 누릴 특권을 생각해 보셨습니까? 그곳에는 아무도 능히 헤아릴 수 없는 수많은 사람이 거하게 될 것입니다. 그럼에도 그 누구도 소외되지 아니할 것입니다. 아무도 군중 속에서 자신의 개성을 상실하지 아니할 것입니다. 그분을 얼굴과 얼굴로 바라보는 데 아무도 차별당하지 아니할 것입니다. 세상에서는 군중 가운데 하나로 취급당할 수 있습니다. 그러나 그곳은 다릅니다. 우리 가운데 누구도 간과되거나 무시되지 아니할 것입니다. 여기서 사람인 목자는 우리를 일일이 보살피지 못할 수도 있지만, 거기서 우리의 대목자 되신 그분을 뵐 때는 우리가 그분의 극진한 사랑의 대상인 것을 우리 눈으로 확인하게 될 것입니다.

사랑하는 성도 여러분, 모든 사람은 그곳에서 자신이 하나님에게 소중한 사람임을 알게 될 것입니다. 하나님의 눈빛이 우리에게 "고생했어", "정말 수고했다"라고 말씀해 주실 것입니다. 그곳에서 우리는 모든 사람에게서 사랑받는 소중한 사람임을 인식할 것입니다. 지금은 기껏해야 '당신은 사랑받기 위해 태어난 사람'이라고 노래하지만, 그때는 노래하지 않아도 다 알게 될 것입니다.

다시 밤이 없겠고

마지막으로 복낙원의 삶의 특징을 고찰해 봅시다. 회복된 낙원에서 생명이 넘치는 삶을 본문에서는 어떻게 묘사하고 있습니까? 세 번째로 "다시 밤이 없겠고 등불과 햇빛이 쓸데없으니 이는 주 하나님이 그들에게 비치심이라 그들이 세세토록 왕 노릇 하리로다"(22:5)라고 묘사하고 있습니다. 우리는 앞에서도 몇 번 비슷한 표현을 접했습니다.

> 그 성은 해나 달의 비침이 쓸데없으니 이는 하나님의 영광이 비치고 어린 양이 그 등불이 되심이라(21:23).

> 낮에 성문들을 도무지 닫지 아니하리니 거기에는 밤이 없음이라(21:25).

이처럼 앞에서도 비슷한 표현이 나왔지만, 본문은 단순히 반복하여 표현하는 것이 아닙니다. 새로운 정보를 제공하기 때문입니다. 왜 '다시 밤이 없다'고 합니까? 왜 등불과 햇빛이 쓸데없습니까? 사랑하는 여러분, 우리는 하나님의 얼굴을 친히 뵙는 성도임을 기억합시다. 하나님과 더불어 가려지지 않는 충만한 교제를 누릴 것입니다.

> 어두운 데에 빛이 비치라 말씀하셨던 그 하나님께서 예수 그리스도의 얼굴에 있는 하나님의 영광을 아는 빛을 우리 마음에 비추셨느니라(고후 4:6).

희미한 우리 마음속에 한 줄기 빛이 비침으로 세상에서 가장 소중한 것이 무엇인지를 알게 되었다면, 우리는 구원의 은혜를 받은 자입니다. 하나님이 우리 마음에 비추신 그 빛이 이제 충만히 비치고 있습니다. 이제 그들은 빛 가운데서 하나님과 더불어 살아가는 자들입니다. 우리는 여기서 오랜 세월 동안 하나님의 백성에게 선포된 축도가 성취되는 것을 발견합니다. 아론과 그 아들들이 이스라엘을 축복한 기도입니다.

> 여호와는 네게 복을 주시고 너를 지키시기를 원하며 여호와는 그의 얼굴을 네게 비추사 은혜 베푸시기를 원하며 여호와는 그 얼굴을 네게로 향하여 드사 평강 주시기를 원하노라……(민 6:24-26).

축도의 두 번째 문장에 주의해 보십시오. "여호와는 그의 얼굴을 네게 비추사 은혜 베푸시기를 원하며"(민 6:25). 예배마다 선포되는 축복이 무슨 효력이 있는지 생각해 보셨습니까? 하나님이 그 종들을 통해 선포하신 축복은 모두 이루어질 것입니다.

세세토록 왕 노릇 하리라

우리는 본문에서 이 축복의 성취를 읽고 있습니다. 예로부터 그 백성을 향해 선포된 축복의 성취가 극치를 이루고 있습니다. 이제 성도들은 하나님과 어린양의 친밀한 임재의 빛 속에서 살아갑니다. 그것을 일컬어 본문은 "그들이 세세토록 왕 노릇 하리로다"라고 밝힙니다.

우리가 살면서 '나도 저러면 좋겠다'라고 생각하는 대상을 한 단어로 표현하자면 '왕' 아니겠습니까? 성경은 우리가 세상에서 바라보고 우러러보며 소원한 그 수준의 삶을 영원토록 살아간다고 약속하고 있습니다. 하늘로부터 내려온 거룩한 성 예루살렘에 들어간 하나님의 백성이 누리는 행복의 극치입니다. 그들은 하나님과 어린양의 통치에 참여할 것입니다. 주님과 더불어 영원히 다스릴 것입니다. 은혜로 그 백성을 통치하시는 주님과 함께 다스릴 것입니다. 섬김으로 그 백성을 다스리시는 주님처럼 다스리게 될 것입니다.

교회에서 직분을 받아 교회를 다스리는 모든 분은 꼭 기억하십시오. 여러분의 권위는 섬김에서 나옵니다. 섬김 없이 하나님의 교회를 다스리려는 분은 주님의 신실한 종이 아닙니다. 여러분의 신임을 받아 집사가 되고 장로가 되며, 선교사가 되는 사람이 많이 배출되기를 바랍니다. 직분에 걸맞은 섬김의 사람들이 되기를 바랍니다. 섬김으로 성도들에게 존경받으며, 그 권위를 내세우지 아니하고, 오히려 직분의 권위로 나오는 사람을 물리칠 수 있는 건강한 교회, 자정 능력이 있는 교회가 되어야 합니다.

만왕의 왕, 만주의 주는 오직 그리스도 한 분입니다. 그러나 그분의 피로 구속함을 받은 백성은 그리스도와 함께 다스릴 것입니다. 약속의 말씀을 다시 한 번 들어 보십시오. "이기는 그에게는 내가 내 보좌에 함께 앉게 하여 주기를 내가 이기고 아버지 보좌에 함께 앉은 것과 같이 하리라"(3:21). 보좌에 앉는다는 것은 왕으로 앉아 다스리는 것입니다.

그리스도 안에 있는 하나님의 은혜는 그 백성의 삶까지 확산될 것입니다. 지금은 우리가 이 놀라운 통치에 참여한다는 것을 상상하기조차 어렵습니다. 지금은 우리 앞에 다가올 영광을 받아들이기 어렵습니다. 그럼에도 그것은 영광스러운 사실입니다. 내가 다 이해하지 못한다고 해서 진리가 사라지는 것은 아닙니다.

> 자녀이면 또한 상속자 곧 하나님의 상속자요 그리스도와 함께한 상속자니 우리가 그와 함께 영광을 받기 위하여 고난도 함께 받아야 할 것이니라(롬 8:17).

주님은 좀 더 쉬운 말로 제자들에게 약속하셨습니다.

> 너희는 나의 모든 시험 중에 항상 나와 함께한 자들인즉 내 아버지께서 나라를 내게 맡기신 것같이 나도 너희에게 맡겨 너희로 내 나라에 있어 내 상에서 먹고 마시며 또는 보좌에 앉아 이스라엘 열두 지파를 다스리게 하려 하노라(눅 22:28-30).

함께 먹고 마실 약속이 우리에게 남아 있습니다. 이스라엘 열두 지파를 다스리는 약속이 우리에게 아직 유효합니다. 생명수 강가에서 주를 섬길 그날을 사모하십시오. 그분의 얼굴을 친히 뵈올 그날을 사모하십시오. 그때 여러분은 사람들 가운데서 더 이상 외롭지 아니할 것입니다. 우리는 이제부터 영원토록 주님의 것입니다. 거기서는 우리가 하나님의 백성이라는 사실 하나만으로도 서로에게 귀한 자로 다가올 것입니다.

하늘의 삶이 그러하다면 땅 위에서의 삶도 그렇게 닮아 가야 합니다. 교회는 끼리끼리 만나는 곳이 아닙니다. 다른 것은 모두 다를지라도 그 안에 그리스도 예수를 사랑하는 마음이 있고, 주님을 위해 살고자 하는 마음으로 그 입술이 그리스도를 주로 고백한다면 서로 받아 주십시오. 소외당하는 자들이 교회 안에 한 사람도 없기를 바랍니다.

그날에는 하나님의 영광의 빛이 우리를 사로잡을 것입니다. 그날에는 더 이상 아픔이 없고 죽음이 없을 것입니다. 그날에는 더 이상 이별이 없고 눈물이 없을 것입니다. 생명수 강가에서 그 백성의 모든 눈물을 주님의 친수로 씻겨 주실 것입니다.

이제 때가 가까웠습니다. 예언의 말씀을 지켜 행하십시오. 말세가 되면 경제적인 빈익빈 부익부의 양극화 현상뿐 아니라 도덕적 양극화 현상이 나타날 것입니다. 더러운 자는 더욱 더러워질 것이고, 깨끗한 자는 더욱 깨끗해질 것입니다. "불의를 행하는 자는 그대로 불의를 행하고 더러운 자는 그대로 더럽고 의로운 자는 그대로 의를 행하고 거룩한 자는 그대로 거룩하게 하라"(22:11)고 성경에 기록되어 있습니다. 그렇게 우리는 각자 자기 삶의 방향대로 계속 나아갈 것입니다.

사랑하는 성도 여러분, 들은 말씀대로 살아가며 오실 주님을 기다립시다. 그분이 곧 오실 것입니다. "내가 진실로 속히 오리라"는 주님의 음성을 듣고 계십니까? 그렇다면 우리 모두 함께 화답합시다. "아멘 주 예수여 오시옵소서."

Revelation

요한계시록 22장 6-9절

6 또 그가 내게 말하기를 이 말은 신실하고 참된지라 주 곧 선지자들의 영의 하
나님이 그의 종들에게 반드시 속히 되어질 일을 보이시려고 그의 천사를 보내
셨도다 7 보라 내가 속히 오리니 이 두루마리의 예언의 말씀을 지키는 자는 복
이 있으리라 하더라 8 이것들을 보고 들은 자는 나 요한이니 내가 듣고 볼 때에
이 일을 내게 보이던 천사의 발 앞에 경배하려고 엎드렸더니 9 그가 내게 말하
기를 나는 너와 네 형제 선지자들과 또 이 두루마리의 말을 지키는 자들과 함께
된 종이니 그리하지 말고 하나님께 경배하라 하더라

46

보라 내가 속히 오리니

그리스도 안에서 사랑하는 성도 여러분, 요한계시록 22장 6절부터 끝까지는 요한이 받은 계시를 끝맺는 말입니다. 이른바 '에필로그'라고 할 수 있습니다. 우선 이 '에필로그'를 읽어 보면 아무렇게나 되는 대로 쓴 것 같은 인상을 받습니다. 특히 프롤로그에 해당하는 요한계시록 첫 부분과 비교하면 더욱 그렇습니다. 얼핏 보기에 앞뒤에 나오는 말들이 서로 긴밀히 연결되지 않고, 말하는 사람이 누구인지 정체를 파악하기도 쉽지 않습니다. 하지만 이것은 되는 대로 기록해서가 아니라 격한 감정이 차분한 논리를 앞서고 있기 때문일 것입니다.

주님이 오신다는 그 영광스러운 계시에 감정이 들떠서 논리적인 순서를 따르기보다는 감동되는 대로 이야기하고 있습니다. 그 감동이 있어야 22장 6절부터 따라갈 수 있습니다. 주님이 오신다는 말을 들을 때 정말 오시길 바라는 소원을 가진 성도들이어야 이 내용을 따라갈 수 있습니다.

밧모섬 예언의 말미에 첨가된 에필로그 내용은 무엇입니까? 주로 실제적인 교훈을 염두에 두고 마지막 부분을 기록하고 있습니다. 그 내용은 일련의 권면과 예언의 말씀이 진실함을 입증하는 말들, 주님의 오심에 대한 확실성을 주장하는 말들, 그리고 그의 예언의 말에 세심한 주의를 기울이기를 독자들에게 간청하는 말들로 구성되어 있습니다.

그러면 본문으로 돌아가 오늘을 사는 우리를 향한 하나님의 말씀을 들어봅시다. 본문에서 다루려고 하는 내용은 요한이 받은 예언의 성격입니다.

믿어야 할 예언의 말씀

요한이 천사를 통해 받은 첫 번째 계시는 '하나님의 백성이 믿도록 주신 예언의 말씀'입니다.

> 또 그가 내게 말하기를 이 말은 신실하고 참된지라 주 곧 선지자들의 영의 하나님이 그의 종들에게 반드시 속히 되어질 일을 보이시려고 그의 천사를 보내셨도다(22:6).

"이 말은 신실하고 참된지라"라는 말이 왜 에필로그 첫 마디에 나올까요? 우리는 이런 비슷한 말을 언제 합니까? "정말이야, 믿어도 돼!"라는 말이 언제 필요합니까? 우리의 말을 상대방이 믿어 주지 아니할 때 종종 이런 말을 합니다. 말하는 사람이 신실하지 않거나 말의 내용이 허황해 보이면 우리는 믿기지 않는 표정을 짓습니다. 그러면 상대방은 믿어도 된다며 참말임을 강조합니다. 본문 역시 동일한 상황임을 짐작할 수 있습니다. 6절을 다시 한 번 보십시오. 말이 믿을 만한 것임을 먼저 강조하고, 이어서 말하는 이가 믿을 만한 분임을 증거합니다.

밧모섬에서 요한이 받아 전달한 계시의 내용은 믿기에 매우 엄청난 것입니다. 일곱 인봉의 내용도, 일곱 나팔의 경고도, 일곱 대접의 비밀도 엄청난 계시의 말씀입니다. 큰 성 바벨론의 멸망도 믿기에는 너무나 충격적이고, 새 하늘과 새 땅을 배경으로 내려오는 새 예루살렘의 영광도 우리의 머리로 수긍하기에는 매우 엄청납니다. 말하자면 지금껏 주어진 계시가 사람의 이성으로는 믿기지 아니할 만큼 엄청난 내용이기에 "이 말은 신실하고 참된지라"라고 강조합니다.

사랑하는 성도 여러분, 하나님이 약속하시는 말씀이 엄청납니까? 크고 영광스러워서 믿어지지 않습니까? 믿음이 적은 성도 여러분, 하나님의 말씀을 여러분의 작은 머리로 재단하지 마십시오. 우리 하나님은 크고 영화로운 분입니다. 그러므로 그분이 주시는 계시의 말씀이 우리의 생각을 초월하는 것은 당연합니다. 그분이 하시는 약속의 말씀이 믿기지 않는 것도 이해할 법합니다. 그러나 신앙은 이성이 마지막 말을 하도록 내버려 두지 않습니다. 신앙은 하나님의 말씀이 마지막 말을 하게 합니다.

베드로 이야기를 아십니까? 밤새 그물질을 했지만 고기를 한 마리도 낚지 못했습니다. 그러자 주님이 말씀하셨습니다. "깊은 곳에 가서 그물을 던져라"(눅 5:4 참조). 그 말을 들은 베드로는 논리정연하게 자신의 경험을 빗대어 말합니다. "밤새 그물질을 했지만 건진 것이 없습니다. 그렇지만 선생님이 말씀하시니 그렇게 하겠습니다"(눅 5:5 참조). 그는 알고 있었습니다. 밤에 잡히지 않던 고기가 해가 뜬 뒤라고 해서 잡히지 않는다는 것을 말입니다. 그러나 베드로는 예수님 말씀에 순종했습니다. 하나님의 말씀을 들어 보십시오.

> 기록된 바 하나님이 자기를 사랑하는 자들을 위하여 예비하신 모든 것은 눈으로 보지 못하고 귀로 듣지 못하고 사람의 마음으로 생각하지도 못하

였다 함과 같으니라(고전 2:9).

그렇습니다. 유한한 사람이 무한한 하나님의 생각을 어찌 다 알겠습니까? 오늘을 사는 사람이 내일을 어찌 다 추측할 수 있겠습니까? 역사의 한 시점에 자리한 사람이 역사의 모든 종국을 어찌 내다볼 수 있겠습니까? 그러니 요한이 밧모섬에서 받은 계시의 절정인 새 하늘과 새 땅이 쉬이 믿어지겠습니까? 하나님은 우리의 연약을 아시고 "이 말은 신실하고 참된지라"라고 다시금 다짐해 주십니다. 다짐해 주실 뿐만 아니라 그 말이 왜 신실하며 참된지를 설명해 주십니다.

> 이 말은 신실하고 참된지라 주 곧 선지자들의 영의 하나님이 그의 종들에게 반드시 속히 되어질 일을 보이시려고 그의 천사를 보내셨도다(22:6).

그 말이 신실하고 참될 수밖에 없는 것은 이 예언의 말씀이 하나님이 그의 종들에게 천사를 보내어 하신 말씀이기 때문입니다. 그러면 천사를 통해 그 종들에게 말씀하신 하나님은 어떤 분입니까? "주 곧 선지자들의 영의 하나님"입니다. 하나님은 시대마다 선지자들에게 성령을 보내셔서 말씀하신 분이라는 뜻입니다. 하나님이 보내신 성령께서 선지자들을 영감시키시어 하나님의 진리를 선포하게 하십니다. 비록 "예언하는 자들의 영은 예언하는 자들에게 제재를"(고전 14:32) 받지만 그들의 영감은 하나님에게서 나왔고 하나님의 진리를 분명하게 표현하게 하십니다.

우리는 이 진리를 얼마나 쉽게 망각하는지 모릅니다. 구약 시대 선지자들과 신약 시대 사도들을 통해 성령으로 말씀하신 하나님은 지금도 당신의 신실한 설교자들과 함께하십니다. 보십시오. 일곱 촛대 사이를 거니시며 아직도 자기 손에 일곱 별을 붙잡고 계십니다. 설교자가 이 진리를 망각하지 아니하면 주일이 다가올 때마다 낙담하거나 절망하지 않을 것입니다.

아브라함의 부인 하갈은 쫓겨나면서 물을 가지고 떠났지만 한정된 물은 어느새 바닥나 버렸습니다. 그러자 자식이 목마르다고 울기 시작합니다. 엄마는 어떻게 해줄 수 없었기에 자식이 울자 그저 따라 울며 기도했습니다. "하나님, 내 자식이 목말라 죽는 것을 차마 볼 수가 없습니다." 기도를 들으신 하나님은 그 어미의 눈을 밝혀 주셔서 바로 옆의 샘물을 보게 하셨습니다. 그래서 하갈의 모자(母子)는 죽지 아니하고 후에 한 민족을 이루었습니다(창 21:14-19 참조).

아들이 목말라 죽는 것을 차마 볼 수 없어 흘린 그 눈물만 있으면 설교자는 주일을 절대 부담스럽게 느끼지 아니할 것입니다. 설교자가 목말라 하는 성도들을 위해 눈물을 흘릴 수 있으면 그 성도들은 절대 목말라 죽지 않습니다. 하나님은 아직도 살아 계십니다. 그뿐만 아니라 교회도 이 진리를 잊어버리지 아니하면 설교자를 통한 하나님의 말씀에 새롭게 관심을 가질 것입니다. 설교자가 하는 설교를 사람의 말로 듣지 마십시오. 하나님의 말씀으로 받아들이면 온 교회가 하나님의 말씀을 듣고 새로워지는 역사가 일어날 것입니다. 하나님을 기쁘시게 하는 놀라운 일들이 발생할 것입니다.

그러면 하나님은 천사들을 보내어 그 종들에게 무엇을 말씀하셨습니까? "반드시 속히 일어날 일들"에 관한 계시를 말씀하셨습니다. 이 사실은 이미 서두에서 밝힌 바 있습니다.

> 예수 그리스도의 계시라 이는 하나님이 그에게 주사 반드시 속히 일어날 일들을 그 종들에게 보이시려고 그의 천사를 그 종 요한에게 보내어 알게 하신 것이라(1:1).

믿기에는 매우 엄청난 예언의 말씀이지만 반드시 속히 일어날 일들을 보이신 것은 그 종들로 하여금 믿도록 하시기 위함입니다.

순종을 의도한 예언

요한이 받은 계시의 두 번째 성격을 살펴봅시다. 그가 천사를 통해 받은 두 번째 예언의 말씀은 '순종을 의도한 예언'입니다.

> 보라 내가 속히 오리니 이 두루마리의 예언의 말씀을 지키는 자는 복이 있으리라 하더라(22:7).

앞에서 우리는 천사를 통해 요한이 받은 계시가 매우 엄청나서 아무나 쉽게 믿을 수 없음을 살핀 바 있습니다. 그러나 동시에 요한이 밧모섬에서 본 계시는 사람들의 호기심을 자아내기에 충분했습니다. 우리의 상상을 초월하는 내용입니다. 하늘에 열린 문을 통해서 요한은 천상의 장면을 접했습니다. 성령에 감동하여 하늘 보좌를 보고 하늘 찬양을 들었습니다. 인이 떼어질 때마다 각종 말들이 달려 나오는 놀라운 환상을 보았고, 나팔이 울려 퍼질 때마다 놀라운 장면이 연출되는 것을 보았습니다. 그뿐만 아니라 하늘의 큰 이적을 보고 각각 바다와 육지에서 올라오는 짐승들을 보기도 했습니다. 이어지는 장면 장면이 우리의 호기심을 유발하기에 충분합니다. 그러나 천사를 보내어 반드시 속히 일어날 일들을 요한에게 보여 주신 하나님의 의도는 호기심 유발이 아닙니다. 요한이 전한 예언의 말씀은 7절이 암시하는 바와 같이 듣는 자로 하여금 말씀대로 살아가도록 순종을 의도한 예언입니다.

6절은 요한에게 놀라운 새 예루살렘의 환상을 보도록 안내한 천사의 말이었습니다. 그러나 7절에서 말씀하고 계신 분은 지금도 그 교회와 온 세상을 실제로 다스리고 계시는 그리스도이십니다. 그러면 주님의 말씀을 귀담아들어 봅시다. 주님은 "보라 내가 속히 오리니"(22:7)라고 말씀하십니다. 주님에게 속한 교회는 주의 재림이 임박하다는 의식 속에 살아갑니다. 주님을 사랑하고 주님에게 충성스러운 교회는 구주 오심을 대망합니다. 가까이 오신 주의 발자국 소리를 듣습니다. 문밖에 서신 주님을 의식합니다. 그러한 교회는 질서를 회복합니다. 사랑을 회복합니다. 활기를 되찾습니다.

반면 오실 주님을 기다리지 않는 교회는 무기력합니다. 어지럽습니다. 시끄럽습니다. 사랑이 식어집니다. 그러나 구주대망(救主大望)(救主待望)은 신앙공동체의 모든 질병을 치료합니다. 생기를 회복시킵니다. 그래서 초대 교회 성도들의 인사는 "주님이 오십니다"였습니다. 초대 교회 성도들의 기도는 "아멘 주 예수여 오시옵소서"였습니다. 이 인사와 기도는 그들 삶의 활력소였습니다. 신자답게 살지 못하는 이가 다른 신자에게 "주님이 오십니다"라고 인사한다면 덜컥 자신을 돌아볼 수 있었습니다. 도무지 이해되지 않는 상황들이 벌어질 때 "아멘 주 예수여 오시옵소서"라고 기도하면서 그 무시무시한 박해와 어려운 유혹을 이겨낼 수 있었습니다.

그날과 그때는 아무도 설정할 수 없습니다. 성경에 "그러나 그날과 그때는 아무도 모르나니 하늘의 천사들도, 아들도 모르고 오직 아버지만 아시느니라"(마 24:36)라고 기록되어 있습니다. 그러므로 시대마다 그리스도인들은 주님이 곧 도착하실 것을 준비하며 살아야 합니다.

> 그러므로 깨어 있으라 어느 날에 너희 주가 임할는지 너희가 알지 못함이니라 …… 이러므로 너희도 준비하고 있으라 생각하지 않은 때에 인자가 오리라(마 24:42, 44).

깨어 있는 것은 무엇을 뜻합니까? 그것은 신자로서 하나님과 바른 관계를 유지하는 것입니다. 언제나 하나님을 만날 준비를 갖추고 살아가는 것입니다. 동시에 도덕적으로 깨끗한 삶을 살아가는 것입니다. 하나님의 백성답게 사는 것입니다. 계시록의 표현을 빌리면 음녀와 야합하지 않는 것입니다. 짐승에게 굴복하지 않는 것입니다.

다시 한 번 살펴보면, "보라 내가 속히 오리니 이 두루마리의 예언의 말씀을 지키는 자는 복이 있으리라"(22:7)는 말씀은 계시록의 첫머리 말씀과 유사합니다.

> 이 예언의 말씀을 읽는 자와 듣는 자와 그 가운데에 기록한 것을 지키는 자는 복이 있나니 때가 가까움이라(1:3).

앞서 말한 바와 같이 계시록의 예언은 미래에 관한 우리의 지적인 호기심을 만족시키려고 기록된 것이 아닙니다. 그러므로 로마 클럽 보고서를 읽듯 읽어서는 안 됩니다. 미래학에 대한 교과서도 아닙니다. 계시록의 예언은 교회가 그 예언의 말씀대로 살아가도록 하기 위해서 기록되었습니다.

1세기의 교회든 21세기의 교회든 그 어느 시대의 교회나 같은 투쟁을 하고 있습니다. 적그리스도와 그리스도의 투쟁에 연루되어 있습니다. 한편에는 바다와 육지에서 나온 짐승과의 싸움이 있고, 또 다른 한편에는 붉은 빛 짐승을 탄 큰 음녀의 유혹과의 싸움이 있습니다. 요한은 역사의 마지막이 어떻게 될지를 교회에 알려 주기 위해서만이 아니라 교회가 사탄적인 유혹과 박해에 굴하지 아니하고 그리스도께 끝까지 충성토록 하기 위해서 이 예언의 말씀을 기록했습니다. 그러므로 끝까지 하나님의 말씀을 지켜서 성도답게 사는 자들을 향해 7절에서 복을 선언합니다. 이 복은 그리스도를 믿는 믿음을 지키고 어떤 대가를 치르더라도 그리스도께 충성하는 자들을 향해 선포됩니다.

새 하늘과 새 땅은 끝까지 충성하는 자들을 위해 준비된 곳입니다. 새 예루살렘의 영광은 죽도록 충성하는 자들을 위해 마련되어 있습니다. 무론대소하고 주의 이름을 경외하는 자들이 받아 누릴 상급이 기다립니다. 새 하늘과 새 땅, 그리고 새 예루살렘은 어린양이 어디로 인도하든 따라가는 자들이 받아 누릴 복입니다.

여러분이 가는 길을 여러분이 정하지 마십시오. 주님이 인도하신 그 길 위에 여러분이 서 있다는 사실을 믿으시기 바랍니다. 우리가 해야 할 것은 이 길을 주신 그분에게 신실한 것입니다. 사람 가운데서 구속받아 처음 익은 열매로 하나님과 어린양에게 속한 자들이 받을 유업입니다.

진정한 경배를 의도한 예언

본문 마지막 장면을 살펴봅시다.

> 이것들을 보고 들은 자는 나 요한이니 내가 듣고 볼 때에 이 일을 내게 보이던 천사의 발 앞에 경배하려고 엎드렸더니 그가 내게 말하기를 나는 너와 네 형제 선지자들과 또 이 두루마리의 말을 지키는 자들과 함께 된 종이니 그리하지 말고 하나님께 경배하라 하더라(22:8, 9).

여기서 우리는 요한이 전한 예언의 말씀이 주어진 궁극적인 의도를 발견할 수 있습니다. 그가 천사를 통해 받은 세 번째 계시는 '진정한 경배를 의도한 예언'입니다.

계시록을 통해서 우리에게 이 모든 계시를 전해 준 사람은 요한입니다. 이제 요한은 자기에게 새 하늘과 새 땅, 새 예루살렘의 영광을 보여 준 천사의 발 앞에 경배하려고 엎드렸습니다. 요한은 왜 천사의 발 앞에 엎드렸을까요? 그는 새 하늘과 새 땅, 새 예루살렘의 영광에 압도당했습니다. 그래서 자기도 모르게 그것을 보여 준 천사의 위엄 앞에 엎드린 것입니다. 심원한 경외심이 그를 사로잡았습니다. 천사를 통해 하나님의 구속 계획의 놀라운 성취를 이해하게 되자 놀라움과 경외심이 그를 사로잡았습니다. 그래서 자연스럽게 천사의 발 앞에 엎드려 예배하려 했습니다. 그러자 천사가 "나는 너와 네 형제 선지자들과 또 이 두루마리의 말을 지키는 자들과 함께 된 종이니 그리하지 말고 하나님께 경배하라"(22:9)고 말합니다. 요한의 마음은 이해되지만 그 충동은 바른 것이 아니었습니다. 그래서 요한은 앞서 그랬듯 다시 한 번 책망을 받습니다.

> 나는 너와 및 예수의 증언을 받은 네 형제들과 같이 된 종이니 삼가 그리하지 말고 오직 하나님께 경배하라……(19:10).

엄청난 계시의 위대함 앞에서 그 계시를 중개한 천사에게 경의를 표하려 한 것입니다. 그러나 천사는 그 행위를 금하면서 그 이유를 밝혀 주고 있습니다. 자신은 요한과 그 형제 선지자들과 함께 된 종이라고 밝힙니다. 요한의 행동과 천사의 설명은 요한에 의해 입증된 말씀에 권위가 있음을 나타냅니다. 더 나아가서 천사는 "또 이 두루마리의 말을 지키는 자들과 함께 된 종"이라고 설명합니다. 이제 모든 하나님의 백성은 영원한 나라를 상속받는 자로서 그리스도와 함께 왕 노릇 할 것입니다. 그 신분이 상승되어 그리스도와 함께 왕권뿐 아니라 장차 모든 것을 공유할 것입니다.

사랑하는 성도 여러분, 우리는 지금도 하나님의 자녀지만 모든 것을 다 누리고 있지는 못합니다. 그러나 새 하늘과 새 땅, 새 예루살렘에서는 하나님의 자녀로서 모든 특권을 향유할 것입니다. 잠시 동안은 만물의 찌꺼기 같은 취급을 당하기도 하지만, 우리는 장차 그리스도와 함께 모든 것을 상속받을 것입니다.

> 이기는 그에게는 내가 내 보좌에 함께 앉게 하여 주기를 내가 이기고 아버지 보좌에 함께 앉는 것과 같이 하리라(3:21).

> 또 내가 보니 예수를 증언함과 하나님의 말씀 때문에 목 베임을 당한 자들의 영혼들과 또 짐승과 그의 우상에게 경배하지 아니하고 그들의 이마와 손에 그의 표를 받지 아니한 자들이 살아서 그리스도와 더불어 천 년 동안 왕 노릇 하니 (그 나머지 죽은 자들은 그 천 년이 차기까지 살지 못하더라) 이는 첫째 부활이라(20:4, 5).

> 나는 너와 네 형제 선지자들과 또 이 두루마리의 말을 지키는 자들과 함께 된 종이니 그리하지 말고 하나님께 경배하라……(22:9).

하나님만이 우리의 예배를 받기에 합당하신 분입니다. 찬양과 경배를 오직 하나님에게만 돌려 드립시다.

기독교는 참으로 경배할 자를 보여 주는 종교입니다. 하나님 한 분만 예배할 수 있는 특권을 가지고 있습니다. 하나님의 형상대로 지음받은 우리는 그 어떤 피조물 앞에서도 엎드려 경배할 수 없습니다. 천사라고 할지라도 우리의 경배 대상이 아닙니다. 오히려 그들을 가리켜 성경은 "구원받을 상속자들을 섬기는 영"이라고 말합니다(히 1:14 참조). 어떤 사람이나 천사가 아무리 뛰어나 보여도 피조물은 예배 대상이 아닙니다. 오직 하나님에게만 경배하고 영광을 돌립시다. 새로워진 세상에서 만물은 하나님에게만 예배를 드릴 것입니다. 만물은 그 발아래 복종할 것입니다. 그리고 끊임없이 홀로 하나님만 높일 것입니다. 그것이 오는 세상의 질서일진대 지금 우리의 예배도 그러해야 합니다. 홀로 하나님만 높이고 끊임없이 하나님만 경배하십시오. 하나님 한 분만이 우리 예배의 합당한 대상이십니다.

요한이 받은 계시는 그 수종자를 칭송하도록 의도된 예언이 아닙니다. 요한계시록은 우리에게 영원토록 역사의 주인공이 누구신지, 경배를 받으셔야 할 분이 누구신지 보여 주고 있습니다. 로마의 황제가 아니라 하나님 한 분만 예배해야 한다는 것을 밝히고 있습니다. 그 사실을 망각하면 독재자가 나오는 것입니다. 그렇게 되면 사람은 짐승과 같아진다는 사실을 기억해야 합니다. 교회의 주인이신 하나님에게만 경배를 드립시다. 역사의 주인이신 그분만 찬양합시다. 만물을 새롭게 하실 그 크신 하나님에게 경배합시다. 우리를 위해서 새 하늘과 새 땅을 예비하신 아버지 하나님을 예배합시다. 영광이 충만한 새 예루살렘을 준비하시고 생명수의 강과 생명나무의 실과를 예비하신 분을 향해 경배를 드립시다.

요한계시록은 믿어야 할 예언의 말씀입니다. 요한계시록은 순종해야 할 예언의 말씀입니다. 요한계시록은 경배해야 할 분을 밝혀 주는 예언의 말씀입니다. 오직 주께 영광과 경배를 영원토록 드립시다.

Revelation

요한계시록 22장 10-15절

10 또 내게 말하되 이 두루마리의 예언의 말씀을 인봉하지 말라 때가 가까우니
라 11 불의를 행하는 자는 그대로 불의를 행하고 더러운 자는 그대로 더럽고 의
로운 자는 그대로 의를 행하고 거룩한 자는 그대로 거룩하게 하라 12 보라 내
가 속히 오리니 내가 줄 상이 내게 있어 각 사람에게 그가 행한 대로 갚아 주리
라 13 나는 알파와 오메가요 처음과 마지막이요 시작과 마침이라 14 자기 두루
마기를 빠는 자들은 복이 있으니 이는 그들이 생명나무에 나아가며 문들을 통
하여 성에 들어갈 권세를 받으려 함이로다 15 개들과 점술가들과 음행하는 자
들과 살인자들과 우상 숭배자들과 및 거짓말을 좋아하며 지어내는 자는 다 성
밖에 있으리라

47

예언의 말씀을 덮어 두지 말라

그리스도 안에서 사랑하는 성도 여러분, 새 하늘과 새 땅을 배경으로 하늘에서 내려온 새 예루살렘은 요한이 밧모섬에서 주의 날 받았던 계시의 영광스러운 절정이었습니다. 이제 요한이 받은 계시는 완성되었고, 요한은 그것을 성도들에게 충실히 증거했습니다.

성취의 때가 가까이 왔으니

이제 계시록을 끝맺는 부분에서 마지막 경고를 하고 있습니다. 이 놀라운 장면을 보도록 인도한 바로 그 천사가 요한에게 "이 두루마리의 예언의 말씀을 인봉하지 말라"고 명합니다. 왜 인봉하지 말라고 명령할까요? 첫 번째 이유는 성취의 때가 임박했기 때문입니다. 유대 묵시 문학에서는 대부분 그 반대의 명령을 합니다. 받은 계시를 때가 올 때까지 당대 사람들에게 봉하여 두라고 명합니다. 구약의 계시록인 다니엘서를 예로 들 수 있습니다.

> 이미 말한 바 주야에 대한 환상은 확실하니 너는 그 환상을 간직하라 이는 여러 날 후의 일임이라 하더라(단 8:26).

다니엘에게 주신 명령과는 대조적으로 요한은 "이 두루마리의 예언의 말씀을 인봉하지 말라"는 명령을 받습니다. 다니엘에게 주어진 계시는 "여러 날 후의 일"에 관한 것이고, 요한에게 주신 예언의 말씀은 그 성취의 때가 가까웠기 때문입니다. 말하자면 다니엘의 계시는 후대 사람을 위한 것이고, 요한의 계시는 당대인을 위한 것입니다. 요한은 당대 사람들에게 자신이 받은 계시의 내용을 주의 이름으로 공개적으로 말했습니다. 요한의 예언은 먼 후대를 위한 것이 아니라 자기 당대를 위한 것이요, 또한 그 이후 모든 세대의 성도들을 위한 것입니다. 2천 년 동안 주님의 백성은 이 계시의 말씀이 필요했습니다. 그러므로 당대 사람들의 눈으로부터 예언의 말씀을 인봉해야 할 이유가 없습니다.

주 안에서 사랑하는 성도 여러분, 요한계시록에 담긴 약속과 경고는 봉인되지 말고 모두 읽을 수 있어야 합니다. 모든 사람이 들어야만 합니다. 듣고 가까이 다가온 심판과 구원에 주의를 기울여야 합니다.

> 이 예언의 말씀을 읽는 자와 듣는 자와 그 가운데에 기록한 것을 지키는 자는 복이 있나니 때가 가까움이라(1:3).

매일 이 예언의 말씀을 읽고 묵상하십시오. 그 말씀을 지켜 복을 받으시기 바랍니다. 의심할 바 없이 초대 교회는 주님의 임박한 재림을 대망하며 살았습니다. 곧 다가올 심판의 때를 의식하고, 임박한 보상의 날을 갈망했습니다. 그와 같이 모든 세대의 그리스도인들도 마땅히 주의 재림을 대망하며 살아야 합니다. 심판과 구원의 큰 날을 사모해야 합니다. 그때 이후 모든 성도는 때는 가까운데 끝은 아직 아닌 긴장 속에 살아갑니다. 그러므로 지혜로운 자는 주님의 오심을 생각하며 오늘을 살아갑니다. 여러분은 구주 재림을 대망하며 살아갑니까? 그분의 오심을 기다리는 자들에게는 놀라운 복이 마련되어 있습니다.

이어서 나오는 11절은 무슨 의미입니까?

> 불의를 행하는 자는 그대로 불의를 행하고 더러운 자는 그대로 더럽고 의로운 자는 그대로 의를 행하고 거룩한 자는 그대로 거룩하게 하라(22:11).

처음 읽어 보면 수수께끼 같습니다. 그러나 알고 보면 단순합니다. 다니엘의 예언에 뿌리박은 말씀을 다시 한 번 봅시다.

> 다니엘아 갈지어다 이 말은 마지막 때까지 간수하고 봉함할 것임이니라 많은 사람이 연단을 받아 스스로 정결하게 하며 희게 할 것이나 악한 사람은 악을 행하리니 악한 자는 아무것도 깨닫지 못하되 오직 지혜 있는 자는 깨달으리라(단 12:9, 10).

본문 11절 말씀은 다니엘서의 뿌리에서 나왔습니다. 이 말씀은 아주 무서운 경고의 말씀입니다. 하나님이 "그대로 불의하게 두라", "그대로 더럽게 두라"고 말씀하시기 때문입니다. "그가 불의를 자행하는 것을 말리지 말라", "불의를 계속하는 것을 방해하지 말라", "더러운 자는 더러운 짓을 하도록 그대로 두라"는 심판의 말씀입니다. 돌이켜서 구원하시지 않겠다는 말씀입니다.

사랑하는 성도 여러분, 예언의 말씀에 귀 기울이기를 거부하는 자에게 기다리는 것이 무엇입니까? 계속 회개하지 아니하는 자는 어떻게 됩니까? 끝까지 불의한 삶에 집착하면 그 마지막은 무엇입니까? 심판으로 나가게 될 것입니다. 불의한 삶에는 최후 심판만이 기다립니다. 더러운 삶의 종국에는 파멸만이 기다립니다. 하지만 이 책의 예언의 말씀을 지키는 자의 최후는 다릅니다. 그들은 계속해서 의를 행하게 될 것입니다. 더욱 거룩하게 될 것입니다. 그리하여 영광 가운데 썩지 아니할 기업을 향해 달려갈 것입니다.

> 우리 주 예수 그리스도의 아버지 하나님을 찬송하리로다 그의 많으신 긍휼대로 예수 그리스도를 죽은 자 가운데서 부활하게 하심으로 말미암아 우리를 거듭나게 하사 산 소망이 있게 하시며 썩지 않고 더럽지 않고 쇠하지 아니하는 유업을 잇게 하시나니 곧 너희를 위하여 하늘에 간직하신 것이라(벧전 1:3, 4).

모든 사람은 지금 양자택일을 해야 합니다. 종말의 때가 오면 회개의 기회가 사라질 것입니다. 마지막 때의 비극은 지금껏 형성된 습성대로 개인의 인격이 고착된다는 것입니다. 지금껏 살아온 대로 종말을 맞이하는 것이지, 갑자기 180도 달라지지 않는다는 것입니다. 그뿐 아니라 돌이키는 것이 불가능하다는 것입니다. 나쁜 짓 하는 이는 계속 나쁜 짓을 할 것이고, 거룩한 자는 계속 거룩할 것입니다. 마치 경제의 논리에서 가난한 자는 계속 가난하게 되고, 부자는 계속 부자가 되는 '빈익빈 부익부'처럼 말입니다. 회개의 기회가 더 이상 남아 있지 아니할 것입니다. 때가 임박해서 더 이상 변화가 불가능합니다. 그리스도를 위하든지 반대하든지 그 선 자리에서 돌이킬 수 없을 것입니다. 그러므로 이 예언의 말씀을 봉해 둘 수 없습니다.

심판의 날이 가까이 왔으니

이 예언의 말씀을 인봉하지 말라는 두 번째 이유는 무엇일까요? 영원한 심판의 날이 가까웠기 때문입니다.

> 보라 내가 속히 오리니 내가 줄 상이 내게 있어 각 사람에게 그가 행한 대로 갚아 주리라 나는 알파와 오메가요 처음과 마지막이요 시작과 마침이라(22:12, 13).

이 말씀은 주님이 하신 말씀입니다. 온 세상의 심판주께서 자신을 어떻게 소개하십니까? "나는 알파와 오메가요 처음과 마지막이요 시작과 마침이라." 계시록 첫 부분을 보십시오. 계시록 1장 8절에서 주 하나님은 "나는 알파와 오메가라 이제도 있고 전에도 있었고 장차 올 자요 전능한 자라"고 말씀하셨습니다. 주 하나님 곧 전능자께서 자신을 소개하신 동일한 호칭으로 그리스도 자신을 나타내십니다. 동일한 칭호 "알파와 오메가"를 사용하신 것을 알 수 있습니다.

그리스도께서는 하나님에게만 속한 심판의 대권을 행사하십니다. 그분이 하나님이기 때문입니다. 이어서 나오는 "처음과 마지막이요 시작과 마침이라"는 말은 알파와 오메가라는 말을 적절히 정의합니다. 주님이 오시는 목적은 무엇입니까? 심판주의 임무를 완수하기 위해서입니다. 곧 이사야 예언의 성취입니다.

> 보라 주 여호와께서 장차 강한 자로 임하실 것이요 친히 그의 팔로 다스리실 것이라 보라 상급이 그에게 있고 보응이 그의 앞에 있으며(사 40:10).

주님은 상급과 보응을 하려고 오십니다. 우리의 신앙 고백대로 말하면 "거기로부터 산 자와 죽은 자를 심판하러 오십니다." 승천하신 그리스도께서는 아버지 우편에서 심판하는 권세를 가지고 계십니다. "거기로부터" 오셔서 모든 사람을 심판하실 것입니다.

사랑하는 성도 여러분, 주님이 오시는 그날은 계산하는 날입니다. 월급날 정도가 아닙니다. 한평생 살아온 모든 것을 정산하는 날입니다. 주님이 오셔서 어떻게 계산하실까요? "각 사람에게 일한 대로 갚아 주겠다"(22:12, 현대인의성경)고 말씀하십니다. 일한 것에 따라서 지불하실 것입니다. 세상에서는 적게 일하고도 많은 월급을 받을 수 있습니다. 일은 많이 하고도 적게 받을 수 있습니다. 그러나 그날에는 공의롭게, 정당하게 계산될 것입니다. 성경 어디서나 동일한 가르침이 나옵니다.

> 하나님께서 각 사람에게 그 행한 대로 보응하시되 참고 선을 행하여 영광과 존귀와 썩지 아니함을 구하는 자에게는 영생으로 하시고 …… 진리를 따르지 아니하고 불의를 따르는 자에게는 진노와 분노로 하시리라(롬 2:6-8).

로마에 보낸 바울의 편지뿐 아니라 주께서 두아디라 교회에 보내신 편지에서도 나타납니다.

> 모든 교회가 나는 사람의 뜻과 마음을 살피는 자인 줄 알지라 내가 너희 각 사람의 행위대로 갚아 주리라(2:23).

> 죽은 자들이 자기 행위를 따라 책들에 기록된 대로 심판을 받으니 …… 사망과 음부도 불 못에 던져지니 이것은 둘째 사망 곧 불 못이라(20:12, 14).

하나님의 공의에는 적당히 봐주는 것이 없습니다. 그렇다면 계시록의 관점에서 상급을 받을 만한 선한 행위는 무엇입니까? 환난 중에 참는 것입니다. 박해 가운데 견디는 것입니다. 그리스도께 끝까지 신실한 것입니다. "성도들의 인내와 믿음"이 관건입니다. "하나님의 계명과 예수 믿음을 지키는" 것입니다. 그런 자들에게 "죽도록 충성하라 그리하면 내가 생명의 관을 네게 주리라"(2:10)고 약속하십니다.

생명을 얻고 더 풍성히 누리도록

예언의 말씀을 왜 인봉하지 말아야 합니까? 그 세 번째 이유는 모든 인생의 영원한 운명이 달려 있기 때문입니다.

> 자기 두루마기를 빠는 자들은 복이 있으니 이는 그들이 생명나무에 나아가며 문들을 통하여 성에 들어갈 권세를 받으려 함이로다 개들과 점술가들과 음행하는 자들과 살인자들과 우상 숭배자들과 및 거짓말을 좋아하며 지어내는 자는 다 성 밖에 있으리라(22:14, 15).

여기에서 계시록의 마지막 복이 선언됩니다. "자기 두루마기를 빠는 자들은 복이 있으니 이는 그들이 생명나무에 나아가며"라고 요한은 축복을 선언합니다. '생명나무에 나아갈 권세를 얻으며'라는 표현은 법정에서 사용되는 것입니다. 이 표현은 심판이 면제되는 축복을 의미합니다. 누구에게 선언된 복입니까? "자기 두루마기를 빠는 자들"입니다.

옷을 빨아 입는 것은 더러워진 것을 깨끗하게 하기 위해서입니다. 오래 입어서 더러워지기도 하고, 요리하다가 더럽히기도 하고, 논밭의 일을 하거나 작업장에서 일하다가 더러워지기도 합니다. 더러운 옷을 입고는 외출하거나 특별히 초청받은 자리에 갈 수 없습니다. 그러므로 더러워진 옷은 빨아서 입습니다. 깨끗한 옷으로 갈아입고 초대에 응하는 것이 일상적인 우리의 경험이고 관례입니다. 본문은 그러한 우리의 일상적인 경험을 바탕으로 고귀한 진리를 선언합니다.

본문은 옷을 빨아 입는 것을 '죄 사함'에 비유하고 있습니다. 동일한 표현을 계시록 7장 14절에서도 접할 수 있습니다.

> 이는 큰 환난에서 나오는 자들인데 어린양의 피에 그 옷을 씻어 희게 하였느니라.

모든 죄로부터의 씻음은 오직 어린양 되신 그리스도의 피로 성취됩니다. 믿기 전에 지은 죄든, 믿은 후에 지은 죄든, 모든 죄의 씻음은 오직 어린양 예수 그리스도의 보혈로 말미암습니다. 이 예수님의 보배로운 피는 모든 죄를 없이 할 뿐 아니라, 깨끗하게 하는 효능이 있습니다.

본문은 자기 두루마기를 빠는 자들이 누리는 복을 어떻게 묘사합니까? 생명나무에 나아갈 권세를 얻는다고 표현합니다. 사람은 죄를 범한 후 생명나무가 있는 동산에 나아갈 길을 봉쇄당했습니다. 범죄한 이후 두루 도는 불 칼로 그 길이 막혀 있다고 성경은 말하고 있습니다(창 3:24 참조). 그러나 어린양의 피에 자기 두루마기를 빠는 자들은 이제 생명나무에 나아갈 권세를 얻습니다. 이는 주의 보혈을 믿는 자들은 충만한 생명을 누리는 자리에 이른다는 것입니다. 낙원의 삶이 주는 기쁨을 성도들이 마음껏 누리는 것을 의미합니다.

주님은 우리가 생명을 얻고 더 풍성히 누리도록 오셨습니다. 지금은 예수님을 구주로 믿음으로, 그분의 보혈을 신뢰함으로, 조금씩 맛만 보는 수준입니다. 그러나 그때에는 그 은혜와 선물을 만끽할 것입니다. 주의 백성이 하나님 나라에 들어가는 권세를 넉넉히 누릴 것입니다. 이러한 삶은 하나님의 선물입니다. 기쁨, 기도, 감사를 따로 한 움큼씩 주는 것이 아니라, 주님을 사모하고 주님과 깊은 교제를 하면 우리 삶 속에서 솟아나는 샘물처럼 될 것입니다. 이런 삶은 그분의 백성과 어린양의 교제에서 나옵니다.

자기 두루마기를 빠는 자들이 누리는 복을 또 달리 무엇이라고 표현합니까? "문들을 통하여 성에 들어갈 권세를" 얻는다고 말합니다. 생명수의 강이 한가운데를 흐르고 강 좌우에 생명나무가 있는 그 성에 들어갈 특권을 누립니다. 어린양의 피에 그 옷을 빤 사람 외에는 그 성안으로 들어갈 수 없습니다. 오직 그리스도의 구원 사역을 힘입어 그 성에 들어갈 권세를 얻습니다.

> 영접하는 자 곧 그 이름을 믿는 자들에게는 하나님의 자녀가 되는 권세를 주셨으니(요 1:12).

우리를 위해 죽었다가 살아나신 그분을 믿는 사람만이 죄 용서를 얻고, 새 예루살렘 성안으로 들어가는 하나님의 백성이 됩니다.

성 밖에 있는 자들을 향한 마지막 경고

요한은 이미 우리에게 새 하늘과 새 땅에 대한 비전을 보여 준 바 있습니다. 새 예루살렘의 영광을 기술한 바 있습니다. 이제 그는 우리에게 또 다른 가능성을 보여 줍니다. 마지막 복을 선언한 후에 마지막 경고를 합니다.

사랑하는 성도 여러분, 하나님의 도성에서 지극한 생명의 축복을 누리지 못하는 자는 어떻게 됩니까? “개들과 점술가들과 음행하는 자들과 살인자들과 우상 숭배자들과 및 거짓말을 좋아하며 지어내는 자는 다 성 밖에 있으리라”(22:15)라고 알려 주고 있습니다. 성 밖의 삶을 묘사하고 있습니다. 성 밖에도 사람들이 사느냐고 묻지 마십시오. 계시록의 모든 말을 문자적으로 취하는 것은 위험합니다. 요한은 지금 여러 그림 언어를 통해서 동일한 진리를 말하고 있습니다. 버림받은 자들에 대해서 요한은 이미 묘사한 바 있습니다.

> 그러나 두려워하는 자들과 믿지 아니하는 자들과 흉악한 자들과 살인자들과 음행하는 자들과 점술가들과 우상 숭배자들과 거짓말하는 모든 자들은 불과 유황으로 타는 못에 던져지리니 이것이 둘째 사망이라(21:8).

본문은 “성 밖에 있으리라”라고 말하지만, 21장 8절은 “불과 유황으로 타는 못에 던져지리니”라고 밝힙니다. 요한은 그때그때 흐름에 어울리는 묘사로 동일한 진리를 전달합니다.

성 밖에 있는 것은 그들이 받는 파멸의 전부가 아닙니다. 그들은 불 못에 던져질 것입니다. 마귀와 짐승과 거짓 선지자와 함께, 사망과 음부도 함께 불 못에 던져질 것입니다. 이것을 둘째 사망이라고 부릅니다. 한 번 태어난 사람은 육신이 죽은 뒤에도 둘째 사망에 직면해야 합니다. 그러나 두 번 태어나 거듭난 사람은 육신의 죽음만 맛볼 것입니다. 계시록 20장 15절에서도 “누구든지 생명책에 기록되지 못한 자는 불 못에 던져지더라”라고 밝히고 있습니다.

본문 15절은 누구를 가리켜서 “개들”이라고 부릅니까? 우리 문화나 유대인의 문화나 이 점에서는 서로 비슷합니다. 사람을 가리켜 ‘개’라고 부르는 것은 아주 모욕적인 언사입니다. 흔히 유대인들은 하나님을 알지 못하는 사람들을 이 단어로 불렀고, 특히 이방인을 부를 때 사용했습니다. 그러나 요한은 지금 유대인과 대조되는 이방인을 두고 이 단어를 사용하는 것이 아닙니다. 열방과 족속 가운데서 어린양의 피에 그 옷을 씻어 희게 한 무리와 대조해서 나라와 민족 가운데 하나님을 알지 못하는 모든 자를 가리키는 것입니다.

"점술가들과 음행하는 자들과 살인자들과 우상 숭배자들과 및 거짓말을 좋아하며 지어내는 자"들은 일차적으로 적그리스도의 충동을 받아 악한 짓거리에 동참하는 자들을 지칭합니다. 이들은 적그리스도의 거짓을 사랑하고 실천하며 증진시키는 자들입니다. 이런 자들은 적그리스도를 닮습니다. 거짓의 아비인 자를 닮아 거짓말을 좋아하고 거짓말을 지어냅니다. 이들은 그 옷을 어린양의 피에 씻어 깨끗하게 한 하늘 성도들과 대조를 이룹니다.

악한 자들은 누구도 성에 들어갈 수 없습니다. 모든 악은 거짓되고 진리를 거역합니다. 그러므로 악을 좋아하고 완고하게 악을 행하는 자들에게는 그 성에 들어갈 권리가 주어지지 아니합니다. 거룩한 성 예루살렘에는 더러운 것이 자리하지 못합니다. 그러므로 우리는 "거기 죄인 전혀 없으니 거룩한 자뿐이라 주님 주신 면류관 쓰고 거룩한 길 다니리"(새찬송가 242장)라고 노래합니다.

주 안에서 사랑하는 성도 여러분, 거짓을 사랑하고 거짓된 삶을 사는 자들의 최후는 죽음입니다. 불 못에 던져지는 것입니다. 둘째 사망에 참예하는 것입니다. 이는 성경이 줄기차게 가르치는 바입니다.

> 또 너희에게 이르노니 동 서로부터 많은 사람이 이르러 아브라함과 이삭과 야곱과 함께 천국에 앉으려니와 그 나라의 본 자손들은 바깥 어두운

데 쫓겨나 거기서 울며 이를 갈게 되리라(마 8:11, 12. 마 22:13, 25:30 참조).

적그리스도를 추종하고 거짓을 일삼는 자들은 생명나무에 나아감을 얻는 권세를 스스로 박탈합니다. 그보다 비참한 최후는 없습니다.

여기서 요한이 의도하는 바는 두 부류의 사람들을 생생히 대조시키는 것입니다. 성안에 들어가는 사람과 성 밖에 있는 무리를 그려 주어 묵시적인 호소를 합니다. 성 밖의 무리로 간주되지 말라는 것입니다. 구속받은 새 예루살렘의 시민이 되라고 암시적으로 호소합니다. 악한 삶을 떠나 의로운 자가 되라는 의미입니다. 요한은 지금 독자로 하여금 하나님에게 거부당하는 자가 되지 말라고 호소합니다. 그는 우리에게 하나님의 상속을 받아 누리길 간곡히 요청합니다.

주 안에서 사랑하는 성도 여러분, 여러분은 지금 어디로 향하고 있습니까? 성안으로 들어갈 권세를 가지고 있습니까? 아니면 성 밖이 여러분의 현주소입니까? 하나님을 기쁘시게 하는 삶을 살아가십니까? 그러면 여러분의 마음에 기쁨이 있습니다. 하지만 하나님의 진노를 예약하는 삶을 살아가면 여러분의 마음속에 평안과 기쁨이 없습니다. 짜증과 불만이 가득한 사람들의 주소는 정해져 있습니다. 여러분은 스스로 알 것입니다. '내 마음속에 기쁨과 기도, 감사가 넘치는가, 아니면 짜증과 분노가 넘치는가?'라고 스스로에게 물어볼 수 있습니다.

세상 사람은 듣지 못하는 최후 심판의 이야기, 인류 종말에 대한 이야기를 들으면서도 '나는 천국 갈 거야'라고 편하게 생각합니다. 저 또한 여러분이 모두 천국 가기를 원합니다. 다만, 천국에 갈 사람은 지금 기쁨과 기도, 감사의 삶을 살아가고 있습니다. 현재 짜증과 원망, 미움에 사로잡힌 사람은 빨리 그 주소에서 퇴거해야 합니다. 그러지 않으면 여러분이 무엇을 바라든 상관없이 성안에 들어갈 수 없으며 생명나무에 가까이 다가갈 수 없을 것입니다.

여러분의 종착지는 어디입니까? 불 못입니까? 아니면 새 예루살렘 성안 입니까? 바깥 어둠 속에 던져지는 대신 빛 속에서 주를 섬기는 복을 받으시기 바랍니다. 썩지 아니하고 쇠하지 아니하고 변하지 아니하는 하늘의 영원한 기업을 누리시는 복이 여러분의 것이 되기를 바랍니다.

Revelation

요한계시록 22장 16-19절

16 나 예수는 교회들을 위하여 내 사자를 보내어 이것들을 너희에게 증언하게
하였노라 나는 다윗의 뿌리요 자손이니 곧 광명한 새벽별이라 하시더라 17 성
령과 신부가 말씀하시기를 오라 하시는도다 듣는 자도 오라 할 것이요 목마른
자도 올 것이요 또 원하는 자는 값없이 생명수를 받으라 하시더라 18 내가 이 두
루마리의 예언의 말씀을 듣는 모든 사람에게 증언하노니 만일 누구든지 이것
들 외에 더하면 하나님이 이 두루마리에 기록된 재앙들을 그에게 더하실 것이
요 19 만일 누구든지 이 두루마리의 예언의 말씀에서 제하여 버리면 하나님이
이 두루마리에 기록된 생명나무와 및 거룩한 성에 참여함을 제하여 버리시리라

48
값없이 생명수를 받으라

그리스도 안에서 사랑하는 성도 여러분, 본문에서 주님은 이 땅에 오셔서 시작하신 모든 사역을 완성하신 분으로 소개됩니다. 하나님의 어린양으로 구속 사역을 완수하시고, 유대 지파의 사자로 승리하신 분, 광명한 새벽별로 소개됩니다.

복음서가 주님이 이 땅에 오셔서 행하시고 가르치신 사역을 기록했다면, 계시록은 주님이 세상에 오셔서 시작하신 사역이 어떻게 완성되는지를 보여 줍니다. 특히 본문은 그 모든 것이 완료된 후의 은혜로운 초청이 그 핵심을 이루고 있습니다.

초청하는 분은 누구신가

먼저 누가 초청합니까? 오라고 하시는 분은 누구입니까?

> 나 예수는 교회들을 위하여 내 사자를 보내어 이것들을 너희에게 증언하게 하였노라 나는 다윗의 뿌리요 자손이니 곧 광명한 새벽별이라 하시더라(22:16).

사도 요한에게 말씀하고 계시는 분은 예수님입니다. "나 예수"라고, 이 모든 말씀의 배후에 서신 분으로 자신을 소개하십니다. 그분은 아기로 태어나신 분입니다. 33년 동안 모든 수난을 받으신 분입니다. 그 극치인 십자가에서 죽임당하시고 죽음에서 살아나신 분입니다. 또 그분은 하늘로 올라가신 분입니다. 아버지 우편에서 영광을 받으신 분입니다. 장차 거기로부터 오셔서 살아 있는 자와 죽은 자를 심판하실 분입니다.

그분이 지금 선언하십니다. 16절 말씀은 우리로 하여금 요한계시록 맨 앞부분을 기억나게 합니다.

> 예수 그리스도의 계시라 이는 하나님이 그에게 주사 반드시 속히 일어날 일들을 그 종들에게 보이시려고 그의 천사를 그 종 요한에게 보내어 알게 하신 것이라(1:1).

요한은 언제나 하나님이 하신 바로 그 일을 예수님이 하신 일로 말합니다. 하나님의 사역과 예수님의 사역을 일치시킴으로 예수님은 하나님과 동등한 권능과 영광과 존귀를 함께 받으시는 분인 것을 보여 주고 있습니다.

계시록 앞부분에서 일곱 교회를 향해 말씀하셨습니다. 일곱 교회는 시대마다 각처에 있는 여러 부류의 교회를 나타냅니다. "반드시 속히 일어날 일들"은 요한이 밧모섬에서 차례로 받을 계시를 의미하지만, 16절에서 말하는 "이것들"은 그가 이미 전달받은 모든 계시를 가리킵니다.

이것들을 "너희", 즉 자기 백성에게 주신 분은 자신을 어떻게 소개하십니까? 두 가지 칭호를 사용하십니다. "나는 다윗의 뿌리요 자손이니 곧 광명한 새벽별이라"고 하십니다. 먼저 첫 칭호인 "다윗의 뿌리요 자손"은 무슨 뜻입니까? "다윗의 뿌리"라는 말은 계시록 5장 5절에서 "유대 지파의 사자 다윗의 뿌리"라고 소개된 바 있습니다. 예수님은 다윗 뒤에 오셨을 뿐만 아니라 다윗 앞에도 계셨습니다. 다윗의 후손이실 뿐만 아니라 다윗의 뿌리요 그 존재의 근원이십니다. 뿌리로서 예수님은 다윗의 하나님이요 다윗의 창조주입니다. 동시에 사람의 몸을 입고 세상에 오심으로 다윗의 후손이 되셨습니다. 예수님은 "육신으로는 다윗의 혈통에서"(롬 1:3) 나셔서 유대 지파의 사자(獅子)로 불리는 구원자가 되셨습니다. 달리 말해 예수께서는 참 하나님이며 동시에 참 사람이십니다. 그러므로 "하나님과 사람 사이에 중보자"가 되십니다.

> 하나님은 한 분이시요 또 하나님과 사람 사이에 중보자도 한 분이시니 곧 사람이신 그리스도 예수라(딤전 2:5).

그분은 사람이 되셔서 많은 사람을 섬기고 그 목숨을 많은 사람의 대속물로 주려고 세상에 오셨습니다. 하나님의 성품과 사람의 성품인 신성과 인성을 가지신 약속된 구세주이십니다. 영화롭게 높이 들리신 그분이 바로 계시록의 저자 되신 예수님입니다.

이 계시를 자기 교회에 주신 분은 자신을 또 어떻게 소개하십니까? "광명한 새벽별"로 소개하십니다. 두아디라 교회에 보낸 편지에서는 이기는 자와 끝까지 주님의 일을 지키는 자에게 "새벽별"을 주겠다고 약속하셨습니다(2:28 참조). 이제 여기서 주님은 자신을 "광명한 새벽별"이라고 하십니다. 이 표현의 구약적 배경을 살펴봅시다.

> 내가 그를 보아도 이때의 일이 아니며 내가 그를 바라보아도 가까운 일이 아니로다 한 별이 야곱에게서 나오며 한 규가 이스라엘에게서 일어나서 모압을 이쪽에서 저쪽까지 쳐서 무찌르고 또 셋의 자식들을 다 멸하리로다(민 24:17).

예수께서는 발람의 예언을 성취하신 분입니다.

그런데 왜 하필 "광명한 새벽별"로 자신을 소개하실까요? 새벽별이 떠오르면 우리는 곧 날이 밝아 올 것을 압니다. 주님을 광명한 새벽별이라고 한 데는 무슨 뜻이 함축되어 있을까요? 긴 밤의 어둠이 곧 지나가고, 그림자가 없고 끝이 없는 한날이 막 동터 올 것을 알 수 있습니다. 그리스도의 오심은 영원한 여명의 시작입니다. 부활하신 하나님의 아들께서는 자신을 광명한 새벽별로 선언하셔서 "메시아가 오리라"라는 예언을 성취하신 분으로 자신을 주장하십니다. 주님은 그 백성을 구속하시고 그 원수를 심판하심으로 메시아의 통치를 바라는 백성의 소망을 성취하십니다. 역사의 유일한 주님은 십자가에 못 박히신 예수님입니다. 십자가의 유일한 주인은 죽음에서 살아나신 우리 구주 예수님입니다. 십자가에 마지막 초점이 놓여 있기 때문에 우리는 '별'로 주님을 상징하기보다 '십자가'로 기억하고 있습니다.

그분 안에서 새로운 시대가 동터 올랐습니다. 그분의 초림으로 의와 평강의 여명이 밝아 왔습니다. 그분의 재림은 이제 온 누리에 하나님의 영광이 충만해지는 영원한 날이 될 것입니다. 그날 하나님 자신의 영광이 비칠 것입니다. 그날에는 우리의 광명한 새벽별 되신 분이 온 누리를 비추실 것입니다. 영원한 날이 밝아 오면 그림자는 조금도 찾아볼 수 없을 것입니다. 눈물과 슬픔과 고통의 흔적은 모두 사라질 것입니다. 그때 주께서 자신을 자기 백성에게 주시고, 자신의 영광을 그의 성도들과 나누실 것입니다. 이 같은 영광은 현재 우리로서는 상상할 수조차 없는 지극한 영광입니다. 거기서는 해와 달의 비침이 쓸데없을 것입니다. 거기서는 하나님의 영광이 비치고 어린양이 그 등이 되실 것입니다. 그러므로 거기서는 더 이상 밤이 없을 것입니다. 주 하나님 곧 전능하신 이와 및 어린양이 영원히 우리의 빛이 되실 것입니다.

> 다시 밤이 없겠고 등불과 햇빛이 쓸데없으니 이는 주 하나님이 그들에게 비치심이라……(22:5).

"오라"는 말의 두 가지 해석

두 번째로 이 초청은 누구에게 보내진 것입니까? 반복적으로 들리는 "오라"는 말은 누구를 향한 말씀입니까? 크게 두 가지 해석이 있습니다. 하나는 처음 두 "오라"라는 말을 그리스도께 향하는 기도로 보고, 다음의 두 "오라"는 천국의 초대로 보는 견해입니다.

우리말은 다른 언어들과 달리 존댓말이 있습니다. 상대방이 누구냐에 따라서 "come"이라는 단어를 "오라"라고 번역할 수도 있고, "오십시오"라고 번역할 수도 있습니다. 그래서 이 "오라"라는 말을 "오십시오"라는 기도문으로 생각할 수도 있습니다. 본문을 다시 한 번 읽어 봅시다.

> 성령과 신부가 말씀하시기를 오라 하시는도다 듣는 자도 오라 할 것이요 목마른 자도 올 것이요 또 원하는 자는 값없이 생명수를 받으라 하시더라 (22:17).

처음 "오라"고 초대하시는 분은 "성령과 신부"입니다. "성령"은 선지자를 통해 대언의 영을 주시는 성령님을 의미합니다. "신부"는 그리스도의 참 교회인 어린양의 신부를 가리킵니다. 성령과 신부가 함께 "오라"고 하십니다. 어떤 의미일까요? 누구를 향해 오라고 하실까요? 결정하기 쉽지 않습니다.

먼저 간구의 의미로 살펴봅시다. 그러면 존귀와 영광을 받으신 그리스도를 향해 두 번 반복적으로 "오십시오"라고 호소하는 것이 됩니다. 주께서 구원자로 당신의 충만한 모습을 세상에 나타내 주시기를 간구하는 의미입니다. 16절을 최종 구원의 약속을 다시금 확인하는 것으로 보고, 17절을 성령과 신부의 응답으로 보는 것입니다. 유대인의 구주요 온 세상의 주께서 다시금 최종 구원의 약속을 확증하십니다. 거기에 대해서 성령과 신부가 응답의 외침을 발합니다. "오십시오"라고 소리칩니다. "오셔서 온 세상에 주의 구원의 찬란한 빛을 비추어 주십시오"라고 호소하는 것으로 볼 수 있습니다.

물론 사람에 따라서 "어떻게 성령께서 주님에게 간구할 수 있느냐"라고 의문을 제기할 수 있습니다. 특히 유교 문화에서 서열은 굉장히 중요합니다. 우리는 아버지 하나님-성자 하나님-성령 하나님으로 서열을 세워 놓았기에 예수님이 "천지 대주재시여"라고 기도하는 것이 아무렇지 않습니다. 그러나 성령님이 예수님에게 기도하는 것은 우리가 세워 놓은 서열 때문에 이상하게 느낍니다. 그러나 여러분이 아시는 대로 삼위일체 하나님은 영광과 권능의 아버지와 아들과 성령이 같은 신분을 가지고 계십니다. 그러니 성령님이 아들 예수님에게 "오십시오"라고 하는 것은 아무 일도 아닌 것입니다. 성자 예수님이 성부 하나님에게 "천지의 대주재이신 아버지여"라고 기도하는 것이 아무 이상이 없듯이 말입니다.

보혜사 성령의 사역과 관련해서 요한은 다음과 같이 말하고 있습니다.

> 내가 아버지께로부터 너희에게 보낼 보혜사 곧 아버지께로부터 나오시는

진리의 성령이 오실 때에 그가 나를 증언하실 것이요 너희도 처음부터 나와 함께 있었으므로 증언하느니라(요 15:26, 27).

성령과 교회는 함께 이 세상에서 그리스도를 증언하는 일을 합니다. 성령님은 교회를 감동하게 하셔서 그리스도의 증인이 되게 하십니다. 그뿐만 아니라 성도 한 사람 한 사람의 마음속에서 증언하시고 죄를 폭로시키시며 말씀 선포를 통해 의와 심판을 나타내십니다. 성경은 가끔 성령님을 중보 기도하게 하시는 분으로 소개합니다. 구약 선지서에는 회개와 간구의 영을 주시는 분으로 소개하기도 합니다. 특히 로마서 8장 36절 이하에서는 중보의 간구를 하게 하시는 분으로 소개합니다.

성령과 신부는 주님을 향해 왜 "오십시오"라고 간구합니까? 성령님은 그 종들을 통해서 예언의 말씀을 하게 하셨습니다. 이제 계시록의 증언이 완료되는 시점에서 광명한 새벽별 예수께서 인도하시는 하나님의 새날의 도래가 다시금 확인됩니다. 그날이 오면 성령님이 감동하게 하신 모든 예언이 절정에 도달할 것입니다. 그리하여 성령님은 신부에게 하나님의 아들이 속히 오시도록 호소합니다. 그리하여 성령님은 신부와 함께 탄원합니다. "성령과 신부가 말씀하시기를 '오십시오' 하시는도다."

신부는 이제 신랑의 영광을 보았습니다. 새 하늘과 새 땅, 새 예루살렘의 영광을 보고 신랑과 함께 있게 될 날을 사모합니다. 요한의 예언의 말씀을 통해서 신부는 곤궁한 현재의 모습을 보았습니다. 또한, 이 세상에서 반드시 겪어야 할 고난을 절실히 알게 되었습니다. 신부는 지금 자신이 신랑과 떨어져 있음을 새삼 실감합니다. 자신의 초라한 모습을 인식하지만, 그럼에도 이 예언의 책에 담긴 말씀을 통해 미래에 나타날 자신의 영광을 보고 신랑의 영에 감동되어 "오십시오"라고 호소합니다.

두 번째의 "오라"는 외침도 동일한 관점에서 볼 수 있습니다. 예배하기 위해서 모여든 성도들은 계시록의 예언의 말씀을 읽을 때 들을 것입니다. 그들 각자도 그 기도에 함께하도록 부르는 것으로 볼 수 있습니다. 전체적인 교회뿐만 아니라 회중 한 사람 한 사람이 계시록에 기록된 말씀을 읽어야 합니다. 그리고 기도에 동참해야 합니다. 우리 각 사람의 기도는 힘이 있습니다. 하나님의 역사를 이루는 데 우리 기도가 귀하게 소용되는 것을 기억해야 합니다.

물론 주님의 재림 날짜는 확정되어 있습니다. 우리가 열심히 기도한다고 해서 앞당겨지거나 연기되지 않습니다. 그러나 누구도 주님이 재림하실 날이 언제인지 알 수 없습니다. 예수님 자신도 "아버지만 아신다"고 하셨습니다. 그렇다고 해서 우리의 기도를 멈출 수는 없습니다. 주님의 재림은 성도들의 마땅한 기도 제목입니다. 성도들의 응답으로 주님은 오실 것입니다. 그래서 우리는 '구주대망'(救主大望)이라는 말을 씁니다. 그러기에 요한은 "듣는 자도 '오십시오' 할 것이요"라고 호소합니다.

오늘도 우리는 이 간구를 드립니다. 주님이 제자들에게 가르치신 기도입니다. 이 소원은 "아버지의 나라가 임하시옵소서"라는 표현 속에 압축되어 있습니다. 성령님은 우리 마음을 계시록의 지식으로 채우기보다 그리스도께 향하기를 바라십니다. 성령님은 말세가 언제인지 아는 것보다 오실 그리스도의 날을 위해 준비하기를 더욱 바라십니다. 그리스도의 재림은 그리스도의 교회가 대망해야 할 주제요, 간구해야 할 제목입니다. "아버지의 나라가 임하시옵소서"라는 기도는 우리 마음에서 떠날 수 없는 소원입니다.

이제 네 번 모두 선교적 의미로 보는 두 번째 견해를 살펴볼 차례입니다.

> 성령과 신부가 말씀하시기를 오라 하시는도다 듣는 자도 오라 할 것이요 목마른 자도 올 것이요 또 원하는 자는 값없이 생명수를 받으라 하시더라 (22:17).

달리 말해서 "오라"고 초청받는 대상을 성도가 아니라 네 경우 모두 은혜의 외인인 '세상 사람'으로 보는 관점입니다.

밧모섬에서 복음을 위해 고난받는 주님의 종 요한에게 세상의 마지막이 어떻게 끝날지를 보여 주셨습니다. 역사의 마지막이 영광스럽게 완성될 것을 보여 주셨습니다. 천지 창조의 시작에 있던 모든 것이 그날 영광스럽게 성취될 것입니다. 요한은 그것을 보았습니다. 어린양의 생명책에 그 이름이 기록된 모든 자는 새 예루살렘의 영광을 누릴 것입니다. 그것은 모두 미래에 다가올 종말입니다. 그때 영원한 날이 시작될 것입니다.

그 굳건한 약속과 함께 새벽별이 빛나고 있지만 우리는 아직 어둠의 세상 속에 살고 있습니다. 그렇기에 복음의 빛을 전파해야 하는 때입니다. 주님의 대사로서 우리는 세상 모든 사람에게 호소해야 합니다. "너희는 하나님과 화목하라"고 그리스도를 대신하여 간청해야 합니다. 모든 것을 소유하신 만유의 주께서 그분을 부르는 자들에게 당신의 부요하신 은혜를 계속해서 부어 주십니다.

> 한 분이신 주께서 모든 사람의 주가 되사 그를 부르는 모든 사람에게 부요하시도다 누구든지 주의 이름을 부르는 자는 구원을 받으리라(롬 10:12, 13).

그래서 본문에는 은혜로운 복음 초청이 반복됩니다. 수통 없이 깊은 숲속을 헤매다가도 졸졸 물이 흐르는 옹달샘을 발견하여 목을 축이듯, 창세기부터 계시록까지 순서대로 살펴보다 보면 곳곳에 생명 샘이 흘러나오는 것을 발견할 수 있습니다. "오라"고 초청하시는 주님의 초대장이 성경 곳곳에 있습니다. 단순하게 그러나 분명하게 초청하십니다. "오라"고 호소하십니다. 신부 된 교회 가운데 능력을 공급하시는 성령님이 믿음으로 연합된 모든 성도를 통해 초청하십니다. 신부와 함께 온 세상의 구주요 주님인 분에게로 초대하십니다.

사람들을 하나님에게로 인도하는 일은 우리 한 사람 한 사람에게 주어진 숭고한 특권입니다. 물론 혼자서도 할 수 있습니다. 그러나 혼자서 하면 그 열심이 금방 식기 때문에 전도회와 선교회를 만들어 복음을 전해야 하는 것입니다. 전도하는 것은 우리 한 사람 한 사람의 숭고한 특권이고 긴급한 임무입니다. "헬라인이나 야만인이나 지혜 있는 자나 어리석은 자에게 다 내가 빚진 자라"(롬 1:14)고 성경은 밝히고 있습니다. 따라서 "듣는 자도 오라 할 것이요"라는 말이 첨가되고 있습니다.

그러면 다시금 누구에게 발해진 초청인지 살펴봅시다. 본문에는 "목마른 자도 올 것이요 또 원하는 자는 값없이 생명수를 받으라 하시더라"(22:17)라고 기록되어 있습니다. 복음은 목말라 하는 자에게 기쁜 소식이 될 것입니다. 복음은 진리를 갈구하는 자에게 기쁜 소식이 될 것입니다. 복음은 삶의 의미를 묻는 자에게 좋은 소식이 될 것입니다. 복음은 암담한 처지에서 희망을 찾는 자에게 기쁜 소식이 될 것입니다. 이는 성경 곳곳에서 들리는 "오라"는 초청의 마지막 확인입니다. 이사야서에서는 이미 이렇게 초청한 바 있습니다.

> 오호라 너희 모든 목마른 자들아 물로 나아오라 돈 없는 자도 오라 너희는 와서 사 먹되 돈 없이, 값없이 와서 포도주와 젖을 사라 너희가 어찌하여 양식이 아닌 것을 위하여 은을 달아 주며 배부르게 하지 못할 것을 위하여 수고하느냐 내게 듣고 들을지어다 그리하면 너희가 좋은 것을 먹을 것이며 너희 자신들이 기름진 것으로 즐거움을 얻으리라 너희는 귀를 기울이고 내게로 나아와 들으라 그리하면 너희의 영혼이 살리라 내가 너희를 위하여 영원한 언약을 맺으리니 곧 다윗에게 허락한 확실한 은혜이니라(사 55:1-3).

또한 이 초청은 영광을 받으신 주님이 이미 발하신 약속의 재확인입니다.

> 이루었도다 나는 알파와 오메가요 처음과 마지막이라 내가 생명수 샘물을 목마른 자에게 값없이 주리니(21:6).

주님은 원하는 자에게 생명의 샘물을 주리라고 약속하십니다.

> 너희가 내게 부르짖으며 내게 와서 기도하면 내가 너희들의 기도를 들을 것이요 너희가 온 마음으로 나를 구하면 나를 찾을 것이요 나를 만나리라(렘 29:12, 13).

주님은 낫고자 하는 자를 온전케 하십니다. 복음서를 읽어 보십시오. "네가 무엇 하기를 원하느냐?"라는 주님의 말씀에 "주여, 깨끗하기를 원합니다"라고 답하자 주님은 깨끗하게 하셨습니다. "내가 보기를 원합니다"라는 말에 주님은 눈을 떠 보게 하셨습니다.

생명수를 원하십니까? 목마른 자에게 주님이 주시는 생명수는 언제나 넘치는 은혜의 강수입니다. 온 세상에 그보다 갈구해야 할 것은 없습니다. 여러분의 삶에서 가장 갈구해야 할 것은 생명수를 구하는 것입니다. 지금껏 삶에 어려움이 있었습니까? 가장 사랑하는 이를 먼저 보냈습니까? 그래서 이전에 느끼지 못한 시간을 보내셨습니까? 그러나 그 풍랑으로 주님을 더 자주 만날 수 있었고, 주님과 더 깊이 만날 수 있었다면, 여러분은 복받은 사람입니다. 주님은 "그리하면 너희 영혼이 살리라"고 하셨습니다.

세상의 생수는 다시 여러분을 목마르게 합니다. 하지만 이 물을 마시는 자는 영원히 목마르지 아니합니다. 은혜의 부요하심을 믿으시기를 바랍니다. 하나님과 어린양은 우리 영혼의 갈증을 영원히 채우십니다. 예수를 힘입어 하나님에게 나아가십시오. 그분은 우리를 온전히 구원하십니다.

값없이 주는 생명수로 초청하라

우리는 계시록에서 하나님의 택하신 자들의 이름이 생명책에 기록되어 있다는 사실을 누차 확인했습니다. 그렇다고 우리가 복음을 전하지 않고 가만히 앉아 있어도 좋다는 말은 아닙니다. 생명책에 기록된 이름은 어떤 박해와 유혹 속에서도 하나님 백성의 구원의 확실성을 보여 주는 것이지 결코 전도의 필요성을 부인하는 것이 아닙니다. "값없이 생명수를 받으라"고 나가서 전해야 합니다.

"값없이 생명수를 받으라"는 말은 복음이 시급히 전파되어야 함을 보여 줍니다. 주 예수 그리스도께서 죄인을 구하려고 이 세상에 오셨다는 소식을 전합시다. 우리는 누가 이 초청을 받아들일지 알지 못합니다. 누가 이 선물을 받아들일지 모릅니다. 그러므로 우리의 사명은 누구에게든 힘써 복음을 전하는 일입니다. 오직 성령의 능력을 힘입어 이 진리를 전하십시오. 하나님은 죄인의 심령을 회개시키고 구원하십니다. 하나님은 우리의 전도를 통해서 구원받을 자들을 부르고 계십니다.

사랑하는 성도 여러분, 주위에서 진리에 목마른 자들을 초대하십시오. 원하는 자는 값없이 생명수를 받을 수 있도록 나아가 초대하십시오. "듣는 자도 오라 할 것이요"라고 말씀하고 계십니다. 여러분의 순종에 하나님이 복 주시기를 바랍니다.

Revelation

요한계시록 22장 18-21절

18 내가 이 두루마리의 예언의 말씀을 듣는 모든 사람에게 증언하노니 만일 누
구든지 이것들 외에 더하면 하나님이 이 두루마리에 기록된 재앙들을 그에게
더하실 것이요 19 만일 누구든지 이 두루마리의 예언의 말씀에서 제하여 버리
면 하나님이 이 두루마리에 기록된 생명나무와 및 거룩한 성에 참여함을 제하
여 버리시리라 20 이것들을 증언하신 이가 이르시되 내가 진실로 속히 오리라
하시거늘 아멘 주 예수여 오시옵소서 21 주 예수의 은혜가 모든 자들에게 있
을지어다 아멘

49

아멘, 주 예수여 오시옵소서

그리스도 안에서 사랑하는 성도 여러분, 우리는 계시록 21장과 22장을 통해서 세상의 마지막에 될 일들을 살펴보았습니다. 본문은 요한계시록의 마지막 말씀인 동시에 모든 성경 계시의 마지막 말씀이기도 합니다. 그러므로 우리는 이전 어떤 본문보다 관심을 쏟아서 살펴보아야겠습니다. 본문에는 최후 경고와 아울러 주님의 최종 확인과 성도의 최후 기도가 나오고, 모든 성도를 향한 축도로 끝을 맺고 있습니다.

최후 경고

먼저 경고의 말씀에 귀를 기울여 봅시다.

> 내가 이 두루마리의 예언의 말씀을 듣는 모든 사람에게 증언하노니 만일

> 누구든지 이것들 외에 더하면 하나님이 이 두루마리에 기록된 재앙들을 그에게 더하실 것이요 만일 누구든지 이 두루마리의 예언의 말씀에서 제하여 버리면 하나님이 이 두루마리에 기록된 생명나무와 및 거룩한 성에 참여함을 제하여 버리시리라(22:18, 19).

요한계시록과 같은 묵시 문학의 특징 가운데 하나가 마지막에 엄숙한 경고를 한다는 것입니다. 인쇄술이 발명되기 전에는 일일이 손으로 베껴 책을 썼습니다. 그래서 신실하게 베껴 쓰도록 요구하는 이런 경고가 흔히 첨부되었습니다.

계시록 앞부분에서는 "이 예언의 말씀을 읽는 자와 듣는 자와 그 가운데에 기록한 것을 지키는 자"(1:3)들에게 복을 선언한 바 있습니다. 그러나 본문에서는 "만일 누구든지" 이 책의 예언을 더하거나 제하는 자에게 임할 엄숙한 저주의 경고를 말해 주고 있습니다. 요한의 관심사는 그가 사용한 말을 정확히 옮겨 쓰는 데 있지 않습니다. 그가 주님에게 받은 말씀을 가감하거나 왜곡시키지 않고 전달하는 데 있습니다. 그러므로 이 엄숙한 경고는 옮겨 쓰는 사람을 향한 것이라기보다는 오히려 계시록의 말씀을 잘못 사용할 거짓 교사들을 향한 것이요, 넓게는 모든 청중을 향한 것입니다.

계시록의 예언의 말씀은 소아시아 일곱 교회에 보내진 것입니다. 이 말씀은 예배 시간에 큰 소리로 읽히도록 의도되었습니다. 책을 한 장 한 장 손으로 베껴 썼으니 교회가 그 책 한 권을 갖는 것만으로도 굉장한 일이었습니다. 그러니 그 책을 회중 앞에서 읽는 것만으로도 오늘날의 설교를 대신했습니다. 지금은 성경책이 많이 보급되어 집에서 성경을 읽는 일이 당연합니다. 그래서 회중이 모인 자리에서는 성경 말씀을 설명하는 설교를 하게 됩니다. 하나님이 설교를 통해서 말씀하신다고 믿는 것이 개신 교회 전통입니다. 요한은 지금 그 청중을 향해 그분의 예언의 말씀이 신적 권위를 가진 말씀임을 강조하며 그 말씀을 왜곡하지 못하도록 엄숙하게 경고합니다.

후일 영지주의자라는 이단의 출현을 볼 때, 요한의 이러한 경고는 꼭 필요했던 것임을 알 수 있습니다. "도마의 복음서"라는 책은 예수님의 가르침을 왜곡하여 예수님을 영지주의자로 만들고 있습니다. 마르시온이라는 사람은 누가복음에서 예수님이 참 몸을 가지셨다고 보이는 모든 구절을 제거했습니다. "타티안의 사복음서 대조"라는 책도 마찬가지 입장에서 복음서 내용을 선별하여 선택했습니다. 그러므로 요한의 경고는 시의적절한 것이었습니다. 또한 요한계시록의 경고는 구약 신명기에 근거한 것임을 알 수 있습니다. "내가 너희에게 명령하는 말을 너희는 가감하지 말고 내가 너희에게 내리는 너희 하나님 여호와의 명령을 지키라"(신 4:2)는 이 말씀은 하나님의 말씀에 대한 유대인의 태도를 보여 줍니다.

사도 요한은 역사의 중요한 시점을 위해서 자기가 주님에게 말씀을 받았다는 사실을 알고 있었습니다. 그러므로 그 말씀이 본래 주어진 청중에게 가감 없이 전달되어야 함은 필연적인 것입니다. 그것을 가감하는 자에게 주어지는 저주는 종말론적인 경고로 강화됩니다.

> 내가 이 두루마리의 예언의 말씀을 듣는 모든 사람에게 증언하노니 만일 누구든지 이것들 외에 더하면 하나님이 이 두루마리에 기록된 재앙들을 그에게 더하실 것이요 만일 누구든지 이 두루마리의 예언의 말씀에서 제하여 버리면 하나님이 이 두루마리에 기록된 생명나무와 및 거룩한 성에 참여함을 제하여 버리시리라(22:18, 19).

기록된 말씀에 무엇이든 더하면 재앙을 더하고, 기록된 말씀에 무엇이든 제하면 축복을 제하여 버리겠다는 엄숙한 경고입니다. 여러분은 성경 말씀을 어떻게 여기십니까? 이 말씀은 우리의 구원을 위한 충분한 계시입니다. 아무것도 더할 것 없는 완벽한 계시입니다. 하나님의 말씀은 사람이 고안해 낸 것도, 찾아낸 것도 아닙니다. 하나님의 말씀은 하나님이 밝혀 주신 진리입니다. 이 말씀을 바로 이해하기 위해 우리는 모든 정직한 노력을 다해야 합니다. 하지만 일단 말씀을 이해하고 나면 우리는 그 말씀에 승복해야 합니다. 들은 말씀을 무시하지 마십시오. 들은 진리를 제쳐 버리면 하나님이 우리를 당신의 축복에서 제외하실 것입니다.

사랑하는 성도 여러분, 성경을 읽거나 암송하거나 공부하거나, 성경 말씀을 통해 선포되는 설교를 통해 깨달은 말씀이 여러분의 생각과 생활을 지배하게 하십시오. 그때 여러분은 생명나무와 거룩한 성에 참여하게 될 것입니다.

최종 확인

주님은 엄중한 경고를 하신 다음 당신이 하신 말씀을 최종적으로 확인하십니다.

> 이것들을 증언하신 이가 이르시되 내가 진실로 속히 오리라 하시거늘……(22:20).

이 말씀에서 "내가 진실로 속히 오리라"고 하신 것은 성경에 기록된 주님의 최후 말씀이요 마지막 약속입니다.

하나님의 백성은 주님의 오심을 기다리는 백성입니다. 구약 시대의 성도들은 오실 메시아를 대망하며 살았습니다. 하나님의 백성은 답답한 상황 속에서 "언제까지니이까?"라고 울부짖으며 구원자를 기다리는 삶을 살았습니다. 보십시오. 구약 시인들과 선지자들의 고백입니다.

> 여호와여 언제까지니이까 스스로 영원히 숨기시리이까 주의 노가 언제까지 불붙듯 하시겠나이까(시 89:46).

> 여호와여 돌아오소서 언제까지니이까 주의 종들을 불쌍히 여기소서(시 90:13).

> 여호와여 악인이 언제까지, 악인이 언제까지 개가를 부르리이까(시 94:3).

> 여호와의 천사가 대답하여 이르되 만군의 여호와여 여호와께서 언제까지 예루살렘과 유다 성읍들을 불쌍히 여기지 아니하시려 하나이까 이를 노하신 지 칠십 년이 되었나이다 하매(슥 1:12).

신약 시대의 성도들도 다르지 않습니다. 누가복음 앞부분에는 할아버지 시므온과 할머니 안나라는 선지자가 구원자를 기다리는 사람들의 대표처럼 등장합니다.

> 예루살렘에 시므온이라 하는 사람이 있으니 이 사람은 의롭고 경건하여 이스라엘의 위로를 기다리는 자라 성령이 그 위에 계시더라(눅 2:25).

여기서 시므온은 "이스라엘의 위로를 기다리는 자"라고 소개됩니다. 그리고 잇달아 안나라는 나이 많은 선지자가 등장합니다. 안나는 아셀 지파에 속한 바누엘의 딸이었는데 결혼하여 7년 동안 살다가 과부가 된 사람입니다. 그로부터 여든네 살이 되기까지 성전을 떠나지 않고 밤낮 금식하고 기도하며 하나님을 섬긴 여선지자로 소개됩니다.

> 그 예언자는 마침 들어오다가 시므온이 마리아와 요셉에게 하는 말을 듣고 하나님께 감사를 드린 후 구주를 기다리는 예루살렘의 모든 사람에게 메시아가 드디어 오셨음을 알렸다(눅 2:38, 현대어성경).

복음서뿐 아니라 신약 서신서도 마찬가지입니다. 데살로니가 성도를 다시 오실 주님에게 소망을 걸고 사는 자들로 설명합니다. 데살로니가 성도들에게 복음이 전해질 때는 온 동네에 소문이 날만큼 아주 대단했던 모양입니다. "복음이 너희에게 달음질했다"라고 표현할 만큼 말입니다(살후 3:1 참조, 개역한글). 그들은 우상을 버리고 하나님에게 돌아와서 살아 계시고 참되신 하나님을 섬기며 또 죽은 자들 가운데서 다시 살리신 그의 아들이 하늘로부터 강림하심을 기다리는 무리로 기록되어 있습니다(살전 1:9, 10 참조).

"내가 진실로 속히 오리라"고 하신 약속은 이미 22장 7절과 12절, 그리고 3장 11절에서 말한 바 있는 계시록의 주제 중 하나입니다.

> 보라 내가 속히 오리니 이 두루마리의 예언의 말씀을 지키는 자는 복이 있으리라 하더라(22:7).

> 보라 내가 속히 오리니 내가 줄 상이 내게 있어 각 사람에게 그가 행한 대로 갚아 주리라(22:12).

> 내가 속히 오리니 네가 가진 것을 굳게 잡아 아무도 네 면류관을 빼앗지 못하게 하라(3:11).

하지만 그분의 강림 시기는 밝혀지지 않은 채로 남아 있습니다. 그 사건은 언제나 임박한 사건입니다. "내가 진실로 속히 오리라"고 말씀하셨습니다. 그러므로 성도들은 언제든지 그분의 재림을 대망해야 합니다. 왜 대망해야 합니까? 그날은 우리의 구원이 완성되는 날이기 때문입니다.

> 사랑하는 자들아 우리가 지금은 하나님의 자녀라 장래에 어떻게 될지는 아직 나타나지 아니하였으나 그가 나타나시면 우리가 그와 같을 줄을 아는 것은 그의 참모습 그대로 볼 것이기 때문이니(요일 3:2).

우리는 주님의 재림을 왜 대망해야 합니까? 그날 우리 모습이 주의 영광의 모습으로 변화할 것이기 때문입니다.

> 우리가 다 수건을 벗은 얼굴로 거울을 보는 것같이 주의 영광을 보매 그와 같은 형상으로 변화하여 영광에서 영광에 이르니 곧 주의 영으로 말미암음이니라(고후 3:18).

모세가 40일 동안 하나님 앞에 나아가 기도하고 나오는데 그 얼굴에서 광채가 났습니다. 사람들이 눈이 부셔 그를 제대로 볼 수 없자 모세는 얼굴에 수건을 덮고 사람들을 만났습니다. 우리는 하나님 말씀을 묵상해야 합니다. 그러면 화장하지 않아도 얼굴에서 하나님의 영광의 광채가 납니다.

우리는 주님의 재림을 왜 대망해야 합니까? 그날은 우리의 몸이 주님의 영광스러운 몸과 같이 변화할 것이기 때문입니다.

> 그러나 우리의 시민권은 하늘에 있는지라 거기로부터 구원하는 자 곧 주 예수 그리스도를 기다리노니 그는 만물을 자기에게 복종하게 하실 수 있

는 자의 역사로 우리의 낮은 몸을 자기 영광의 몸의 형체와 같이 변하게 하시리라(빌 3:20, 21).

우리는 주님의 재림을 왜 대망해야 합니까? 그날 우리는 하나님의 영광의 존전에 기쁨으로 설 것이기 때문입니다.

능히 너희를 보호하사 거침이 없게 하시고 너희로 그 영광 앞에 흠이 없이 기쁨으로 서게 하실 이 곧 우리 구주 홀로 하나이신 하나님께 우리 주 예수 그리스도로 말미암아 영광과 위엄과 권력과 권세가 영원 전부터 이제와 영원토록 있을지어다 아멘(유 1:24, 25).

영광스러운 주님이 오실 때 우리를 인정해 주십니다. 그 영광 앞에서 흠 없이 기쁨으로 서게 될 그날은 주님의 재림 날입니다. 그래서 기다리는 것입니다.

우리는 주님의 재림을 왜 대망해야 합니까? 그날은 모든 만물이 새로워지는 날이기 때문입니다.

보좌에 앉으신 이가 이르시되 보라 내가 만물을 새롭게 하노라 하시고 또 이르시되 이 말은 신실하고 참되니 기록하라 하시고(21:5).

성도의 마지막 기도

그러므로 사랑하는 신랑이 나타나는 날을 사모하는 신부의 반응은 열광적일 수밖에 없습니다. "아멘 주 예수여 오시옵소서"라는 기도는 초대 교회 예배 의식 속에 깊숙이 자리한 표현입니다. 동일한 기도문을 우리는 아람 방언으로 발견할 수 있습니다. "만일 누구든지 주를 사랑하지 아니하면 저주를 받을지어다 우리 주여 오시옵소서"(고전 16:22). "누구든지 주님을 사랑하지 않는 사람은 저주를 받으라!"고 선언하면서 번역에 따라 "마라나 타", "우리 주님, 오십시오"라고 기도합니다.

그러면 본문 20절은 어떤 의미로 보아야 할까요? '마라나 타'라는 의미로 보아야 함은 당연합니다. "주 예수여 오시옵소서"라는 기도문입니다. 그러나 이 기도문을 어떤 문맥에서 이해해야 할까요? 요한이 전한 하나님의 말씀을 훼손하는 자에게 발한 엄숙한 경고로 보면 "속히 오셔서 심판을 시행하십시오"라는 뜻이 됩니다. "죄인들에게 응분의 보응을 신속히 내리십시오"라는 의미가 됩니다. 그러나 20절은 그렇게 소극적인 의미보다는 적극적인 의미가 더 타당해 보입니다. 하나님의 나라를 대망하는 즐거운 기대 속에서 올리는 기도문으로 볼 수 있습니다. 신부가 신랑의 오심을 대망하는 외침으로 이해할 수 있습니다.

"내가 진실로 속히 오리라"고 하시는 이 약속은 모든 약속의 요약입니다. 하나님이 우리에게 하신 수많은 약속이 이 한마디 속에 녹아 있습니다. 하나님을 떠나간 인류를 향한 하나님의 구원 약속이 이 한마디 속에 모두 성취됩니다. 그렇기에 성도들은 "아멘 주 예수여 오시옵소서"라고 기도합니다. 이 기도는 모든 성도의 소원의 요약입니다. 주님이 오심으로 성도들의 모든 기도는 응답될 것입니다. 주님이 다시 오시지 아니하면 주님의 구속 사역은 영원히 미완성으로 남을 것입니다.

주님의 재림은 내일의 세상을 위한 유일하고 확실한 소망입니다. 그러므로 주님의 재림을 대망하는 것은 우리 신앙의 심장에 해당합니다. 가장 중요한 것은 오심에 대한 신앙이 분명해야 한다는 것입니다. 주님의 재림, 종말론은 기독교 신앙의 맹장이 아니라 심장입니다. 재림은 결코 기독교 신앙의 지엽적인 문제가 아닙니다. 오히려 우리의 신앙은 재림의 소망 위에 터를 두고 있습니다. 오늘 우리 상호 간의 사랑 역시 재림의 소망 위에 터를 두고 있습니다. 그러므로 주를 향한 신앙이 견고해지기 위해서도, 상호 간의 풍성한 사랑의 섬김을 위해서도 우리는 이 재림 신앙을 확실히 해야 합니다.

바울은 골로새 성도들로 인해서 감사를 드립니다. 그리스도 예수를 믿는 믿음과 모든 성도에게 품은 그들의 사랑을 전해 듣고는 감사합니다. 그리고 그는 그들의 믿음과 사랑이 그들을 위하여 하늘에 쌓아 두신 소망에 근거한다고 밝히고 있습니다. 하늘에 쌓아 둔 소망이 없는 곳에는 상호 간의 풍성한 사랑의 섬김이 존재할 수 없습니다. 그뿐만 아니라 그리스도 예수를 믿는 믿음 역시 자리할 수 없습니다.

> 이 믿음과 사랑은 여러분이 전에 진리의 말씀인 기쁜 소식을 들어서 확신하고 있는 하늘나라의 소망에 근거하고 있는 것입니다(골 1:5, 현대인의성경).

우리가 붙드는 하나님의 약속은 여기에 있습니다. 여러분은 "내가 진실로 속히 오리라"고 하신 이 약속을 붙들고 살고 있습니까? 이 약속이 여러분 삶의 모든 것을 통제하고 있습니까?

주 안에서 사랑하는 성도 여러분, "내가 진실로 속히 오리라"고 하신 주님의 약속을 붙잡고 살아가십시오. "아멘 주 예수여 오시옵소서"라는 기도로 살아가십시오. 그러면 우리의 신앙이 새로운 국면을 접하게 될 것입니다. 독수리의 날갯짓같이 창공을 나는 신앙생활을 하게 될 것입니다. '새로운 출발, 새로운 헌신'이 시작될 것입니다.

뜻 없이 외우는 기도가 되지 않도록 하십시오. 마음을 다해 간구하십시오. "아버지의 나라가 오게 하시며"라고 기도하십시오. 그러면 우리 삶이 하나님의 통치 아래 복속될 것입니다. 하나님이 다스리시는 평화, 기쁨, 기도, 감사가 우리 삶을 지배할 것입니다.

마지막 축도

이제 마지막으로 요한계시록의 축도에 동참합시다. "주 예수의 은혜가 모든 자들에게 있을지어다 아멘"(22:21). 이 축도는 계시록이 예배드리기 위해 모인 회중에게 읽히도록 의도된 책임을 다시금 상기시킵니다.

요한은 지금 성도들의 모임으로부터 강제로 분리당한 상황입니다. 비록 몸으로는 이 편지를 읽는 성도들과 함께 있지 못하지만, 그는 지금 온 세상에 흩어져 있는 "모든 자에게" 문안합니다. 특히 20절의 '마라나 타'라는 기도에 이어서 나오는 축도는 초기 기독교 문헌인 「디다케」에 나오는 "은혜가 임하기를!"이라는 기도를 연상하게 합니다. "주 예수의 은혜가 모든 자들에게 있을지어다 아멘." 그리스도를 통해 하나님이 주신 계시에서 은혜는 첫 단어이자 마지막 단어입니다.

> 이제도 계시고 전에도 계셨고 장차 오실 이와 그 보좌 앞에 일곱 영과 또 충성된 증인으로 죽은 자들 가운데서 먼저 나시고 땅의 임금들의 머리가 되신 예수 그리스도로 말미암아 은혜와 평강이 너희에게 있기를 원하노라……(1:4, 5).

사도는 이 편지를 시작하며 주 예수의 이름으로 은혜와 평강을 빌었습니다. 이제 이 편지 마지막에서도 다시금 동일한 "주 예수의 은혜"를 빕니다.

하나님의 계시뿐만이 아닙니다. 역사에서도 마찬가지입니다. 거기서도 은혜는 첫 단어가 되는 동시에 마지막 단어가 될 것입니다. 그 은혜가 우리의 삶 속에 함께할 때 우리를 아버지의 영광의 보좌 앞에 데려갈 것입니다.

우리의 구원은 하나님의 은혜로 시작되었고 은혜로 완성될 것입니다. 주님의 은혜로 잃어버린 자를 찾으실 것입니다.

인자가 온 것은 잃어버린 자를 찾아 구원하려 함이니라(눅 19:10).

주님의 은혜로 보지 못하던 자가 빛을 보게 되었습니다. 세상 무서울 것 없이 살던 사람이 "이렇게 살면 안 되겠다"며 두려움을 느낀다면 주님의 은혜가 임한 것입니다. 주님의 은혜가 계속 작용하면 확신과 감사와 찬양으로 그 두려움에서 벗어나게 됩니다. 지금껏 산 것도 은혜입니다. 그 은혜가 우리를 장차 하나님 앞에 흠도, 티도 없이 서게 하실 것입니다.

주 안에서 사랑하는 성도 여러분, 형제자매를 위해서 하나님의 은혜를 빌어 주는 것보다 더 큰 축복은 없습니다. 본문은 이 은혜를 "주 예수의 은혜"라고 부릅니다. 영원하신 아들, 사람의 몸을 입으신 아들 자신의 은혜입니다. 만왕의 왕, 만주의 주 되신 그리스도 예수의 은혜가 모든 성도에게 있기를 빌고 있습니다. 그분이 만왕의 왕, 만주의 주가 되심으로 모든 성도의 영원한 구원을 보장하십니다. 모든 시대의 성도들, 능히 아무라도 셀 수 없는 많은 무리를 깨끗하게 하시는 분은 우리를 위해서 보혈을 흘리신 어린양 되신 주님입니다. 은혜의 주님이 그 은혜로 성도들을 죄와 죽음에서 구속하십니다.

이 놀라운 축도는 우리로 하여금 마지막 날을 내다보게 합니다. 어둠이 없고 다함이 없는 그날, 모든 성도는 영원히 주를 찬양하게 될 것입니다. 모든 더러움이 없는 곳에서 우리는 세마포 옷을 입고 주를 영원히 섬기게 될 것입니다. 그날 우리는 다시금 하나님의 은혜를 새롭게 찬양하게 될 것입니다. 하지만 그것은 다함없는 우리의 찬양의 시작에 불과합니다. 아이작 뉴턴의 표현을 빌리면, 해같이 빛나는 그곳에 가서 억만 년의 세월이 흘러가도 우리는 첫날 도착한 그 감격으로 하나님의 은혜를 노래할 것이기 때문입니다. 물론 지금은 실감나지 않을 것입니다. 모두 세상에 발을 딛고 있기 때문입니다. 그러나 예수를 믿었다는 사실로 인해 어떤 사람은 천국에 왔고 어떤 사람은 영원한 지옥 불에 던져졌습니다. 그날 자신이 앉아 있다는 사실 때문에 얼마나 감동이 클지 그 억만 년의 세월이 흘러가도 우리의 그 감동은 조금도 식지 않을 것이라고 뉴턴이 찬송가를 만들어 불렀습니다.

"주 예수의 은혜"는 거기서 영원히 새롭게 노래할 제목이 될 것입니다. 사랑하는 성도 여러분, 살아가면서 주 예수의 은혜가 여러분의 첫마디 축복이 되게 하십시오. 또한 주 예수의 은혜가 여러분의 마지막 축복의 말이 되게 하십시오. 주 안에서 사랑하는 성도 여러분, 요한의 축복에 동참하는 여러분 모두가 되시기를 바랍니다. "주 예수의 은혜가 모든 자에게 있을지어다. 아멘."

읽는 설교 요한계시록 Vol.2 · 12-22장

초판 발행 2021년 4월 20일
지은이 정근두
발행인 손창남
발행처 죠이선교회(등록 1980. 3. 8. 제5-75호)
주소 02576 서울시 동대문구 왕산로19바길 33
전화 (출판부) 925-0451
(죠이선교회 본부, 학원사역부, 해외사역부) 929-3652
(전문사역부) 921-0691
팩스 (02) 923-3016
인쇄소 영진문원

ISBN 978-89-421-0463-5 03230

책값은 뒤표지에 있습니다.
잘못된 도서는 교환하여 드립니다.